9급 공무원

개념서 + 문제집

말도 안되는 이 가격~ 실화임?

# 나두공 동영상강의

# 3만원 가격파괴

익사이팅한 초필살 이론 **개념서** 동영상 강의와
센세이셔널한 알짜 문제풀이 **문제집** 동영상 강의가 만나

**9급 공무원으로 가는 탄탄한 길!**

+ 개념서 국어 / 문제집 국어 | 민상윤 교수님
종합반 국어(3만원)

+ 개념서 영어 / 문제집 영어 | 조성열 교수님
종합반 영어(3만원)

+ 개념서 한국사 / 문제집 한국사 | 박기훈 교수님
종합반 한국사(3만원)

+ 개념서 행정법총론 / 문제집 행정법총론 | 김일영 교수님
종합반 행정법총론(3만원)

+ 개념서 행정학개론 / 문제집 행정학개론 | 이승철 교수님
종합반 행정학개론(3만원)

+ 개념서 국어+영어+한국사 / 문제집 국어+영어+한국사
종합반 3과목 패키지(7만원)

+ 개념서 국어+영어+한국사+행정법총론+행정학개론 / 문제집 국어+영어+한국사+행정법총론+행정학개론
종합반 5과목 패키지(10만원)

실용적인 내용과 핵심만으로
나를 위한 공부법 발견

# 나두공

나두공은 시스컴에서 상표 출원한
**공무원 임용 시험 전문 브랜드**입니다.

매년 변화하는 공무원 시험에 대비하여 핵심만을 담은 품격 있는 강의로 나두공과 나도 공무원을 할 수 있다는 자신감과 함께 공무원 시험 합격에 성공하는 나를 위한 수험서를 제공하겠습니다.

## 수험서

나를 위한 **나두공** 합격전략

나두공은 공무원 시험을 처음 시작하는 수험생부터
매년 변화하는 시험에 적응하려는 수험생까지, 나를 위한
합격전략으로 공무원 시험의 합격에 다가갈 수 있게
핵심 내용만을 담은 양질의 수험서를 제작하고 있습니다.

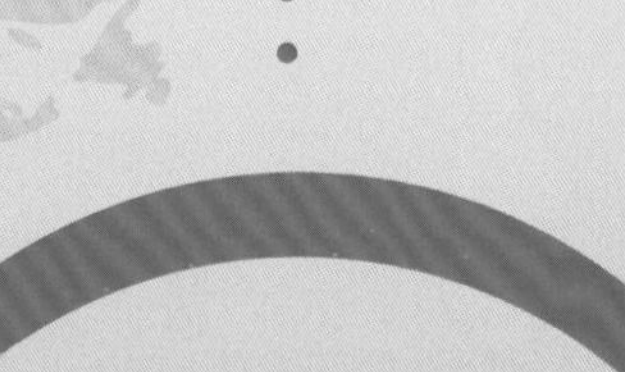


검색창에 나두공 을 검색하세요.

베테랑 교수진과 함께하는
합격의지 급상승 강의

## 강의

나를 위한 나두공 합격강의

나두공은 공무원 시험의 베테랑인 교수진과 함께 브랜드 프리미엄의 거품을 걷어낸 체계적인 강의와 공무원 합격을 마무리하는 면접까지, 오직 수험생의 합격만을 바라보는 강의를 제공하겠습니다.

나를 위한 각종 수험 정보와
시험 합격 키포인트

## 홈페이지

나를 위한 나두공 합격정보

나두공 홈페이지는 공무원 시험을 처음 접하는 수험생과 기존 수험생에게 풍부한 수험 정보, 스터디 자료와 다양한 콘텐츠를 제공하여 나도 할 수 있는 공무원 합격 플랜을 진행 할 수 있게 도움을 주고 있습니다.

## ◀ 9급 공무원 응시자격 ▶

※ 경찰 공무원, 소방 공무원, 교사 등 특정직 공무원의 채용은 별도 법령에 의거하고 있어 응시자격 등이 다를 수 있으니 해당법령과 공고문을 참고하시기 바랍니다.

※ 매년 채용시험 관련 법령 개정으로 응시자격이 변경될 수 있으므로 필요한 경우 확인절차를 거치시기 바랍니다.

**01** 최종시험 예정일이 속한 연도를 기준으로 공무원 응시가능 연령(9급 : 18세 이상)에 해당한다. (단, 9급 교정·보호직의 경우 20세 이상)

**02** 아래의 공무원 응시 결격사유 중 어느 하나에도 해당되지 않는다.

1. 피성년후견인
2. 파산선고를 받고 복권되지 아니한 자
3. 금고 이상의 실형을 선고받고 그 집행이 종료되거나 집행을 받지 아니하기로 확정된 후 5년이 지나지 아니한 자
4. 금고 이상의 형을 선고받고 그 집행유예 기간이 끝난 날부터 2년이 지나지 아니한 자
5. 금고 이상의 형의 선고유예를 받은 경우에 그 선고유예 기간 중에 있는 자
6. 법원의 판결 또는 다른 법률에 따라 자격이 상실되거나 정지된 자
7. 징계로 파면처분을 받은 때부터 5년이 지나지 아니한 자
8. 징계로 해임처분을 받은 때부터 3년이 지나지 아니한 자

단, 검찰직 지원자는 금고 이상의 형을 선고받은 경우 응시할 수 없습니다.

**03** 공무원으로서의 직무수행에 지장을 주지 않는 건강상태를 유지하고 있어, 공무원 채용 신체검사에서 불합격 판정기준에 해당되지 않는다.

**04** 9급 지역별 구분모집 지원자의 경우, 시험시행년도 1월 1일을 포함하여 1월 1일 전 또는 후로 연속하여 3개월 이상 해당 지역에 주민등록이 되어 있다.

**05** 지방직 공무원, 경찰 등 다른 공무원시험을 포함하여 공무원 임용시험에서 부정한 행위를 한 적이 없다.

**06** 국어, 영어, 한국사와 선택하고자 하는 직류의 시험과목 기출문제를 풀어보았으며, 합격을 위한 최소한의 점수는 과목별로 40점 이상임을 알고 있다.

- 위의 요건들은 7급, 9급 공무원 시험에 응시하기 위한 기본 조건입니다.
- 장애인 구분모집, 저소득층 구분모집 지원자는 해당 요건을 추가로 확인하시기 바랍니다.

나두공

2024

# 나두공 9급 [영어]

## 연차별 7개년

기출문제집

2024

**나두공 9급 영어 연차별 7개년 기출문제집**

**인쇄일** 2023년 9월 1일 초판 1쇄 인쇄
**발행일** 2023년 9월 5일 초판 1쇄 발행
**등 록** 제17-269호
**판 권** 시스컴2023

**ISBN** 979-11-6941-191-2 13350
**정 가** 17,000원

**발행처** 시스컴 출판사
**발행인** 송인식
**지은이** 나두공 수험연구소

**주소** 서울시 금천구 가산디지털1로 225, 514호(가산포휴) | **시스컴** www.siscom.co.kr / **나두공** www.nadoogong.com
**E-mail** stscombooks@naver.com | **전화** 02)866-9311 | **Fax** 02)866-9312


발간 이후 발견된 정오 사항은 나두공 홈페이지 도서정오표에서 알려드립니다(나두공 홈페이지 → 교재 → 도서정오표).

# INTRO

최근 10여 년 동안 직업으로서의 공무원에 대한 사회적 평가가 상당히 개선되었고 공직의 상대적 안정성에 대한 선호도 또한 현격히 높아짐에 따라 공무원 시험의 경쟁률도 그만큼 높아지게 되었다. 이로 인해 수험 준비에 수년이 걸리는 일이 다반사가 되었고, 오랜 공부에도 불구하고 합격을 장담하기 어려운 상황이 되었다.

이러한 상황에서는 결국 주어진 시간을 효율적으로 활용하여 출제 가능한 요점을 체계적으로 정리 · 숙지할 수 있느냐가 당락에 있어 가장 중요한 요소가 될 수밖에 없을 것이다.

이 책은 이러한 점을 충분히 고려하여 그동안 출제된 문제를 꼼꼼히 분석하여 이에 대한 상세한 해설을 제시하였고, 또한 관련된 핵심 내용을 덧붙임으로써 짧은 시간 내에 문제에 대한 충실한 이해와 관련 내용에 대한 체계적 정리가 모두 가능하도록 구성하였다.

이 책이 지닌 특성과 장점은 다음과 같다.

첫째, 최근 7년간의 〈국가직〉, 〈지방직〉, 〈서울시〉 공무원 시험의 기출문제를 연차별로 분류하여 수록하고, 이에 대한 풍부한 해설을 담아 개념서를 따로 참고하지 않고도 명쾌하게 이해할 수 있도록 하였다.

둘째, 중요한 문제의 상당수가 변형되어 반복 출제되고 있다는 점을 고려해 '정답해설' 뿐만 아니라 '오답해설'도 상세하게 하여 다양한 유형의 문제에도 보다 쉽게 대처할 수 있게 하였다.

셋째, 문제와 관련된 중요 내용이나 핵심정리를 '보충해설'을 통해 정리해둠으로써 효율적이면서도 충실한 수험공부가 가능하도록 하였다.

이 책이 여러분의 꿈을 이루는 데 많은 도움이 되기를 바라며, 수험생 여러분 모두의 건투를 빈다.

나두공

"나두 공무원 할 수 있다"

# 9급 공무원 시험 안내

## 시험 과목

| 직렬 | 직류 | 시험 과목 |
|---|---|---|
| 행정직 | 일반행정 | 국어, 영어, 한국사, 행정법총론, 행정학개론 |
| | 고용노동 | 국어, 영어, 한국사, 행정법총론, 노동법개론 |
| | 선거행정 | 국어, 영어, 한국사, 행정법총론, 공직선거법 |
| 직업상담직 | 직업상담 | 국어, 영어, 한국사, 노동법개론, 직업상담 · 심리학개론 |
| 세무직(국가직) | 세무 | 국어, 영어, 한국사, 세법개론, 회계학 |
| 세무직(지방직) | | 국어, 영어, 한국사, 지방세법, 회계학 |
| 사회복지직 | 사회복지 | 국어, 영어, 한국사, 사회복지학개론, 행정법총론 |
| 교육행정직 | 교육행정 | 국어, 영어, 한국사, 교육학개론, 행정법총론 |
| 관세직 | 관세 | 국어, 영어, 한국사, 관세법개론, 회계원리 |
| 통계직 | 통계 | 국어, 영어, 한국사, 통계학개론, 경제학개론 |
| 교정직 | 교정 | 국어, 영어, 한국사, 교정학개론, 형사소송법개론 |
| 보호직 | 보호 | 국어, 영어, 한국사, 형사정책개론, 사회복지학개론 |
| 검찰직 | 검찰 | 국어, 영어, 한국사, 형법, 형사소송법 |
| 마약수사직 | 마약수사 | 국어, 영어, 한국사, 형법, 형사소송법 |
| 출입국관리직 | 출입국관리 | 국어, 영어, 한국사, 국제법개론, 행정법총론 |
| 철도경찰직 | 철도경찰 | 국어, 영어, 한국사, 형사소송법개론, 형법총론 |
| 공업직 | 일반기계 | 국어, 영어, 한국사, 기계일반, 기계설계 |
| | 전기 | 국어, 영어, 한국사, 전기이론, 전기기기 |
| | 화공 | 국어, 영어, 한국사, 화학공학일반, 공업화학 |
| 농업직 | 일반농업 | 국어, 영어, 한국사, 재배학개론, 식용작물 |
| 임업직 | 산림자원 | 국어, 영어, 한국사, 조림, 임업경영 |
| 시설직 | 일반토목 | 국어, 영어, 한국사, 응용역학개론, 토목설계 |
| | 건축 | 국어, 영어, 한국사, 건축계획, 건축구조 |
| | 시설조경 | 국어, 영어, 한국사, 조경학, 조경계획 및 설계 |

| | | |
|---|---|---|
| 방재안전직 | 방재안전 | 국어, 영어, 한국사, 재난관리론, 안전관리론 |
| 전산직 | 전산개발 | 국어, 영어, 한국사, 컴퓨터일반, 정보보호론 |
| | 정보보호 | 국어, 영어, 한국사, 네트워크 보안, 정보시스템 보안 |
| 방송통신직 | 전송기술 | 국어, 영어, 한국사, 전자공학개론, 무선공학개론 |
| 법원사무직<br>(법원직) | 법원사무 | 국어, 영어, 한국사, 헌법, 민법, 민사소송법, 형법, 형사소송법 |
| 등기사무직<br>(법원직) | 등기사무 | 국어, 영어, 한국사, 헌법, 민법, 민사소송법, 상법, 부동산등기법 |
| 사서직<br>(국회직) | 사서 | 국어, 영어, 한국사, 헌법, 정보학개론 |
| 속기직<br>(국회직) | 속기 | 국어, 영어, 한국사, 헌법, 행정학개론 |
| 방호직<br>(국회직) | 방호 | 국어, 영어, 한국사, 헌법, 사회 |
| 경위직<br>(국회직) | 경위 | 국어, 영어, 한국사, 헌법, 행정법총론 |
| 방송직<br>(국회직) | 방송제작 | 국어, 영어, 한국사, 방송학, 영상제작론 |
| | 취재보도 | 국어, 영어, 한국사, 방송학, 취재보도론 |
| | 촬영 | 국어, 영어, 한국사, 방송학, 미디어론 |

- 교정학개론에 형사정책 및 행형학, 국제법개론에 국제경제법, 행정학개론에 지방행정이 포함되며, 공직선거법에 '제16장 벌칙'은 제외됩니다.
- 노동법개론은 근로기준법 · 최저임금법 · 노동조합 및 노동관계조정법에서 하위법령을 포함하여 출제됩니다.
- 시설조경 직류의 조경학은 조경일반(미학, 조경사 등), 조경시공구조, 조경재료(식물재료 포함), 조경생태(생태복원 포함), 조경관리(식물, 시설물 등)에서, 조경계획 및 설계는 조경식재 및 시설물 계획, 조경계획과 설계과정, 공원 · 녹지계획과 설계, 휴양 · 단지계획과 설계, 전통조경계획과 설계에서 출제됩니다.

※ 추후 변경 가능하므로 반드시 응시 기간 내 시험과목 및 범위를 확인하시기 바랍니다.

나두공

"나두 공무원
할 수 있다"

# 9급 공무원 시험 안내

## 응시자격

1. 인터넷 접수만 가능
2. 접수방법 : 사이버국가고시센터(www.gosi.kr)에 접속하여 접수할 수 있습니다.
3. 접수시간 : 기간 중 24시간 접수
4. 비용 : 응시수수료(7급 7,000원, 9급 5,000원) 외에 소정의 처리비용(휴대폰 · 카드 결제, 계좌이체비용)이 소요됩니다.

※ 저소득층 해당자(국민기초생활 보장법에 따른 수급자 또는 한부모가족지원법에 따른 지원대상자)는 응시수수료가 면제됩니다.

※ 응시원서 접수 시 등록용 사진파일(JPG, PNG)이 필요하며 접수 완료 후 변경 불가합니다.

## 학력 및 경력

제한 없음

## 시험방법

1. 제1·2차시험(병합실시) : 선택형 필기
2. 제3차시험 : 면접

※ 교정직(교정) 및 철도경찰직(철도경찰)의 6급 이하 채용시험의 경우, 9급 제1 · 2차 시험(병합실시) 합격자를 대상으로 실기시험(체력검사)을 실시하고, 실기시험 합격자에 한하여 면접시험을 실시합니다.

## 원서접수 유의사항

1. 접수기간에는 기재사항(응시직렬, 응시지역, 선택과목 등)을 수정할 수 있으나, 접수기간이 종료된 후에는 수정할 수 없습니다.
2. 응시자는 응시원서에 표기한 응시지역(시 도)에서만 필기시험에 응시할 수 있습니다.

   ※ 다만, 지역별 구분모집[9급 행정직(일반), 9급 행정직(우정사업본부)] 응시자의 필기시험 응시지역은 해당 지역모집 시 · 도가 됩니다.(복수의 시 · 도가 하나의 모집단위일 경우, 해당 시 · 도 중 응시희망 지역을 선택할 수 있습니다.)
3. 인사혁신처에서 동일 날짜에 시행하는 임용시험에는 복수로 원서를 제출할 수 없습니다.

## 양성평등채용목표제

1. 대상시험 : 선발예정인원이 5명 이상인 모집단위(교정 · 보호직렬은 적용 제외)
2. 채용목표 : 30%

※ 시험실시단계별로 합격예정인원에 대한 채용목표 비율이며 인원수 계산 시, 선발예정인원이 10명 이상인 경우에는 소수점 이하를 반올림하며, 5명 이상 10명 미만일 경우에는 소수점 이하는 버립니다.

## 응시 결격 사유

해당 시험의 최종시험 시행예정일(면접시험 최종예정일) 현재를 기준으로 국가공무원법 제33조(외무공무원은 외무공무원법 제9조, 검찰직 · 마약수사직 공무원은 검찰청법 제50조)의 결격사유에 해당하거나, 국가공무원법 제74조(정년) · 외무공무원법 제27조(정년)에 해당하는 자 또는 공무원임용시험령 등 관계법령에 의하여 응시자격이 정지된 자는 응시할 수 없습니다.

## 가산점 적용

| 구분 | 가산비율 | 비고 |
|---|---|---|
| 취업지원대상자 | 과목별 만점의 10% 또는 5% | • 취업지원대상자 가점과 의사상자 등 가점은 1개만 적용<br>• 취업지원대상자/의사상자 등 가점과 자격증 가산점은 각각 적용 |
| 의사상자 등 | 과목별 만점의 5% 또는 3% | |
| 직렬별 가산대상 자격증 소지자 | 과목별 만점의 3~5%<br>(1개의 자격증만 인정) | |

## 기타 유의사항

1. 필기시험에서 과락(만점의 40% 미만) 과목이 있을 경우에는 불합격 처리됩니다. 필기시험의 합격선은 공무원임용시험령 제4조에 따라 구성된 시험관리위원회의 심의를 통해 결정되며, 구체적인 합격자 결정 방법 등은 공무원임용시험령 등 관계법령을 참고하시기 바랍니다.
2. 9급 공채시험에서 가산점을 받고자 하는 자는 필기시험 시행 전일까지 해당요건을 갖추어야 하며, 반드시 필기시험 시행일을 포함한 3일 이내에 사이버국가고시센터(www.gosi.kr)에 접속하여 자격증의 종류 및 가산비율을 입력해야 합니다.

※ 반드시 응시 기간 내 공고문을 확인하시기 바랍니다.

나두공

"나두 공무원 할 수 있다"

# 구성 및 특징

## 연차별 기출문제

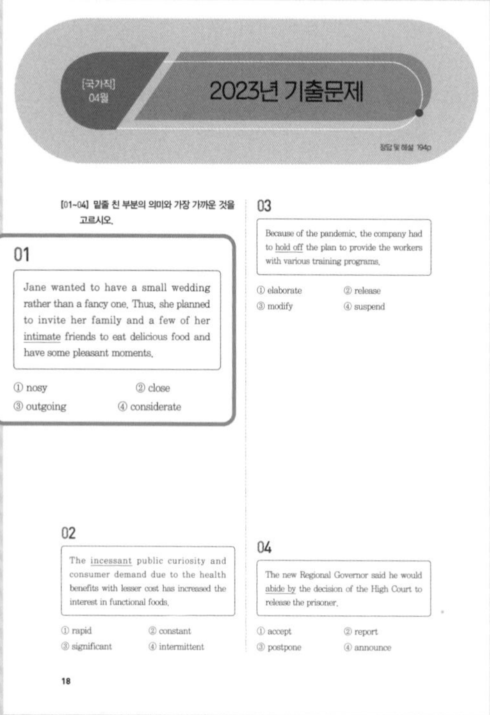

[국가직] 04월

2023년 기출문제

정답 및 해설 194p

[01~04] 밑줄 친 부분의 의미와 가장 가까운 것을 고르시오.

01

Jane wanted to have a small wedding rather than a fancy one. Thus, she planned to invite her family and a few of her intimate friends to eat delicious food and have some pleasant moments.

① nosy ② close
③ outgoing ④ considerate

02

The incessant public curiosity and consumer demand due to the health benefits with lesser cost has increased the interest in functional foods.

① rapid ② constant
③ significant ④ intermittent

03

Because of the pandemic, the company had to hold off the plan to provide the workers with various training programs.

① elaborate ② release
③ modify ④ suspend

04

The new Regional Governor said he would abide by the decision of the High Court to release the prisoner.

① accept ② report
③ postpone ④ announce

18

최근 7년 간의 〈국가직〉, 〈지방직〉, 〈서울시〉 공무원 시험의 기출문제를 연차별로 묶어 100% 똑같이 수록함으로써 독자가 공무원 시험의 기출 흐름을 체득하도록 하였다.

## 정답해설

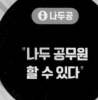

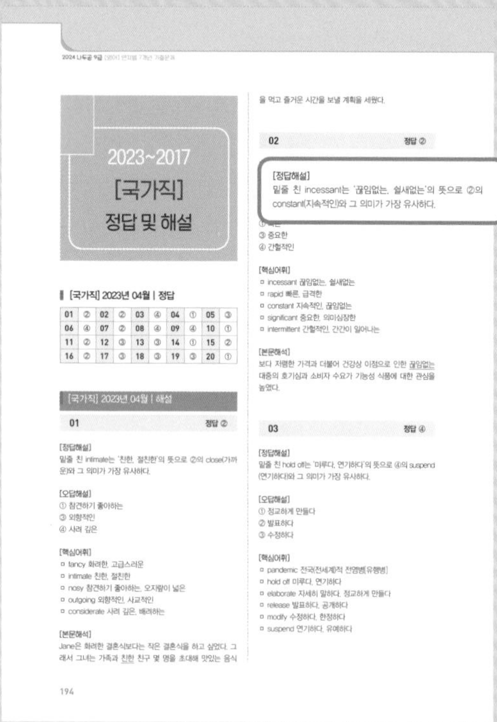

2024 나두공 9급 [영어] 연차별 7개년 기출문제

2023~2017 [국가직] 정답 및 해설

[국가직] 2023년 04월 | 정답

| | | | | | | | | | |
|---|---|---|---|---|---|---|---|---|---|
| 01 | ② | 02 | ② | 03 | ④ | 04 | ① | 05 | ③ |
| 06 | ④ | 07 | ② | 08 | ④ | 09 | ④ | 10 | ① |
| 11 | ② | 12 | ③ | 13 | ③ | 14 | ① | 15 | ② |
| 16 | ② | 17 | ③ | 18 | ③ | 19 | ③ | 20 | ① |

[국가직] 2023년 04월 | 해설

01 정답 ②

[정답해설]
밑줄 친 intimate는 '친한, 절친한'의 뜻으로 ②의 close(가까운)와 그 의미가 가장 유사하다.

[오답해설]
① 참견하기 좋아하는
③ 외향적인
④ 사려 깊은

[핵심어휘]
- fancy 화려한, 고급스러운
- intimate 친한, 절친한
- nosy 참견하기 좋아하는, 오지랖이 넓은
- outgoing 외향적인, 사교적인
- considerate 사려 깊은, 배려하는

[본문해석]
Jane은 화려한 결혼식보다는 작은 결혼식을 하고 싶었다. 그래서 그녀는 가족과 친한 친구 몇 명을 초대해 맛있는 음식을 먹고 즐거운 시간을 보낼 계획을 세웠다.

02 정답 ②

[정답해설]
밑줄 친 incessant는 '끊임없는, 쉴새없는'의 뜻으로 ②의 constant(지속적인)와 그 의미가 가장 유사하다.

③ 중요한
④ 간헐적인

[핵심어휘]
- incessant 끊임없는, 쉴새없는
- rapid 빠른, 급격한
- constant 지속적인, 끊임없는
- significant 중요한, 의미심장한
- intermittent 간헐적인, 간간이 일어나는

[본문해석]
보다 저렴한 가격과 더불어 건강상 이점으로 인한 끊임없는 대중의 호기심과 소비자 수요가 기능성 식품에 대한 관심을 높였다.

03 정답 ④

[정답해설]
밑줄 친 hold off는 '미루다, 연기하다'의 뜻으로 ④의 suspend(연기하다)와 그 의미가 가장 유사하다.

[오답해설]
① 정교하게 만들다
② 발표하다
③ 수정하다

[핵심어휘]
- pandemic 전국(전세계)적 전염병[유행병]
- hold off 미루다, 연기하다
- elaborate 자세히 말하다, 정교하게 만들다
- release 발표하다, 공개하다
- modify 수정하다, 한정하다
- suspend 연기하다, 유예하다

194

해당 보기가 문제의 정답이 되는 이유를 논리적이고 명확하게 설명하였다. 또한 유사한 문제뿐만 아니라 응용문제까지도 폭넓게 대처할 수 있도록, 경우에 따라 정답과 관련된 배경 이론이나 참고 사항 등을 수록하였다.

## 오답해설

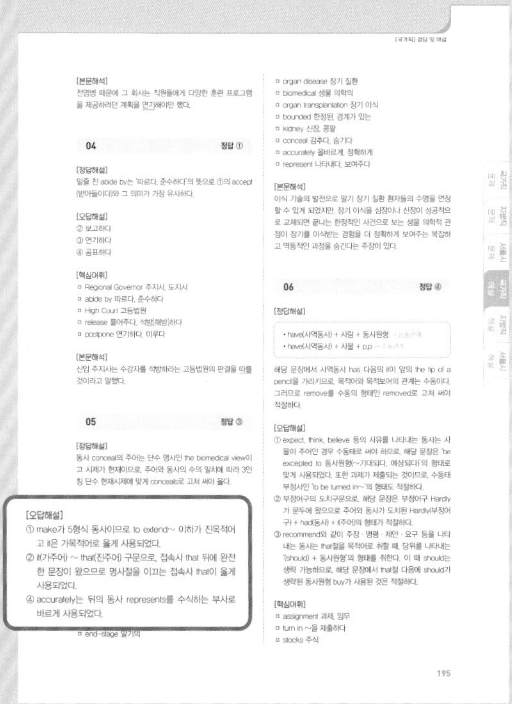

[오답해설]
① make가 5형식 동사이므로 to extend~ 이하가 진목적어 고 it은 가목적어로 올게 사용되었다.
② it(가주어) ~ that(진주어) 구문으로, 접속사 that 뒤에 완전한 문장이 왔으므로 명사절을 이끄는 접속사 that이 올게 사용되었다.
④ accurately는 뒤의 동사 represents를 수식하는 부사로 바르게 사용되었다.

다른 보기들이 오답이 되는 이유를 각 보기별로 세세하게 설명하고 유사문제에서 오답을 확실히 피할 수 있도록 문제의 요지에 초점을 맞추어 필요한 보충 설명을 제시하였다.

## 본문해석

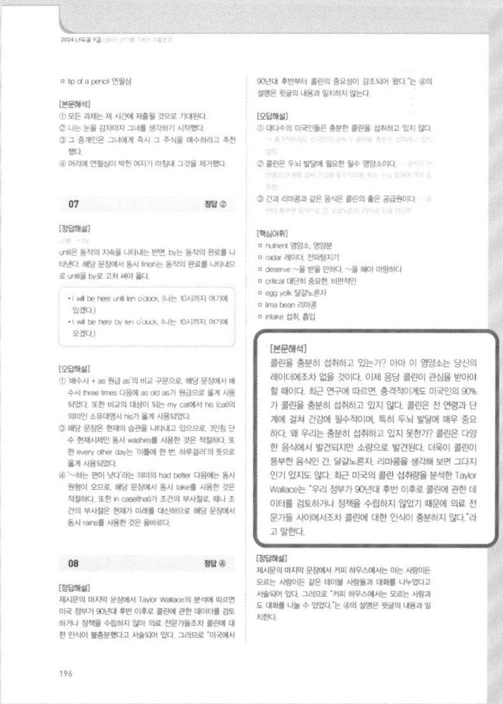

[본문해석]
콜린을 충분히 섭취하고 있는가? 아마 이 영양소는 당신의 레이더에조차 없을 것이다. 이제 응당 콜린이 관심을 받아야 할 때이다. 최근 연구에 따르면, 충격적이게도 미국인의 90%가 콜린을 충분히 섭취하고 있지 않다. 콜린은 전 연령과 단계에 걸쳐 건강에 필수적이며, 특히 두뇌 발달에 매우 중요하다. 왜 우리는 충분히 섭취하고 있지 못한가? 콜린은 다양한 음식에서 발견되지만 소량으로 발견된다. 더욱이 콜린이 풍부한 음식인 간, 달걀노른자, 리마콩을 생각해 보면 그다지 인기 있지도 않다. 최근 미국의 콜린 섭취량을 분석한 Taylor Wallace는 "우리 정부가 90년대 후반 이후로 콜린에 관한 데이터를 검토하거나 정책을 수립하지 않았기 때문에 의료 전문가들 사이에서조차 콜린에 대한 인식이 충분하지 않다."라고 말한다.

지문에서 말하고자 하는 내용을 정확하게 해석하여 독자들이 쉽게 이해할 수 있게 하였다. 단어 하나하나의 문맥상 정확한 해석을 하고, 빠짐없이 기록하였다.

나두공

"나두 공무원 할 수 있다"

# 목 차

## 시행처별 목 차

## 연차별 목차

나두공
"나두 공무원 할 수 있다"

# 체크리스트

## 효율적인 학습을 위한 CHECK LIST

| 시행처 | 시행일 | 학습 기간 | 정답 수 | 오답 수 |
|---|---|---|---|---|
| 국가직 | 2023년 04월 | ~ | | |
| | 2022년 04월 | ~ | | |
| | 2021년 04월 | ~ | | |
| | 2020년 07월 | ~ | | |
| | 2019년 04월 | ~ | | |
| | 2018년 04월 | ~ | | |
| | 2017년 04월 | ~ | | |
| | 2017년 10월 | ~ | | |
| 지방직 | 2023년 06월 | ~ | | |
| | 2022년 06월 | ~ | | |
| | 2021년 06월 | ~ | | |
| | 2020년 06월 | ~ | | |
| | 2019년 06월 | ~ | | |
| | 2018년 05월 | ~ | | |
| | 2017년 06월 | ~ | | |
| | 2017년 12월 | ~ | | |
| 서울시 | 2022년 02월 | ~ | | |
| | 2019년 02월 | ~ | | |
| | 2019년 06월 | ~ | | |
| | 2018년 03월 | ~ | | |
| | 2018년 06월 | ~ | | |
| | 2017년 06월 | ~ | | |

7개년

# 2023~2017 [국가직] 연차별 기출문제

QUESTIONS

[국가직] 04월

# 2023년 기출문제

정답 및 해설 194p

**[01~04] 밑줄 친 부분의 의미와 가장 가까운 것을 고르시오.**

## 01

Jane wanted to have a small wedding rather than a fancy one. Thus, she planned to invite her family and a few of her intimate friends to eat delicious food and have some pleasant moments.

① nosy ② close
③ outgoing ④ considerate

## 02

The incessant public curiosity and consumer demand due to the health benefits with lesser cost has increased the interest in functional foods.

① rapid ② constant
③ significant ④ intermittent

## 03

Because of the pandemic, the company had to hold off the plan to provide the workers with various training programs.

① elaborate ② release
③ modify ④ suspend

## 04

The new Regional Governor said he would abide by the decision of the High Court to release the prisoner.

① accept ② report
③ postpone ④ announce

## 05 밑줄 친 부분 중 어법상 옳지 않은 것은?

> While advances in transplant technology have made ①it possible to extend the life of individuals with end-stage organ disease, it is argued ②that the biomedical view of organ transplantation as a bounded event, which ends once a heart or kidney is successfully replaced, ③conceal the complex and dynamic process that more ④accurately represents the experience of receiving an organ.

## 06 어법상 옳지 않은 것은?

① All assignments are expected to be turned in on time.

② Hardly had I closed my eyes when I began to think of her.

③ The broker recommended that she buy the stocks immediately.

④ A woman with the tip of a pencil stuck in her head has finally had it remove.

## 07 우리말을 영어로 잘못 옮긴 것은?

① 내 고양이 나이는 그의 고양이 나이의 세 배이다.
→ My cat is three times as old as his.

② 우리는 그 일을 이번 달 말까지 끝내야 한다.
→ We have to finish the work until the end of this month.

③ 그녀는 이틀에 한 번 머리를 감는다.
→ She washes her hair every other day.

④ 너는 비가 올 경우에 대비하여 우산을 갖고 가는 게 낫겠다.
→ You had better take an umbrella in case it rains.

## 08 다음 글의 내용과 일치하지 않는 것은?

Are you getting enough choline? Chances are, this nutrient isn't even on your radar. It's time choline gets the attention it deserves. A shocking 90 percent of Americans aren't getting enough choline, according to a recent study. Choline is essential to health at all ages and stages, and is especially critical for brain development. Why aren't we getting enough? Choline is found in many different foods but in small amounts. Plus, the foods that are rich in choline aren't the most popular: think liver, egg yolks and lima beans. Taylor Wallace, who worked on a recent analysis of choline intake in the United States, says, "There isn't enough awareness about choline even among health-care professionals because our government hasn't reviewed the data or set policies around choline since the late '90s."

① A majority of Americans are not getting enough choline.
② Choline is an essential nutrient required for brain development.
③ Foods such as liver and lima beans are good sources of choline.
④ The importance of choline has been stressed since the late '90s in the U.S.

## 09 다음 글의 내용과 일치하는 것은?

Around 1700 there were, by some accounts, more than 2,000 London coffeehouses, occupying more premises and paying more rent than any other trade. They came to be known as penny universities, because for that price one could purchase a cup of coffee and sit for hours listening to extraordinary conversations. Each coffeehouse specialized in a different type of clientele. In one, physicians could be consulted. Others served Protestants, Puritans, Catholics, Jews, literati, merchants, traders, Whigs, Tories, army officers, actors, lawyers, or clergy. The coffeehouses provided England's first egalitarian meeting place, where a man chatted with his tablemates whether he knew them or not.

① The number of coffeehouses was smaller than that of any other business.
② Customers were not allowed to stay for more than an hour in a coffeehouse.
③ Religious people didn't get together in a coffeehouse to chat.
④ One could converse even with unknown tablemates in a coffeehouse.

**[10~11] 밑줄 친 부분에 들어갈 말로 알맞은 것을 고르시오.**

## 10

A: I got this new skin cream from a drugstore yesterday. It is supposed to remove all wrinkles and make your skin look much younger.
B: ______________________
A: Why don't you believe it? I've read in a few blogs that the cream really works.
B: I assume that the cream is good for your skin, but I don't think that it is possible to get rid of wrinkles or magically look younger by using a cream.
A: You are so pessimistic.
B: No, I'm just being realistic. I think you are being gullible.

① I don't buy it.
② It's too pricey.
③ I can't help you out.
④ Believe it or not, it's true.

## 11

A: I'd like to go sightseeing downtown. Where do you think I should go?
B: I strongly suggest you visit the national art gallery.
A: Oh, that's a great idea. What else should I check out?
B: ______________________
A: I don't have time for that. I need to meet a client at three.
B: Oh, I see. Why don't you visit the national park, then?
A: That sounds good. Thank you!

① This is the map that your client needs. Here you go.
② A guided tour to the river park. It takes all afternoon.
③ You should check it out as soon as possible.
④ The checkout time is three o'clock.

## 12 두 사람의 대화 중 자연스럽지 않은 것은?

① A: He's finally in a hit movie!
B: Well, he's got it made.
② A: I'm getting a little tired now.
B: Let's call it a day.
③ A: The kids are going to a birthday party.
B: So, it was a piece of cake.
④ A: I wonder why he went home early yesterday.
B: I think he was under the weather.

## 13 다음 글의 제목으로 알맞은 것은?

The feeling of being loved and the biological response it stimulates is triggered by nonverbal cues: the tone in a voice, the expression on a face, or the touch that feels just right. Nonverbal cues—rather than spoken words—make us feel that the person we are with is interested in, understands, and values us. When we're with them, we feel safe. We even see the power of nonverbal cues in the wild. After evading the chase of predators, animals often nuzzle each other as a means of stress relief. This bodily contact provides reassurance of safety and relieves stress.

① How Do Wild Animals Think and Feel?
② Communicating Effectively Is the Secret to Success
③ Nonverbal Communication Speaks Louder than Words
④ Verbal Cues: The Primary Tools for Expressing Feelings

## 14 다음 글의 주제로 알맞은 것은?

There are times, like holidays and birthdays, when toys and gifts accumulate in a child's life. You can use these times to teach a healthy nondependency on things. Don't surround your child with toys. Instead, arrange them in baskets, have one basket out at a time, and rotate baskets occasionally. If a cherished object is put away for a time, bringing it out creates a delightful remembering and freshness of outlook. Suppose your child asks for a toy that has been put away for a while. You can direct attention toward an object or experience that is already in the environment. If you lose or break a possession, try to model a good attitude ("I appreciated it while I had it!") so that your child can begin to develop an attitude of nonattachment. If a toy of hers is broken or lost, help her to say," I had fun with that."

① building a healthy attitude toward possessions
② learning the value of sharing toys with others
③ teaching how to arrange toys in an orderly manner
④ accepting responsibility for behaving in undesirable ways

## 15 다음 글의 요지로 알맞은 것은?

Many parents have been misguided by the "self-esteem movement," which has told them that the way to build their children's self-esteem is to tell them how good they are at things. Unfortunately, trying to convince your children of their competence will likely fail because life has a way of telling them unequivocally how capable or incapable they really are through success and failure. Research has shown that how you praise your children has a powerful influence on their development. Some researchers found that children who were praised for their intelligence, as compared to their effort, became overly focused on results. Following a failure, these same children persisted less, showed less enjoyment, attributed their failure to a lack of ability, and performed poorly in future achievement efforts. Praising children for intelligence made them fear difficulty because they began to equate failure with stupidity.

① Frequent praises increase self-esteem of children.

② Compliments on intelligence bring about negative effect.

③ A child should overcome fear of failure through success.

④ Parents should focus on the outcome rather than the process.

## 16 밑줄 친 부분에 들어갈 말로 알맞은 것은?

In recent years, the increased popularity of online marketing and social media sharing has boosted the need for advertising standardization for global brands. Most big marketing and advertising campaigns include a large online presence. Connected consumers can now zip easily across borders via the internet and social media, making it difficult for advertisers to roll out adapted campaigns in a controlled, orderly fashion. As a result, most global consumer brands coordinate their digital sites internationally. For example, Coca-Cola web and social media sites around the world, from Australia and Argentina to France, Romania, and Russia, are surprisingly ________________. All feature splashes of familiar Coke red, iconic Coke bottle shapes, and Coca-Cola's music and "Taste the Feeling" themes.

① experimental ② uniform

③ localized ④ diverse

국가직 문제 | 지방직 문제 | 서울시 문제 | 국가직 해설 | 지방직 해설 | 서울시 해설

## 17 다음 글의 흐름상 어색한 문장은?

In our monthly surveys of 5,000 American workers and 500 U.S. employers, a huge shift to hybrid work is abundantly clear for office and knowledge workers. ① An emerging norm is three days a week in the office and two at home, cutting days on site by 30% or more. You might think this cutback would bring a huge drop in the demand for office space. ② But our survey data suggests cuts in office space of 1% to 2% on average, implying big reductions in density not space. We can understand why. High density at the office is uncomfortable and many workers dislike crowds around their desks. ③ Most employees want to work from home on Mondays and Fridays. Discomfort with density extends to lobbies, kitchens, and especially elevators. ④ The only sure-fire way to reduce density is to cut days on site without cutting square footage as much. Discomfort with density is here to stay according to our survey evidence.

## 18 주어진 문장이 들어갈 위치로 알맞은 것은?

They installed video cameras at places known for illegal crossings, and put live video feeds from the cameras on a Web site.

Immigration reform is a political minefield. ( ① ) About the only aspect of immigration policy that commands broad political support is the resolve to secure the U.S. border with Mexico to limit the flow of illegal immigrants. ( ② ) Texas sheriffs recently developed a novel use of the Internet to help them keep watch on the border. ( ③ ) Citizens who want to help monitor the border can go online and serve as "virtual Texas deputies." ( ④ ) If they see anyone trying to cross the border, they send a report to the sheriff's office, which follows up, sometimes with the help of the U.S. Border Patrol.

## 19 주어진 글 다음에 이어질 글의 순서로 알맞은 것은?

All civilizations rely on government administration. Perhaps no civilization better exemplifies this than ancient Rome.

(A) To rule an area that large, the Romans, based in what is now central Italy, needed an effective system of government administration.
(B) Actually, the word "civilization" itself comes from the Latin word *civis*, meaning "citizen."
(C) Latin was the language of ancient Rome, whose territory stretched from the Mediterranean basin all the way to parts of Great Britain in the north and the Black Sea to the east.

① (A) – (B) – (C)
② (B) – (A) – (C)
③ (B) – (C) – (A)
④ (C) – (A) – (B)

## 20 밑줄 친 부분에 들어갈 말로 알맞은 것은?

Over the last fifty years, all major subdisciplines in psychology have become more and more isolated from each other as training becomes increasingly specialized and narrow in focus. As some psychologists have long argued, if the field of psychology is to mature and advance scientifically, its disparate parts (for example, neuroscience, developmental, cognitive, personality, and social) must become whole and integrated again. Science advances when distinct topics become theoretically and empirically integrated under simplifying theoretical frameworks. Psychology of science will encourage collaboration among psychologists from various sub-areas, helping the field achieve coherence rather than continued fragmentation. In this way, psychology of science might act as a template for psychology as a whole by integrating under one discipline all of the major fractions/factions within the field. It would be no small feat and of no small import if the psychology of science could become a model for the parent discipline on how to combine resources and study science ____________.

① from a unified perspective
② in dynamic aspects
③ throughout history
④ with accurate evidence

[국가직] 04월

# 2022년 기출문제

정답 및 해설 202p

**[01~03] 밑줄 친 부분의 의미와 가장 가까운 것을 고르시오.**

## 01

For years, detectives have been trying to <u>unravel</u> the mystery of the sudden disappearance of the twin brothers.

① solve ② create
③ imitate ④ publicize

## 02

Before the couple experienced parenthood, their four-bedroom house seemed unnecessarily <u>opulent</u>.

① hidden ② luxurious
③ empty ④ solid

## 03

The boss <u>hit the roof</u> when he saw that we had already spent the entire budget in such a short period of time.

① was very satisfied
② was very surprised
③ became extremely calm
④ became extremely angry

**[04~05] 밑줄 친 부분에 들어갈 말로 가장 적절한 것을 고르시오.**

## 04

A mouse potato is the computer ____________ of television's couch potato: someone who tends to spend a great deal of leisure time in front of the computer in much the same way the couch potato does in front of the television.

① technician ② equivalent
③ network ④ simulation

## 05

Mary decided to __________ her Spanish before going to South America.

① brush up on ② hear out
③ stick up for ④ lay off

## 06 어법상 옳은 것은?

① A horse should be fed according to its individual needs and the nature of its work.

② My hat was blown off by the wind while walking down a narrow street.

③ She has known primarily as a political cartoonist throughout her career.

④ Even young children like to be complimented for a job done good.

## 07 다음 글의 내용과 일치하지 않는 것은?

Umberto Eco was an Italian novelist, cultural critic and philosopher. He is widely known for his 1980 novel *The Name of the Rose*, a historical mystery combining semiotics in fiction with biblical analysis, medieval studies and literary theory. He later wrote other novels, including *Foucault's Pendulum and The Island of the Day Before*. Eco was also a translator: he translated Raymond Queneau's book *Exercices de style* into Italian. He was the founder of the Department of Media Studies at the University of the Republic of San Marino. He died at his Milanese home of pancreatic cancer, from which he had been suffering for two years, on the night of February 19, 2016.

① *The Name of the Rose* is a historical novel.

② Eco translated a book into Italian.

③ Eco founded a university department.

④ Eco died in a hospital of cancer.

## 08 밑줄 친 부분 중 어법상 옳지 않은 것은?

To find a good starting point, one must return to the year 1800 during ①which the first modern electric battery was developed. Italian Alessandro Volta found that a combination of silver, copper, and zinc ②were ideal for producing an electrical current. The enhanced design, ③called a Voltaic pile, was made by stacking some discs made from these metals between discs made of cardboard soaked in sea water. There was ④such talk about Volta's work that he was requested to conduct a demonstration before the Emperor Napoleon himself.

## 09 다음 글의 제목으로 가장 적절한 것은?

Lasers are possible because of the way light interacts with electrons. Electrons exist at specific energy levels or states characteristic of that particular atom or molecule. The energy levels can be imagined as rings or orbits around a nucleus. Electrons in outer rings are at higher energy levels than those in inner rings. Electrons can be bumped up to higher energy levels by the injection of energy—for example, by a flash of light. When an electron drops from an outer to an inner level, "excess" energy is given off as light. The wavelength or color of the emitted light is precisely related to the amount of energy released. Depending on the particular lasing material being used, specific wavelengths of light are absorbed (to energize or excite the electrons) and specific wavelengths are emitted (when the electrons fall back to their initial level).

① How Is Laser Produced?
② When Was Laser Invented?
③ What Electrons Does Laser Emit?
④ Why Do Electrons Reflect Light?

## 10 다음 글의 흐름상 가장 어색한 문장은?

Markets in water rights are likely to evolve as a rising population leads to shortages and climate change causes drought and famine. ① But they will be based on regional and ethical trading practices and will differ from the bulk of commodity trade. ② Detractors argue trading water is unethical or even a breach of human rights, but already water rights are bought and sold in arid areas of the globe from Oman to Australia. ③ Drinking distilled water can be beneficial, but may not be the best choice for everyone, especially if the minerals are not supplemented by another source. ④ "We strongly believe that water is in fact turning into the new gold for this decade and beyond," said Ziad Abdelnour." No wonder smart money is aggressively moving in this direction."

**[11~12] 밑줄 친 부분에 들어갈 말로 가장 적절한 것을 고르시오.**

## 11

A: I heard that the university cafeteria changed their menu.
B: Yeah, I just checked it out.
A: And they got a new caterer.
B: Yes. Sam's Catering.
A: ______________________?
B: There are more dessert choices. Also, some sandwich choices were removed.

① What is your favorite dessert
② Do you know where their office is
③ Do you need my help with the menu
④ What's the difference from the last menu

## 12

A: Hi there. May I help you?
B: Yes, I'm looking for a sweater.
A: Well, this one is the latest style from the fall collection. What do you think?
B: It's gorgeous. How much is it?
A: Let me check the price for you. It's $120.
B: ______________________.
A: Then how about this sweater? It's from the last season, but it's on sale for $50.
B: Perfect! Let me try it on.

① I also need a pair of pants to go with it
② That jacket is the perfect gift for me
③ It's a little out of my price range
④ We are open until 7 p.m. on Saturdays

**[13~14] 우리말을 영어로 잘못 옮긴 것을 고르시오.**

## 13

① 우리가 영어를 단시간에 배우는 것은 결코 쉬운 일이 아니다.
→ It is by no means easy for us to learn English in a short time.
② 우리 인생에서 시간보다 더 소중한 것은 없다.
→ Nothing is more precious as time in our life.
③ 아이들은 길을 건널 때 아무리 조심해도 지나치지 않다.
→ Children cannot be too careful when crossing the street.
④ 그녀는 남들이 말하는 것을 쉽게 믿는다.
→ She easily believes what others say.

## 14

① 커피 세 잔을 마셨기 때문에, 그녀는 잠을 이룰 수 없다.
→ Having drunk three cups of coffee, she can't fall asleep.
② 친절한 사람이어서, 그녀는 모든 이에게 사랑받는다.
→ Being a kind person, she is loved by everyone.
③ 모든 점이 고려된다면, 그녀가 그 직위에 가장 적임인 사람이다.
→ All things considered, she is the best-qualified person for the position.
④ 다리를 꼰 채로 오랫동안 앉아 있는 것은 혈압을 상승시킬 수 있다.
→ Sitting with the legs crossing for a long period can raise blood pressure.

## 15 밑줄 친 (A), (B)에 들어갈 말로 가장 적절한 것은?

Beliefs about maintaining ties with those who have died vary from culture to culture. For example, maintaining ties with the deceased is accepted and sustained in the religious rituals of Japan. Yet among the Hopi Indians of Arizona, the deceased are forgotten as quickly as possible and life goes on as usual. ___(A)___, the Hopi funeral ritual concludes with a break-off between mortals and spirits. The diversity of grieving is nowhere clearer than in two Muslim societies—one in Egypt, the other in Bali. Among Muslims in Egypt, the bereaved are encouraged to dwell at length on their grief, surrounded by others who relate to similarly tragic accounts and express their sorrow. ___(B)___, in Bali, bereaved Muslims are encouraged to laugh and be joyful rather than be sad.

| (A) | (B) |
|---|---|
| ① However | Similarly |
| ② In fact | By contrast |
| ③ Therefore | For example |
| ④ Likewise | Consequently |

## 16 밑줄 친 부분에 들어갈 말로 가장 적절한 것은?

Scientists have long known that higher air temperatures are contributing to the surface melting on Greenland's ice sheet. But a new study has found another threat that has begun attacking the ice from below: Warm ocean water moving underneath the vast glaciers is causing them to melt even more quickly. The findings were published in the journal Nature Geoscience by researchers who studied one of the many "ice tongues" of the Nioghalvfjerdsfjorden Glacier in northeast Greenland. An ice tongue is a strip of ice that floats on the water without breaking off from the ice on land. The massive one these scientists studied is nearly 50 miles long. The survey revealed an underwater current more than a mile wide where warm water from the Atlantic Ocean is able to flow directly towards the glacier, bringing large amounts of heat into contact with the ice and ________ the glacier's melting.

① separating ② delaying
③ preventing ④ accelerating

## 17 다음 글의 제목으로 가장 적절한 것은?

Do people from different cultures view the world differently? A psychologist presented realistic animated scenes of fish and other underwater objects to Japanese and American students and asked them to report what they had seen. Americans and Japanese made about an equal number of references to the focal fish, but the Japanese made more than 60 percent more references to background elements, including the water, rocks, bubbles, and inert plants and animals. In addition, whereas Japanese and American participants made about equal numbers of references to movement involving active animals, the Japanese participants made almost twice as many references to relationships involving inert, background objects. Perhaps most tellingly, the very first sentence from the Japanese participants was likely to be one referring to the environment, whereas the first sentence from Americans was three times as likely to be one referring to the focal fish.

① Language Barrier Between Japanese and Americans
② Associations of Objects and Backgrounds in the Brain
③ Cultural Differences in Perception
④ Superiority of Detail-oriented People

## 18 주어진 문장이 들어갈 위치로 가장 적절한 곳은?

Thus, blood, and life-giving oxygen, are easier for the heart to circulate to the brain.

People can be exposed to gravitational force, or g-force, in different ways. It can be localized, affecting only a portion of the body, as in getting slapped on the back. It can also be momentary, such as hard forces endured in a car crash. A third type of g-force is sustained, or lasting for at least several seconds. ( ① ) Sustained, body-wide g-forces are the most dangerous to people. ( ② ) The body usually withstands localized or momentary g-force better than sustained g-force, which can be deadly because blood is forced into the legs, depriving the rest of the body of oxygen. ( ③ ) Sustained g-force applied while the body is horizontal, or lying down, instead of sitting or standing tends to be more tolerable to people, because blood pools in the back and not the legs. ( ④ ) Some people, such as astronauts and fighter jet pilots, undergo special training exercises to increase their bodies' resistance to g-force.

## 19 다음 글의 요지로 가장 적절한 것은?

If someone makes you an offer and you're legitimately concerned about parts of it, you're usually better off proposing all your changes at once. Don't say, "The salary is a bit low. Could you do something about it?" and then, once she's worked on it, come back with "Thanks. Now here are two other things I'd like..." If you ask for only one thing initially, she may assume that getting it will make you ready to accept the offer (or at least to make a decision). If you keep saying "and one more thing...," she is unlikely to remain in a generous or understanding mood. Furthermore, if you have more than one request, don't simply mention all the things you want—A, B, C, and D; also signal the relative importance of each to you. Otherwise, she may pick the two things you value least, because they're pretty easy to give you, and feel she's met you halfway.

① Negotiate multiple issues simultaneously, not serially.
② Avoid sensitive topics for a successful negotiation.
③ Choose the right time for your negotiation.
④ Don't be too direct when negotiating salary.

## 20 주어진 글 다음에 이어질 글의 순서로 가장 적절한 것은?

Today, Lamarck is unfairly remembered in large part for his mistaken explanation of how adaptations evolve. He proposed that by using or not using certain body parts, an organism develops certain characteristics.

(A) There is no evidence that this happens. Still, it is important to note that Lamarck proposed that evolution occurs when organisms adapt to their environments. This idea helped set the stage for Darwin.

(B) Lamarck thought that these characteristics would be passed on to the offspring. Lamarck called this idea *inheritance of acquired characteristics*.

(C) For example, Lamarck might explain that a kangaroo's powerful hind legs were the result of ancestors strengthening their legs by jumping and then passing that acquired leg strength on to the offspring. However, an acquired characteristic would have to somehow modify the DNA of specific genes in order to be inherited.

① (A) – (C) – (B)
② (B) – (A) – (C)
③ (B) – (C) – (A)
④ (C) – (A) – (B)

[국가직] 04월

# 2021년 기출문제

정답 및 해설 210p



**[01~03] 밑줄 친 부분의 의미와 가장 가까운 것을 고르시오.**

## 01

> Privacy as a social practice shapes individual behavior <u>in conjunction with</u> other social practices and is therefore central to social life.

① in combination with
② in comparison with
③ in place of
④ in case of

## 02

> The influence of Jazz has been so <u>pervasive</u> that most popular music owes its stylistic roots to jazz.

① deceptive
② ubiquitous
③ persuasive
④ disastrous

## 03

> This novel is about the <u>vexed</u> parents of an unruly teenager who quits school to start a business.

① callous
② annoyed
③ reputable
④ confident

## 04 밑줄 친 부분에 들어갈 말로 가장 적절한 것은?

> A group of young demonstrators attempted to __________ the police station.

① line up
② give out
③ carry on
④ break into

## 05 다음 글의 내용과 일치하는 것은?

The most notorious case of imported labor is of course the Atlantic slave trade, which brought as many as ten million enslaved Africans to the New World to work the plantations. But although the Europeans may have practiced slavery on the largest scale, they were by no means the only people to bring slaves into their communities: earlier, the ancient Egyptians used slave labor to build their pyramids, early Arab explorers were often also slave traders, and Arabic slavery continued into the twentieth century and indeed still continues in a few places. In the Americas some native tribes enslaved members of other tribes, and slavery was also an institution in many African nations, especially before the colonial period.

① African laborers voluntarily moved to the New World.
② Europeans were the first people to use slave labor.
③ Arabic slavery no longer exists in any form.
④ Slavery existed even in African countries.

## 06 어법상 옳은 것은?

① This guide book tells you where should you visit in Hong Kong.
② I was born in Taiwan, but I have lived in Korea since I started work.
③ The novel was so excited that I lost track of time and missed the bus.
④ It's not surprising that book stores don't carry newspapers any more, doesn't it?

## 07 다음 글의 제목으로 가장 적절한 것은?

Warming temperatures and loss of oxygen in the sea will shrink hundreds of fish species—from tunas and groupers to salmon, thresher sharks, haddock and cod—even more than previously thought, a new study concludes. Because warmer seas speed up their metabolisms, fish, squid and other water-breathing creatures will need to draw more oxygen from the ocean. At the same time, warming seas are already reducing the availability of oxygen in many parts of the sea. A pair of University of British Columbia scientists argue that since the bodies of fish grow faster than their gills, these animals eventually will reach a point where they can't get enough oxygen to sustain normal growth. "What we found was that the body size of fish decreases by 20 to 30 percent for every 1 degree Celsius increase in water temperature," says author William Cheung.

① Fish Now Grow Faster than Ever
② Oxygen's Impact on Ocean Temperatures
③ Climate Change May Shrink the World's Fish
④ How Sea Creatures Survive with Low Metabolism

## 08 밑줄 친 부분 중 어법상 옳지 않은 것은?

Urban agriculture (UA) has long been dismissed as a fringe activity that has no place in cities; however, its potential is beginning to ①be realized. In fact, UA is about food self-reliance: it involves ②creating work and is a reaction to food insecurity, particularly for the poor. Contrary to ③which many believe, UA is found in every city, where it is sometimes hidden, sometimes obvious. If one looks carefully, few spaces in a major city are unused. Valuable vacant land rarely sits idle and is often taken over—either formally, or informally—and made ④productive.

## 09 주어진 문장이 들어갈 위치로 가장 적절한 것은?

For example, the state archives of New Jersey hold more than 30,000 cubic feet of paper and 25,000 reels of microfilm.

Archives are a treasure trove of material: from audio to video to newspapers, magazines and printed material—which makes them indispensable to any History Detective investigation. While libraries and archives may appear the same, the differences are important. ( ① ) An archive collection is almost always made up of primary sources, while a library contains secondary sources. ( ② ) To learn more about the Korean War, you'd go to a library for a history book. If you wanted to read the government papers, or letters written by Korean War soldiers, you'd go to an archive. ( ③ ) If you're searching for information, chances are there's an archive out there for you. Many state and local archives store public records—which are an amazing, diverse resource. ( ④ ) An online search of your state's archives will quickly show you they contain much more than just the minutes of the legislature—there are detailed land grant information to be found, old town maps, criminal records and oddities such as peddler license applications.

※ treasure trove: 귀중한 발굴물(수집물)
※ land grant:(대학 · 철도 등을 위해) 정부가 주는 땅

## 10 다음 글의 흐름상 가장 어색한 문장은?

The term burnout refers to a "wearing out" from the pressures of work. Burnout is a chronic condition that results as daily work stressors take their toll on employees. ① The most widely adopted conceptualization of burnout has been developed by Maslach and her colleagues in their studies of human service workers. Maslach sees burnout as consisting of three interrelated dimensions. The first dimension—emotional exhaustion—is really the core of the burnout phenomenon. ② Workers suffer from emotional exhaustion when they feel fatigued, frustrated, used up, or unable to face another day on the job. The second dimension of burnout is a lack of personal accomplishment. ③ This aspect of the burnout phenomenon refers to workers who see themselves as failures, incapable of effectively accomplishing job requirements. ④ Emotional labor workers enter their occupation highly motivated although they are physically exhausted. The third dimension of burnout is depersonalization. This dimension is relevant only to workers who must communicate interpersonally with others (e.g. clients, patients, students) as part of the job.

## [11~12] 밑줄 친 부분에 들어갈 말로 가장 적절한 것을 고르시오.

## 11

A: Were you here last night?
B: Yes. I worked the closing shift. Why?
A: The kitchen was a mess this morning. There was food spattered on the stove, and the ice trays were not in the freezer.
B: I guess I forgot to go over the cleaning checklist.
A: You know how important a clean kitchen is.
B: I'm sorry. ____________

① I won't let it happen again.
② Would you like your bill now?
③ That's why I forgot it yesterday.
④ I'll make sure you get the right order.

## 12

A: Have you taken anything for your cold?
B: No, I just blow my nose a lot.
A: Have you tried nose spray?
B: ____________
A: It works great.
B: No, thanks. I don't like to put anything in my nose, so I've never used it.

① Yes, but it didn't help.
② No, I don't like nose spray.
③ No, the pharmacy was closed.
④ Yeah, how much should I use?

## 13 다음 글의 내용과 일치하지 않는 것은?

Deserts cover more than one-fifth of the Earth's land area, and they are found on every continent. A place that receives less than 25 centimeters (10 inches) of rain per year is considered a desert. Deserts are part of a wider class of regions called drylands. These areas exist under a "moisture deficit," which means they can frequently lose more moisture through evaporation than they receive from annual precipitation. Despite the common conceptions of deserts as hot, there are cold deserts as well. The largest hot desert in the world, northern Africa's Sahara, reaches temperatures of up to 50 degrees Celsius (122 degrees Fahrenheit) during the day. But some deserts are always cold, like the Gobi Desert in Asia and the polar deserts of the Antarctic and Arctic, which are the world's largest. Others are mountainous. Only about 20 percent of deserts are covered by sand. The driest deserts, such as Chile's Atacama Desert, have parts that receive less than two millimeters (0.08 inches) of precipitation a year. Such environments are so harsh and otherworldly that scientists have even studied them for clues about life on Mars. On the other hand, every few years, an unusually rainy period can produce "super blooms," where even the Atacama becomes blanketed in wildflowers.

① There is at least one desert on each continent.

② The Sahara is the world's largest hot desert.

③ The Gobi Desert is categorized as a cold desert.

④ The Atacama Desert is one of the rainiest deserts.

**[14~15] 우리말을 영어로 가장 잘 옮긴 것을 고르시오.**

## 14

① 나는 너의 답장을 가능한 한 빨리 받기를 고대한다.
→ I look forward to receive your reply as soon as possible.

② 그는 내가 일을 열심히 했기 때문에 월급을 올려 주겠다고 말했다.
→ He said he would rise my salary because I worked hard.

③ 그의 스마트 도시 계획은 고려할 만했다.
→ His plan for the smart city was worth considered.

④ Cindy는 피아노 치는 것을 매우 좋아했고 그녀의 아들도 그랬다.
→ Cindy loved playing the piano, and so did her son.

## 15

① 당신이 부자일지라도 당신은 진실한 친구들을 살 수는 없다.
→ Rich as if you may be, you can't buy sincere friends.

② 그것은 너무나 아름다운 유성 폭풍이어서 우리는 밤새 그것을 보았다.
→ It was such a beautiful meteor storm that we watched it all night.

③ 학위가 없는 것이 그녀의 성공을 방해했다.
→ Her lack of a degree kept her advancing.

④ 그는 사형이 폐지되어야 하는지 아닌지에 대한 에세이를 써야 한다.
→ He has to write an essay on if or not the death penalty should be abolished.

**[16~17] 밑줄 친 부분에 들어갈 말로 가장 적절한 것을 고르시오.**

## 16

Social media, magazines and shop windows bombard people daily with things to buy, and British consumers are buying more clothes and shoes than ever before. Online shopping means it is easy for customers to buy without thinking, while major brands offer such cheap clothes that they can be treated like disposable items—worn two or three times and then thrown away. In Britain, the average person spends more than £1,000 on new clothes a year, which is around four percent of their income. That might not sound like much, but that figure hides two far more worrying trends for society and for the environment. First, a lot of that consumer spending is via credit cards. British people currently owe approximately £670 per adult to credit card companies. That's 66 percent of the average wardrobe budget. Also, not only are people spending money they don't have, they're using it to buy things ____________________. Britain throws away 300,000 tons of clothing a year, most of which goes into landfill sites.

① they don't need
② that are daily necessities
③ that will be soon recycled
④ they can hand down to others

## 17

Excellence is the absolute prerequisite in fine dining because the prices charged are necessarily high. An operator may do everything possible to make the restaurant efficient, but the guests still expect careful, personal service: food prepared to order by highly skilled chefs and delivered by expert servers. Because this service is, quite literally, manual labor, only marginal improvements in productivity are possible. For example, a cook, server, or bartender can move only so much faster before she or he reaches the limits of human performance. Thus, only moderate savings are possible through improved efficiency, which makes an escalation of prices ________. (It is an axiom of economics that as prices rise, consumers become more discriminating.) Thus, the clientele of the fine-dining restaurant expects, demands, and is willing to pay for excellence.

① ludicrous
② inevitable
③ preposterous
④ inconceivable

## 18 주어진 글 다음에 이어질 글의 순서로 가장 적절한 것은?

To be sure, human language stands out from the decidedly restricted vocalizations of monkeys and apes. Moreover, it exhibits a degree of sophistication that far exceeds any other form of animal communication.

(A) That said, many species, while falling far short of human language, do nevertheless exhibit impressively complex communication systems in natural settings.
(B) And they can be taught far more complex systems in artificial contexts, as when raised alongside humans.
(C) Even our closest primate cousins seem incapable of acquiring anything more than a rudimentary communicative system, even after intensive training over several years. The complexity that is language is surely a species-specific trait.

① (A) – (B) – (C)
② (B) – (C) – (A)
③ (C) – (A) – (B)
④ (C) – (B) – (A)

## 19 다음 글의 주제로 가장 적절한 것은?

During the late twentieth century socialism was on the retreat both in the West and in large areas of the developing world. During this new phase in the evolution of market capitalism, global trading patterns became increasingly interlinked, and advances in information technology meant that deregulated financial markets could shift massive flows of capital across national boundaries within seconds. 'Globalization' boosted trade, encouraged productivity gains and lowered prices, but critics alleged that it exploited the low-paid, was indifferent to environmental concerns and subjected the Third World to a monopolistic form of capitalism. Many radicals within Western societies who wished to protest against this process joined voluntary bodies, charities and other non-governmental organizations, rather than the marginalized political parties of the left. The environmental movement itself grew out of the recognition that the world was interconnected, and an angry, if diffuse, international coalition of interests emerged.

① The affirmative phenomena of globalization in the developing world in the past
② The decline of socialism and the emergence of capitalism in the twentieth century
③ The conflict between the global capital market and the political organizations of the left
④ The exploitative characteristics of global capitalism and diverse social reactions against it

## 20 다음 글에 나타난 Johnbull의 심경으로 가장 적절한 것은?

In the blazing midday sun, the yellow egg-shaped rock stood out from a pile of recently unearthed gravel. Out of curiosity, sixteen-year-old miner Komba Johnbull picked it up and fingered its flat, pyramidal planes. Johnbull had never seen a diamond before, but he knew enough to understand that even a big find would be no larger than his thumbnail. Still, the rock was unusual enough to merit a second opinion. Sheepishly, he brought it over to one of the more experienced miners working the muddy gash deep in the jungle. The pit boss's eyes widened when he saw the stone. "Put it in your pocket," he whispered. "Keep digging." The older miner warned that it could be dangerous if anyone thought they had found something big. So Johnbull kept shoveling gravel until nightfall, pausing occasionally to grip the heavy stone in his fist. Could it be?

① thrilled and excited
② painful and distressed
③ arrogant and convinced
④ detached and indifferent

[국가직]
07월

# 2020년 기출문제

정답 및 해설 219p



**[01~04] 밑줄 친 부분의 의미와 가장 가까운 것을 고르시오.**

## 01

> Extensive lists of microwave oven models and styles along with candid customer reviews and price ranges are available at appliance comparison websites.

① frank ② logical
③ implicit ④ passionate

## 02

> It had been known for a long time that Yellowstone was volcanic in nature and the one thing about volcanoes is that they are generally conspicuous.

① passive ② vaporous
③ dangerous ④ noticeable

## 03

> He's the best person to tell you how to get there because he knows the city inside out.

① eventually ② culturally
③ thoroughly ④ tentatively

## 04

> All along the route were thousands of homespun attempts to pay tribute to the team, including messages etched in cardboard, snow and construction paper.

① honor ② compose
③ publicize ④ join

## 05 어법상 옳은 것은?

① The traffic of a big city is busier than those of a small city.
② I'll think of you when I'll be lying on the beach next week.
③ Raisins were once an expensive food, and only the wealth ate them.
④ The intensity of a color is related to how much gray the color contains.

## 06 우리말을 영어로 가장 잘 옮긴 것은?

① 몇 가지 문제가 새로운 회원들 때문에 생겼다.
→ Several problems have raised due to the new members.

② 그 위원회는 그 건물의 건설을 중단하라고 명했다.
→ The committee commanded that construction of the building cease.

③ 그들은 한 시간에 40마일이 넘는 바람과 싸워야 했다.
→ They had to fight against winds that will blow over 40 miles an hour.

④ 거의 모든 식물의 씨앗은 혹독한 날씨에도 살아남는다.
→ The seeds of most plants are survived by harsh weather.

## 07 우리말을 영어로 잘못 옮긴 것은?

① 인간은 환경에 자신을 빨리 적응시킨다.
→ Human beings quickly adapt themselves to the environment.

② 그녀는 그 사고 때문에 그녀의 목표를 포기할 수밖에 없었다.
→ She had no choice but to give up her goal because of the accident.

③ 그 회사는 그가 부회장으로 승진하는 것을 금했다.
→ The company prohibited him from promoting to vice-president.

④ 그 장난감 자동차를 조립하고 분리하는 것은 쉽다.
→ It is easy to assemble and take apart the toy car.

## 08 다음 글의 요지로 가장 적절한 것은?

Listening to somebody else's ideas is the one way to know whether the story you believe about the world—as well as about yourself and your place in it—remains intact. We all need to examine our beliefs, air them out and let them breathe. Hearing what other people have to say, especially about concepts we regard as foundational, is like opening a window in our minds and in our hearts. Speaking up is important. Yet to speak up without listening is like banging pots and pans together: even if it gets you attention, it's not going to get you respect. There are three prerequisites for conversation to be meaningful: 1. You have to know what you're talking about, meaning that you have an original point and are not echoing a worn-out, hand-me-down or pre-fab argument; 2. You respect the people with whom you're speaking and are authentically willing to treat them courteously even if you disagree with their positions; 3. You have to be both smart and informed enough to listen to what the opposition says while handling your own perspective on the topic with uninterrupted good humor and discernment.

① We should be more determined to persuade others.
② We need to listen and speak up in order to communicate well.
③ We are reluctant to change our beliefs about the world we see.
④ We hear only what we choose and attempt to ignore different opinions.

## 09 다음 글의 제목으로 가장 적절한 것은?

The future may be uncertain, but some things are undeniable: climate change, shifting demographics, geopolitics. The only guarantee is that there will be changes, both wonderful and terrible. It's worth considering how artists will respond to these changes, as well as what purpose art serves, now and in the future. Reports suggest that by 2040 the impacts of human-caused climate change will be inescapable, making it the big issue at the centre of art and life in 20 years' time. Artists in the future will wrestle with the possibilities of the post-human and post-Anthropocene-artificial intelligence, human colonies in outer space and potential doom. The identity politics seen in art around the #MeToo and Black Lives Matter movements will grow as environmentalism, border politics and migration come even more sharply into focus. Art will become increasingly diverse and might not 'look like art' as we expect. In the future, once we've become weary of our lives being visible online for all to see and our privacy has been all but lost, anonymity may be more desirable than fame. Instead of thousands, or millions, of likes and followers, we will be starved for authenticity and connection. Art could, in turn, become more collective and experiential, rather than individual.

① What will art look like in the future?
② How will global warming affect our lives?
③ How will artificial intelligence influence the environment?
④ What changes will be made because of political movements?

## 10 다음 글의 내용과 일치하지 않는 것은?

The Second Amendment of the U.S. Constitution states: "A well-regulated Militia, being necessary to the security of a free State, the right of the people to keep and bear Arms, shall not be infringed." Supreme Court rulings, citing this amendment, have upheld the right of states to regulate firearms. However, in a 2008 decision confirming an individual right to keep and bear arms, the court struck down Washington, D.C. laws that banned handguns and required those in the home to be locked or disassembled. A number of gun advocates consider ownership a birthright and an essential part of the nation's heritage. The United States, with less than 5 percent of the world's population, has about 35~50 percent of the world's civilian-owned guns, according to a 2007 report by the Switzerland-based Small Arms Survey. It ranks number one in firearms per capita. The United States also has the highest homicide-by-firearm rate among the world's most developed nations. But many gun-rights proponents say these statistics do not indicate a cause-and-effect relationship and note that the rates of gun homicide and other gun crimes in the United States have dropped since highs in the early 1990's.

① In 2008, the U.S. Supreme Court overturned Washington, D.C. laws banning handguns.

② Many gun advocates claim that owning guns is a natural-born right.

③ Among the most developed nations, the U.S. has the highest rate of gun homicides.

④ Gun crimes in the U.S. have steadily increased over the last three decades.

## 11 두 사람의 대화 중 가장 어색한 것은?

① A: When is the payment due?
B: You have to pay by next week.

② A: Should I check this baggage in?
B: No, it's small enough to take on the plane.

③ A: When and where shall we meet?
B: I'll pick you up at your office at 8:30.

④ A: I won the prize in a cooking contest.
B: I couldn't have done it without you.

**12** 밑줄 친 부분에 들어갈 말로 가장 적절한 것은?

A: Thank you for calling the Royal Point Hotel Reservations Department. My name is Sam. How may I help you?
B: Hello, I'd like to book a room.
A: We offer two room types: the deluxe room and the luxury suite.
B: ______________________?
A: For one, the suite is very large. In addition to a bedroom, it has a kitchen, living room and dining room.
B: It sounds expensive.
A: Well, it's $200 more per night.
B: In that case, I'll go with the deluxe room.

① Do you need anything else
② May I have the room number
③ What's the difference between them
④ Are pets allowed in the rooms

**13** 밑줄 친 (A), (B)에 들어갈 말로 가장 적절한 것은?

Advocates of homeschooling believe that children learn better when they are in a secure, loving environment. Many psychologists see the home as the most natural learning environment, and originally the home was the classroom, long before schools were established. Parents who homeschool argue that they can monitor their children's education and give them the attention that is lacking in a traditional school setting. Students can also pick and choose what to study and when to study, thus enabling them to learn at their own pace. ___(A)___, critics of homeschooling say that children who are not in the classroom miss out on learning important social skills because they have little interaction with their peers. Several studies, though, have shown that the home-educated children appear to do just as well in terms of social and emotional development as other students, having spent more time in the comfort and security of their home, with guidance from parents who care about their welfare. ___(B)___, many critics of homeschooling have raised concerns about the ability of parents to teach their kids effectively.

| | (A) | (B) |
|---|---|---|
| ① | Therefore | Nevertheless |
| ② | In contrast | In spite of this |
| ③ | Therefore | Contrary to that |
| ④ | In contrast | Furthermore |

## 14 다음 글의 주제로 가장 적절한 것은?

For many people, work has become an obsession. It has caused burnout, unhappiness and gender inequity, as people struggle to find time for children or passions or pets or any sort of life besides what they do for a paycheck. But increasingly, younger workers are pushing back. More of them expect and demand flexibility—paid leave for a new baby, say, and generous vacation time, along with daily things, like the ability to work remotely, come in late or leave early, or make time for exercise or meditation. The rest of their lives happens on their phones, not tied to a certain place or time—why should work be any different?

① ways to increase your paycheck
② obsession for reducing inequity
③ increasing call for flexibility at work
④ advantages of a life with long vacations

## 15 주어진 글 다음에 이어질 글의 순서로 가장 적절한 것은?

Past research has shown that experiencing frequent psychological stress can be a significant risk factor for cardiovascular disease, a condition that affects almost half of those aged 20 years and older in the United States.

(A) Does this mean, though, that people who drive on a daily basis are set to develop heart problems, or is there a simple way of easing the stress of driving?
(B) According to a new study, there is. The researchers noted that listening to music while driving helps relieve the stress that affects heart health.
(C) One source of frequent stress is driving, either due to the stressors associated with heavy traffic or the anxiety that often accompanies inexperienced drivers.

① (A) – (C) – (B)
② (B) – (A) – (C)
③ (C) – (A) – (B)
④ (C) – (B) – (A)

## 16 다음 글의 흐름상 가장 어색한 문장은?

When the brain perceives a threat in the immediate surroundings, it initiates a complex string of events in the body. It sends electrical messages to various glands, organs that release chemical hormones into the bloodstream. Blood quickly carries these hormones to other organs that are then prompted to do various things. ① The adrenal glands above the kidneys, for example, pump out adrenaline, the body's stress hormone. ② Adrenaline travels all over the body doing things such as widening the eyes to be on the lookout for signs of danger, pumping the heart faster to keep blood and extra hormones flowing, and tensing the skeletal muscles so they are ready to lash out at or run from the threat. ③ The whole process is called the fight-or-flight response, because it prepares the body to either battle or run for its life. ④ Humans consciously control their glands to regulate the release of various hormones. Once the response is initiated, ignoring it is impossible, because hormones cannot be reasoned with.

## 17 주어진 문장이 들어갈 위치로 가장 적절한 것은?

It was then he remembered his experience with the glass flask, and just as quickly, he imagined that a special coating might be applied to a glass windshield to keep it from shattering.

In 1903 the French chemist, Edouard Benedictus, dropped a glass flask one day on a hard floor and broke it. ( ① ) However, to the astonishment of the chemist, the flask did not shatter, but still retained most of its original shape. ( ② ) When he examined the flask he found that it contained a film coating inside, a residue remaining from a solution of collodion that the flask had contained. ( ③ ) He made a note of this unusual phenomenon, but thought no more of it until several weeks later when he read stories in the newspapers about people in automobile accidents who were badly hurt by flying windshield glass. ( ④ ) Not long thereafter, he succeeded in producing the world's first sheet of safety glass.

## 18 다음 글의 내용과 일치하지 않는 것은?

Dubrovnik, Croatia, is a mess. Because its main attraction is its seaside Old Town surrounded by 80-foot medieval walls, this Dalmatian Coast town does not absorb visitors very well. And when cruise ships are docked here, a legion of tourists turn Old Town into a miasma of tank-top-clad tourists marching down the town's limestone-blanketed streets. Yes, the city of Dubrovnik has been proactive in trying to curb cruise ship tourism, but nothing will save Old Town from the perpetual swarm of tourists. To make matters worse, the lure of making extra money has inspired many homeowners in Old Town to turn over their places to Airbnb, making the walled portion of town one giant hotel. You want an "authentic" Dubrovnik experience in Old Town, just like a local? You're not going to find it here. Ever.

① Old Town은 80피트 중세 시대 벽으로 둘러싸여 있다.
② 크루즈 배가 정박할 때면 많은 여행객이 Old Town 거리를 활보한다.
③ Dubrovnik 시는 크루즈 여행을 확대하려고 노력해 왔다.
④ Old Town에서는 많은 집이 여행객 숙소로 바뀌었다.

## 19 밑줄 친 (A), (B)에 들어갈 말로 가장 적절한 것은?

When an organism is alive, it takes in carbon dioxide from the air around it. Most of that carbon dioxide is made of carbon-12, but a tiny portion consists of carbon-14. So the living organism always contains a very small amount of radioactive carbon, carbon-14. A detector next to the living organism would record radiation given off by the carbon-14 in the organism. When the organism dies, it no longer takes in carbon dioxide. No new carbon-14 is added, and the old carbon-14 slowly decays into nitrogen. The amount of carbon-14 slowly ___(A)___ as time goes on. Over time, less and less radiation from carbon-14 is produced. The amount of carbon-14 radiation detected for an organism is a measure, therefore, of how long the organism has been ___(B)___. This method of determining the age of an organism is called carbon-14 dating. The decay of carbon-14 allows archaeologists to find the age of once-living materials. Measuring the amount of radiation remaining indicates the approximate age.

| | (A) | (B) |
|---|---|---|
| ① | decreases | dead |
| ② | increases | alive |
| ③ | decreases | productive |
| ④ | increases | inactive |

## 20 밑줄 친 부분에 들어갈 말로 가장 적절한 것은?

All creatures, past and present, either have gone or will go extinct. Yet, as each species vanished over the past 3.8-billion-year history of life on Earth, new ones inevitably appeared to replace them or to exploit newly emerging resources. From only a few very simple organisms, a great number of complex, multicellular forms evolved over this immense period. The origin of new species, which the nineteenth-century English naturalist Charles Darwin once referred to as "the mystery of mysteries," is the natural process of speciation responsible for generating this remarkable ____________ with whom humans share the planet. Although taxonomists presently recognize some 1.5 million living species, the actual number is possibly closer to 10 million. Recognizing the biological status of this multitude requires a clear understanding of what constitutes a species, which is no easy task given that evolutionary biologists have yet to agree on a universally acceptable definition.

① technique of biologists
② diversity of living creatures
③ inventory of extinct organisms
④ collection of endangered species

[국가직]
04월

# 2019년 기출문제

정답 및 해설 229p

**[01~02] 밑줄 친 부분의 의미와 가장 가까운 것을 고르시오.**

## 01

*Natural Gas World* subscribers will receive accurate and reliable key facts and figures about what is going on in the industry, so they are fully able to <u>discern</u> what concerns their business.

① distinguish ② strengthen
③ undermine ④ abandon

## 02

Ms. West, the winner of the silver in the women's 1,500m event, <u>stood out</u> through the race.

① was overwhelmed
② was impressive
③ was depressed
④ was optimistic

## 03 두 사람의 대화 중 가장 어색한 것은?

① A: I'm traveling abroad, but I'm not used to staying in another country.
B: Don't worry. You'll get accustomed to it in no time.

② A: I want to get a prize in the photo contest.
B: I'm sure you will. I'll keep my fingers crossed!

③ A: My best friend moved to Sejong City. I miss her so much.
B: Yeah. I know how you feel.

④ A: Do you mind if I talk to you for a moment?
B: Never mind. I'm very busy right now.

## 04 밑줄 친 부분에 들어갈 말로 가장 적절한 것은?

A: Would you like to try some dim sum?
B: Yes, thank you. They look delicious. What's inside?
A: These have pork and chopped vegetables, and those have shrimps.
B: And, um, ________________?
A: You pick one up with your chopsticks like this and dip it into the sauce. It's easy.
B: Okay. I'll give it a try.

① how much are they
② how do I eat them
③ how spicy are they
④ how do you cook them

## [05~06] 우리말을 영어로 잘못 옮긴 것을 고르시오.

## 05

① 제가 당신께 말씀드렸던 새로운 선생님은 원래 페루 출신입니다.
→ The new teacher I told you about is originally from Peru.
② 나는 긴급한 일로 자정이 5분이나 지난 후 그에게 전화했다.
→ I called him five minutes shy of midnight on an urgent matter.
③ 상어로 보이는 것이 산호 뒤에 숨어 있었다.
→ What appeared to be a shark was lurking behind the coral reef.
④ 그녀는 일요일에 16세의 친구와 함께 산 정상에 올랐다.
→ She reached the mountain summit with her 16-year-old friend on Sunday.

## 06

① 개인용 컴퓨터를 가장 많이 가지고 있는 나라는 종종 바뀐다.
→ The country with the most computers per person changes from time to time.
② 지난여름 나의 사랑스러운 손자에게 일어난 일은 놀라웠다.
→ What happened to my lovely grandson last summer was amazing.
③ 나무 숟가락은 아이들에게 매우 좋은 장난감이고 플라스틱 병 또한 그렇다.
→ Wooden spoons are excellent toys for children, and so are plastic bottles.
④ 나는 은퇴 후부터 내내 이 일을 해 오고 있다.
→ I have been doing this work ever since I retired.

**[07~08] 밑줄 친 부분 중 어법상 옳지 않은 것을 고르시오.**

## 07

Domesticated animals are the earliest and most effective 'machines' ①available to humans. They take the strain off the human back and arms. ②Utilizing with other techniques, animals can raise human living standards very considerably, both as supplementary foodstuffs (protein in meat and milk) and as machines ③to carry burdens, lift water, and grind grain. Since they are so obviously ④of great benefit, we might expect to find that over the centuries humans would increase the number and quality of the animals they kept. Surprisingly, this has not usually been the case.

## 08

A myth is a narrative that embodies—and in some cases ①helps to explain—the religious, philosophical, moral, and political values of a culture. Through tales of gods and supernatural beings, myths ②try to make sense of occurrences in the natural world. Contrary to popular usage, myth does not mean "falsehood." In the broadest sense, myths are stories—usually whole groups of stories—③that can be true or partly true as well as false; regardless of their degree of accuracy, however, myths frequently express the deepest beliefs of a culture. According to this definition, the *Iliad* and the *Odyssey*, the Koran, and the Old and New Testaments can all ④refer to as myths.

## 09 다음 글의 제목으로 가장 적절한 것은?

Mapping technologies are being used in many new applications. Biological researchers are exploring the molecular structure of DNA ("mapping the genome"), geophysicists are mapping the structure of the Earth's core, and oceanographers are mapping the ocean floor. Computer games have various imaginary "lands" or levels where rules, hazards, and rewards change. Computerization now challenges reality with "virtual reality," artificial environments that stimulate special situations, which may be useful in training and entertainment. Mapping techniques are being used also in the realm of ideas. For example, relationships between ideas can be shown using what are called concept maps. Starting from a general or "central" idea, related ideas can be connected, building a web around the main concept. This is not a map by any traditional definition, but the tools and techniques of cartography are employed to produce it, and in some ways it resembles a map.

① Computerized Maps vs. Traditional Maps
② Where Does Cartography Begin?
③ Finding Ways to DNA Secrets
④ Mapping New Frontiers

## 10 다음 글의 요지로 가장 적절한 것은?

When giving performance feedback, you should consider the recipient's past performance and your estimate of his or her future potential in designing its frequency, amount, and content. For high performers with potential for growth, feedback should be frequent enough to prod them into taking corrective action, but not so frequent that it is experienced as controlling and saps their initiative. For adequate performers who have settled into their jobs and have limited potential for advancement, very little feedback is needed because they have displayed reliable and steady behavior in the past, knowing their tasks and realizing what needs to be done. For poor performers—that is, people who will need to be removed from their jobs if their performance doesn't improve—feedback should be frequent and very specific, and the connection between acting on the feedback and negative sanctions such as being laid off or fired should be made explicit.

① Time your feedback well.
② Customize negative feedback.
③ Tailor feedback to the person.
④ Avoid goal-oriented feedback.

## 11 다음 글의 내용과 일치하지 않는 것은?

Langston Hughes was born in Joplin, Missouri, and graduated from Lincoln University, in which many African-American students have pursued their academic disciplines. At the age of eighteen, Hughes published one of his most well-known poems, "Negro Speaks of Rivers." Creative and experimental, Hughes incorporated authentic dialect in his work, adapted traditional poetic forms to embrace the cadences and moods of blues and jazz, and created characters and themes that reflected elements of lower-class black culture. With his ability to fuse serious content with humorous style, Hughes attacked racial prejudice in a way that was natural and witty.

① Hughes는 많은 미국 흑인들이 다녔던 대학교를 졸업하였다.
② Hughes는 실제 사투리를 그의 작품에 반영하였다.
③ Hughes는 하층 계급 흑인들의 문화적 요소를 반영한 인물을 만들었다.
④ Hughes는 인종편견을 엄숙한 문체로 공격하였다.

## 12 밑줄 친 부분 중 글의 흐름상 가장 어색한 것은?

In 2007, our biggest concern was "too big to fail." Wall Street banks had grown to such staggering sizes, and had become so central to the health of the financial system, that no rational government could ever let them fail. ①Aware of their protected status, banks made excessively risky bets on housing markets and invented ever more complicated derivatives. ②New virtual currencies such as bitcoin and ethereum have radically changed our understanding of how money can and should work. ③The result was the worst financial crisis since the breakdown of our economy in 1929. ④In the years since 2007, we have made great progress in addressing the too-big-to-fail dilemma. Our banks are better capitalized than ever. Our regulators conduct regular stress tests of large institutions.

## 13 다음 글의 주제로 가장 적절한 것은?

Imagine that two people are starting work at a law firm on the same day. One person has a very simple name. The other person has a very complex name. We've got pretty good evidence that over the course of their next 16 plus years of their career, the person with the simpler name will rise up the legal hierarchy more quickly. They will attain partnership more quickly in the middle parts of their career. And by about the eighth or ninth year after graduating from law school the people with simpler names are about seven to ten percent more likely to be partners–which is a striking effect. We try to eliminate all sorts of other alternative explanations. For example, we try to show that it's not about foreignness because foreign names tend to be harder to pronounce. But even if you look at just white males with Anglo-American names–so really the true in-group, you find that among those white males with Anglo names they are more likely to rise up if their names happen to be simpler. So simplicity is one key feature in names that determines various outcomes.

① the development of legal names
② the concept of attractive names
③ the benefit of simple names
④ the roots of foreign names

## [14~15] 밑줄 친 부분의 의미와 가장 가까운 것을 고르시오.

## 14

Schooling is compulsory for all children in the United States, but the age range for which school attendance is required varies from state to state.

① complementary
② systematic
③ mandatory
④ innovative

## 15

Although the actress experienced much turmoil in her career, she never disclosed to anyone that she was unhappy.

① let on
② let off
③ let up
④ let down

## 16 밑줄 친 (A), (B)에 들어갈 말로 가장 적절한 것은?

Visionaries are the first people in their industry segment to see the potential of new technologies. Fundamentally, they see themselves as smarter than their opposite numbers in competitive companies—and, quite often, they are. Indeed, it is their ability to see things first that they want to leverage into a competitive advantage. That advantage can only come about if no one else has discovered it. They do not expect, ___(A)___, to be buying a well-tested product with an extensive list of industry references. Indeed, if such a reference base exists, it may actually turn them off, indicating that for this technology, at any rate, they are already too late. Pragmatists, ___(B)___, deeply value the experience of their colleagues in other companies. When they buy, they expect extensive references, and they want a good number to come from companies in their own industry segment.

| (A) | (B) |
|---|---|
| ① therefore | on the other hand |
| ② however | in addition |
| ③ nonetheless | at the same time |
| ④ furthermore | in conclusion |

## 17 주어진 문장이 들어갈 위치로 가장 적절한 것은?

Some of these ailments are short-lived; others may be long-lasting.

For centuries, humans have looked up at the sky and wondered what exists beyond the realm of our planet. ( ① ) Ancient astronomers examined the night sky hoping to learn more about the universe. More recently, some movies explored the possibility of sustaining human life in outer space, while other films have questioned whether extraterrestrial life forms may have visited our planet. ( ② ) Since astronaut Yuri Gagarin became the first man to travel in space in 1961, scientists have researched what conditions are like beyond the Earth's atmosphere, and what effects space travel has on the human body. ( ③ ) Although most astronauts do not spend more than a few months in space, many experience physiological and psychological problems when they return to the Earth. ( ④ ) More than two-thirds of all astronauts suffer from motion sickness while traveling in space. In the gravity-free environment, the body cannot differentiate up from down. The body's internal balance system sends confusing signals to the brain, which can result in nausea lasting as long as a few days.

## 18 밑줄 친 부분에 들어갈 말로 가장 적절한 것은?

Why bother with the history of everything? ________________. In literature classes you don't learn about genes; in physics classes you don't learn about human evolution. So you get a partial view of the world. That makes it hard to find meaning in education. The French sociologist Emile Durkheim called this sense of disorientation and meaninglessness anomie, and he argued that it could lead to despair and even suicide. The German sociologist Max Weber talked of the "disenchantment" of the world. In the past, people had a unified vision of their world, a vision usually provided by the origin stories of their own religious traditions. That unified vision gave a sense of purpose, of meaning, even of enchantment to the world and to life. Today, though, many writers have argued that a sense of meaninglessness is inevitable in a world of science and rationality. Modernity, it seems, means meaninglessness.

① In the past, the study of history required disenchantment from science
② Recently, science has given us lots of clever tricks and meanings
③ Today, we teach and learn about our world in fragments
④ Lately, history has been divided into several categories

## 19 다음 글의 내용과 일치하지 않는 것은?

The earliest government food service programs began around 1900 in Europe. Programs in the United States date from the Great Depression, when the need to use surplus agricultural commodities was joined to concern for feeding the children of poor families. During and after World War II, the explosion in the number of working women fueled the need for a broader program. What was once a function of the family—providing lunch—was shifted to the school food service system. The National School Lunch Program is the result of these efforts. The program is designed to provide federally assisted meals to children of school age. From the end of World War II to the early 1980s, funding for school food service expanded steadily. Today it helps to feed children in almost 100,000 schools across the United States. Its first function is to provide a nutritious lunch to all students; the second is to provide nutritious food at both breakfast and lunch to underprivileged children. If anything, the role of school food service as a replacement for what was once a family function has been expanded.

① The increase in the number of working women boosted the expansion of food service programs.
② The US government began to feed poor children during the Great Depression despite the food shortage.
③ The US school food service system presently helps to feed children of poor families.

④ The function of providing lunch has been shifted from the family to schools.

## 20 주어진 문장 다음에 이어질 글의 순서로 가장 적절한 것은?

South Korea boasts of being the most wired nation on earth.

(A) This addiction has become a national issue in Korea in recent years, as users started dropping dead from exhaustion after playing online games for days on end. A growing number of students have skipped school to stay online, shockingly self-destructive behavior in this intensely competitive society.

(B) In fact, perhaps no other country has so fully embraced the Internet.

(C) But such ready access to the Web has come at a price as legions of obsessed users find that they cannot tear themselves away from their computer screens.

① (A) − (B) − (C)
② (A) − (C) − (B)
③ (B) − (A) − (C)
④ (B) − (C) − (A)

[국가직] 04월

# 2018년 기출문제

정답 및 해설 238p



**[01~02] 밑줄 친 부분에 들어갈 말로 가장 적절한 것을 고르시오.**

## 01

A: Can I ask you for a favor?
B: Yes, what is it?
A: I need to get to the airport for my business trip, but my car won't start. Can you give me a lift?
B: Sure. When do you need to be there by?
A: I have to be there no later than 6 : 00.
B: It's 4 : 30 now. ________________. We'll have to leave right away.

① That's cutting it close
② I took my eye off the ball
③ All that glitters is not gold
④ It's water under the bridge

## 02

Fear of loss is a basic part of being human. To the brain, loss is a threat and we naturally take measures to avoid it. We cannot, however, avoid it indefinitely. One way to face loss is with the perspective of a stock trader. Traders accept the possibility of loss as part of the game, not the end of the game. What guides this thinking is a portfolio approach; wins and losses will both happen, but it's the overall portfolio of outcomes that matters most. When you embrace a portfolio approach, you will be ________________ because you know that they are small parts of a much bigger picture.

① less inclined to dwell on individual losses
② less interested in your investments
③ more averse to the losses
④ more sensitive to fluctuations in the stock market

## 03 다음 글의 제목으로 가장 적절한 것은?

Over the last years of traveling, I've observed how much we humans live in the past. The past is around us constantly, considering that, the minute something is manifested, it is the past. Our surroundings, our homes, our environments, our architecture, our products are all past constructs. We should live with what is part of our time, part of our collective consciousness, those things that were produced during our lives. Of course, we do not have the choice or control to have everything around us relevant or conceived during our time, but what we do have control of should be a reflection of the time in which we exist and communicate the present. The present is all we have, and the more we are surrounded by it, the more we are aware of our own presence and participation.

① Travel: Tracing the Legacies of the Past
② Reflect on the Time That Surrounds You Now
③ Manifestation of a Hidden Life
④ Architecture of a Futuristic Life

## 04 밑줄 친 부분 중 어법상 옳지 않은 것은?

It would be difficult ①<u>to imagine</u> life without the beauty and richness of forests. But scientists warn we cannot take our forest for ②<u>granted</u>. By some estimates, deforestation ③<u>has been resulted in</u> the loss of as much as eighty percent of the natural forests of the world. Currently, deforestation is a global problem, ④<u>affecting</u> wilderness regions such as the temperate rainforests of the Pacific.

## 05 밑줄 친 부분의 의미와 가장 가까운 것은?

Robert J. Flaherty, a legendary documentary filmmaker, tried to show how <u>indigenous</u> people gathered food.

① native ② ravenous
③ impoverished ④ itinerant

## 06 밑줄 친 부분에 들어갈 말로 가장 적절한 것은?

Listening to music is ______________ being a rock star. Anyone can listen to music, but it takes talent to become a musician.

① on a par with ② a far cry from
③ contingent upon ④ a prelude to

## 07 다음 글의 흐름상 가장 어색한 문장은?

Biologists have identified a gene that will allow rice plants to survive being submerged in water for up to two weeks —over a week longer than at present. Plants under water for longer than a week are deprived of oxygen and wither and perish. ① The scientists hope their discovery will prolong the harvests of crops in regions that are susceptible to flooding. ② Rice growers in these flood-prone areas of Asia lose an estimated one billion dollars annually to excessively waterlogged rice paddies. ③ They hope the new gene will lead to a hardier rice strain that will reduce the financial damage incurred in typhoon and monsoon seasons and lead to bumper harvests. ④ This is dreadful news for people in these vulnerable regions, who are victims of urbanization and have a shortage of crops. Rice yields must increase by 30 percent over the next 20 years to ensure a billion people can receive their staple diet.

## 08 밑줄 친 부분에 들어갈 말로 가장 적절한 것은?

A: Do you know how to drive?
B: Of course. I'm a great driver.
A: Could you teach me how to drive?
B: Do you have a learner's permit?
A: Yes, I got it just last week.
B: Have you been behind the steering wheel yet?
A: No, but I can't wait to ＿＿＿＿＿＿.

① take a rain check
② get my feet wet
③ get an oil change
④ change a flat tire

## 09 다음 글의 내용과 일치하는 것은?

Sharks are covered in scales made from the same material as teeth. These flexible scales protect the shark and help it swim quickly in water. A shark can move the scales as it swims. This movement helps reduce the water's drag. Amy Lang, an aerospace engineer at the University of Alabama, studies the scales on the shortfin mako, a relative of the great white shark. Lang and her team discovered that the mako shark's scales differ in size and in flexibility in different parts of its body. For instance, the scales on the sides of the body are tapered —wide at one end and narrow at the other end. Because they are tapered, these scales move very easily. They can turn up or flatten to adjust to the flow of water around the shark and to reduce drag. Lang feels that shark scales can inspire designs for machines that experience drag, such as airplanes.

① A shark has scales that always remain immobile to protect itself as it swims.
② Lang revealed that the scales of a mako shark are utilized to lessen drag in water.
③ A mako shark has scales of identical size all over its body.
④ The scientific designs of airplanes were inspired by shark scales.

## 10 밑줄 친 부분 중 어법상 옳지 않은 것은?

Focus means ①getting stuff done. A lot of people have great ideas but don't act on them. For me, the definition of an entrepreneur, for instance, is someone who can combine innovation and ingenuity with the ability to execute that new idea. Some people think that the central dichotomy in life is whether you're positive or negative about the issues ②that interest or concern you. There's a lot of attention ③paying to this question of whether it's better to have an optimistic or pessimistic lens. I think the better question to ask is whether you are going to do something about it or just ④let life pass you by.

## 11 밑줄 친 부분 중 글의 흐름상 가장 어색한 것은?

Most people like to talk, but few people like to listen, yet listening well is a ①rare talent that everyone should treasure. Because they hear more, good listeners tend to know more and to be more sensitive to what is going on around them than most people. In addition, good listeners are inclined to accept or tolerate rather than to judge and criticize. Therefore, they have ②fewer enemies than most people. In fact, they are probably the most beloved of people. However, there are ③exceptions to that generality. For example, John Steinbeck is said to have been an excellent listener, yet he was hated by some of the people he wrote about. No doubt his ability to listen contributed to his capacity to write. Nevertheless, the result of his listening didn't make him ④unpopular.

## 12 다음 글의 주제로 가장 적절한 것은?

Worry is like a rocking horse. No matter how fast you go, you never move anywhere. Worry is a complete waste of time and creates so much clutter in your mind that you cannot think clearly about anything. The way to learn to stop worrying is by first understanding that you energize whatever you focus your attention on. Therefore, the more you allow yourself to worry, the more likely things are to go wrong! Worrying becomes such an ingrained habit that to avoid it you consciously have to train yourself to do otherwise. Whenever you catch yourself having a fit of worry, stop and change your thoughts. Focus your mind more productively on what you do want to happen and dwell on what's already wonderful in your life so more wonderful stuff will come your way.

① What effects does worry have on life?
② Where does worry originate from?
③ When should we worry?
④ How do we cope with worrying?

## 13 다음 글의 내용과 일치하지 않는 것은?

Students at Macaulay Honors College (MHC) don't stress about the high price of tuition. That's because theirs is free. At Macaulay and a handful of other service academies, work colleges, single-subject schools and conservatories, 100 percent of the student body receive a full tuition scholarship for all four years. Macaulay students also receive a laptop and $7,500 in "opportunities funds" to pursue research, service experiences, study abroad programs and internships. "The most important thing is not the free tuition, but the freedom of studying without the burden of debt on your back," says Ann Kirschner, university dean of Macaulay Honors College. The debt burden, she says, "really compromises decisions students make in college, and we are giving them the opportunity to be free of that." Schools that grant free tuition to all students are rare, but a greater number of institutions provide scholarships to enrollees with high grades. Institutions such as Indiana University Bloomington offer automatic awards to high-performing students with stellar GPAs and class ranks.

① MHC에서는 모든 학생이 4년간 수업료를 내지 않는다.
② MHC에서는 학생들에게 컴퓨터 구입 비용과 교외활동 비용을 합하여 $7,500를 지급한다.
③ 수업료로 인한 빚 부담이 있으면 학생들이 자유롭게 공부할 수 없다고 Kirschner 학장은 말한다.
④ MHC와 달리 학업 우수자에게만 장학금을 주는 대학도 있다.

## [14~15] 밑줄 친 부분의 의미와 가장 가까운 것을 고르시오.

## 14

The police spent seven months working on the crime case but were never able to determine the identity of the <u>malefactor</u>.

① culprit ② dilettante
③ pariah ④ demagogue

## 15

While at first glance it seems that his friends are just leeches, they prove to be the ones he can depend on <u>through thick and thin</u>.

① in no time
② from time to time
③ in pleasant times
④ in good times and bad times

## 16 주어진 문장이 들어갈 위치로 가장 적절한 것은?

> Some remain intensely proud of their original accent and dialect words, phrases and gestures, while others accommodate rapidly to a new environment by changing their speech habits, so that they no longer "stand out in the crowd."

Our perceptions and production of speech change with time. ( ① ) If we were to leave our native place for an extended period, our perception that the new accents around us were strange would only be temporary. ( ② ) Gradually, we will lose the sense that others have an accent and we will begin to fit in —to accommodate our speech patterns to the new norm. ( ③ ) Not all people do this to the same degree. ( ④ ) Whether they do this consciously or not is open to debate and may differ from individual to individual, but like most processes that have to do with language, the change probably happens before we are aware of it and probably couldn't happen if we were.

## 17 다음 글의 내용과 일치하지 않는 것은?

Insomnia can be classified as transient, acute, or chronic. Transient insomnia lasts for less than a week. It can be caused by another disorder, by changes in the sleep environment, by the timing of sleep, severe depression, or by stress. Its consequences such as sleepiness and impaired psychomotor performance are similar to those of sleep deprivation. Acute insomnia is the inability to consistently sleep well for a period of less than a month. Acute insomnia is present when there is difficulty initiating or maintaining sleep or when the sleep that is obtained is not refreshing. These problems occur despite adequate opportunity and circumstances for sleep and they can impair daytime functioning. Acute insomnia is also known as short term insomnia or stress related insomnia. Chronic insomnia lasts for longer than a month. It can be caused by another disorder, or it can be a primary disorder. People with high levels of stress hormones or shifts in the levels of cytokines are more likely than others to have chronic insomnia. Its effects can vary according to its causes. They might include muscular weariness, hallucinations, and/or mental fatigue. Chronic insomnia can also cause double vision.

※ cytokines: groups of molecules released by certain cells of the immune system

① Insomnia can be classified according to its duration.
② Transient insomnia occurs solely due to an inadequate sleep environment.
③ Acute insomnia is generally known to be related to stress.
④ Chronic insomnia patients may suffer from hallucinations.

## 18 밑줄 친 부분에 들어갈 말로 가장 적절한 것은?

Kisha Padbhan, founder of Everonn Education, in Mumbai, looks at his business as nation-building. India's student-age population of 230 million (kindergarten to college) is one of the largest in the world. The government spends $83 billion on instruction, but there are serious gaps. "There aren't enough teachers and enough teacher-training institutes," says Kisha. "What children in remote parts of India lack is access to good teachers and exposure to good-quality content." Everonn's solution? The company uses a satellite network, with two-way video and audio ____________. It reaches 1,800 colleges and 7,800 schools across 24 of India's 28 states. It offers everything from digitized school lessons to entrance exam prep for aspiring engineers and has training for job-seekers, too.

① to improve the quality of teacher training facilities
② to bridge the gap through virtual classrooms
③ to get students familiarized with digital technology
④ to locate qualified instructors across the nation

## 19 주어진 문장 다음에 이어질 글의 순서로 가장 적절한 것은?

A technique that enables an individual to gain some voluntary control over autonomic, or involuntary, body functions by observing electronic measurements of those functions is known as biofeedback.

(A) When such a variable moves in the desired direction(for example, blood pressure down), it triggers visual or audible displays – feedback on equipment such as television sets, gauges, or lights.
(B) Electronic sensors are attached to various parts of the body to measure such variables as heart rate, blood pressure, and skin temperature.
(C) Biofeedback training teaches one to produce a desired response by reproducing thought patterns or actions that triggered the displays.

① (A) – (B) – (C)
② (B) – (C) – (A)
③ (B) – (A) – (C)
④ (C) – (A) – (B)

## 20 우리말을 영어로 잘못 옮긴 것은?

① 그 연사는 자기 생각을 청중에게 전달하는 데 능숙하지 않았다.
→ The speaker was not good at getting his ideas across to the audience.

② 서울의 교통 체증은 세계 어느 도시보다 심각하다.
→ The traffic jams in Seoul are more serious than those in any other city in the world.

③ 네가 말하고 있는 사람과 시선을 마주치는 것은 서양 국가에서 중요하다.
→ Making eye contact with the person you are speaking to is important in western countries.

④ 그는 사람들이 생각했던 만큼 인색하지 않았다는 것이 드러났다.
→ It turns out that he was not so stingier as he was thought to be.

[국가직] 04월

# 2017년 기출문제

정답 및 해설 248p

**[01~02] 밑줄 친 부분과 의미가 가장 가까운 것을 고르시오.**

## 01

I absolutely <u>detested</u> the idea of staying up late at night.

① abandoned
② confirmed
③ abhorred
④ defended

## 02

I had an <u>uncanny</u> feeling that I had seen this scene somewhere before.

① odd
② ongoing
③ obvious
④ offensive

**[03~04] 밑줄 친 부분에 들어갈 말로 가장 적절한 것을 고르시오.**

## 03

A : May I help you?
B : I bought this dress two days ago, but it's a bit big for me.
A : ______________________.
B : Then I'd like to get a refund.
A : May I see your receipt, please?
B : Here you are.

① I'm sorry, but there's no smaller size.
② I feel like it fits you perfectly, though.
③ That dress sells really well in our store.
④ I'm sorry, but this purchase can't be refunded.

## 04

A: Every time I use this home blood pressure monitor, I get a different reading. I think I'm doing it wrong. Can you show me how to use it correctly?
B: Yes, of course. First, you have to put the strap around your arm.
A: Like this? Am I doing this correctly?
B: That looks a little too tight.
A: Oh, how about now?
B: Now it looks a bit too loose. If it's too tight or too loose, you'll get an incorrect reading.
A: ______________________
B: Press the button now. You shouldn't move or speak.
A: I get it.
B: You should see your blood pressure on the screen in a few moments.

① Should I check out their website?
② Right, I need to read the book.
③ Oh, okay. What do I do next?
④ I didn't see anything today.

## 05 어법상 옳은 것은?

① They didn't believe his story, and neither did I.
② The sport in that I am most interested is soccer.
③ Jamie learned from the book that World War I had broken out in 1914.
④ Two factors have made scientists difficult to determine the number of species on Earth.

## 06 어법상 옳지 않은 것은?

① A few words caught in passing set me thinking.
② Hardly did she enter the house when someone turned on the light.
③ We drove on to the hotel, from whose balcony we could look down at the town.
④ The homeless usually have great difficulty getting a job, so they are losing their hope.

**[07~09] 밑줄 친 부분에 들어갈 말로 가장 적절한 것을 고르시오.**

## 07

Why might people hovering near the poverty line be more likely to help their fellow humans? Part of it, Keltner thinks, is that poor people must often band together to make it through tough times – a process that probably makes them more socially astute. He says, "When you face uncertainty, it makes you orient to other people. You build up these strong social networks." When a poor young mother has a new baby, for instance, she may need help securing food, supplies, and childcare, and if she has healthy social times, members of her community will pitch in. But limited income is hardly a prerequisite for developing this kind of empathy and social responsiveness. Regardless of the size of our bank accounts, suffering becomes a conduit to altruism or heroism when our own pain compels us to be ______________ other people's needs and to intervene when we see someone in the clutches of the kind of suffering we know so well.

① more indifferent to
② more attentive to
③ less preoccupied with
④ less involved in

## 08

The Soleil department store outlet in Shanghai would seem to have all the amenities necessary to succeed in modern Chinese retail: luxury brands and an exclusive location. Despite these advantages, however, the store's management thought it was still missing something to attract customers. So next week they're unveiling a gigantic, twisting, dragon-shaped slide that shoppers can use to drop from fifth-floor luxury boutiques to first-floor luxury boutiques in death-defying seconds. Social media users are wondering, half-jokingly, whether the slide will kill anyone. But Soleil has a different concern that Chinese shopping malls will go away completely. Chinese shoppers, once seemingly in endless supply, are no longer turning up at brick-and-mortar outlets because of the growing online shopping, and they still go abroad to buy luxury goods. So, repurposing these massive spaces for consumers who have other ways to spend their time and money is likely to require a lot of creativity. ________________.

① Luxury brands are thriving at Soleil

② Soleil has decided against making bold moves

③ Increasing the online customer base may be the last hope

④ A five-story dragon slide may not be a bad place to start

## 09

It is easy to devise numerous possible scenarios of future developments, each one, on the face of it, equally likely. The difficult task is to know which will actually take place. In hindsight, it usually seems obvious. When we look back in time, each event seems clearly and logically to follow from previous events. Before the event occurs, however, the number of possibilities seems endless. There are no methods for successful prediction, especially in areas involving complex social and technological changes, where many of the determining factors are not known and, in any event, are certainly not under any single group's control. Nonetheless, it is essential to ________________. We do know that new technologies will bring both dividends and problems, especially human, social problems. The more we try to anticipate these problems, the better we can control them.

① work out reasonable scenarios for the future

② legitimize possible dividends from future changes

③ leave out various aspects of technological problems

④ consider what it would be like to focus on the present

## 10 다음 글의 내용과 일치하는 것은?

Taste buds got their name from the nineteenth-century German scientists Georg Meissner and Rudolf Wagner, who discovered mounds made up of taste cells that overlap like petals. Taste buds wear out every week to ten days, and we replace them, although not as frequently over the age of forty-five: our palates really do become jaded as we get older. It takes a more intense taste to produce the same level of sensation, and children have the keenest sense of taste. A baby's mouth has many more taste buds than an adult's, with some even dotting the cheeks. Children adore sweets partly because the tips of their tongues, more sensitive to sugar, haven't yet been blunted by trying to eat hot soup before it cools.

① Taste buds were invented in the nineteenth century.
② Replacement of taste buds does not slow down with age.
③ Children have more sensitive palates than adults.
④ The sense of taste declines by eating cold soup.

## 11 밑줄 친 부분과 의미가 가장 가까운 것은?

At this company, we will not <u>put up with</u> such behavior.

① evaluate
② tolerate
③ record
④ modify

## 12 밑줄 친 부분 중 의미상 옳지 않은 것은?

① I'm going to <u>take over</u> his former position.
② I can't <u>take on</u> any more work at the moment.
③ The plane couldn't <u>take off</u> because of the heavy fog.
④ I can't go out because I have to <u>take after</u> my baby sister.

## 13 다음 글의 제목으로 가장 적절한 것은?

Drama is doing. Drama is being. Drama is such a normal thing. It is something that we all engage in every day when faced with difficult situations. You get up in the morning with a bad headache or an attack of depression, yet you face the day and cope with other people, pretending that nothing is wrong. You have an important meeting or an interview coming up, so you talk through the issues with yourself beforehand and decide how to present a confident, cheerful face, what to wear, what to do with your hands, and so on. You've spilt coffee over a colleague's papers, and immediately you prepare an elaborate excuse. Your partner has just run off with your best friend, yet you cannot avoid going in to teach a class of inquisitive students. Getting on with our day-to-day lives requires a series of civilized masks if we are to maintain our dignity and live in harmony with others.

① Dysfunctions of Drama
② Drama in Our Daily Lives
③ Drama as a Theatrical Art
④ Dramatic Changes in Emotions

## 14 다음 글의 요지로 가장 적절한 것은?

How on earth will it help the poor if governments try to strangle globalization by stemming the flow of trade, information, and capital – the three components of the global economy? That disparities between rich and poor are still too great is undeniable. But it is just not true that economic growth benefits only the rich and leaves out the poor, as the opponents of globalization and the market economy would have us believe. A recent World Bank study entitled "Growth Is Good for the Poor" reveals a one-for-one relationship between income of the bottom fifth of the population and per capita GDP. In other words, incomes of all sectors grow proportionately at the same rate. The study notes that openness to foreign trade benefits the poor to the same extent that it benefits the whole economy.

① Governments must control the flow of trade to revive the economy.
② Globalization can be beneficial regardless of one's economic status.
③ The global economy grows at the expense of the poor.
④ Globalization deepens conflicts between rich and poor.

**[15~16] 우리말을 영어로 잘못 옮긴 것을 고르시오.**

## 15

① 이 편지를 받는 대로 곧 본사로 와 주십시오.
→ Please come to the headquarters as soon as you receive this letter.

② 나는 소년 시절에 독서하는 버릇을 길러 놓았어야만 했다.
→ I ought to have formed a habit of reading in my boyhood.

③ 그는 10년 동안 외국에 있었기 때문에 영어를 매우 유창하게 말할 수 있다.
→ Having been abroad for ten years, he can speak English very fluently.

④ 내가 그때 그 계획을 포기했었다면 이렇게 훌륭한 성과를 얻지 못했을 것이다.
→ Had I given up the project at that time, I should have achieved such a splendid result.

## 16

① 그 회의 후에야 그는 금융 위기의 심각성을 알아차렸다.
→ Only after the meeting did he recognize the seriousness of the financial crisis.

② 장관은 교통문제를 해결하기 위해 강 위에 다리를 건설해야 한다고 주장했다.
→ The minister insisted that a bridge be constructed over the river to solve the traffic problem.

③ 비록 그 일이 어려운 것이었지만, Linda는 그것을 끝내기 위해 최선을 다했다.
→ As difficult a task as it was, Linda did her best to complete it.

④ 그는 문자 메시지에 너무 정신이 팔려서 제한 속도보다 빠르게 달리고 있다는 것을 몰랐다.
→ He was so distracted by a text message to know that he was going over the speed limit.

## 17 빈칸 (A), (B)에 들어갈 말로 가장 적절한 것은?

The amount of information gathered by the eyes as contrasted with the ears has not been precisely calculated. Such a calculation not only involves a translation process, but scientists have been handicapped by lack of knowledge of what to count. A general notion, however, of the relative complexities of the two systems can be obtained by ___(A)___ the size of the nerves connecting the eyes and the ears to the centers of the brain. Since the optic nerve contains roughly eighteen times as many neurons as the cochlear nerve, we assume it transmits at least that much more information. Actually, in normally alert subjects, it is probable that the eyes may be as much as a thousand times as effective as the ears in ___(B)___ information.

*cochlear : 달팽이관의

| | (A) | (B) |
|---|---|---|
| ① | comparing | sweeping up |
| ② | comparing | reducing |
| ③ | adding | disseminating |
| ④ | adding | clearing up |

## 18 글의 흐름상 가장 어색한 문장은?

Children's book awards have proliferated in recent years; today, there are well over 100 different awards and prizes by a variety of organizations. ①The awards may be given for books of a specific genre or simply for the best of all children's books published within a given time period. An award may honor a particular book or an author for a lifetime contribution to the world of children's literature. ②Most children's book awards are chosen by adults, but now a growing number of children's choice book awards exist. The larger national awards given in most countries are the most influential and have helped considerably to raise public awareness about the fine books being published for young readers. ③An award ceremony for outstanding services to the publishing industry is put on hold. ④Of course, readers are wise not to put too much faith in award-winning books. An award doesn't necessarily mean a good reading experience, but it does provide a starting place when choosing books.

## 19 주어진 문장이 들어갈 위치로 가장 적절한 곳은?

This inequality is corrected by their getting in their turn better portions from kills by other people.

Let us examine a situation of simple distribution such as occurs when an animal is killed in a hunt. One might expect to find the animal portioned out according to the amount of work done by each hunter to obtain it. ( ① ) To some extent this principle is followed, but other people have their rights as well. ( ② ) Each person in the camp gets a share depending upon his or her relation to the hunters. ( ③ ) When a kangaroo is killed, for example, the hunters have to give its main parts to their kinfolk and the worst parts may even be kept by the hunters themselves. ( ④ ) The net result in the long run is substantially the same to each person, but through this system the principles of kinship obligation and the morality of sharing food have been emphasized.

**20** 주어진 글 다음에 이어질 글의 순서로 가장 적절한 것은?

The most innovative of the group therapy approaches was psychodrama, the brainchild of Jacob L. Moreno. Psychodrama as a form of group therapy started with premises that were quite alien to the Freudian worldview that mental illness essentially occurs within the psyche or mind.

(A) But he also believed that creativity is rarely a solitary process but something brought out by social interactions. He relied heavily on theatrical techniques, including role-playing and improvisation, as a means to promote creativity and general social trust.

(B) Despite his theoretical difference from the mainstream viewpoint, Moreno's influence in shaping psychological consciousness in the twentieth century was considerable. He believed that the nature of human beings is to be creative and that living a creative life is the key to human health and well-being.

(C) His most important theatrical tool was what he called role reversal – asking participants to take on another's persona. The act of pretending "as if" one were in another's skin was designed to help bring out the empathic impulse and to develop it to higher levels of expression.

① (A) – (C) – (B)
② (B) – (A) – (C)
③ (B) – (C) – (A)
④ (C) – (B) – (A)

국가직 9급
10월

# 2017년 기출문제

정답 및 해설 256p

**[01~02] 밑줄 친 부분에 들어갈 말로 가장 적절한 것을 고르시오.**

## 01

Mary: Hi, James. How's it going?
James: Hello, Mary. What can I do for you today?
Mary: How can I arrange for this package to be delivered?
James: Why don't you talk to Bob in Customer Service?
Mary: ______________________

① Sure. I will deliver this package for you.
② OK. Let me take care of Bob's customers.
③ I will see you at the Customs office.
④ I tried calling his number, but no one is answering.

## 02

A : Wow! Look at the long line. I'm sure we have to wait at least 30 minutes.
B : You're right. ______________________
A : That's a good idea. I want to ride the roller coaster.
B : It's not my cup of tea.
A : How about the Flume Ride then? It's fun and the line is not so long.
B : That sounds great! Let's go!

① Let's find seats for the magic show.
② Let's look for another ride.
③ Let's buy costumes for the parade.
④ Let's go to the lost and found.

**[03~04] 우리말을 영어로 잘못 옮긴 것을 고르시오.**

## 03

① 그 클럽은 입소문을 통해서 인기를 얻었다.
→ The club became popular by word of mouth.
② 무서운 영화를 좋아한다면 이것은 꼭 봐야 할 영화이다.
→ If you like scary movies, this is a must-see movie.

③ 뒤쪽은 너무 멀어요. 중간에 앉는 걸로 타협합시다.
→ The back is too far away. Let's promise and sit in the middle.

④ 제 예산이 빠듯합니다. 제가 쓸 수 있는 돈은 15달러뿐입니다.
→ I am on a tight budget. I only have fifteen dollars to spend.

## 04

① 식사가 준비됐을 때, 우리는 식당으로 이동했다.
→ The dinner being ready, we moved to the dining hall.

② 저쪽에 있는 사람이 누구인지 알겠니?
→ Can you tell who that is over there?

③ 이 질병이 목숨을 앗아가는 일은 좀처럼 없다.
→ It rarely happens that this disease proves fatal.

④ 과정을 관리하면서 발전시키는 것이 나의 목표였다.
→ To control the process and making improvement was my objectives.

**[05~07] 밑줄 친 부분과 의미가 가장 가까운 것을 고르시오.**

## 05

These days, Halloween has drifted far from its roots in pagan and Catholic festivals, and the spirits we <u>appease</u> are no longer those of the dead: needy ghosts have been replaced by costumed children demanding treats.

① assign ② apprehend
③ pacify ④ provoke

## 06

I usually <u>make light of</u> my problems, and that makes me feel better.

① consider something as serious
② treat something as unimportant
③ make an effort to solve a problem
④ seek an acceptable solution

## 07

A hamburger and French fries became the <u>quintessential</u> American meal in the 1950s, thanks to the promotional efforts of the fast food chains.

① healthiest ② affordable
③ typical ④ informal

## 08 주어진 문장이 들어갈 위치로 가장 적절한 곳은?

> Only New Zealand, New Caledonia and a few small islands peek above the waves.

Lurking beneath New Zealand is a long-hidden continent called Zealandia, geologists say. But since nobody is in charge of officially designating a new continent, individual scientists will ultimately have to judge for themselves. ( ① ) A team of geologists pitches the scientific case for the new continent, arguing that Zealandia is a continuous expanse of continental crust covering around 4.9 million square kilometers. ( ② ) That's about the size of the Indian subcontinent. Unlike the other mostly dry continents, around 94 percent of Zealandia hides beneath the ocean. ( ③ ) Except those tiny areas, all parts of Zealandia submerge under the ocean. "If we could pull the plug on the world's oceans, it would be quite clear that Zealandia stands out about 3,000 meters above the surrounding ocean crust, "says a geologist. ( ④ ) "If it wasn't for the ocean level, long ago we'd have recognized Zealandia for what it was—a continent."

## 09 다음 글의 내용과 일치하지 않는 것은?

The first decades of the 17th century witnessed an exponential growth in the understanding of the Earth and heavens, a process usually referred to as the Scientific Revolution. The older reliance on the philosophy of Aristotle was fast waning in universities. In the Aristotelian system of natural philosophy, the movements of bodies were explained 'causally' in terms of the amount of the four elements (earth, water, air, fire) that they possessed, and objects moved up or down to their 'natural' place depending on the preponderance of given elements of which they were composed. Natural philosophy was routinely contrasted with 'mixed mathematical' subjects such as optics, hydrostatics, and harmonics, where numbers could be applied to measurable external quantities such as length or duration.

① There was an increase in the knowledge of the Earth and heavens in the early 17th century.
② Dependence on the philosophy of Aristotle was on the decline in universities in the 17th century.
③ Natural philosophy proposed four elements to explain the movements of bodies.
④ In natural philosophy, numbers were routinely put to use for measurable external quantities.

## 10 다음 글의 내용과 가장 일치하는 것은?

Stressful events early in a person's life, such as neglect or abuse, can have psychological impacts into adulthood. New research shows that these effects may persist in their children and even their grandchildren. Larry James and Lorena Schmidt, biochemists at the Tufts School of Medicine, caused chronic social stress in adolescent mice by regularly relocating them to new cages over the course of seven weeks. The researchers then tested these stressed mice in adulthood using a series of standard laboratory measures for rodent anxiety, such as how long the mice spent in open areas of a maze and how frequently they approached mice they had never met before. Female mice showed more anxious behaviors compared with control animals, whereas the males did not. Both sexes' offspring displayed more anxious behaviors, however, and the males who had been stressed as adolescents even transmitted these behavior patterns to their female grandchildren and great-grandchildren.

① Your grandfather's stress when he was an adolescent might make you more anxious.
② Early stressful experiences alleviate anxiety later in life.
③ Constant moving from one place to another can benefit offspring.
④ Chronic social stress cannot be caused by relocation.

## 11 밑줄 친 부분에 공통으로 들어갈 말로 가장 적절한 것은?

- She's disappointed about their final decision, but she'll ________ it eventually.
- It took me a very long time to ________ ____ the shock of her death.

① get away ② get down
③ get ahead ④ get over

국가직 문제
지방직 문제
서울시 문제
국가직 해설
지방직 해설
서울시 해설

## 12 주어진 글 다음에 이어질 글의 순서로 가장 적절한 것은?

Through the ages, industrious individuals have continuously created conveniences to make life easier. From the invention of the wheel to the lightbulb, inventions have propelled society forward.

(A) In addition, interactive media can be used to question a lecturer or exchange opinions with other students via e-mail. Such computerized lectures give students access to knowledge that was previously unavailable.

(B) One recent modern invention is the computer, which has improved many aspects of people's lives. This is especially true in the field of education. One important effect of computer technology on higher education is the availability of lectures.

(C) As a result of the development of computer networks, students can obtain lectures from many universities in real time. They are now able to sit down in front of a digital screen and listen to a lecture being given at another university.

① (A) – (B) – (C)
② (B) – (C) – (A)
③ (C) – (A) – (B)
④ (C) – (B) – (A)

### [13~14] 어법상 옳은 것을 고르시오.

## 13

① Undergraduates are not allowed to using equipments in the laboratory.
② The extent of Mary's knowledge on various subjects astound me.
③ If she had been at home yesterday, I would have visited her.
④ I regret to inform you that your loan application has not approved.

## 14

① My father was in the hospital during six weeks.
② The whole family is suffered from the flu.
③ She never so much as mentioned it.
④ She would like to be financial independent.

### [15~17] 밑줄 친 부분에 들어갈 말로 가장 적절한 것을 고르시오.

## 15

As a middle-class Jew growing up in an ethnically mixed Chicago neighborhood, I was already in danger of being beaten up daily by rougher working-class boys. Becoming a bookworm would only have given them a decisive reason for beating me up. Reading and studying were more permissible for girls, but they, too, had to be careful not to get too __________, lest they acquire the stigma of being 'stuck up.'

① athletic ② intellectual
③ hospitable ④ inexperienced

## 16

You asked us, "What keeps satellites from falling out of the sky?" Over the last half-century, more than 2,500 satellites have followed the first one into space. What keeps them all afloat? It is a delicate balance between a satellite's speed and the pull of gravity. Satellites are ______________________. Crazy, right? They fall at the same rate that the curve of the Earth falls away from them if they're moving at the right speed. Which means instead of racing farther out into space or spiraling down to Earth, they hang out in orbit around the planet. Corrections are often needed to keep a satellite on the straight and narrow. Earth's gravity is stronger in some places than others. Satellites can get pulled around by the sun, the moon and even the planet Jupiter.

① created to shut off once they are in orbit
② designed to intensify the Earth's gravity
③ theoretically pulling other planets
④ basically continuously falling

## 17

Rosberg observed that color advertisements in the trade publication *Industrial Marketing* produced more attention than black and white advertisements. It is an interesting historical sidelight to note that the color advertisements in Rosberg's study were considerably more expensive to run than corresponding black and white advertisements. Although the color advertisements did produce more attention, they did not attract as many readers per dollar as the black and white advertisements. Today, the technology, economy, and efficiency of printing has progressed to the point where color advertisements are no longer so rare. As a result, color advertisements may no longer be an 'exception.' In some color, glossy magazines, or on television, color advertisements may be so common that the rare black and white advertisement now attracts attention due to ____________.

① contrast ② hostility
③ deportation ④ charity

## 18 다음 글의 흐름상 가장 어색한 문장은?

Researchers have developed a new model they said will provide better estimates about the North Atlantic right whale population, and the news isn't good. ①The model could be critically important to efforts to save the endangered species, which is in the midst of a year of high mortality, said Peter Corkeron, who leads the large whale team for the National Oceanic and Atmospheric Administration's Northeast Fisheries Science Center. ②The agency said the analysis shows the probability the population has declined since 2010 is nearly 100 percent. ③"One problem was, are they really going down or are we not seeing them? They really have gone down, and that's the bottom line," Corkeron said. ④The new research model has successfully demonstrated that the number of right whales has remained intact despite the worrisome, widening population gap between whale males and females.

## 19 다음 글의 내용과 일치하지 않는 것은?

When the gong sounds, almost every diner at Beijing restaurant Duck de Chine turns around. That's because one of the city's greatest culinary shows is about to begin—the slicing of a Peking duck. Often voted by local guides in China as the best Peking duck in the city, the skin on Duck de Chine's birds is crispy and caramelized, its meat tender and juicy. "Our roasted duck is a little different than elsewhere," says An Ding, manager of Duck de Chine. "We use jujube wood, which is over 60 years old, and has a strong fruit scent, giving the duck especially crispy skin and a delicious flavor." The sweet hoisin sauce, drizzled over sliced spring onions and cucumbers and encased with the duck skin in a thin pancake, is another highlight. "The goal of our service is to focus on the details," says Ding. "It includes both how we present the roasted duck, and the custom sauces made for our guests." Even the plates and the chopsticks holders are duck-shaped. Duck de Chine also boasts China's first Bollinger Champagne Bar. Though Peking duck is the star, there are plenty of other worthy dishes on the menu. The restaurant serves both Cantonese and Beijing cuisine, but with a touch of French influence.

① The restaurant presents a culinary performance.
② The restaurant is highly praised in Beijing.
③ The restaurant features a special champagne bar.
④ The restaurant only serves dishes from the Beijing region.

## 20 밑줄 친 부분에 들어갈 말로 가장 적절한 것은?

Since dog baths tend to be messy, time-consuming and not a whole lot of fun for everyone involved, it's natural to wonder, "How often should I bathe my dog?" As is often the case, the answer is "____________________." "Dogs groom themselves to help facilitate the growth of hair follicles and to support skin health," says Dr. Adam Denish of Rhawnhurst Animal Hospital. "However, bathing is needed for most dogs to supplement the process. But bathing too often can be detrimental to your pet as well. It can irritate the skin, damage hair follicles, and increase the risk of bacterial or fungal infections." Dr. Jennifer Coates, veterinary advisor with petMD, adds, "the best bath frequency depends on the reason behind the bath. Healthy dogs who spend most of their time inside may only need to be bathed a few times a year to control natural 'doggy odors.' On the other hand, frequent bathing is a critical part of managing some medical conditions, like allergic skin disease."

① It depends

② Just once

③ Bathing is never necessary

④ When the bath is detrimental to your dog

2024 나두공 9급 공무원

[영어] 연차별 7개년 기출문제

7개년

# 2023~2017 [지방직] 연차별 기출문제

QUESTIONS

[지방직] 06월

# 2023년 기출문제

정답 및 해설 265p

**[01~04] 밑줄 친 부분의 의미와 가장 가까운 것을 고르시오.**

## 01

Further explanations on our project will be given in <u>subsequent</u> presentations.

① required ② following
③ advanced ④ supplementary

## 02

Folkways are customs that members of a group are expected to follow to show <u>courtesy</u> to others. For example, saying "excuse me" when you sneeze is an American folkway.

① charity ② humility
③ boldness ④ politeness

## 03

These children have been <u>brought up</u> on a diet of healthy food.

① raised ② advised
③ observed ④ controlled

## 04

Slavery was not <u>done away with</u> until the nineteenth century in the U.S.

① abolished ② consented
③ criticized ④ justified

## 05 밑줄 친 부분에 들어갈 말로 가장 적절한 것은?

Voters demanded that there should be greater ________ in the election process so that they could see and understand it clearly.

① deception ② flexibility
③ competition ④ transparency

## 06 밑줄 친 부분 중 어법상 옳지 않은 것은?

One reason for upsets in sports—① <u>in which</u> the team ② <u>predicted</u> to win and supposedly superior to their opponents surprisingly loses the contest—is ③ <u>what</u> the superior team may not have perceived their opponents as ④ <u>threatening</u> to their continued success.

## 07 밑줄 친 부분이 어법상 옳지 않은 것은?

① I should have gone this morning, but I was feeling a bit ill.

② These days we do not save as much money as we used to.

③ The rescue squad was happy to discover an alive man.

④ The picture was looked at carefully by the art critic.

## 08 우리말을 영어로 잘못 옮긴 것은?

① 우리는 그의 연설에 감동하게 되었다.
→ We were made touching with his speech.

② 비용은 차치하고 그 계획은 훌륭한 것이었다.
→ Apart from its cost, the plan was a good one.

③ 그들은 뜨거운 차를 마시는 동안에 일몰을 보았다.
→ They watched the sunset while drinking hot tea.

④ 과거 경력 덕분에 그는 그 프로젝트에 적합하였다.
→ His past experience made him suited for the project.

**[09~10] 밑줄 친 부분에 들어갈 말로 가장 적절한 것을 고르시오.**

## 09

A: Pardon me, but could you give me a hand, please?
B: ______________________
A: I'm trying to find the Personnel Department. I have an appointment at 10.
B: It's on the third floor.
A: How can I get up there?
B: Take the elevator around the corner.

① We have no idea how to handle this situation.

② Would you mind telling us who is in charge?

③ Yes. I could use some help around here.

④ Sure. Can I help you with anything?

## 10

A: You were the last one who left the office, weren't you?
B: Yes. Is there any problem?
A: I found the office lights and air conditioners on this morning.
B: Really? Oh, no. Maybe I forgot to turn them off last night.
A: Probably they were on all night.
B: ______________________

① Don't worry. This machine is working fine.
② That's right. Everyone likes to work with you.
③ I'm sorry. I promise I'll be more careful from now on.
④ Too bad. You must be tired because you get off work too late.

## 11 두 사람의 대화 중 자연스럽지 않은 것은?

① A: How would you like your hair done?
B: I'm a little tired of my hair color. I'd like to dye it.
② A: What can we do to slow down global warming?
B: First of all, we can use more public transportation.
③ A: Anna, is that you? Long time no see! How long has it been?
B: It took me about an hour and a half by car.
④ A: I'm worried about Paul. He looks unhappy. What should I do?
B: If I were you, I'd wait until he talks about his troubles.

## 12 다음 글의 제목으로 가장 적절한 것은?

Well-known author Daniel Goleman has dedicated his life to the science of human relationships. In his book *Social Intelligence* he discusses results from neuro-sociology to explain how sociable our brains are. According to Goleman, we are drawn to other people's brains whenever we engage with another person. The human need for meaningful connectivity with others, in order to deepen our relationships, is what we all crave, and yet there are countless articles and studies suggesting that we are lonelier than we ever have been and loneliness is now a world health epidemic. Specifically, in Australia, according to a national Lifeline survey, more than 80% of those surveyed believe our society is becoming a lonelier place. Yet, our brains crave human interaction.

① Lonely People
② Sociable Brains
③ Need for Mental Health Survey
④ Dangers of Human Connectivity

## 13 다음 글의 주제로 가장 적절한 것은?

Certainly some people are born with advantages (e.g., physical size for jockeys, height for basketball players, an "ear" for music for musicians). Yet only dedication to mindful, deliberate practice over many years can turn those advantages into talents and those talents into successes. Through the same kind of dedicated practice, people who are not born with such advantages can develop talents that nature put a little farther from their reach. For example, even though you may feel that you weren't born with a talent for math, you can significantly increase your mathematical abilities through mindful, deliberate practice. Or, if you consider yourself "naturally" shy, putting in the time and effort to develop your social skills can enable you to interact with people at social occasions with energy, grace, and ease.

① advantages some people have over others
② importance of constant efforts to cultivate talents
③ difficulties shy people have in social interactions
④ need to understand one's own strengths and weaknesses

## 14 다음 글의 요지로 가장 적절한 것은?

Dr. Roossinck and her colleagues found by chance that a virus increased resistance to drought on a plant that is widely used in botanical experiments. Their further experiments with a related virus showed that was true of 15 other plant species, too. Dr. Roossinck is now doing experiments to study another type of virus that increases heat tolerance in a range of plants. She hopes to extend her research to have a deeper understanding of the advantages that different sorts of viruses give to their hosts. That would help to support a view which is held by an increasing number of biologists, that many creatures rely on symbiosis, rather than being self-sufficient.

① Viruses demonstrate self-sufficiency of biological beings.
② Biologists should do everything to keep plants virus-free.
③ The principle of symbiosis cannot be applied to infected plants.
④ Viruses sometimes do their hosts good, rather than harming them.

## 15 다음 글의 내용과 일치하지 않는 것은?

The traditional way of making maple syrup is interesting. A sugar maple tree produces a watery sap each spring, when there is still lots of snow on the ground. To take the sap out of the sugar maple tree, a farmer makes a slit in the bark with a special knife, and puts a "tap" on the tree. Then the farmer hangs a bucket from the tap, and the sap drips into it. That sap is collected and boiled until a sweet syrup remains—forty gallons of sugar maple tree "water" make one gallon of syrup. That's a lot of buckets, a lot of steam, and a lot of work. Even so, most of maple syrup producers are family farmers who collect the buckets by hand and boil the sap into syrup themselves.

① 사탕단풍나무에서는 매년 봄에 수액이 생긴다.
② 사탕단풍나무의 수액을 얻기 위해 나무껍질에 틈새를 만든다.
③ 단풍나무시럽 1갤론을 만들려면 수액 40갤론이 필요하다.
④ 단풍나무시럽을 만들기 위해 기계로 수액 통을 수거한다.

## 16 다음 글의 흐름상 어색한 문장은?

I once took a course in short-story writing and during that course a renowned editor of a leading magazine talked to our class. ①He said he could pick up any one of the dozens of stories that came to his desk every day and after reading a few paragraphs he could feel whether or not the author liked people. ②"If the author doesn't like people," he said, "people won't like his or her stories." ③The editor kept stressing the importance of being interested in people during his talk on fiction writing. ④Thurston, a great magician, said that every time he went on stage he said to himself, "I am grateful because I'm successful." At the end of the talk, he concluded, "Let me tell you again. You have to be interested in people if you want to be a successful writer of stories."

## 17 주어진 글 다음에 이어질 글의 순서로 가장 적절한 것은?

Just a few years ago, every conversation about artificial intelligence (AI) seemed to end with an apocalyptic prediction.

(A) More recently, however, things have begun to change. AI has gone from being a scary black box to something people can use for a variety of use cases.

(B) In 2014, an expert in the field said that, with AI, we are summoning the demon, while a Nobel Prize winning physicist said that AI could spell the end of the human race.

(C) This shift is because these technologies are finally being explored at scale in the industry, particularly for market opportunities.

① (A) – (B) – (C)
② (B) – (A) – (C)
③ (B) – (C) – (A)
④ (C) – (A) – (B)

## 18 주어진 문장이 들어갈 위치로 가장 적절한 것은?

Yet, requests for such self-assessments are pervasive throughout one's career.

The fiscal quarter just ended. Your boss comes by to ask you how well you performed in terms of sales this quarter. How do you describe your performance? As excellent? Good? Terrible? ( ① ) Unlike when someone asks you about an objective performance metric (e.g., how many dollars in sales you brought in this quarter), how to subjectively describe your performance is often unclear. There is no right answer. ( ② ) You are asked to subjectively describe your own performance in school applications, in job applications, in interviews, in performance reviews, in meetings—the list goes on. ( ③ ) How you describe your performance is what we call your level of self-promotion. ( ④ ) Since self-promotion is a pervasive part of work, people who do more self-promotion may have better chances of being hired, being promoted, and getting a raise or a bonus.

국가직 문제 | 지방직 문제 | 서울시 문제 | 국가직 해설 | 지방직 해설 | 서울시 해설

**[19~20] 밑줄 친 부분에 들어갈 말로 가장 적절한 것을 고르시오.**

## 19

We live in the age of anxiety. Because being anxious can be an uncomfortable and scary experience, we resort to conscious or unconscious strategies that help reduce anxiety in the moment—watching a movie or TV show, eating, video-game playing, and overworking. In addition, smartphones also provide a distraction any time of the day or night. Psychological research has shown that distractions serve as a common anxiety avoidance strategy. ________, however, these avoidance strategies make anxiety worse in the long run. Being anxious is like getting into quicksand—the more you fight it, the deeper you sink. Indeed, research strongly supports a well-known phrase that "What you resist, persists."

① Paradoxically ② Fortunately
③ Neutrally ④ Creatively

## 20

How many different ways do you get information? Some people might have six different kinds of communications to answer—text messages, voice mails, paper documents, regular mail, blog posts, messages on different online services. Each of these is a type of in-box, and each must be processed on a continuous basis. It's an endless process, but it doesn't have to be exhausting or stressful. Getting your information management down to a more manageable level and into a productive zone starts by ________________. Every place you have to go to check your messages or to read your incoming information is an in-box, and the more you have, the harder it is to manage everything. Cut the number of in-boxes you have down to the smallest number possible for you still to function in the ways you need to.

① setting several goals at once
② immersing yourself in incoming information
③ minimizing the number of in-boxes you have
④ choosing information you are passionate about

[지방직] 06월

# 2022년 기출문제

정답 및 해설 272p



**[01~03] 밑줄 친 부분의 의미와 가장 가까운 것을 고르시오.**

## 01

School teachers have to be <u>flexible</u> to cope with different ability levels of the students.

① strong ② adaptable
③ honest ④ passionate

## 02

Crop yields <u>vary</u>, improving in some areas and falling in others.

① change ② decline
③ expand ④ include

## 03

I don't feel inferior to anyone <u>with respect to</u> my education.

① in danger of ② in spite of
③ in favor of ④ in terms of

## 04 밑줄 친 부분에 들어갈 말로 가장 적절한 것은?

Sometimes we ________ money long before the next payday.

① turn into ② start over
③ put up with ④ run out of

**[05~06] 어법상 옳지 않은 것을 고르시오.**

## 05

① He asked me why I kept coming back day after day.
② Toys children wanted all year long has recently discarded.
③ She is someone who is always ready to lend a helping hand.
④ Insects are often attracted by scents that aren't obvious to us.

## 06

① You can write on both sides of the paper.
② My home offers me a feeling of security, warm, and love.
③ The number of car accidents is on the rise.
④ Had I realized what you were intending to do, I would have stopped you.

**[07~08] 우리말을 영어로 잘못 옮긴 것을 고르시오.**

## 07

① 나는 단 한 푼의 돈도 낭비할 수 없다.
→ I can afford to waste even one cent.

② 그녀의 얼굴에서 미소가 곧 사라졌다.
→ The smile soon faded from her face.

③ 그녀는 사임하는 것 외에는 대안이 없었다.
→ She had no alternative but to resign.

④ 나는 5년 후에 내 사업을 시작할 작정이다.
→ I'm aiming to start my own business in five years.

## 08

① 식사를 마치자마자 나는 다시 배고프기 시작했다.
→ No sooner I have finishing the meal than I started feeling hungry again.

② 그녀는 조만간 요금을 내야만 할 것이다.
→ She will have to pay the bill sooner or later.

③ 독서와 정신의 관계는 운동과 신체의 관계와 같다.
→ Reading is to the mind what exercise is to the body.

④ 그는 대학에서 의학을 공부했으나 결국 회계 회사에서 일하게 되었다.
→ He studied medicine at university but ended up working for an accounting firm.

## 09 두 사람의 대화 중 가장 어색한 것은?

① A: I like this newspaper because it's not opinionated.
B: That's why it has the largest circulation.

② A: Do you have a good reason for being all dressed up?
B: Yeah, I have an important job interview today.

③ A: I can hit the ball straight during the practice but not during the game.
B: That happens to me all the time, too.

④ A: Is there any particular subject you want to paint on canvas?
B: I didn't do good in history when I was in high school.

## 10 밑줄 친 부분에 들어갈 말로 가장 적절한 것은?

> A: Hey! How did your geography test go?
> B: Not bad, thanks. I'm just glad that it's over! How about you? How did your science exam go?
> A: Oh, it went really well. ______________. I owe you a treat for that.
> B: It's my pleasure. So, do you feel like preparing for the math exam scheduled for next week?
> A: Sure. Let's study together.
> B: It sounds good. See you later.

① There's no sense in beating yourself up over this
② I never thought I would see you here
③ Actually, we were very disappointed
④ I can't thank you enough for helping me with it

## 11 주어진 글 다음에 이어질 글의 순서로 가장 적절한 것은?

For people who are blind, everyday tasks such as sorting through the mail or doing a load of laundry present a challenge.

(A) That's the thinking behind Aira, a new service that enables its thousands of users to stream live video of their surroundings to an on-demand agent, using either a smartphone or Aira's proprietary glasses.
(B) But what if they could "borrow" the eyes of someone who could see?
(C) The Aira agents, who are available 24/7, can then answer questions, describe objects or guide users through a location.

① (A) – (B) – (C)
② (A) – (C) – (B)
③ (B) – (A) – (C)
④ (C) – (A) – (B)

## 12 주어진 문장이 들어갈 위치로 가장 적절한 곳은?

The comparison of the heart to a pump, however, is a genuine analogy.

An analogy is a figure of speech in which two things are asserted to be alike in many respects that are quite fundamental. Their structure, the relationships of their parts, or the essential purposes they serve are similar, although the two things are also greatly dissimilar. Roses and carnations are not analogous. ( ① ) They both have stems and leaves and may both be red in color. ( ② ) But they exhibit these qualities in the same way; they are of the same genus. ( ③ ) These are disparate things, but they share important qualities: mechanical apparatus, possession of valves, ability to increase and decrease pressures, and capacity to move fluids. ( ④ ) And the heart and the pump exhibit these qualities in different ways and in different contexts.

## 13 다음 글의 제목으로 가장 적절한 것은?

One of the areas where efficiency can be optimized is the work force, through increasing individual productivity—defined as the amount of work (products produced, customers served) an employee handles in a given time. In addition to making sure you have invested in the right equipment, environment, and training to ensure optimal performance, you can increase productivity by encouraging staffers to put an end to a modern-day energy drain: multitasking. Studies show it takes 25 to 40 percent longer to get a job done when you're simultaneously trying to work on other projects. To be more productive, says Andrew Deutscher, vice president of business development at consulting firm The Energy Project, "do one thing, uninterrupted, for a sustained period of time."

① How to Create More Options in Life
② How to Enhance Daily Physical Performance
③ Multitasking is the Answer for Better Efficiency
④ Do One Thing at a Time for Greater Efficiency

## 14 글의 흐름상 가장 어색한 문장은?

The skill to have a good argument is critical in life. But it's one that few parents teach to their children. ①We want to give kids a stable home, so we stop siblings from quarreling and we have our own arguments behind closed doors. ②Yet if kids never get exposed to disagreement, we may eventually limit their creativity. ③Children are most creative when they are free to brainstorm with lots of praise and encouragement in a peaceful environment. ④It turns out that highly creative people often grow up in families full of tension. They are not surrounded by fistfights or personal insults, but real disagreements. When adults in their early 30s were asked to write imaginative stories, the most creative ones came from those whose parents had the most conflict a quarter-century earlier.

**[15~16] 다음 글의 내용과 일치하지 않는 것을 고르시오.**

## 15

Christopher Nolan is an Irish writer of some renown in the English language. Brain damaged since birth, Nolan has had little control over the muscles of his body, even to the extent of having difficulty in swallowing food. He must be strapped to his wheelchair because he cannot sit up by himself. Nolan cannot utter recognizable speech sounds. Fortunately, though, his brain damage was such that Nolan's intelligence was undamaged and his hearing was normal; as a result, he learned to understand speech as a young child. It was only many years later, though, after he had reached 10 years, and after he had learned to read, that he was given a means to express his first words. He did this by using a stick which was attached to his head to point to letters. It was in this 'unicorn' manner, letter-by-letter, that he produced an entire book of poems and short stories, *Dam-Burst of Dreams*, while still a teenager.

① Christopher Nolan은 뇌 손상을 갖고 태어났다.
② Christopher Nolan은 음식을 삼키는 것도 어려웠다.
③ Christopher Nolan은 청각 장애로 인해 들을 수 없었다.
④ Christopher Nolan은 10대일 때 책을 썼다.

## 16

In many Catholic countries, children are often named after saints; in fact, some priests will not allow parents to name their children after soap opera stars or football players. Protestant countries tend to be more free about this; however, in Norway, certain names such as Adolf are banned completely. In countries where infant mortality is very high, such as in Africa, tribes only name their children when they reach five years old, the age in which their chances of survival begin to increase. Until that time, they are referred to by the number of years they are. Many nations in the Far East give their children a unique name which in some way describes the circumstances of the child's birth or the parents' expectations and hopes for the child. Some Australian aborigines can keep changing their name throughout their life as the result of some important experience which has in some way proved their wisdom, creativity or determination. For example, if one day, one of them dances extremely well, he or she may decide to re-name him/herself 'supreme dancer' or 'light feet'.

① Children are frequently named after saints in many Catholic countries.
② Some African children are not named until they turn five years old.
③ Changing one's name is totally unacceptable in the culture of Australian aborigines.
④ Various cultures name their children in different ways.

## 17 다음 글의 요지로 가장 적절한 것은?

In one study, done in the early 1970s when young people tended to dress in either "hippie" or "straight" fashion, experimenters donned hippie or straight attire and asked college students on campus for a dime to make a phone call. When the experimenter was dressed in the same way as the student, the request was granted in more than two-thirds of the instances; when the student and requester were dissimilarly dressed, the dime was provided less than half the time. Another experiment showed how automatic our positive response to similar others can be. Marchers in an antiwar demonstration were found to be more likely to sign the petition of a similarly dressed requester and to do so without bothering to read it first.

① People are more likely to help those who dress like themselves.
② Dressing up formally increases the chance of signing the petition.
③ Making a phone call is an efficient way to socialize with other students.
④ Some college students in the early 1970s were admired for their unique fashion.

## 18 (A)와 (B)에 들어갈 말로 가장 적절한 것은?

Duration shares an inverse relationship with frequency. If you see a friend frequently, then the duration of the encounter will be shorter. Conversely, if you don't see your friend very often, the duration of your visit will typically increase significantly. (A) , if you see a friend every day, the duration of your visits can be low because you can keep up with what's going on as events unfold. If, however, you only see your friend twice a year, the duration of your visits will be greater. Think back to a time when you had dinner in a restaurant with a friend you hadn't seen for a long period of time. You probably spent several hours catching up on each other's lives. The duration of the same dinner would be considerably shorter if you saw the person on a regular basis. (B) , in romantic relationships the frequency and duration are very high because couples, especially newly minted ones, want to spend as much time with each other as possible. The intensity of the relationship will also be very high.

| | (A) | (B) |
|---|---|---|
| ① | For example | Conversely |
| ② | Nonetheless | Furthermore |
| ③ | Therefore | As a result |
| ④ | In the same way | Thus |

**[19~20] 밑줄 친 부분에 들어갈 말로 가장 적절한 것을 고르시오.**

## 19

One of the most frequently used propaganda techniques is to convince the public that the propagandist's views reflect those of the common person and that he or she is working in their best interests. A politician speaking to a blue-collar audience may roll up his sleeves, undo his tie, and attempt to use the specific idioms of the crowd. He may even use language incorrectly on purpose to give the impression that he is "just one of the folks." This technique usually also employs the use of glittering generalities to give the impression that the politician's views are the same as those of the crowd being addressed. Labor leaders, businesspeople, ministers, educators, and advertisers have used this technique to win our confidence by appearing to be ________________.

① beyond glittering generalities
② just plain folks like ourselves
③ something different from others
④ better educated than the crowd

## 20

As a roller coaster climbs the first lift hill of its track, it is building potential energy—the higher it gets above the earth, the stronger the pull of gravity will be. When the coaster crests the lift hill and begins its descent, its potential energy becomes kinetic energy, or the energy of movement. A common misperception is that a coaster loses energy along the track. An important law of physics, however, called the law of conservation of energy, is that energy can never be created nor destroyed. It simply changes from one form to another. Whenever a track rises back uphill, the cars' momentum—their kinetic energy—will carry them upward, which builds potential energy, and roller coasters repeatedly convert potential energy to kinetic energy and back again. At the end of a ride, coaster cars are slowed down by brake mechanisms that create ________ between two surfaces. This motion makes them hot, meaning kinetic energy is changed to heat energy during braking. Riders may mistakenly think coasters lose energy at the end of the track, but the energy just changes to and from different forms.

① gravity ② friction
③ vacuum ④ acceleration

[지방직] 06월

# 2021년 기출문제

정답 및 해설 280p

## 01 밑줄 친 부분의 의미와 가장 가까운 것은?

For many compulsive buyers, the act of purchasing, rather than what they buy, is what leads to gratification.

① liveliness ② confidence
③ tranquility ④ satisfaction

### [02~04] 밑줄 친 부분에 들어갈 말로 가장 적절한 것을 고르시오.

## 02

Globalization leads more countries to open their markets, allowing them to trade goods and services freely at a lower cost with greater ________.

① extinction ② depression
③ efficiency ④ caution

## 03

We're familiar with the costs of burnout: Energy, motivation, productivity, engagement, and commitment can all take a hit, at work and at home. And many of the ________ are fairly intuitive: Regularly unplug. Reduce unnecessary meetings. Exercise. Schedule small breaks during the day. Take vacations even if you think you can't afford to be away from work, because you can't afford not to be away now and then.

① fixes ② damages
③ prizes ④ complications

## 04

The government is seeking ways to soothe salaried workers over their increased tax burdens arising from a new tax settlement system. During his meeting with the presidential aides last Monday, the President ________ those present to open up more communication channels with the public.

① fell on ② called for
③ picked up ④ turned down

## 05 밑줄 친 부분의 의미와 가장 가까운 것은?

> In studying Chinese calligraphy, one must learn something of the origins of Chinese language and of how they were originally written. However, except for those brought up in the artistic traditions of the country, its aesthetic significance seems to be very difficult to <u>apprehend</u>.

① encompass ② intrude
③ inspect ④ grasp

### [06~07] 우리말을 영어로 잘못 옮긴 것을 고르시오.

## 06

① 그의 소설들은 읽기가 어렵다.
→ His novels are hard to read.

② 학생들을 설득하려고 해 봐야 소용없다.
→ It is no use trying to persuade the students.

③ 나의 집은 5년마다 페인트칠된다.
→ My house is painted every five years.

④ 내가 출근할 때 한 가족이 위층에 이사 오는 것을 보았다.
→ As I went out for work, I saw a family moved in upstairs.

## 07

① 경찰 당국은 자신의 이웃을 공격했기 때문에 그 여성을 체포하도록 했다.
→ The police authorities had the woman arrested for attacking her neighbor.

② 네가 내는 소음 때문에 내 집중력을 잃게 하지 말아라.
→ Don't let me distracted by the noise you make.

③ 가능한 한 빨리 제가 결과를 알도록 해 주세요.
→ Please let me know the result as soon as possible.

④ 그는 학생들에게 모르는 사람들에게 전화를 걸어 성금을 기부할 것을 부탁하도록 시켰다.
→ He had the students phone strangers and ask them to donate money.

## 08 어법상 옳은 것은?

① My sweet-natured daughter suddenly became unpredictably.

② She attempted a new method, and needless to say had different results.

③ Upon arrived, he took full advantage of the new environment.

④ He felt enough comfortable to tell me about something he wanted to do.

## 09 다음 글의 제목으로 가장 적절한 것은?

The definition of 'turn' casts the digital turn as an analytical strategy which enables us to focus on the role of digitalization within social reality. As an analytical perspective, the digital turn makes it possible to analyze and discuss the societal meaning of digitalization. The term 'digital turn' thus signifies an analytical approach which centers on the role of digitalization within a society. If the linguistic turn is defined by the epistemological assumption that reality is constructed through language, the digital turn is based on the assumption that social reality is increasingly defined by digitalization. Social media symbolize the digitalization of social relations. Individuals increasingly engage in identity management on social networking sites(SNS). SNS are polydirectional, meaning that users can connect to each other and share information.

※ epistemological: 인식론의

① Remaking Identities on SNS

② Linguistic Turn Versus Digital Turn

③ How to Share Information in the Digital Age

④ Digitalization Within the Context of Social Reality

## 10 주어진 글 다음에 이어질 글의 순서로 가장 적절한 것은?

Growing concern about global climate change has motivated activists to organize not only campaigns against fossil fuel extraction consumption, but also campaigns to support renewable energy.

(A) This solar cooperative produces enough energy to power 1,400 homes, making it the first large-scale solar farm cooperative in the country and, in the words of its members, a visible reminder that solar power represents "a new era of sustainable and 'democratic' energy supply that enables ordinary people to produce clean power, not only on their rooftops, but also at utility scale."

(B) Similarly, renewable energy enthusiasts from the United States have founded the Clean Energy Collective, a company that has pioneered "the model of delivering clean power-generation through medium-scale facilities that are collectively owned by participating utility customers."

(C) Environmental activists frustrated with the UK government's inability to rapidly accelerate the growth of renewable energy industries have formed the Westmill Wind Farm Co-operative, a community-owned organization with more than 2,000 members who own an onshore wind farm estimated to produce as much electricity in a year as that used by 2,500 homes. The Westmill Wind Farm Co-operative has inspired local citizens to form the Westmill Solar Co-operative.

① (C) – (A) – (B)
② (A) – (C) – (B)
③ (B) – (C) – (A)
④ (C) – (B) – (A)

## 11 밑줄 친 부분에 들어갈 말로 가장 적절한 것은?

A: Did you have a nice weekend?
B: Yes, it was pretty good. We went to the movies.
A: Oh! What did you see?
B: *Interstellar*. It was really good.
A: Really? ______________
B: The special effects. They were fantastic. I wouldn't mind seeing it again.

① What did you like the most about it?
② What's your favorite movie genre?
③ Was the film promoted internationally?
④ Was the movie very costly?

## 12 두 사람의 대화 중 가장 어색한 것은?

① A: I'm so nervous about this speech that I must give today.
B: The most important thing is to stay cool.
② A: You know what? Minsu and Yujin are tying the knot!
B: Good for them! When are they getting married?
③ A: A two-month vacation just passed like one week. A new semester is around the corner.
B: That's the word. Vacation has dragged on for weeks.
④ A: How do you say 'water' in French?
B: It is right on the tip of my tongue, but I can't remember it.

## 13 다음 글의 내용과 일치하지 않는 것은?

Women are experts at gossiping, and they always talk about trivial things, or at least that's what men have always thought. However, some new research suggests that when women talk to women, their conversations are far from frivolous, and cover many more topics (up to 40 subjects) than when men talk to other men. Women's conversations range from health to their houses, from politics to fashion, from movies to family, from education to relationship problems, but sports are notably absent. Men tend to have a more limited range of subjects, the most popular being work, sports, jokes, cars, and women. According to Professor Petra Boynton, a psychologist who interviewed over 1,000 women, women also tend to move quickly from one subject to another in conversation, while men usually stick to one subject for longer periods of time. At work, this difference can be an advantage for men, as they can put other matters aside and concentrate fully on the topic being discussed. On the other hand, it also means that they sometimes find it hard to concentrate when several things have to be discussed at the same time in a meeting.

① 남성들은 여성들의 대화 주제가 항상 사소한 것들이라고 생각해 왔다.
② 여성들의 대화 주제는 건강에서 스포츠에 이르기까지 매우 다양하다.
③ 여성들은 대화하는 중에 주제의 변환을 빨리 한다.
④ 남성들은 회의 중 여러 주제가 논의될 때 집중하기 어렵다.

## 14 다음 글의 흐름상 적절하지 않은 문장은?

There was no divide between science, philosophy, and magic in the 15th century. All three came under the general heading of 'natural philosophy'. ① Central to the development of natural philosophy was the recovery of classical authors, most importantly the work of Aristotle. ② Humanists quickly realized the power of the printing press for spreading their knowledge. ③ At the beginning of the 15th century Aristotle remained the basis for all scholastic speculation on philosophy and science. ④ Kept alive in the Arabic translations and commentaries of Averroes and Avicenna, Aristotle provided a systematic perspective on mankind's relationship with the natural world. Surviving texts like his *Physics*, *Metaphysics*, and *Meteorology* provided scholars with the logical tools to understand the forces that created the natural world.

## 15 어법상 옳지 않은 것은?

① Fire following an earthquake is of special interest to the insurance industry.
② Word processors were considered to be the ultimate tool for a typist in the past.
③ Elements of income in a cash forecast will be vary according to the company's circumstances.
④ The world's first digital camera was created by Steve Sasson at Eastman Kodak in 1975.

### [16~17] 밑줄 친 부분에 들어갈 말로 가장 적절한 것을 고르시오.

## 16

The slowing of China's economy from historically high rates of growth has long been expected to ________ growth elsewhere. "The China that had been growing at 10 percent for 30 years was a powerful source of fuel for much of what drove the global economy forward", said Stephen Roach at Yale. The growth rate has slowed to an official figure of around 7 percent. "That's a concrete deceleration", Mr. Roach added.

① speed up　② weigh on
③ lead to　④ result in

## 17

As more and more leaders work remotely or with teams scattered around the nation or the globe, as well as with consultants and freelancers, you'll have to give them more ________. The more trust you bestow, the more others trust you. I am convinced that there is a direct correlation between job satisfaction and how empowered people are to fully execute their job without someone shadowing them every step of the way. Giving away responsibility to those you trust can not only make your organization run more smoothly but also free up more of your time so you can focus on larger issues.

① work　② rewards
③ restrictions　④ autonomy

## 18 다음 글의 요지로 가장 적절한 것은?

"In Judaism, we're largely defined by our actions," says Lisa Grushcow, the senior rabbi at Temple Emanu-El-Beth Sholom in Montreal. "You can't really be an armchair do-gooder." This concept relates to the Jewish notion of tikkun olam, which translates as "to repair the world." Our job as human beings, she says, "is to mend what's been broken. It's incumbent on us to not only take care of ourselves and each other but also to build a better world around us." This philosophy conceptualizes goodness as something based in service. Instead of asking "Am I a good person?" you may want to ask "What good do I do in the world?" Grushcow's temple puts these beliefs into action inside and outside their community. For instance, they sponsored two refugee families from Vietnam to come to Canada in the 1970s.

① We should work to heal the world.
② Community should function as a shelter.
③ We should conceptualize goodness as beliefs.
④ Temples should contribute to the community.

## 19 (A)와 (B)에 들어갈 말로 가장 적절한 것은?

Ancient philosophers and spiritual teachers understood the need to balance the positive with the negative, optimism with pessimism, a striving for success and security with an openness to failure and uncertainty. The Stoics recommended "the premeditation of evils," or deliberately visualizing the worst-case scenario. This tends to reduce anxiety about the future: when you soberly picture how badly things could go in reality, you usually conclude that you could cope. (A), they noted, imagining that you might lose the relationships and possessions you currently enjoy increases your gratitude for having them now. Positive thinking, (B), always leans into the future, ignoring present pleasures.

| | (A) | (B) |
|---|---|---|
| ① | Nevertheless | in addition |
| ② | Furthermore | for example |
| ③ | Besides | by contrast |
| ④ | However | in conclusion |

## 20 주어진 문장이 들어갈 위치로 가장 적절한 것은?

And working offers more than financial security.

Why do workaholics enjoy their jobs so much? Mostly because working offers some important advantages. ( ① ) It provides people with paychecks—a way to earn a living. ( ② ) It provides people with self-confidence; they have a feeling of satisfaction when they've produced a challenging piece of work and are able to say, "I made that". ( ③ ) Psychologists claim that work also gives people an identity; they work so that they can get a sense of self and individualism. ( ④ ) In addition, most jobs provide people with a socially acceptable way to meet others. It could be said that working is a positive addiction; maybe workaholics are compulsive about their work, but their addiction seems to be a safe—even an advantageous—one.

[지방직] 06월

# 2020년 기출문제

정답 및 해설 288p

## 01 밑줄 친 부분에 들어갈 말로 가장 적절한 것은?

The issue with plastic bottles is that they're not __________, so when the temperatures begin to rise, your water will also heat up.

① sanitary ② insulated
③ recyclable ④ waterproof

**[02~04] 밑줄 친 부분의 의미와 가장 가까운 것을 고르시오.**

## 02

Strategies that a writer adopts during the writing process may <u>alleviate</u> the difficulty of attentional overload.

① complement ② accelerate
③ calculate ④ relieve

## 03

The cruel sights <u>touched off</u> thoughts that otherwise wouldn't have entered her mind.

① looked after
② gave rise to
③ made up for
④ kept in contact with

## 04

The school bully did not know what it was like to be <u>shunned</u> by the other students in the class.

① avoided ② warned
③ punished ④ imitated

## 05 어법상 옳은 것은?

① Of the billions of stars in the galaxy, how much are able to hatch life?

② The Christmas party was really excited and I totally lost track of time.

③ I must leave right now because I am starting work at noon today.

④ They used to loving books much more when they were younger.

## 06 밑줄 친 부분의 의미와 가장 가까운 것은?

After Francesca made a case for staying at home during the summer holidays, an uncomfortable silence fell on the dinner table. Robert was not sure if it was the right time for him to tell her about his grandiose plan.

① objected to

② dreamed about

③ completely excluded

④ strongly suggested

## 07 밑줄 친 부분 중 어법상 옳지 않은 것은?

Elizabeth Taylor had an eye for beautiful jewels and over the years amassed some amazing pieces, once ①declaring "a girl can always have more diamonds." In 2011, her finest jewels were sold by Christie's at an evening auction ②that brought in $115.9 million. Among her most prized possessions sold during the evening sale ③were a 1961 bejeweled timepiece by Bulgari. Designed as a serpent to coil around the wrist, with its head and tail ④covered with diamonds and having two hypnotic emerald eyes, a discreet mechanism opens its fierce jaws to reveal a tiny quartz watch.

## 08 우리말을 영어로 잘못 옮긴 것은?

① 보증이 만료되어서 수리는 무료가 아니었다.

→ Since the warranty had expired, the repairs were not free of charge.

② 설문지를 완성하는 누구에게나 선물카드가 주어질 예정이다.

→ A gift card will be given to whomever completes the questionnaire.

③ 지난달 내가 휴가를 요청했더라면 지금 하와이에 있을 텐데.

→ If I had asked for a vacation last month, I would be in Hawaii now.

④ 그의 아버지가 갑자기 작년에 돌아가셨고, 설상가상으로 그의 어머니도 병에 걸리셨다.

→ His father suddenly passed away last year, and, what was worse, his mother became sick.

## 09 밑줄 친 (A), (B)에 들어갈 말로 가장 적절한 것은?

Assertive behavior involves standing up for your rights and expressing your thoughts and feelings in a direct, appropriate way that does not violate the rights of others. It is a matter of getting the other person to understand your viewpoint. People who exhibit assertive behavior skills are able to handle conflict situations with ease and assurance while maintaining good interpersonal relations. ___(A)___, aggressive behavior involves expressing your thoughts and feelings and defending your rights in a way that openly violates the rights of others. Those exhibiting aggressive behavior seem to believe that the rights of others must be subservient to theirs. ___(B)___, they have a difficult time maintaining good interpersonal relations. They are likely to interrupt, talk fast, ignore others, and use sarcasm or other forms of verbal abuse to maintain control.

| | (A) | (B) |
|---|---|---|
| ① | In contrast | Thus |
| ② | Similarly | Moreover |
| ③ | However | On one hand |
| ④ | Accordingly | On the other hand |

## 10 다음 글의 주제로 가장 적절한 것은?

The e-book applications available on tablet computers employ touchscreen technology. Some touchscreens feature a glass panel covering two electronically-charged metallic surfaces lying face-to-face. When the screen is touched, the two metallic surfaces feel the pressure and make contact. This pressure sends an electrical signal to the computer, which translates the touch into a command. This version of the touchscreen is known as a resistive screen because the screen reacts to pressure from the finger. Other tablet computers feature a single electrified metallic layer under the glass panel. When the user touches the screen, some of the current passes through the glass into the user's finger. When the charge is transferred, the computer interprets the loss in power as a command and carries out the function the user desires. This type of screen is known as a capacitive screen.

① how users learn new technology
② how e-books work on tablet computers
③ how touchscreen technology works
④ how touchscreens have evolved

## 11 밑줄 친 부분에 들어갈 말로 가장 적절한 것은?

A: Oh, another one! So many junk emails!
B: I know. I receive more than ten junk emails a day.
A: Can we stop them from coming in?
B: I don't think it's possible to block them completely.
A: ______________________?
B: Well, you can set up a filter on the settings.
A: A filter?
B: Yeah. The filter can weed out some of the spam emails.

① Do you write emails often
② Isn't there anything we can do
③ How did you make this great filter
④ Can you help me set up an email account

## 12 우리말을 영어로 잘못 옮긴 것은?

① 나는 네 열쇠를 잃어버렸다고 네게 말한 것을 후회한다.
→ I regret to tell you that I lost your key.

② 그 병원에서의 그의 경험은 그녀의 경험보다 더 나빴다.
→ His experience at the hospital was worse than hers.

③ 그것은 내게 지난 24년의 기억을 상기시켜 준다.
→ It reminds me of the memories of the past 24 years.

④ 나는 대화할 때 내 눈을 보는 사람들을 좋아한다.
→ I like people who look me in the eye when I have a conversation.

## 13 두 사람의 대화 중 가장 자연스러운 것은?

① A: Do you know what time it is?
B: Sorry, I'm busy these days.

② A: Hey, where are you headed?
B: We are off to the grocery store.

③ A: Can you give me a hand with this?
B: OK. I'll clap for you.

④ A: Has anybody seen my purse?
B: Long time no see.

## 14 다음 글의 제목으로 가장 적절한 것은?

Louis XIV needed a palace worthy of his greatness, so he decided to build a huge new house at Versailles, where a tiny hunting lodge stood. After almost fifty years of labor, this tiny hunting lodge had been transformed into an enormous palace, a quarter of a mile long. Canals were dug to bring water from the river and to drain the marshland. Versailles was full of elaborate rooms like the famous Hall of Mirrors, where seventeen huge mirrors stood across from seventeen large windows, and the Salon of Apollo, where a solid silver throne stood. Hundreds of statues of Greek gods such as Apollo, Jupiter, and Neptune stood in the gardens; each god had Louis's face!

① True Face of Greek Gods
② The Hall of Mirrors vs. the Salon of Apollo
③ Did the Canal Bring More Than Just Water to Versailles?
④ Versailles: From a Humble Lodge to a Great Palace

## 15 글의 흐름상 가장 어색한 문장은?

Philosophers have not been as concerned with anthropology as anthropologists have with philosophy. ①Few influential contemporary philosophers take anthropological studies into account in their work. ②Those who specialize in philosophy of social science may consider or analyze examples from anthropological research, but do this mostly to illustrate conceptual points or epistemological distinctions or to criticize epistemological or ethical implications. ③In fact, the great philosophers of our time often drew inspiration from other fields such as anthropology and psychology. ④Philosophy students seldom study or show serious interest in anthropology. They may learn about experimental methods in science, but rarely about anthropological fieldwork.

## 16 밑줄 친 부분에 들어갈 말로 가장 적절한 것은?

All of us inherit something: in some cases, it may be money, property or some object—a family heirloom such as a grandmother's wedding dress or a father's set of tools. But beyond that, all of us inherit something else, something __________________, something we may not even be fully aware of. It may be a way of doing a daily task, or the way we solve a particular problem or decide a moral issue for ourselves. It may be a special way of keeping a holiday or a tradition to have a picnic on a certain date. It may be something important or central to our thinking, or something minor that we have long accepted quite casually.

① quite unrelated to our everyday life
② against our moral standards
③ much less concrete and tangible
④ of great monetary value

국가직 문제
지방직 문제
서울시 문제
국가직 해설
지방직 해설
서울시 해설

## 17 다음 글의 요지로 가장 적절한 것은?

Evolutionarily, any species that hopes to stay alive has to manage its resources carefully. That means that first call on food and other goodies goes to the breeders and warriors and hunters and planters and builders and, certainly, the children, with not much left over for the seniors, who may be seen as consuming more than they're contributing. But even before modern medicine extended life expectancies, ordinary families were including grandparents and even great-grandparents. That's because what old folk consume materially, they give back behaviorally—providing a leveling, reasoning center to the tumult that often swirls around them.

① Seniors have been making contributions to the family.
② Modern medicine has brought focus to the role of old folk.
③ Allocating resources well in a family determines its prosperity.
④ The extended family comes at a cost of limited resources.

## 18 주어진 글 다음에 이어질 글의 순서로 가장 적절한 것은?

Nowadays the clock dominates our lives so much that it is hard to imagine life without it. Before industrialization, most societies used the sun or the moon to tell the time.

(A) For the growing network of railroads, the fact that there were no time standards was a disaster. Often, stations just some miles apart set their clocks at different times. There was a lot of confusion for travelers.

(B) When mechanical clocks first appeared, they were immediately popular. It was fashionable to have a clock or a watch. People invented the expression "of the clock" or "o'clock" to refer to this new way to tell the time.

(C) These clocks were decorative, but not always useful. This was because towns, provinces, and even neighboring villages had different ways to tell the time. Travelers had to reset their clocks repeatedly when they moved from one place to another. In the United States, there were about 70 different time zones in the 1860s.

① (A) – (B) – (C)
② (B) – (A) – (C)
③ (B) – (C) – (A)
④ (C) – (A) – (B)

## 19 주어진 문장이 들어갈 위치로 가장 적절한 것은?

> But there is also clear evidence that millennials, born between 1981 and 1996, are saving more aggressively for retirement than Generation X did at the same ages, 22~37.

> Millennials are often labeled the poorest, most financially burdened generation in modern times. Many of them graduated from college into one of the worst labor markets the United States has ever seen, with a staggering load of student debt to boot. ( ① ) Not surprisingly, millennials have accumulated less wealth than Generation X did at a similar stage in life, primarily because fewer of them own homes. ( ② ) But newly available data providing the most detailed picture to date about what Americans of different generations save complicates that assessment. ( ③ ) Yes, Gen Xers, those born between 1965 and 1980, have a higher net worth. ( ④ ) And that might put them in better financial shape than many assume.

## 20 다음 글의 내용과 일치하지 않는 것은?

> Carbonate sands, which accumulate over thousands of years from the breakdown of coral and other reef organisms, are the building material for the frameworks of coral reefs. But these sands are sensitive to the chemical make-up of sea water. As oceans absorb carbon dioxide, they acidify—and at a certain point, carbonate sands simply start to dissolve. The world's oceans have absorbed around one-third of human-emitted carbon dioxide. The rate at which the sands dissolve was strongly related to the acidity of the overlying seawater, and was ten times more sensitive than coral growth to ocean acidification. In other words, ocean acidification will impact the dissolution of coral reef sands more than the growth of corals. This probably reflects the corals' ability to modify their environment and partially adjust to ocean acidification, whereas the dissolution of sands is a geochemical process that cannot adapt.

① The frameworks of coral reefs are made of carbonate sands.

② Corals are capable of partially adjusting to ocean acidification.

③ Human-emitted carbon dioxide has contributed to the world's ocean acidification.

④ Ocean acidification affects the growth of corals more than the dissolution of coral reef sands.

[지방직] 06월

# 2019년 기출문제

정답 및 해설 298p

**[01~02] 밑줄 친 부분의 의미와 가장 가까운 것을 고르시오.**

## 01

I came to see these documents as relics of a sensibility now dead and buried, which needed to be <u>excavated</u>.

① exhumed ② packed
③ erased ④ celebrated

## 02

Riding a roller coaster can be a joy ride of emotions: the nervous anticipation as you're strapped into your seat, the questioning and regret that comes as you go up, up, up, and the <u>sheer</u> adrenaline rush as the car takes that first dive.

① utter ② scary
③ occasional ④ manageable

## 03 두 사람의 대화 중 가장 어색한 것은?

① A: What time are we having lunch?
B: It'll be ready before noon.

② A: I called you several times. Why didn't you answer?
B: Oh, I think my cell phone was turned off.

③ A: Are you going to take a vacation this winter?
B: I might. I haven't decided yet.

④ A: Hello. Sorry I missed your call.
B: Would you like to leave a message?

## 04 밑줄 친 부분에 들어갈 말로 가장 적절한 것은?

A: Hello. I need to exchange some money.
B: Okay. What currency do you need?
A: I need to convert dollars into pounds. What's the exchange rate?
B: The exchange rate is 0.73 pounds for every dollar.
A: Fine. Do you take a commission?
B: Yes, we take a small commission of 4 dollars.
A: ______________________?
B: We convert your currency back for free. Just bring your receipt with you.

① How much does this cost
② How should I pay for that
③ What's your buy-back policy
④ Do you take credit cards

## 05 밑줄 친 부분 중 어법상 옳지 않은 것은?

Each year, more than 270,000 pedestrians ① lose their lives on the world's roads. Many leave their homes as they would on any given day never ② to return. Globally, pedestrians constitute 22% of all road traffic fatalities, and in some countries this proportion is ③ as high as two thirds of all road traffic deaths. Millions of pedestrians are non-fatally ④ injuring—some of whom are left with permanent disabilities. These incidents cause much suffering and grief as well as economic hardship.

## 06 어법상 옳은 것은?

① The paper charged her with use the company's money for her own purposes.
② The investigation had to be handled with the utmost care lest suspicion be aroused.
③ Another way to speed up the process would be made the shift to a new system.
④ Burning fossil fuels is one of the lead cause of climate change.

## 07 주어진 글 다음에 이어질 글의 순서로 가장 적절한 것은?

There is a thought that can haunt us: since everything probably affects everything else, how can we ever make sense of the social world? If we are weighed down by that worry, though, we won't ever make progress.

(A) Every discipline that I am familiar with draws caricatures of the world in order to make sense of it. The modern economist does this by building models, which are deliberately stripped down representations of the phenomena out there.
(B) The economist John Maynard Keynes described our subject thus: "Economics is a science of thinking in terms of models joined to the art of choosing models which are relevant to the contemporary world."
(C) When I say "stripped down," I really mean stripped down. It isn't uncommon among us economists to focus on one or two causal factors, exclude everything else, hoping that this will enable us to understand how just those aspects of reality work and interact.

① (A) – (B) – (C)
② (A) – (C) – (B)
③ (B) – (C) – (A)
④ (B) – (A) – (C)

## 08 다음 글의 내용과 일치하는 것은?

Prehistoric societies some half a million years ago did not distinguish sharply between mental and physical disorders. Abnormal behaviors, from simple headaches to convulsive attacks, were attributed to evil spirits that inhabited or controlled the afflicted person's body. According to historians, these ancient peoples attributed many forms of illness to demonic possession, sorcery, or the behest of an offended ancestral spirit. Within this system of belief, called *demonology*, the victim was usually held at least partly responsible for the misfortune. It has been suggested that Stone Age cave dwellers may have treated behavior disorders with a surgical method called *trephining*, in which part of the skull was chipped away to provide an opening through which the evil spirit could escape. People may have believed that when the evil spirit left, the person would return to his or her normal state. Surprisingly, trephined skulls have been found to have healed over, indicating that some patients survived this extremely crude operation.

※ convulsive: 경련의　　※ behest: 명령

① Mental disorders were clearly differentiated from physical disorders.

② Abnormal behaviors were believed to result from evil spirits affecting a person.

③ An opening was made in the skull for an evil spirit to enter a person's body.

④ No cave dwellers survived trephining.

## 09 다음 글의 주제로 가장 적절한 것은?

As the digital revolution upends newsrooms across the country, here's my advice for all the reporters. I've been a reporter for more than 25 years, so I have lived through a half dozen technological life cycles. The most dramatic transformations have come in the last half dozen years. That means I am, with increasing frequency, making stuff up as I go along. Much of the time in the news business, we have no idea what we are doing. We show up in the morning and someone says, "Can you write a story about (pick one) tax policy/immigration/climate change?" When newspapers had once-a-day deadlines, we said a reporter would learn in the morning and teach at night—write a story that could inform tomorrow's readers on a topic the reporter knew nothing about 24 hours earlier. Now it is more like learning at the top of the hour and teaching at the bottom of the same hour. I'm also running a political podcast, for example, and during the presidential conventions, we should be able to use it to do real-time interviews anywhere. I am just increasingly working without a script.

① a reporter as a teacher

② a reporter and improvisation

③ technology in politics

④ fields of journalism and technology

## 10 글의 흐름상 가장 어색한 문장은?

Children's playgrounds throughout history were the wilderness, fields, streams, and hills of the country and the roads, streets, and vacant places of villages, towns, and cities. ①The term *playground* refers to all those places where children gather to play their free, spontaneous games. ②Only during the past few decades have children vacated these natural playgrounds for their growing love affair with video games, texting, and social networking. ③Even in rural America few children are still roaming in a free-ranging manner, unaccompanied by adults. ④When out of school, they are commonly found in neighborhoods digging in sand, building forts, playing traditional games, climbing, or playing ball games. They are rapidly disappearing from the natural terrain of creeks, hills, and fields, and like their urban counterparts, are turning to their indoor, sedentary cyber toys for entertainment.

[11~12] 밑줄 친 부분의 의미와 가장 가까운 것을 고르시오.

## 11

Time does seem to slow to a trickle during a boring afternoon lecture and race when the brain is engrossed in something highly entertaining.

① enhanced by
② apathetic to
③ stabilized by
④ preoccupied with

## 12

These daily updates were designed to help readers keep abreast of the markets as the government attempted to keep them under control.

① be acquainted with
② get inspired by
③ have faith in
④ keep away from

국가직 문제 지방직 문제 서울시 문제 국가직 해설 지방직 해설 서울시 해설

**[13~14] 밑줄 친 (A), (B)에 들어갈 말로 가장 적절한 것을 고르시오.**

## 13

In the 1840s, the island of Ireland suffered famine. Because Ireland could not produce enough food to feed its population, about a million people died of ___(A)___; they simply didn't have enough to eat to stay alive. The famine caused another 1.25 million people to ___(B)___; many left their island home for the United States; the rest went to Canada, Australia, Chile, and other countries. Before the famine, the population of Ireland was approximately 6 million. After the great food shortage, it was about 4 million.

| (A) | (B) |
|---|---|
| ① dehydration | be deported |
| ② trauma | immigrate |
| ③ starvation | emigrate |
| ④ fatigue | be detained |

## 14

Today the technology to create the visual component of virtual-reality (VR) experiences is well on its way to becoming widely accessible and affordable. But to work powerfully, virtual reality needs to be about more than visuals. ___(A)___ what you are hearing convincingly matches the visuals, the virtual experience breaks apart. Take a basketball game. If the players, the coaches, the announcers, and the crowd all sound like they're sitting midcourt, you may as well watch the game on television—you'll get just as much of a sense that you are "there." ___(B)___, today's audio equipment and our widely used recording and reproduction formats are simply inadequate to the task of re-creating convincingly the sound of a battlefield on a distant planet, a basketball game at courtside, or a symphony as heard from the first row of a great concert hall.

| (A) | (B) |
|---|---|
| ① If | By contrast |
| ② Unless | Consequently |
| ③ If | Similarly |
| ④ Unless | Unfortunately |

## 15 주어진 문장이 들어갈 위치로 가장 적절한 것은?

> The same thinking can be applied to any number of goals, like improving performance at work.

> The happy brain tends to focus on the short term. ( ① ) That being the case, it's a good idea to consider what short-term goals we can accomplish that will eventually lead to accomplishing long-term goals. ( ② ) For instance, if you want to lose thirty pounds in six months, what short-term goals can you associate with losing the smaller increments of weight that will get you there? ( ③ ) Maybe it's something as simple as rewarding yourself each week that you lose two pounds. ( ④ ) By breaking the overall goal into smaller, shorter-term parts, we can focus on incremental accomplishments instead of being overwhelmed by the enormity of the goal in our profession.

## 16 우리말을 영어로 잘못 옮긴 것은?

① 혹시 내게 전화하고 싶은 경우에 이게 내 번호야.
→ This is my number just in case you would like to call me.

② 나는 유럽 여행을 준비하느라 바쁘다.
→ I am busy preparing for a trip to Europe.

③ 그녀는 남편과 결혼한 지 20년 이상 되었다.
→ She has married to her husband for more than two decades.

④ 나는 내 아들이 읽을 책을 한 권 사야 한다.
→ I should buy a book for my son to read.

**[17~18] 다음 글의 내용과 일치하지 않는 것을 고르시오.**

## 17

In the nineteenth century, the most respected health and medical experts all insisted that diseases were caused by "miasma," a fancy term for bad air. Western society's system of health was based on this assumption: to prevent diseases, windows were kept open or closed, depending on whether there was more miasma inside or outside the room; it was believed that doctors could not pass along disease because gentlemen did not inhabit quarters with bad air. Then the idea of germs came along. One day, everyone believed that bad air makes you sick. Then, almost overnight, people started realizing there were invisible things called microbes and bacteria that were the real cause of diseases. This new view of disease brought sweeping changes to medicine, as surgeons adopted antiseptics and scientists invented vaccines and antibiotics. But, just as momentously, the idea of germs gave ordinary people the power to influence their own lives. Now, if you wanted to stay healthy, you could wash your hands, boil your water, cook your food thoroughly, and clean cuts and scrapes with iodine.

① In the nineteenth century, opening windows was irrelevant to the density of miasma.
② In the nineteenth century, it was believed that gentlemen did not live in places with bad air.
③ Vaccines were invented after people realized that microbes and bacteria were the real cause of diseases.
④ Cleaning cuts and scrapes could help people to stay healthy.

## 18

Followers are a critical part of the leadership equation, but their role has not always been appreciated. For a long time, in fact, "the common view of leadership was that leaders actively led and subordinates, later called followers, passively and obediently followed." Over time, especially in the last century, social change shaped people's views of followers, and leadership theories gradually recognized the active and important role that followers play in the leadership process. Today it seems natural to accept the important role followers play. One aspect of leadership is particularly worth noting in this regard: Leadership is a social influence process shared among all members of a group. Leadership is not restricted to the influence exerted by someone in a particular position or role; followers are part of the leadership process, too.

① For a length of time, it was understood that leaders actively led and followers passively followed.
② People's views of subordinates were influenced by social change.
③ The important role of followers is still denied today.
④ Both leaders and followers participate in the leadership process.

[19~20] 밑줄 친 부분에 들어갈 말로 가장 적절한 것을 고르시오.

## 19

Language proper is itself double-layered. Single noises are only occasionally meaningful: mostly, the various speech sounds convey coherent messages only when combined into an overlapping chain, like different colors of ice-cream melting into one another. In birdsong also, ____________________: the sequence is what matters. In both humans and birds, control of this specialized sound-system is exercised by one half of the brain, normally the left half, and the system is learned relatively early in life. And just as many human languages have dialects, so do some bird species: in California, the white-crowned sparrow has songs so different from area to area that Californians can supposedly tell where they are in the state by listening to these sparrows.

① individual notes are often of little value
② rhythmic sounds are important
③ dialects play a critical role
④ no sound-system exists

## 20

Nobel Prize-winning psychologist Daniel Kahneman changed the way the world thinks about economics, upending the notion that human beings are rational decision-makers. Along the way, his discipline-crossing influence has altered the way physicians make medical decisions and investors evaluate risk on Wall Street. In a paper, Kahneman and his colleagues outline a process for making big strategic decisions. Their suggested approach, labeled as "Mediating Assessments Protocol," or MAP, has a simple goal: To put off gut-based decision-making until a choice can be informed by a number of separate factors. "One of the essential purposes of MAP is basically to __________ intuition," Kahneman said in a recent interview with *The Post*. The structured process calls for analyzing a decision based on six to seven previously chosen attributes, discussing each of them separately and assigning them a relative percentile score, and finally, using those scores to make a holistic judgment.

① improve ② delay
③ possess ④ facilitate

국가직 문제 / 지방직 문제 / 서울시 문제 / 국가직 해설 / 지방직 해설 / 서울시 해설

[지방직] 05월

# 2018년 기출문제

정답 및 해설 306p

**[01~02] 밑줄 친 부분의 의미와 가장 가까운 것을 고르시오.**

## 01

The paramount duty of the physician is to do no harm. Everything else —even healing —must take second place.

① chief
② sworn
③ successful
④ mysterious

## 02

It is not unusual that people get cold feet about taking a trip to the North Pole.

① become ambitious
② become afraid
③ feel exhausted
④ feel saddened

## 03 밑줄 친 부분 중 어법상 옳지 않은 것은?

I am writing in response to your request for a reference for Mrs. Ferrer. She has worked as my secretary ①for the last three years and has been an excellent employee. I believe that she meets all the requirements ②mentioned in your job description and indeed exceeds them in many ways. I have never had reason ③to doubt her complete integrity. I would, therefore, recommend Mrs. Ferrer for the post ④what you advertise.

## 04 우리말을 영어로 잘못 옮긴 것은?

① 모든 정보는 거짓이었다.
→ All of the information was false.
② 토마스는 더 일찍 사과했어야 했다.
→ Thomas should have apologized earlier.
③ 우리가 도착했을 때 영화는 이미 시작했었다.
→ The movie had already started when we arrived.
④ 바깥 날씨가 추웠기 때문에 나는 차를 마시려 물을 끓였다.
→ Being cold outside, I boiled some water to have tea.

## 05 밑줄 친 부분의 의미와 가장 가까운 것은?

> The student who finds the state-of-the-art approach intimidating learns less than he or she might have learned by the old methods.

① humorous ② friendly
③ convenient ④ frightening

## 06 밑줄 친 부분에 들어갈 말로 가장 적절한 것은?

> Since the air-conditioners are being repaired now, the office workers have to ________ electric fans for the day.

① get rid of ② let go of
③ make do with ④ break up with

## 07 어법상 옳은 것은?

① Please contact to me at the email address I gave you last week.
② Were it not for water, all living creatures on earth would be extinct.
③ The laptop allows people who is away from their offices to continue to work.
④ The more they attempted to explain their mistakes, the worst their story sounded.

## 08 우리말을 영어로 옳게 옮긴 것은?

① 그는 며칠 전에 친구를 배웅하기 위해 역으로 갔다.
→ He went to the station a few days ago to see off his friend.
② 버릇없는 그 소년은 아버지가 부르는 것을 못 들은 체했다.
→ The spoiled boy made it believe he didn't hear his father calling.
③ 나는 버팔로에 가본 적이 없어서 그곳에 가기를 고대하고 있다.
→ I have never been to Buffalo, so I am looking forward to go there.
④ 나는 아직 오늘 신문을 못 읽었어. 뭐 재미있는 것 있니?
→ I have not read today's newspaper yet. Is there anything interested in it?

## 09 다음 글의 흐름상 가장 어색한 문장은?

The Renaissance kitchen had a definite hierarchy of help who worked together to produce the elaborate banquets. ① At the top, as we have seen, was the *scalco*, or steward, who was in charge of not only the kitchen, but also the dining room. ② The dining room was supervised by the butler, who was in charge of the silverware and linen and also served the dishes that began and ended the banquet — the cold dishes, salads, cheeses, and fruit at the beginning and the sweets and confections at the end of the meal. ③ This elaborate decoration and serving was what in restaurants is called "the front of the house." ④ The kitchen was supervised by the head cook, who directed the undercooks, pastry cooks, and kitchen help.

## 10 다음 글의 요지로 가장 적절한 것은?

My students often believe that if they simply meet more important people, their work will improve. But it's remarkably hard to engage with those people unless you've already put something valuable out into the world. That's what piques the curiosity of advisers and sponsors. Achievements show you have something to give, not just something to take. In life, it certainly helps to know the right people. But how hard they go to bat for you, how far they stick their necks out for you, depends on what you have to offer. Building a powerful network doesn't require you to be an expert at networking. It just requires you to be an expert at something. If you make great connections, they might advance your career. If you do great work, those connections will be easier to make. Let your insights and your outputs — not your business cards — do the talking.

① Sponsorship is necessary for a successful career.

② Building a good network starts from your accomplishments.

③ A powerful network is a prerequisite for your achievement.

④ Your insights and outputs grow as you become an expert at networking.

## 11 밑줄 친 부분에 들어갈 말로 가장 적절한 것은?

A: My computer just shut down for no reason. I can't even turn it back on again.
B: Did you try charging it? It might just be out of battery.
A: Of course, I tried charging it.
B: ______________________________
A: I should do that, but I'm so lazy.

① I don't know how to fix your computer.
② Try visiting the nearest service center then.
③ Well, stop thinking about your problems and go to sleep.
④ My brother will try to fix your computer because he's a technician.

## 12 다음 글에 나타난 화자의 심경으로 가장 적절한 것은?

My face turned white as a sheet. I looked at my watch. The tests would be almost over by now. I arrived at the testing center in an absolute panic. I tried to tell my story, but my sentences and descriptive gestures got so confused that I communicated nothing more than a very convincing version of a human tornado. In an effort to curb my distracting explanation, the proctor led me to an empty seat and put a test booklet in front of me. He looked doubtfully from me to the clock, and then he walked away. I tried desperately to make up for lost time, scrambling madly through analogies and sentence completions. "Fifteen minutes remain," the voice of doom declared from the front of the classroom. Algebraic equations, arithmetic calculations, geometric diagrams swam before my eyes. "Time! Pencils down, please."

① nervous and worried
② excited and cheerful
③ calm and determined
④ safe and relaxed

**13** 주어진 문장 다음에 이어질 글의 순서로 가장 적절한 것은?

> Devices that monitor and track your health are becoming more popular among all age populations.

(A) For example, falls are a leading cause of death for adults 65 and older. Fall alerts are a popular gerotechnology that has been around for many years but have now improved.

(B) However, for seniors aging in place, especially those without a caretaker in the home, these technologies can be lifesaving.

(C) This simple technology can automatically alert 911 or a close family member the moment a senior has fallen.

※ gerotechnology: 노인을 위한 양로 기술

① (B) − (C) − (A)
② (B) − (A) − (C)
③ (C) − (A) − (B)
④ (C) − (B) − (A)

**[14~15] 밑줄 친 부분에 들어갈 말로 가장 적절한 것을 고르시오.**

**14**

A: Where do you want to go for our honeymoon?
B: Let's go to a place that neither of us has been to.
A: Then, why don't we go to Hawaii?
B: ____________________

① I've always wanted to go there.
② Isn't Korea a great place to live?
③ Great! My last trip there was amazing!
④ Oh, you must've been to Hawaii already.

**15**

The secret of successful people is usually that they are able to concentrate totally on one thing. Even if they have a lot in their head, they have found a method that the many commitments don't impede each other, but instead they are brought into a good inner order. And this order is quite simple: ____________. In theory, it seems to be quite clear, but in everyday life it seems rather different. You might have tried to decide on priorities, but you have failed because of everyday trivial matters and all the unforeseen distractions. Separate off disturbances, for example, by escaping into another office, and not allowing any distractions to get in the way. When you concentrate on the one task of your priorities, you will find you have energy that you didn't even know you had.

① the sooner, the better
② better late than never
③ out of sight, out of mind
④ the most important thing first

## 16 다음 글의 제목으로 가장 적절한 것은?

With the help of the scientist, the commercial fishing industry has found out that its fishing must be done scientifically if it is to be continued. With no fishing pressure on a fish population, the number of fish will reach a predictable level of abundance and stay there. The only fluctuation would be due to natural environmental factors, such as availability of food, proper temperature, and the like. If a fishery is developed to take these fish, their population can be maintained if the fishing harvest is small. The mackerel of the North Sea is a good example. If we increase the fishery and take more fish each year, we must be careful not to reduce the population below the ideal point where it can replace all of the fish we take out each year. If we fish at this level, called the *maximum sustainable yield*, we can maintain the greatest possible yield, year after year. If we catch too many, the number of fish will decrease each year until we fish ourselves out of a job. Examples of severely overfished animals are the blue whale of the Antarctic and the halibut of the North Atlantic. Fishing just the correct amount to maintain a maximum annual yield is both a science and an art. Research is constantly being done to help us better understand the fish population and how to utilize it to the maximum without depleting the population.

① Say No to Commercial Fishing
② Sea Farming Seen As a Fishy Business
③ Why Does the Fishing Industry Need Science?
④ Overfished Animals: Cases of Illegal Fishing

**17** 밑줄 친 (A), (B)에 들어갈 말로 가장 적절한 것은?

Does terrorism ever work? 9/11 was an enormous tactical success for al Qaeda, partly because it involved attacks that took place in the media capital of the world and the actual capital of the United States, ___(A)___ ensuring the widest possible coverage of the event. If terrorism is a form of theater where you want a lot of people watching, no event in human history was likely ever seen by a larger global audience than the 9/11 attacks. At the time, there was much discussion about how 9/11 was like the attack on Pearl Harbor. They were indeed similar since they were both surprise attacks that drew America into significant wars. But they were also similar in another sense. Pearl Harbor was a great *tactical* success for Imperial Japan, but it led to a great *strategic* failure: Within four years of Pearl Harbor the Japanese empire lay in ruins, utterly defeated. ___(B)___, 9/11 was a great tactical success for al Qaeda, but it also turned out to be a great strategic failure for Osama bin Laden.

| (A) | (B) |
|---|---|
| ① thereby | Similarly |
| ② while | Therefore |
| ③ while | Fortunately |
| ④ thereby | On the contrary |

**18** 다음 글의 내용과 일치하지 않는 것은?

We entered a new phase as a species when Chinese scientists altered a human embryo to remove a potentially fatal blood disorder — not only from the baby, but all of its descendants. Researchers call this process "germline modification." The media likes the phrase "designer babies." But we should call it what it is, "eugenics." And we, the human race, need to decide whether or not we want to use it. Last month, in the United States, the scientific establishment weighed in. A National Academy of Sciences and National Academy of Medicine joint committee endorsed embryo editing aimed at genes that cause serious diseases when there is "no reasonable alternative." But it was more wary of editing for "enhancement," like making already-healthy children stronger or taller. It recommended a public discussion, and said that doctors should "not proceed at this time." The committee had good reason to urge caution. The history of eugenics is full of oppression and misery.

※ eugenics: 우생학

① Doctors were recommended to immediately go ahead with embryo editing for enhancement.

② Recently, the scientific establishment in the U.S. joined a discussion on eugenics.

③ Chinese scientists modified a human embryo to prevent a serious blood disorder.

④ "Designer babies" is another term for the germline modification process.

**19** 주어진 문장이 들어갈 위치로 가장 적절한 것은?

> If neither surrendered, the two exchanged blows until one was knocked out.

The ancient Olympics provided athletes an opportunity to prove their fitness and superiority, just like our modern games. ( ① ) The ancient Olympic events were designed to eliminate the weak and glorify the strong. Winners were pushed to the brink. ( ② ) Just as in modern times, people loved extreme sports. One of the favorite events was added in the 33rd Olympiad. This was the pankration, or an extreme mix of wrestling and boxing. The Greek word *pankration* means "total power." The men wore leather straps with metal studs, which could make a terrible mess of their opponents. ( ③ ) This dangerous form of wrestling had no time or weight limits. In this event, only two rules applied. First, wrestlers were not allowed to gouge eyes with their thumbs. Secondly, they could not bite. Anything else was considered fair play. The contest was decided in the same manner as a boxing match. Contenders continued until one of the two collapsed. ( ④ ) Only the strongest and most determined athletes attempted this event. Imagine wrestling "Mr. Fingertips," who earned his nickname by breaking his opponents' fingers!

**20** 밑줄 친 부분에 들어갈 말로 가장 적절한 것은?

In our time it is not only the law of the market which has its own life and rules over man, but also the development of science and technique. For a number of reasons, the problems and organization of science today are such that a scientist does not choose his problems; the problems force themselves upon the scientist. He solves one problem, and the result is not that he is more secure or certain, but that ten other new problems open up in place of the single solved one. They force him to solve them; he has to go ahead at an ever-quickening pace. The same holds true for industrial techniques. The pace of science forces the pace of technique. Theoretical physics forces atomic energy on us; the successful production of the fission bomb forces upon us the manufacture of the hydrogen bomb. We do not choose our problems, we do not choose our products; we are pushed, we are forced — by what? By a system which has no purpose and goal transcending it, and which ________________.

① makes man its appendix
② creates a false sense of security
③ inspires man with creative challenges
④ empowers scientists to control the market laws

# [지방직] 06월 2017년 기출문제

정답 및 해설 316p

**[01~02] 밑줄 친 부분에 들어갈 말로 가장 적절한 것을 고르시오.**

## 01

A: I just received a letter from one of my old high school buddies.
B: That's nice!
A: Well, actually it's been a long time since I heard from him.
B: To be honest, I've been out of touch with most of my old friends.
A: I know. It's really hard to maintain contact when people move around so much.
B: You're right. ____________. But you're lucky to be back in touch with your buddy again.

① The days are getting longer
② People just drift apart
③ That's the funniest thing I've ever heard of
④ I start fuming whenever I hear his name

## 02

A: What are you getting Ted for his birthday? I'm getting him a couple of baseball caps.
B: I've been ____________ trying to think of just the right gift. I don't have an inkling of what he needs.
A: Why don't you get him an album? He has a lot of photos.
B: That sounds perfect! Why didn't I think of that? Thanks for the suggestion!

① contacted by him
② sleeping all day
③ racking my brain
④ collecting photo albums

## [03~05] 밑줄 친 부분의 의미와 가장 가까운 것을 고르시오.

## 03

Some of the newest laws authorize people to appoint a <u>surrogate</u> who can make medical decisions for them when necessary.

① proxy
② sentry
③ predecessor
④ plunderer

## 04

A: He thinks he can achieve anything.
B: Yes, he needs to <u>keep his feet on the ground.</u>

① live in a world of his own
② relax and enjoy himself
③ be brave and confident
④ remain sensible and realistic about life

## 05

She is <u>on the fence</u> about going to see the Mona Lisa at the Louvre Museum.

① anguished
② enthusiastic
③ apprehensive
④ undecided

## 06 어법상 옳지 않은 것은?

① You might think that just eating a lot of vegetables will keep you perfectly healthy.
② Academic knowledge isn't always that leads you to make right decisions.
③ The fear of getting hurt didn't prevent him from engaging in reckless behaviors.
④ Julie's doctor told her to stop eating so many processed foods.

## 07 어법상 옳은 것은?

① The oceans contain many forms of life that has not yet been discovered.
② The rings of Saturn are so distant to be seen from Earth without a telescope.
③ The Aswan High Dam has been protected Egypt from the famines of its neighboring countries.
④ Included in this series is "The Enchanted Horse," among other famous children's stories.

## 08 다음 글의 내용과 일치하는 것은?

Soils of farmlands used for growing crops are being carried away by water and wind erosion at rates between 10 and 40 times the rates of soil formation, and between 500 and 10,000 times soil erosion rates on forested land. Because those soil erosion rates are so much higher than soil formation rates, that means a net loss of soil. For instance, about half of the top soil of Iowa, the state whose agriculture productivity is among the highest in the U.S., has been eroded in the last 150 years. On my most recent visit to Iowa, my hosts showed me a churchyard offering a dramatically visible example of those soil losses. A church was built there in the middle of farmland during the 19th century and has been maintained continuously as a church ever since, while the land around it was being farmed. As a result of soil being eroded much more rapidly from fields than from the churchyard, the yard now stands like a little island raised 10 feet above the surrounding sea of farmland.

① A churchyard in Iowa is higher than the surrounding farmland.

② Iowa's agricultural productivity has accelerated its soil formation.

③ The rate of soil formation in farmlands is faster than that of soil erosion.

④ Iowa has maintained its top soil in the last 150 years.

## 09 다음 글의 흐름상 가장 어색한 문장은?

Whether you've been traveling, focusing on your family, or going through a busy season at work, 14 days out of the gym takes its toll—not just on your muscles, but your performance, brain, and sleep, too. ①Most experts agree that after two weeks, you're in trouble if you don't get back in the gym. "At the two week point without exercising, there are a multitude of physiological markers that naturally reveal a reduction of fitness level," says Scott Weiss, a New York-based exercise physiologist and trainer who works with elite athletes. ②After all, despite all of its abilities, the human body (even the fit human body) is a very sensitive system and physiological changes (muscle strength or a greater aerobic base) that come about through training will simply disappear if your training load dwindles, he notes. Since the demand of training isn't present, your body simply slinks back toward baseline. ③More protein is required to build more muscles at a rapid pace in your body. ④Of course, how much and how quickly you'll decondition depends on a slew of factors like how fit you are, your age, and how long sweating has been a habit. "Two to eight months of not exercising at all will reduce your fitness level to as if you never exercised before," Weiss notes.

## 10 다음 글의 내용과 일치하지 않는 것은?

Before the fifteenth century, all four characteristics of the witch (night flying, secret meetings, harmful magic, and the devil's pact) were ascribed individually or in limited combination by the church to its adversaries, including Templars, heretics, learned magicians, and other dissident groups. Folk beliefs about the supernatural emerged in peasant confessions during witch trials. The most striking difference between popular and learned notions of witchcraft lay in the folk belief that the witch had innate supernatural powers not derived from the devil. For learned men, this bordered on heresy. Supernatural powers were never human in origin, nor could witches derive their craft from the tradition of learned magic, which required a scholarly training at the university, a masculine preserve at the time. A witch's power necessarily came from the pact she made with the devil.

① The folk and learned men had different views on the source of the witch's supernatural powers.
② According to the folk belief, supernatural powers belonged to the essential nature of the witch.
③ Four characteristics of the witch were attributed by the church to its dissident groups.
④ Learned men believed that the witch's power came from a scholarly training at the university.

## 11 주어진 문장이 들어갈 위치로 가장 적절한 것은?

Fortunately, however, the heavy supper she had eaten caused her to become tired and ready to fall asleep.

Various duties awaited me on my arrival. I had to sit with the girls during their hour of study. ( ① ) Then it was my turn to read prayers; to see them to bed. Afterwards I ate with the other teachers. ( ② ) Even when we finally retired for the night, the inevitable Miss Gryce was still my companion. We had only a short end of candle in our candlestick, and I dreaded lest she should talk till it was all burnt out. ( ③ ) She was already snoring before I had finished undressing. There still remained an inch of candle. ( ④ ) I now took out my letter; the seal was an initial F. I broke it; the contents were brief.

## 12 다음 글의 제목으로 가장 적절한 것은?

Fear and its companion pain are two of the most useful things that men and animals possess, if they are properly used. If fire did not hurt when it burnt, children would play with it until their hands were burnt away. Similarly, if pain existed but fear did not, a child would burn himself again and again, because fear would not warn him to keep away from the fire that had burnt him before. A really fearless soldier—and some do exist—is not a good soldier, because he is soon killed; and a dead soldier is of no use to his army. Fear and pain are therefore two guards without which human beings and animals might soon die out.

① Obscurity of Fear and Pain in Soldiers
② Indispensability of Fear and Pain
③ Disapproval of Fear and Pain
④ Children's Association with Fear and Pain

**[13~14] 우리말을 영어로 잘못 옮긴 것을 고르시오.**

## 13

① 나는 매달 두세 번 그에게 전화하기로 규칙을 세웠다.
→ I made it a rule to call him two or three times a month.

② 그는 나의 팔을 붙잡고 도움을 요청했다.
→ He grabbed me by the arm and asked for help.

③ 폭우로 인해 그 강은 120cm 상승했다.
→ Owing to the heavy rain, the river has risen by 120cm.

④ 나는 눈 오는 날 밖에 나가는 것보다 집에 있는 것을 더 좋아한다.
→ I prefer to staying home than to going out on a snowy day.

## 14

① 그를 당황하게 한 것은 그녀의 거절이 아니라 그녀의 무례함이었다.
→ It was not her refusal but her rudeness that perplexed him.

② 부모는 아이들 앞에서 그들의 말과 행동에 대해 아무리 신중해도 지나치지 않다.
→ Parents cannot be too careful about their words and actions before their children.

③ 환자들과 부상자들을 돌보기 위해 더 많은 의사가 필요했다.
→ More doctors were required to tend sick and wounded.

④ 설상가상으로, 또 다른 태풍이 곧 올 것이라는 보도가 있다.
→ To make matters worse, there is a report that another typhoon will arrive soon.

**[15~16] 밑줄 친 부분에 들어갈 말로 가장 적절한 것을 고르시오.**

## 15

Our main dish did not have much flavor, but I made it more ________ by adding condiments.

① palatable ② dissolvable
③ potable ④ susceptible

## 16

London taxi drivers have to undertake years of intense training known as "the knowledge" to gain their operating license, including learning the layout of over twenty-five thousand of the city's streets. A researcher and her team investigated the taxi drivers and the ordinary people. The two groups were asked to watch videos of routes unfamiliar to them through a town in Ireland. They were then asked to take a test about the video that included sketching out routes, identifying landmarks, and estimating distances between places. Both groups did well on much of the test, but the taxi drivers did significantly better on identifying new routes. This result suggests that the taxi drivers' mastery can be ________ to new and unknown areas. Their years of training and learning through deliberate practice prepare them to take on similar challenges even in places they do not know well or at all.

① confined ② devoted
③ generalized ④ contributed

국가직 문제
지방직 문제
서울시 문제
국가직 해설
지방직 해설
서울시 해설

## 17 주어진 글 다음에 이어질 글의 순서로 가장 적절한 것은?

I remember the day Lewis discovered the falls. They left their camp at sunrise and a few hours later they came upon a beautiful plain and on the plain were more buffalo than they had ever seen before in one place.

(A) A nice thing happened that afternoon, they went fishing below the falls and caught half a dozen trout, good ones, too, from sixteen to twenty-three inches long.

(B) After a while the sound was tremendous and they were at the great falls of the Missouri River. It was about noon when they got there.

(C) They kept on going until they heard the faraway sound of a waterfall and saw a distant column of spray rising and disappearing. They followed the sound as it got louder and louder.

① (A) – (B) – (C)
② (B) – (C) – (A)
③ (C) – (A) – (B)
④ (C) – (B) – (A)

## 18 다음 글의 요지로 가장 적절한 것은?

Novelty-induced time expansion is a well-characterized phenomenon which can be investigated under laboratory conditions. Simply asking people to estimate the length of time they are exposed to a train of stimuli shows that novel stimuli simply seem to last longer than repetitive or unremarkable ones. In fact, just being the first stimulus in a moderately repetitive series appears to be sufficient to induce subjective time expansion. Of course, it is easy to think of reasons why our brain has evolved to work like this—presumably novel and exotic stimuli require more thought and consideration than familiar ones, so it makes sense for the brain to allocate them more subjective time.

① Response to stimuli is an important by-product of brain training.
② The intensity of stimuli increases with their repetition.
③ Our physical response to stimuli influences our thoughts.
④ New stimuli give rise to subjective time expansion.

**[19~20] 밑줄 친 부분에 들어갈 말로 가장 적절한 것을 고르시오.**

## 19

One of the tricks our mind plays is to highlight evidence which confirms what we already believe. If we hear gossip about a rival, we tend to think "I knew he was a nasty piece of work"; if we hear the same about our best friend, we're more likely to say "that's just a rumour." Once you learn about this mental habit—called confirmation bias—you start seeing it everywhere. This matters when we want to make better decisions. Confirmation bias is OK as long as we're right, but all too often we're wrong, and we only pay attention to the deciding evidence when it's too late. How ________________ depends on our awareness of why, psychologically, confirmation bias happens. There are two possible reasons. One is that we have a blind spot in our imagination and the other is we fail to ask questions about new information.

① we make our rivals believe us
② our blind spot helps us make better decisions
③ we can protect our decisions from confirmation bias
④ we develop exactly the same bias

## 20

For many big names in consumer product brands, exporting and producing overseas with local labor and for local tastes have been the right thing to do. In doing so, the companies found a way to improve their cost structure, to grow in the rapidly expanding consumer markets in emerging countries. But, Sweets Co. remains stuck in the domestic market. Even though its products are loaded with preservatives, which means they can endure long travel to distant markets, Sweets Co. ________________, let alone produce overseas. The unwillingness or inability to update its business strategy and products for a changing world is clearly damaging to the company.

① is intent on importing
② does very little exporting
③ has decided to streamline operations
④ is expanding into emerging markets

[지방직]
12월

# 2017년 기출문제

정답 및 해설 324p

**[01~03] 밑줄 친 부분과 의미가 가장 가까운 것을 고르시오.**

## 01

During both World Wars, government <u>subsidies</u> and demands for new airplanes vastly improved techniques for their design and construction.

① financial support
② long-term planning
③ technical assistance
④ non-restrictive policy

## 02

Tuesday night's season premiere of the TV show seemed to be trying to strike a balance between the show's <u>convoluted</u> mythology and its more human, character-driven dimension.

① ancient
② unrelated
③ complicated
④ otherworldly

## 03

By the time we <u>wound up</u> the conversation, I knew that I would not be going to Geneva.

① initiated
② resumed
③ terminated
④ interrupted

## 04 밑줄 친 부분에 들어갈 말로 가장 적절한 것은?

A police sergeant with 15 years of experience was dismayed after being ________ for promotion in favor of a young officer.

① run over
② asked out
③ carried out
④ passed over

## 05 밑줄 친 부분 중 어법상 옳은 것은?

Last week I was sick with the flu. When my father ①<u>heard me sneezing and coughing</u>, he opened my bedroom door to ask me ②<u>that I needed anything</u>. I was really happy to see his kind and caring face, but there wasn't ③<u>anything he could do it</u> to ④<u>make the flu to go away.</u>

## 06 어법상 옳은 것은?

① A week's holiday has been promised to all the office workers.

② She destined to live a life of serving others.

③ A small town seems to be preferable than a big city for raising children.

④ Top software companies are finding increasingly challenging to stay ahead.

**[07~08] 밑줄 친 부분에 들어갈 말로 가장 적절한 것을 고르시오.**

## 07

A: How do you like your new neighborhood?
B: It's great for the most part. I love the clean air and the green environment.
A: Sounds like a lovely place to live.
B: Yes, but it's not without its drawbacks.
A: Like what?
B: For one, it doesn't have many different stores. For example, there's only one supermarket, so food is very expensive.
A: ______________________.
B: You're telling me. But thank goodness. The city is building a new shopping center now. Next year, we'll have more options.

① How many supermarkets are there?

② Are there a lot of places to shop there?

③ It looks like you have a problem.

④ I want to move to your neighborhood.

## 08

A: So, Mr. Wong, how long have you been living in New York City?
B: I've been living here for about seven years.
A: Can you tell me about your work experience?
B: I've been working at a pizzeria for the last three years.
A: What do you do there?
B: I seat the customers and wait on them.
A: How do you like your job?
B: It's fine. Everyone's really nice.
A: ______________________
B: It's just that I want to work in a more formal environment.
A: Okay. Is there anything else you would like to add?
B: I am really good with people. And I can also speak Italian and Chinese.
A: I see. Thank you very much. I'll be in touch shortly.
B: I hope to hear from you soon.

① So, what is the environment like there?

② Then, why are you applying for this job?

③ But are there any foreign languages you are good at?

④ And what qualities do you think are needed to work here?

## 09 우리말을 영어로 옳게 옮긴 것은?

① 내가 열쇠를 잃어버리지 않았더라면 모든 것이 괜찮았을 텐데.

→ Everything would have been OK if I haven't lost my keys.

② 그 영화가 너무 지루해서 나는 삼십 분 후에 잠이 들었어.

→ The movie was so bored that I fell asleep after half an hour.

③ 내가 산책에 같이 갈 수 있는지 네게 알려줄게.

→ I will let you know if I can accompany with you on your walk.

④ 내 컴퓨터가 작동을 멈췄을 때, 나는 그것을 고치기 위해 컴퓨터 가게로 가져 갔어.

→ When my computer stopped working, I took it to the computer store to get it fixed.

## 10 우리말을 영어로 잘못 옮긴 것은?

① 예산은 처음 기대했던 것보다 약 25 퍼센트 더 높다.

→ The budget is about 25 % higher than originally expecting.

② 시스템 업그레이드를 위해 해야 될 많은 일이 있다.

→ There is a lot of work to be done for the system upgrade.

③ 그 프로젝트를 완성하는데 최소 한 달, 어쩌면 더 긴 시간이 걸릴 것이다.

→ It will take at least a month, maybe longer to complete the project.

④ 월급을 두 배 받는 그 부서장이 책임을 져야 한다.

→ The head of the department, who receives twice the salary, has to take responsibility.

## 11 밑줄 친 (A), (B)에 들어갈 말로 가장 적절한 것은?

The decline in the number of domestic adoptions in developed countries is mainly the result of a falling supply of domestically adoptable children. In those countries, the widespread availability of safe and reliable contraception combined with the pervasive postponement of childbearing as well as with legal access to abortion in most of them has resulted in a sharp reduction of unwanted births and, consequently, in a reduction of the number of adoptable children. __(A)__, single motherhood is no longer stigmatized as it once was and single mothers can count on State support to help them keep and raise their children. __(B)__, there are not enough adoptable children in developed countries for the residents of those countries wishing to adopt, and prospective adoptive parents have increasingly resorted to adopting children abroad.

| (A) | (B) |
|---|---|
| ① However | Consequently |
| ② However | In summary |
| ③ Furthermore | Nonetheless |
| ④ Furthermore | As a consequence |

## 12 글의 흐름상 가장 어색한 것은?

A story that is on the cutting edge of modern science began in an isolated part of northern Sweden in the 19th century. ①This area of the country had unpredictable harvests through the first half of the century. In years that the harvest failed, the population went hungry. However, the good years were very good. ②The same people who went hungry during bad harvests overate significantly during the good years. A Swedish scientist wondered about the long-term effects of these eating patterns. He studied the harvest and health records of the area. He was astonished by what he found. ③Boys who overate during the good years produced children and grandchildren who died about six years earlier than the children and grandchildren of those who had very little to eat. Other scientists found the same result for girls. ④Both boys and girls benefited greatly from the harvests of the good years. The scientists were forced to conclude that just one reason of overeating could have a negative impact that continued for generations.

국가직 문제 지방직 문제 서울시 문제 국가직 해설 지방직 해설 서울시 해설

**[13~14] 다음 글의 내용과 일치하지 않는 것을 고르시오.**

## 13

There is a basic principle that distinguishes a hot medium like radio from a cool one like the telephone, or a hot medium like the movie from a cool one like TV. A hot medium is one that extends one single sense in "high definition." High definition is the state of being well filled with data. A photograph is visually "high definition." A cartoon is "low definition," simply because very little visual information is provided. Telephone is a cool medium, or one of low definition, because the ear is given a meager amount of information. And speech is a cool medium of low definition, because so little is given and so much has to be filled in by the listener. On the other hand, hot media do not leave so much to be filled in or completed by the audience.

① Media can be classified into hot and cool.
② A hot medium is full of data.
③ Telephone is considered high definition.
④ Cool media leave much to be filled in by the audience.

## 14

December usually marks the start of humpback whale season in Hawaii, but experts say the animals have been slow to return this year. The giant whales are an iconic part of winter on the islands and a source of income for tour operators. But officials at the Humpback Whale Marine Sanctuary said they've been getting reports that the whales have been difficult to spot so far. "One theory was that something like this happened as whales increased. It's a product of their success. With more animals, they're competing against each other for food resources, and it takes an energy of reserve to make the long trip back," said Ed Lyman, a Maui-based resource protection manager and response coordinator for the sanctuary. He was surprised by how few of the animals he saw while responding to a call about a distressed calf on Christmas Eve, saying "We've just seen a handful of whales." It will be a while before officials have hard numbers because the annual whale counts don't take place until the last Saturday of January, February and March, according to former sanctuary co-manager Jeff Walters.

① Humpback whale season in Hawaii normally begins at the end of the year.
② Humpback whales are profitable for tour operators in Hawaii.
③ The drop in the number of humpback whales spotted in Hawaii may be due to their success.

④ The number of humpback whales that have returned to Hawaii this whale season has been officially calculated.

**15** 주어진 문장이 들어갈 위치로 가장 적절한 곳은?

> However, should understanding not occur, you will find yourself soon becoming drowsy.

> Dictionaries are your most reliable resources for the study of words. Yet the habit of using them needs to be cultivated. Of course, it can feel like an annoying interruption to stop your reading and look up a word. You might tell yourself that if you keep going, you would eventually understand it from the context. ( ① ) Indeed, reading study guides often advise just that. ( ② ) Often it's not the need for sleep that is occurring but a gradual loss of consciousness. ( ③ ) The knack here is to recognize the early signs of word confusion before drowsiness takes over when it is easier to exert sufficient willpower to grab a dictionary for word study. ( ④ ) Although this special effort is needed, once the meaning is clarified, the perceptible sense of relief makes the effort worthwhile.

**16** 다음 글의 주제로 가장 적절한 것은?

> It is easy to look at the diverse things people produce and to describe their differences. Obviously a poem is not a mathematical formula, and a novel is not an experiment in genetics. Composers clearly use a different language from that of visual artists, and chemists combine very different things than do playwrights. To characterize people by the different things they make, however, is to miss the universality of how they create. For at the level of the creative process, scientists, artists, mathematicians, composers, writers, and sculptors use a common set of what we call "tools for thinking," including emotional feelings, visual images, bodily sensations, reproducible patterns, and analogies. And all imaginative thinkers learn to translate ideas generated by these subjective thinking tools into public languages to express their insights, which can then give rise to new ideas in others' minds.

① obstacles to imaginative thinking
② the difference between art and science
③ the commonality of the creative process
④ distinctive features of various professions

**[17~19] 밑줄 친 부분에 들어갈 말로 가장 적절한 것을 고르시오.**

## 17

There are few simple answers in science. Even seemingly straightforward questions, when probed by people in search of proof, lead to more questions. Those questions lead to nuances, layers of complexity and, more often than we might expect, ______________________. In the 1990s, researchers asking "How do we fight oxygen-hungry cancer cells?" offered an obvious solution: Starve them of oxygen by cutting off their blood supply. But as Laura Beil describes in "Deflating Cancer," oxygen deprivation actually drives cancer to grow and spread. Scientists have responded by seeking new strategies: Block the formation of collagen highways, for instance, or even, as Beil writes, give the cells "more blood, not less."

① plans that end up unrealized
② conclusions that contradict initial intuition
③ great inventions that start from careful observations
④ misunderstandings that go against scientific progress

## 18

Before the lecture began, the speaker of the day distributed photocopies of his paper to each of the audience, and I got one and leafed through it and grasped the main idea of the text. Waiting for him to begin, I prayed in silence that this speaker would not read but speak instead directly to the audience with his own words about what he knew on the subject. But to my great disappointment, he ______________________. Soon I found I was mechanically following the printed words on the paper in my hand.

① was afraid of making his lecture too formal
② elaborated on his theories without looking at his paper
③ began to read his lengthy and well-prepared paper faithfully
④ made use of lots of humorous gestures to attract the audience

## 19

In a famous essay on Tolstoy, the liberal philosopher Sir Isaiah Berlin distinguished between two kinds of thinkers by harking back to an ancient saying attributed to the Greek lyric poet Archilochus (seventh century BC): "The fox knows many things, but the hedgehog knows one big thing." Hedgehogs have one central idea and see the world exclusively through the prism of that idea. They overlook complications and exceptions, or mold them to fit into their world view. There is one true answer that fits at all times and all circumstances. Foxes, for whom Berlin had greater sympathy, have a variegated take on the world, which prevents them from ________________. They are skeptical of grand theories as they feel the world's complexity prevents generalizations. Berlin thought Dante was a hedgehog while Shakespeare was a fox.

① behaving rationally
② finding multiple solutions
③ articulating one big slogan
④ grasping the complications of the world

## 20 다음 글에서 Locke의 주장으로 가장 적절한 것은?

In Locke's defense of private property, the significant point is what happens when we mix our labor with God's land. We add value to the land by working it; we make fertile what once lay fallow. In this sense, it is our labor that is the source of the value, or the added value, of the land. This value-creating power of my labor makes it right that I own the piece of land which I have made valuable by clearing it, the well I have made full by digging it, the animals I have raised and fattened. With Locke, *Homo faber*—the man of labor—becomes for the first time in the history of political thought a central rather than peripheral figure. In Locke's world, status and honor still flowed to the aristocrats, who were entitled to vast landholdings but were letting history pass them by precisely because new economic realities were in the process of shifting wealth to a bourgeoisie that actually created value by work. In time, Locke's elevation of the significance of labor was bound to appeal to the rising bourgeoisie.

① Ownership of property comes from labor.
② Labor is the most important ideal to aristocratic society.
③ The accumulation of private property is a source of happiness.
④ A smooth transition to bourgeois society is essential for social progress.

2024 나두공 9급 공무원

[영어] 연차별 7개년 기출문제

7개년

# 2023~2017 [서울시] 연차별 기출문제

QUESTIONS

[서울시] 02월

# 2022년 기출문제

정답 및 해설 333p

**[01~02] 밑줄 친 부분이 의미와 가장 가까운 것은?**

## 01

Norwegians led by Roald Amundsen arrived in Antarctica's Bay of Whales on January 14, 1911. With dog teams, they prepared to race the British to the South Pole. Amundsen's ship, *Fram*, loaned b renowned Arctic explorer Fridtjof Nansen, was the elite polar vessel of her time.

① famous ② intrepid
③ early ④ notorious

## 02

In her presentation, she will give a lucid account of her future plan as a member of this organization.

① loquacious ② sluggish
③ placid ④ perspicuous

**[03~05] 밑줄 친 부분에 들어갈 말로 가장 적절한 것은?**

## 03

People need to ________ skills in their jobs in order to be competitive and become successful.

① abolish ② accumulate
③ diminish ④ isolate

## 04

Manhattan has been compelled to expand skyward because of the ________ of any other direction in which to grow. This, more than any other thing, is responsible for its physical majesty.

① absence ② decision
③ exposure ④ selection

## 05

> __________ is using someone else's exact words or ideas in your writing, and not naming the original writer or book, magazine, video, podcast, or website where you found them.

① citation ② presentation
③ modification ④ plagiarism

## 06 두 사람의 대화 중 가장 어색한 것은?

① A: I need to ask you to do me a favor.
B: Sure thing, what is it?
② A: I'm afraid I have to close my account.
B: OK, please fill out this form.
③ A: That was a beautiful wedding.
B: I'll say. And the wedding couple looked so right for each other.
④ A: I bought this jacket last Monday and already the zipper was broken. I'd like a refund.
B: OK, I will fix the zipper.

## 07 어법상 가장 옳은 것은?

① The poverty rate is the percentage of the population which family income falls below an absolute level.
② Not surprisingly, any college graduate would rather enter the labor force in a year of economic expansion than in a year of economic contraction.
③ It is hard that people pick up a newspaper without seeing some newly reported statistic about the economy.
④ Despite the growth is continued in average income, the poverty rate had not declined.

## 08 어법상 가장 옳지 않은 것은?

① With nothing left, she would have to cling to that which had robbed her.
② Send her word to have her place cleaning up.
③ Alive, she had been a tradition, a duty, and a care.
④ Will you accuse a lady to her face of smelling bad?

## 09 어법상 가장 옳지 않은 것은?

① An ugly, old, yellow tin bucket stood beside the stove.
② It is the most perfect copier ever invented.
③ John was very frightening her.
④ She thought that he was an utter fool.

## [10~11] 밑줄 친 부분 중 어법상 가장 옳지 않은 것은?

## 10

People have opportunities to behave in sustainable ways every day when they get dressed, and fashion, when ①creating within a broad understanding of sustainability, can sustain people as well as the environment. People have a desire to make ②socially responsible choices regarding the fashions they purchase. As designers and product developers of fashion, we are challenged to provide responsible choices. We need to stretch the perception of fashion to remain ③open to the many layers and complexities that exist. The people, processes, and environments ④that embody fashion are also calling for new sustainable directions. What a fabulous opportunity awaits!

## 11

Newspapers, journals, magazines, TV and radio, and professional or trade publications ①provide further ②information that may help interpret the facts ③given in the annual report or on developments since the report ④published.

## [12~13] 글의 흐름상 가장 어색한 문장은?

## 12

Tropical forests are incredibly rich ecosystems, which provide much of the world's biodiversity. ①However, even with increased understanding of the value of these areas, excessive destruction continues. There are a few promising signs, however. ②Deforestation in many regions is slowing as governments combat this practice with intensive tree planting. Asia, for example, has gained forest in the last decade, primarily due to China's large-scale planting initiatives. ③One part of this challenge is to allow countries a more equitable share of the revenue from pharmaceutical products originating in the tropical forests. Moreover, the number of reserves designated for conservation of biodiversity is increasing worldwide with particularly strong gains in South America and Asia. ④Unfortunately, despite these gains, the capacity for humans to destroy forests continues to appear greater than their ability to protect them.

## 13

In the early 1980s, a good friend of mine discovered that she was dying of multiple myeloma, an especially dangerous, painful form of cancer. I had lost elderly relatives and family friends to death before this, but I had never lost a personal friend. ①I had never watched a relatively young person die slowly and painfully of disease. It took my friend a year to die, and ②I got into the habit of visiting her every Saturday and taking along the latest chapter of the novel I was working on. This happened to be *Clay's Ark*. With its story of disease and death, it was thoroughly inappropriate for the situation. But my friend had always read my novels. ③She insisted that she no longer wanted to read this one as well. I suspect that neither of us believed she would live to read it in its completed form – ④although, of course, we didn't talk about this.

## 14 글의 요지로 가장 적절한 것은?

From computers to compact-disc players, railway engines to robots, the origins of today's machines can be traced back to the elaborate mechanical toys that flourished in the eighteenth century. As the first complex machines produced by man, automata represented a proving ground for technology that would later be harnessed in the industrial revolution. But their original uses were rather less utilitarian. Automata were the playthings of royalty, both as a form of entertainment in palaces and courts across Europe and as gifts sent from one ruling family to another. As a source of amusement, the first automata were essentially scaled-down versions of the elaborate mechanical clocks that adorned cathedrals. These clocks provided the inspiration for smaller and increasingly elaborate automata. As these devices became more complicated, their time-keeping function became less important, and automata became first and foremost mechanical amusements in the form of mechanical theaters or moving scenes.

① The history of machine has less to do with a source of amusement.

② Modern machine has a non-utilitarian origin.

③ Royalty across Europe was interested in toy industry.

④ The decline of automata is closely associated with the industrial revolution.

## 15 글의 내용과 가장 일치하지 않는 것은?

When Ali graduated, he decided he didn't want to join the ranks of commuters struggling to work every day. He wanted to set up his own online gift-ordering business so that he could work from home. He knew it was a risk but felt he would have at least a fighting chance of success. Initially, he and a college friend planned to start the business together. Ali had the idea and Igor, his friend, had the money to invest in the company. But then just weeks before the launch, Igor dropped a bombshell: he said he no longer wanted to be part of Ali's plans. Despite Ali's attempts to persuade him to hand fire on his decision, Igor said he was no longer prepared to take the risk and was going to beat a retreat before it was too late. However, two weeks later Igor stole a march on Ali by launching his own online gift-ordering company. Ali was shell-shocked by this betrayal, but he soon came out fighting. He took Igor's behaviour as a call to arms and has persuaded a bank to lend him the money he needs. Ali's introduction to the business world has certainly been a baptism of fire, but I'm sure he will be really successful on his own.

① 본래 온라인 선물주문 사업은 Ali의 계획이었다.
② Igor가 먼저 그 사업에서 손을 떼겠다고 말했다.
③ Igor가 Ali보다 앞서서 자기 소유의 선물주문 회사를 차렸다.
④ Ali는 은행을 설득하여 Igor에게 돈을 빌려주게 했다.

[16~17] (A)와 (B)에 들어갈 말로 가장 적절한 것은?

## 16

Scientists are working on many other human organs and tissues. For example, they have successfully generated, or grown, a piece of liver. This is an exciting achievement since people cannot live without a liver. In other laboratories, scientists have created a human jawbone and a lung. While these scientific breakthroughs are very promising, they are also limited. Scientists cannot use cells for a new organ from a very diseased or damaged organ. ___(A)___, many researchers are working on a way to use stem cells to grow completely new organs. Stem cells are very simple cells in the body that can develop into any kind of complex cells, such as skin cells or blood cells and even heart and liver cells. ___(B)___, stem cells can grow into all different kinds of cells.

| (A) | (B) |
|---|---|
| ① Specifically | For example |
| ② Additionally | On the other hand |
| ③ Consequently | In other words |
| ④ Accordingly | In contrast |

## 17

The speak of 'the aim' of scientific activity may perhaps sound a little ___(A)___; for clearly, different scientists have different aims, and science itself (whatever that may mean) has no aims. I admit all this. And yet it seems that when we speak of science we do feel, more or less clearly, that there is something characteristic of scientific activity; and since scientific activity looks pretty much like a rational activity, and since a rational activity must have some aim, the attempt to describe the aim of science may not be entirely ___(B)___.

| | (A) | (B) |
|---|---|---|
| ① | naive | futile |
| ② | reasonable | fruitful |
| ③ | chaotic | acceptable |
| ④ | consistent | discarded |

## 18 〈보기〉의 문장 다음에 이어질 글의 순서로 가장 적절한 것은?

보기

The child that is born today may possibly have the same faculties as if he had been born in the days of Noah; if it be otherwise, we possess no means of determining the difference.

(A) That development is entirely under the control of the influences exerted by the socity in which the child may chance to live.

(B) If such society be altogether denied, the faculties perish, and the child grows up a best and not a man; if the society be uneducated and coarse, the growth of the faculties is early so stunted as never afterwards to be capable of recovery; if the society be highly cultivated, the child will be cultivated also, and will show, more or less, through life the fruits of that cultivation.

(C) Hence each generation receives the benefit of the cultivation of that which preceded it.

(D) But the equality of the natural faculties at starting will not prevent a vast difference in their ultimate development.

① (A) – (B) – (D) – (C)
② (A) – (D) – (B) – (C)
③ (D) – (A) – (B) – (C)
④ (D) – (B) – (A) – (C)

[19~20] 밑줄 친 부분에 들어갈 말로 가장 적절한 것은?

## 19

It is quite clear that people's view of what English should do has been strongly influenced by what Latin does. For instance, there is (or used to be – it is very infrequently observed in natural speech today) a feeling that an infinitive in English should not be split. What this means is that you should not put anything between the *to* which marks an infinitive verb and the verb itself: you should say *to go boldly* and never *to boldly go*. This 'rule' is based on Latin, where the marker of the infinitive is an ending, and you can no more split it from the rest of the verb than you can split *–ing* from the rest of its verb and say *goboldlying* for *going boldly*. English speakers cleary do not feel that *to* and *go* belong together ________ *go* and *–ing*. They frequently put words between this kind of *to* and its verb.

① less closely than
② as closely as
③ more loosely than
④ as loosely as

## 20

A company may be allowed to revalue non–current assets. Where the fair value of non–current assets increases this may be reflected in an adjustment to the value of the assets shown in the statement of financial position. As far as possible, this should reflect the fair value of assets and liabilities. However, the increase in value of a non–current asset does not necessarily represent ________ for the company. A profit is made or realized only when the asset is sold and the resulting profit is taken through the income statement. Until this event occurs prudence – supported by common sense – requires that the increase in asset value is retained in the balance sheet. Shareholders have the right to any profit on the sale of company assets, so the shareholders' stake (equity) is increased by the same amount as the increase in asset valuation. A revaluation reserve is created and the balance sheet still balances.

① the fair value
② an actual cost
③ an immediate profit
④ the value of a transaction

[서울시] 02월

# 2019년 기출문제

정답 및 해설 341p



## 01 밑줄 친 부분과 의미가 가장 가까운 것은?

He <u>made a face</u> when he saw the amount of homework he had to do.

① glanced
② rejoiced
③ grimaced
④ concentrated

### [02~04] 밑줄 친 단어와 의미가 가장 가까운 것은?

## 02

Whether a <u>guffaw</u> at a joke or a reflective chuckle greeting a sarcastic remark, laughter is the audience's means of ratifying the performance.

① smirk ② tittle
③ giggle ④ belly laugh

## 03

Some seniors experience a tremendous loss of self-esteem. Whereas adolescents lose their sense of childhood omnipotence, seniors experience another kind of loss. Retirement comes at about the same time that seniors may begin to lose loved ones, their health, their financial status, or their sense of competence. Suddenly, someone who was so in charge may become withdrawn and sullen, and their self-esteem may <u>plummet</u>.

① plunge ② affirm
③ swindle ④ initiate

## 04

The beauty of the pearl, winking and glimmering in the light of the little candle, <u>cozened</u> his brain with its beauty.

① deceived ② softened
③ connected ④ brightened

## 05 빈칸에 들어갈 표현으로 가장 적절한 것은?

> Critical comments include remarks on physical appearance, stress on weight loss, and reinforce the thin ideal. Some athletes indicated that negative weight-related comments from family were ________ events in the development of eating disorders.

① mediocre　② extravagant
③ treacherous　④ pivotal

## 06 밑줄 친 부분과 의미가 가장 가까운 것은?

> She liked the garden and the fields, the green lane and the hedgerows. She even liked the rabbits that kept <u>playing havoc with</u> the lawn.

① to cause a great deal of damage or confusion to
② to use something as food
③ to bustle in and out
④ to be on the move

## 07 빈칸에 들어갈 표현으로 가장 적절한 것은?

> A: What have you done for this project so far? Because it seems to me like you haven't done anything at all.
> B: That's so rude! I do lots of work. It's you who is slacking off.
> A: I don't see why you always have to fight with me.
> B: ________. We wouldn't fight if you didn't initiate it!

① It takes two to tango
② More haste less speed
③ He who laughs last laughs longest
④ Keep your chin up

## 08 어법상 가장 옳은 것은?

① Had never flown in an airplane before, the little boy was surprised and a little frightened when his ears popped.
② Scarcely had we reached there when it began to snow.
③ Despite his name, Freddie Frankenstein has a good chance of electing to the local school board.
④ I would rather to be lying on a beach in India than sitting in class right now.

## 09 밑줄 친 부분 중 어법상 가장 옳은 것은?

> Severe acute respiratory syndrome (SARS) is a serious form of pneumonia. It is caused by a virus that ①<u>identified</u> in 2003. Infection with the SARS virus causes acute respiratory distress and sometimes ②<u>dies</u>. SARS is caused by a member of the coronavirus family of viruses (the same family that can cause the common cold). It ③<u>believes</u> the 2003 epidemic started when the virus ④ <u>spread</u> from small mammals in China.

[10~12] 밑줄 친 부분 중 어법상 가장 옳지 않은 것은?

## 10

This Abstract, which I now publish, must necessarily be imperfect. I cannot here give references and authorities for my several statements; and I must ①trust to the reader reposing some confidence in my accuracy. No ②doubt errors will have crept in, though I hope I have always been cautious in trusting to good authorities alone. I can here give only the general conclusions at which I have arrived, with a few facts in illustration, but which, I hope, in most cases will ③be sufficed. No one can feel more sensible than I do of the necessity of hereafter publishing in detail all the facts, with references, on which my conclusions have been grounded; and I hope in a future work to do this. For I am well aware that scarcely a single point is discussed in this volume on which facts cannot be ④adduced, often apparently leading to conclusions directly opposite to those at which I have arrived. A fair result can be obtained only by fully stating and balancing the facts and arguments on both sides of each question; and this cannot possibly be here done.

## 11

Some cultures draw a clear line between childhood and adulthood, a line that ①crossed when a person undergoes a rite of passage. By contrast, as Hollindale ②notes, in the contemporary West 'communal and official recognitions of childhood's end are arbitrary and ritualistically barren', although he ③does leave the option that 'some people move from child to adult in one fell swoop', in the case of traumatic experiences, ④for example.

## 12

In the fifteenth century, an alphasyllabic Korean script was invented. Linguists admire it as it ①symbolizes the speech sounds in a ②sophisticated and very elegant way. The script, called Hangul, can be used in tandem with the Chinese characters but can also replace them altogether. Slowly, Hangul has ③been taken over. In North Korea, only Hangul is used, while in South Korea, Chinese characters still ④occur in particular contexts.

**[13~15] 빈칸에 들어갈 표현으로 가장 적절한 것은?**

## 13

HUANG QI, who has spent two decades documenting human rights abuses and corruption in China, is now enduring his third term in prison for his efforts. The Chinese penal system has a record of denying proper medical care to prisoners ___(A)___ they die, including Nobel Prize laureate Liu Xiaobo and others. Mr. Huang is now in ill health, and, ___(B)___ activists and his mother, his life is in danger. China should free him for medical care now and not add his name to the rolls of dissidents left to expire in a jail cell.

| | (A) | (B) |
|---|---|---|
| ① | though | without |
| ② | while | with |
| ③ | until | according to |
| ④ | when | for |

## 14

For every mystery, there is someone trying to figure out ___(A)___ happened. Scientists, detectives, and ordinary people search for evidence that will help to reveal the truth. They investigate prehistoric sites trying to understand how and why ancient people constructed pyramids or created strange artwork. They study the remains of long-extinct animals and they speculate about ___(B)___ the animals might have looked when they were alive. Anything ___(C)___ is unexplained is fascinating to people who love a mystery.

| | (A) | (B) | (C) |
|---|---|---|---|
| ① | what | what | that |
| ② | what | how | that |
| ③ | that | what | what |
| ④ | that | how | which |

## 15

Stereotypes are one way in which we "define" the world in order to see it. They classify the infinite variety of human beings into a convenient handful of "types" towards whom we learn to act in stereotyped fashion. Life would be a wearing process ______________. Stereotypes economize on our mental effort by covering up the blooming, buzzing confusion with big recognizable cut-outs. They save us the "trouble" of finding out what the world is like—they give it its accustomed look.

① if we tried to stick to stereotypes
② if we learned to act in stereotyped fashion
③ if we prejudged people before we ever lay eyes on them
④ if we had to start from scratch with every human contact

## 16 다음 글에 이어질 글의 순서로 가장 옳은 것은?

In the mid to late 1480s, when Leonardo da Vinci was attempting to establish himself as a court artist, he seems to have started on his huge rage of drawing that touch on almost all areas of science, and which to this day constitute a significant part of his reputation.

(A) These drawings are intriguing and fascinating in themselves, and not simply with regard to the potential airworthiness of these machines.
(B) Besides technical, artistic, and 'scientific' drawings there are also various studies from this period which can really only be described as fantastical.
(C) This applies as much to some of the military equipment as to his numerous designs for flying machines.
(D) Nevertheless he returned again and again to studies of the flight of birds, the aerodynamics of flying and the construction of wings.
(E) No doubt the artist was fully aware of the problems that would come with any such undertaking.

① (C) – (A) – (B) – (E) – (D)
② (C) – (B) – (A) – (D) – (E)
③ (B) – (A) – (C) – (D) – (E)
④ (B) – (C) – (A) – (E) – (D)

**17** 다음 내용이 포함될 수 있는 글의 종류와 가장 가까운 것은?

Although Cathe did not have PhD students of her own, because she did not hold an academic position while at Haskins, there are many Haskins students who worked closely with her and were influenced by her. During her last, brief hospital stay in late June 2008, she was visited by a group of five current Haskins students and recent PhDs who had never had the opportunity of working with her. Since Cathe's caregivers were absent from the room at that moment, the other patient in the room asked: "So do you all work for her, too?" One of the group, not missing a beat, answered, "No. We are all her students."

① classified ad
② ordinance
③ play
④ obituary

**18** 빈칸에 들어갈 문장으로 가장 적절한 것은?

Many people are risk–averse because they consider the negative consequences of failure to outweigh the reward of success. Our culture of looking down on failure makes us even less likely to risk our necks. ___________. Progress and innovation are inextricably entwined with risk and failure.

① But we should not underestimate the importance of experimenting and taking risks, especially in these turbulent economic times
② But many organizations suffer from 'corporate anorexia nervosa' and have an unfavorable climate for enterprising people
③ That is why we need a paradigm shift marking a transition to a future
④ That is why combinatoric innovation is not an efficient process

**[19~20] 빈칸에 들어갈 표현으로 가장 적절한 것은?**

## 19

Human nature has many curious traits, but one of the most curious is ___________. No one thinks it a fine thing to have a motor car that is perpetually going out of order: people do not boast that after a long run their car is completely useless for several weeks, or that it is perpetually developing strange troubles which even the most skillful mechanics cannot put right. Yet that is how people feel about their own bodies. To have a body that does its work satisfactorily is felt to be uninteresting and rather plebeian. A delicate digestion is almost indispensable in the equipment of a fine lady. I am aware in myself of the impulses to boast of illness: I have only been ill once, but I like people to know how *very* ill I was that once, and I feel vexed when I come across other people who have been more nearly dead without dying.

① fear of diseases
② interests in motor cars
③ pride in illness
④ phobia of death

## 20

In the huge, open lands of the American west, herding cattle is one way to make a living. The image of the cowboy on his horse is a familiar one, but in reality, women also participate in ranch work. This reality can be seen in the rodeo, where cowboys and cowgirls compete in roping young steers, and riding adult bulls. Throwing a rope around a steer is something ranchers must do in order to give the young animals medicine or to mark the steers as their property. ___________, riding on the back of a large and angry bull is purely for sport — a brutal and dangerous sport. But that danger does not stop the men and women who love the rodeo.

① To take an example
② To be brief
③ On the other hand
④ By the same token

[서울시] 06월

# 2019년 기출문제

정답 및 해설 349p

**[01~02] 밑줄 친 부분의 의미와 가장 가까운 것은?**

## 01

At least in high school she made one decision where she finally <u>saw eye to eye</u> with her parents.

① quarreled ② disputed
③ parted ④ agreed

## 02

Justifications are accounts in which one accepts responsibility for the act in question, but denies the <u>pejorative</u> quality associated with it.

① derogatory ② extrovert
③ mandatory ④ redundant

**[03~05] 밑줄 친 부분에 들어갈 말로 가장 적절한 것은?**

## 03

Tests ruled out dirt and poor sanitation as causes of yellow fever, and a mosquito was the ________ carrier.

① suspected ② uncivilized
③ cheerful ④ volunteered

## 04

Generally speaking, people living in 2018 are pretty fortunate when you compare modern times to the full scale of human history. Life expectancy ________ at around 72 years, and diseases like smallpox and diphtheria, which were widespread and deadly only a century ago, are preventable, curable, or altogether eradicated.

① curtails ② hovers
③ initiates ④ aggravates

## 05

To imagine that there are concrete patterns to past events, which can provide ________ for our lives and decisions, is to project on to history a hope for a certainty which it cannot fulfill.

① hallucinations ② templates
③ inquiries ④ commotion

## 06 대화 중 가장 어색한 것은?

① A: What was the movie like on Saturday?
B: Great. I really enjoyed it.
② A: Hello. I'd like to have some shirts pressed.
B: Yes, how soon will you need them?
③ A: Would you like a single or a double room?
B: Oh, it's just for me, so a single is fine.
④ A: What time is the next flight to Boston?
B: It will take about 45 minutes to get to Boston.

### [07~10] 밑줄 친 부분 중 어법상 가장 옳지 않은 것은?

## 07

Inventor Elias Howe attributed the discovery of the sewing machine ①for a dream ②in which he was captured by cannibals. He noticed as they danced around him ③that there were holes at the tips of spears, and he realized this was the design feature he needed ④to solve his problem.

## 08

By 1955 Nikita Khrushchev ①had been emerged as Stalin's successor in the USSR, and he ②embarked on a policy of "peaceful coexistence" ③whereby East and West ④were to continue their competition, but in a less confrontational manner.

## 09

Squid, octopuses, and cuttlefish are all ①types of cephalopods. ②Each of these animals has special cells under its skin that ③contains pigment, a colored liquid. A cephalopod can move these cells toward or away from its skin. This allows it ④to change the pattern and color of its appearance.

## 10

There is a more serious problem than ①maintaining the cities. As people become more comfortable working alone, they may become ②less social. It's ③easier to stay home in comfortable exercise clothes or a bathrobe than ④getting dressed for yet another business meeting!

## 11 글의 제목으로 가장 적절한 것은?

Economists say that production of an information good involves high fixed costs but low marginal costs. The cost of producing the first copy of an information good may be substantial, but the cost of producing(or reproducing) additional copies is negligible. This sort of cost structure has many important implications. For example, cost-based pricing just doesn't work: a 10 or 20 percent markup on unit cost makes no sense when unit cost is zero. You must price your information goods according to consumer value, not according to your production cost.

① Securing the Copyright
② Pricing the Information Goods
③ Information as Intellectual Property
④ The Cost of Technological Change

## 12 밑줄 친 부분이 지칭하는 대상이 다른 것은?

Dracula ants get their name for the way they sometimes drink the blood of their own young. But this week, ①the insects have earned a new claim to fame. Dracula ants of the species *Mystrium camillae* can snap their jaws together so fast, you could fit 5,000 strikes into the time it takes us to blink an eye. This means ②the blood-suckers wield the fastest known movement in nature, according to a study published this week in the journal *Royal Society Open Science*. Interestingly, the ants produce their record-breaking snaps simply by pressing their jaws together so hard that ③they bend. This stores energy in one of the jaws, like a spring, until it slides past the other and lashes out with extraordinary speed and force —reaching a maximum velocity of over 200 miles per hour. It's kind of like what happens when you snap your fingers, only 1,000 times faster. Dracula ants are secretive predators as ④they prefer to hunt under the leaf litter or in subterranean tunnels.

## 13 밑줄 친 부분에 들어갈 말로 가장 옳은 것은?

I am writing to you from a train in Germany, sitting on the floor. The train is crowded, and all the seats are taken. However, there is a special class of "comfort customers" who are allowed to make those already seated ________ their seats.

① give up ② take
③ giving up ④ taken

## [14~16] 글의 흐름상 빈칸에 들어갈 말로 가장 적절한 것은?

## 14

A country's wealth plays a central role in education, so lack of funding and resources from a nation-state can weaken a system. Governments in sub-Saharan Africa spend only 2.4 percent of the world's public resources on education, yet 15 percent of the school-age population lives there. ________, the United States spends 28 percent of all the money spent in the world on education, yet it houses only 4 percent of the school-age population.

① Nevertheless ② Furthermore
③ Conversely ④ Similarly

## 15

"Highly conscientious employees do a series of things better than the rest of us," says University of Illinois psychologist Brent Roberts, who studies conscientiousness. Roberts owes their success to "hygiene" factors. Conscientious people have a tendency to organize their lives well. A disorganized, unconscientious person might lose 20 or 30 minutes rooting through their files to find the right document, an inefficient experience conscientious folks tend to avoid. Basically, by being conscientious, people ________ they'd otherwise create for themselves.

① deal with setbacks
② do thorough work
③ follow norms
④ sidestep stress

## 16

Climate change, deforestation, widespread pollution and the sixth mass extinction of biodiversity all define living in our world today — an era that has come to be known as "the Anthropocene". These crises are underpinned by production and consumption which greatly exceeds global ecological limits, but blame is far from evenly shared. The world's 42 wealthiest people own as much as the poorest 3.7 billion, and they generate far greater environmental impacts. Some have therefore proposed using the term "Capitalocene" to describe this era of ecological devastation and growing inequality, reflecting capitalism's logic of endless growth and ____________.

① the better world that is still within our reach
② the accumulation of wealth in fewer pockets
③ an effective response to climate change
④ a burning desire for a more viable future

## 17 글의 흐름상 빈칸에 들어갈 말로 가장 적절한 것은?

Ever since the time of ancient Greek tragedy, Western culture has been haunted by the figure of the revenger. He or she stands on a whole series of borderlines: between civilization and barbarity, between ____________ and the community's need for the rule of law, between the conflicting demands of justice and mercy. Do we have a right to exact revenge against those who have destroyed our loved ones? Or should we leave vengeance to the law or to the gods? And if we do take action into our own hands, are we not reducing ourselves to the same moral level as the original perpetrator of murderous deeds?

① redemption of the revenger from a depraved condition
② divine vengeance on human atrocities
③ moral depravity of the corrupt politicians
④ an individual's accountability to his or her own conscience

## 18 글의 흐름상 가장 적절하지 않은 문장은?

It seems to me possible to name four kinds of reading, each with a characteristic manner and purpose. The first is reading for information—reading to learn about a trade, or politics, or how to accomplish something. ① We read a newspaper this way, or most textbooks, or directions on how to assemble a bicycle. ② With most of this material, the reader can learn to scan the page quickly, coming up with what he needs and ignoring what is irrelevant to him, like the rhythm of the sentence, or the play of metaphor. ③ We also register a track of feeling through the metaphors and associations of words. ④ Courses in speed reading can help us read for this purpose, training the eye to jump quickly across the page.

## 19 〈보기〉의 문장이 들어갈 위치로 가장 적절한 것은?

보기

In this situation, we would expect to find less movement of individuals from one job to another because of the individual's social obligations toward the work organization to which he or she belongs and to the people comprising that organization.

Cultural differences in the meaning of work can manifest themselves in other aspects as well. ( ① ) For example, in American culture, it is easy to think of work simply as a means to accumulate money and make a living. ( ② ) In other cultures, especially collectivistic ones, work may be seen more as fulfilling an obligation to a larger group. ( ③ ) In individualistic cultures, it is easier to consider leaving one job and going to another because it is easier to separate jobs from the self. ( ④ ) A different job will just as easily accomplish the same goals.

## 20 글을 문맥에 가장 어울리는 순서대로 배열한 것은?

㉠ To navigate in the dark, a microbat flies with its mouth open, emitting high-pitched squeaks that humans cannot hear. Some of these sounds echo off flying insects as well as tree branches and other obstacles that lie ahead. The bat listens to the echo and gets an instantaneous picture in its brain of the objects in front of it.

㉡ Microbats, the small, insect-eating bats found in North America, have tiny eyes that don't look like they'd be good for navigating in the dark and spotting prey.

㉢ From the use of echolocation, or sonar, as it is also called, a microbat can tell a great deal about a mosquito or any other potential meal. With extreme exactness, echolocation allows microbats to perceive motion, distance, speed, movement, and shape. Bats can also detect and avoid obstacles no thicker than a human hair.

㉣ But, actually, microbats can see as well as mice and other small mammals. The nocturnal habits of bats are aided by their powers of echolocation, a special ability that makes feeding and flying at night much easier than one might think.

① ㉠ – ㉢ – ㉡ – ㉣
② ㉡ – ㉣ – ㉠ – ㉢
③ ㉡ – ㉢ – ㉣ – ㉠
④ ㉠ – ㉣ – ㉢ – ㉡

[서울시] 03월

# 2018년 기출문제

정답 및 해설 357p



**[01~02] 밑줄 친 부분과 의미가 가장 가까운 것은?**

## 01

Ethical considerations can be an <u>integral</u> element of biotechnology regulation.

① key ② incidental
③ interactive ④ popular

## 02

If the area of the brain associated with speech is destroyed, the brain may use <u>plasticity</u> to cause other areas of the brain not originally associated with this speech to learn the skill as a way to make up for lost cells.

① accuracy ② systemicity
③ obstruction ④ suppleness

**[03~04] 빈칸에 들어갈 단어로 가장 적절한 것은?**

## 03

Mephisto demands a signature and contract. No mere ________ contract will do. As Faust remarks, the devil wants everything in writing.

① genuine ② essential
③ reciprocal ④ verbal

## 04

The company and the union reached a tentative agreement in this year's wage deal as the two sides took the company's ________ operating profits seriously amid unfriendly business environments.

① deteriorating ② enhancing
③ ameliorating ④ leveling

**[05~07] 밑줄 친 부분 중 어법상 가장 옳지 않은 것은?**

## 05

I ①convinced that making pumpkin cake ②from scratch would be ③even easier than ④making cake from a box.

## 06

When you find your tongue ①twisted as you seek to explain to your ②six-year-old daughter why she can t go to the amusement park ③that has been advertised on television, then you will understand why we find it difficult ④wait.

## 07

Lewis Alfred Ellison, a small-business owner and ①a construction foreman, died in 1916 after an operation to cure internal wounds ②suffering after shards from a 100-lb ice block ③penetrated his abdomen when it was dropped while ④being loaded into a hopper.

**[08~09] 빈칸에 들어갈 것으로 가장 적절한 것은?**

## 08

A: You don't know about used cars, Ned. Whew! 70,000 miles.
B: Oh, that's a lot of miles! We have to take a close look at the engine, the doors, the tires, everything ...
A: It's too expensive, Ned. ___________
B: You have to watch these used car salesmen.

① Let's buy it.
② I'll dust it down.
③ What model do you want?
④ I don't want to get ripped off.

## 09

The term combines two concepts—"bionic" which means to give a living thing an artificial capability like a bionic arm, and "nano" which __________ particles smaller than 100 nanometers that can be used to imbue the living thing with its new capability.

① breaks in
② refers to
③ originates from
④ lays over

## 10 어법상 가장 옳은 것은?

① If the item should not be delivered tomorrow, they would complain about it.

② He was more skillful than any other baseball players in his class.

③ Hardly has the violinist finished his performance before the audience stood up and applauded.

④ Bakers have been made come out, asking for promoting wheat consumption.

## 11 〈보기〉 문장이 들어갈 곳으로 가장 적절한 것은?

보기

> If you are unhappy yourself, you will probably be prepared to admit that you are not exceptional in this.

( ① ) Animals are happy so long as they have health and enough to eat. Human beings, one feels, ought to be, but in the modern world they are not, at least in a great majority of cases. ( ② ) If you are happy, ask yourself how many of your friends are so. ( ③ ) And when you have reviewed your friends, teach yourself the art of reading faces; make yourself receptive to the moods of those whom you meet in the course of an ordinary day. ( ④ )

## 12 글의 흐름상 가장 적절하지 않은 문장은?

Tighter regulations on cigarette products have spilled over to alcohol, soda and other consumer products, which has restricted consumer choices and made goods more expensive. ①Countries have taken more restrictive measures, including taxation, pictorial health warnings and prohibitions on advertising and promotion, against cigarette products over the past four decades. ②Regulatory measures have failed to improve public health, growing cigarette smuggling. ③Applying restrictions first to tobacco and then to other consumer products have created a domino effect, or what is called a “slippery slope”, for other industries. ④At the extreme end of the slippery slope is plain packaging, where all trademarks, logos and brand-specific colors are removed, resulting in unintended consequences and a severe infringement of intellectual property rights.

## [13~14] 글의 흐름상 빈칸에 들어갈 가장 적절한 것은?

## 13

Language changes when speakers of a language come into contact with speakers of another language or languages. This can be because of migration, perhaps, because they move to more fertile lands, or because they are displaced on account of war or poverty or disease. It can also be because they are invaded. Depending on the circumstances, the home language may succumb completely to the language of the invaders, in which case we talk about replacement. ________, the home language might persist side-by-side with the language of the invaders, and depending on political circumstances, it might become the dominant language.

① Typically ② Consistently
③ Similarly ④ Alternatively

## 14

The notion that a product tested without branding is somehow being more objectively appraised is entirely ________. In the real world, we no more appraise things with our eyes closed and holding our nose than we do by ignoring the brand that is stamped on the product we purchase, the look and feel of the box it comes in, or the price being asked.

① correct ② reliable
③ misguided ④ unbiased

## 15 〈보기〉 글의 제목으로 가장 적절한 것은?

보기

Many visitors to the United States think that Americans take their exercise and free time activities too seriously. Americans often schedule their recreation as if they were scheduling business appointments. They go jogging every day at the same time, play tennis two or three times a week, or swim every Thursday. Foreigners often think that this kind of recreation sounds more like work than relaxation. For many Americans, however, their recreational activities are relaxing and enjoyable, or at least worthwhile, because they contribute to health and physical fitness.

① Health and fitness
② Popular recreational activities in the United States
③ The American approach to recreation
④ The definition of recreation

## 16 〈보기〉 글의 요지로 가장 적절한 것은?

보기

Feelings of pain or pleasure or some quality in between are the bedrock of our minds. We often fail to notice this simple reality because the mental images of the objects and events that surround us, along with the images of the words and sentences that describe them, use up so much of our overburdened attention. But there they are, feelings of myriad emotions and related states, the continuous musical line of our minds, the unstoppable humming of the most universal of melodies that only dies down when we go to sleep, a humming that turns into all-out singing when we are occupied by joy, or a mournful requiem when sorrow takes over.

① Feelings are closely associated with music.
② Feelings are composed of pain and pleasure.
③ Feelings are ubiquitous in our minds.
④ Feelings are related to the mental images of objects and events.

## 17 〈보기〉 글의 분위기로 가장 적절한 것은?

보기

I go to the local schoolyard, hoping to join in a game. But no one is there. After several minutes of standing around, dejected under the netless basketball hoops and wondering where everybody is, the names of those I expected to find awaiting me start to fill my mind. I have not played in a place like this for years. What was that? What was I thinking of, coming here? When I was a child, a boy, I went to the schoolyard to play. That was a long time ago. No children here will ever know me. Around me the concrete is empty except for pebbles, bottles, and a beer can that I kick, clawing a scary noise out of the pavement.

① calm and peaceful
② festive and merry
③ desolate and lonely
④ horrible and scary

## 18 글의 흐름상 빈칸에 들어갈 단어를 순서대로 고른 것은?

Often described as the ________ "rags to riches" tale, the story of steel magnate Andrew Carnegie's rise begins in 1835 in a small one-room home in Dunfermline, Scotland. Born into a family of ________ laborers, Carnegie received little schooling before his family emigrated to America in 1848. Arriving in Pennsylvania, he soon got a job in a textile mill, where he earned only $1.20 per week.

① quintessential – destitute
② exceptive – devout
③ interesting – meticulous
④ deleterious – impoverished

## 19 〈보기〉 글의 내용과 일치하는 것은?

보기

In the American Southwest, previously the Mexican North, Anglo-America ran into Hispanic America. The meeting involved variables of language, religion, race, economy, and politics. The border between Hispanic America and Anglo-America has shifted over time, but one fact has not changed: it is one thing to draw an arbitrary geographical line between two spheres of sovereignty; it is another to persuade people to respect it. Victorious in the Mexican-American War in 1848, the United States took half of Mexico. The resulting division did not ratify any plan of nature. The borderlands were an ecological whole; northeastern Mexican desert blended into southeastern American desert with no prefiguring of nationalism. The one line that nature did provide — the Rio Grande — was a river that ran through but did not really divide continuous terrain.

① The borderlands between America and Mexico signify a long history of one sovereignty.
② While nature did not draw lines, human society certainly did.
③ The Mexican-American War made it possible for people to respect the border.
④ The Rio Grande has been thought of as an arbitrary geographical line.

## 20 〈보기〉 글을 문맥에 가장 어울리게 순서대로 배열한 것은?

보기

㉠ The trigger for the aggressive driver is usually traffic congestion coupled with a schedule that is almost impossible to meet.
㉡ Unfortunately, these actions put the rest of us at risk. For example, an aggressive driver who resorts to using a roadway shoulder to pass may startle other drivers and cause them to take an evasive action that results in more risk or even a crash.
㉢ As a result, the aggressive driver generally commits multiple violations in an attempt to make up time.
㉣ Aggressive driving is a traffic offense or combination of offenses such as following too closely, speeding, unsafe lane changes, failing to signal intent to change lanes, and other forms of negligent or inconsiderate driving.

① ㉠ - ㉢ - ㉡ - ㉣
② ㉠ - ㉣ - ㉢ - ㉡
③ ㉣ - ㉠ - ㉢ - ㉡
④ ㉣ - ㉡ - ㉢ - ㉠

[서울시]
06월

# 2018년 기출문제

정답 및 해설 365p

**[01~03] 밑줄 친 부분과 의미가 가장 가까운 것은?**

## 01

Man has continued to be disobedient to authorities who tried to <u>muzzle</u> new thoughts and to the authority of long-established opinions which declared a change to be nonsense.

① express ② assert
③ suppress ④ spread

## 02

Don't be <u>pompous</u>. You don't want your writing to be too informal and colloquial, but you also don't want to sound like someone you're not—like your professor or boss, for instance, or the Rhodes scholar teaching assistant.

① presumptuous ② casual
③ formal ④ genuine

## 03

Surgeons were forced to <u>call it a day</u> because they couldn't find the right tools for the job.

① initiate ② finish
③ wait ④ cancel

## 04 대화 중 가장 어색한 것은?

① A: I'd like to make a reservation for tomorrow, please.
B: Certainly. For what time?

② A: Are you ready to order?
B: Yes, I'd like the soup, please.

③ A: How's your risotto?
B: Yes, we have risotto with mushroom and cheese.

④ A: Would you like a dessert?
B: Not for me, thanks.

## 05 밑줄 친 부분 중 어법상 가장 옳지 않은 것은?

His survival ①over the years since independence in 1961 does not alter the fact that the discussion of real policy choices in a public manner has hardly ②never occurred. In fact, there have always been ③a number of important policy issues ④which Nyerere has had to argue through the NEC.

## 06 밑줄 친 부분 중 어법상 가장 옳은 것은?

More than 150 people ①have fell ill, mostly in Hong Kong and Vietnam, over the past three weeks. And experts ②are suspected that ③another 300 people in China's Guangdong province had the same disease ④begin in mid-November.

## 07 글의 흐름상 빈칸에 들어갈 단어로 가장 옳은 것은?

Social learning theorists offer a different explanation for the counter-aggression exhibited by children who experience aggression in the home. An extensive research on aggressive behavior and the coercive family concludes that an aversive consequence may also elicit an aggressive reaction and accelerate ongoing coercive behavior. These victims of aggressive acts eventually learn via modeling to ________ aggressive interchanges. These events perpetuate the use of aggressive acts and train children how to behave as adults.

① stop ② attenuate
③ abhor ④ initiate

## 08 밑줄 친 인물(Marcel Mauss)에 대한 설명으로 가장 옳지 않은 것은?

<u>Marcel Mauss</u> (1872–1950), French sociologist, was born in Épinal (Vosges) in Lorraine, where he grew up within a close-knit, pious, and orthodox Jewish family. Emile Durkheim was his uncle. By the age of 18 Mauss had reacted against the Jewish faith; he was never a religious man. He studied philosophy under Durkheim's supervision at Bordeaux; Durkheim took endless trouble in guiding his nephew's studies and even chose subjects for his own lectures that would be most useful to Mauss. Thus Mauss was initially a philosopher (like most of the early Durkheimians), and his conception of philosophy was influenced above all by Durkheim himself, for whom he always retained the utmost admiration.

① He had a Jewish background.
② He was supervised by his uncle.
③ He had a doctrinaire faith.
④ He was a sociologist with a philosophical background.

## 09 글의 문맥에 가장 어울리는 순서대로 배열한 것은?

ⓐ Today, however, trees are being cut down far more rapidly. Each year, about 2 million acres of forests are cut down. That is more than equal to the area of the whole of Great Britain.
ⓑ There is not enough wood in these countries to satisfy the demand. Wood companies, therefore, have begun taking wood from the forests of Asia, Africa, South America, and even Siberia.
ⓒ While there are important reasons for cutting down trees, there are also dangerous consequences for life on earth. A major cause of the present destruction is the worldwide demand for wood. In industrialized countries, people are using more and more wood for paper.
ⓓ There is nothing new about people cutting down trees. In ancient times, Greece, Italy, and Great Britain were covered with forests. Over the centuries those forests were gradually cut back. Until now almost nothing is left.

① ⓐ – ⓑ – ⓒ – ⓓ
② ⓓ – ⓐ – ⓑ – ⓒ
③ ⓑ – ⓐ – ⓒ – ⓓ
④ ⓓ – ⓐ – ⓒ – ⓑ

## 10 글의 흐름상 빈칸에 들어갈 표현으로 가장 옳은 것은?

Contemporary art has in fact become an integral part of today's middle class society. Even works of art which are fresh from the studio are met with enthusiasm. They receive recognition rather quickly—too quickly for the taste of the surlier culture critics. ________, not all works of them are bought immediately, but there is undoubtedly an increasing number of people who enjoy buying brand new works of art. Instead of fast and expensive cars, they buy the paintings, sculptures and photographic works of young artists. They know that contemporary art also adds to their social prestige. ________, since art is not exposed to the same wear and tear as automobiles, it is a far better investment.

① Of course – Furthermore
② Therefore – On the other hand
③ Therefore – For instance
④ Of course – For example

## 11 밑줄 친 부분과 의미가 가장 먼 것은?

As a prerequisite for fertilization, pollination is <u>essential</u> to the production of fruit and seed crops and plays an important part in programs designed to improve plants by breeding.

① crucial
② indispensable
③ requisite
④ omnipresent

## 12 글의 흐름상 빈칸에 들어갈 단어로 가장 옳은 것은?

Mr. Johnson objected to the proposal because it was founded on a ________ principle and also was ________ at times.

① faulty – desirable
② imperative – reasonable
③ conforming – deplorable
④ wrong – inconvenient

**[13~14] 밑줄 친 부분 중 어법상 가장 옳지 않은 것은?**

## 13

I'm ①pleased that I have enough clothes with me. American men are generally bigger than Japanese men so ②it's very difficult to find clothes in Chicago that ③fits me. ④What is a medium size in Japan is a small size here.

## 14

*Blue Planet II*, a nature documentary ①produced by the BBC, left viewers ②heartbroken after showing the extent ③to which plastic ④affects on the ocean.

## 15 글의 흐름상 빈칸에 들어갈 가장 적절한 문장은?

What became clear by the 1980s, however, as preparations were made for the 'Quincentenary Jubilee', was that many Americans found it hard, if not impossible, to see the anniversary as a 'jubilee'. There was nothing to celebrate the legacy of Columbus. ____________________.

① According to many of his critics, Columbus had been the harbinger not of progress and civilization, but of slavery and the reckless exploitation of the environment.
② The Chicago World's Fair of 1893 reinforced the narrative link between discovery and the power of progress of the United States.
③ This reversal of the nineteenth-century myth of Columbus is revealing.
④ Columbus thus became integrated into Manifest Destiny, the belief that America's progress was divinely ordained.

## 16 글의 흐름상 빈칸에 들어갈 단어로 가장 옳지 않은 것은?

Following his father's imprisonment, Charles Dickens was forced to leave school to work at a boot-blacking factory alongside the River Thames. At the run-down, rodent-ridden factory, Dickens earned six shillings a week labeling pots of "blacking," a substance used to clean fireplaces. It was the best he could do to help support his family. Looking back on the experience, Dickens saw it as the moment he said goodbye to his youthful innocence, stating that he wondered "how he could be so easily cast away at such a young age." He felt __________ by the adults who were supposed to take care of him.

① abandoned
② betrayed
③ buttressed
④ disregarded

**17** 글의 내용과 일치하는 것은?

A family hoping to adopt a child must first select an adoption agency. In the United States, there are two kinds of agencies that assist with adoption. Public agencies generally handle older children, children with mental or physical disabilities, or children who may have been abused or neglected. Prospective parents are not usually expected to pay fees when adopting a child from a public agency. Fostering, or a form of temporary adoption, is also possible through public agencies. Private agencies can be found on the Internet. They handle domestic and international adoption.

① Public adoption agencies are better than private ones.
② Parents pay huge fees to adopt a child from a foster home.
③ Children in need cannot be adopted through public agencies.
④ Private agencies can be contacted for international adoption.

**18** 글의 흐름상 빈칸에 들어갈 단어로 가장 옳은 것은?

Moths and butterflies both belong to the order Lepidoptera, but there are numerous physical and behavioral differences between the two insect types. On the behavioral side, moths are __________ and butterflies are diurnal (active during the day). While at rest, butterflies usually fold their wings back, while moths flatten their wings against their bodies or spread them out in a "jet plane" position.

① nocturnal
② rational
③ eternal
④ semi-circular

## 19 글의 흐름상 빈칸에 들어갈 표현으로 가장 옳은 것은?

The idea of clowns frightening people started gaining strength in the United States. In South Carolina, for example, people reported seeing individuals wearing clown costumes, often hiding in the woods or in cities at night. Some people said that the clowns were trying to lure children into empty homes or the woods. Soon, there were reports of threatening-looking clowns trying to frighten both children and adults. Although there were usually no reports of violence, and many of the reported sightings were later found to be false, this ____________.

① benefited the circus industry
② promoted the use of clowns in ads
③ caused a nationwide panic
④ formed the perfect image of a happy clown

## 20 글의 내용과 가장 부합하는 속담은?

It is one thing to believe that our system of democracy is the best, and quite another to impose it on other countries. This is a blatant breach of the UN policy of non-intervention in the domestic affairs of independent nations. Just as Western citizens fought for their political institutions, we should trust the citizens of other nations to do likewise if they wish to. Democracy is also not an absolute term — Napoleon used elections and referenda to legitimize his hold on power, as do leaders today in West Africa and Southeast Asia. States with partial democracy are often more aggressive than totally unelected dictatorships which are too concerned with maintaining order at home. The differing types of democracy make it impossible to choose which standards to impose. The U.S. and European countries all differ in terms of restraints on government and the balance between consensus and confrontation.

① The grass is always greener on the other side of the fence.
② One man's food is another's poison.
③ There is no rule but has exceptions.
④ When in Rome, do as the Romans do.

[서울시] 06월

# 2017년 기출문제

정답 및 해설 373p



**[01~02] 밑줄 친 부분과 의미가 가장 가까운 것은?**

## 01

Leadership and strength are inextricably bound together. We look to strong people as leaders because they can protect us from threats to our group.

① inseparably ② inanimately
③ ineffectively ④ inconsiderately

## 02

Prudence indeed will dictate that governments long established should not be changed for light and transient causes.

① transparent ② momentary
③ memorable ④ significant

**[03~04] 밑줄 친 부분 중 어법상 가장 옳지 않은 것은?**

## 03

The idea that justice ①in allocating access to a university has something to do with ②the goods that ③universities properly pursue ④explain why selling admission is unjust.

## 04

Strange as ①it may seem, ②the Sahara was once an expanse of grassland ③supported the kind of animal life ④associated with the African plains.

## 05 대화의 흐름으로 보아 빈칸에 들어갈 가장 적절한 것은?

A: Do you think we can get a loan?
B: Well, it depends. Do you own any other property? Any stocks or bonds?
A: No.
B: I see. Then you don't have any _________. Perhaps you could get a guarantor — someone to sign for the loan for you.

① investigation　② animals
③ collateral　④ inspiration

## 06 다음 글의 주제로 가장 적절한 것은?

In 1782, J. Hector St. John De Crèvecoeur, a French immigrant who had settled in New York before returning to Europe during the Revolutionary War, published a series of essays about life in the British colonies in North America, *Letters from an American Farmer*. The book was an immediate success in England, France, and the United States. In one of its most famous passages, Crèvecoeur describes the process by which people from different backgrounds and countries were transformed by their experiences in the colonies and asks, "What then is the American?" In America, Crèvecoeur suggests, "individuals of all nations are melted into a new race of men, whose labors and posterity will one day cause great changes in the world". Crèvecoeur was among the first to develop the popular idea of America as that would come to be called "melting pot".

① Crèvecoeur's book became an immediate success in England.
② Crèvecoeur developed the idea of melting pot in his book.
③ Crèvecoeur described and discussed American individualism.
④ Crèvecoeur explained where Americans came from in his book.

## [07~08] 빈칸에 들어갈 가장 적절한 단어는?

### 07

Again and again we light on words used once in a good, but now in an unfavorable sense. Until the late Eighteenth century this word was used to mean serviceable, friendly, very courteous and obliging. But a(n) ________ person nowadays means a busy uninvited meddler in matters which do not belong to him/her.

① servile ② officious
③ gregarious ④ obsequious

### 08

A faint odor of ammonia or vinegar makes one-week-old infants grimace and ________ their heads.

① harness ② avert
③ muffle ④ evoke

### 09 밑줄 친 부분 중 어법상 가장 옳지 않은 것은?

The first coffeehouse in western Europe ①opened not in ②a center of trade or commerce but in the university city of Oxford, ③in which a Lebanese man ④naming Jacob set up shop in 1650.

### 10 다음 문장 중 어법상 가장 옳지 않은 것은?

① John promised Mary that he would clean his room.
② John told Mary that he would leave early.
③ John believed Mary that she would be happy.
④ John reminded Mary that she should get there early.

### 11 대화의 흐름으로 보아 빈칸에 들어갈 가장 적절한 것은?

A: Why don't you let me treat you to lunch today, Mr. Kim?
B: ________________________.

① No, I'm not. That would be a good time for me
② Good. I'll put it on my calendar so I don't forget
③ OK. I'll check with you on Monday
④ Wish I could but I have another commitment today

## 12 글의 흐름으로 보아 빈칸에 들어갈 단어를 순서대로 고른 것은?

For centuries, people gazing at the sky after sunset could see thousands of vibrant, sparkling stars. But these days, you'll be lucky if you can view the Big Dipper. The culprit: electric beams pouring from homes and street lamps, whose brightness obscures the night sky. In the U.S., so-called light pollution has gotten so bad that by one estimate, 8 out of 10 children born today will never encounter a sky ________ enough for them to see the Milky Way. There is hope, however, in the form of astrotourism, a small but growing industry centered on stargazing in the worlds' darkest places. These remote sites, many of them in national parks, offer views for little more than the cost of a campsite. And the people who run them often work to reduce light pollution in surrounding communities. ________ astrotourism may not be as luxurious as some vacations, travelers don't seem to mind.

① dark – Although
② bright – Because
③ dark – Since
④ bright – In that

## 13 다음 글을 문맥에 맞게 순서대로 배열한 것은?

㉠ Millions of people suffering from watery and stinging eyes, pounding headaches, sinus issues, and itchy throats, sought refuge from the debilitating air by scouring stores for air filters and face masks.
㉡ The outrage among Chinese residents and the global media scrutiny impelled the government to address the country's air pollution problem.
㉢ Schools and businesses were closed, and the Beijing city government warned people to stay inside their homes, keep their air purifiers running, reduce indoor activities, and remain as inactive as possible.
㉣ In 2013, a state of emergency in Beijing resulting from the dangerously high levels of pollution led to chaos in the transportation system, forcing airlines to cancel flights due to low visibility.

① ㉡ – ㉠ – ㉣ – ㉢
② ㉡ – ㉢ – ㉣ – ㉠
③ ㉣ – ㉡ – ㉢ – ㉠
④ ㉣ – ㉢ – ㉠ – ㉡

## [14~16] 글의 흐름으로 보아 빈칸에 들어갈 가장 적절한 것은?

## 14

Both novels and romances are works of imaginative fiction with multiple characters, but that's where the similarities end. Novels are realistic; romances aren't. In the 19th century, a romance was a prose narrative that told a fictional story dealt with its subjects and characters in a symbolic, imaginative, and nonrealistic way. __________, a romance deals with plots and people that are exotic, remote in time or place from the reader, and obviously imaginary.

① Typically
② On the other hand
③ Nonetheless
④ In some cases

## 15

Definitions are especially __________ to children. There's an oft-cited 1987 study in which fifth graders were given dictionary definitions and asked to write their own sentences using the words defined. The results were discouraging. One child given the word erode wrote "Our family erodes a lot", because the definition given was "eat out, eat away".

① beneficial ② disrespectful
③ unhelpful ④ forgettable

## 16

Modern banking has its origins in ancient England. In those days people wanting to safeguard their gold had two choices — hide it under the mattress or turn it over to someone else for safekeeping. The logical people to turn to for storage were the local goldsmiths, since they had the strongest vaults. The goldsmiths accepted the gold for storage, giving the owner a receipt stating that the gold could be redeemed at a later date. When a payment was due, the owner went to the goldsmith, redeemed part of the gold and gave it to the payee. After all that, the payee was very likely to turn around and give the gold back to the goldsmith for safekeeping. Gradually, instead of taking the time and effort to physically exchange the gold, business people __________________.

① began to exchange the goldsmith's receipts as payment
② saw the potential for profit in this arrangement
③ warned the depositors against redeeming their gold
④ lent the gold to somebody else for a fee

## 17 빈칸에 공통으로 들어갈 가장 적절한 것은?

In some cultures, such as in Korea and Egypt, politeness norms require that when someone is offered something to eat or drink, it must be refused the first time around. However, such a refusal is often viewed as a rejection of someone's hospitality and thoughtlessness in other cultures, particularly when no __________ is made for the refusal. Americans and Canadians, for instance, expect refusals to be accompanied by a reasonable __________.

① role
② excuse
③ choice
④ situation

## 18 다음 주어진 문장이 들어갈 가장 적절한 곳은?

Instead, these employees spoke first of the sincerity of the relationships at work, that their work culture felt like an extension of home, and that their colleagues were supportive.

( ① ) There is a clear link between job satisfaction and productivity. However, job satisfaction also depends on the service culture of an organization. ( ② ) This culture comprises the things that make a business distinctive and make the people who work there proud to do so. ( ③ ) When employees of the "Top 10 Best Companies to Work For" were asked by Fortune magazine why they loved working for these companies, it was notable that they didn't mention pay, reward schemes, or advancing to a more senior position. ( ④ )

## 19 다음 글의 내용과 일치하는 것은?

Why Orkney of all places? How did this scatter of islands off the northern tip of Scotland come to be such a technological, cultural, and spiritual powerhouse? For starters, you have to stop thinking of Orkney as remote. For most of history, Orkney was an important maritime hub, a place that was on the way to everywhere. It was also blessed with some of the richest farming soils in Britain and a surprisingly mild climate, thanks to the effects of the Gulf Stream.

① Orkney people had to overcome a lot of social and natural disadvantages.

② The region was one of the centers of rebellion that ultimately led to the annihilation of the civilization there.

③ Orkney did not make the best of its resources because it was too far from the mainland.

④ Orkney owed its prosperity largely to its geographical advantage and natural resources.

## 20 다음 글의 제목으로 가장 적절한 것은?

Initially, papyrus and parchment were kept as scrolls that could be unrolled either vertically or horizontally, depending on the direction of the script. The horizontal form was more common, and because scrolls could be quite long, a scribe would typically refrain from writing a single line across the entire length, but instead would mark off columns of a reasonable width. That way the reader could unroll one side and roll up the other while reading. Nevertheless, the constant need to re-roll the scroll was a major disadvantage to this format, and it was impossible to jump to various places in the scroll the way we skip to a particular page of a book. Moreover, the reader struggled to make notes while reading since both hands (or weights) were required to keep the scroll open.

① The inconvenience of scrolls

② The evolution of the book

③ The development of writing and reading

④ The ways to overcome disadvantages in scrolls

2024 나두공 9급 공무원

[영어] 연차별 7개년 기출문제

# 정답 및 해설

ANSWER & EXPLANATION

# 2023~2017 [국가직] 정답 및 해설

## [국가직] 2023년 04월 | 정답

| | | | | | | | | | |
|---|---|---|---|---|---|---|---|---|---|
| 01 | ② | 02 | ② | 03 | ④ | 04 | ① | 05 | ③ |
| 06 | ④ | 07 | ② | 08 | ④ | 09 | ④ | 10 | ① |
| 11 | ② | 12 | ③ | 13 | ③ | 14 | ① | 15 | ② |
| 16 | ② | 17 | ③ | 18 | ③ | 19 | ③ | 20 | ① |

## [국가직] 2023년 04월 | 해설

### 01 정답 ②

**[정답해설]**
밑줄 친 intimate는 '친한, 절친한'의 뜻으로 ②의 close(가까운)와 그 의미가 가장 유사하다.

**[오답해설]**
① 참견하기 좋아하는
③ 외향적인
④ 사려 깊은

**[핵심어휘]**
- fancy 화려한, 고급스러운
- intimate 친한, 절친한
- nosy 참견하기 좋아하는, 오지랖이 넓은
- outgoing 외향적인, 사교적인
- considerate 사려 깊은, 배려하는

**[본문해석]**
Jane은 화려한 결혼식보다는 작은 결혼식을 하고 싶었다. 그래서 그녀는 가족과 친한 친구 몇 명을 초대해 맛있는 음식을 먹고 즐거운 시간을 보낼 계획을 세웠다.

### 02 정답 ②

**[정답해설]**
밑줄 친 incessant는 '끊임없는, 쉴새없는'의 뜻으로 ②의 constant(지속적인)와 그 의미가 가장 유사하다.

**[오답해설]**
① 빠른
③ 중요한
④ 간헐적인

**[핵심어휘]**
- incessant 끊임없는, 쉴새없는
- rapid 빠른, 급격한
- constant 지속적인, 끊임없는
- significant 중요한, 의미심장한
- intermittent 간헐적인, 간간이 일어나는

**[본문해석]**
보다 저렴한 가격과 더불어 건강상 이점으로 인한 끊임없는 대중의 호기심과 소비자 수요가 기능성 식품에 대한 관심을 높였다.

### 03 정답 ④

**[정답해설]**
밑줄 친 hold off는 '미루다, 연기하다'의 뜻으로 ④의 suspend(연기하다)와 그 의미가 가장 유사하다.

**[오답해설]**
① 정교하게 만들다
② 발표하다
③ 수정하다

**[핵심어휘]**
- pandemic 전국(전세계)적 전염병[유행병]
- hold off 미루다, 연기하다
- elaborate 자세히 말하다, 정교하게 만들다
- release 발표하다, 공개하다
- modify 수정하다, 한정하다
- suspend 연기하다, 유예하다

**[본문해석]**
전염병 때문에 그 회사는 직원들에게 다양한 훈련 프로그램을 제공하려던 계획을 연기해야만 했다.

## 04 정답 ①

**[정답해설]**
밑줄 친 abide by는 '따르다, 준수하다'의 뜻으로 ①의 accept(받아들이다)와 그 의미가 가장 유사하다.

**[오답해설]**
② 보고하다
③ 연기하다
④ 공표하다

**[핵심어휘]**
- Regional Governor 주지사, 도지사
- abide by 따르다, 준수하다
- High Court 고등법원
- release 풀어주다, 석방[해방]하다
- postpone 연기하다, 미루다

**[본문해석]**
신임 주지사는 수감자를 석방하라는 고등법원의 판결을 따를 것이라고 말했다.

## 05 정답 ③

**[정답해설]**
동사 conceal의 주어는 단수 명사인 the biomedical view이고 시제가 현재이므로, 주어와 동사의 수의 일치에 따라 3인칭 단수 현재시제에 맞게 conceals로 고쳐 써야 옳다.

**[오답해설]**
① make가 5형식 동사이므로 to extend~ 이하가 진목적어고 it은 가목적어로 옳게 사용되었다.
② it(가주어) ~ that(진주어) 구문으로, 접속사 that 뒤에 완전한 문장이 왔으므로 명사절을 이끄는 접속사 that이 옳게 사용되었다.
④ accurately는 뒤의 동사 represents를 수식하는 부사로 바르게 사용되었다.

**[핵심어휘]**
- transplant technology 이식 기술
- end-stage 말기의
- organ disease 장기 질환
- biomedical 생물 의학의
- organ transplantation 장기 이식
- bounded 한정된, 경계가 있는
- kidney 신장, 콩팥
- conceal 감추다, 숨기다
- accurately 올바르게, 정확하게
- represent 나타내다, 보여주다

**[본문해석]**
이식 기술의 발전으로 말기 장기 질환 환자들의 수명을 연장할 수 있게 되었지만, 장기 이식을 심장이나 신장이 성공적으로 교체되면 끝나는 한정적인 사건으로 보는 생물 의학적 관점이 장기를 이식받는 경험을 더 정확하게 보여주는 복잡하고 역동적인 과정을 숨긴다는 주장이 있다.

## 06 정답 ④

**[정답해설]**

- have(사역동사) + 사람 + 동사원형 → 능동관계
- have(사역동사) + 사물 + p.p → 수동관계

해당 문장에서 사역동사 has 다음의 it이 앞의 the tip of a pencil을 가리키므로, 목적어와 목적보어의 관계는 수동이다. 그러므로 remove를 수동의 형태인 removed로 고쳐 써야 적절하다.

**[오답해설]**
① expect, think, believe 등의 사유를 나타내는 동사는 사물이 주어인 경우 수동태로 써야 하므로, 해당 문장은 'be excepted to 동사원형(~기대되다, 예상되다)'의 형태로 맞게 사용되었다. 또한 과제가 제출되는 것이므로, 수동태 부정사인 'to be turned in~'의 형태도 적절하다.
② 부정어구의 도치구문으로, 해당 문장은 부정어구 Hardly가 문두에 왔으므로 주어와 동사가 도치된 Hardly(부정어구) + had(동사) + I(주어)의 형태가 적절하다.
③ recommend와 같이 주장 · 명령 · 제안 · 요구 등을 나타내는 동사는 that절을 목적어로 취할 때, 당위를 나타내는 '(should) + 동사원형'의 형태를 취한다. 이 때 should는 생략 가능하므로, 해당 문장에서 that절 다음에 should가 생략된 동사원형 buy가 사용된 것은 적절하다.

**[핵심어휘]**
- assignment 과제, 임무
- turn in ~을 제출하다
- stocks 주식

ㅁ tip of a pencil 연필심

**[본문해석]**

① 모든 과제는 제 시간에 제출될 것으로 기대된다.
② 나는 눈을 감자마자 그녀를 생각하기 시작했다.
③ 그 중개인은 그녀에게 즉시 그 주식을 매수하라고 추천했다.
④ 머리에 연필심이 박힌 여자가 마침내 그것을 제거했다.

## 07 정답 ②

**[정답해설]**

until → by

until은 동작의 지속을 나타내는 반면, by는 동작의 완료를 나타낸다. 해당 문장에서 동사 finish는 동작의 완료를 나타내므로 until을 by로 고쳐 써야 옳다.

- I will be here until ten o'clock. (나는 10시까지 여기에 있겠다.)
- I will be here by ten o'clock. (나는 10시까지 여기에 오겠다.)

**[오답해설]**

① '배수사 + as 원급 as'의 비교 구문으로, 해당 문장에서 배수사 three times 다음에 as old as가 원급으로 옳게 사용되었다. 또한 비교의 대상이 되는 my cat에서 his (cat)의 의미인 소유대명사 his가 옳게 사용되었다.
③ 해당 문장은 현재의 습관을 나타내고 있으므로, 3인칭 단수 현재시제인 동사 washes를 사용한 것은 적절하다. 또한 every other day는 '이틀에 한 번, 하루걸러'의 뜻으로 옳게 사용되었다.
④ '~하는 편이 낫다'라는 의미의 had better 다음에는 동사원형이 오므로, 해당 문장에서 동사 take를 사용한 것은 적절하다. 또한 in case(that)가 조건의 부사절로, 때나 조건의 부사절은 현재가 미래를 대신하므로 해당 문장에서 동사 rains를 사용한 것은 올바르다.

## 08 정답 ④

**[정답해설]**

제시문의 마지막 문장에서 Taylor Wallace의 분석에 따르면 미국 정부가 90년대 후반 이후로 콜린에 관한 데이터를 검토하거나 정책을 수립하지 않아 의료 전문가들조차 콜린에 대한 인식이 불충분했다고 서술되어 있다. 그러므로 "미국에서 90년대 후반부터 콜린의 중요성이 강조되어 왔다."는 ④의 설명은 윗글의 내용과 일치하지 않는다.

**[오답해설]**

① 대다수의 미국인들은 충분한 콜린을 섭취하고 있지 않다.
→ 충격적이게도 미국인의 90%가 콜린을 충분히 섭취하고 있지 않음
② 콜린은 두뇌 발달에 필요한 필수 영양소이다. → 콜린은 전 연령과 단계에 걸쳐 건강에 필수적이며, 특히 두뇌 발달에 매우 중요함
③ 간과 리마콩과 같은 음식은 콜린의 좋은 공급원이다. → 콜린이 풍부한 음식으로 간, 달걀노른자, 리마콩 등을 언급함

**[핵심어휘]**

ㅁ nutrient 영양소, 영양분
ㅁ radar 레이더, 전파탐지기
ㅁ deserve ~을 받을 만하다, ~을 해야 마땅하다
ㅁ critical 대단히 중요한, 비판적인
ㅁ egg yolk 달걀노른자
ㅁ lima bean 리마콩
ㅁ intake 섭취, 흡입

**[본문해석]**

콜린을 충분히 섭취하고 있는가? 아마 이 영양소는 당신의 레이더에조차 없을 것이다. 이제 응당 콜린이 관심을 받아야 할 때이다. 최근 연구에 따르면, 충격적이게도 미국인의 90%가 콜린을 충분히 섭취하고 있지 않다. 콜린은 전 연령과 단계에 걸쳐 건강에 필수적이며, 특히 두뇌 발달에 매우 중요하다. 왜 우리는 충분히 섭취하고 있지 못한가? 콜린은 다양한 음식에서 발견되지만 소량으로 발견된다. 더욱이 콜린이 풍부한 음식인 간, 달걀노른자, 리마콩을 생각해 보면 그다지 인기 있지도 않다. 최근 미국의 콜린 섭취량을 분석한 Taylor Wallace는 "우리 정부가 90년대 후반 이후로 콜린에 관한 데이터를 검토하거나 정책을 수립하지 않았기 때문에 의료 전문가들 사이에서조차 콜린에 대한 인식이 충분하지 않다."라고 말한다.

## 09 정답 ④

**[정답해설]**

제시문의 마지막 문장에서 커피 하우스에서는 아는 사람이든 모르는 사람이든 같은 테이블 사람들과 대화를 나누었다고 서술되어 있다. 그러므로 "커피 하우스에서는 모르는 사람과도 대화를 나눌 수 있었다."는 ④의 설명은 윗글의 내용과 일치한다.

**[오답해설]**

① 커피 하우스의 수는 여타 다른 사업체의 수보다도 적었다.
→ 런던 커피 하우스들은 여타 다른 업종보다 더 많은 부지를 점유하고 더 많은 임차료를 냄

② 고객들은 커피 하우스에서 한 시간 이상 머무를 수 없었다. → 커피 한 잔을 주문하고 몇 시간 동안 앉아 특별한 대화들을 들을 수 있었음

③ 종교인들은 대화를 나누려 커피 하우스에 모이지 않았다.
→ 개신교도, 청교도, 천주교도 등의 종교인들도 커피 하우스를 이용함

**[핵심어휘]**

- by some accounts 일설에 의하면, 어떤 설에 따르면
- premises 부지[지역], 구내
- extraordinary 기이한, 특별한
- clientele 고객, 의뢰인
- Protestants 개신교도
- Puritans 청교도
- Catholics 천주교도
- literati 문인들, 지식인들
- Whigs 휘그당원
- Tories 토리당원
- army officers 육군 장교
- clergy 성직자
- egalitarian 평등주의의, 평등주의적인
- chat 담소[대화]를 나누다, 수다를 떨다

**[본문해석]**

일설에 의하면, 1700년경 2,000개 이상의 런던 커피 하우스들은 여타 다른 업종보다 더 많은 부지를 점유하고 더 많은 임차료를 냈다고 한다. 그것은 '페니 유니버시티'로 알려져 있는데, 그 가격[1페니]에 커피 한 잔을 주문하고 몇 시간 동안 앉아 특별한 대화들을 들을 수 있었기 때문이다. 각 커피 하우스는 각기 다른 유형의 고객들에 특화되어 있었다. 한 지점에서는 의사와 상담할 수 있었다. 다른 지점에서는 개신교도, 청교도, 천주교도, 유대인, 문인, 무역상, 상인, 휘그당원, 토리당원, 육군 장교, 배우, 변호사, 성직자들이 이용했다. 커피 하우스는 영국 최초의 평등주의적 모임 장소를 제공했고, 그곳에선 아는 사람이든 모르는 사람이든 같은 테이블 사람들과 대화를 나누었다.

## 10　　정답 ①

**[정답해설]**

A가 주름을 없애주고 피부를 훨씬 젊어 보이게 해준다는 새로 산 피부 크림을 B에게 소개하고 있다. 이에 대한 B의 반응에 A가 "왜 안 믿는 거야?"라고 반문하고 있으므로, 빈칸에 들어갈 B의 말로는 ①의 "난 안 믿어."가 가장 적절하다.

**[오답해설]**

② 너무 비싸.
③ 난 널 도와줄 수 없어.
④ 믿거나 말거나 사실이야.

**[핵심어휘]**

- be supposed to ~라고 한다, ~인 것으로 여겨진다
- wrinkle 주름
- get ride of ~을 제거하다, 없애다
- magically 마술적으로, 불가사의하게
- pessimistic 비관적인, 부정적인
- realistic 현실적인, 사실적인
- gullible 남을 잘 믿은, 잘 속아 넘어가는
- pricey 값비싼
- buy (특히 사실 같지 않은 것을) 믿다
- help out 도와주다

**[본문해석]**

A: 난 어제 약국에서 새 피부 크림을 샀어. 이게 모든 주름을 없애주고 피부를 훨씬 젊어 보이게 해준대.
B: 난 안 믿어.
A: 왜 안 믿는 거야? 나는 그 크림이 정말 효과가 있다는 몇몇 블로그를 읽어봤어.
B: 난 그 크림이 피부에 좋다고 생각하지만, 크림을 사용해서 주름을 없애거나 마술처럼 더 젊어 보이는 건 불가능하다고 생각해.
A: 넌 너무 부정적이야.
B: 아니야, 난 그냥 현실적인 거야. 내 생각에 넌 잘 속는 것 같아.

## 11　　정답 ②

**[정답해설]**

빈칸의 앞 문장에서 A가 "그밖에 뭘 봐야 할까?"하고 B에게 앞서 추천된 국립미술관 외에 추가로 가봐야 할 여행지 추천을 부탁하고 있다. 그러므로 빈칸에 들어갈 B의 말로는 추천 여행지 장소가 명시된 ②의 "가이드가 안내하는 강변공원 여행."이 가장 적절하다.

**[오답해설]**

① 이게 네 손님한테 필요한 지도야. 여기 있어.
③ 가능한 한 빨리 그걸 봐야 해.
④ 퇴실 시간은 3시 정각이야.

[핵심어휘]
- check out (흥미로운 것을) 살펴보다[보다]
- guided tour 가이드가 안내하는 여행
- checkout time 퇴실 시간

[본문해석]
A: 시내 관광을 하고 싶은데. 어딜 가면 좋겠니?
B: 국립미술관 방문을 강력 추천해.
A: 오, 좋은 생각이야. 그밖에 뭘 봐야 할까?
B: 가이드가 안내하는 강변공원 여행. 오후 내내 진행돼.
A: 내겐 그럴 시간이 없어. 3시에 손님을 만나야 해.
B: 아, 그렇구나. 그러면 국립공원을 방문하는 건 어때?
A: 그게 좋겠다. 고마워!

## 12 정답 ③

[정답해설]
아이들이 생일 파티에 갈 거라는 A의 말에 B가 '식은 죽 먹기(a piece of cake)'라고 말하고 있으므로 대화의 흐름이 어울리지 않는다. 'a birthday party(생일 파티)'에 대한 연관성으로 'a piece of cake'를 '케이크 한 조각'으로 이해하면 안 된다.

[오답해설]
① 그가 흥행작에 출연했다는 A의 말에 B가 'got it made(잘 됐다)'고 축하해 주고 있으므로 자연스러운 대화이다.
② 조금 피곤하다는 A의 말에 B가 'call it a day(그만하자)'라고 응답하고 있으므로 자연스러운 대화이다.
④ 어제 그가 집에 일찍 간 까닭을 묻는 A의 말에 B가 'under the weather(몸이 안 좋아서)'라고 그 이유를 설명하고 있으므로 자연스러운 대화이다.

[핵심어휘]
- get it made 잘 되다, 잘 풀리다
- call it a day ~을 그만하기로 하다
- a piece of cake 식은 죽 먹기, 누워서 떡 먹기
- under the weather 몸이 안 좋은, 몸이 편치 않은

[본문해석]
① A: 그가 드디어 흥행작에 출연했어.
B: 아주 잘 됐네.
② A: 지금 좀 피곤해.
B: 오늘은 그만하자.
③ A: 아이들이 생일 파티에 갈 거야.
B: 그래서, 그건 식은 죽 먹기였어.
④ A: 그가 어제 왜 일찍 집에 갔는지 궁금해.
B: 몸이 좀 안 좋았던 것 같아.

## 13 정답 ③

[정답해설]
제시문의 두 번째 문장에서 구어적인 말보다 비언어적인 신호가 상대방에 대한 관심, 이해, 가치를 높이는데 더 중요하다고 설명하고 있다. 또한 네 번째 문장에서 야생 동물의 비언어적 신호의 사례를 예로 들어 설명하고 있다. 그러므로 ③의 "비언어적인 의사소통이 말보다 더 큰 힘을 지닌다."가 제시문의 제목으로 가장 적절하다.

[오답해설]
① 야생 동물은 어떻게 생각하고 느끼는가?
② 효과적인 의사소통이 성공의 비결이다.
④ 언어적적 신호: 감정 표현의 주요 수단

[핵심어휘]
- biological 생물학의, 생물체의
- stimulate 자극하다, 활발하게 하다
- trigger 촉발시키다, 작동시키다
- nonverbal 비언어적인, 말로 하지 않는
- cue 신호, 단서
- evade 피하다, 회피하다
- chase 추적, 추격
- predator 포식자, 포식 동물
- nuzzle 코[입]를 비비다
- stress relief 스트레스 해소
- bodily 신체의
- reassurance 안심, 안도
- relieve 없애[덜어] 주다, 안도하게 하다

[본문해석]
사랑받는 느낌과 그것이 자극하는 생물학적 반응은 목소리의 어조, 얼굴 표정, 적절한 접촉 등의 비언어적인 신호에 의해 유발된다. 구어적인 말보다는 비언어적인 신호가 우리와 함께 있는 사람이 우리에게 관심을 가지고, 이해하며, 소중히 여긴다는 느낌을 준다. 그것들과 함께 할 때 우리는 안전하다고 느낀다. 우리는 야생에서도 비언어적인 신호의 힘을 목격한다. 포식자의 추격을 피한 후, 동물들은 종종 스트레스 해소의 수단으로 서로 코를 비빈다. 이러한 신체적 접촉은 안전을 보장하고 스트레스를 완화시켜준다.

## 14 정답 ①

[정답해설]
제시문은 아이들의 장난감을 바구니에 정리하여 한 번에 한 바구니만 꺼내고 가끔 바구니를 교체해 줌으로써 소유물에

대한 아이들의 건강한 비의존성을 가르칠 수 있다고 설명하고 있다. 그러므로 ①의 'building a healthy attitude toward possessions(소유물에 대한 건강한 태도 구축하기)'가 제시문의 주제로 가장 적절하다.

**[오답해설]**

② 다른 사람과 장난감을 공유하는 가치 배우기
③ 장난감을 질서정연하게 정리하는 법 가르치기
④ 바람직하지 못한 행동에 대한 책임 감수하기

**[핵심어휘]**

- accumulate 쌓다, 축적하다
- nondependency 비의존성
- rotate 회전하다, 교대로 하다
- occasionally 가끔, 때때로
- cherish 소중히 여기다, 간직하다
- put away 모으다, 치우다
- delightful 정말 기분 좋은, 유쾌한
- outlook 시야, 전망
- possession 소유, 소유물
- nonattachment 무집착, 집착하지 않음
- in an orderly manner 질서정연하게
- undersirable 원하지 않는, 바람직하지 않은

**[본문해석]**

명절이나 생일처럼 아이의 인생에서 장난감과 선물이 모이는 시기들이 있다. 여러분은 이러한 시기들을 물건에 대한 건강한 비의존성을 가르치는 데 이용할 수 있다. 아이가 장난감으로 둘러싸이도록 하지 마라. 대신에 그것들을 바구니에 정리하고, 한 번에 한 바구니만 꺼내며, 가끔 바구니를 교체해 주어라. 소중한 물건이 한동안 치워지면, 그것을 꺼낼 때 기분 좋은 기억과 새로운 시야를 만들어 낸다. 아이가 한동안 치워져 있던 장난감을 요구한다고 가정해 보자. 당신은 이미 주변에 있는 물건 혹은 경험으로 주의를 끌 수 있다. 만일 소유물을 잃어버리거나 망가뜨린다면, 아이가 집착하지 않는 태도를 기를 수 있도록 좋은 태도의 모범이 되기 위해 노력하라("그것을 가지고 있는 동안 감사했어!"). 만일 아이의 장난감이 망가지거나 분실되면, "그걸 가지고 재미있게 놀았어."라고 말할 수 있도록 도와줘라.

## 15 정답 ②

**[정답해설]**

제시문의 서두에서 자존감을 세우기 위해 자녀들의 능력을 확신시키는 칭찬 방법은 실패할 가능성이 높다고 그 부작용에 대해 서술하고 있다. 또한 제시문의 마지막 줄에서도 지능을 칭찬하는 것은 아이들이 실패를 어리석음과 동일시하기 때문에 어려움을 두려워하도록 만들었다고 서술되어 있다. 그러므로 ②의 "지능에 대한 칭찬은 부정적인 효과를 초래한다."가 제시문의 요지로 가장 적절하다.

**[오답해설]**

① 자주 칭찬하면 자녀의 자존감이 높아진다.
③ 아이는 성공을 통해 실패에 대한 두려움을 극복해야 한다.
④ 부모는 과정보다 결과에 집중해야 한다.

**[핵심어휘]**

- misguide 잘못 이끌다[인도하다]
- self-esteem 자존심, 자존감
- convince 납득시키다, 확신시키다
- competence 능력, 능숙함
- have a way of 흔히 ~ 하게 되어 가다, ~하기 마련이다
- unequivocally 모호하지 않게, 명백히
- persist 고집하다, 지속하다, 집착하다
- attribute A to B A를 B의 탓으로 돌리다
- equate 동일시하다, 같다
- stupidity 어리석음, 우둔함
- compliment 칭찬, 찬사
- bring about ~을 유발하다, 초래하다
- outcome 결과

**[본문해석]**

많은 부모들이 '자존감 운동'에 현혹되어, 자녀의 자존감을 세우는 방법은 그들이 얼마나 뛰어난지 말해주는 것이라고 여겼다. 불행히도, 자녀의 능력을 확신시키려고 하면 성공과 실패를 통해 자녀들이 얼마나 능력이 있는지 없는지를 명백하게 알려주기 때문에 실패할 가능성이 높다. 연구에 따르면, 어떻게 자녀를 칭찬하는지가 그들의 발달에 강한 영향을 미친다. 몇몇 연구원들은 노력 대신 지능을 칭찬한 아이들이 결과에 지나치게 집중한다는 사실을 발견했다. 실패 후 이와 같은 아이들은 덜 끈기를 보이고, 덜 즐거우며, 실패를 능력 부족 탓으로 돌리고, 향후 성취 노력에서도 좋지 못한 성과를 보였다. 지능을 칭찬하는 것은 아이들이 실패를 어리석음과 동일시하기 때문에 어려움을 두려워하도록 만들었다.

## 16 정답 ②

**[정답해설]**

제시문은 글로벌 기업들의 광고 표준화 필요성을 설명한 글로, 소비자들의 온라인 활동 영역이 확대됨에 따라 광고주들이 맞춤형 광고를 제작하기 어려워 국제적인 디지털 사이트들을 통합하게 된다고 코카콜라 소셜 미디어와 사이트를 예로 들어 설명하고 있다. 그러므로 밑줄 친 빈칸에는 ②의 uniform(획일적인)이 들어갈 말로 가장 적절하다.

**[오답해설]**
① 실험적인
③ 국지적인
④ 다양한

**[핵심어휘]**
- popularity 인기, 유행
- boost 신장시키다, 북돋우다
- standardization 표준화, 평준화
- zip 쌩[휙]하고 지나가다[나아가다]
- roll out 제시하다, 전개하다
- adapted campaign 맞춤형 캠페인
- orderly 정돈된, 정연한
- in (a) … fashion …방식으로, …투의
- coordinate 조직화하다, 통합하다
- feature 특징을 이루다
- splash (물)방울, 튀김, 철벅[첨벙]하는 소리
- iconic ~의 상징이 되는, 우상의
- experimental 실험적인
- uniform 획일적인
- localized 국부적인, 국지적인
- diverse 다양한, 가지각색의

**[본문해석]**
최근 온라인 마케팅과 소셜 미디어 공유의 인기가 높아지면서 글로벌 브랜드에 대한 광고 표준화의 필요성이 부각되고 있다. 대부분의 대규모 마케팅 및 광고 캠페인은 대규모 온라인 참여를 내포한다. 이제 연결된 소비자들은 인터넷과 소셜 미디어를 통해 쉽게 국경을 넘나들므로, 광고주들이 통제되고 정돈된 방식의 맞춤형 캠페인을 전개하기 어렵게 만들고 있다. 결과적으로 대부분의 글로벌 소비자 브랜드들은 국제적으로 디지털 사이트를 통합한다. 예를 들어 오스트레일리아와 아르헨티나에서 프랑스, 루마니아 및 러시아에 이르기까지 세계 각지의 코카콜라 웹 및 소셜 미디어 사이트는 놀라울 정도로 획일적이다. 모든 곳이 친숙한 코카콜라의 빨간 방울, 상징적인 코카콜라 병 모양, 코카콜라 음악 및 "느낌을 맛보다"라는 테마를 특징으로 하고 있다.

## 17 정답 ③

**[정답해설]**
제시문은 최근의 근무 방식의 변화를 조사한 내용으로, 근로자의 현장 근무일 감축으로 인한 사무실 공간과 밀도와의 관계를 설명하고 있다. 그런데 ③번 문장은 직원들이 재택근무를 원하는 요일에 대해 언급하고 있으므로, 글의 전체 흐름과 어울리지 않는다.

**[핵심어휘]**
- employer 고용주, 고용인
- huge 거대한, 엄청난
- hybrid 혼합의, 잡종의
- abundantly 아주 분명하게, 풍부하게
- emerging 최근 생겨난, 최근에 만들어진
- norm 표준, 규범, 기준
- cutback 축소, 삭감, 감축
- imply 나타내다, 의미하다, 암시하다
- reduction 축소, 할인, 경감
- density 밀도, 농도
- employee 종업원, 고용인
- sure-fire 확실한, 틀림없는
- square footage 평방피트
- be here to stay 우리 생활의 일부이다

**[본문해석]**
5,000명의 미국인 노동자와 500명의 미국인 고용인을 대상으로 한 월간 설문조사에 따르면, 혼합 근무로의 대이동이 사무 노동자와 지식 노동자들 사이에서 아주 분명히 나타난다. ① 최근에 생겨난 기준은 주당 3일은 사무실에서 그리고 이틀은 집에서 근무하여, 현장 근무일을 30% 이상 줄이는 것이다. 당신은 아마도 이러한 감축이 사무실 공간 수요를 상당히 감소시킬 것이라 생각할 것이다. ② 그러나 우리의 조사 데이터는 평균 1~2%의 사무실 공간 감소를 보여주는데, 이는 공간이 아니라 밀도에서의 큰 감소를 의미한다. 우리는 그 이유를 알 수 있다. 사무실에서의 고밀도는 불편하며 대다수 노동자들은 자신들의 책상 주변이 붐비는 것을 좋아하지 않는다. ③ 대부분의 직원들은 월요일과 금요일에 재택근무를 하기를 원한다. 밀도로 인한 불편은 로비, 식당, 그리고 특히 엘리베이터까지 이어진다. ④ 밀도를 줄이는 단 하나의 확실한 방법은 평방피트를 그만큼 줄이지 않고 현장 근무일을 줄이는 것이다. 설문조사 증거에 따르면 밀도로 인한 불편은 우리 생활의 일부이다.

## 18 정답 ③

**[정답해설]**
제시문은 멕시코와 미국 국경의 불법 횡단을 막기 위한 감시카메라 설치와 관련된 내용이다. 주어진 문장이 불법 횡단을 막기 위한 실시간 영상 피드를 웹사이트에 개설한다는 내용이므로, 텍사스 보안관들이 최근 국경 감시를 보조하기 위한 새로운 인터넷 사용법을 고안해 냈다는 문장 다음인 ③에 들어가는 것이 가장 적절하다.

**[핵심어휘]**
- install 설치[설비]하다, 장치하다

- illegal 불법적인
- feed 피드(사용자에게 자주 업데이트 되는 콘텐츠를 제공하는 데 쓰이는 데이터 포맷)
- immigration 이민, 이주
- reform 개혁, 개선
- minefield 지뢰밭, 위험 지역
- policy 정책, 방책
- resolve 결심, 결의, 의결
- secure 지키다, 보호하다
- sheriff 보안관
- novel 새로운, 색다른
- deputy 대리인, 대행인
- patrol 순찰대, 경비대

**[본문해석]**

그들은 불법 횡단으로 알려진 장소들에 비디오카메라를 설치하고, 카메라에서 나오는 실시간 영상 피드를 웹사이트에 개설했다.

이민 개혁은 정치적 지뢰밭이다. ( ① ) 폭넓은 정치적 지지를 받고 있는 유일한 이민 정책은 불법 이민자의 이동을 제한하기 위해 멕시코와 맞닿은 미국 국경을 지키자는 결의이다. ( ② ) 텍사스 보안관들은 최근 국경 감시를 보조하기 위한 새로운 인터넷 사용법을 고안해 냈다. ( ③ ) 국경 감시를 돕고 싶은 시민들은 온라인에 접속해 "가상 텍사스 보안관" 역할을 할 수 있다. ( ④ ) 만일 누군가가 국경을 넘으려는 시도를 목격하면, 그들은 보안관 사무실에 보고하고, 뒤이어 미 국경 순찰대의 지원이 때때로 뒤따른다.

## 19 정답 ③

**[정답해설]**

제시문은 정부 행정에 의존하는 좋은 사례로 로마 문명을 예로 들고 있다. 먼저 (B)가 주어진 글에서 언급된 'civilization(문명)'의 어원에 대해 설명하고 있으므로, 주어진 글 다음에 와야 한다. 다음으로 (B)에서 언급한 'Latin(라틴어)'에 대해 (C)에서 라틴어는 고대 로마의 언어였다고 설명하고 있으므로, (B) 다음에 (C)가 와야 한다. 마지막으로 (C)에서 언급한 'territory(영토)'에 대해 (A)에서 'an area that large(그렇게 큰 지역)'이라고 가리키고 있으므로, (C) 다음에 (A)가 와야 한다. 그러므로 주어진 글 다음의 순서는 ③의 (B)-(C)-(A) 순이다.

**[핵심어휘]**

- administration 관리, 행정
- exemplify 전형적인 예가 되다, 예를 들다
- effective 효과적인, 실질적인
- territory 지역, 영역, 구역
- the Mediterranean basin 지중해 유역
- the Black Sea 흑해

**[본문해석]**

모든 문명은 정부 행정에 의존한다. 아마도 고대 로마보다 이에 대한 예시를 더 잘 나타내는 문명은 없을 것이다.

(B) 사실, '문명'이라는 단어 자체는 '시민'을 뜻하는 라틴어 단어 civis에서 온 것이다.
(C) 라틴어는 고대 로마의 언어였는데, 그 영토가 지중해 유역 전체에서부터 북쪽으로는 영국의 일부와 동쪽으로는 흑해까지 뻗어 있었다.
(A) 그렇게 큰 지역을 통치하기 위해, 지금의 이탈리아 중부에 자리 잡은 로마인들은 효율적인 정부 행정 체제를 필요로 했다.

## 20 정답 ①

**[정답해설]**

제시문은 심리학이 성숙하고 발전하기 위해서는 개별 하위 심리학들의 학문적 통합이 중요하다고 설명하고 있다. 학문적 통합을 이루기 위해서는 자료를 규합하고 과학을 연구하는 방법도 또한 통합된 관점에서 시작해야 한다. 그러므로 제시문의 빈칸에는 ①의 'from a unified perspective(통합된 관점으로)'가 들어갈 말로 적절하다.

**[오답해설]**

② 역동적인 측면에서
③ 역사를 통해
④ 정확한 증거를 가지고

**[핵심어휘]**

- subdiscipline 학문 분야의 하위 구분
- isolated 고립된, 분리된
- mature 성숙한, 다 자란
- disparate 전혀 다른, 이질적인
- neuroscience 신경 과학
- developmental 발달상의, 발달과 관련된
- cognitive 인식의, 인지의
- personality 성격, 인격
- integrated 통합적인
- empirically 실증적으로, 경험적으로
- collaboration 협력, 공동 작업

- sub-area 하위 영역
- coherence 밀착, 응집, 결합력
- fragmentation 조각남, 균열, 분열
- template 견본, 본보기
- discipline 학과(과정), 학문
- fraction 부분, 분수
- faction 파벌, 분파
- feat 위업, 업적
- import 중요성
- unified 통일된, 획일화된
- perspective 관점, 시각, 견해

**[본문해석]**

지난 50년 동안, 심리학의 모든 주요 하위 부문들은 교육이 점차 전문화되고 초점이 좁아지면서 서로 점점 더 분리되어 왔다. 몇몇 심리학자들이 오랫동안 주장해 온 것처럼, 심리학 분야가 과학적으로 성숙하고 발전하려면, 개별 부문들(예를 들어, 신경 과학, 발달, 인지, 성격, 사회)이 다시 하나가 되고 통합되어야 한다. 과학은 다른 주제들이 단순화된 이론적 체제하에서 이론적으로 그리고 경험적으로 통합될 때 발전한다. 심리 과학은 다양한 하위 부문 심리학자들의 협력을 독려하여, 그 분야가 지속적인 분열보다는 응집되도록 도울 것이다. 이런 식으로, 심리 과학은 그 분야의 모든 주요 부분/분파를 하나의 학문으로 통합함으로써 심리학 전체에 대한 본보기 역할을 할 수 있을 것이다. 만약 심리 과학이 통합된 관점에서 자료를 규합하고 과학을 연구하는 방법에 대한 모 분야의 규범이 된다면, 이는 적잖은 위업이며 매우 중요한 일이다.

## [국가직] 2022년 04월 | 정답

| | | | | | | | | | |
|---|---|---|---|---|---|---|---|---|---|
| 01 | ① | 02 | ② | 03 | ④ | 04 | ② | 05 | ① |
| 06 | ① | 07 | ④ | 08 | ② | 09 | ① | 10 | ③ |
| 11 | ④ | 12 | ③ | 13 | ② | 14 | ④ | 15 | ② |
| 16 | ④ | 17 | ③ | 18 | ④ | 19 | ① | 20 | ③ |

## [국가직] 2022년 04월 | 해설

### 01 정답 ①

**[정답해설]**

밑줄 친 unravel은 '풀다, 해결하다'의 뜻으로 ①의 solve(해결하다)와 그 의미가 가장 유사하다.

**[오답해설]**

② 창조하다
③ 모방하다
④ 선전하다

**[핵심어휘]**

- detective 형사, 탐정
- unravel 풀다, 해결하다
- disappearance 실종, 사라짐
- imitate 모방하다, 흉내내다
- publicize 알리다, 선전[광고]하다

**[본문해석]**

수년 동안, 형사들은 쌍둥이 형제의 갑작스러운 실종 수수께끼를 풀려고 노력해왔다.

### 02 정답 ②

**[정답해설]**

밑줄 친 opulent는 '호화로운, 엄청나게 부유한'의 뜻으로 ②의 luxurious(사치스러운)와 그 의미가 가장 유사하다.

**[오답해설]**

① 숨겨진
③ 비어 있는
④ 단단한

**[핵심어휘]**

- parenthood 부모임, 부모 되기
- unnecessarily 불필요하게, 쓸데없이

ㅁ opulent 호화로운, 엄청나게 부유한
ㅁ luxurious 사치스러운, 호화로운
ㅁ solid 단단한, 고체의

[본문해석]
그 부부가 부모가 되기 전에는 침실이 4개인 집이 불필요하게 호화로워 보였다.

## 03 정답 ④

[정답해설]
밑줄 친 hit the roof는 '머리끝까지 화가 나다'는 뜻으로 ④의 became extremely angry(매우 화가 났다)와 그 의미가 가장 유사하다.

[오답해설]
① 매우 만족했다
② 매우 놀랐다
③ 매우 침착했다

[핵심어휘]
ㅁ hit the roof 화가 머리끝까지 나다
ㅁ budget 예산, 비용
ㅁ extremely 극히, 매우
ㅁ calm 침착한, 차분한

[본문해석]
사장은 우리가 그렇게 짧은 시간에 전체 예산을 이미 소진한 것을 보고 화가 머리끝까지 났다.

## 04 정답 ②

[정답해설]
제시문은 컴퓨터 중독을 의미하는 마우스 포테이토를 텔레비전 중독을 의미하는 카우치 포테이토와 비교하여 설명하고 있다. 즉, 컴퓨터가 텔레비전에 상응하는 것이므로 제시문의 빈 칸에는 ②의 equivalent(상응하는 것)가 들어갈 말로 가장 적절하다.

[오답해설]
① 기술자
③ 네트워크
④ 모의실험

[핵심어휘]
ㅁ mouse potato 컴퓨터 앞에서 많은 시간을 보내는 사람
ㅁ couch potato 텔레비전 앞에서 많은 시간을 보내는 사람
ㅁ a great deal of 많은, 다량의
ㅁ technician 기사, 기술자
ㅁ equivalent 상당[대응]하는 것, 등가물

[본문해석]
마우스 포테이토는 컴퓨터에서 텔레비전의 카우치 포테이토에 상응하는 것으로, 카우치 포테이토가 텔레비전 앞에서 그러는 것처럼 컴퓨터 앞에서 많은 여가 시간을 보내는 성향의 사람이다.

## 05 정답 ①

[정답해설]
제시문에서 decide가 to부정사를 목적어로 취하므로 빈 칸에는 동사원형이 들어가야 하고, 문맥상 동사원형의 목적어인 스페인어를 어떻게 하기로 결심했다는 의미이므로, 제시문의 빈 칸에는 ①의 brush up on(~을 복습하다)이 들어갈 말로 가장 적절하다.

[오답해설]
② 끝까지 들어주다
③ 변호하다
④ 해고하다

[핵심어휘]
ㅁ brush up on ~을 복습하다
ㅁ hear out ~의 말을 끝까지 들어주다
ㅁ stick up for ~을 변호하다, ~을 방어하다
ㅁ lay off ~을 그만 먹다, ~를 해고하다

[본문해석]
Mary는 남미에 가기 전에 스페인어를 복습하기로 결심했다.

## 06 정답 ①

[정답해설]
문장의 주어가 동물(a horse)이므로 '먹이를 주다'는 뜻의 타동사 feed가 'be fed'의 수동태 형태로 사용된 것은 적절하다. 또한 a horse를 대신한 대명사 its의 쓰임도 적절하다.

[오답해설]
② while walking → while I walked

분사구문의 주어가 주절의 주어와 동일하면 생략할 수 있다. 그러나 해당 문장에서 주절의 주어는 'my cat'이고 분사구문의 주어는 'I'이므로 주절의 주어와 분사구문의 주어가 달라 생략할 수 없다. 따라서 while walking을 while I walked로 고쳐 써야 옳다.

③ has known → has been known
해당 문장에서 그녀가 정치 만평가로 알려진 것이므로 수동태로 써야 하고, 시제가 현재완료이므로 현재완료 수동태인 have[has] been + p.p의 형태로 써야 한다. 그러므로 has known을 has been known으로 고쳐 써야 옳다.

④ good → well
done은 동사와 형용사의 성격을 지닌 과거분사이므로, 이를 수식하기 위해서는 부사를 사용해야 한다. 그러므로 형용사 good(좋은) 대신 동사 well(잘)을 써야 올바르다.

**[핵심어휘]**
- individual 각각의, 개별의
- primarily 주로, 본래
- political cartoonist 정치 만평가
- compliment 칭찬하다, 찬사를 보내다

**[본문해석]**
① 말에게는 개개의 필요성과 일의 성격에 따라 먹이를 주어야 한다.
② 좁을 길을 걷다가 바람에 내 모자가 날아갔다.
③ 그녀는 직업상 주로 정치 만평가로 알려져 있다.
④ 심지어 아이들도 잘한 일에 대해 칭찬받는 것을 좋아한다.

## 07 정답 ④

**[정답해설]**
제시문의 마지막 문장에서 Eco는 췌장암으로 밀라노 자택에서 사망했다고 했으므로, 암으로 병원에서 사망했다는 ④의 설명은 옳지 못하다.

**[오답해설]**
① 「장미의 이름」은 역사 소설이다. → 「장미의 이름」은 허구의 기호학과 성서 분석, 중세 연구, 문학 이론을 결합한 역사 미스터리임
② Eco는 책 한 권을 이탈리아어로 번역했다. → Raymond Queneau의 책 「문체 연습」을 이탈리아어로 번역함
③ Eco는 대학의 학과를 설립했다. → San Marino 공화국 대학의 미디어학과를 설립함

**[핵심어휘]**
- cultural critic 문화비평가, 문화평론가
- semiotics 기호학
- biblical 성서의, 성경의
- medieval studies 중세연구, 중세학
- pendulum 추, 진자
- translator 번역가, 통역사
- pancreatic cancer 췌장암
- university department 대학 학과
- die of ~로 죽다

**[본문해석]**
Umberto Eco는 이탈리아의 소설가이자 문화평론가이자 철학자였다. 그는 자신의 1980년 소설 「장미의 이름」으로 유명해졌는데, 허구의 기호학과 성서 분석, 중세 연구, 문학 이론을 결합한 역사 미스터리이다. 이후 그는 「푸코의 추」와 「전날의 섬」을 포함한 다른 소설들을 썼다. Eco는 번역가이기도 했는데, Raymond Queneau의 책 「문체 연습」을 이탈리아어로 번역했다. 그는 San Marino 공화국 대학의 미디어학과 설립자였다. 그는 2016년 2월 19일 밤에 2년간 앓아왔던 췌장암으로 밀라노 자택에서 사망했다.

## 08 정답 ②

**[정답해설]**
were → was
해당 문장에서 주어가 silver, cooper and zinc가 아니라 of 앞의 단수명사인 a combination이므로 동사 were는 was로 고쳐 써야 옳다.

**[오답해설]**
① which 앞의 the year 1800가 때를 나타내는 선행사이지만, 전치사 during이 있으므로 목적격 관계대명사 which를 사용한 것은 적절하다. 물론 전치사 + 관계명사인 during which를 때를 나타내는 관계부사 when으로 바꾸어 쓸 수 있다.
③ 볼타 전지라고 불리는 것이므로, 주어인 The enhanced design을 수식하기 위해 수동의 의미인 과거분사 called를 사용한 것은 적절하다.
④ talk가 동사가 아닌 명사이므로 형용사인 such를 사용한 것은 적절하다.

**[핵심어휘]**
- copper 구리, 동전
- zinc 아연, 함석
- electrical current 전류
- enhance 높이다, 향상시키다
- Voltaic pile 볼타 전지

- stack 쌓다, 겹치다
- cardboard 판지
- soak 담그다, 흠뻑 적시다
- conduct a demonstration 시연하다, 시범을 보이다

**[본문해석]**
좋은 출발점을 찾기 위해서는 최초의 현대식 전기 배터리가 개발된 1800년으로 돌아가야 한다. 이탈리아의 Alessandro Volta는 은, 구리 및 아연의 조합이 전류 생성에 이상적이라는 사실을 발견했다. 볼타 전지로 불리는 이 향상된 고안품은 바닷물에 적신 판지로 구성된 디스크 사이에 이러한 금속들로 구성된 몇몇 디스크를 쌓아 만들어졌다. Volta의 업적 중 나폴레옹 황제 앞에서 직접 시연하라는 요구를 받았다는 이야기가 있다.

## 09 정답 ①

**[정답해설]**
제시문은 빛과 전자의 상호작용으로 인한 레이저의 생성 원리에 대해 설명하고 있다. 제시문의 첫 번째 문장이 주제문이며, 그 이후 문장에서 빛과 전자가 어떻게 상호작용 하는지 그 양상을 서술하고 있다. 그러므로 ①의 "How Is Laser Produced?(레이저는 어떻게 만들어지는가?)"가 윗글의 제목으로 가장 적절하다.

**[오답해설]**
② 레이저는 언제 발명되었는가?
③ 레이저는 어떤 전자들을 방출하는가?
④ 전자들은 왜 빛을 반사시키는가?

**[핵심어휘]**
- electron 전자
- molecule 분자
- characteristic of ~에 특유한, 정말 ~다운
- orbit 궤도
- bump up ~을 올리다, 상승시키다
- injection 주사, 주입
- flash 섬광, 불빛, 번쩍임
- give off 발산하다, 방출하다
- wavelength 파장, 주파수
- emit 내보내다, 방출하다
- precisely 바로, 꼭
- release 풀어 주다, 석방[해방]하다

**[본문해석]**
레이저는 빛과 전자의 상호작용으로 인해 가능하다. 전자는 특정 원자 또는 분자 고유의 특정 에너지 준위 혹은 상태로 존재한다. 에너지 준위는 핵 주의의 고리 또는 궤도로 생각해 볼 수 있다. 외부 고리의 전자는 내부 고리의 전자보다 에너지 준위가 더 높다. 전자는 예를 들어, 빛의 섬광과 같은 에너지 주입에 의해 더 높은 에너지 준위로 상승할 수 있다. 전자가 외부에서 내부 준위로 떨어지면, '과잉' 에너지가 빛으로 방출된다. 방출되는 빛의 파장 또는 색상은 방출된 에너지의 양과 정확하게 연관된다. 사용된 특정 레이저 물질에 따라 (전자를 작동시키거나 자극하기 위해)특정한 빛의 파장이 흡수되고 (전자가 초기 준위로 복귀할 때)특정 파장이 방출된다.

## 10 정답 ③

**[정답해설]**
제시문은 인구증가와 기후변화로 인한 수리권 시장의 성장 가능성에 대해 서술하고 있고, 앞으로 금과 같이 공격적인 자금이 투자될 것으로 내다보고 있다. 그런데 ③번 문장은 증류수의 음용 효과에 대해 서술하고 있으므로, 전체적인 글의 흐름상 가장 어색하다.

**[핵심어휘]**
- water right 용수권, 수리권
- evolve 발달하다, 진화하다
- shortage (공급) 부족, 결핍
- drought 가뭄
- famine 기근, 기아
- ethical 윤리적인, 도덕적인
- the bulk of ~의 대부분
- commodity 상품, 것
- detractor 비방자, 비판자
- a breach of human rights 인권침해
- arid 건조한, 메마른
- distilled water 증류수
- supplement 보충하다, 추가하다
- decade 10년
- smart money 투자금(전문적인 지식을 갖고 투자한 돈)
- aggressively 공격적으로, 과감하게

**[본문해석]**
수리권 시장은 인구 증가가 공급 부족을 초래하고 기후변화가 가뭄과 기근을 야기함에 따라 성장할 가능성이 높다. ① 그러나 그것은 지역적이고 윤리적인 무역 관행에 근거할 것이며 대부분의 상품 거래와는 다를 것이다. ② 비판자들은 물을 거래하는 것이 비윤리적이거나 심지어 인권침해라고 주장하지만, 이미 수리권은 오만에서 호주까지 세계의 건조 지역에서 매매되고 있다. ③ 증류수를 마시는 것은 유익할 수

있지만, 특히 미네랄이 다른 공급원에 의해 보충되지 않는다면 모든 사람에게 최선은 아닐 수 있다. ④ "향후 10년 이상 우리는 실제로 물이 새로운 금으로 변할 것이라고 굳게 믿는다."라고 Ziad Abdelnour가 말했다. "투자금이 이 방면에서 공격적으로 움직이고 있는 것도 놀랄 일은 아니다."

## 11 정답 ④

**[정답해설]**

제시문은 대학 구내식당의 메뉴가 바뀐 것에 대해 A와 B가 대화하는 내용이다. 밑줄 친 문장 다음에서 B가 디저트 종류가 더 있고 일부 샌드위치 종류가 빠졌다고 바뀐 메뉴에 대해 구체적으로 설명하고 있다. 그러므로 빈칸에 들어갈 A의 질문 내용으로는 ④의 "What's the difference from the last menu(지난번 메뉴와 다른 점이 뭐야?)"이다.

**[오답해설]**

① 가장 좋아하는 디저트는 뭐야?
② 그들의 사무실이 어디 있는지 알아?
③ 메뉴 고르는 것 좀 도와줄까?

**[핵심어휘]**

- cafeteria 구내식당
- check out ~을 확인하다
- caterer 음식 공급자

**[본문해석]**

A: 대학 구내식당 메뉴가 바뀌었다고 들었어.
B: 응, 내가 방금 확인했어.
A: 그리고 새로운 음식 공급업체를 구했데.
B: 맞아, Sam's Catering이야.
A: 지난번 메뉴와 다른 점이 뭐야?
B: 디저트 종류가 더 있어. 또한, 일부 샌드위치 종류가 빠졌어.

## 12 정답 ③

**[정답해설]**

제시문은 스웨터를 구입하고자 하는 손님(B)과 점원(A) 사이의 대화 내용이다. 점원(A)이 첫 번째로 권한 스웨터의 가격을 확인한 손님(B)의 반응에 점원(A)이 할인 중인 다른 스웨터를 권하고 있다. 그러므로 밑줄 친 빈칸에 들어갈 손님(B)의 말로는 ③의 "It's a little out of my price range(제가 생각한 가격대를 조금 넘네요)"가 가장 적절하다.

**[오답해설]**

① 그것과 어울리는 바지 한 벌도 필요해요.
② 저 재킷은 제게 완벽한 선물이에요.
④ 토요일 오후 7시까지 문을 엽니다.

**[핵심어휘]**

- gorgeous 아주 멋진[아름다운/좋은]
- go with 어울리다
- price range 가격대

**[본문해석]**

A: 안녕하세요. 뭘 도와드릴까요?
B: 네, 스웨터를 찾고 있어요.
A: 음, 이게 가을 컬렉션에 나온 가장 최신 스타일이에요. 어떠세요?
B: 아주 멋지네요. 가격이 얼마죠?
A: 가격을 확인해 드릴게요. 120달러입니다.
B: 제가 생각한 가격대를 조금 넘네요.
A: 그러면 이 스웨터는 어떠세요? 이건 이월 상품인데, 50달러로 할인 중입니다.
B: 완벽해요! 한번 입어볼게요.

## 13 정답 ②

**[정답해설]**

as → than
부정주어 + 비교급 + than 구문은 비교급을 이용한 최상급 표현이다. 해당 문장에서 Nothing이 부정주어이고 more가 비교급이므로, 뒤의 as를 than으로 바꿔 써야 옳다.

**[오답해설]**

① easy는 난이 형용사로 to부정사를 진주어로 취하므로, 해당 문장에서 It(가주어) ~ for목적격(의미상 주어) + to부정사(진주어)의 형태는 옳게 사용되었다. 또한 by no means(결코 ~이 아닌)는 부정의 의미를 강조하는 부사구로 옳게 사용되었다.
③ cannot ~ too는 '아무리 ~해도 지나치지 않다'라는 의미로, 해당 문장에서 옳게 사용되었다.
④ 타동사 believe의 목적어로 명사절을 이끄는 what은 선행사를 포함한 관계대명사이며, the thing that으로 바꾸어 쓸 수 있다. 종속절은 동사 say 다음에 목적어가 없는 불완전한 문장이므로 what의 쓰임은 적절하다.

## 14 정답 ④

**[정답해설]**

crossing → crossed

with the legs crossing은 부대상황을 나타내는 with+분사구문으로, crossing은 다리가 꼬인 것이므로 수동의 의미인 과거분사 crossed로 고쳐 써야 옳다. 사람의 신체 부위를 동반한 with 분사구문은 주로 수동의 의미를 내포한 과거분사가 사용된다.

**[오답해설]**

① Having drunk은 주절의 시제보다 앞선 시제를 의미하는 완료형 분사구문으로, 주어가 주절의 주어인 she와 동일하므로 생략할 수 있다.

② Being a kind person은 분사구문으로, 의미상 주어가 주절의 주어인 she와 동일하므로 생략되어 있다.

③ All things considered는 분사구문으로, 분사구문의 주어인 All things가 주절의 주어인 she와 다르므로 생략할 수 없다. 또한 모든 점이 고려된다는 수동의 의미이므로, being이 생략된 과거분사 considered가 옳게 사용되었다.

## 15 정답 ②

**[정답해설]**

(A) 앞 문장에서 Hopi 인디언들은 고인을 빨리 잊고 평상시의 생활로 돌아간다고 하였고, 다음 문장에서 고인과의 그러한 유대 관계를 실제 사례인 Hopi 인디언의 장례식을 통해 보강하여 설명하고 있다. 그러므로 빈칸 (A)에 들어갈 말은 In fact(실제로)가 가장 적절하다.

(B) 이집트에서는 유족들이 죽음을 슬퍼하며 충분히 애도하는 반면, 발리에서는 유족들이 슬퍼하기보다 웃고 즐거워하며 죽음을 승화한다. 즉, 이집트와 발리를 예로 들어 죽음을 애도하는 두 가지 태도를 대조하여 설명하고 있으므로, 빈칸 (B)에 들어갈 말은 By contrast(대조적으로)가 가장 적절하다.

**[오답해설]**

| | (A) | (B) |
|---|---|---|
| ① | 그러나 | 유사하게 |
| ③ | 따라서 | 예를 들면 |
| ④ | 마찬가지로 | 결과적으로 |

**[핵심어휘]**

- tie 관계, 유대
- the deceased 고인, 망자
- sustain 계속[지속]시키다
- ritual 의식 절차, 의례
- funeral 장례식
- conclude with ~로 마무리짓다
- break-off 중단, 단절, 분리
- mortal 사람, 인간
- diversity 다양성, 포괄성
- grieve 애도하다, 비통해 하다
- the bereaved 유족, 유가족
- dwell on 깊이 생각하다, 숙고하다
- at length 충분히, 길게
- relate to ~을 이해하다, ~에 공감하다
- tragic 비극의, 비극적인
- account 설명, 이야기, 말

**[본문해석]**

죽은 사람들과의 관계를 유지하는 것에 대한 생각은 문화마다 다르다. 예를 들어, 고인들과 관계를 유지하는 것은 일본의 종교의식에서는 허용되며 지속된다. 하지만 애리조나의 Hopi 인디언들 사이에서, 고인들은 가능한 한 빨리 잊히고 생활은 평상시처럼 계속된다. (A) 실제로, Hopi 인디언의 장례식은 사람과 혼령 사이의 관계를 단절시키는 것으로 마무리된다. 애도의 다양성이 이집트와 발리, 두 이슬람교 사회에서보다 더 명확한 곳은 없다. 이집트의 이슬람교도 사이에서, 유족들은 비극적인 사연에 똑같이 공감하고 그들의 슬픔을 표현하는 다른 사람들에게 둘러싸인 채, 자신들의 비통함을 충분히 되새기도록 권유받는다. (B) 대조적으로, 발리에서 유족이 된 이슬람교도들은 슬퍼하기보다 웃고 즐거워하도록 권유받는다.

## 16 정답 ④

**[정답해설]**

글의 서두에서 높은 대기 온도로 빙하 표면이 녹는 것 외에, 빙하 밑에서도 따뜻한 바닷물의 영향으로 빙하가 훨씬 빨리 녹는 원인이 되고 있다고 설명하고 있다. 그러므로 마지막 문장에서 대서양에서 오는 따뜻한 수중 해류가 많은 양의 열을 접촉시켜 빙하를 녹인다고 하였으므로, 빈칸에 들어갈 말로는 ④의 accelerating(가속화시키다)이 가장 적절하다.

**[오답해설]**

① 분리시키는

② 지연시키는

③ 막는

**[핵심어휘]**

- contribute to ~의 탓으로 돌리다, ~에 기여하다
- ice sheet 빙상, 대륙 빙하

- underneath 밑에, 속으로
- vast 어마어마한, 대단한
- glacier 빙하
- ice tongue 빙설
- strip 좁고 기다란 육지[바다]
- massive 거대한, 엄청나게 큰
- reveal 드러내다, 밝히다
- delay 늦추다, 연기하다
- prevent 막다, 방지하다
- accelerate 가속화하다, 속도를 높이다

**[본문해석]**

과학자들은 높은 대기 온도로 인해 그린란드의 빙하 표면이 녹고 있다는 사실을 오래 전에 알고 있었다. 하지만 새로운 연구는 밑에서 빙하를 공격하기 시작한 또 다른 위협을 발견했다. 즉, 어마어마한 빙하 밑에서 움직이는 따뜻한 바닷물이 그것을 훨씬 더 빨리 녹게 하는 원인이 되고 있다. 이 연구 결과는 그린란드 북동쪽에 있는 니오할프피에르스피오르덴 빙하의 많은 "빙설" 중 하나를 연구한 연구자들에 의해 네이처 지구과학학회지에 실렸다. 빙설은 육지 빙하에서 떨어지지 않고 물 위에 떠 있는 좁고 기다란 빙하이다. 이 과학자들이 연구한 거대한 빙설은 길이가 거의 50마일이나 된다. 그 조사는 대서양에서 오는 따뜻한 물이 빙하 쪽으로 직접 흐를 수 있는, 폭이 1마일 이상인 수중 해류가 많은 양의 열을 빙하와 접촉시켜 빙하가 녹는 것을 가속화시킨다는 사실을 밝혀냈다.

## 17 정답 ③

**[정답해설]**

글의 서두에서 "다른 문화권에 있는 사람들은 세상을 다르게 보는가?"라고 화두를 던진 것처럼, 제시문은 한 심리학자의 실험을 통해 서로 다른 문화권에 있는 사람들이 바라보는 관심 대상에 차이가 있음을 보여주고 있다. 그러므로 ③의 'Cultural Differences in Perception(인식의 문화적 차이)'이 제시문의 제목으로 가장 적절하다.

**[오답해설]**

① 일본인과 미국인 사이의 언어 장벽
② 뇌에서 물체와 배경의 연상
④ 꼼꼼한 사람들의 우월성

**[핵심어휘]**

- reference 언급, 말하기
- focal 중심의, 초점의
- inert 비활성의, 움직이지 않는
- tellingly 효과적으로, 강력하게
- language barrier 언어 장벽
- association 연계, 연관, 연상
- perception 지각, 인식
- superiority 우세, 우월성
- detail-oriented 꼼꼼한, 세심한

**[본문해석]**

다른 문화권에 있는 사람들은 세상을 다르게 보는가? 한 심리학자가 물고기와 기타 수중 물체들이 사실적으로 움직이는 장면을 일본인과 미국인 학생들에게 보여주고 그들에게 본 것을 알려달라고 말했다. 미국인과 일본인 학생들은 관심 대상 물고기에 대해 거의 동일한 수의 언급을 했지만, 일본인 학생들은 물, 돌, 거품 그리고 움직이지 않는 식물과 동물을 포함한 배경 요소에 대해 60퍼센트 이상 더 많이 언급했다. 게다가 일본인과 미국인 참가자들이 활동적인 동물과 관련한 움직임에 대해 거의 동일한 수의 언급을 했지만, 일본인 참여자들은 움직이지 않는 배경 물체와 관련한 관계에 대해 거의 두 배 더 많이 언급했다. 아마도 가장 강력하게, 일본인 참여자의 맨 처음 문장은 환경에 대한 언급이었을 가능성이 높았던 반면에, 미국인 참여자의 첫 번째 문장은 관심 대상 물고기에 대해 언급할 가능성이 세 배 더 많았다.

## 18 정답 ④

**[정답해설]**

제시문은 신체에 영향을 미치는 세 가지 유형의 중력에 대해 서술한 글이다. Thus(따라서)를 통해 주어진 문장이 앞선 문장의 결과를 보여주는 내용임을 알 수 있다. 본문에서 혈액이 다리 쪽으로 쏠리면 신체의 나머지 부분에 산소가 부족해지기 때문에 치명적일 수 있다고 하였으므로, 혈액이 다리가 아니라 등에 모이면 심장이 혈액과 산소를 뇌로 더 쉽게 순환시킬 수 있다고 추측할 수 있다. 그러므로 주어진 문장은 ④에 들어가는 것이 가장 적절하다.

**[핵심어휘]**

- life-giving 생명을 주는, 살아 있게 하는
- circulate 돌리다, 순환시키다
- gravitational force 중력, 인력
- localize 국한시키다, 국부화하다
- affect 영향을 미치다, 발생하다
- slap 철석 때리다[치다]
- momentary 순간적인, 잠깐의
- withstand 견뎌 내다, 저항하다
- deadly 생명을 앗아가는, 치명적인
- deprive 빼앗다, 박탈하다

ㅁ apply 적용하다, 누르다, 힘을 가하다
ㅁ horizontal 수평의
ㅁ tolerable 참을 수 있는, 견딜 만한
ㅁ pool 모으다, 고이다
ㅁ astronaut 우주비행사
ㅁ undergo 겪다, 경험하다

**[본문해석]**

> 따라서 혈액과 생명유지를 위한 산소를, 심장이 뇌로 더 쉽게 순환시킬 수 있다.

사람들은 여러 방식으로 중력(g-force)에 노출될 수 있다. 그것은 등을 찰싹 맞을 때처럼 신체의 일부에만 영향을 미치는 국부적인 것일 수도 있다. 또한 그것은 자동차 충돌에서 겪는 강한 힘과 같이 순간적인 것일 수도 있다. 세 번째 유형의 중력은 계속되거나, 적어도 수초 간 지속된다. ( ① ) 지속적이고 전신적인 중력은 사람에게 가장 위험하다. ( ② ) 신체는 보통 지속적인 중력보다 국부적이거나 순간적인 중력을 더 잘 견디는데, 그것은 혈액이 다리 쪽으로 쏠리게 되어 신체의 나머지 부분에 산소가 부족해지기 때문에 치명적일 수 있다. ( ③ ) 신체가 앉거나 서 있는 대신 수평이거나 누워 있는 동안 가해진 지속적인 중력은 사람들이 더 잘 견딜 수 있다. 왜냐하면 혈액이 다리가 아니라 등에 모이기 때문이다. ( ④ ) 우주 비행사와 전투기 조종사와 같은 일부 사람들은 중력에 대한 신체의 저항을 증가시키기 위해 특수 훈련을 실시한다.

## 19 정답 ①

**[정답해설]**
제시문은 협상 방법을 기술한 글로, 글의 서두에서 모든 변경사항들을 한꺼번에 제안하는 것이 더 낫다고 그 주제를 밝히고 있다 또한 글의 말미에 한 가지 이상의 요구사항이 있다면, 원하는 것을 A, B, C, D로 열거하지 말라고 서술되어 있다. 그러므로 ①의 "다수의 사안을 연속적이 아니라 동시에 협상하라."가 제시문의 요지로 가장 적절하다.

**[오답해설]**
② 성공적인 협상을 위해 민감한 주제는 피하라.
③ 협상을 위한 알맞은 시점을 선택하라.
④ 급여 협상 시 너무 단도직입적으로 하지 말라.

**[핵심어휘]**
ㅁ legitimately 합법적으로, 정당하게
ㅁ be concerned about ~을 걱정하다[우려하다]
ㅁ better off 형편이 더 나은, 부유한
ㅁ initially 처음에, 조기에
ㅁ relative 비교상의, 상대적인
ㅁ meet ~ halfway ~와 타협[절충]하다
ㅁ negotiate 협상하다, 성사시키다
ㅁ simultaneously 동시에, 일제히
ㅁ serially 연속적으로
ㅁ sensitive 민감한, 예민한

**[본문해석]**
만일 누군가 당신에게 제안을 하고 당신이 그것의 일부에 대해 마땅히 우려가 된다면, 보통 모든 변경사항들을 한꺼번에 제안하는 것이 더 낫다. "월급이 조금 적어요. 어떻게 처리해 주실 수 있나요?"라고 말하고 나서, 그녀가 일단 그것을 처리하자, 다시 돌아와 "감사합니다. 이제 제가 원하는 다른 두 가지가 있는데..."라고 말하지 말라. 만일 당신이 처음에 한 가지만을 요청한다면, 그녀는 그것을 들어주면 당신이 그 제안을 받아들일 (아니면 적어도 결정을 내릴) 준비가 되어 있다고 생각할 지도 모른다. 만일 당신이 계속 "그리고 한 가지 더..."라고 말한다면, 그녀가 관대하거나 이해심 많은 기분으로 있지는 않을 것 같다. 게다가 한 가지 이상의 요구사항이 있다면, 원하는 모든 것을 A, B, C, D라고 단순히 말하지 말고, 각각의 상대적인 중요성 또한 알려줘라. 그렇지 않으면 그녀는 그것들을 주기가 아주 수월하기 때문에, 당신이 가장 덜 중요하게 생각하는 두 가지를 골라 당신과 타협했다고 느낄지도 모른다.

## 20 정답 ③

**[정답해설]**
제시문은 Lamarck가 주장한 획득 형질 유전에 관한 내용이다. 주어진 글의 두 번째 문장에서 certain characteristics(특정 형질)을 (B)의 these characteristics(이러한 형질)가 직접적으로 가리키고 있으므로, 주어진 글 다음에 (B)가 이어지는 것이 적절하다. 다음으로 (B)에서 언급한 this idea(이러한 개념)를 (C)에서 구체적인 예시를 들어 설명하고 있으므로, (B) 다음에 (C)가 이어져야 한다. 마지막으로 (C)의 두 번째 문장에서 획득 형질이 유전이 되기 위해서는 특정 유전자의 DNA를 변형해야만 한다는 사실을 (A)의 this가 대신하고 있다. 그러므로 주어진 글 다음의 순서는 ③의 (B)-(C)-(A) 순이다.

**[핵심어휘]**
ㅁ unfairly 부당하게, 불공평하게
ㅁ adaptation 적응, 순응
ㅁ evolve 발달하다, 진화하다
ㅁ organism 생물, 유기체
ㅁ evidence 증거, 증언
ㅁ set the stage for ~의 장을 만들다, ~의 기초를 닦다

- offspring 자식, 자손, 후대
- inheritance 상속, 유산
- acquired characteristics 획득 형질
- hind leg 뒷다리
- modify 수정하다, 변경[변형]하다
- gene 유전자

**[본문해석]**

오늘날 Lamarck는 어떻게 적응이 진화로 이어지는지에 관한 그의 잘못된 설명으로 대부분 부당하게 기억되고 있다. 그는 한 생물체가 특정 신체 부위를 사용하거나 혹은 사용하지 않음으로써 특정 형질을 발전시킨다고 제안했다.

(B) Lamarck는 이러한 형질이 후대에 전해진다고 생각했다. Lamarck는 이러한 개념을 '획득형질의 유전'이라고 불렀다.
(C) 예를 들면 캥거루의 강한 뒷다리는 선조들이 점프를 해서 그들의 다리를 강화시키고 그렇게 획득된 다리의 힘을 후대에 물려준 결과라고 Lamarck는 설명할 수도 있다. 그러나 획득 형질이 유전이 되기 위해서는 특정 유전자의 DNA를 변형해야만 한다.
(A) 이것이 발생한다는 증거는 없다. 그래도 Lamarck가 생물이 자신의 환경에 적응할 때, 진화가 이루어진다고 제안한 사실을 주목하는 것은 중요하다. 이러한 개념은 다윈을 위한 장을 마련하는 데 도움이 되었다.

## [국가직] 2021년 04월 | 정답

| | | | | | | | | | |
|---|---|---|---|---|---|---|---|---|---|
| 01 | ① | 02 | ② | 03 | ② | 04 | ④ | 05 | ④ |
| 06 | ② | 07 | ③ | 08 | ③ | 09 | ④ | 10 | ④ |
| 11 | ① | 12 | ② | 13 | ④ | 14 | ④ | 15 | ② |
| 16 | ① | 17 | ② | 18 | ③ | 19 | ④ | 20 | ① |

## [국가직] 2021년 04월 | 해설

### 01 정답 ①

**[정답해설]**
in conjunction with는 '~와 함께'라는 뜻으로, 이와 의미가 가장 가까운 것은 ① 'in combination with(~와 결합하여)'이다.

**[오답해설]**
② ~와 비교하여, ~에 비해서
③ ~ 대신에
④ ~의 경우에

**[핵심어휘]**
- privacy (남의 눈길 · 간섭 등을 받지 않고) 혼자 있는 상태, 사생활[자기 생활](을 누리는 상태)
- shape 모양, 형태, (흐릿한) 형체[형상/모습](= figure)
- individual 각각[개개]의(= main)
- central 중심되는, 가장 중요한, 중앙의(다른 부서를 관장하는), (지역 · 사물의) 중심[중앙]인
- in conjunction with ~와 함께
- in combination with …와 결합[합동]하여, 짝지어
- in comparison with ~와 비교하여
- in place of ~대신에
- in case of ~의 경우에

**[본문해석]**
사회 관행으로서의 사생활은 다른 사회적 관행과 함께 개인의 행동을 형성하고 따라서 사회생활의 중심이 된다.

### 02 정답 ②

**[정답해설]**
pervasive는 '만연하는, 스며드는'이라는 뜻으로, 이와 의미가 가장 가까운 것은 ② 'ubiquitous(어디에나 있는, 아주 흔한)'이다.

**[오답해설]**
① 기만적인, 현혹하는
③ 설득력 있는
④ 처참한

**[핵심어휘]**
- influence 영향, 영향력(= control, power, authority)
- pervasive 만연하는, (구석구석) 스며[배어]드는 (= widespread, general, common)
- popular 인기 있는(↔ unpopular 인기 없는), 대중[통속]적인, 많은 사람들이 공유하는, 일반적인
- deceptive 기만적인, 현혹하는(= misleading)
- ubiquitous 어디에나 있는, 아주 흔한
- persuasive 설득력 있는(= convincing, telling, effective)
- disastrous 처참한, 형편없는(= catastrophic, devastating)

**[본문해석]**
재즈의 영향은 매우 만연해서 대부분의 대중 음악은 양식상의 뿌리를 재즈에 둔다

## 03 정답 ②

**[정답해설]**
vexed는 '곤란한, 짜증이 난'이라는 뜻으로, 이와 의미가 가장 가까운 것은 ② 'annoyed(짜증이 난, 골머리를 앓는)'이다.

**[오답해설]**
① 냉담한
③ 평판이 좋은
④ 자신감 있는

**[핵심어휘]**
- novel (장편) 소설(= story, tale, fiction)
- vexed 곤란한[골치 아픈] 질문/사안(= thorny)
- unruly 다루기 힘든, 제멋대로 구는(↔ disorderly 무질서한, 난동을 부리는)
- business 사업, 상업, 장사(→ agribusiness, big business, show business), (= commerce, trade)
- callous 냉담한(= cruel, unfeeling)
- reputable 평판이 좋은(→ disreputable), (= respected)

**[본문해석]**
이 소설은 사업을 시작하기 위해 학교를 그만두는 제멋대로인 십 대 청소년의 짜증난 부모에 관한 것이다.

## 04 정답 ④

**[정답해설]**
시위자들의 행위로 문맥상 가장 적절한 표현은 '침입하다, 난입하다'라는 뜻의 '④ break into'이다.

**[오답해설]**
① 줄 서다
② 배포하다
③ 계속하다

**[핵심어휘]**
- demonstrators 시위자들, 시위대
- attempt to ~하려고 시도하다
- police station (지역) 경찰서
- line up ~을 일렬[한 줄]로 세우다[배열하다]
- give out 나눠 주다
- carry on 계속 가다[움직이다]
- break into 침입하다, 난입하다, 몰래 잠입하다

**[본문해석]**
한 무리의 젊은 시위대가 경찰서에 침입하려고 시도했다.

## 05 정답 ④

**[정답해설]**
마지막 문장의 'slavery was also an institution in many African nations'에서 노예제도가 많은 아프리카 국가들의 관습이기도 했다고 하였으므로, 글의 내용과 일치하는 것은 ④ '노예 제도는 아프리카 국가들에서도 존재했다.'이다.

**[오답해설]**
① 아프리카인 노동자들은 자발적으로 신대륙으로 이주했다.
② 유럽인들은 노예 노동을 사용한 최초의 사람들이었다.
③ 아랍 노예 제도는 더는 어떤 형태로도 존재하지 않는다.

**[핵심어휘]**
- notorious 악명 높은(= infamous, disreputable, opprobrious)
- labor (임금을 얻기 위한) 노동, 근로
- enslave (사람을) 노예로 만들다, (어떤 것이나 상태 등의) 노예가 되게 하다(= sell into slavery, condemn to slavery, take away someone's human rights)
- plantations (= 특히 열대 지방에서 커피 · 설탕 · 고무 등을 재배하는 대규모) 농장
- Egyptians 이집트인

- explorer 답사[탐사]자, 탐험가
- especially 특히(= particularly), 특별히(…을 위해서), 유난히, 특별히
- tribe 부족, 종족
- institution (특정 집단 사이에서 오랫동안 존재해 온) 제도[관습]
- colonial 식민(지)의(→ colony)
- voluntarily 자발적으로, 자진[자원]해서

**[본문해석]**

수입 노동의 가장 악명 높은 사례는 물론 대서양 노예무역으로, 이는 대농장을 경작하도록 천만 명에 이르는 노예가 된 아프리카인들을 신대륙에 데려왔다. 그러나 유럽인들이 노예 제도를 가장 대규모로 시행했을지라도, 그들은 결코 그들의 지역사회에 노예를 데려온 유일한 사람들이 아니었다. 일찍이 고대 이집트인들은 노예 노동을 그들의 피라미드를 건설하는 데 사용했고, 초기 아랍 탐험가들은 종종 노예 무역상이었으며, 아랍 노예제도는 20세기까지 지속되었으며, 실제로 몇몇 곳에서는 아직도 유지되고 있다. 아메리카 대륙에서는 몇몇 토착 부족들이 다른 부족의 구성원들을 노예로 삼았고, 노예 제도는 또한 특히 식민지 시대 이전 많은 아프리카 국가들의 관습이기도 했다.

## 06 정답 ②

**[정답해설]**

but 이하의 문장에서 since 절에 과거시제 started가 올바르게 쓰였고 주절에는 현재완료시제 have lived가 적절하게 쓰였다. 따라서 ②번이 정답이다.

**[오답해설]**

① where should you → where you should
의문사 'where'이 이끄는 절이 직접목적어로 사용되었다. 따라서 'where' 절의 주어 동사는 의문문 어순으로 바뀌지 않는다. 'where you should ~' 어순으로 수정해야 한다.

③ excited → exciting
소설이 흥미롭게 '하는' 것이므로, 'excited'를 'exciting'으로 고쳐야 옳은 표현이다.

④ doesn't it → is it
부가의문문은 주절이 긍정이면 부정형, 주절이 부정이면 긍정형으로 쓰여야 한다. 주절의 동사가 be동사이면 be동사로, 일반동사이면 대동사로 받아야 하고 수와 시제 또한 주절에 일치시켜야 한다. 주절의 동사가 is not의 부정형 be동사이므로 부가의문문에는 긍정형 be동사가 사용되어야 한다. 따라서 'doesn't it'을 'is it'으로 고쳐야 한다.

**[핵심어휘]**

- lose track of time 시간 가는 것을 잊다
- carry (가게에서 품목을) 취급하다
- surprising 놀라운, 놀랄(= amazing, remarkable, incredible)

**[본문해석]**

① 이 안내 책자는 홍콩의 어디를 방문해야 하는지 알려준다.
② 나는 대만에서 태어났지만, 일을 시작한 이후로 한국에서 살고 있다.
③ 그 소설이 너무 재밌어서 나는 시간 가는 줄 모르다 버스를 놓쳤다.
④ 서점에서 신문을 더 이상 취급하지 않는 것은 놀랍지 않다, 그렇지 않은가?

## 07 정답 ③

**[정답해설]**

해당 지문은 해수의 온도 상승이 어류의 크기에 미치는 영향에 대해 설명하고 있다. 이에 대한 부연 설명으로 과학자들과 William Cheung의 주장을 제시하고 있다. 따라서 글의 제목으로 가장 적절한 것은 ③ '기후 변화가 세계의 어류를 감소시킬 수 있다'이다.

**[오답해설]**

① 이제 물고기는 그 어느 때보다 더 빨리 자란다
② 산소가 해양 기온에 미치는 영향
④ 낮은 신진대사로 바다 생물들이 살아남는 방법

**[핵심어휘]**

- oxygen 산소
- shrink (옷을 뜨거운 물에 빨거나 하여) 줄어들다[오그라지다], 줄어들게[오그라지게] 하다, (규모 양이[을]) 줄어들다[줄어들게 하다](→ shrunken)
- haddock 해덕(대구와 비슷하나 그보다 작은 바다 고기)
- previously 이전에; 미리, 사전에(to) (= formerly, earlier, earlier on)
- metabolisms 신진[물질]대사, 대사
- waterbreathing 수중 호흡
- argue 언쟁을 하다, 다투다(= quarrel, fight, row)
- eventually 결국, 종내(↔ immediately 즉시, 즉각)
- enough (복수 명사나 불가산 명사 앞에 쓰여) 필요한 만큼의[충분한](= sufficient)

**[본문해석]**

해양의 온난화와 산소 손실이 참치와 농어에서 연어, 환도

상어, 해덕, 대구까지 수백 종의 어종을 이전에 생각했던 것보다 더 많이 감소시킬 것이라고 새로운 연구는 결론 내렸다. 따뜻한 바다는 물고기들의 신진대사를 가속화하기 때문에, 물고기, 오징어 그리고 다른 수중 호흡 생물들은 바다에서 더 많은 산소를 끌어내야 할 것이다. 동시에, 바다가 따뜻해지면서 이미 바다의 많은 부분에서 산소의 이용 가능성이 줄고 있다. University of British Columbia의 과학자들은 물고기의 몸통이 아가미보다 더 빨리 자라기 때문에, 이 동물들은 결국 정상적인 성장을 지속하기에 충분한 산소를 얻을 수 없는 지경에 이르게 될 것이라고 주장한다. "우리가 발견한 것은 물고기의 몸집이 수온이 섭씨 1도 증가할 때마다 20에서 30퍼센트씩 줄어든다는 것입니다."라고 저술가인 William Cheung은 말한다.

## 08 정답 ③

**[정답해설]**

which → what

전치사 'to' 이후에는 명사 또는 명사구가 와야 하고, ③ 뒤의 문장이 불완전하므로 선행사를 포함하는 관계사로서 명사절을 이끌 수 있는 'what'이 되는 것이 옳은 표현이다.

**[오답해설]**

① 주어 'its potential'은 '인식되는' 대상이므로 수동태가 온 것은 적절하다.

② 동사 'involve'는 동명사를 목적어로 취하는 완전타동사이므로 'creating'은 적절하게 쓰였다.

④ 'made' 앞에 'is'가 생략된 수동태이며 불완전타동사 'make'가 수동태로 전환될 때, 목적격 보어로 쓰인 형용사는 그대로 동사 뒤에 위치하므로, 형용사 형태인 'productive'가 온 것은 알맞은 표현이다.

**[핵심어휘]**

- Urban agriculture 도시 농업
- dismissed 잊혀진
- potential (…이 될) 가능성이 있는, 잠재적인(= possible)
- be realized (실현되다) 햇빛을 보다
- self-reliance 자기 의존, 독립독행(= self-sufficiency, self-support, self-sustenance)
- insecurity 불안정[불확실]한 것
- particularly 특히, 특별히(= specifically, expressly, explicitly)
- obvious (눈으로 보거나 이해하기에) 분명한[명백한](= clear)
- unused (현재) 쓰지[사용하지] 않는, 한 번도 사용되지 않은[쓴 적이 없는](→ disused)
- valuable 소중한, 귀중한
- rarely 드물게, 좀처럼 …하지 않는(= seldom, hardly, hardly ever)

**[본문해석]**

도시 농업(UA)은 오랫동안 도시에 설 자리가 없는 변두리 활동이라고 일축되어 왔지만, 그것의 잠재력이 실현되기 시작하고 있다. 사실, UA는 식량자립에 관한 것인데, 그것은 일자리를 창출하는 것을 수반하며, 특히 가난한 사람들을 위한 식량 불안정에 대한 대응이다. 많은 사람들이 믿는 것과는 반대로, UA는 모든 도시에서 발견되는데, 이 곳에서 때로는 눈에 띄지 않고 때로는 확연하다. 주의 깊게 살펴보면, 대도시에는 사용되지 않는 공간이 거의 없다. 가치 있는 빈 땅은 거의 방치되지 않으며 공식적으로든 비공식적으로든 종종 점유되어 있고, 생산적이게 된다.

## 09 정답 ④

**[정답해설]**

기록 보관소의 경이로움과 방대함을 도서관과의 대조를 통해 설명하고 있는 글이다. 주어진 문장은 뉴저지의 주 기록 보관소를 예로 들어 이곳에 엄청난 양의 문서와 마이크로 필름이 보관되어 있다는 내용으로, 주어진 문장 이전에는 '기록 보관소의 다양한 자료 보관'에 대한 일반적인 진술이 제시되어야 한다. 따라서 주어진 문장이 들어갈 위치로 가장 적절한 것은 ④이다.

**[핵심어휘]**

- indispensable 없어서는 안 될, 필수적인(= essential), (↔ dispensable 없어도 되는, 불필요한)
- Detective 형사, 수사관(→ store detective)
- investigation (어떤 주제 · 문제에 대한) 조사[연구](= enquiry)
- difference 차이, 다름(↔ similarity 유사성, 닮음)
- government papers 정부 발행 국채 증서
- resource (원하는 목적을 이루는 데 도움이 되는) 재료[자산]
- legislature 입법 기관(의 사람들), 입법부(→ executive, judiciary)
- criminal 범죄의(= lawbreaker, convict, offender)

**[본문해석]**

예를 들어, New Jersey의 주립 기록 보관소는 3만 입방피트 이상의 문서와 2만 5천 릴 이상의 마이크로필름을 보유하고 있다.

기록 보관소는 오디오에서 비디오, 신문, 잡지 및 인쇄물에 이르기까지 모든 자료의 보고이며, 이것으로 기록 보관소는 History조사에 필수적인 자료이다. 도서관과 기록 보관소가 똑같아 보일 수 있지만, 차이점이 중요하다. ( ① ) 기록 보관소의 소장품들이 거의 항상 1차 자료로 구성되는 반면, 도서관은 2차 자료로 구성된다. ( ② ) 한국 전쟁에 대해 더 알기 위해 여러분은 역사책을 찾아 도서관에 갈 것이다. 당신이 한국 전쟁 군인들이 쓴 정부 문서 혹은 서신을 읽길 원한다면, 당신은 기록 보관소에 갈 것이다. ( ③ ) 만약 여러분이 정보를 찾고 있다면, 아마 당신을 위한 기록 보관소가 있을 것이다. 많은 주 및 지역 기록 보관소에서 경이롭고 다양한 자료인 공공 기록들을 보관한다. ( ④ ) 여러분의 주 기록 보관소를 온라인으로 검색하면 입법부의 회의록보다 훨씬 더 많은 내용이 있다는 것을 빠르게 알 수 있을 것이다. 자세한 토지 보조금 정보, 구시가지지도, 범죄 기록 및 행상 면허 신청서와 같은 특이 사항들이 있다.

## 10 정답 ④

**[정답해설]**

이글은 번 아웃의 개념과 유형에 대해서 나열하고 있는 글이다. ④ 앞부분에서 번 아웃의 두 번째 차원인 개인적인 성취의 부족, 즉 스스로를 업무 달성의 실패자로 여기는 근로자들에 대해 설명하고 있고, ④ 뒷부분에서는 세 번째 차원인 몰개인화를 설명하고 있으므로, 글의 흐름상 가장 어색한 문장은 ④ '감정 노동자들은 육체적으로 지쳤을 지라도 왕성한 의욕을 가지고 그들의 업무를 시작한다.'이다.

**[핵심어휘]**

- pressures 압박, 압력
- chronic 만성적인
- stressors 스트레스 요인
- conceptualization 개념화, 개념적인 해석
- phenomenon 현상(= occurrence, happening, fact)
- exhaustion 탈진, 기진맥진
- feel fatigued 피로를 느끼다
- frustrated 좌절감을 느끼는, 불만스러워 하는
- depersonalization 몰개인화, 객관화

**[본문해석]**

번 아웃이라는 용어는 일의 압박으로 인해 지치는 것을 의미한다. 번 아웃은 일상적인 업무 스트레스 요인이 직원에게 피해를 입힐 때 발생하는 만성 질환이다. ① 가장 널리 채택된 번 아웃의 개념적인 해석은 Maslach와 그녀의 동료들이 인간 서비스 근로자들에 대한 연구에서 전개했다. Maslach는 번 아웃이 서로 밀접하게 연관된 세 가지 차원으로 구성되어 있다고 여긴다. 첫 번째 차원인 정서적 피로는 실제로 번 아웃 현상의 핵심이다. ② 근로자들은 피로감, 좌절감, 기진맥진함을 느끼거나 직장에서 또 다른 하루를 맞이할 수 없을 때 정서적 피로를 겪는다. 번 아웃의 두 번째 차원은 개인적인 성취의 부족이다. ③ 번 아웃 현상의 이러한 측면은 스스로를 업무 요구 사항을 효과적으로 달성할 수 없는 실패자로 여기는 근로자들을 나타낸다. ④ 감정적인 노동자들은 신체적으로 지쳐있음에도 불구하고 매우 의욕적으로 직업에 입문한다. 번 아웃의 세 번째 차원은 비인격화이다. 이차원은 업무의 일부로 타인(예를 들어 고객, 환자, 학생)과 상호적으로 의사소통을 해야 하는 근로자들하고만 관련이 있다.

## 11 정답 ①

**[정답해설]**

어젯밤 마감 근무를 하며 주방 청소를 깨끗이 하지 않은 B에게 A가 주의를 주는 상황이다. 따라서 B가 사과의 말과 함께 할, 빈칸에 들어갈 말로 가장 적절한 것은 ① '다시는 그런 일 없도록 하겠습니다.'이다.

**[오답해설]**

② 계산서 지금 드릴까요?
③ 그게 제가 어제 그것을 잊어버렸던 이유에요.
④ 당신이 올바른 순서가 되도록 확실히 하겠습니다.

**[핵심어휘]**

- closing shift 마감조
- ice trays (냉장고의 각빙을 만드는) 제빙 그릇
- freezer 냉동고(→ fridge-freezer)

**[본문해석]**

A: 어제 여기에 있었나요?
B: 네, 저는 마감조로 일했어요. 왜 그러시죠?
A: 오늘 아침 주방이 엉망이었어요. 음식이 화로 위에 널려져 있고 제빙 그릇은 냉동실에 없었어요.
B: 제가 청소 체크리스트 검토를 깜박한 것 같아요.
A: 청결한 주방이 얼마나 중요한지는 당신도 아시죠.
B: 죄송합니다. 다시는 그런 일이 없도록 하겠습니다.

## 12 정답 ②

**[정답해설]**

A가 빈칸 앞에서 비강 스프레이를 써봤냐고 물어보고 빈칸 뒤에서 효과가 좋다며 권유하지만, B는 코에 무언가 넣는 것을 싫어해 써본 적이 없다며 거부하고 있다. 따라서 비강 스

프레이 사용 권유에 대한 답변이 들어갈 자리이다. 적절한 것은 ② '아니, 난 비강 스프레이를 좋아하지 않아.'이다.

**[오답해설]**

① 응, 그런데 도움이 안 됐어.
③ 아니, 약국이 문을 닫았어.
④ 그래, 얼마나 써야 하니?

**[핵심어휘]**

- nose spray 비강 스프레이
- pharmacy 약국

**[본문해석]**

A: 네 감기에 뭐라도 해본 거 있어?
B: 아니, 그냥 코를 많이 풀어.
A: 비강 스프레이는 해봤어?
B: 아니, 난 비강 스프레이를 좋아하지 않아.
A: 그거 효과가 좋아.
B: 괜찮아. 난 내 코에 뭘 넣는 걸 싫어해서 한 번도 그걸 써본 적 없어

| 13 | 정답 ④ |
|---|---|

**[정답해설]**

본문에 따르면, 아타카마 사막은 비가 가장 많이 오는 사막 중의 하나가 아니라 가장 건조한 사막 중의 하나이며, 연간 강수량이 2밀리미터에 미치지 않는 곳도 있다고 하였으므로, ④는 답이 될 수 없다. 글의 내용과 일치하지 않는 것은 ④ '아타카마 사막은 비가 가장 많이 오는 사막들 중 하나이다.'가 정답이다.

**[오답해설]**

① 각 대륙에는 적어도 하나의 사막이 존재한다.
② 사하라 사막은 세계에서 가장 큰 뜨거운 사막이다.
③ 고비 사막은 차가운 사막으로 분류된다.

**[핵심어휘]**

- desert 사막(→ deserts)
- continent 대륙
- wider 넓은, 너른(↔ narrow 좁은) (→ width)
- regions (보통 정확한 경계나 국경과 상관없는) 지방, 지역
- moisture deficit 수분 부족(水分不足)
- frequently 자주, 흔히(↔ infrequently 드물게)
- evaporation 증발(작용), 발산
- annual precipitation 연강수량(年降水量)
- Despite …에도 불구하고(= in spite of)
- clue (범행의) 단서, (문제 해결의) 실마리[증거]
- super blooms 슈퍼 블룸(사막에 일시적으로 들꽃이 많이 피는 현상)
- wild flowers 들꽃, 야생초

**[본문해석]**

사막은 지구 육지 면적의 5분의 1 이상을 차지하고 있으며, 모든 대륙에서 발견된다. 매년 25센티미터 (10인치) 미만의 비가 오는 곳은 사막으로 간주된다. 사막은 건조 지대라고 불리는 광범위한 지역의 일부이다. 이 지역들은 '수분 부족' 상태로 존재하는데, 이는 연간 강수를 통해 얻는 양보다 증발을 통해 흔히 수분을 더 많이 잃을 수 있다는 의미다. 사막이 뜨겁다는 일반적인 개념에도 불구하고, 차가운 사막들 또한 존재한다. 세계에서 가장 큰 뜨거운 사막인 북아프리카의 사하라 사막은 낮 동안 최고 섭씨 50도 (화씨122도)에 이른다. 그러나 아시아의 Gobi 사막과 남극과 북극에 있는 극지방의 사막과 같이 어떤 사막은 항상 추운데, 이것들이 세계 최대의 사막이다. 다른 것들은 산지이다. 사막의 약 20%만 이 모래로 덮여있다. 칠레의 아타카마 사막과 같은 가장 건조한 사막에는 연간 강수량이 2밀리미터 (0.08인치) 미만인 곳들이 있다. 그러한 환경들은 너무 혹독하고 초자연적이어서 과학자들이 화성의 생명체에 대한 단서를 찾기 위해 그것들을 연구하기도 했다. 반면, 아주 가끔씩 매우 드문 우기가 '슈퍼 블룸 현상'을 만들어낼 수 있는데, 이때는 아타카마 마저도 야생꽃들로 뒤덮이게 된다.

| 14 | 정답 ④ |
|---|---|

**[정답해설]**

앞 문장에 대한 긍정동의는 'so + V + S'를 취하고 앞에 나온 동사 'loved'에 맞춰 과거형 대동사 'did'가 적절하게 쓰였다.

**[오답해설]**

① to receive → receiving
'look forward to (동)명사'는 '~을 학수고대하다'라는 의미이다. 여기서 'to'는 전치사이므로 'to receive'를 'to receiving'으로 고쳐야 옳은 표현이다.
② rise → raise
'rise'는 '오르다, 올라가다'라는 뜻의 완전 자동사이므로, 목적어를 취할 수 없다. 따라서 완전 타동사인 'raise(올리다)'로 고쳐야 한다.
③ considered → considering
'be worth -ing'는 '~할 가치가 있다'라는 관용표현으로 'worth' 뒤에는 동명사가 와야 한다. 따라서 'worth considered'를 'worth considering'으로 고쳐야 한다. 참고로, 'worth' 뒤에 오는 동명사는 수동으로 해석된다.

**[핵심어휘]**

- look forward to …(장차 있을) …을 고대하다(await).
- reply 대답하다; 답장[답신]을 보내다; 응하다, 대응하다(= answer, respond, retort)
- as soon as possible 가능한 한 빨리, 되도록 빨리
- rise 임금[급여] 인상
- salary 급여, 봉급, 월급(→ wage)
- consider 사려[고려/숙고]하다

## 15 　　정답 ②

**[정답해설]**

'너무 ~해서 ...하다'라는 결과 표현은 'so[such] ~ that' 구문으로 할 수 있으며, 이때 강조어가 명사를 수식하고 있으므로 'such'를 올바르게 사용했고, 어순도 'such a (형용사) 명사'가 바르게 쓰였다. 따라서 ②번이 정답이다.

**[오답해설]**

① Rich as it → Rich as
'as if'는 '마치 ~인 것처럼'이라는 뜻의 접속사이므로 우리말 해석과 맞지 않는다. '~일지라도'라는 양보의 의미가 되려면 '형용사/명사 + as + 주어 + 동사'의 어순이 되어야 하므로, 'Rich as it'를 'Rich as'로 고쳐야 한다.

③ advancing → from advancing
'keep A -ing'는 'A가 계속 ~하게 하다'라는 의미이므로 우리말과 일치하지 않는 문장이다. 따라서 '목적어가 ~하지 못하게 하다'의 의미인 "keep + O + from v-ing"의 구문을 사용하여 'kept her advancing'을 'kept her from advancing' 으로 고쳐야 한다.

④ if → whether
'if'는 타동사의 목적어로만 쓰일 수 있다. 따라서 전치사의 목적어 자리에서도 쓰일 수 있는 'whether'로 고쳐야 한다.

**[핵심어휘]**

- as if 마치 …인 것처럼, 흡사 …와도 같이
- sincere 진실된, 진정한, 진심 어린(= genuine)
- meteor storm 유성 폭풍
- lack of …에는[…되려면] …이 부족하다
- death penalty 사형
- abolished (법률 · 제도 · 조직을) 폐지하다

## 16 　　정답 ①

**[정답해설]**

해당 지문은 온라인 쇼핑을 통한 영국인들의 소비 행태를 설명하고 있다. 빈칸에는 이러한 소비 행태로 인해 대두되는 문제점을 설명하는 말이 들어가야 한다. 영국인들은 일 년에 많은 돈을 새 옷에 소비하고 그만큼 많은 의류가 쓰레기 매립지로 들어간다고 했으므로, 그들에게 꼭 필요하지 않은 물건도 생각 없이 구매한다는 것을 알 수 있다. 따라서 빈칸에 들어갈 말로 가장 적절한 것은 ① '그들이 필요하지 않은'이다.

**[오답해설]**

② 생활 필수품인
③ 곧 재활용 될
④ 그들이 다른 사람에게 물려줄 수 있는

**[핵심어휘]**

- shop windows (가게) 진열장 유리, 상품 진열창
- bombard (폭격 · 공격을) 퍼붓다
- means 수단, 방법, 방도(= method, way, manner)
- treated (특정한 태도로) 대하다[다루다/취급하다/대우하다]
- disposable 사용 후 버리게 되어 있는, 일회용의
- environment (주변의) 환경(= surroundings, setting, conditions)
- currently 현재, 지금
- approximately 거의 (정확하게), …가까이
- wardrobe (한 개인이 가지고 있는) 옷
- landfill 쓰레기 매립지

**[본문해석]**

소셜 미디어, 잡지, 상품 진열창은 매일 사람들에게 사야 할 물건들을 쏟아 붓고 있으며, 영국 소비자들은 그 어느 때보다도 더 많은 옷과 신발을 사고 있다. 온라인 쇼핑은 고객들이 생각 없이 쉽게 구매할 수 있다는 것을 의미하며, 주요 브랜드들은 두세 번 입고 나서 버릴 수 있는 일회용품처럼 취급이 되는 값싼 옷을 제공한다. 영국에서, 보통 사람들은 일 년에 1,000파운드 이상을 새 옷에 소비하는데, 이것은 그들의 수입의 약 4%에 해당한다. 그렇게 많다고 들리진 않겠지만, 그 수치는 사회와 환경에 대한 훨씬 더 걱정스러운 두 가지 추세를 숨기고 있다. 첫째는, 그 소비자 지출의 많은 부분이 신용카드를 통해 이루어진다는 것이다. 영국인들은 현재 신용카드 회사에 성인 1인당 약 670파운드의 빚을 지고 있다. 이는 평균 옷 예산의 66%에 해당한다. 또한, 사람들은 가지고 있지 않은 돈을 쓸 뿐만 아니라, 그들이 필요하지 않은 물건을 사기 위해 돈을 사용하고 있다. 영국은 1년에 30만 톤의

의류를 버리고, 그 대부분은 쓰레기 매립지로 들어간다.

## 17 정답 ②

**[정답해설]**
이 글은 고급 식당의 경영자는 식당을 효율적으로 만들기 위해 가능한 모든 것을 하려 하지만, 가격이 비싸기 때문에 손님들은 더 뛰어난 음식과 서비스를 요구할 수밖에 없다고 말하고 있다. 식당은 결국 사람이 운영하는 것이기에 조금 더 빨리 움직이는 등의 미미한 개선만이 가능하다고 언급되었다. 즉, 생산성이 향상하더라도, 그에 따른 절약의 정도는 미미하며 고객이 기대하고 요구하는 훌륭함(세심한 개인적 서비스)을 유지하기 위해서는 높은 가격을 유지할 수밖에 없음을 암시하고 있으므로, 빈칸에 가장 적절한 표현은 '② inevitable(불가피한)'이다.

**[오답해설]**
① 터무니없는
③ 터무니없는
④ 상상도 할 수 없는

**[핵심어휘]**
- prerequisite (무엇이 있기 위해서는 꼭 필요한) 전제 조건(→ requisite), (= precondition)
- necessarily 어쩔 수 없이, 필연적으로(= automatically, naturally, definitely)
- efficient 능률적인, 유능한; 효율적인(↔ inefficient 비효율[비능률]적인)
- literally 문자[말] 그대로(= exactly)
- labor (임금을 얻기 위한) 노동 , 근로
- marginal 미미한, 중요하지 않은(= slight)
- discriminating 안목 있는(= discerning)
- clientele (어떤 기관 · 상점 등의) 모든 의뢰인들[고객들]
- demand (강력히 요청하는) 요구 (사항)
- excellence 뛰어남, 탁월함(→ par excellence)

**[본문해석]**
청구되는 가격이 반드시 높기 때문에 훌륭함은 고급 식당에서 절대적인 전제조건이다. 운영자는 식당을 효율적으로 만들기 위해 가능한 모든 것을 할지도 모르지만, 손님들은 여전히 주문에 따른 음식이 고도로 숙련된 요리사에 의해 준비되고 전문적인 서버에 의해 전달되는 것과 같은 세심한 개인적 서비스를 원한다. 이 서비스는 말 그대로 수작업이기 때문에 생산성에 있어서 미미한 개선만이 가능하다. 예를 들어, 요리사, 서버, 또는 바텐더는 그 또는 그녀가 인간 성능의 한계에 다다르기 전까지 고작 조금 더 빨리 움직일 수 있을 뿐이다. 따라서 겨우 그저 그런 절약만이 효율성 향상을 통해 가능하고, 이는 가격 상승을 불가피하게 만든다. (가격이 오르면 소비자들이 더 식별력이 있어진다는 것은 경제학의 자명한 이치다.) 따라서, 이 고급 레스토랑의 손님들은 우수성을 기대하고, 요구하며, 기꺼이 비용을 지불할 것이다.

## 18 정답 ③

**[정답해설]**
주어진 글은 인간의 언어가 원숭이와 유인원을 포함한 다른 동물들의 의사소통보다 훨씬 더 복잡하다는 내용이다. 이어질 내용으로 가장 적절한 것은, 'Even(심지어)'을 이용하여 인간과 더욱 가까운 영장류의 언어를 인간의 언어와 비교하고 있는 (C)이다. (C)의 두 번째 문장에서 언어라는 복잡성은 '종 특이적인(species-specific) 특성'이라고 언급하며, 인간에게만 국한된 특성이라는 점을 암시하고 있는데, 이어서 'That said(그렇긴 하지만)'과 'nevertheless(그럼에도 불구하고)'를 이용해, 인간 외에 다른 많은 종들도 자연 환경에서 복잡한 의사소통을 한다고 양보의 내용을 제시하고 있는 (A)가 오는 것이 자연스럽다. 마지막으로 (A)의 many species를 they로 받아 많은 종이 인위적인 상황에서는 훨씬 더 복잡한 체계를 배울 수 있다고 마무리하는 (B)가 와야 한다. 따라서 글의 순서로 가장 적절한 것은 ③ '(C)-(A)-(B)'이다.

**[핵심어휘]**
- decidedly 확실히, 분명히
- restricted (할 수 있는 일의 범위 등이) 제한된[제약을 받는]
- vocalizations 발성(된 단어 · 소리)
- exhibit (감정특질 등을) 보이다[드러내다](= display)
- exceed (특정한 수 · 양을) 넘다[초과하다/초월하다]
- species 종(種: 생물 분류의 기초 단위)
- impressively 인상적으로, 인상 깊게
- complex 복잡한(= complicated)
- artificial 인위적인(= synthetic, manufactured, plastic)
- primate 영장류(동물)
- incapable …을 할 수 없는, …하지 못하는
- rudimentary 가장 기본[기초]적인(= basic)
- complexity 복잡성, 복잡함

**[본문해석]**

확실히, 인간의 언어는 원숭이와 유인원의 명백히 제한된 발성보다 뛰어나다. 게다가, 그것은 다른 어떤 형태의 동물 의사소통을 훨씬 능가하는 어느 정도의 정교함을 보여준다.

(C) 심지어 우리의 가장 가까운 영장류의 유사한 종들도 몇 년 동안 집중적인 훈련을 받은 후에도 기초 의사소통 체계 그 이상은 습득할 수 없는 것처럼 보인다. 언어라는 복잡성은 확실히 종별 특성이다.
(A) 인간의 언어에는 크게 못 미치지만, 그럼에도 불구하고 많은 종들이 자연환경에서 인상적으로 복잡한 의사소통 시스템을 보이고 있다.
(B) 그리고 그것들은 인간과 함께 길러지는 경우와 같이, 인위적인 상황에서 훨씬 더 복잡한 체계들을 배울 수 있다.

## 19 정답 ④

**[정답해설]**
20세기 후반 시장 자본주의의 특성과 그 반향에 관한 글이다. 본문 초반에서 사회주의의 후퇴와 자본주의 확장에 대해 설명한 후, 이로 인한 세계화의 부작용(착취)을 제시하고 있다. 이어서 이에 대한 급진주의자(radical)의 반응, 환경 운동의 확장 등을 설명하며 세계화의 부작용에 대한 사회 여러 분야의 반응을 제시하고 있다. 따라서 글의 주제로 가장 적절한 것은 ④ '세계 자본주의의 착취적 특성과 그에 대한 다양한 사회적 반응'이다.

**[오답해설]**
① 과거 개발도상국에서의 긍정적인 세계화 현상
② 사회주의의 쇠퇴와 20세기 자본주의의 출현
③ 세계 자본시장과 좌파 정치조직 사이의 갈등

**[핵심어휘]**
- socialism 사회주의(→ capitalism, communism, social democracy)
- retreat 후퇴[철수/퇴각]하다(↔ advance 전진, 진군)
- evolution 혁명
- capitalism 자본주의(→ socialism)
- interlink 연결하다[되다]
- deregulate (무역 등에 대한) 규제를 철폐하다(= decontrol)
- boundary 경계[한계](선), 분계선
- globalization 세계화
- allege (증거 없이) 혐의를 제기하다[주장하다]
- exploit 착취하다(= take advantage of, abuse, use)
- indifferent 무관심한
- subject A to B A를 B에 복종[종속]시키다
- monopolistic (특히 산업 · 기업이) 독점적인
- radical 급진주의자
- protest (특히 공개적으로) 항의[반대]하다, 이의를 제기하다
- body 단체, 조직

**[본문해석]**
20세기 후반 동안에, 사회주의는 서구와 많은 지역의 개발도상국들에서 후퇴하였다. 시장 자본주의 혁명에서의 이러한 새로운 국면 동안, 세계 무역의 양상은 점점 더 연결되었고, 정보 기술의 발달은 규제가 철폐된 금융 시장이 몇 초 이내에 국경을 가로질러 어마어마한 자본 흐름을 이동시킬 수 있다는 것을 의미했다. '세계화'는 무역을 활성화시키고, 생산성 향상을 장려하고, 가격을 낮췄지만, 평론가들은 그것이 저임금 노동자들을 착취하고, 환경 문제에 무관심하며 제 3세계를 독점적인 형태의 자본주의에 종속시켰다고 주장했다. 이 과정에 반대하고자 했던 서구 사회 내의 많은 급진주의자들은 좌파의 뒤처진 정당들보다는 자발적 단체, 자선단체, 그리고 다른 비정부기구들에 가입했다. 세계가 연결되어 있다는 인식으로부터 환경 운동 자체가 증가했으며, 만일 확산될 경우 분노한 국제 이익 연합체가 생겨났다.

## 20 정답 ①

**[정답해설]**
광부 소년 Johnbull이 다이아몬드로 추정되는 돌을 발견했고, 다른 사람들이 알지 못하게 주머니에 넣은 채로 계속 일을 하고 있는 상황이다. Johnbull은 삽질을 하면서도 그 돌을 만지작거리면서 마지막 문장에서 'Could it be?(혹시?)'라고 생각하고 있으므로, 그것이 진짜 다이아몬드일지도 모른다는 기대감을 지니고 있음을 알아차릴 수 있다. 따라서 Johnbull의 심경으로 가장 적절한 것은 '① thrilled and excited(신나고 들뜬)'이다.

**[오답해설]**
② 괴롭고 고뇌에 찬
③ 오만하고 확신에 찬
④ 무심하고 무관심한

**[핵심어휘]**
- blazing 불타는 듯한
- stand out 튀어나오다; 눈에 띄다, 빼어나다; 견디다; 주장하다(= project, be conspicuous, show opposition, persist in.)
- pile (위로 차곡차곡) 포개[쌓아] 놓은 것, 더미
- unearth (땅속에서) 파내다, 발굴하다(= dig up)
- gravel 자갈
- miner 광부
- finger 손으로 만지다[더듬다]
- pyramidal 피라미드형의

- plane 면, 평면
- big 굉장한
- find (흥미롭거나 가치 있는) 발견물
- merit (칭찬 · 관심 등을) 받을 만하다[자격/가치가 있다] (= deserve)
- second opinion 다른 의사의 의견[진단]
- sheepishly (양처럼) 순하게, 소심하게.
- muddy 진창인, 진흙투성이인
- gash (바위 등의) 갈라진 금[틈]
- pit boss (광산의) 현장 감독
- dig (구멍 등을) 파다
- shovel 삽으로 파다[파서 옮기다]
- nightfall 해질녘, 해거름(= dusk)
- pause (말 · 일을 하다가) 잠시 멈추다
- grip 쥐다
- thrilled (너무 좋아서) 황홀해 하는, 아주 흥분한[신이 난]
- distressed 고뇌에 찬
- arrogant 거만한, 오만한
- convinced (전적으로) 확신하는(↔ unconvinced 납득[확신]하지 못하는)
- detached 무심한, 거리를 두는(= indifferent)
- indifferent 무관심한

**[본문해석]**

불타는 듯한 한낮의 태양 아래, 노란색의 계란 모양의 돌이 최근에 파헤쳐진 자갈 더미 사이에서 눈에 띄었다. 궁금증에 16세의 광부 Komba Johnbull은 그것을 주워 손가락으로 납작한 피라미드형의 면을 만져 보았다. Johnbull은 이전에 다이아몬드를 본 적이 없지만, 그는 어떠한 굉장한 발견물 조차도 그의 엄지손톱보다 크지 않으리라는 것을 충분히 알고 있었다. 그럼에도 불구하고, 그 보석은 다른 사람의 의견을 얻을 만큼 충분히 특이했다. 소심하게, 그는 그것을 정글 깊숙한 곳에서 진흙탕을 파는 더 경험이 있는 광부들 중 한 명에게 가져갔다. 그 돌을 본 총괄 감독은 눈이 휘둥그래졌다. "그것을 네 주머니에 넣어라." 그가 속삭였다. "계속 파봐." 그 나이 많은 광부는 만일 누군가 그들이 굉장한 무언가를 발견했다고 생각한다면 위험해질 수 있다고 경고했다. 그래서 Johnbull은 해질 무렵까지 계속해서 자갈을 파내고, 무거운 돌을 손으로 잡기 위해 가끔씩 멈췄다. 혹시?

## [국가직] 2020년 07월 | 정답

| | | | | | | | | | |
|---|---|---|---|---|---|---|---|---|---|
| 01 | ① | 02 | ④ | 03 | ③ | 04 | ① | 05 | ④ |
| 06 | ② | 07 | ③ | 08 | ② | 09 | ① | 10 | ④ |
| 11 | ④ | 12 | ③ | 13 | ② | 14 | ③ | 15 | ③ |
| 16 | ④ | 17 | ④ | 18 | ③ | 19 | ① | 20 | ② |

## [국가직] 2020년 07월 | 해설

### 01 정답 ①

**[정답해설]**

문맥에서는 고객리뷰와 어울리는 단어가 필요하며 밑줄 친 'candid'는 '솔직한', '정직한'이라는 뜻이고 '솔직한 소비자 리뷰'라는 뜻이 되므로, 보기들 중 'frank(솔직한, 노골적인)'와 그 의미가 가장 유사하다.

**[오답해설]**

② 논리적인
③ 함축적인
④ 열정적인

**[핵심어휘]**

- extensive 아주 넓은[많은](= spacious, broad, wide), (다루는 정보가) 광범위한[폭넓은](↔ intensive 집약적인)
- microwave oven 전자레인지
- along ~을 따라, ~을 지나, ~을 끼고, ~을 타고, ~와 함께(= i n company, together)
- candid 솔직한, 숨김없는, 노골적인, 거리낌 없는(= outspoken)
- price range (상품 · 증권 등의) 가격대
- available 구할[이용할] 수 있는, 얻을 수 있는(= accessible), (사람들이 만날) 시간[여유]이 있는, 효력이 있는(= valid), 통용되는, 유망한
- appliance (가정용) 기기, 기구, 장치, 전기 제품, 설비(= apparatus)
- comparison 비교, 대조, 대비(= with, to, between), 예시, 유사, 비유
- frank (이야기, 사람, 태도, 의견 등이) 솔직한[노골적인], 숨김없는, 공공연한, 명백한
- logical (행동 · 사건 등이) 타당한, 사리에 맞는, 논리적인 (↔ illogical 비논리적인)
- implicit 함축적인(= implied), 은연중의, 암시적인(↔ explicit 분명한, 명쾌한)
- passionate 욕정[열정]을 느끼는[보이는], 격정적인, 열렬한, 강렬한(= vehement)

**[본문해석]**

솔직한 고객 평가 및 가격대와 함께 전자레인지 모델과 스타일에 대한 광범위한 목록은 가전제품 비교 웹사이트에서 이용할 수 있다.

## 02 정답 ④

**[정답해설]**

문맥에서는 화산이었다는 점이 오래전부터 알려져 왔었다는 부분을 통해서 내용을 유추할 수 있고 밑줄 친 'conspicuous'는 '눈에 잘 띄는', '두드러진', '뚜렷한'이라는 의미이므로 '화산의 특징 중 하나가 눈에 잘 띄다'라는 뜻이 되며 'noticeable(뚜렷한, 현저한)'이 의미가 가장 유사한 동의어이다.

**[오답해설]**

① 수동적인
② 수증기가 가득한
③ 위험한

**[핵심어휘]**

- known for ~로 알려진
- conspicuous 눈에 잘 띄는, 튀는, 뚜렷한(↔ inconspicuous 눈에 잘 안 띄는)
- passive 수동적인, 소극적인(↔ active 활동적인), 활기 없는(= inert)
- vaporous 수증기가 가득한, 안개가 자욱한(= foggy, misty)
- noticeable 뚜렷한, 현저한, 분명한, 두드러진, 주목할 만한, 중요한

**[본문해석]**

Yellowstone이 사실상 화산 작용에 의해 만들어졌다는 사실은 오래 전부터 알려져 왔으며 화산에 관한 한 가지 사실은 화산이 일반적으로 눈에 잘 띈다는 것이다.

## 03 정답 ③

**[정답해설]**

밑줄 친 'know ~ inside out'은 '~을 속속들이[환하게] 알다'라는 뜻이며, '그가 길을 알려줄 적임자'라고 설명하고 있으므로, '그가 지리를 잘 알고 있다'는 뜻이라고 유추할 수 있다. 따라서 문맥상 이와 가장 가까운 유의어는 'thoroughly(완전히, 철저하게)'이다.

**[오답해설]**

① 결국
② 문화적으로
④ 시범적으로

**[핵심어휘]**

- eventually 결국, 드디어, 마침내(= finally, ultimately)
- culturally 문화적으로
- thoroughly 대단히, 완전히, 충분히, 철저히(= completely)
- tentatively 시범[실험]적으로, 망설이며

**[본문해석]**

그는 그 도시 안팎에 대해 속속들이 알고 있기 때문에 너에게 그곳으로 가는 방법을 말해줄 수 있는 적합한 사람이다.

## 04 정답 ①

**[정답해설]**

밑줄 친 'pay tribute to'는 '~에게 찬사[경의]를 표하다'라는 뜻이므로 이와 가장 가까운 의미를 가진 유의어는 'honor(예우하다, 공경하다)'이다.

**[오답해설]**

② 구성하다
③ 알리다
④ 참여하다

**[핵심어휘]**

- homespun 수직(手織)으로 만든, 소박한, 투박한, 평범한
- attempt to ~하려고 시도하다
- etched in ~에 아로새겨진
- cardboard 판지, 마분지, 두꺼운 종이
- construction paper 공작용지, 색도화지
- honor 존경하다, 공경하다(= respect), 예우하다, 존중하다
- compose 조립하다, 구성하다(= make up, constitute)
- publicize (일반 사람들에게) 알리다, ~을 공표[광고 · 홍보]하다(= advertise)

**[본문해석]**

판지, 눈 위, 그리고 공작용 종이에 아로새겨진 메시지를 포함하여 그 팀에게 찬사를 표하기 위한 수천 개의 소박한 노력들이 길목을 따라 이어졌다.

## 05 정답 ④

[정답해설]
'how 의문문'이 문장 중간에서 전치사 'to'의 목적어 역할을 하고, 간접의문문이 되어 '의문사(how much gray) + 주어(the color) + 동사(contains)'의 어순이 되어야 하므로, 어법상 적절하다.

[오답해설]
① those → that
비교대상의 명사반복을 피하기 위해 지시대명사를 사용한 것은 어법상 적절하지만 문맥상 단수명사인 'traffic'을 비교하는 것이므로 복수대명사 'those'는 단수대명사 'that'으로 고쳐 써야 한다.
② will be lying → am lying
시간, 조건의 부사절에서는 미래를 표현할 때 'will' 대신 현재시제를 써야 하는데, 'when'이 시간의 부사절이므로 'I will be lying'이 아닌 'I am lying'이 되어야 한다.
③ wealth → wealthy
'the + 형용사/분사'는 '~하는 사람들'이라는 복수명사의 뜻을 가지는데, 문장에서는 '부자들'이라는 의미가 만들어져야 하므로, 명사 'wealth'를 형용사 'wealthy'로 고쳐야 적절하다.

[핵심어휘]
- traffic (특정 시간 도로상의) 차량, 교통(량), (외국 등과의) 교역, 무역, 통상(= trade)
- raisins 건포도
- once 한 번, (과거) 언젠가[한때/한동안]
- intensity 강렬함, 강함, 격렬함, 맹렬함, (빛 등의) 강도[세기](= strength)
- contain ~이 들어[함유되어] 있다(= include), (감정을) 억누르다[참다](= restrain)

[본문해석]
① 대도시의 교통은 작은 도시의 교통보다 더 혼잡하다.
② 나는 다음 주에 해변에 누워있을 때 당신을 생각할 것이다.
③ 건포도는 한때 비싼 음식이었고, 오직 부자들만 그것을 먹었다.
④ 색의 강도는 그 색이 얼마나 많은 회색을 포함하고 있는지와 관련이 있다.

## 06 정답 ②

[정답해설]
명령의 동사인 'command'가 'that'을 목적어로 취하므로 that 절의 동사는 'should + 동사원형'의 형태가 되어야 한다. 또한 'cease'는 자동사 혹은 타동사 두 가지 모두로 사용될 수 있으므로, 'construction of the building (should) cease'는 어법에 맞게 쓰였다.

[오답해설]
① have raised → have been raised
'어떤 일이 일어나다, 생기다'라는 뜻을 나타내는 영어표현은 'raise'가 아니라 'arise'이므로 고쳐 써야 하며 'have raised'가 능동의 형태이고 뒤에 목적어가 없으므로 어법상 적절하지 않기 때문에 수동태인 'have been raised'로 변경해야 한다.
③ will → would
주절의 동사가 과거일 경우 종속절의 시제는 과거 또는 과거완료가 되어야 하므로 'will blow'의 미래시제는 과거시제인 'blew'로 고쳐야 한다. 'will'을 과거인 'would'로 고쳐 시제를 맞출 수도 있지만 의미상 시속 40마일로 불 예정인 바람과 싸운다는 것은 적합하지 않으므로 과거시제인 'blew'가 적절하다.
④ are survived → survive
'survive'는 능동의 의미로 '~을 견뎌내다, 살아남다'가 되므로 'are survived by'는 능동인 'survive'로 고쳐야 한다. 이러한 타동사 'survive'가 수동태가 되어 'A be survived by B'가 되면 'B가 A보다 오래 살다'의 의미가 된다.

[핵심어휘]
- raise (무엇을 위로) 올리다[들다](= move upward, lift up, elevate), (몸을) 일으켜 세우다(↔ lower 낮추다)
- due to ~ 때문에
- committee 위원회, 평의회
- cease 중단되다, 그치다, 끝나다, 그만두다(= desist) n. cessation 중단, 중지
- against ~에 반대하여[맞서](= contrary to), ~에게 불리한
- harsh (성격 · 태도 · 기후 · 조건 따위가) 거친(= rough), 난폭한, 엄격한, 가혹한(= stern)

## 07 정답 ③

[정답해설]
from promoting → from being promoted

동사 'promote'는 '승진하다'가 아닌 '승진시키다'의 의미이므로 '승진하는 것'의 뜻을 가진 동명사는 'promoting'이 아닌 수동형 'being promoted'여야 한다. 또한 동명사 뒤에 목적어가 없는 것도 주목해야 하며 'prohibit + 목적어 + from ~ing'의 형태는 바르게 쓰였다.

**[오답해설]**

① 주어와 목적어가 동일한 대상인 경우 목적어에 재귀대명사를 사용하며 주어인 'Human beings'가 스스로를 적응시킨다는 의미이므로 재귀대명사인 'themselves'가 바르게 쓰였다. 'adapt'는 주로 전치사 'to'와 함께 쓰인다.

② 'have no choice but to V'는 '~할 수밖에 없다'라는 의미의 to 부정사 관용어구이며, 전치사 'because of' 다음 명사의 사용과 함께 어법상 적절하다.

④ 'it'은 가주어이고 진주어는 'to assemble and take apart the toy car'로 가주어 진주어가 바르게 쓰였다. 'easy'는 형용사인데 사람주어보다는 행위를 주어로 하기 때문에 가주어, 진주어로 주로 표현한다.

**[핵심어휘]**

- adapt (새로운 용도 · 상황에) 맞추다[조정하다](= modify), (상황에) 적응[순응]하다(= adjust),
- accident 사고, 재난[재해](= incident), 고장, 우연(= chance)
- promote 촉진[고취]하다 활성화시키다(= encourage), 홍보하다, 승진[진급]시키다(↔ demote 강등[좌천]시키다)
- take apart 분해하다

## 08 정답 ②

**[정답해설]**

제시문은 의사소통을 잘하기 위해서는 남의 말을 잘 듣고 자신의 목소리를 적절하게 낼 수 있어야 한다는 내용의 글이므로 이 글의 요지로 가장 적절한 것은 ②의 "We need to listen and speak up in order to communicate well.(우리는 의사소통을 잘 하기 위해 경청하고 말해야 한다.)"이다.

**[오답해설]**

① 우리는 다른 사람들을 설득하는 데 더 단호해져야 한다.

③ 우리는 우리가 보는 세계에 관한 우리의 믿음을 바꾸는 것을 주저한다.

④ 우리는 우리가 선택한 것만 듣고 다른 의견들은 무시하려고 한다.

**[핵심어휘]**

- intact 온전한, 완전한, 그대로의(= undamaged, complete)
- belief 신념, 확신(= conviction)
- foundational 기본의, 기초적인(= fundamental)
- even if (비록) ~일지라도, (설사) ~이라고 할지라도
- prerequisite 전제 조건(= precondition)
- worn-out 낡은, 지친, 진부한, 케케묵은(= hackneyed)
- hand-me-down 만들어 놓은(= ready-made), 독창성 없는, 기성복의, 헌 옷의, 고물의
- authentically 확실하게, 진정으로, 정식으로
- courteously 예의바르게, 공손하게, 친절하게, 자상하게
- informed (특정 주제 · 상황에 대해) 잘[많이] 아는, 정보통인(↔ uninformed 지식이 없는)
- uninterrupted 중단[차단]되지 않는, 연속되는(= continuous)
- discernment 식별, 인식, 통찰력(= insight), 판별력, 안목(= discrimination)
- determine 알아내다, 밝히다(= establish), (공식적으로) 확정[결정]하다, 예정하다
- persuade (~하도록) 설득하다, (~이 사실임을) 납득[설득]시키다(= convince)
- reluctant 꺼리는(= unwilling, loath, disinclined), 마지못한, 주저하는, 반항[저항]하는

**[본문해석]**

다른 누군가의 생각을 듣는다는 것은 당신 자신과 그 안에 있는 당신의 위치뿐만 아니라 세상에 대해 당신이 믿는 이야기가 온전한 것인지를 알 수 있는 한 가지 방법이다. 우리 모두는 우리의 신념을 조사하고 그것들을 밖으로 내보내고 호흡할 수 있게 할 필요가 있다. 다른 사람들이, 특히 우리가 기초라고 여기는 개념에 대해 말해야 하는 것을 듣는 것은 우리 마음과 영혼의 창문을 여는 것과 같다. 목소리를 내는 것은 중요하다. 그러나 듣지 않고 목소리를 내는 것은 냄비와 팬을 동시에 세차게 부딪치는 것과 같고 비록 그것이 당신의 관심을 끌지는 몰라도 당신을 존경하게 하지는 못할 것이다. 대화를 의미 있게 하는 데에는 세 가지 전제조건이 있다 1. 당신이 무엇을 말하고 있는지 알고 있어야 하는데 이는 당신이 독창적인 요점을 가지며 낡고 창의력이 없는 미리 만들어진 주장을 그대로 따라 하지 않는다는 것을 의미한다. 2. 당신은 당신과 이야기하고 있는 사람들을 존중하고 비록 당신이 그들의 입장에 동의하지 않더라도 진정으로 그들에게 기꺼이 예의를 갖추려고 한다. 3. 당신은 연속된 좋은 유머와 분별력을 가지고 주제에 대한 자신의 관점을 다루면서 상대방의 말에 귀 기울일 만큼 똑똑하고 충분한 정보가 있어야 한다.

## 09 정답 ①

**[정답해설]**

주어진 글은 변화하는 미래 상황 속에서 예술이 어떻게 변할 것인지에 대해 말하고 있다. 미래의 예술은 더 다양해질 것이고, 우리가 기대하는 예술과는 다를지도 모른다고 했고, 글의 마지막 부분에서 개인적이기보다는 집단적이고 경험적일 것이라고 말하고 있다. 따라서 글의 제목으로 가장 적절한 것은 ①의 "What will art look like in the future?(미래의 예술은 어떤 모습일까?)"이다.

**[오답해설]**

② 지구온난화는 우리의 삶에 어떻게 영향을 미칠까?
③ 인공지능이 환경에 어떤 영향을 미칠까?
④ 정치운동으로 인해 어떤 변화가 일어날까?

**[핵심어휘]**

- undeniable 명백한(= unmistakable), 부정[부인]하기 어려운(= undisputable)
- shifting 이동하는, 바뀌는, 변하는, 속임수의
- demographics 인구 통계
- geopolitics 지정학
- respond to ~에 대응하다
- centre 중심, 가운데, 도심가 중심지
- wrestle 몸싸움을 벌이다, 맞붙어 싸우다, 전력을 다하다(= struggle, contend)
- intelligence 지능, 이해력, 사고력, 지성, 지력(= intellect), 총명(= sagacity)
- environmentalism 환경 결정론, 환경 보호주의
- border 경계, 국경(= boundary), 영토, 영역
- migration (대규모) 이주[이동], 이사(= emigration, immigration)
- diverse 다양한(= varied, multiform), 다른(= different)
- might (강력한) 힘, 권력
- weary (몹시) 지친, 피곤한(= tired)
- visible (눈에) 보이는(↔ invisible 보이지 않는, 볼 수 없는), 알아볼 수 있는, 가시적인, 뚜렷한(= obvious)
- anonymity 익명, 무명, 작자 미상, 특색 없음
- desirable 바람직한, 호감 가는, 가치 있는, 탐나는(↔ undesirable 원치 않는, 달갑지 않은)
- starve 굶주리다, 단식하다, 갈망하다
- authenticity 확실성(= reliability), 신뢰성, 진정성, 진품
- artificial 인공[인조]의 인위적인(↔ natural 자연스러운), 거짓된(= fake), 어색한(= unnatural, affected)

**[본문해석]**

미래는 불확실할지 모르지만, 기후변화, 변화하는 인구 통계, 지정학같은 것들은 부인할 수 없다. 유일한 보장은 멋진 동시에 끔찍한 변화가 있을 것이라는 것이다. 예술가들이 어떻게 이러한 변화에 반응할 것인지뿐만 아니라, 현재 그리고 미래에 어떠한 목적을 예술이 추구하는지 고려해 볼 가치가 있다. 보고서는 2040년에 인간이 유발한 기후변화가 피할 수 없게 될 것이며, 20년 후 예술과 삶의 중심에서 커다란 문제가 될 것이라고 말한다. 미래의 예술가들은 미래 인간과 미래 인류세상의 가능성—인공지능, 우주 공간에서의 인간 식민지, 그리고 잠재적인 멸망—과 싸울 것이다. 예술에서 보이는 #MeToo와 Black Lives Matter 운동을 둘러싼 정체성 정치학은 환경결정론처럼 증가할 것이며, 국경 정치와 이주는 훨씬 더 급격하게 뚜렷해질 것이다. 예술은 점점 더 다양해지고 우리가 예상하는 '예술처럼 보이지' 않을지도 모른다. 미래에, 모든 사람이 보도록 우리의 삶이 온라인에서 볼 수 있는 것에 우리가 싫증이 나고, 우리의 사생활을 거의 잃게 된다면, 익명성은 명성보다 더욱 매력적이 될지도 모른다. 수천 또는 수백만의 좋아요와 팔로워 대신에, 우리는 진정성과 연결성에 굶주릴 것이다. 결국, 예술은 개인적이기보다는 더욱 집단적이고 경험적이 될 수도 있다.

## 10 정답 ④

**[정답해설]**

제시된 글의 마지막 문장인 "the rates of gun homicide and other gun crimes in the United States have dropped since highs in the early 1990's."에서 1990년대 초 최고치를 찍은 이후 미국의 총기 범죄가 감소해 왔다고 했으므로 글의 내용과 일치하지 않는 것은 ④의 "Gun crimes in the U.S. have steadily increased over the last three decades.(미국에서의 총기 범죄는 지난 30년 동안 꾸준히 증가해 왔다.)"이다.

**[오답해설]**

① 2008년에 미국 연방 대법원은 총기를 금지하는 Washington D.C.의 법을 뒤집었다.
② 많은 총기 옹호자들은 총기를 소유하는 것은 타고난 권리라고 주장한다.
③ 선진국들 중에서, 미국이 가장 높은 총기 살인사건 비율을 가진다.

**[핵심어휘]**

- Amendment 미국 헌법 수정 조항, (법 등의) 개정[수정], 변경, 개선, 정정
- well-regulated 조정이 잘 된, 잘 정돈[정비]된, 규칙이 잘 서 있는
- Militia 민병대, 의용군, 시민군, 무장 사병 조직
- infringe (법 · 계약 · 의무 등을) 어기다, 위반하다, (법적 권리를) 제한[침해]하다(= violate, break, encroach)

- Supreme Court ruling 최고 법원의 재정
- uphold (법 · 원칙 등을) 유지시키다[옹호하다], (이전의 판결을) 확인하다, (요구 사항의 타당성을) 인정하다(= approve)
- firearm 화기
- bear arms 무기를 들다[싸우다]
- ban 금지하다(= prohibit)
- advocate (공개적으로) 지지하다[옹호하다, 변호하다](= support)
- birthright 타고난 권리, 장자 상속권
- heritage 유산, 전승, 전통, 천성, 운명, 숙명, 상속재산(= inheritance)
- homicide 살인(= murder)
- proponent (어떤 사상 · 행동 방침의) 지지자, 옹호자(= advocate), 제안[제의 · 주창]자
- statistics 통계
- indicate (사실 · 조짐 · 가능성을) 나타내다[보여주다](= show)
- overturn 뒤집히다, 뒤집다[번복시키다], 넘어뜨리다, 타도하다, (계획을) 좌절시키다

**[본문해석]**

미국 수정 헌법 제2조는 "잘 규제된 민병대는 자유 국가의 안보에 필요하므로, 무기를 소지할 수 있는 국민의 권리는 침해되어서는 안 된다."고 명시하고 있다. 대법원의 판결은 이 개정안을 인용하여 총기 규제권을 유지했다. 그러나 2008년 개인의 무기 보유 및 소지 권리를 확정한 판결에서 법원은 권총을 금지하고 집에 있는 권총은 자물쇠로 잠그거나 분해하도록 한 Washington D.C.의 법을 기각했다. 많은 총기 옹호자들은 소유권을 타고난 권리이며 국가 유산의 필수적인 부분이라고 생각한다. 스위스에서 작성된 2007년 소형무기 조사 보고서에 따르면, 세계 인구의 5% 미만인 미국은 세계 민간 소유 총기의 약 35~50%를 보유하고 있다. 1인당 총기류 순위 1위다. 미국은 또한 선진국들 중에서 총기 살인사건 비율이 가장 높다. 그러나 많은 총기 권리 옹호론자들은 이러한 통계들이 인과관계를 나타내지는 않으며 미국의 총기 살인이나 기타 총기 범죄율이 1990년대 초 이래 최고치 이후로 감소해왔다는 점에 주목한다.

## 11 정답 ④

**[정답해설]**

④에서 A가 "I won the prize in a cooking contest.(요리 대회에서 상을 받았다.)"라는 말을 하고 있는데 B가 "네가 없었다면 나는 할 수 없었을 것이다."라고 감사를 표하는 답을 하는 것은 어색하다.

**[오답해설]**

① A가 기한을 묻고 B가 기한을 알려주는 대화문이다.
② A가 가방을 부쳐야 하는지를 묻고 B가 그럴 필요 없다는 것을 알려주는 대화문이다.
③ 장소와 시기에 관한 질문에 해당 정보를 제공하는 대화문이다.

**[핵심어휘]**

- due 지불기일
- baggage 수하물(= trunk, valise, satchel, luggage)

**[본문해석]**

① A: 언제가 지불기일입니까?
B: 다음 주까지 지불해야 합니다.
② A: 이 짐을 부쳐야 하나요?
B: 아뇨, 그것은 비행기에 가지고 탈 수 있을 만큼 작습니다.
③ A: 언제 어디에서 만날까요?
B: 8시 반에 당신 사무실로 데리러 갈게요.
④ A: 제가 요리 대회에서 상을 탔습니다.
B: 당신이 없었다면 저는 그것을 할 수 없었을 겁니다.

## 12 정답 ③

**[정답해설]**

빈칸 앞에서 A가 "We offer two room types.(저희는 두 가지 객실 타입을 제공하고 있습니다.)"라고 두 가지 선택사항을 제시한 후, 빈칸 이후에서 객실의 특징을 설명하고 있으므로, B의 질문으로 가장 적절한 것은 두 객실의 차이를 묻는 ③의 "What's the difference between them?(그것들의 차이가 무엇인가요?)"이다.

**[오답해설]**

① 더 필요한 것이 있으신가요?
② 방 번호를 알 수 있을까요?
④ 애완동물이 객실에 들어올 수 있을까요?

**[핵심어휘]**

- department (조직의) 부서[부처] cf. the State Department 국무부
- deluxe 고급의(= luxury), 호화로운, 사치스런(= sumptuous)
- suite (호텔의) 스위트룸

**[본문해석]**

A: Royal Point Hotel 예약 부서에 전화해주셔서 감사합니다. 제 이름은 Sam입니다. 무엇을 도와드릴까요?

B: 안녕하세요. 방 예약을 하고 싶은데요.
A: 우리는 두 가지 타입의 방을 제공합니다. 디럭스룸 그리고 럭셔리 스위트룸이 있습니다.
B: 그것들의 차이가 무엇인가요?
A: 첫째로, 스위트룸은 매우 큽니다. 추가적인 침실이 있고, 스위트룸은 주방, 거실, 식사할 공간이 있습니다.
B: 매우 비싸 보이네요.
A: 글쎄요, 하룻밤에 200$ 더 비쌉니다.
B: 그렇다면, 저는 디럭스룸으로 가겠습니다.

## 13 정답 ②

**[정답해설]**

(A) 빈칸 이전에는 홈스쿨링 옹호자들의 의견, 즉, 홈스쿨링 찬성 의견을 제시하고, 빈칸 이후에는 홈스쿨링 비판자들의 의견, 즉, 홈스쿨링 반대 의견을 제시하고 있으므로, '대조'를 나타내는 'In contrast(그에 반해)'가 빈칸에 알맞다.

(B) 빈칸 이전에는 홈스쿨링을 하는 아이들의 발달에 문제가 없다는 연구 결과를 언급하며, 홈스쿨링의 긍정적인 측면을 제시하고 있으나, 빈칸 이후에는 비판자들의 홈스쿨링을 하는 부모의 교육 능력 대한 염려에 대해 설명하고 있으므로, '양보'를 나타내는 'Nevertheless(그럼에도 불구하고)' 또는 'In spite of this(이것에도 불구하고)'가 빈칸에 알맞다.

**[오답해설]**

| | (A) | (B) |
|---|---|---|
| ① | 그러므로 | 그럼에도 불구하고 |
| ③ | 그러므로 | 그것에 반해서 |
| ④ | 그에 반해서 | 게다가 |

**[핵심어휘]**

- secure 안심하는(↔ insecure 불안정한), 안전한(= safe), 확실한(= sure, certain)
- psychologist 심리학자 cf) an educational psychologist 교육 심리학자
- argue 언쟁하다(= dispute), 논의하다(= discuss), 논증[입증]하다(= prove)
- lacking ~이 없는[부족한], 결핍된(= missing), 모자라는(= deficient)
- enabling (특별한) 권능을 부여하는, 합법화하는
- interaction 상호 작용[영향] 대화, 접촉
- peer 친구, 동료, 동아리, (나이 · 지위 · 능력이) 동등한 사람, (법률상) 대등한 사람
- emotional 정서적인, 감정을 자극하는(= emotive)
- comfort 위안하다, 위로하다(= console), 격려하다, ~을 안심시키다(= relieve), (몸을) 편하게 하다
- welfare (개인 · 단체의) 안녕[행복], 복지[후생], 번영(= well-being, prosperity)
- concern about ~에 대한 관심[염려]

**[본문해석]**

홈스쿨링 지지자들은 아이들이 안전하고 애정이 넘치는 환경에 있을 때 더 잘 배운다고 믿는다. 많은 심리학자들은 집을 가장 자연스러운 학습 환경으로 보는데, 학교가 설립되기 훨씬 전에 집이 원래 교실이었다. 홈스쿨링을 하는 부모들은 그들이 자기 자녀들의 교육을 관찰할 수 있으며 전통적인 학교 환경에서는 부족한 관심을 그들에게 줄 수 있다고 주장한다. 학생들은 또한 무엇을 그리고 언제 공부할 것인지를 고르고 선택할 수 있기 때문에, 그들 자신의 속도에 맞춰 학습할 수 있다. (A) 그에 반해, 홈스쿨링에 대한 비평가들은 교실에 있지 않은 아이들이 또래들과 상호작용을 거의 못하기 때문에 중요한 사회적 기술을 배우는 것을 놓친다고 말한다. 하지만, 몇몇 연구들은 가정에서 교육을 받은 아이들이 자신의 행복에 대해 신경 써주는 부모로부터의 지도와 더불어, 가정의 편안함과 안정감 속에서 더 많은 시간을 보내면서, 다른 학생들만큼 사회적 그리고 정서적 발달 면에서 잘 하는 것 같다는 것을 보여줬다. (B) 그럼에도 불구하고, 홈스쿨링에 대한 많은 비평가들은 자신의 아이들을 효과적으로 가르칠 수 있는 부모들의 능력에 대해 우려를 제기해왔다.

## 14 정답 ③

**[정답해설]**

제시된 글은 많은 사람들에게 있어, 강박관념이 되어버린 직장에 대해서 점점 유연성을 기대하고 요구한다고 말하고 있으며 이러한 구체적인 예로 출산에 대한 유급 휴가, 원격 근무, 늦게 출근하고 일찍 퇴근하는 것, 운동이나 명상을 위한 시간 마련 등에 대해 말하고 있다. 따라서 글의 주제로 가장 적절한 것은 ③의 'increasing call for flexibility at work(일의 유연성에 대한 증가하는 요구)'이다.

**[오답해설]**

① 당신의 월급을 인상시키는 방법
② 불평등을 감소시키기 위한 강박관념
④ 긴 휴가가 있는 삶의 장점

**[핵심어휘]**

- obsession 강박관념, 집착, 망상
- burnout (신체 또는 정신의) 극도의 피로, 쇠진, 소모, 허탈감, 연료 소진, (전기 기기의 합선에 의한) 단선, 과열로 인한 파손

- ㅁ inequity 불공정, 불공평(= injustice, unfairness)
- ㅁ struggle 투쟁[고투]하다, 전력을 다하다, 애쓰다, 고심하다(= strive)
- ㅁ paycheck 급료, 봉급
- ㅁ flexibility 구부리기[휘기] 쉬움, 굴곡성, 유연성(= flexibleness, pliancy)
- ㅁ meditation 명상, 묵상, 고찰, 심사숙고(= pondering)

**[본문해석]**

많은 사람들에게 일은 강박관념이 되었다. 사람들이 아이들, 열정, 애완동물, 또는 어떠한 종류든 봉급을 위해 하는 일 외에 삶을 위한 시간을 찾기 위해 애쓰면서 이는 극도의 피로, 불행, 성불평등을 야기했다. 그러나 점점 더 젊은 근로자들이 이에 반발하고 있다. 더 많은 사람들은 예를 들어 태어난 아기를 위한 유급휴가, 긴 휴가기간과 함께 원격으로 일할 수 있는 능력, 늦게 들어오거나 일찍 퇴근할 수 있는 능력, 또는 운동이나 명상을 위한 시간을 만들 수 있는 능력과 같은 일상적인 것들을 기대하고 요구한다. 그들의 나머지 삶은 특정한 장소나 시간에 얽매이지 않고 전화기에서 일어난다. 왜 일은 달라야 하는가?

## 15 정답 ③

**[정답해설]**

주어진 문장에서 스트레스와 심혈관계 질환의 관계에 대해 언급하고 있으므로, 스트레스의 흔한 요인 중 하나의 예시인 'driving(운전)'을 최초로 언급하는 (C)가 바로 이어지는 것이 적절하다. 이후, 운전과 심장질환과의 관계와 스트레스 완화 방법 존재 유무에 대해 질문을 제시하는 (A)가 이어지고, 마지막으로 (A)의 질문에 대한 대답을 제시하는 (B)가 이어지는 것이 적절하다. 그러므로 주어진 문장 다음에 이어질 글의 순서는 (C)－(A)－(B)순이다.

**[핵심어휘]**

- ㅁ cardiovascular 심혈관의
- ㅁ basis 근거, 논거, 원리, 원칙, 기초, 기저, 토대, 근본 원리(= foundation)
- ㅁ relieve (불쾌감 · 고통 등을) 없애[덜어] 주다, 경감하다, (문제의 심각성을) 완화하다[줄이다](= alleviate)
- ㅁ associated with ~와 관련된
- ㅁ anxiety 불안(감)(= misgiving, uneasiness, concern, worry), 열망(= eagerness)

**[본문해석]**

> 과거의 연구는 빈번한 심리적 스트레스를 경험하는 것이 미국의 20세 이상 중 거의 절반에 게 영향을 미치고 있는 질환인 심혈관계 질병의 주요 위험 요소가 될 수 있다는 것을 보여주었다.

(C) 교통 체증과 관련된 스트레스 요인 때문에 또는 미숙한 운전자에게 종종 동반되는 불안 때문에 빈번한 스트레스의 한 가지 근원은 운전이다.

(A) 그렇지만, 이것이 매일 운전하는 사람이 심장 문제를 겪을 수밖에 없다는 것을 의미하는가, 아니면 운전의 스트레스를 완화하는 간단한 방법이 있는가?

(B) 새로운 연구에 따르면, 있다. 연구원들은 운전 중 음악을 듣는 것이 심장 건강에 영향을 미치는 스트레스를 완화하는 데 도움이 된다고 언급했다.

## 16 정답 ④

**[정답해설]**

제시된 글은 뇌가 위협을 감지하면 신체의 여러 기관에 신호를 보내 이 위험에 대비하는 과정을 설명하는 글이므로 ④의 인간은 다양한 호르몬의 방출을 규제하기 위해서 의식적으로 분비샘을 조절한다는 내용은 전체 글의 흐름상 어색하다.

**[핵심어휘]**

- ㅁ perceive 감지[인지]하다(= observe), 지각하다, 눈치 채다, 알아차리다
- ㅁ initiate 시작하다(= begin), 일으키다, 창시하다(= originate, start)
- ㅁ organ (인체 내의) 장기[기관], 조직
- ㅁ bloodstream 혈류, 혈액 순환
- ㅁ prompt 즉석의, 즉각적인, 지체 없는(= immediate)
- ㅁ adrenal 신장 부근의
- ㅁ gland 분비 기관(= pituitary)
- ㅁ kidney 신장, 콩팥
- ㅁ tense 팽팽한, (긴장하여) 부자연스러운, 딱딱한(= stiff), 긴장[긴박]한(= strained)
- ㅁ consciously 의식[자각]하여, 의식적으로
- ㅁ release 풀어주다, 석방[해방]하다(= set free, relieve), 자유롭게 하다(↔ capture 억류하다)

**[본문해석]**

가까운 환경에서 뇌가 위협을 인지하면, 그것은 신체에 복잡한 일련의 일들을 발생시킨다. 그것은 혈류에 화학 호르몬을 분비시키는 조직인 다양한 분비샘에 전기 메시지를 보낸다. 혈액은 빠르게 이러한 호르몬을 이후 다양한 일을 하도록 촉

진되는 다른 조직으로 운반한다. ① 예를 들어, 신장 상부의 부신은 신체의 스트레스 호르몬인 아드레날린을 분출한다. ② 아드레날린은 위험 신호를 경계하기 위해 눈을 확장시키고, 혈액과 추가적인 호르몬이 계속해서 흐르도록 하기 위해 심장을 더 빨리 뛰게 하고, 위협을 후려갈기거나 위협으로부터 도망칠 준비가 되어있도록 골격근을 긴장시키는 것과 같은 일들을 하며 전신을 순환한다. ③ 전 과정은 투쟁 도피 반응이라 불리는데, 왜냐하면 그것이 신체를 싸우거나 필사적으로 도망치도록 준비시키기 때문이다. ④ 인간은 의식적으로 다양한 호르몬 분출을 조절하도록 자신의 분비샘을 통제할 수 있다. 호르몬은 설득될 수 없기 때문에 일단 반응이 시작되면, 그것을 무시하는 것은 불가능하다.

## 17 정답 ④

**[정답해설]**

제시된 글은 프랑스의 한 화학자가 안전유리를 만든 과정에 대해서 설명하고 있다. 주어진 글에 나온 'then'은 ④ 앞에 나온 'several weeks later(몇 주 후)'을 말하고, 특별한 코팅이 씌워질지도 모른다는 상상 이후에, ④ 뒤에 나온 얼마 지나지 않아 세계 최초의 안전유리를 제작하는 데 성공했다는 내용이 이어지는 것이 자연스럽다. 따라서 주어진 문장이 들어갈 위치로 가장 적절한 것은 ④이다.

**[핵심어휘]**

- apply to ~에 적용되다
- windshield (자동차 앞면의) 방풍 유리(= windscreen)
- shattering 엄청나게 충격적인, 고막을 찢는 듯한(= deafening), 놀라운, 강렬한
- astonishment 깜짝[크게] 놀람(= amazement), 경악
- contain (무엇의 안에 또는 그 일부로) ~이 들어[함유되어] 있다(= hold), 담고 있다, 포함하다(= include), 품다, (감정을) 억누르다[참다](= restrain), (좋지 않은 일을) 방지하다[억제하다]
- automobile 자동차
- thereafter 그 후에, 그 이래로(= after that time, afterwards)

**[본문해석]**

> 그때 그는 유리 플라스크에 대한 자신의 경험을 떠올렸고, 그는 유리로 된 자동차 앞 유리창이 산산조각이 나는 것을 막기 위해 특별한 코팅이 적용될 수도 있다고 빠르게 생각했다

1903년 프랑스의 화학자 Edouard Benedictus는 어느 날 단단한 바닥에 유리 플라스크를 떨어뜨려 깨뜨렸다. ( ① ) 그러나, 화학자가 놀랍게도, 나머지 플라스크는 산산조각이 나지 않고, 여전히 원래의 모양 대부분을 유지하고 있었다. ( ② ) 플라스크를 검사해보니 플라스크 안에 필름 코팅이 되어있었고, 플라스크가 함유한 콜라디온 용액의 잔여물이 남아 있었다. ( ③ ) 그는 이런 특이한 현상을 메모했지만, 몇 주 후 신문에서 자동차 사고에서 앞 유리 날림으로 심하게 다친 사람들에 대한 이야기를 읽을 때까지는 더 이상 그것에 대해 생각을 하지 않았다. ( ④ ) 그 후 얼마 지나지 않아 그는 세계 최초의 안전유리를 제작하는 데 성공했다.

## 18 정답 ③

**[정답해설]**

제시된 글은 Dubrovnik의 오래된 마을이 관광객들로 몸살을 앓고 있다는 내용으로 그 원인 중 하나로 크루즈선이 정박할 때 쏟아져 나오는 관광객들을 문제 삼고 있으므로 "Yes, the city of Dubrovnik has been proactive in trying to curb cruise ship tourism, but nothing will save Old Town from the perpetual swarm of tourists.(그렇다, Dubrovnik시는 유람선 관광을 억제하기 위해 적극적으로 노력해 왔지만, 그 어떤 것도 Old Town을 끊임없는 관광객 무리로부터 구하지는 못할 것이다.)"가 단서가 된다. 따라서 ③의 설명은 본문의 내용과 일치하지 않는다.

**[오답해설]**

① 두 번째 문장에서 Dubrovnik의 주요 관광명소가 80피트의 중세 벽들로 둘러싸인 해안가의 Old Town이라고 했으므로 글의 내용과 일치한다.
② 세 번째 문장에서 유람선들이 정박할 때면 Old Town은 탱크톱을 입은 관광객들이 마을을 활보하는 불건전한 분위기가 된다고 했으므로 글의 내용과 일치한다.
④ 여분의 돈을 벌고자 하는 유혹으로 인해 벽으로 둘러진 지역이 거대한 호텔이 되었다고 했으므로 글의 내용과 일치한다.

**[핵심어휘]**

- mess 엉망진창인 상태(= disorder, confusion),
- attraction (사람을 끄는) 명소[명물], 매력적인 요소(= charm), 끌어당기는 힘
- absorb 흡수하다[빨아들이다]
- limestone 석회암
- blanket 온통 뒤덮다
- proactive 상황을 앞서서 주도하는
- perpetual 끊임없이 계속되는(= continuous)
- portion (더 큰 것의) 부분[일부]
- authentic 진품인, 정확한(↔ inauthentic 진짜가 아닌)

국가직 문제
지방직 문제
서울시 문제
국가직 해설
지방직 해설
서울시 해설

**[본문해석]**
크로아티아의 Dubrovnik은 엉망인 상황이다. 이곳의 주요 명소는 80피트의 중세 성벽으로 둘러싸인 해변의 오래된 마을이기 때문에, 이 Dalmatian 해변 마을은 관광객들의 마음을 잘 빼앗지 못한다. 그리고 크루즈선이 이곳에 정박하면, 그 오래된 마을을 탱크톱을 입은 많은 관광객들이 그 마을의 석회암으로 뒤덮인 거리를 행진하는 불건전한 분위기로 바꾼다. 그렇다, Dubrovnik시는 크루즈선 관광을 억제하려고 노력함으로써 사전대책을 강구해왔지만, 어떤 것도 끊임없이 몰려드는 관광객 무리들로부터 그 오래된 마을을 지키지 못할 것이다. 설상가상으로, 추가적인 돈을 버는 것에 대한 유혹은 오래된 마을의 많은 주택소유자들이 그들의 공간을 Airbnb(숙박업소)로 바꾸도록 자극했고, 도시의 벽으로 둘러싸인 부분을 하나의 거대한 호텔로 만들었다. 여러분들이 지역 주민처럼 오래된 마을에서 "진정한" Dubrovnik 경험을 원하는가? 여러분들은 여기서 그것을 찾지 못할 것이다. 결코.

## 19 정답 ①

**[정답해설]**
(A)의 앞에서 유기체가 죽으면 새로운 탄소-14는 더 이상 추가되지 않고, 오래된 탄소-14가 천천히 부패되어 질소로 분해된다고 했으므로, (A)에는 'decreases(감소하다)'가 적절하다.
(B)의 앞에서 유기체가 죽은 뒤 시간이 지남에 따라 탄소-14로부터의 방사선이 점점 더 적은 양으로 생성된다고 했으므로, 유기체에서 측정되는 방사선의 양이 유기체가 죽은 지 얼마나 되었는지를 알 수 있는 척도가 될 수 있다. 따라서 (B)에는 'dead(죽은)'가 적절하다.

**[오답해설]**

| | (A) | (B) |
|---|---|---|
| ② | 증가하다 | 살아있는 |
| ③ | 감소하다 | 생산적인 |
| ④ | 증가하다 | 소극적인 |

**[핵심어휘]**
- organism 유기체, 유기적 조직체, (극도로 작은) 미생물, 인간(= person)
- carbon dioxide 이산화탄소, 탄산가스
- portion (더 큰 것의) 부분[일부](= part), (음식의) 1인분, (나눠 갖는) 몫(= share)
- radioactive 방사성의, 방사능에 의한[이 있는]
- decay 부패[부식]하다, (번영 · 체력 등이) 쇠퇴하다(= decline), 퇴락하다(= deteriorate)
- nitrogen 질소
- archaeologist 고고학자
- indicate ~의 징후[조짐]가 되다, 예시[암시]하다, ~을 가리키다, ~을 보여주다(= show)
- approximate (성질 · 위치 · 수량 등이) 비슷한(↔ exact 정확한)

**[본문해석]**
유기체가 살아 있을 때, 그 유기체는 주변의 공기로부터 이산화탄소를 흡수한다. 이산화탄소의 대부분은 탄소-12로 만들어졌지만, 매우 소량은 탄소-14로 구성된다. 그래서 살아있는 유기체는 항상 아주 적은 양의 방사성 탄소인 탄소-14를 가진다. 살아있는 유기체 옆에 있는 감지기는 유기체에서 탄소-14에 의해 방출된 방사선을 기록한다. 유기체가 죽으면 그 유기체는 더 이상 이산화탄소를 흡수하지 않는다. 어떠한 새로운 탄소-14도 더해지지 않고, 오래된 탄소-14는 천천히 썩어서 질소가 된다. 탄소-14의 양은 시간이 지나면서 서서히 (A) <u>감소한다</u>. 시간이 흐르면서 탄소-14로부터의 방사선이 점점 더 적게 만들어진다. 따라서 유기체에서 감지된 탄소-14의 방사선 양은 유기체가 (B) <u>죽은 지</u> 얼마나 됐는지를 측정하는 척도다. 이 유기체의 나이를 결정하는 방법을 탄소-14 연대측정법이라 한다. 탄소-14의 붕괴는 고고학자들이 한때 살아 있던 물질의 나이를 측정할 수 있게 한다. 남은 방사선량을 측정하면 대략적인 나이를 알 수 있다.

## 20 정답 ②

**[정답해설]**
제시된 글의 초반부에서 종들이 사라지고 있지만, 그에 맞춰 새로운 종들이 나타난다고 말하면서, 그 뒤에서도 새로운 종에 대한 이야기를 하고 있다. 빈칸 앞에서 몇 안 되는 단순한 유기체로부터 아주 많은 수의 형태가 나타났다고 나와 있고, 빈칸 뒤의 문장에서도 분류학자들이 현재는 150만의 유기체를 인식하지만, 실제는 아마도 1,000만에 가까울 것이라고 말하고 있으므로 빈칸에도 생명체가 더 늘어났다는 의미를 포함하는 ②의 'diversity of living creatures(생명체의 다양성)'이 들어가는 것이 옳다.

**[오답해설]**
① 생물학자들의 기술
③ 멸종한 유기체들의 목록
④ 멸종위기에 처한 종들의 채집

**[핵심어휘]**
- inevitably 아니나 다를까, 예상한 대로, 불가피하게, 필연적으로, 아무래도
- exploit (부당하게) 이용하다, 착취하다, (최대한 잘) 활용하다

- multicellular 다세포의
- evolve (점진적으로) 발달[전진]하다, 진화하다, (법칙을) 이끌어내다, 도출하다, 전개하다
- immense 엄청난, 어마어마한(= enormous), 거대한, 막대한, 광대한(= huge), 멋진, 굉장한
- taxonomist 분류학자
- definition (어떤 개념의) 의미[정의], 한정, 명확성
- endangered 멸종 위기에 처한

**[본문해석]**

과거와 현재를 막론하고 모든 생물은 사라졌거나 멸종될 것이다. 그러나 각 종들이 지구상의 38억 년의 생명체 역사에 걸쳐 사라짐에 따라, 불가피하게 새로운 종들이 그들을 대체하거나 새롭게 생겨난 자원을 이용하기 위해 나타났다. 아주 간단한 몇몇 유기체로부터, 수많은 복잡하고 다세포적인 형태들이 이 거대한 기간에 걸쳐 진화했다. 19세기 영국의 자연주의자 Charles Darwin이 한때 "미스테리 중의 미스테리"라고 일컬었던 새로운 종의 기원은 인간이 지구를 함께 공유하는 이 놀라운 생물들의 다양성을 만들어내는 것을 담당했던 종 분화의 자연스러운 과정이다. 비록 분류학자들이 현재 약 150만 종의 생물 종을 인정하고 있지만, 실제 개체 수는 아마도 1,000만 종에 가까울 것이다. 이 다수의 생물학적 상태를 인정하는 것은 종을 구성하는 것이 무엇인지에 대한 명확한 이해를 요구하는데, 그것은 진화 생물학자들이 아직 보편적으로 용인할 수 있는 정의에 대해 합의하지 못했다는 점을 감안하면 쉬운 일이 아니다.

## [국가직] 2019년 04월 | 정답

| | | | | | | | | | |
|---|---|---|---|---|---|---|---|---|---|
| 01 | ① | 02 | ② | 03 | ④ | 04 | ② | 05 | ② |
| 06 | ① | 07 | ② | 08 | ④ | 09 | ④ | 10 | ③ |
| 11 | ④ | 12 | ② | 13 | ③ | 14 | ③ | 15 | ① |
| 16 | ① | 17 | ④ | 18 | ③ | 19 | ② | 20 | ④ |

## [국가직] 2019년 04월 | 해설

### 01 정답 ①

**[정답해설]**

'discern'은 '식별[판별]하다'는 의미로 'distinguish(구별하다, 식별하다)'와 그 의미가 가장 유사하다. 제시문은 'Natural Gas World'로부터 핵심 정보를 받을 수 있어서 자기 사업과 관련된 일을 충분히 파악할 수 있다는 의미이다.

**[오답해설]**

② 강화시키다
③ 약화시키다
④ 포기하다

**[핵심어휘]**

- subscriber 구독자, 후원자, 가입자
- accurate 정확한, 정밀한(=precise) (↔ inaccurate 부정확한) n. accuracy 정확(도)
- reliable 믿을[신뢰할] 수 있는(= dependable)
- figure 수치, 숫자, 산수, 계산
- discern 인식하다, 식별[판별]하다(= distinguish, discriminate)
- undermine 약화시키다

**[본문해석]**

'Natural Gas World' 구독자들은 산업계에서 일어나고 있는 일에 대해 정확하고 신뢰할 수 있는 핵심 사실과 수치를 받을 것이고, 그래서 그들은 자기 사업과 관련된 것을 충분히 식별할 수 있을 것이다.

### 02 정답 ②

**[정답해설]**

'stand out'은 'to be distinctive or conspicuous(뚜렷하거나 눈에 잘 띄다)'라는 뜻으로, 제시문에서 West 양이 인상적인 경기를 펼쳤다는 의미이므로 'was impressive'로 바꿔 쓸 수 있다.

**[오답해설]**

① 압도되었다
③ 우울했다
④ 낙관적이었다

**[핵심어휘]**

- stand out 두드러지다, 눈에 띄다(= be outstanding, be prominent)
- overwhelm 휩싸다, 압도하다(= overcome)
- impressive 인상적인, 감명 깊은(↔ unimpressive 인상적이지 못한, 특별하지 않은)
- depressed 우울한, 암울한
- optimistic 낙관적인, 긍정적인(↔ pessimistic 비관적인)

**[본문해석]**
여자 1,500미터 대회의 은메달 수상자인 West 양이 경기 내내 눈에 띄었다.

## 03 정답 ④

**[정답해설]**
동사 'mind'는 허락을 구하거나 정중히 부탁할 때 쓰는 말로 '꺼리다'라는 의미의 부정적인 의미를 내포하고 있다. 그러므로 'never mind'는 '결코 꺼리지 않다'는 이중부정의 의미로 '걱정하지 마', '괜찮아'라는 긍정의 의미를 갖는다. ④의 지문에서 "잠깐 얘기 좀 할 수 있을까?"라는 A의 말에 B가 지금 바쁘다고 했으므로, 'never mind'와 어울리지 않는다.

**[핵심어휘]**
- be used to ~ing ~하는데 익숙하다
- get accustomed to ~ing ~하는데 익숙하다
- in on time 당장에, 곧, 즉시
- keep one's fingers crossed 기도하다, 행운을 빌다
- never mind 걱정하지 마, 괜찮아

**[본문해석]**
① A: 나는 해외여행 중인데, 다른 나라에서 머무르는 게 익숙하지가 않아.
B: 걱정하지 마. 곧 익숙해질 거야.
② A: 나는 사진 대회에서 상을 타고 싶어.
B: 그럴 거야. 행운을 빌어!
③ A: 가장 친한 친구가 세종시로 이사 갔어. 나는 그녀가 너무 그리워.
B: 응. 어떤 기분인지 알아.
④ A: 잠깐 얘기 좀 할 수 있을까?
B: 걱정하지 마. 난 지금 몹시 바빠.

## 04 정답 ②

**[정답해설]**
빈칸 다음에서 A가 젓가락으로 하나를 집어서 소스에 찍으면 된다고 하였으므로, 빈칸에는 먹는 방법을 묻는 질문이 들어갈 것으로 유추할 수 있다. 그러므로 ②의 "how do I eat them? (그것들을 어떻게 먹으면 되나요?)"가 들어갈 말로 가장 적절하다.

**[오답해설]**
① 그것들은 얼마입니까?
③ 그것들은 얼마나 맵나요?
④ 그것들을 어떻게 요리하나요?

**[핵심어휘]**
- dim sum 딤섬(중국식 작은 만두 요리)
- delicious 아주 맛있는(= delectable)
- chopped 잘게 썬, 다진
- shrimp 새우
- dip into ~에 찍다[적시다]
- spicy 양념을 많이 넣은, 매운(↔ waterish 싱거운)

**[본문해석]**
A: 딤섬 좀 드시겠어요?
B: 네, 감사합니다. 맛있어 보이네요. 안에 뭐가 들었어요?
A: 이것들은 돼지고기랑 다진 야채가 든 것이고 저것들은 새우가 들었어요.
B: 그리고, 음, 그것들을 어떻게 먹으면 되나요?
A: 이렇게 젓가락으로 하나를 집어서 소스에 찍으면 되요. 쉬워요.
B: 좋습니다. 한 번 해볼게요.

## 05 정답 ②

**[정답해설]**
'shy of'는 '부족한, 모자라는'의 의미로 'five minutes shy of midnight'은 '자정이 되기 5분 전'을 뜻한다. 그러므로 '자정이 5분이나 지난 후'는 영어로 'five minutes after midnight'이라고 옮겨야 적절하다.

**[오답해설]**
① 'The new teacher (whom) I told you about~ (제가 당신께 말씀드렸던 새로운 선생님)'은 선행사 'teacher' 뒤에 전치사 'about'의 목적어인 관계대명사 'whom'이 생략된 것으로 올바른 표현이다.
③ 'What appeared to be a shark~ (상어로 보이는 것)'은 선행사를 포함한 관계대명사 'what'이 사용되었고, 자동사 'appear' 다음에 to부정사가 와서 '~처럼 보이다'의 의미로 옳게 사용되었다.
④ 'reach'는 타동사로서 전치사 없이 사용되며, '16-year-old'는 뒤의 명사 'friend'를 수식하는 형용사의 형태로 '16-years-old'라고 복수 형태로 쓰지 않는다.

**[핵심어휘]**
- originally 원래, 본래
- shy of 부족한, 모자라는 cf) fight shy of ~을 꺼리다[회피하다]
- urgent 긴급한, 시급한(= crucial, desperate)

□ lurk 숨어있다, 도사리다(= skulk)
□ coral reef 산호초
□ summit 정상, 산꼭대기 cf) a summit conference 정상 회담

## 06 정답 ①

**[정답해설]**
'per'는 '…당[마다]'의 의미로, 'computers per person'은 '1인당 컴퓨터'를 뜻하는 것이지 '개인용 컴퓨터'를 의미하는 것이 아니다. '개인용 컴퓨터'는 'personal computers'가 바른 표현이다.

**[오답해설]**
② 'happen(일어나다, 발생하다)'은 자동사로 수동태로 쓸 수 없으며, 'happen to'의 형태로 사용된다.
③ 'so + 동사 + 주어'의 도치구문은 '~또한 그렇다'의 의미로, 'so are plastic bottles(플라스틱 병 또한 그렇다)'는 옳은 표현이다.
④ 'have been ~ing'은 과거부터 현재까지 진행되고 있는 동작을 나타내는 현재완료 진행형으로, 은퇴 후부터 현재까지 이 일을 계속 하고 있다는 의미인 'have been doing this work'는 옳은 표현이다.

**[핵심어휘]**
□ from time to time 때때로, 이따금
□ retire 은퇴하다, 퇴직하다(= withdraw)

## 07 정답 ②

**[정답해설]**
Utilizing → Utilized
'utilize'는 타동사로 뒤에 목적어가 와야 하는데, 해당 문장에는 목적어가 없으므로 수동태 문장이 되어야 한다. 또한 접속사와 주어가 생략된 부사절로써, 수동태 분사구문의 형태이어야 한다. 그러므로 ②의 'Utilizing'은 'Utilized'로 고쳐 써야 옳다.

As animals are utilized with other techniques ~
→ (Being) utilized with other techniques ~
→ Utilized with other techniques ~

**[오답해설]**
① 'available to humans'가 앞의 명사 'machines'를 후치 수식하는 경우로, 그 사이에 '주격 관계대명사 + be동사'가 생략되어 있다. 즉, 'machines (that are) available to humans'로 어법상 적절하다.
③ 'to carry'는 앞의 명사 'machines'를 수식하는 to부정사의 형용사적 용법으로 어법상 적절하게 사용되었다.
④ 'of + 추상명사'는 형용사의 의미를 가지므로 'of benefit'은 어법상 적절하며, 형용사 'beneficial'로 바꾸어 쓸 수 있다.

**[핵심어휘]**
□ domesticated 길든, 가축화된 cf) domesticated animals 가축
□ effective 효과적인, 유효한(↔ ineffective 효과 없는)
□ available 구할 수 있는, 이용할 수 있는
□ take off ~을 빼다, 덜다
□ strain 부담, 중압, 압박
□ supplementary 보충의, 추가의(= additional)
□ foodstuffs 식품류
□ protein 단백질
□ grind 갈다, 빻다
□ grain 곡물
□ obviously 분명하게, 명확하게

**[본문해석]**
가축은 인간이 이용할 수 있는 가장 효과적인 최초의 '기계'이다. 가축은 인간의 등과 팔에 부담을 덜어준다. 다른 기술과 함께 이용되면, 동물은 보충 식품(고기와 우유의 단백질)으로써 그리고 짐을 운반하고, 물을 긷고, 곡식을 빻는 기계로써 둘 다 인간의 생활수준을 상당히 향상시킬 수 있다. 가축은 분명 큰 혜택을 주기 때문에, 우리는 수세기에 걸쳐 인간이 사육하는 동물의 수 와 질을 증가시킬 것으로 기대했다. 놀랍게도 이것은 늘 그렇지 않았다.

## 08 정답 ④

**[정답해설]**
refer to as → be refered to as
'refer to A as B'는 'A를 B라고 부르다[언급하다]'라는 의미로, 해당 문장은 목적어에 해당하는 'the Iliad and the Odyssey, the Koran, and the Old and New Testaments'가 주어로 쓰였으므로 수동태 문장이다. 그러므로 ④의 'refer to as'는 수동태의 형태인 'be referred to as'로 고쳐 써야 적절하다.

**[오답해설]**
① 'help'는 to부정사와 원형부정사 둘 다 목적어로 취할 수 있으며, 해당 문장에서 to부정사를 목적어로 취한 'helps to explain'은 어법상 적절하다.
② 'try to부정사'는 '~하려고 노력하다'는 의미로, 'try to

국가직 문제 | 지방직 문제 | 서울시 문제 | 국가직 해설 | 지방직 해설 | 서울시 해설

make'는 어법상 적절한 표현이다.
③ 앞의 'stories'를 선행사로 하는 주격 관계대명사 'that'의 쓰임은 어법상 적절하다.

**[핵심어휘]**
- narrative 묘사, 서사, 설화
- embody 상징하다, 구현하다
- moral 도덕의, 도덕상의 n. morality 도덕성
- supernatural 초자연적인(= paranormal) cf) a supernatural being 초자연적인 존재
- make sense of ~을 이해하다
- occurrence 발생하는[존재하는/나타나는] 것
- falsehood 거짓임, 거짓말
- regardless of …에 상관없이[구애받지 않고]
- accuracy 정확, 정확도(↔ inaccuracy 부정확)
- the Old and New Testaments 구약 성서와 신약 성서
- refer to A as B A를 B라고 부르다[언급하다]

**[본문해석]**
신화는 문화의 종교적, 철학적, 도덕적, 정치적 가치를 구현하는 서사이며 경우에 따라 설명하는 데 도움을 준다. 신과 초자연적인 존재에 관한 이야기를 통해, 신화는 자연 세계에서 일어나는 일을 이해하려고 노력한다. 대중적인 사용과는 달리 신화는 '거짓말'을 의미하지 않는다. 가장 광범위한 의미에서 신화는 거짓일 뿐만 아니라 사실일 수도 있고 혹은 부분적으로 사실일 수도 있는 이야기(일반적으로 모든 이야기를 포괄함)이다. 그러나 정확성의 정도와 상관없이, 신화는 종종 문화의 가장 깊은 믿음을 표현한다. 이 정의에 따르면 일리아드와 오디세이, 코란, 구약성서와 신약성서 모두 신화라고 말할 수 있다.

## 09 정답 ④

**[정답해설]**
글의 서두에서 지도제작 기술은 많은 새로운 응용분야에서 사용되고 있다고 언급한 후, 이제는 가상현실의 세계에서 뿐만 아니라 사고의 영역에서도 지도제작 기술이 사용되고 있다고 설명하고 있다. 그러므로 ④의 'Mapping New Frontiers(새로운 분야의 지도 제작)'가 윗글의 제목으로 가장 적절하다.

**[오답해설]**
① 컴퓨터화된 지도 대 전통 지도
② 지도 제작은 어디에서 시작하는가?
③ DNA 비밀을 푸는 방법 찾기

**[핵심어휘]**
- mapping 지도 제작
- application 적용, 응용
- biological 생물학의
- molecular 분자의, 분자로 된
- genome 게놈(세포나 생명체의 유전자 총체)
- geophysicist 지구 물리학자
- oceanographer 해양학자
- imaginary 상상에만 존재하는, 가상적인(= fictional) cf) an imaginary root 허근
- hazard 위험, 모험(= danger)
- computerization 컴퓨터화, 전산화
- virtual reality 가상현실
- artificial 인공적인, 인위적인(↔ natural 자연적인)
- stimulate 자극하다, 고무[격려]하다(= encourage)
- realm 영역[범위], 왕국 cf) in the realm of ~의 범위 내에서
- cartography 지도 제작(법)
- frontier 국경, 경계, 분야

**[본문해석]**
지도제작 기술은 많은 새로운 응용분야에서 사용되고 있다. 생물학 연구원들은 DNA의 분자 구조('게놈 지도제작')를 탐구하고 있고, 지구 물리학자들은 지구 핵의 구조를 지도화하고 있으며, 해양학자들은 해저를 지도화하고 있다. 컴퓨터 게임은 규칙, 위험 및 보상이 변화하는 다양한 가상의 '영역'과 단계를 가지고 있다. 컴퓨터화는 이제 특별한 상황을 활성화시키는 인공 환경인 '가상현실'로 현실에 도전하고 있는데, 이는 훈련과 오락에 유용할 수도 있다. 사고의 영역에서도 또한 지도제작 기술이 사용되고 있다. 예를 들어, 개념 지도라고 불리는 것을 사용하여 아이디어 간의 관계를 나타낼 수 있다. 일반 또는 '중앙' 아이디어에서 시작하여 관련 아이디어를 연결함으로써, 주요 개념을 중심으로 웹을 구축할 수 있다. 이것은 어떤 전통적인 정의에 따른 지도가 아니지만, 그것을 제작하는데 지도 제작 도구와 기술이 사용된 것은 어떤 면에서 지도와 닮았다.

## 10 정답 ③

**[정답해설]**
제시문은 성장 가능성이 높은 성과자들, 자신의 직무에 안주하는 적당한 성과자들 그리고 성과가 낮은 성과자들 각각에 맞는 피드백을 주문하고 있다. 그러므로 ③의 'Tailor feedback to the person(개인에게 맞는 피드백을 조정하라.)'이 윗글의 요지로 가장 적절하다.

**[오답해설]**
① 피드백의 시기를 잘 맞춰라.
② 부정적인 피드백의 설정을 바꿔라.
④ 목표 지향적인 피드백을 피하라.

**[핵심어휘]**
- recipient 수령인, 수취인
- estimate 견적, 평가
- potential 가능성, 잠재력
- frequency 빈도, 빈발 a. frequent 잦은, 빈번한
- prod A into B A에게 B하도록 재촉[촉구]하다
- corrective 바로잡는, 수정의, 교정의
- sap 약화시키다, 차츰 무너뜨리다
- initiative 진취성, 자주성, 주도권
- adequate 충분한, 적당한, 적절한(= sufficient)
- reliable 믿을 수 있는, 신뢰할 수 있는(= dependable)
- sanction 제재, 허가, 승인(= authorization)
- lay off ~을 해고하다
- explicit 분명한, 명쾌한(= obvious)
- tailor 맞추다, 조정하다
- customize 주문 제작하다, 맞추다, 설정을 바꾸다
- goal-oriented 목표 지향적인

**[본문해석]**
성과 피드백을 제공할 때, 피드백을 받는 사람의 과거 성과와 그 빈도, 양 및 내용을 계획하는데 있어 그 사람의 장래 잠재력에 대한 평가를 고려해야 한다. 성장 잠재력이 높은 성과자들에게 피드백은 그들을 재촉해서 잘못된 행동을 바로잡을 만큼 빈번해야 하지만, 너무 빈번해서 통제당한다고 느끼거나 진취성을 약화시킬 만큼은 아니다. 직업에 안주하고 발전 가능성이 제한된 적당한 성과자들에게, 자신의 직무를 이해하고 무엇을 해야 하는지를 알고 있어서 과거에 그들이 믿을 만하고 일관된 행동을 보여 왔기 때문에 피드백은 거의 요구되지 않는다. 성과가 낮은 사람들, 즉 성과가 향상되지 않는다면 그들의 일에서 배제될 필요가 있는 사람들에게 피드백은 빈번하고 아주 구체적이어야 하며, 피드백에 대한 행위와 해고되는 것과 같은 부정적인 제재 사이의 연관성은 명백해야만 한다.

## 11 정답 ④

**[정답해설]**
제시문의 마지막 문장에 Hughes는 진지한 내용을 익살스러운 문체와 융합시키는 능력으로, 자연스럽고 재치 있게 인종적 편견을 비난했다고 서술하고 있다. 그러므로 인종편견을 엄숙한 문체로 공격했다는 ④의 설명은 윗글의 내용과 일치하지 않는다.

**[오답해설]**
① Hughes는 많은 아프리카계 미국인 학생들이 학업을 수행한 링컨 대학교를 졸업했다.
② 창조적이고 실험적인 Hughes는 그의 작품에 실제 사투리를 접목시켰다.
③ Hughes는 하층 계급 흑인 문화의 요소를 반영한 인물과 주제를 창조했다.

**[핵심어휘]**
- pursue 추구하다, 추적하다 n. pursuit 추구, 추적
- an academic discipline 학과, 교과
- experimental 실험의, 실험적인
- incorporate 포함하다, 통합시키다(= include, contain)
- authentic 진본인, 진품인(↔ inauthentic 진짜[진품]이 아닌)
- dialect 방언, 사투리
- adapt 개작하다, 각색하다(= alter) n. adaptation 각색, 적응
- embrace 안다, 포옹하다, 수용하다
- cadence (말소리의) 리듬, 억양
- fuse 융합[결합]되다
- racial 인종[민족] 간의
- prejudice 선입견, 편견(= preoccupation, bias)

**[본문해석]**
Langston Hughes는 Missouri 주 Joplin에서 태어났으며, 많은 아프리카계 미국인 학생들이 학업을 수행한 링컨 대학교를 졸업했다. 18세의 나이에 Hughes는 그의 가장 유명한 시 중 하나인 'Negro Speaks of Rivers'를 출간했다. 창의적이고 실험적인 Hughes는 그의 작품에 실제 사투리를 접목시켰고, 블루스와 재즈의 리듬과 분위기를 포용하기 위해 전통적인 시의 형태를 각색했으며, 하류층 흑인 문화의 요소를 반영한 인물과 주제를 창조했다. 진지한 내용을 익살스러운 문체와 융합시키는 그의 능력으로, Hughes는 자연스럽고 재치 있게 인종적 편견을 비난했다.

## 12 정답 ②

**[정답해설]**
제시문은 2007년 월스트리트 은행들의 금융위기 발생 원인과 과정에 대해 서술하고 있다. 그런데 ②의 내용은 비트코인과 이더리움과 같은 가상화폐에 대해 설명하고 있으므로 전체적인 글의 흐름과 가장 어색하다.

**[핵심어휘]**
- staggering 충격적인, 놀라운(= astounding)

- ㅁ aware of …을 깨달은
- ㅁ status 신분, 자격, 지위
- ㅁ excessively 과도하게, 지나치게
- ㅁ risky 위험한, 모험적인, 대담한(= hazardous)
- ㅁ bet (내기에) 걸다
- ㅁ derivative 파생어, 파생물
- ㅁ virtual currency 가상화폐
- ㅁ bitcoin 비트코인(가상화폐의 한 종류)
- ㅁ ethereum 이더리움(가상화폐의 한 종류)
- ㅁ radically 근본적으로, 급진적으로
- ㅁ financial crisis 금융위기
- ㅁ breakdown 고장, 실패, 붕괴
- ㅁ address 고심하다, 다루다
- ㅁ dilemma 딜레마, 진퇴양난(= predicament)
- ㅁ capitalize 자본화하다
- ㅁ regulator 규제[단속] 기관[담당자] cf) a thermostat regulator 온도조절장치
- ㅁ stress test 부하검사
- ㅁ institution 기관, 단체, 협회

**[본문해석]**

2007년에 우리의 가장 큰 걱정은 '망하기에는 덩치가 너무 크다'는 것이었다. 월스트리트의 은행들은 그토록 놀랄만한 규모로 성장했고, 금융 시스템의 건전성에 아주 중요한 역할을 했기 때문에, 어떤 합리적인 정부도 그들을 망하게 내버려 둘 수 없었다. ① 보호받을 위치에 있다는 것을 알고, 은행들은 주택 시장에 지나치게 위험한 투자를 했고, 그 어느 때보다도 더 많은 복잡한 파생상품들을 만들었다. ② 비트코인과 이더리움과 같은 새로운 가상화폐는 어떻게 돈이 작동할 수 있고 작동해야 하는지에 대한 우리의 생각을 급격히 변화시켰다. ③ 그 결과 1929년 우리 경제가 붕괴된 이후 최악의 금융 위기가 도래했다. ④ 2007년 이후 우리는 망하기에 너무 큰 딜레마를 해결하는 데 큰 진전을 이루었다. 우리 은행들은 그 어느 때보다도 자본화가 잘 되어 있다. 우리의 규제기관은 대형 기관의 정기적인 부하검사를 수행한다.

## 13 정답 ③

**[정답해설]**

제시문은 단순한 이름을 소유한 사람이 복잡한 이름을 소유한 사람보다 출세할 가능성이 더 높다고 설명하고 있다. 또한 마지막 문장에서 단순함은 이름에서 다양한 결과를 결정하는 하나의 핵심적인 특징이라고 서술되어 있으므로, ③의 'the benefit of simple names(단순한 이름들의 장점)'가 윗글의 주제로 가장 적절하다.

**[오답해설]**

① 법적 이름들의 발전
② 매력적인 이름들의 개념
④ 외국 이름들의 뿌리

**[핵심어휘]**

- ㅁ evidence 증거, 증인
- ㅁ legal 법률상의, 합법적인(↔ illegal 불법적인) v. legalize 합법화하다
- ㅁ hierarchy 계급, 계층
- ㅁ attain 도달하다, 성취하다, 달성하다(= accomplish) n. attainment 성취, 달성
- ㅁ eliminate 제거하다, 없애다(= get rid of)
- ㅁ alternative 양자택일의, 선택적인, 대안적인
- ㅁ foreignness 외래성, 이질성, 외국풍
- ㅁ pronounce 발음하다(= articulate) n. pronunciation 발음
- ㅁ white male 백인 남성
- ㅁ Anglo-American 영미의, 영국계 미국 사람의
- ㅁ simplicity 간단함, 평이함, 단순함
- ㅁ feature 특색, 특징
- ㅁ outcome 결과, 성과

**[본문해석]**

두 사람이 같은 날 한 법률회사에서 일을 시작한다고 상상해 보라. 한 사람은 이름이 아주 간단하다. 다른 사람은 이름이 아주 복잡하다. 우리는 이후 16년 이상의 직장 생활 동안 더 단순한 이름을 가진 사람이 더 빨리 법적 지위에 오를 것이라는 아주 좋은 증거를 갖고 있다. 그들은 직장 생활 도중에 더 빨리 협력관계를 획득할 것이다. 그리고 법과대학을 졸업한 지 8년 내지 9년쯤 되었을 때, 더 단순한 이름을 가진 사람들이 약 7~10% 파트너가 될 가능성이 더 높은데, 이것은 놀라운 효과이다. 우리는 다른 모든 종류의 구차한 설명들을 없애려고 노력한다. 예를 들어, 우리는 외국 이름이 발음하기가 더 어렵기 때문에 이질감에 관한 것이 아니라는 것을 보여주려고 노력한다. 하지만 영미인 이름을 가진 백인 남성들 – 그러니까 정말 실제 내집단에서 본다면 – 여러분은 영미인 이름을 가진 백인 남성들 중에서, 만약 그들의 이름이 더 단순해진다면 출세할 가능성이 더 높다는 것을 알게 될 것이다. 따라서 단순함은 이름에서 다양한 결과를 결정하는 하나의 핵심적인 특징이다.

## 14 정답 ③

**[정답해설]**

'compulsory'는 '강제적인, 의무적인'의 뜻으로 'mandatory(법에 정해진, 의무적인)'와 의미상 가장 유사하다.

[오답해설]
① 보완적인
② 체계적인
④ 혁신적인

[핵심어휘]
- schooling 학교 교육
- compulsory 강제적인, 의무적인(= mandatory) (↔ voluntary 자발적인) v. compel 강요[강제]하다
- range 범위, 폭 cf) the age range 연령[나이]대
- complementary 보완적인, 보충적인
- mandatory 법에 정해진, 의무적인(= compulsory)
- innovative 획기적인, 혁신적인

[본문해석]
학교 교육은 미국에서 모든 아이들에게 의무적이지만, 학교 출석이 요구되는 연령대는 주(州)마다 다르다.

## 15 정답 ①

[정답해설]
'disclose'는 '밝히다, 폭로하다'는 뜻으로 'let on(말하다, 털어놓다)'과 의미상 가장 유사하다.

[오답해설]
② 봐주다
③ 누그러지다
④ 실망시키다

[핵심어휘]
- turmoil 혼란, 소란(= confusion)
- disclose 밝히다, 폭로하다(= reveal) cf) disclose the truth 진상을 파헤치다
- let on 말하다, 털어놓다
- let off 봐주다, 터뜨리다
- let up 약해지다, 누그러지다
- let down 기대를 저버리다, 실망시키다

[본문해석]
비록 그 여배우는 경력상 많은 혼란을 겪었지만, 자기가 불행하다고 어느 누구에게도 결코 밝히지 않았다.

## 16 정답 ①

[정답해설]
(A) 선지자들은 그들의 업계에서 새로운 기술의 가능성을 맨 처음 눈여겨보는 사람들이므로, 이미 많은 사람들이 사용하고 있는 잘 검증된 제품을 구입하지 않을 것으로 기대된다. 여기서 앞과 뒤의 문장이 인과 관계에 있으므로 'therefore(따라서)'가 빈칸 (A)에 들어갈 말로 적절하다.
(B) 앞 단락이 선지자들의 특성에 대해 설명하고 있다면, (B) 이후부터는 실용주의자들의 특성에 대해 설명하고 있으므로 전환을 의미하는 연결어구인 'on the other hand(반면에)'가 빈칸 (B)에 들어갈 말로 적절하다.

[오답해설]

| | (A) | (B) |
|---|---|---|
| ② | 그러나 | 게다가 |
| ③ | 그럼에도 불구하고 | 동시에 |
| ④ | 더욱이 | 결론적으로 |

[핵심어휘]
- visionary 선지자
- segment 부분, 구분(= section) cf) industry segment 산업계
- potential 가능성, 잠재력
- opposite number 대등한 지위에 있는 사람, 상대방
- leverage 지렛대로 이용하다, 영향력을 미치다
- competitive advantage 경쟁우위
- come about 생기다, 일어나다, 발생하다
- well-tested 잘 검증된
- extensive 아주 넓은[많은], 대규모의
- reference 참고 문헌[자료]
- turn off 신경을 끊다, 관심을 잃게 하다
- at any rate 하여튼, 어쨌든
- pragmatist 실용주의자, 실무가
- colleague 동료, 동업자

[본문해석]
선지자들은 그들의 업계에서 새로운 기술의 가능성을 내다보는 첫 번째 사람들이다. 기본적으로 그들은 자신들을 경쟁사의 상대편보다 더 똑똑하다고 여기며 종종 실제로 그렇다. 사실, 그들이 경쟁의 우위를 점하고 싶은 대상을 먼저 보는 것이 그들의 능력이다. 그러한 우위는 그 밖의 누군가가 발견하지 못했을 때만 발생할 수 있다. (A) 따라서 그들은 광범위한 산업 참고 자료 목록에 있는 잘 검증된 제품을 구입할 것으로 기대하지 않는다. 실제로 그러한 참고 기준이 존재한다면, 이 기술에 대해, 어쨌든, 그들이 이미 너무 늦었다는 것을 나타내므로, 실제로 그들의 관심을 잃게 할 수도 있다. (B) 반면에 실용주의자들은 다른 회사에 있는 동료들의 경험을 매우

국가직 문제 지방직 문제 서울시 문제 국가직 해설 지방직 해설 서울시 해설

소중히 여긴다. 그들은 구매할 때, 광범위한 참고 자료를 기대하며, 자신의 업계에 있는 회사들로부터 상당수가 나오기를 바란다.

## 17 정답 ④

**[정답해설]**

주어진 문장이 질병의 지속성 여부에 대해 언급하고 있으므로, 질병과 관련된 서술이 나타난 곳을 살펴보아야 한다. 제시문에서 많은 우주비행사들이 지구로 귀환할 때 생리적 그리고 심리적 문제를 경험한다고 하였고, ④ 이후에 우주여행으로 인한 멀미에 대해 소개하고 있다. 그러므로 주어진 문장은 ④에 위치하는 것이 전체적인 글의 흐름상 가장 적절하다.

**[핵심어휘]**

- ailment 질병, 질환 cf) a chronic ailment 만성 질환
- short-lived 수명이 짧은, 오래가지 못하는
- long-lasting 오래 지속되는(= durable)
- realm 영역, 범위, 분야
- astronomer 천문학자
- sustain 지탱하다, 유지하다(= maintain)
- extraterrestrial 외계의 cf) extraterrestrial life form 외계 생명체
- astronaut 우주비행사
- atmosphere 대기, 분위기
- physiological 생리학상의, 생리적인
- psychological 정신적인, 심리적인
- suffer from ~로 고통 받다
- motion sickness 멀미
- gravity-free 무중력, 중력이 없는
- differentiate A from B A와 B를 구별하다
- internal 내부의, 체내의(↔ external 외부의)
- result in ~을 초래하다
- nausea 욕지기, 메스꺼움

**[본문해석]**

> 이러한 질병 중 일부는 오래가지 못하지만, 다른 질병들은 오래 지속될 수 있다.

수세기 동안 인간은 하늘을 올려다보며 우리 행성의 영역 너머에 무엇이 존재하는 지 궁금해 했다. ( ① ) 고대 천문학자들은 우주에 대해 더 많이 배우기를 바라며 밤하늘을 조사했다. 최근에는 일부 영화들이 우주에서 인간의 생활을 유지할 가능성을 탐구했고, 다른 영화들은 외계 생명체가 우리 행성을 방문했을 지에 대해 의문을 제기했다. ( ② ) 1961년에 우주비행사 Yuri Gagarin이 우주여행을 한 최초의 사람이 된 이후, 과학자들은 지구 대기 밖의 환경은 어떤지, 그리고 우주여행이 인체에 어떤 영향을 미치는지 연구해 왔다. ( ③ ) 비록 대부분의 우주비행사들은 우주에서 몇 달 이상을 머무르지 않지만, 많은 이들이 지구로 귀환할 때 생리적 그리고 심리적 문제를 경험한다. ( ④ ) 우주비행사의 3분의 2 이상이 우주여행을 하는 동안 멀미로 고생한다. 중력이 없는 환경에서, 신체는 위와 아래를 구분할 수 없다. 신체의 내부 균형 체계가 뇌에 혼란스러운 신호를 보내며, 며칠 동안 메스꺼움을 지속시킬 수 있다.

## 18 정답 ③

**[정답해설]**

빈칸 다음의 문장들을 보면 문학 수업에서는 유전자에 대해 배우지 않고, 물리학 수업에서는 인간의 진화에 대해 배우지 않으므로 세상에 대한 편파적인 관점을 갖게 된다고 서술하고 있다. 그러므로 ③의 "Today, we teach and learn about our world in fragments. (오늘날, 우리는 단편적으로 세상에 대해 가르치고 배운다.)"가 빈칸에 들어갈 말로 가장 적절하다.

**[오답해설]**

① 과거에는 역사에 대한 연구가 과학으로부터의 각성을 요구했다.

② 최근, 과학은 우리에게 많은 영리한 속임수와 의미를 제공했다.

④ 최근에 역사는 몇 가지 범주로 나뉘었다.

**[핵심어휘]**

- bother 신경 쓰다, 애를 쓰다
- gene 유전자
- evolution 진화, 발전 v. evolve 진화하다
- partial 일부분의, 부분적인, 편파적인(↔ impartial 공정한)
- disorientation 방향 감각 상실, 혼미
- meaninglessness 무의미함, 무익함
- anomie 아노미, 사회적[도덕적] 무질서
- despair 절망, 자포자기(= despondency)
- suicide 자살 cf) commit suicide 자살하다
- disenchantment 미몽에서 깨어남, 각성
- unified 통일된, 통합된
- origin story 근원 설화
- enchantment 황홀감, 매혹 v. enchant 황홀하게 만들다, 넋을 잃게 하다
- inevitable 불가피한, 필연적인(= unavoidable)
- rationality 순리성, 합리성

ㅁ modernity 현대적임, 근대성, 현대풍
ㅁ fragment 조각, 파편, 단편(= fraction)

**[본문해석]**
왜 모든 것들의 역사에 신경 쓰는가? 오늘날, 우리는 단편적으로 세상에 대해 가르치고 배운다. 문학 수업에서는 유전자에 대해 배우지 않고, 물리학 수업에서는 인간의 진화에 대해 배우지 않는다. 그래서 당신은 세계에 대한 편파적인 관점을 갖게 된다. 그것은 교육에서 의미를 찾기 어렵게 만든다. 프랑스 사회학자 Emile Durkheim은 이 혼란과 무의미함을 아노미라고 불렀고, 절망과 심지어 자살로 이어질 수 있다고 주장했다. 독일의 사회학자 Max Weber는 세계의 '각성'에 대해 이야기했다. 과거에 사람들은 자신의 세계에 대한 통일된 시각을 가지고 있었는데, 이는 보통 자신의 종교적 전통의 근원 설화에 의해 제공되는 시각이었다. 그 통일된 시각은 목적, 의미, 심지어 세상과 삶에 대한 황홀감을 주었다. 그러나 오늘날 많은 작가들은 과학과 합리성의 세계에서 무의미한 감각이 불가피한 것이라고 주장해 왔다. 현대적이라는 것은 무의미함을 의미하는 것처럼 보인다.

## 19 정답 ②

**[정답해설]**
제시문에 따르면 미국의 급식 프로그램이 시작된 시기는 대공황 때부터인 것은 맞지만, 식량 부족에도 불구하고 급식 프로그램을 시행한 것이 아니라 과잉 생산된 잉여 농산물의 처리와 연계하여 시행한 것이다. 그러므로 "The US government began to feed poor children during the Great Depression despite the food shortage. (미국 정부는 식량 부족에도 불구하고 대공황 기간 동안 빈곤 아동들에게 식사를 제공하기 시작했다.)"는 ②의 설명은 윗글의 내용과 일치하지 않는다.

**[오답해설]**
① 취업 여성의 증가는 급식 프로그램의 확대를 촉진시켰다.
③ 미국의 학교 급식 제도는 현재 빈곤 가정의 아이들에게 음식을 제공하는 데 도움을 준다.
④ 점심을 제공하는 기능이 가정에서 학교로 바뀌었다.

**[핵심어휘]**
ㅁ food service 급식
ㅁ date from …부터 시작되다
ㅁ the Great Depression 대공황
ㅁ surplus 과잉의, 흑자의, 잉여의
ㅁ agricultural 농업의
ㅁ commodity 상품, 물품, 필수품
ㅁ explosion 폭발, 폭파, 폭발적인 증가 v. explode 터뜨리다, 폭발시키다
ㅁ fuel 연료를 공급하다, 부채질하다
ㅁ federally 연합으로, 연방제로
ㅁ assist 돕다, 원조하다 n. assistance 도움, 원조
ㅁ funding 자금 제공, 재정 지원
ㅁ expand 확대[확장/팽창]시키다(↔ contract 줄이다, 축소하다) n. expansion 확대, 확장, 팽창
ㅁ nutritious 영양가가 높은, 영양분이 많은(= nourishing)
ㅁ underprivileged 불우한, 혜택을 못 받는(= disadvantaged)
ㅁ if anything 어느 쪽인가 하면, 오히려
ㅁ replacement 교체, 대체
ㅁ boost 신장[촉진]시키다, 북돋우다 cf) boost domestic demand 내수를 진작하다

**[본문해석]**
가장 초기의 정부 급식 프로그램은 1900년경 유럽에서 시작되었다. 미국의 프로그램은 대공황부터 시작되었는데, 잉여 농산물을 사용해야 할 필요성이 빈곤 가정의 자녀를 먹이는 것에 대한 걱정과 연계되었을 때이다. 제2차 세계대전 동안과 이후, 일하는 여성의 폭발적인 증가는 보다 폭넓은 프로그램의 필요성을 부채질했다. 한때 가정의 기능이었던 점심 제공은 학교 급식 시스템으로 바뀌었다. 국립학교 점심 프로그램은 이러한 노력의 결과이다. 이 프로그램은 학령기 아동들에게 연방제로 보조 급식을 제공하기 위해 고안되었다. 제2차 세계대전이 끝날 때부터 1980년대 초반까지, 학교 급식에 대한 재정 지원은 꾸준히 확대되었다. 오늘날 그것은 미국 전역에서 거의 10만 개에 달하는 학교의 아이들에게 음식을 제공하는 것을 돕는다. 그것의 첫 번째 기능은 모든 학생들에게 영양가 있는 점심을 제공하는 것이고, 두 번째는 불우한 아이들에게 아침과 점심 모두 영양가 있는 음식을 제공하는 것이다. 어느 쪽이든 간에 한 때 가정의 기능이었던 것을 대체하는 학교 급식의 역할은 확대되어 왔다.

## 20 정답 ④

**[정답해설]**
주어진 문장에서 한국이 인터넷이 가장 잘 연결된 국가라고 하였고, 글 (B)에서 다른 국가들과의 비교를 통해 한국의 인터넷 보급이 최상임을 부연 설명하고 있다. 글 (C)에서 접속사 'But(그러나)'으로 시작하여 많은 인터넷 중독자들로 인한 부작용에 대해 설명하고 있고, 마지막으로 글 (A)에서 'This addiction(이러한 중독은)'으로 시작하며 구체적인 피해 사례를 설명하고 있다. 그러므로 주어진 문장 다음에 이어질 글의 순서는 (B)–(C)–(A)순이다.

**[핵심어휘]**

- boast of ~을 뽐내다, 자랑하다
- wired 유선의, 인터넷에 연결된
- addiction 중독, 탐닉
- exhaustion 탈진, 기진맥진(= fatigue)
- self-destructive 자기 파괴적인, 자멸하는
- intensely 강렬하게, 치열하게
- competitive 경쟁하는, 뒤지지 않는
- embrace 포용하다, 아우르다, 수용하다
- come at a price 대가가 치르다
- legion 군대, 군단, 다수 cf) legions of 수많은
- obsessed 중독된, 사로잡힌
- tear away from ~에서 떼어 놓다, 벗어나다

**[본문해석]**

한국은 지구상에서 인터넷이 가장 잘 연결된 국가라고 자랑한다.

(B) 사실, 어떤 나라도 인터넷을 그렇게 잘 수용한 국가는 없을 것이다.

(C) 그러나 웹에 대한 용이한 접근은 중독된 수많은 사용자들이 컴퓨터 화면에서 벗어날 수 없음을 알게 되면서 대가를 치르게 되었다.

(A) 사용자들이 며칠 동안 온라인 게임을 하다가 결국 탈진으로 목숨을 잃기 시작하면서, 이러한 중독은 최근에 한국에서 국가적인 문제가 되었다. 점점 더 많은 학생들이 온라인상에 머물기 위해 학교를 결석했고, 이는 치열한 경쟁 사회에서 충격적인 자기 파괴적인 행동이다.

## [국가직] 2018년 04월 | 정답

| | | | | | | | | | |
|---|---|---|---|---|---|---|---|---|---|
| 01 | ① | 02 | ① | 03 | ② | 04 | ③ | 05 | ① |
| 06 | ② | 07 | ④ | 08 | ② | 09 | ② | 10 | ③ |
| 11 | ④ | 12 | ④ | 13 | ② | 14 | ① | 15 | ④ |
| 16 | ④ | 17 | ② | 18 | ② | 19 | ③ | 20 | ④ |

## [국가직] 2018년 04월 | 해설

### 01 정답 ①

**[정답해설]**

늦어도 6시까지는 도착해야 한다는 A의 말에 B가 지금 4시 30분이니 바로 출발해야한다고 말한 것으로 보아, B의 말에는 시간이 얼마 없으니 서둘러야 한다는 의미가 내포되어 있다. 그러므로 빈칸에는 'That's cutting it close(시간이 아슬아슬하네요)'가 들어갈 말로 가장 적절하다.

**[오답해설]**

② I took my eye off the ball. (제가 방심했네요.)
→ 시간이 넉넉하다고 생각했는데, 제 시간에 도착하지 못했을 때 사용할 수 있는 표현임

③ All that glitters is not gold. (반짝인다고 모두 금은 아니에요.)
→ 차가 고장 나서 공항까지 태워달라는 부탁의 내용이므로, 해당 속담과는 어울리지 않음

④ It's water under the bridge (다 지나간 일이에요.)
→ 해당 표현은 잘못한 일을 사과한 상대방에 대한 덕담이므로, 공항에 제 시간에 못 도착했는지의 여부를 아직 확인할 수 없으므로 부적절 함

**[핵심어휘]**

- business trip 출장
- no later than 늦어도 ~까지는
- cut it close (시간 따위를) 절약하다
- take one's eye off the ball 방심하다, 한 눈 팔다(↔ keep one's eye on the ball 계속 주의를 기울이다, 방심하지 않다)
- glitter 반짝반짝 빛나다, 반짝거리다
- water under the bridge 지나간 일, 끝난 일

**[본문해석]**

A: 부탁 좀 해도 될까요?
B: 그럼요, 뭔데요?
A: 출장 때문에 공항에 가야 하는데, 내 차가 시동이 안 걸려서요. 날 좀 태워다 줄 수 있나요?

B: 물론이죠. 그곳에 언제까지 도착하면 되는데요?
A: 늦어도 6시까지는 그곳에 도착해야 합니다.
B: 지금 4시 30분인데. 시간이 아슬아슬하네요. 바로 출발해야겠는데요.

## 02 정답 ①

**[정답해설]**

인간의 기본적인 특성인 손실의 두려움을 주식 시장의 관점에서 바라보면, 과정상 손실은 최종적으로 수익을 내기 위한 큰 그림의 작은 일부이기 때문에 상심할 필요가 없다는 것이다. 그러므로 빈칸에는 'less inclined to dwell on individual losses(개인적인 손실에 덜 연연하는)'이 들어갈 말로 가장 적절하다.

**[오답해설]**

② less interested in your investments(당신의 투자에 덜 관심을 갖는)
→ 손실은 수익을 내기 위한 큰 그림의 작은 일부라는 것을 알기 때문에 투자에 덜 관심을 갖지는 않음

③ more averse to the losses(손실을 더욱 싫어하는)
→ 손실 가능성은 게임의 과정이지 결과가 아니므로 과정상의 손실을 감안함

④ more sensitive to fluctuations in the stock market(주식 시장의 변동성에 더욱 민감한)
→ 포트폴리오 접근법에 의한 주식 거래자는 주식 시장의 변동성에 일희일비하지 않음

**[핵심어휘]**

- take a measure 조치를 취하다, 대책을 강구하다
- indefinitely 무기한으로, 무한정하게(= endlessly, continually, for ever)
- perspective 관점, 시각 cf) from a historical perspective 역사적인 관점에서
- stock trader 증권 거래인, 주식 거래자
- portfolio approach 포트폴리오 접근법
- embrace 껴안다, 포옹하다, 받아들이다[수용하다] cf) embrace Buddhism 불교에 귀의하다
- dwell on ~을 깊이 생각하다, 숙고하다, 연연하다
- averse to ~을 싫어하는[반대하는]
- fluctuation 변동, 오르내림, 파동(= alternating, variation, vacillation)

**[본문해석]**

손실에 대한 두려움은 인간의 기본적 특성이다. 뇌에게 손실은 위협이며 응당 그것을 피할 방법을 강구한다. 그러나 마냥 피할 수는 없다. 손실을 대하는 한 가지 방법은 주식 거래자의 관점에서 바라보는 것이다. 주식 거래자는 손실 가능성을 게임의 일부로 받아들이지, 게임의 결과로 받아들이지 않는다. 이런 생각을 보여주는 것이 포트폴리오 접근법인데, 이득과 손실은 둘 다 생기지만, 가장 중요한 문제는 전반적인 포트폴리오 결과이다. 포트폴리오 접근법을 수용할 때, 손실이라는 것이 훨씬 더 큰 그림의 작은 일부라는 것을 알기 때문에 당신은 개인적인 손실에 덜 연연하게 된다.

## 03 정답 ②

**[정답해설]**

윗글의 마지막 문장에서 현재는 우리가 소유한 모든 것이며, 우리가 현재에 더욱 둘러싸여 있을수록, 우리 자신의 존재와 참여를 더욱 잘 인식한다고 서술하고 있다. 즉, 우리는 과거에 만들어진 환경 속에서 살지만, 우리가 실제로 통제할 수 있는 것은 현재이므로 현재의 삶에 충실하자는 내용이다. 그러므로 ②의 'Reflect on the Time That Surrounds You Now(우리를 둘러싼 현재의 시간을 되돌아보라)'가 윗글의 제목으로 가장 적절하다.

**[오답해설]**

① Travel: Tracing the Legacies of the Past (여정 : 과거의 유산을 추적하는 것)
③ Manifestation of a Hidden Life (어떤 숨겨진 삶의 표명)
④ Architecture of a Futuristic Life (미래지향적 삶의 건설)

**[핵심어휘]**

- considering that 그것을 고려하면[감안하면]
- the minute (that) ~하자마자
- manifest 나타내다, 분명해지다 n. manifestation 명시, 표명, 징후
- architecture 건축학, 건축 양식
- construct 구성, 구조물, 구축물
- collective consciousness 집단[공동체] 의식
- relevant 관련 있는, 적절한(= significant, appropriate, related)
- conceive 마음속으로 품다, 상상하다 n. conception 개념, 관념
- be aware of ~을 알다
- participation 참가, 참여 v. participate 참가[참여]하다
- legacy 유산, 유물(= bequest, inheritance) cf) carry on the legacy 전통의 맥을 잇다
- reflect on ~을 반성하다, 되돌아보다
- futuristic 초현대적인, 미래의[에 관한]

**[본문해석]**

지난 몇 년 간의 여정을 통해, 나는 인간이 얼마만큼 과거 속에 살고 있는지 관찰했다. 과거는 우리 주변에서 끊임없이 일어나며, 그것을 감안하면 어떤 일이 밝혀지자마자, 그것은 과거가 된다. 우리의 주변, 가정, 환경, 건축물, 상품들은 모두 과거의 구조물이다. 우리는 우리 시대의 일부이며, 우리 공동체 의식의 일부이며, 우리의 생애 동안 생산된 것들과 함께 살아야만 한다. 물론, 우리 시대 동안 주변과 관련되고 생각된 모든 것을 선택하거나 통제할 수는 없지만, 우리가 실제로 통제할 수 있는 것은 우리가 존재하며 의사소통하는 시간이 반영된 바로 현재이다. 현재는 우리가 소유한 모든 것이며, 우리가 현재에 더욱 둘러싸여 있을수록, 우리 자신의 존재와 참여를 더욱 잘 인식한다.

## 04 정답 ③

**[정답해설]**

has been resulted in → has resulted in

'result'는 '(~의 결과로) 발생하다[생기다]'는 뜻의 자동사이므로 수동태로 사용될 수 없다. 그러므로 현재완료 수동태 형태인 ③의 'has been resulted in'은 'has resulted in'으로 고쳐 써야 옳다.

**[오답해설]**

① 'It(가주어) ~ to부정사(진주어)' 구문에서 'to imagine'은 '진주어'로 옳게 사용되었다.

② 'take ~ for granted(~을 당연한 것으로 여기다)' 구문으로 옳게 사용되었다.

④ 'affecting'은 능동의 의미를 지닌 현재분사를 이용한 분사구문으로써 옳게 사용되었다.

**[핵심어휘]**

- take ~ for granted ~을 당연한 것으로 여기다
- estimate 추정(치), 추산 cf) at a moderate estimate 적게 잡아서
- deforestation 삼림 벌채[파괴] (↔ afforestation 숲 가꾸기, 조림)
- result in ~을 낳다[야기하다], 그 결과 ~가 되다 cf) result from ~이 원인이다, 기인하다
- wilderness 황무지, 황야
- temperate rainforest 온대 강우림

**[본문해석]**

숲의 아름다움과 풍요로움이 없는 삶을 상상하기란 힘들 것이다. 그러나 과학자들은 우리가 숲을 당연하게 여겨서는 안 된다고 경고한다. 몇몇 추정에 따르면, 삼림 벌채로 인해 세계 자연림의 80%가 손실되었다. 현재 삼림 벌채는 태평양의 온대 강우림과 같은 황야 지역에 영향을 미치는 지구촌 문제이다.

## 05 정답 ①

**[정답해설]**

'indigenous'는 '원산의, 토착의'의 뜻으로, 'indigenous people'은 '원주민'을 뜻한다. 그러므로 ①의 'native'와 그 의미가 가장 유사하다.

**[오답해설]**

② ravenous → 몹시 굶주린

③ impoverished → 빈곤한

④ itinerant → 떠돌아다니는

**[핵심어휘]**

- legendary 전설적인, 아주 유명한
- documentary filmmaker 다큐멘터리 영화감독[제작자]
- indigenous 원산의, 토착의, 토종의 cf) indigenous people 원주민, 토착민
- ravenous 몹시 굶주린, 게걸스러운 cf) be ravenous for food 먹을 것에 굶주리다
- impoverished 빈곤한, 가난해진
- itinerant 떠돌아다니는, 순회하는

**[본문해석]**

전설적인 다큐멘터리 감독인 Robert J. Flaherty는 원주민들이 어떻게 식량을 채집했는지를 보여주려고 했다.

## 06 정답 ②

**[정답해설]**

음악을 감상하는 것과 록스타가 되는 것은 별개의 문제라는 의미이므로, 빈칸에는 'a far cry from(~와는 거리가 먼)'이 들어갈 말로 가장 적절하다.

**[오답해설]**

① on a par with → ~와 동등한

③ contingent upon → ~여부에 달린

④ a prelude to → ~의 서막인

**[핵심어휘]**

- on a par with ~와 동등한[같은]
- a far cry from ~와는 거리가 먼[전혀 다른]

- contingent upon ~여부에 달린
- a prelude to ~의 서막인[전초전인]

**[본문해석]**
음악을 감상하는 것과 록스타가 되는 것은 전혀 다른 것이다. 누구나 음악을 들을 수는 있지만, 음악가가 되려면 재능이 있어야 한다.

## 07 정답 ④

**[정답해설]**
윗글은 태풍과 우기에도 잘 견디는 벼 품종의 개량으로 쌀 수확량이 늘어날 것으로 기대된다는 희망적인 내용이다. 그런데 ④의 지문은 이것이 농작물이 부족한 취약 지역의 사람들에게 두려운 소식이라고 했으므로, 윗글의 전체 흐름과 대치된다.

**[핵심어휘]**
- biologist 생물학자
- identify 확인하다[알아보다], 찾다, 발견하다
- gene 유전자 cf) a dominant[recessive] gent 우성[열성] 유전자
- submerge 잠수하다, 물 속에 잠기다 n. submergence 잠수, 침수, 침몰
- be deprived of ~을 빼앗기다, ~이 없어지다
- wither 시들다, 말라 죽다(= wilt)
- perish 죽다, 소멸되다(= expire) cf) perish the thought 말도 안 돼[꿈도 꾸지 마]
- prolong 연장하다, 길어지게 하다(= lengthen)
- susceptible 민감한, 예민한 cf) be susceptible to ~에 영향을 받기 쉽다
- flood-prone 범람하기 쉬운, 침수되기 쉬운
- estimated 어림의, 추측의
- waterlogged 물에 잠긴, 침수된
- rice paddy 논
- strain 종족, 혈통, 품종 cf) rice strain 벼 품종
- incur 초래하다, 발생시키다
- monsoon 우기, 장마 cf) monsoon season 계절풍기
- bumper harvest 풍작, 풍년
- dreadful 끔찍한, 지독한(= terrible, shocking, awful)
- vulnerable 취약한, 연약한
- victim 피해자, 희생자(= casualty, fatality)
- unbanization 도시화
- rice yield 쌀 생산량
- staple diet 주식, 애용물

**[본문해석]**
생물학자들은 벼가 지금보다 1주일 이상 긴 최대 2주 동안 물속에 잠겨 있어도 생존할 수 있는 유전자를 발견했다. 1주일 이상 물속에 있는 식물들은 산소가 없어져 시들어 썩는다. ① 과학자들은 그들의 발견으로 범람하기 쉬운 지역에서 작물의 수확량이 늘어날 것으로 기대한다. ② 아시아의 홍수 가능성이 높은 이런 지역에서 벼 재배자들은 지나치게 물에 잠긴 논으로 인해 어림잡아 매년 10억 달러의 손실을 보고 있다. ③ 그들은 새로운 유전자가 태풍과 우기에 발생하는 재정적 피해를 줄이고 풍년이 들게 하는 더욱 강인한 벼 품종을 제공할 것으로 기대한다. ④ 이것은 도시화의 피해자이며 농작물이 부족한 취약 지역의 사람들에게 두려운 소식이다. 10억 명의 사람들이 주식으로 제공받기 위해서는 쌀 생산량이 향후 20년 동안 30%까지 증가해야 한다.

## 08 정답 ②

**[정답해설]**
운전하는 법을 가르쳐 달라는 A의 부탁에 B가 운전해(be behind the steering wheel) 본 적이 있는지 물어보고 있다. 이에 A가 그렇지 않다고 답하지만, 다음 문장에서 '~하는 걸 기다릴 수 없다'고 하였으므로 빈칸에는 '운전을 시작하는 걸 기다릴 수 없다'는 내용이 와야 한다. 그러므로 빈칸에는 ②의 'get my feet wet(시작하다)'라는 관용적 표현이 적당하다.

**[오답해설]**
① take a rain check → 다음을 기약하다
③ get an oil change → 오일을 교환하다
④ change a flat tire → 펑크 난 타이어를 갈다

**[핵심어휘]**
- learner's permit 임시 운전면허증
- be[sit] behind the steering wheel 운전하다, 조종하다
- take a rain check 다음을 기약하다, 연기하다
- get one's feet wet 시작하다
- flat tire 펑크 난 타이어

**[본문해석]**
A: 운전할 줄 아세요?
B: 물론이죠. 운전을 잘 합니다.
A: 내게 운전하는 법 좀 가르쳐줄 수 있나요?
B: 임시 운전면허증은 있나요?
A: 예, 지난주에 막 땄어요.
B: 운전해 본 적은 있나요?
A: 아니요, 그런데, (운전을) 시작하는 걸 기다릴 수가 없어요.

## 09 정답 ②

**[정답해설]**
본문에서 청상아리의 비늘이 상어 주위의 물의 흐름에 적응하고 저항력을 줄이기 위해 위로 올리거나 편평하게 할 수 있다고 했으므로, "Lang은 청상아리의 비늘이 물속에서 저항력을 줄이는데 사용된다는 사실을 알아냈다."는 ②의 설명이 윗글의 내용과 일치한다.

**[오답해설]**
① A shark has scales that always remain immobile to protect itself as it swims. (상어는 헤엄칠 때 스스로를 보호하기 위한 고정된 비늘이 있다.)
→ 상어의 비늘은 고정되어 있지 않고 움직일 수 있음
③ A mako shark has scales of identical size all over its body. (청상아리는 몸통 전체에 동일한 크기의 비늘이 있다.)
→ 청상아리의 비늘은 몸의 각 부위마다 크기와 유연성이 다름
④ The scientific designs of airplanes were inspired by shark scales. (항공기의 과학적 설계는 상어 비늘로부터 영감을 받았다.)
→ 상어 비늘이 항공기와 같이 공기 저항을 받는 기계 설계에 영감을 줄 수 있다고 생각한 것이지 반드시 영감을 준 것은 아님, 즉 확장된 추론의 오류임

**[핵심어휘]**
- scale 비늘
- flexible 휘기 쉬운, 유연한 n. flexibility 휘기 쉬움, 유연성
- drag 항력(抗力)
- aerospace engineer 항공 우주 공학자
- shortfin mako 청상아리
- relative 친척, 동족, 동류
- taper 점점 가늘어지다, 끝이 뾰족해지다
- flatten 납작해지다, 편평하게 하다
- adjust to ~에 적응하다
- immobile 움직이지 않는, 부동의, 고정된 n. immobility 부동성, 고정, 정지
- reveal 드러내다, 폭로하다(= disclose, give away)
- identical 동일한, 똑같은 cf) identical equation 항등식

**[본문해석]**
상어는 이빨과 같은 물질로 만든 비닐로 덮여 있다. 이 유연한 비늘은 상어를 보호하고 물속에서 빠르게 헤엄치도록 도와준다. 상어는 헤엄칠 때 그 비늘을 움직일 수 있다. 이런 움직임은 물의 저항력을 감소시키는 데 도움이 된다. Alabama 대학교의 항공 우주 공학자 Amy Lang은 백상아리의 친척인 청상아리의 비늘을 연구한다. Lang과 그녀의 연구팀은 청상아리의 비늘이 몸의 각 부위마다 크기와 유연성이 다르다는 사실을 발견했다. 예를 들어, 몸통 측면에 있는 비늘은 점점 가늘어지는 즉, 한쪽 끝이 넓고 다른 쪽 끝이 좁아진다. 그것은 점점 가늘어지기 때문에 이러한 비늘은 매우 용이하게 움직인다. 그것은 상어 주위의 물의 흐름에 적응하고 저항력을 줄이기 위해 위로 올리거나 편평하게 할 수 있다. Lang은 상어 비늘이 항공기와 같이 공기 저항을 받는 기계 설계에 영감을 줄 수 있다고 생각한다.

## 10 정답 ③

**[정답해설]**
paying → paid
'pay attention to(~에 주의를 기울이다)'를 수동태로 만들려면 'pay'의 목적어에 해당하는 'attention'이 주어가 되고 'pay'는 'be동사 + paid'의 형태가 되어야 한다. 해당 문장은 수동의 의미를 지니는 과거분사가 뒤에서 후치 수식하는 경우이므로, 'paying'을 'paid'로 고쳐 써야 옳다.

**[오답해설]**
① 'mean'의 목적어로써 동명사의 형태인 'getting'이 사용되었고, 'getting stuff done'은 'get + 목적어(사물) + p.p' 구문으로 '일이 처리된 것'이라는 수동 관계를 나타낸다.
② 'that'은 앞의 'the issues'를 선행사로 하는 주격 관계대명사이고, 'interest or concern'은 뒤의 'you'를 목적어로 취하는 타동사로써 옳게 사용되었다.
④ A or B 구문에서 앞의 'do'와 병렬하여 동사원형의 형태인 'let'이 사용되었고, 'let(사역동사) + 목적어 + 동사원형' 구문에서 동사원형의 형태인 'pass'가 사용되었다.

**[핵심어휘]**
- stuff 일, 것, 하찮은 것, 잡동사니
- definition 정의, 말뜻 v. define 정의하다, 규정하다
- entrepreneur 사업가, 기업가
- combine 결합하다, 병합하다(= amalgamate, mix) cf) combine A with B A와 B를 결합하다
- ingenuity 기발한 재주, 독창성, 창의성 cf) exercise one's ingenuity 창의력을 발휘하다
- dichotomy 양분, 이분
- pay attention to ~에 주의를 기울이다, ~에 주목하다
- optimistic 낙관적인, 낙천적인(↔ pessimistic 비관적인, 염세적인)
- let life pass ~ by ~의 인생을 허비하다[낭비하다]

**[본문해석]**
집중한다는 것은 일이 처리되도록 하는 것을 의미한다. 많은 사람들이 훌륭한 아이디어를 갖고 있지만 행동에 옮기지 못

한다. 예를 들어, 나에게 사업가란 혁신 및 창의력을 새로운 아이디어의 실행 능력과 결합할 수 있는 사람이다. 몇몇 사람들은 삶의 주요 이분법으로 인해 당신이 관심 있거나 염려하는 문제들에 대해 긍정적이거나 부정적이라고 생각한다. 낙관적이거나 비관적인 시각을 갖는 것이 더 나은가의 문제에 많은 관심이 쏠리고 있다. 내 생각에 더 좋은 질문은 당신이 무언가를 할 것인지 아니면 인생을 허비할 것인지를 물어보는 것이다.

## 11 정답 ④

**[정답해설]**

unpopulat → popular

윗글에 따르면 좋은 청취자는 대부분의 사람들보다 적이 더 적고 가장 사랑받는 사람들이지만, 예외적으로 John Steinbeck은 훌륭한 청취임에도 불구하고 인기 있는 작가가 되지 못했다. 그러므로 ④의 'unpopular'는 'popular'로 수정해야 하는데, 앞의 'Nevertheless(그럼에도 불구하고)'라는 연결어에 유의하여 앞 문장과 상반되는 내용이 오는 것을 염두에 두면 된다.

**[핵심어휘]**

- rare 드문, 희귀한(= uncommon, unusual)
- treasure 소중히 하다, 중히 여기다(= value, esteem)
- sensitive 민감한, 예민한 cf) be sensitive to heat[cold] 더위[추위]를 잘 타다
- tolerate 용인하다, 참다, 견디다(= endure)
- generality 일반성, 보편성 cf) in the generality of cases 대개의 경우, 보통

**[본문해석]**

대부분의 사람들은 말하기를 좋아하며 듣기를 좋아하는 사람은 거의 없는데, 그러나 경청하는 것은 모두가 소중히 여겨야 할 ① 희귀한 재능이다. 좋은 청취자는 대부분의 사람들보다 더 많이 알고 주변에서 일어나는 일에 더 민감한데, 그것은 그들이 더 많이 듣기 때문이다. 또한 좋은 청취자는 판단하고 비판하기보다는 수긍하거나 용인하는 경향이 있다. 따라서 좋은 청취자는 대부분의 사람들보다 적이 ② 더 적다. 실제로 그들은 가장 사랑받는 사람들일 것이다. 그러나 이런 일반성에는 ③ 예외가 있다. 예를 들어 John Steinbeck은 훌륭한 청취자로 알려져 있지만, 그들에 관한 글을 써 준 사람들 중 일부는 그를 싫어했다. 의심의 여지없이 청취 능력은 그의 글쓰기 능력에 도움이 되었다. 그럼에도 불구하고, 경청의 결과 그는 ④인기 없는 작가가 되지 못했다.

## 12 정답 ④

**[정답해설]**

윗글에서 걱정은 몸에 밴 습관과 같아서 의식적으로 걱정하지 않으려는 훈련을 해야 한다고 걱정에 대처하는 방법들을 제시하고 있다. 그러므로 ④의 "How do we cope with worrying? (우리는 걱정에 어떻게 대처하는가?)"가 윗글의 주제로 가장 적절하다.

**[오답해설]**

① What effects does worry have on life? (걱정이 삶에 어떤 영향을 미치는가?)
→ 걱정은 시간 낭비이고 마음에 혼란을 가져와 바르게 생각할 수 없게 하는데, 윗글에서는 이를 극복하는 방법을 제시함

② Where does worry originate from? (걱정은 어디에서 비롯되는가?)
→ 걱정이 어디에서 시작되는 지에 대한 설명은 본문에 나타나 있지 않음

③ When should we worry? (우리는 언제 걱정해야 하는가?)
→ 걱정을 언제 해야 하는 지에 대한 설명은 본문에 나타나 있지 않음

**[핵심어휘]**

- clutter 잡동사니, 뒤죽박죽, 혼란(= confusion, disorder)
- ingrained 뿌리 깊은, 깊이 몸에 밴(= inveterate) cf) an ingrained habit 몸에 밴 습관
- dwell on ~을 깊이 생각하다, 숙고하다, 연연하다
- come one's way (일이) 닥치다
- originate from ~에서 비롯되다
- cope with ~에 대처[대응]하다, ~에 대항하다

**[본문해석]**

걱정은 흔들 목마와 같다. 아무리 빨리 가도 당신은 어느 곳으로도 움직이지 못한다. 걱정은 완전히 시간 낭비이며 마음에 혼란을 가져와 어떤 것도 바르게 생각할 수 없게 한다. 걱정을 멈추는 방법은 우선 관심을 집중하는 것은 무엇이든 활기를 준다는 것을 이해하는 데에 있다. 따라서 걱정을 하면 할수록 일이 잘못될 가능성이 더욱 높아진다! 걱정을 하는 것은 몸에 밴 습관과 같아서 그것을 피하기 위해 의식적으로 걱정하지 않으려는 훈련을 해야 한다. 걱정거리에 몰두할 때마다 멈추어 생각을 전환하라. 하고 싶은 일에 더 생산적으로 집중하고 인생에서 이미 있었던 멋진 일들을 생각한다면 더욱 멋진 일들을 맞이할 것이다.

## 13 정답 ②

**[정답해설]**
본문에서 Macaulay 학생들은 연구, 군복무 경험, 유학 프로그램 및 인턴십을 위해 노트북과 7,500 달러의 '기회 자금'을 받는다고 했으므로, 그 내역에 교외활동 비용은 포함되어 있지 않다.

**[오답해설]**
① MHC에서는 모든 학생이 4년간 수업료를 내지 않는다.
→ Macaulay와 소수의 다른 사관학교들, 직업 대학들, 교육대학 및 예술대학들은 학생의 100%가 4년 내내 전액 장학금을 받음
③ 수업료로 인한 빚 부담이 있으면 학생들이 자유롭게 공부할 수 없다고 Kirschner 학장은 말한다.
→ MHC의 대학 학장인 Ann Kirschner는 "가장 중요한 것은 무료 수업이 아니라 빚을 짊어지지 않고 자유롭게 공부할 수 있다는 것입니다."라고 말함
④ MHC와 달리 학업 우수자에게만 장학금을 주는 대학도 있다.
→ Bloomington의 Indiana 대학 같은 기관에서는 평점이 뛰어난 상위 우수 학생들에게 무조건 장학금을 줌

**[핵심어휘]**
- tuition 수업(료), 교습
- a handful of 소수의, 한 줌의
- a service academy 사관학교
- single-subject schools 교육대학
- conservatory 온실, 음악학교, 예술학교
- student body 학생 총수, 전학생 cf) the student body president 총학생회장
- dean 학장 cf) university dean 대학 학장
- burden of debt 빚더미, 부채
- compromise 타협하다, 절충하다, 위태롭게 하다
- enrollee 등록자, 가입자, 입회자
- institution 기관, 단체, 협회
- high-performing 우수한 성과[실적]를 내는
- stellar 별의, 뛰어난
- GPA(Grade Point Average) 평점

**[본문해석]**
Macaulay Honors College(MHC) 학생들은 비싼 수업료 때문에 스트레스를 받지 않는다. 수업료가 무료이기 때문이다. Macaulay와 소수의 다른 사관학교들, 직업 대학들, 교육대학 및 예술대학들은 학생의 100%가 4년 내내 전액 장학금을 받는다. Macaulay 학생들은 연구, 군복무 경험, 유학 프로그램 및 인턴십을 위해 노트북과 7,500 달러의 '기회 자금'을 또한 받는다. MHC의 대학 학장인 Ann Kirschner는 "가장 중요한 것은 무료 수업이 아니라 빚을 짊어지지 않고 자유롭게 공부할 수 있다는 것입니다."라고 말했다. 그녀는 빚 부담은 "정말로 학생들이 대학에서 내리는 결정을 위태롭게 하며, 우리는 그들에게 빚에서 벗어날 수 있는 기회를 주고 있습니다."라고 말했다. 모든 학생들에게 수업료를 면제해 주는 학교는 드물지만, 더 많은 기관들이 성적이 좋은 등록생들에게 장학금을 지원한다. Bloomington의 Indiana 대학 같은 기관에서는 평점이 뛰어난 상위 우수 학생들에게 무조건 장학금을 준다.

## 14 정답 ①

**[정답해설]**
'malefactor'는 '범인, 악인, 악한'의 뜻으로, ①의 'culprit(범인, 범죄자, 장본인)'와 그 의미가 가장 유사하다.

**[오답해설]**
② dilettante → 애호가
③ pariah → 버림받은 사람
④ demagogue → 선동가

**[핵심어휘]**
- determine 알아내다, 밝히다
- identity 신원, 신분, 정체 v. identify 확인하다[알아보다], 찾다, 발견하다
- malefactor 범인, 악인, 악한(= evildoer)
- culprit 범인, 범죄자, 장본인
- dilettante 예술 애호가, 아마추어 평론가, 호사가
- pariah 버림받은[따돌림 받는] 사람, 부랑자(= outcast, vagabond)
- demagogue 선동 정치가, 민중[군중] 지도자

**[본문해석]**
경찰은 그 범죄 사건을 조사하느라 7개월을 보냈지만 범인의 신원을 결코 밝힐 수 없었다.

## 15 정답 ④

**[정답해설]**
'through thick and thin'은 '좋을 때나 안 좋을 때나'의 뜻으로, ④의 'in good times and bad times(좋을 때나 나쁠 때나)'와 그 의미가 가장 유사하다.

**[오답해설]**
① in no time → 당장에
② from time to time → 때때로
③ in pleasant times → 즐거울 때에

**[핵심어휘]**
- at first glance 첫눈에, 언뜻 보기에
- leech 거머리, 흡혈귀
- through thick and thin 좋을 때나 안 좋을 때나[어떤 고난이 있어도]
- in no time 당장에, 곧

**[본문해석]**
얼핏 보면 그의 친구들은 꼭 거머리 같지만, 그가 좋을 때나 나쁠 때나 의지할 수 있는 친구들이다.

## 16 정답 ④

**[정답해설]**
주어진 문장에서 어떤 사람들은 원래의 억양과 사투리 등을 쓰는 것에 자부심을 느끼지만, 다른 사람들은 말하는 습관을 바꾸어 새로운 환경에 빨리 적응한다고 하였으므로, 주어진 문장은 모든 사람들이 이렇게 똑같이 적응하지는 못한다는 문장 뒤인 ④에 위치하는 것이 가장 적절하다.

**[핵심어휘]**
- intensely 강렬하게, 열정적으로, 열심히
- dialect 방언, 사투리
- phrase 구, 관용구
- accommodate 적응[순응]시키다, 조절하다(= adapt, adjust) cf) accommodate to ~에 적응[순응]하다
- stand out 눈에 띄다, 두드러지다
- perception 지각, 인지(= awareness) v. perceive 지각하다, 인지하다
- production 연출, 상연, 제작
- for an extended period 장기간 동안, 오랜 시간 동안
- temporary 일시적인, 임시의(=impermanent)
- fit in ~와 어울리다[맞다]
- norm 표준, 기준, 규범
- be open to ~의 여지가 있다
- debate 논의[토의/논쟁]하다
- have to do with ~와 관계가 있다, 관련되다

**[본문해석]**

> 어떤 사람은 원래의 억양과 사투리, 문구 및 몸짓에 강한 자부심이 있지만, 다른 사람들은 말하는 습관을 바꿈으로써 새로운 환경에 빠르게 적응하여 더 이상 '군중 속에서 눈에 띄지' 않도록 한다.

말하기에 대한 생각과 연출은 시간이 지나면 변한다. ( ① ) 오랜 시간 동안 고향을 떠나있게 되면, 주변에서 듣는 새로운 억양이 낯설다는 생각은 일시적일 뿐이다. ( ② ) 점차 다른 사람들의 억양이 다르다는 느낌이 없어지고 적응하기 시작한다. 즉, 새로운 기준에 맞는 말하는 방식에 적응한다. ( ③ ) 모든 사람들이 이렇게 똑같이 적응하지는 못한다. ( ④ ) 의식적으로 그렇게 하는지의 여부는 논란의 여지가 있으며 개개인마다 다를 수 있지만, 언어와 관련된 대부분의 과정이 그러하듯이 의식하기 전에 변화가 일어나며 의식하게 되면 변화가 생기지 않는다.

## 17 정답 ②

**[정답해설]**
일시적인 불면증은 1주일 미만으로 지속되는 불면증으로 다른 질환, 수면 환경의 변화, 수면의 시기, 심한 우울증 또는 스트레스 등 다양한 원인 때문에 생길 수 있다. 그러므로 일시적인 불면증은 오직 부적절한 수면 환경으로 인해 발생한다는 ②의 설명은 옳지 못하다.

**[오답해설]**
① Insomnia can be classified according to its duration. (불면증은 지속 기간에 따라 분류될 수 있다.)
→ 불면증은 지속 기간에 따라 일시적, 급성, 만성 불면증으로 분류될 수 있음
③ Acute insomnia is generally known to be related to stress. (급성 불면증은 일반적으로 스트레스와 관련이 있는 것으로 알려져 있다.)
→ 급성 불면증은 단기간의 불면증 또는 스트레스 관련 불면증으로도 알려져 있음
④ Chronic insomnia patients may suffer from hallucinations. (만성 불면증 환자는 환각에 시달릴 수 있다.)
→ 만성 불면증은 근육 피로, 환각, 정신적 피로, 복시 등의 증상을 보임

**[핵심어휘]**
- insomnia 불면증
- transient 일시적인, 순간적인(↔ permanent 영구적인, 영속적인)
- acute 급성의(↔ chronic 만성의)
- chronic 만성의(↔ acute 급성의)
- disorder 장애, 질환(= illness, disease)
- depression 우울증, 우울함
- sleepiness 졸음, 졸림 cf) shake off sleepiness 졸음을 쫓아버리다
- impaired 손상된, 저하된, 장애가 있는
- psychomotor 정신 운동의

- deprivation 박탈, 부족 cf) sleep deprivation 수면 부족
- consistently 일관하여, 지속적으로
- initiate 착수시키다, 개시되게 하다 n. initiation 시작, 개시
- adequate 적당한, 타당한(= suitable) (↔ inadequate 부적당한, 불충분한) n. adequacy 적절, 타당성
- functioning 기능, 작용
- cytokine 시토킨(종양 효과를 발휘하는 활성 액성 인자)
- muscular 근육의, 근육질의 n. muscle 근육
- weariness 권태, 피로, 지루함
- hallucination 환각, 환영(= illusion) cf) suffer from hallucination 환각에 시달리다
- fatigue 피로, 피곤(= weariness, triedness)
- double vision 복시(하나의 물체가 둘로 보이는 것)
- molecule 분자
- immune 면역성이 있는 v. immunize 면역력을 갖게 하다 cf) immune system 면역 체계
- duration 지속, 존속

**[본문해석]**

불면증은 일시적, 급성 또는 만성으로 분류될 수 있다. 일시적인 불면증은 1주일 미만으로 지속된다. 그것은 다른 질환, 수면 환경의 변화, 수면의 시기, 심한 우울증 또는 스트레스 때문에 생길 수 있다. 졸음과 저하된 정신 운동 기능의 결과는 수면 부족의 증상과 유사하다. 급성 불면증은 1개월 미만의 기간 동안 계속해서 잠을 제대로 잘 수 없는 상태이다. 급성 불면증은 수면을 시작하거나 유지하는 데 어려움이 있거나 자고 나서도 개운하지 않은 경우에 나타난다. 이러한 문제는 적절한 수면 기회와 환경에도 불구하고 발생하며 낮 시간 동안 제 기능을 할 수 없다. 급성 불면증은 단기간의 불면증 또는 스트레스 관련 불면증으로도 알려져 있다. 만성 불면증은 한 달 이상 지속된다. 그것은 다른 질환으로 인해 발생할 수 있으며, 또한 그 자체가 주요 질환이 될 수도 있다. 스트레스 호르몬 수치가 높거나 시토킨 수치가 변한 사람들은 다른 사람들보다 만성 불면증이 생길 가능성이 더 높다. 그 증상은 원인에 따라 다를 수 있다. 근육 피로, 환각 또는 정신적 피로를 포함할 수 있다. 만성 불면증은 또한 복시(물체가 둘로 보이는 증상)의 원인이 될 수 있다.

**18** 정답 ②

**[정답해설]**

윗글은 빈부격차가 심한 인도의 교육 환경을 해결하기 위한 Everonn Education사의 사업 방식에 대해 서술하고 있다. 인도는 많은 교육 예산에도 불구하고 외딴 지역의 아이들은 좋은 선생님과 양질의 콘텐츠가 부족한데, 이에 대한 해결책으로 Everonn Education사는 위성 방송을 이용한 쌍방향 오디오와 비디오를 갖추고 있다고 하였으므로, 빈칸에는 이에 호응하여 ②의 'to bridge the gap through virtual classrooms(가상 교실을 통해 격차를 해소하기 위해서)'라는 말이 적절하다.

**[오답해설]**

① to improve the quality of teacher training facilities (교사 연수 시설의 질적 향상을 위해)
→ 교사 양성 교육을 위한 대책이 아니라 교육 격차를 해소하기 위한 방안임

③ to get students familiarized with digital technology (학생들이 디지털 기술에 익숙해지도록)
→ 학생들을 디지털 기술에 익숙하게 만들기 위해서가 아니라 양질의 콘텐츠를 제공하여 교육 격차를 해소하기 위해서임

④ to locate qualified instructors across the nation (전국에서 자격을 갖춘 강사를 발굴하도록)
→ 쌍방향 비디오와 오디오를 이용한 위성방송이므로 가상이 아닌 현실에서의 강사 발굴과는 거리가 있음

**[핵심어휘]**

- founder 창립자, 설립자
- nation-building 국가건설
- student-age 학생 연령
- population 인구, 주민(= inhabitant)
- kindergarten 유치원, 유아원
- exposure 노출, 폭로 v. expose 노출시키다, 폭로하다
- satellite network 위성 방송, 위성 통신
- digitized 디지털화된
- prep 예습, 자율 학습
- aspiring 장차 ~가 되려는, 대망을 품은, 포부가 있는(= ambitious)
- job-seeker 구직자
- facility 시설, 설비(= amenity)
- bridge the gap 공백[간격]을 메우다, 틈을 좁히다, 격차를 해소하다
- familiarize 익숙하게 하다, 잘 알게 하다(= accustom) cf) familiarize with ~와 친숙하게 하다
- qualify 자격을 얻다[취득하다] n. qualification 자격, 자격증

**[본문해석]**

뭄바이에 있는 Everonn Education사의 창업자인 Kisha Padbhan은 자신의 사업을 국가 건설로 보고 있다. 인도의 학생 연령 인구(유치원부터 대학교까지)는 2억 3천만 명으로 전 세계에서 가장 많다. 정부는 교육에 830억 달러를 쓰지만 심각한 격차가 있다. "교사와 교사 양성 기관이 충분하지 않습니다."라고 Kisha는 말한다. "인도의 외딴 지역의 아이들은 좋은 선생님을 만나기가 어렵고 양질의 콘텐츠도 부

족합니다." Everonn의 해결책은? 이 회사는 위성 방송을 이용하여 쌍방향 비디오와 오디오를 갖춘 가상 교실을 통해 격차를 해소한다. 인도의 28개 주 중 24개 주에 1,800개의 대학과 7,800개의 학교가 있다. 그것은 디지털화 된 학교 수업부터 장래의 엔지니어를 위한 입학 시험 준비에 이르기까지 모든 것을 제공하며 구직자를 위한 훈련도 또한 제공한다.

## 19 정답 ③

**[정답해설]**

윗글은 생체 자기 제어 기술에 대해 설명한 글이다. 주어진 문장에서 생체 자기 제어는 자율 또는 무의식적인 신체 기능에 관한 전자 측정을 관찰함으로써 이루어진다고 하였으므로, 이를 측정하는 방법을 설명한 (B)가 다음에 와야 한다. (B)에서 측정한 변수에 대해 (A)에서 'such a variable(그러한 변수)'라고 언급하고 있으므로 다음으로 (A)가 와야 한다. 마지막으로 생체 자기 제어 교육의 결론에 해당하는 (C)가 와야 하므로, 주어진 글 다음에 (B)-(A)-(C)의 순서로 이어지는 것이 가장 적절하다.

**[핵심어휘]**

- voluntary 자진의, 자발적인(= intentional, deliberate), (↔ involuntary 비자발적인, 무의식적인)
  cf) a voluntary worker 자원 봉사자
- autonomic 자율적인, 자율 신경계의, 자동적인 cf) the autonomic nervous system 자율[말초] 신경계
- biofeedback 생체 자기 제어
- variable 변수 cf) a dependent variable 종속 변수
- direction 방향, 쪽, 위치
- blood pressure 혈압
- trigger 촉발시키다, 일으키다(= bring about, set off, initiate)
- gauge 게이지, 측정기
- attach 붙이다, 첨부하다(= affix, stick) cf) attach to ~에 붙이다

**[본문해석]**

> 개인의 자율 또는 무의식적인 신체 기능에 관한 전자 측정을 관찰함으로써 자발적으로 제어할 수 있게 해주는 기술을 생체 자기 제어라고 한다.

(B) 전자 센서는 신체의 여러 부위에 부착되어 심박수, 혈압 및 피부 온도와 같은 변수를 측정한다.
(A) 그러한 변수가 원하는 방향(예 : 혈압 낮추기)으로 움직이면 텔레비전, 측정기 또는 전등과 같은 장비를 통해 영상 또는 청각 피드백 신호를 발생시킨다.
(C) 생체 자기 제어 교육은 신호를 발생시킨 사고 패턴이나 행동을 재생하여 원하는 반응을 일으키도록 가르친다.

## 20 정답 ④

**[정답해설]**

stingier → stingy
'not as(so) + 원급 + as' 구문은 동등 비교에 대한 부정 표현으로, 'as(so) ~as' 사이에는 반드시 원급을 사용해야 한다. 그러므로 비교급의 형태인 'stingier'를 원급의 형태인 'stingy'로 고쳐 써야 옳다.

**[오답해설]**

① 'be good at'은 '~에 능숙하다'는 뜻이고, 'get across to'는 '~에게 전달하다'는 의미로 해당 문장에서 옳게 사용되었다.
② '비교급 + than any other + 단수명사' 구문은 비교급을 이용한 최상급 표현으로 'serious'의 비교급은 'more serious'이므로 해당 문장에서 옳게 사용되었다. 또한 'those'는 앞의 'the traffic jams'를 받는 지시대명사로 또한 바르게 사용되었다.
③ 문장 전체의 주어는 동명사 형태인 'Making'이며 본동사는 'is'로 그 수가 일치한다. 또한 'the person'은 'you are speaking to'가 수식하는 선행사이며, 바로 뒤에 목적격 관계대명사 'whom'이 생략되어 있다.

**[핵심어휘]**

- be good at ~에 능숙하다, ~을 잘하다
- get across to ~에게 전달[이해]하다
- turn out ~인 것으로 드러나다[밝혀지다]
- stingy 인색한, 쩨쩨한

## [국가직] 2017년 04월 | 정답

| | | | | | | | | | |
|---|---|---|---|---|---|---|---|---|---|
| 01 | ③ | 02 | ① | 03 | ① | 04 | ③ | 05 | ① |
| 06 | ② | 07 | ② | 08 | ④ | 09 | ① | 10 | ③ |
| 11 | ② | 12 | ④ | 13 | ② | 14 | ② | 15 | ④ |
| 16 | ④ | 17 | ① | 18 | ③ | 19 | ④ | 20 | ② |

## [국가직] 2017년 04월 | 해설

### 01 정답 ③

**[정답해설]**
'detest'는 '몹시 싫어하다, 혐오하다'라는 의미로, 'abhor(혐오하다)'와 그 의미가 가장 유사하다.

**[오답해설]**
① 포기하다
② 확인하다
④ 방어하다

**[핵심어휘]**
- detest 몹시 싫어하다, 혐오하다
- stay up late 늦게까지 자지 않고 있다
- abhor 혐오하다 n. abhorrence 혐오

**[본문해석]**
나는 밤늦게까지 자지 않고 있는 것을 몹시 싫어했다.

### 02 정답 ①

**[정답해설]**
'uncanny'는 '이상한, 묘한'이란 의미로, 'odd(이상한, 특이한)'와 그 의미가 가장 유사하다.

**[오답해설]**
② 계속 진행 중인
③ 분명한
④ 불쾌한

**[핵심어휘]**
- uncanny 이상한, 묘한 cf) an uncanny resemblance 신기할 정도로 닮음[유사함]
- odd 이상한, 특이한(= peculiar, strange, unusual) cf) an odd duck 별난 사람
- ongoing 계속 진행 중인(= in progress)
- obvious 분명한, 명확한(= apparent)
- offensive 모욕적인, 불쾌한(= insulting, rude, abusive)

**[본문해석]**
나는 전에 어디선가 이 장면을 본 것 같은 이상한 느낌이 들었다.

### 03 정답 ①

**[정답해설]**
손님이 이틀 전에 산 옷이 조금 커서 바꿔달라고 하였으나, 이 후의 대화내용은 손님이 영수증을 제시하고 환불을 받는 상황이다. 그러므로 밑줄 친 부분에 들어갈 A(점원)의 말은 사이즈 교환이 안 되는 이유가 들어가야 하므로, ①의 "I'm sorry, but there's no smaller size.(죄송하지만, 더 작은 사이즈는 없습니다.)"가 들어갈 말로 가장 적절하다.

**[오답해설]**
② 정말로 아주 잘 어울리는데요.
③ 이 옷은 저의 매장에서 아주 잘 팔립니다.
④ 죄송하지만, 이 제품은 환불할 수 없습니다.

**[핵심어휘]**
- get a refund 환불받다, 변제받다
- purchase 구입[구매]한 것

**[본문해석]**
A: 무엇을 도와드릴까요?
B: 이틀 전에 이 옷을 샀는데, 내게 좀 큰 것 같아서요.
A: 죄송하지만, 더 작은 사이즈는 없습니다.
B: 그렇다면 환불받고 싶습니다.
A: 영수증 좀 보여주시겠어요?
B: 여기 있습니다.

### 04 정답 ③

**[정답해설]**
A가 B에게 가정용 혈압계를 올바르게 사용하는 방법을 묻고 있는 대화내용이다. B는 우선 팔에 끈을 너무 꽉 묶거나 너무 느슨하게 묶지 말라고 설명하고 있다. 팔에 끈을 묶는 과정을 설명한 후 B가 A에게 버튼을 누르고 움직이거나 말하지 말라고 다음 과정을 설명하고 있으므로, A가 다음 과정에 대해 묻는 내용이 선행되어야 한다. 그러므로 밑줄 친 빈칸에 들어갈 A의 내용은 ③의 "Oh, okay. What do I do next?(알겠습니다. 다음엔 무얼 하면 되죠?)"이다.

**[오답해설]**
① 웹사이트를 확인해야 하나요?
② 맞아, 그 책을 읽어야 해요.
④ 오늘 아무것도 보지 못했어요.

**[핵심어휘]**
- blood pressure monitor 혈압계
- put the strap 끈[줄/띠]를 묶다[매다]
- incorrect 부정확한, 맞지 않는

**[본문해석]**
A: 매번 이 가정용 혈압계를 사용할 때마다, 수치가 달라져요. 혈압계를 잘못 사용하고 있나 봐요. 올바른 사용법 좀 알려주세요?
B: 예, 물론이죠. 우선, 팔을 끈으로 묶어야 합니다.
A: 이렇게요? 이렇게 하는 게 맞나요?
B: 너무 꽉 조인 것 같은데요.
A: 아, 지금은 어때요?
B: 지금은 너무 느슨해요. 너무 꽉 조이거나 너무 느슨하면, 제대로 측정이 되지 않아요.
A: 알겠습니다. 다음엔 무얼 하면 되죠?
B: 이제 버튼을 누르세요. 움직이거나 말하지 마세요.
A: 알았습니다.
B: 몇 분 후면 스크린에 혈압이 나타날 거예요.

## 05 정답 ①

**[정답해설]**
상대방의 부정적 발언과 동일한 상황을 표현할 때, 'neither + 동사 + 주어'의 도치 구문을 사용한다. 해당 문장에서 그들이 그의 이야기를 믿지 않는다는 부정적 발언에 대해 주어 'I(나)'도 믿지 않는다는 표현이므로 'neither did I'가 어법상 옳게 사용되었다.

**[오답해설]**
② 'be interested in'의 목적어로써 선행사 'the sport'를 수식하는 형용사절을 이끌므로, 관계대명사를 사용해야 한다. 그러나 관계대명사 'that'은 전치사와 함께 쓸 수 없으므로, 관계대명사 'which'를 사용하는 것이 타당하다.
③ 1차 세계대전이 발발한 일이 Jamie가 책을 통해 배운 사실보다 더 과거의 일이므로 'had broken out'이라고 대과거를 사용한 것이 옳은 것처럼 보인다. 그러나 역사적인 사실은 단순 과거시제를 사용해야 한다는 시제일치의 원칙에 따라 'had broken out'은 'broke out'으로 고쳐 써야 옳다.
④ made의 진목적어는 'to determine ~'이므로, 목적어가 길 경우 가목적어 'it'을 사용해야 하며, 'scientists'는 의미상 주어로써 'for scientists'로 써야 한다. 그러므로 해당 문장은 "Two factors have made it difficult for scientists to determine the number of species on Earth."로 고쳐 써야 옳다.

**[핵심어휘]**
- break out 발발[발생]하다
- factor 요소, 요인, 인자 cf) a prime factor(소인수), a common factor(공약수), the greatest common factor(최대 공약수)
- species 종(種) cf) rare species(희귀종)

**[본문해석]**
① 그들은 그의 이야기를 믿지 않았다. 나 또한 믿지 않았다.
② 내가 가장 관심 있는 스포츠는 축구이다.
③ Jamie는 제1차 세계대전이 1914년에 발발했다고 책을 통해 배웠다.
④ 두 가지 요인들로 인해 과학자들은 지구상의 종의 수를 결정하기 어려웠다.

## 06 정답 ②

**[정답해설]**
그녀가 집에 들어가고 난 후에 불이 켜진 것이므로, 'turned(과거시제)'보다 이전의 시제를 사용해야 한다. 그러므로 'Hardly did she enter~'는 'Hardly had she entered~'로 고쳐 써야 옳다.

**[오답해설]**
① 'A few words(몇 마디 말)'를 수식하기 위해 수동의 의미인 과거분사 'caught in passing'을 사용한 것은 어법상 옳다.
③ 선행사 'hotel'을 수식하는 형용사절을 이끄는 소유격 관계대명사 'whose'를 사용한 것은 어법상 옳다.
④ 'The homeless(노숙자들)'는 'the + 형용사'가 복수 보통명사로 사용된 경우로 3인칭 복수형태인 동사 'have'를 사용한 것은 옳다.

**[핵심어휘]**
- in passing 지나가는 말로
- the homeless 집 없는 사람들, 노숙자들
  cf) a hostel[refuge] for the homeless 노숙자 쉼터
- have a difficulty (in) ~ing ~하는 데 어려움을 겪다

**[본문해석]**
① 지나가다 들은 몇 마디 말에 나는 생각에 잠겼다.
② 그녀가 그 집에 들어가자마자 누군가 불을 켰다.

③ 우리는 호텔까지 차를 몰고 갔는데, 그곳의 발코니로부터 마을을 내려다 볼 수 있었다.
④ 대개 노숙자들은 직업을 구하기 어렵기 때문에 희망을 잃어버린다.

## 07 정답 ②

**[정답해설]**

윗글은 가난이란 고통을 경험해 본 사람이 가난한 사람들을 더 잘 도와줄 가능성이 높다는 내용으로, 스스로 가난의 고통을 경험해 본 사람이 다른 사람의 요구에 더 주의를 기울이게 되고 그런 고통에 처해 있는 사람을 볼 때 개입하게 된다는 것이다. 즉, 동병상련(同病相憐)을 의미한다. 그러므로 빈칸에 들어갈 말로는 'more attentive to(더 주의를 기울이는)'이다.

**[오답해설]**

① 더욱 무관심한
③ 덜 집착하는
④ 관련성이 덜한

**[핵심어휘]**

- hover 맴돌다, 서성이다 cf) hover around 주위를 맴돌다
- poverty line 빈곤선(최저한도의 생활을 유지하는데 필요한 수입 수준)
- band together 함께 뭉치다, 무리를 이루다
- make it through a rough time 힘든 시간을 헤쳐 나가다
- astute 기민한, 약삭빠른, 영민한(= sharp, clever) cf) astute at ~에 빈틈없는
- orient to ~로 향하다, ~에 적응시키다
- uncertainty 불확실성, 반신반의(= unpredictability, ambiguity)
- secure 얻어 내다, 획득[확보]하다 n. security 보안, 경비, 보장
- childcare 보육, 탁아 cf) childcare allowances 육아수당
- pitch in 본격적으로 착수하다[시작하다], 협력하다
- a prerequisite for ~의 선행조건
- empathy 감정이입, 공감
- responsiveness 민감, 반응성
- conduit 도관, 전선관, 전달자[전달 기관] cf) a tile conduit 도관, a sewer conduit 하수구, 도랑
- altruism 이타주의, 이타심(↔ selfishness 이기심)
- heroism 영웅적 행위
- intervene 개입하다, 끼어들다 n. intervention 개입, 조정, 중재 cf) intervene in ~에 개입하다
- in the clutches 참을 수 없는[괴로운] 상황에, 위기에 처해서
- attentive 주의[귀]를 기울이는, 배려하는 n. attention 주의, 주목, 관심
- preoccupied with ~에 집착하는

**[본문해석]**

왜 빈곤의 경계선 근처에 맴도는 사람들이 그들의 이웃을 도와줄 가능성이 더 높은가? Keltner의 생각으로는 그런 가능성의 일부는 가난한 사람들이 힘든 시기를 헤쳐 나가기 위해서는 종종 함께 뭉쳐야만 하기 때문이다. 아마도 그들을 좀 더 사회적으로 영민하게 만드는 과정이라 할 수 있다. 그는 "여러분이 불확실성과 마주할 때, 좀 더 다른 사람에게 의지하게 된다. 여러분은 이러한 확고한 사회적 관계망을 형성하게 된다."라고 말한다. 예를 들어 가난한 젊은 엄마에게 갓 태어난 아이가 있을 때, 음식과 필수품, 그리고 육아에 필요한 물품을 확보하는데 도움이 필요할 수도 있을 것이고, 그녀가 건전한 사교 시간을 보내고 있다면 공동체 사람들은 도와줄 것이다. 그러나 한정된 소득이 이러한 공감과 사회적 반응을 진전시키기 위한 선행조건은 되지 못한다. 은행 계좌의 금액 크기와 상관없이, 고통이 이타주의 혹은 영웅주의로 이끄는 전달자가 되어 우리 자신의 고통으로 인해 다른 사람의 요구에 더 주의를 기울이게 되고 우리가 아주 잘 알고 있는 종류의 고통에 누군가가 처해 있는 것을 볼 때 개입하게 된다.

## 08 정답 ④

**[정답해설]**

상하이에 있는 Soleil 백화점은 온라인 쇼핑과 해외 쇼핑의 성장에 위기감을 느끼고 유출되는 중국 손님들을 끌어 모으기 위한 생존 방안을 모색하고 있다. 용 모양의 5층짜리 미끄럼틀을 설치한 것은 손님을 끌기 위한 오프라인 매장의 좋은 활용 방안이 될 수 있으므로, ④의 "A five-story dragon slide may not be a bad place to start(5층짜리 용 미끄럼틀이 나쁜 시작은 아닐 것이다)"가 빈칸에 들어갈 말로 가장 적절하다.

**[오답해설]**

① 명품 브랜드가 Soleil 백화점에서 성장하고 있다.
② Soleil은 대담한 조치를 취하는 것에 반대했다.
③ 온라인 고객의 기반을 늘리는 것이 마지막 희망일 수 있다.

**[핵심어휘]**

- outlet 할인점, 아울렛
- amenity 생활 편의 시설(= facility)
- retail 소매(↔ wholesale 도매)
- exclusive 독점적인, 배타적인(↔ inclusive 포함한, 총괄적인) v. exclude 배제[제외]하다

- ▫ unveil 덮개를 벗기다[제막식을 하다], 공개[발표]하다 cf) unveil a truth 진상을 밝히다
- ▫ gigantic 거대한, 거인 같은(= huge, enormous) cf) a gigantic tree 거목
- ▫ dragon-shaped 용 모양의
- ▫ slide 미끄럼틀
- ▫ luxury boutique 명품 매장
- ▫ death-defying 죽음에 도전하는, 아슬아슬한 cf) in death-defying seconds 순식간에
- ▫ half-jokingly 농담 반 진담 반으로
- ▫ seemingly 외견상으로, 겉보기에
- ▫ turn up 나타나다, 생기다
- ▫ brick-and-mortar (재래식) 소매의, 오프라인 거래의
- ▫ repurpose 다른 목적[용도]에 맞게 만들다[고치다]
- ▫ thrive 번창[번성]하다(= prosper, flourish)

**[본문해석]**

상하이에 있는 Soleil 백화점 매장은 현대식 중국 소매업체로 성공하기 위해 고급 브랜드와 독점적 위치 확보와 같은 필요한 편의 시설을 모두 갖추고 있다. 그러나 이러한 장점에도 불구하고, 매장 관리인들은 손님을 끌어들이기 위한 무언가가 여전히 빠진 것 같다고 생각했다. 그래서 다음 주 그들은 쇼핑객들이 5층 명품 매장에서 1층 명품 매장까지 순식간에 내려올 수 있는 거대하고, 꾸불꾸불한 용 모양의 미끄럼틀을 공개할 예정이다. 소셜미디어 이용자들은 농담 반 진담 반으로 그 미끄럼틀이 누군가를 죽이지나 않을까 염려한다. 그러나 Soleil 백화점은 중국 쇼핑몰이 완전히 사라질 거라는 또 다른 걱정을 하고 있다. 온라인 쇼핑이 증가함에 따라, 한때 겉으로 보기에 끝없이 밀려드는 중국 쇼핑객들이 더 이상 오프라인 매장에 나타나지 않으며, 여전히 명품을 사러 해외로 나가고 있다. 그래서 다른 식으로 시간과 돈을 쓰는 소비자들을 위해 이 거대한 공간을 다른 용도로 이용하려면 상당한 창의력을 필요로 할 것이다. 5층짜리 용 미끄럼틀이 나쁜 시작은 아닐 것이다.

## 09 정답 ①

**[정답해설]**

미래를 성공적으로 정확하게 예측하는 방법은 없지만, 더 많이 예측하려고 노력할수록 해당 문제들을 더 잘 통제할 수 있으므로, 미래를 위한 합리적인 시나리오를 만들어내는 것(work out reasonable scenarios for the future)은 반드시 필요하다.

**[오답해설]**

② 미래의 변화로 인해 발생할 수 있는 배당금을 합법화하는 것

③ 기술적 문제의 다양한 측면을 무시하는 것

④ 현재에 초점을 맞춘다는 것이 어떤 것인지를 고려해보는 것

**[핵심어휘]**

- ▫ devise 창안[고안]하다(= work out, design)
- ▫ numerous 많은 n. numeral 숫자, 수사 cf) a numerous army 대군
- ▫ scenario 시나리오, 각본
- ▫ on the face of it 겉으로 보기에는, 표면적으로
- ▫ hindsight 뒤늦은 깨달음, 뒷궁리 cf) in hindsight 지나고 나서 보니까
- ▫ prediction 예측, 예견(= prophecy, forecast, prognosis)
- ▫ dividend 배당금[액], 이익 배당 cf) no dividend 무배당
- ▫ anticipate 예상하다, 기대하다(= look forward to ~ing) n. anticipation 예상, 예측, 기대
- ▫ legitimize 정당화하다, 합법화하다 n. legitimization 정당화, 합법화
- ▫ leave out 생략하다, 빼다, 무시하다(= omit, exclude, neglect)

**[본문해석]**

미래의 발전에 대한 수많은 가능한 시나리오를 만드는 일은 쉬우며, 각각의 시나리오는 표면상으로는 똑같이 가능성이 있다. 어려운 것은 실제 어떤 일이 발생할지 아는 것이다. 지나고 나서 보면, 그것은 대개 당연한 것처럼 보인다. 되돌아보면 각각의 사건은 명확하고 논리적으로 이전 사건으로부터 뒤이어 나온 것으로 보인다. 그러나 해당 사건이 일어나기 전에 가능성은 끝이 없는 것처럼 보인다. 특히 복잡한 사회 · 기술적 변화와 관련된 영역에서 성공적으로 예측하는 방법은 없는데, 그 영역에서 결정적인 요인들 중 상당수가 알려지지 않았으며 어떤 사건에서든지 확실히 어느 한 집단의 통제 하에 있지는 않다. 그럼에도 불구하고 미래를 위한 합리적인 시나리오를 만들어내는 것은 반드시 필요하다. 우리는 새로운 기술들이 배당금과 문제들, 특히 인간적이고 사회적인 문제를 초래할 것을 잘 알고 있다. 우리가 이러한 문제를 더 많이 예측하려고 노력할수록, 그 문제들을 더 잘 통제할 수 있다.

## 10 정답 ③

**[정답해설]**

윗글에 따르면 아이들은 가장 예리한 미각을 소유하고 있으며, 아기는 어른들보다 더 많은 미뢰를 소유하고 있다고 서술되어 있다. 그러므로 "Children have more sensitive palates than adults. (아이들은 어른들보다 더 민감한 미각을 소유하고 있다.)"는 ③의 설명이 윗글의 내용과 일치한다.

[오답해설]
① 미뢰는 19세기에 발명되었다. → 미뢰는 19세기에 독일 과학자들에 의해 발견되었다.
② 미뢰의 대체는 나이가 들면서 둔화되지 않는다. → 미뢰의 대체는 나이가 들면서 둔화된다.
④ 미각은 차가운 스프를 먹으면 둔화된다. → 미각은 뜨거운 스프를 먹으면 둔화된다.

[핵심어휘]
- taste buds (혀의) 미뢰[맛봉오리]
- mound 더미, 무더기 cf) a mound of 많은 양의 ~
- petal 꽃잎
- wear out 떨어지다, 닳다, 헤지다
- palate 구개(口蓋), 입천장, 미각, 기호
- jaded 질린, 물린, 싫증난
- intense 극심한, 강렬한, 치열한(= extreme, severe) cf) intense cold 혹한
- dot 점을 찍다, 흩어져 있다, 산재하다
- adore 흠모[사모]하다, 아주 좋아하다 n. adoration 흠모, 경배
- blunt 무딘, 둔한(↔ acute, sharp 예리한, 날카로운)
- replacement 교체, 대체 cf) in replacement of ~대신에
- decline 줄어들다, 감소하다, 쇠퇴하다

[본문해석]
미뢰란 이름은 19세기 독일 과학자인 Georg Meissner와 Rudolf Wagner가 지었는데, 그들은 꽃잎처럼 겹쳐진 미각 세포들로 구성된 더미를 발견했다. 미뢰는 매주 내지 10일마다 닳아 없어지며, 비록 45세가 넘어가면 이전만큼 자주는 아니지만 대체된다. 즉, 미각은 정말 나이가 들어감에 따라 무디게 된다. 이전과 동일한 수준의 미각을 만들기 위해서는 더욱 강한 맛이 필요하며, 아이들은 가장 예리한 미각을 소유하고 있다. 아기의 입은 어른의 입보다 더 많은 미뢰를 소유하고 있으며, 일부는 심지어 뺨에도 흩어져 있다. 설탕에 더욱 민감한 아이들의 혀끝은 식기도 전에 뜨거운 스프를 먹으려고 해서 감각이 둔해지지 않았기 때문에 단맛을 아주 좋아한다.

## 11 정답 ②

[정답해설]
'put up with'는 '참다, 견디다'라는 뜻으로, 'tolerate(참다, 견디다)'와 그 의미가 가장 가깝다.

[오답해설]
① 평가하다
③ 기록하다
④ 수정하다

[핵심어휘]
- put up with 참다, 견디다(= endure, tolerate, stand)
- evaluate 평가하다, 감정하다
- tolerate 참다, 견디다 n. tolerance 용인, 관용, 아량
- modify 수정[변경]하다, 바꾸다(= change, reform, convert) n. modification 수정, 변경

[본문해석]
이 회사에서, 우리는 그런 행동을 참지 못할 것이다.

## 12 정답 ④

[정답해설]
take after → look after
④의 'take after'는 '~를 닮다(=resemble)'라는 뜻으로, 어린 여동생을 돌보아야 한다는 지문의 내용상 '돌보다'의 의미인 'look after'로 바꿔 써야 옳다.

[핵심어휘]
- take over ~을 인수하다, ~을 인계받다
- take on ~을 맡다, ~을 책임지다
- take off 이륙하다, 출발하다
- take after ~를 닮다(= resemble)

[본문해석]
① 나는 그의 이전 직위를 인계할 예정이다.
② 나는 당장은 더 이상 일을 맡을 수 없다.
③ 비행기가 짙은 안개 때문에 이륙할 수 없었다.
④ 나는 어린 여동생을 돌보아야 해서 나갈 수가 없다.

## 13 정답 ②

[정답해설]
윗글의 서두에서 드라마는 그토록 평범한 것이며, 우리가 어려운 상황과 마주할 때 매일 참여하게 되는 바로 그 무엇이라고 서술되어 있다. 그러므로 윗글의 제목으로는 'Drama in Our Daily Lives(일상생활에서의 드라마)'가 가장 적절하다.

[오답해설]
① 드라마의 역기능
③ 무대 예술로써의 드라마
④ 감정상의 극적인 변화

[핵심어휘]
- ㅁ engage in ~에 종사하다, ~에 참여[관여]하다
- ㅁ depression 우울(증), 침울(= despair, misery)
- ㅁ cope with ~에 대처[대응]하다
- ㅁ pretending ~인 체하는
- ㅁ beforehand 사전에, 미리(= in advance)
- ㅁ spill over 엎지르다, 넘치다
- ㅁ colleague 동료(= fellow worker)
- ㅁ elaborate 정교한, 고심한, 공들인
- ㅁ inquisitive 탐구심[호기심]이 많은 v. inquire 묻다, 질문하다
- ㅁ get on with ~와 잘 지내다, ~을 해나가다
- ㅁ civilized 교양 있는, 고상한(= cultured, educated, sophisticated)
- ㅁ dignity 위엄, 품위(= decorum, gravity, majesty) v. dignify 위엄[품위] 있어 보이게 하다
- ㅁ dysfunction 기능 장애, 역기능
- ㅁ theatrical art 무대 예술

[본문해석]
드라마는 행동이다. 드라마는 존재이다. 드라마는 그토록 평범한 것이다. 드라마는 우리가 어려운 상황과 마주할 때 매일 참여하게 되는 바로 그 무엇이다. 아침에 일어나 두통이 심하고 우울증이 밀려와도 아무 일도 없는 척하며, 하루를 맞이하고 다른 사람들과 대면한다. 중요한 회의가 있거나 인터뷰가 곧 있어서, 그 사안에 대해 스스로에게 미리 쭉 이야기 해보고 어떻게 자신 있고 생기 있는 표정을 보여줄지, 무엇을 입을지, 손은 어떻게 할지 등을 결정한다. 동료의 서류에 커피를 쏟아 놓고는 바로 그럴듯한 변명을 준비한다. 애인이 가장 친한 친구와 막 달아났지만, 호기심 많은 학생들 반에 수업하러 들어가는 것을 피할 수는 없다. 우리가 품위를 유지하고 다른 사람들과 조화롭게 살고 싶다면 매일의 삶을 살아가는 데 일련의 교양이란 가면이 필요하다.

## 14 정답 ②

[정답해설]
세계화와 시장 경제를 반대하는 사람들의 말처럼 경제 성장이 부유층에게만 이롭다는 것은 사실이 아니며, 최근 세계 은행의 연구 결과 해외 무역에 대한 개방이 전체 경제에 혜택을 주는 것과 같은 정도로 빈민층에게도 혜택을 주는 것으로 나타났다. 그러므로 "Globalization can be beneficial regardless of one's economic status. (세계화는 개인의 경제 상태에 상관없이 이익이 될 수 있다.)"는 ②의 설명이 윗글의 요지로 가장 적절하다.

[오답해설]
① 정부는 경제를 회복시키기 위해 무역의 흐름을 통제해야 한다.
③ 세계 경제는 빈민층의 희생으로 성장한다.
④ 세계화는 빈부의 갈등을 심화시킨다.

[핵심어휘]
- ㅁ strangle 목 졸라 죽이다, 옥죄다(= throttle, choke, asphyxiate)
- ㅁ stem 막다, 저지하다
- ㅁ component 구성요소, 성분 cf) the car component industry 자동차 부품 산업
- ㅁ disparity 차이, 격차 cf) disparity between rich and poor 빈부격차
- ㅁ undeniable 부인할 수 없는, 명백한(= obvious)
- ㅁ opponent 상대, 반대자(= adversary, rival, enemy)
- ㅁ per capita 1인당 cf) per capita GDP 1인당 국내총생산, per capita national income 1인당 국민 소득
- ㅁ sector 부문, 분야, 구역(= part, division)
- ㅁ proportionately 비례해서
- ㅁ revive 회복[소생]하다, 되살리다
- ㅁ regardless of ~에 상관없이
- ㅁ deepen 깊게 하다, 심화시키다

[본문해석]
정부가 세계 경제의 세 가지 요소 즉, 무역, 정보 그리고 자금 흐름을 막음으로써 세계화를 옥죈다면, 도대체 그것이 어떻게 가난한 사람들을 돕는 것인가? 빈부의 격차가 여전히 크다는 것은 부인할 수 없다. 그러나 세계화와 시장 경제를 반대하는 사람들이 우리를 믿게 만든 것처럼, 경제 성장이 부유층에게만 혜택을 주고 빈민층을 배제시킨다는 것이 꼭 사실은 아니다. "성장이 빈민층에게 유익한가?"라는 제목이 붙여진 최근 세계은행의 연구는 인구의 하위 5% 소득과 1인당 국내총생산의 상관관계를 보여준다. 바꾸어 말하면, 모든 분야의 소득은 동일 비율로 비례해서 성장한다. 그 연구는 해외 무역에 대한 개방이 전체 경제에 혜택을 주는 것과 같은 정도로 빈민층에게도 혜택을 준다고 말하고 있다.

## 15 정답 ④

[정답해설]
해당 문장은 가정법 과거완료의 도치구문으로, '이렇게 훌륭한 성과를 얻지 못했을 것이다'라는 문맥상 주절은 부정문이 되어야 한다. 그러므로 주절은 'I should not have achieved ~'라고 고쳐 써야 옳다.

내가 그때 그 계획을 포기했었다면 이렇게 훌륭한 성과를 얻지 못했을 것이다.
If I had given up the project at that time, I should not have achieved such a splendid result.
→ Had I given up the project at that time, I should not have achieved such a splendid result.

**[오답해설]**

① 때나 조건의 부사절에서는 현재가 미래를 대용하므로, 'as soon as' 이하의 부사절에서 현재 시제의 동사 'receive'를 사용한 것은 적절하다.
② 'ought to have + p.p(~했어야만 했다)'는 과거 사실에 대한 유감을 표현하는 구문으로, 소년 시절에 독서하는 버릇을 길러 놓지 못한 것에 대한 유감을 표시하는 말로 적절하게 사용되었다.
③ 영어를 유창하게 말하는 것보다 10년 동안 외국에 있던 것이 한 시제 앞선 것이므로, 'having + p.p'의 완료형 분사 구문을 사용한 것은 적절하다.

**[핵심어휘]**

- headquarters 본사[본부]
- fluently 유창하게, 술술
- splendid 멋진, 훌륭한(= excellent, marvellous)

## 16 정답 ④

**[정답해설]**

'너무 ~해서 ~할 수 없다'의 표현이므로 'too ~ to' 구문을 사용해야 한다. 그러므로 'so distracted ~ to know'를 'too distracted ~ to know'로 고쳐 써야 옳다.

**[오답해설]**

① 부사구 'only after the meeting'을 강조하기 위해 문두로 도치시킨 문장으로 옳게 영작되었다.
② 주장, 명령, 제안, 요구 등을 나타내는 동사는 'that' 이하의 종속절에서 'should + 동사원형'을 사용하며, 이때 'should'는 생략 가능하다. 그러므로 해당 문장의 종속절에서 동사 '(should) be'를 사용한 것은 적절하다.
③ 'as 원급 as' 구문으로 양보를 나타내며, as(so) + 형용사 + 관사 + 명사의 어순에 따라 'as difficult a task as'로 영작한 것은 적절하다.

**[핵심어휘]**

- seriousness 심각성, 중대성 cf) in all seriousness 진정[진심]으로
- financial crisis 금융 위기
- distracted 산만[산란]해진(= agitated, troubled, puzzled)

## 17 정답 ①

**[정답해설]**

(A) 시신경이 달팽이관 신경보다 약 18배 많은 뉴런을 포함하고 있기 때문에, 시신경이 훨씬 더 많은 정보를 전달하는 것으로 추정할 수 있다. 그것은 두 신경의 크기를 비교하여 알아낸 것이므로, 빈칸 (A)에 들어갈 말은 'comparing(비교하는)'이 적절하다.
(B) 정보를 수집하거나 모으는 데 있어 눈이 귀보다 수천 배 더 효율적이라는 것이므로, 빈칸 (B)에 들어갈 말은 'sweeping up(쓸어 담는)'이 적절하다.

**[오답해설]**

| | (A) | (B) |
|---|---|---|
| ② | 비교함으로써 | 줄이는데 |
| ③ | 추가함으로써 | 전파하는데 |
| ④ | 추가함으로써 | 치우는데 |

**[핵심어휘]**

- contrast with ~와 대조를 이루다[대비하다]
- precisely 바로, 꼭, 정확히(= exactly, squarely, correctly)
- calculation 계산, 산출, 추정, 추산(= computation, reckoning)
- translation 번역, 통역(= interpretation)
- nerve 신경 a. nervous 신경이 과민한, 불안한, 초조한 cf) optic nerve 시신경
- roughly 대략, 거의
- neuron 뉴런, 신경 세포
- cochlear 달팽이관의
- transmit 전송[송신/방송]하다(= broadcast, televise, relay)
- alert 기민한, 민첩한, 민감한(= attentive, awake, vigilant)
- sweep up 청소하다, 쓸어 담다
- disseminate 퍼뜨리다, 전파하다 n. dissemination 파종, 보급, 전파

**[본문해석]**

눈을 통해 수집된 정보의 양은 귀와는 대조적으로 정확하게 계산되지 않았다. 그러한 계산은 번역 과정을 포함할 뿐만 아니라, 과학자들은 무엇을 계산할 지에 대한 지식 부족으로 장애를 겪어 왔다. 그러나 두 조직의 상대적인 복잡성에 대한 일반적인 개념은 눈과 귀를 뇌의 중심에 연결하는 신경의 크기를 (A) 비교함으로써 알아낼 수 있다. 시신경은 달팽이관 신경보다 약 18배 많은 뉴런을 포함하고 있기 때문에, 시신경

이 적어도 훨씬 더 많은 정보를 전달한다고 추정한다. 실제 보통의 민감한 대상들의 경우, 아마도 정보를 (B) 쓸어 담는데 있어 눈이 귀보다 수천 배 더 효율적일 것이다.

## 18 정답 ③

**[정답해설]**
윗글은 아동문학상의 선정 방법과 역할 등에 대해 전반적으로 서술하고 있는데, 출판 산업에 뛰어난 공로를 표창하는 한 시상식이 보류되었다는 ③의 내용은 윗글의 서술 방향과 어울리지 않는다.

**[핵심어휘]**
- children's book award 아동문학상
- proliferate 급증하다, (빠르게) 확산되다
- organization 조직, 단체, 기구
- genre 장르 cf) movie genre 영화 장르
- contribution 기여, 공로, 이바지
- influential 영향력 있는, 영향력이 큰 n. influence 영향, 영향력
- considerably 많이, 상당히, 꽤
- awareness 의식, 관심
- put on hold ~을 보류하다, ~을 연기하다
- award-winning 상을 받은

**[본문해석]**
아동문학상이 최근 확산되고 있는데, 오늘날 다양한 단체에서 수여하는 100 여 종류 이상의 상이 있다. ① 이 상들은 특정 장르의 도서 또는 단순히 특정 시기에 출간된 모든 아동도서 중 최고의 도서에 주어진다. 그 상은 특정 도서나 아동문학계에서 일생을 공헌한 작가를 기린다. ② 대부분의 아동문학상은 어른들에 의해 선정되나, 지금은 어린이들이 선정하는 도서상이 점차 늘어나고 있다. 대부분의 국가에서 수여하는 더 큰 규모의 국내 상은 최고의 영향력이 있으며, 어린 독자를 위해 출간되는 양서들의 대중적인 인지도를 고양시키는데 상당한 도움이 되었다. ③ 출판 산업에 뛰어난 공로를 표창하는 한 시상식이 보류되었다. ④ 물론 독자들은 상을 받은 도서라고 해서 지나친 믿음을 갖지 않을 만큼 현명하다. 상이 반드시 좋은 독서 경험을 의미하지는 않지만, 책을 선택하는데 있어서 좋은 출발점을 제공한다.

## 19 정답 ④

**[정답해설]**
주어진 문장이 'This inequality(이러한 불균형)'로 시작하므로, 앞 문장에는 불균형과 관련된 내용이 나와야 한다. 제시문에서 캥거루 한 마리가 사냥되었을 때, 주요 부위를 그들의 친족들에게 주고 가장 나쁜 부위는 사냥꾼 자신들이 가져가는 것이 이런 불균형에 해당되므로, 주어진 문장은 ④에 들어가는 것이 가장 적절하다.

**[핵심어휘]**
- inequality 불평등, 불균형(= disparity, dissimilarity)
- portion 부분[일부], 몫 cf) an individual portion 한 사람분
- distribution 분배, 유통, 배분(= delivery) v. distribute 분배[배분]하다
- kinfolk 친척, 친족
- net 순(純), 실(實), 최종적인 cf) a net price 정가, a net result 최종 결과
- substantially 주로, 대체로, 상당히
- kinship 친족[혈족] 관계, 연대감
- obligation 의무, 책무(= duty, compulsion)
- morality 도덕(성)
- emphasize 강조하다, 역설하다 n. emphasis 강조, 역점

**[본문해석]**

> 이러한 불균형은 다른 사람들이 사냥을 할 경우 자기 차례에 더 좋은 부위를 받음으로써 바로잡힌다.

사냥에서 동물 한 마리를 잡았을 때 발생하는 단순한 분배 상황을 검토해 보자. 사람들은 그 동물을 얻기 위해 사냥꾼들 각자가 한 일의 양에 따라 그것이 분배될 거라고 기대할 수 있다. ( ① ) 어느 정도까지는 이 원칙에 따르지만, 다른 사람들 역시 그들의 권리가 있다. ( ② ) 캠프의 각 사람은 자기와 사냥꾼들과의 관계에 따라 몫을 받는다. ( ③ ) 예를 들어 캥거루 한 마리가 사냥되었을 때, 사냥꾼들은 주요 부위를 그들의 친족들에게 줘야하고, 가장 나쁜 부위는 사냥꾼 자신들이 가져가는 수가 있다. ( ④ ) 결국 최종 결과는 각각의 사람들에게 똑같지만, 이러한 시스템을 통해서 친족의 의무라는 원칙과 음식을 공유하는 도덕성이 강조되어 왔다.

## 20 정답 ②

**[정답해설]**
윗글은 가장 획기적인 집단 심리 치료 요법인 Jacob L. Moreno의 심리극에 대해 설명하고 있다. 주어진 첫 단락에서 Jacob L. Moreno의 심리극은 프로이드의 세계관과 상당히 다른 전제조건에서 시작했다고 했으므로, Moreno의 이론이 주류 관점과는 다르다는 (B) 단락이 와야 한다. 인간의 본성은 창조적이라는 (B) 단락에 이어 그러한 창조성은 사회적

상호작용에 의해 발현된 것이라는 (A) 단락이 와야 한다. 창조성과 사회적 신뢰를 증진시킬 수단인 역할 놀이와 즉흥극을 언급한 (A) 단락에 이어 그러한 역할 놀이와 즉흥극에 대한 세부 내용을 서술한 (C)가 와야 한다. 그러므로 주어진 글 다음에 (B)－(A)－(C)의 순으로 연결되어야 전체적인 글의 흐름이 자연스럽다

**[핵심어휘]**

- innovative 혁신적인, 획기적인
- therapy 치료, 요법(= remedy, treatment, cure)
- psychodrama 심리극
- brainchild 아이디어, 발명품, 창작물
- premise 전제, 가정, 근거(= assumption, proposition) cf) a major[minor] premise 대[소]전제, on the premise ~을 전제로 하고
- be alien to ~에 맞지 않다
- worldview 세계관
- psyche 마음, 정신, 심령(= soul, mind)
- solitary 혼자 하는, 홀로 있는(= unsociable, reclusive)
- social interaction 사회적 상호작용
- theatrical 연극[공연]의, 무대의
- role–playing 역할 연기[놀이]
- improvisation 즉석에서 하기(즉흥시, 즉흥곡, 즉흥극)
- theoretical 이론의, 이론적인, 이론상의
- mainstream 주류, 대세
- psychological 정신적인, 심리학적인
- consciousness 자각, 의식(= awareness, understanding) cf) lose one's consciousness 의식을 잃다
- role reversal 역할 전환, 역할 바꾸기
- participant 참가자
- take on (일 등을) 맡다, (책임을) 지다
- persona 페르소나, 사람, 모습(↔ anima 영혼, 정신)
- empathic 감정 이입의
- impulse 충동, 자극 cf) buy something on impulse 충동구매를 하다

**[본문해석]**

가장 획기적인 집단 심리 치료 요법은 Jacob L. Moreno의 창작물인 심리극이었다. 집단요법의 한 형태로써 심리극은 정신병은 본질적으로 정신 또는 마음속에서 발생한다는 프로이드의 세계관과는 상당히 다른 전제조건에서 시작되었다.

(B) 주류 관점과는 다른 그의 이론적 차이에도 불구하고, 20세기에 심리적인 의식을 형성하는데 있어 Moreno의 영향력은 상당했다. 그는 인간의 본성은 창조적이며, 창조적인 삶을 사는 것이 인간의 건강과 행복의 열쇠라고 믿었다.

(A) 그러나 그는 또한 창조성은 고독한 과정이 아니라 사회적 상호작용에 의해 발현된 무엇이라고 믿었다. 그는 창조성과 일반적인 사회적 신뢰를 증진시킬 수단으로써 역할 놀이와 즉흥극을 포함한, 연극적 기법에 상당히 의존했다.

(C) 그의 가장 중요한 연극적 도구는 그가 역할 바꾸기라고 부르는 것 즉, 참가자들에게 다른 사람의 역할을 맡도록 요청하는 것이었다. 마치 어떤 사람이 다른 사람의 입장에 있는 것처럼 하는 행위는 감정이입의 충동을 이끌어내는 데 도움을 주고 그것을 더 높은 수준의 표현으로 발전시키기 위해 고안되었다.

## [국가직] 2017년 10월 | 정답

| | | | | | | | | | |
|---|---|---|---|---|---|---|---|---|---|
| 01 | ④ | 02 | ② | 03 | ③ | 04 | ④ | 05 | ③ |
| 06 | ② | 07 | ③ | 08 | ③ | 09 | ④ | 10 | ① |
| 11 | ④ | 12 | ② | 13 | ③ | 14 | ③ | 15 | ② |
| 16 | ④ | 17 | ① | 18 | ④ | 19 | ④ | 20 | ① |

## [국가직] 2017년 10월 | 해설

### 01 정답 ④

**[정답해설]**

소포를 보내려면 어떻게 해야 하냐는 Mary의 질문에 James가 고객 상담실의 Bob에게 물어볼 것을 권유하고 있다. 그러므로 빈칸에는 Bob과의 대화나 연락 여부가 나와야 하므로, ④의 "그의 번호로 전화를 했지만, 아무도 받지 않았어요."가 들어갈 말로 가장 적절하다.

**[오답해설]**

① 물론이죠. 제가 이 소포를 배송해 드릴게요.
② 알겠습니다. 제가 Bob의 고객들을 맡을게요.
③ 세관 사무소에서 뵙죠.

**[핵심어휘]**

- arrange for ~을 준비하다, 계획을 짜다
- deliver 배달하다
- Customer Service 고객 상담실
- take care of ~을 맡다, 책임지다
- Customs office 세관 사무소

**[본문해석]**

Mary: 안녕하세요 James. 어떻게 지내세요?
James: 안녕하세요 Mary. 오늘은 뭘 도와드릴까요?
Mary: 이 소포를 보내려면 어떻게 해야 하나요?
James: 고객 상담실의 Bob에게 말씀해 보세요.
Mary: 그의 번호로 전화를 했지만, 아무도 받지 않았어요.

## 02 정답 ②

**[정답해설]**

빈칸 이후의 대화 내용은 어떤 놀이기구를 탈지 의논하는 과정이 나타난다. 줄이 너무 길어 최소 30분 이상은 기다려야 한다는 A의 말에 B가 응답한 내용이므로, 빈칸에는 ②의 "다른 놀이기구를 찾아보자."가 들어갈 말로 가장 적절하다.

**[오답해설]**

① 마술쇼를 보기 위한 자리를 찾아보자.
③ 퍼레이드에 필요한 옷을 사자.
④ 분실물 보관소에 가보자.

**[핵심어휘]**

- cup of tea 기호[취향]에 맞는 사람[물건]
- costume 의상, 복장
- parade 페레이드, 가두행진
- the lost and found 분실물 보관소

**[본문해석]**

A: 와! 저 긴 줄 좀 봐. 최소 30분은 기다려야 할 것 같은데.
B: 네 말이 맞아. 다른 놀이기구를 찾아보자.
A: 좋은 생각이야. 나는 롤러코스터를 타고 싶어.
B: 그건 내 취향이 아니야.
A: 그럼 후름라이드는 어때? 재미있고 줄도 그렇게 길지 않아.
B: 그거 좋다! 가자!

## 03 정답 ③

**[정답해설]**

promise → compromise
③의 promise는 '약속하다'라는 의미이므로, 제시된 우리말의 '타협하다'는 의미로 영작하기 위해서는 compromise로 고쳐 써야 옳다.

**[오답해설]**

① became 다음에 형용사인 popular를 보어로 사용한 것은 적절하다. 또한 by word of mouth는 '입소문으로, 구전으로'라는 의미의 부사구로 옳게 사용되었다.
② 형용사 must-see는 '꼭 보아야 할'의 의미로, 해당 문장에서 관사(a) + 형용사(must-see) + 명사(movie)의 어순으로 바르게 사용되었다.
④ 전치사구인 on a tight budget는 '돈이 없는, 빈곤한'의 의미로 바르게 사용되었다. 또한 to spend는 앞의 fifteen dollars를 수식하는 to부정사의 형용사적 용법으로 옳게 사용되었다.

**[핵심어휘]**

- by word of mouth 입소문으로, 구전으로
- scary 무서운, 겁나는
- must-see 꼭 봐야 할
- on a tight budget 돈이 없는, 빈곤한

## 04 정답 ④

**[정답해설]**

To control → Controling / making → to make
해당 문장은 A and B의 병렬 구조이므로, A와 B는 동일한 형태여야 한다. 그런데 동명사 또는 to부정사 모두 문장의 주어로 쓸 수 있으므로, 앞의 To control을 Controling로 고쳐 쓰거나, 뒤의 making을 to make로 고쳐 써야 한다.

**[오답해설]**

① The dinner being ready는 때를 나타내는 분사구문으로, As the dinner was ready~로 바꿔 쓸 수 있다. 분사구문의 주어인 the dinner가 주절의 주어인 we와 일치하지 않으므로 생략할 수 없다.
② 의문대명사 who는 동사 tell의 목적어이자 관계대명사 that절의 선행사로 옳게 사용되었다. 또한 who that is~는 간접의문문의 형태로 의문사+주어+동사의 평서문 어순을 적용한다.
③ rarely는 부정부사로 부정어와 같이 사용되지 않으며, 2형식 동사인 prove는 형용사인 fatal을 보어로 옳게 사용하였다.

**[핵심어휘]**

- rarely 드물게, 좀처럼 하지 않는
- fatal 죽음을 초래하는, 치명적인
- improvement 향상, 개선
- objective 목적, 목표

## 05 정답 ③

**[정답해설]**
밑줄 친 appease는 '달래다, 위로하다'의 뜻으로 ③의 pacify(달래다)와 그 의미가 가장 유사하다.

**[오답해설]**
① 할당하다
② 이해하다
④ 자극하다

**[핵심어휘]**
- drift 표류하다, 이동하다
- pagan 이교도
- appease 달래다, 위로하다
- needy 곤궁한, 궁핍한
- costumed 의상을 입은, 분장한
- treat 대접, 환대
- assign 맡기다, 할당하다
- apprehend 파악하다, 이해하다
- pacify 달래다, 진정시키다
- provoke 자극하다, 화나게[짜증나게] 하다

**[본문해석]**
요즘 할로윈은 이교도와 가톨릭 축제의 기원으로부터 멀어졌고, 우리가 위로하는 영혼들은 더 이상 죽은 자들의 영혼이 아니다. 궁핍한 유령들은 대접을 요구하는 분장한 아이들로 대체되었다.

## 06 정답 ②

**[정답해설]**
밑줄 친 make light of는 '경시하다, 우습게보다'의 뜻으로, ②의 treat something as unimportant(무언가를 하찮게 다루다)와 그 의미가 가장 유사하다.

**[오답해설]**
① 무언가를 심각한 것으로 여기다
③ 문제를 해결하기 위해 노력하다
④ 수용할 수 있는 해결책을 찾다

**[핵심어휘]**
- make light of ~을 경시하다, 우습게 보다
- make an effort 노력하다

**[본문해석]**
나는 종종 내 문제들을 경시하는데, 그것이 나를 더 기분 좋게 만든다.

## 07 정답 ③

**[정답해설]**
밑줄 친 quintessential은 '전형적인, 본질적인'의 뜻으로 ③의 typical(전형적인)과 그 의미가 가장 유사하다.

**[오답해설]**
① 가장 유익한
② 알맞은
④ 비공식적인

**[핵심어휘]**
- quintessential 전형적인, 본질적인
- promotional 홍보의, 판촉의
- affordable (가격이) 알맞은
- typical 전형적인, 보통의
- informal 비격식적인, 비공식적인

**[본문해석]**
햄버거와 감자튀김은 패스트푸드 체인점의 홍보 노력 덕분에, 1950년대의 전형적인 미국식 식사가 되었다.

## 08 정답 ③

**[정답해설]**
제시문은 대륙의 약 94%가 바다 속에 잠겨 있는 Zealandia라 불리는 숨겨진 대륙에 대해 서술하고 있다. ③의 those tiny areas(이러한 작은 지역들)는 주어진 문장에서 뉴질랜드, 뉴칼레도니아와 몇몇 작은 섬들을 가리키는 것으로, Zealandia 지역 중 바다 속에 잠겨 있지 않은 나머지 지역에 해당된다. 그러므로 주어진 문장은 ③에 들어가는 것이 가장 적절하다.

**[핵심어휘]**
- peek 살짝[아주 조금] 보이다
- lurk 숨어 있다, 도사리다
- geologist 지질학자
- be in charge of ~을 담당하다, ~을 책임지고 있다
- designate 지정[지명]하다, 표기[표시]하다
- pitch 내던지다, 내동댕이치다
- expanse 넓게 트인 지역
- continental crust 대륙 지각
- Indian subcontinent 인도 아대륙

ㅁ tiny 아주 작은
ㅁ submerge 잠수하다, 깊이 감추다
ㅁ ocean level 해수면

**[본문해석]**

> 오직 뉴질랜드, 뉴칼레도니아와 몇몇 작은 섬들만이 파도 위로 살짝 보인다.

지질학자들의 말에 의하면, Zealandia라고 불리는 오랫동안 숨겨진 대륙이 뉴질랜드 밑에 숨어 있다. 그러나 아무도 공식적으로 새로운 대륙을 표시하는 일을 하지 않았기 때문에, 과학자들 개개인이 결국 스스로 판단해야 한다. ( ① ) 지질학자들로 구성된 한 팀이 Zealandia가 약 490만 평방킬로미터에 걸친 대륙 지각의 연속된 공간이라고 주장하면서, 신대륙에 대한 과학적인 주장에 목소리를 높이고 있다. ( ② ) 그것은 대략 인도 아대륙의 크기이다. 대부분의 다른 건조한 대륙과 달리, Zealandia의 약 94%가 대양 아래에 숨어 있다. ( ③ ) 이러한 작은 지역들을 제외하고, Zealandia의 모든 지역들은 대양 아래에 잠겨 있다. ( ④ ) "만약 우리가 세계 바다의 플러그를 뽑으면, Zealandia가 주위 대양 지각 위로 약 3,000미터 솟아 있다는 것이 훨씬 명확해질 것이다."라고 한 지질학자는 말했다. "만약 해수면이 아니었다면, 오래 전에 우리는 Zealandia가 하나의 대륙이었음을 알았을 것이다."

## 09 정답 ④

**[정답해설]**
마지막 문장에서 측정 가능한 외부 수량에 숫자들이 일상적으로 이용된 것은 '혼합 수학적' 과목들이며, 자연 철학은 일상적으로 이와 대비된다고 하였다. 그러므로 "자연 철학에서 숫자들은 측정 가능한 외부 수량에 일상적으로 이용되었다."는 ④의 설명은 제시문의 내용과 일치하지 않는다.

**[오답해설]**
① 17세기 초에는 지구와 하늘에 대한 지식이 증가했다. → 17세기 초에 지구와 하늘에 대한 지식이 기하급수적으로 성장하여, 이를 과학 혁명이라고 부름
② 17세기에는 대학에서 아리스토텔레스 철학에 대한 의존이 감소했다. → 17세기에는 대학에서 아리스토텔레스 철학에 대한 오래된 의존이 빠르게 약화됨
③ 자연 철학은 천체의 움직임을 설명하기 위해 네 가지 요소들을 제시했다. → 자연 철학은 천체의 움직임을 설명하기 위해 흙, 물, 공기, 불의 네 가지 요소를 제시함

**[핵심어휘]**
ㅁ decade 10년
ㅁ exponential 기하급수적인
ㅁ reliance 의존, 의지
ㅁ wane 약해지다, 줄어들다
ㅁ casually 어쩌다, 우연히
ㅁ in terms of ~ 면에서
ㅁ preponderance 우세함, 더 많음
ㅁ compose 구성하다, 조직하다
ㅁ routinely 일상적으로, 틀에 박히게
ㅁ mixed mathematical 혼합 수학의
ㅁ optics 광학
ㅁ hydrostatics 정수 역학
ㅁ harmonics 화성학
ㅁ external 외부의, 외면의
ㅁ duration 지속, 기간

**[본문해석]**
17세기 초반 몇 십 년간 지구와 하늘에 관한 지식에 기하급수적인 성장이 목격되었는데, 이 과정을 보통 과학 혁명이라고 부른다. 대학에서 아리스토텔레스 철학에 대한 오래된 의존은 빠르게 약화되었다. 아리스토텔레스식 자연 철학에서 천체의 움직임은 그것들이 가지고 있는 네 가지 원소(흙, 물, 공기, 불)의 양적 측면에서 '우연적으로' 설명되었고, 물체들은 그것들을 구성하고 있는 특정 요소들의 우세함에 따라 그들의 '본래' 위치를 향해 올라가고 내려갔다. 자연 철학은 숫자가 길이 혹은 기간 등의 측정 가능한 외부 수량에 적용될 수 있었던 광학, 정수 역학, 그리고 화성학과 같은 '혼합 수학적' 과목들과 일상적으로 대비되었다.

## 10 정답 ①

**[정답해설]**
제시문에서 방치나 학대와 같은, 인생 초기의 스트레스성 사건들은 성인기에 심리학적 영향을 미치며, 이러한 영향들은 그들의 자녀와 심지어 손자들에게도 계속될 수 있음을 실험을 통해 보여주었다. 그러므로 "당신의 할아버지가 청소년기에 받았던 스트레스는 당신을 더욱 불안하게 할 수 있다."는 ①의 내용은 제시문의 내용과 일치한다.

**[오답해설]**
② 인생 초반기에 스트레스 받은 경험들은 후반기에 불안을 완화시킨다. → 방치나 학대와 같은, 인생 초기의 스트레스성 사건들은 성인기에도 영향을 미침
③ 한 장소에서 다른 장소로 계속해서 이동하는 것은 후손들에게 도움이 될 수 있다. → 새로운 우리로 계속해서 이동하는 스트레스를 받았던 청소년기 쥐들은 불안 행동을 보였으며, 이러한 증상은 후대에까지 전달됨

국가직 문제 / 지방직 문제 / 서울시 문제 / 국가직 해설 / 지방직 해설 / 서울시 해설

④ 만성적인 사회적 스트레스는 격리에 의해 발생될 수 없다.
→ 청소년기 쥐들에게 7주간 정기적으로 새로운 우리로 격리시키는 만성적인 사회적 스트레스를 줌

**[핵심어휘]**

- neglect 방치, 소홀
- abuse 학대, 남용, 오용
- adulthood 성년(기), 성인(기)
- persist 집요하게 계속하다
- biochemist 생화학자
- chronic 만성적인
- adolescent 청소년, 사춘기 소년
- relocate 재배치하다, 격리시키다
- rodent 설치류
- anxiety 불안, 걱정거리
- maze 미로
- control animal (동일 실험에서 실험 요건을 가하지 않은) 대조군 동물
- offspring 자손, 후대
- anxious 불안한, 초조한
- transmit 보내다, 전송[전염]시키다
- alleviate 완화하다, 경감하다
- relocation 이전, 재배치, 격리 수용

**[본문해석]**

방치나 학대와 같은, 인생 초기의 스트레스성 사건들은 성인기에 심리학적 영향을 미칠 수 있다. 새로운 연구는 이러한 영향들이 그들의 자녀와 심지어 손자들에게도 계속될 수 있음을 보여준다. Tufts 의과대학의 생화학자인, Larry James와 Lorena Schmidt는 청소년기 쥐들에게 7주간 정기적으로 새로운 우리로 격리시키면서 만성적인 사회적 스트레스를 주었다. 그 후 연구자들은 이러한 스트레스를 받은 쥐들이 성인기에 얼마나 오랜 시간 미로의 공터에서 시간을 보낼 수 있는지 그리고 이전에 만난 적이 없는 쥐들에게 얼마나 자주 접근하는지와 같은 설치류 불안감에 대한 일련의 표준 실험실 측정법을 이용해 시험했다. 암컷 쥐들은 대조군 동물들과 비교해 더 많은 불안 행동을 보였으며, 반면에 수컷 쥐들은 그렇지 않았다. 그러나 두 성별의 후손들 모두 더 큰 불안 행동을 보여주었고, 청소년기에 스트레스를 받았던 수컷 쥐들은 심지어 이러한 행동 패턴을 그들의 손주와 증손주에게 까지 전달하였다.

## 11 정답 ④

**[정답해설]**

두 문장 모두 부정적인 상황을 이겨내는 것이므로, 빈칸에 들어갈 공통적인 말은 ④의 get over(극복하다)이다.

**[오답해설]**

① 떠나다
② 내리다
③ 앞서다

**[핵심어휘]**

- disappoint 실망시키다, 좌절시키다
- eventually 결국, 마침내
- get over 극복하다, 이겨내다
- get ahead 앞서다, 출세하다
- get down 내리다, 내려가다
- get away 떠나다, 탈출하다

**[본문해석]**

- 그녀는 그들의 최종 결정에 대해 실망했지만, 결국 극복해 낼 것이다.
- 그녀의 죽음에 대한 충격을 극복하는 데 아주 긴 시간이 걸렸다.

## 12 정답 ②

**[정답해설]**

주어진 글은 인류의 삶을 편안하게 해준 발명품들에 대해 소개하고 있다. (B)는 그러한 발명품의 사례로 컴퓨터를 언급하고 있으므로 주어진 글 다음에 와야 한다. 다음으로 (B)에서 언급한 컴퓨터 기술의 강의 활용성에 대해 (C)에서 구체적으로 다루고 있으므로, (B) 다음에 (C)가 와야 한다. 마지막으로 (A)에서 쌍방향 미디어의 사례를 통해 (C)의 내용을 추가하여(in addition) 설명하고 있으므로, (C) 다음에 (A)가 와야 한다. 그러므로 주어진 글 다음의 순서는 ②의 (B)-(C)-(A) 순이다.

**[핵심어휘]**

- industrious 근면한, 부지런한
- convenience 편의, 편리한 것
- propel 나아가게 하다, 몰고 가다
- interactive 상호적인, 쌍방향의
- lecture 강의, 강연
- unavailable 손에 넣을 수 없는, 이용할 수 없는
- availability 유효성, 유용성

**[본문해석]**

어느 시대나 부지런한 사람들은 삶을 더 편안하게 해줄 편리한 것들을 계속해서 만들어왔다. 바퀴부터 백열전구의 발명까지, 발명품들은 사회를 앞으로 나아가게 했다.

(B) 최근의 현대 발명품은 컴퓨터인데, 그것은 사람들의 삶의 많은 부분을 개선시켰다. 이것은 특히 교육 분야에서 그렇다. 고등교육에서 컴퓨터 기술의 한 가지 중요한 효과는 강의 활용성이다.
(C) 컴퓨터 네트워크 발전의 결과로, 학생들은 많은 대학들의 강의들을 실시간으로 구할 수 있다. 그들은 이제 디지털 화면 앞에 앉아 다른 대학에서 제공되는 강의를 들을 수 있다.
(A) 게다가 쌍방향 미디어는 강사에게 질문을 하거나 이메일을 통해 다른 학생들과 의견을 교환할 수 있다. 그러한 컴퓨터화된 강의들은 이전에는 이용이 불가능했던 지식에 대한 접근성을 학생들에게 주었다.

## 13 정답 ③

**[정답해설]**
해당 문장은 과거 사실의 반대를 가정하는 가정법 과거완료 구문으로, 다음과 같이 그 형태가 바르게 사용되었다.

> If + 주어 + had p.p, 주어 + 조동사의 과거형 + have p.p

**[오답해설]**
① using → use / equipments → equipment
allow는 5형식 동사이며 목적보어로 to부정사를 취한다. allow + 목적어 + to부정사를 수동태로 전환하면 be allowed to부정사의 형태가 된다. 그러므로 해당 문장의 to using은 to use로 고쳐 써야 옳다. 또한 equipment는 셀 수 없는 불가산 명사이므로 복수 형태인 equipments로 쓸 수 없다.
② astound → astounds
문장 전체의 주어가 The extent이므로 동사 astound는 수와 시제의 일치에 따라 3인칭 단수 현재의 형태인 astounds가 되어야 한다.
④ approved → been approved
approve는 목적어를 필요로 하는 타동사인데, 해당 문장에 목적어가 없으므로 수동태 형태가 되어야 한다. 시제가 현재완료인 수동태 부정문이므로, has not approved는 has not been approved로 고쳐 써야 옳다.

**[핵심어휘]**
- undergraduate 학부생, 대학생
- extent 범위, 정도, 크기
- astound 깜짝 놀라게 하다, 경악시키다
- loan application 대출 신청

**[본문해석]**
① 학부생들은 실험실 장비들을 이용하지 못한다.
② 다양한 주제들에 관해 Mary가 갖고 있는 지식의 범위가 나를 놀라게 했다.
③ 그녀가 어제 집에 있었다면, 그녀를 방문했을 것이다.
④ 대출 신청이 승인되지 않았음을 알려드리게 되어 유감입니다.

## 14 정답 ③

**[정답해설]**
never so much as는 '~조차 하지 않다'는 의미의 관용구로 옳게 사용되었다. 또한 mention은 타동사로 it을 목적어로 취하고 있으므로 적절하다.

**[오답해설]**
① during → for
during 다음에 six weeks라고 하는 숫자가 동반된 구체적인 시간이 왔으므로, 전치사 during을 for로 고쳐 써야 옳다. during 다음에는 the vacation, the weekend처럼 숫자가 아닌 특정한 기간이 온다.
② is suffered from → suffered from
동사 suffer는 '~로 고통 받다'의 의미로 전치사 from을 동반하며, 자동사이므로 수동태 형태로 사용할 수 없다.
④ financial → financially
해당 문장에서 independent(독립의)는 be동사의 보어로 쓰인 형용사이다. 그러므로 앞의 형용사 financial(경제적인)은 뒤의 형용사 independent를 수식하기 위해 부사의 형태인 financially(경제적으로)로 고쳐 써야 옳다.

**[핵심어휘]**
- flu 독감, 유행성 감기
- never so much as ~조차 하지 않다
- financial 재정적인, 경제적인
- independent 독립의, 자주적인

**[본문해석]**
① 아버지가 6주 동안 병원에 입원해 계셨다.
② 가족 전체가 독감으로 고생했다.
③ 그녀는 그것을 언급조차 하지 않았다.
④ 그녀는 경제적으로 독립하고 싶어 한다.

## 15 정답 ②

**[정답해설]**

빈칸의 앞 문장에서 책벌레가 되는 것은 그들에게 나를 때릴 결정적인 이유를 제공한다고 하였으므로, 독서와 공부를 하는 여자아이들이 주의해야 할 사항은 너무 지적이지 않게 보이는 것이다. 그러므로 밑줄 친 빈칸에는 ②의 intellectual(지적인)가 들어갈 말로 가장 적절하다.

**[오답해설]**

① 탄탄한
③ 환대하는
④ 경험이 부족한

**[핵심어휘]**

- ethnically 민족적으로, 인종적으로
- beat up ~를 두들겨 패다[마구 치다]
- rough 거친, 난폭한, 험악한
- permissible 허용되는, 무방한
- stigma 오명, 오점
- stuck up 거만한, 건방진
- athletic 탄탄한, 육상의
- hospitable 환대하는, 후한
- inexperienced 경험이 부족한, 미숙한

**[본문해석]**

인종적으로 섞인 시카고 마을의 중산층 유대인으로 자란 나는 이미 매일 험악한 노동계층의 소년들에게 두들겨 맞을 위험에 처해 있었다. 책벌레가 되는 것은 그저 그들에게 나를 때릴 결정적인 이유를 제공할 뿐이었다. 독서와 공부는 여자아이들에게나 허용되는 것이었으나, 그들 역시 "건방지다"는 오명이 찍히지 않기 위해 너무 지적이지 않도록 주의해야만 했다.

## 16 정답 ④

**[정답해설]**

제시문은 인공위성이 떨어지지 않고 계속해서 지구 궤도를 도는 원리를 설명하고 있다. 빈칸 다음의 문장에서 위성은 그것들이 정확한 속도로 움직인다면, 지구의 굴곡이 그것들로부터 멀어지는 것과 같은 속도로 떨어진다고 하였다. 그러므로 ④의 basically continuously falling(기본적으로 계속해서 떨어지다)가 빈칸에 들어갈 말로 가장 적절하다.

**[오답해설]**

① 일단 궤도에 오르면 멈추도록 만들어졌다.
② 지구의 중력을 강화시키도록 설계되었다.
③ 이론적으로 다른 행성들을 당기고 있다.

**[핵심어휘]**

- satellite 위성
- fall out of ~로부터 떨어지다, 빠져 나오다
- afloat 뜬, 떠 있는
- delicate 섬세한, 미묘한
- gravity 중력
- spiral down 나선으로 강하하다, 급락하다
- orbit 궤도
- on the straight and narrow 바른, 정도의
- shut off 멈추다, 세우다, 차단하다
- intensify 강화하다, 심화시키다
- theoretically 이론상, 이론적으로

**[본문해석]**

당신은 우리에게 "무엇이 인공위성을 하늘에서 떨어지지 않게 하나요?"라고 묻는다. 지난 반세기 동안, 2,500개 이상의 위성이 첫 인공위성을 따라 우주공간으로 나갔다. 무엇이 그것들 모두를 떠있게 만드는가? 그것은 위성의 속도와 중력의 당기는 힘 사이의 미묘한 균형이다. 인공위성은 기본적으로 계속해서 떨어진다. 이상한 일이다. 그렇지 않은가? 위성은 그것들이 정확한 속도로 움직인다면, 지구의 굴곡이 그것들로부터 멀어지는 것과 같은 속도로 떨어진다. 이것은 우주 밖으로 더 멀리 달아나거나, 지구로 급강하하는 대신 지구의 궤도에 매달려 있다는 것을 의미한다. 위성을 바르게 유지하기 위해서는 종종 조정이 필요하다. 지구의 중력은 어떤 지역에서는 다른 지역보다 더 강하다. 위성은 태양이나 달, 심지어 목성에 의해서도 당겨질 수 있다.

## 17 정답 ①

**[정답해설]**

제시문에 따르면 컬러 광고가 흔하지 않던 시절에는 많은 운영비가 들어간 컬러 광고가 흑백 광고보다 더 많은 이목을 끌었다. 그러나 지금은 컬러 광고가 너무나 흔해서 오히려 흑백 광고가 그에 비해 더 이목을 끈다는 내용이다. 그러므로 밑줄 친 빈칸에 들어갈 말로는 ①의 contrast(대비, 대조)가 가장 적절하다.

**[오답해설]**

② 적대감
③ 추방
④ 자비

**[핵심어휘]**

- trade publication 업계 간행물

ㅁ black and white advertisement 흑백 광고
ㅁ sidelight 부수적인 정보
ㅁ considerably 꽤, 많이, 상당히
ㅁ corresponding to ~에 상응하는
ㅁ efficiency 효율성, 능률
ㅁ rare 보기 드문, 희귀한
ㅁ glossy 광택의, 화려한
ㅁ hostility 적대감, 적개심
ㅁ deportation 이송, 추방
ㅁ charity 자비, 관용

**[본문해석]**
Rosberg는 「산업 마케팅」이라는 업계 간행물에 실린 컬러 광고가 흑백 광고보다 더 이목을 끌었다는 사실을 발견했다. Rosberg의 연구에서 컬러 광고가 이에 상응하는 흑백 광고보다 운영하기에 많은 비용이 든다는 사실을 알게 된 것은 흥미로운 역사적 부수 정보이다. 비록 컬러 광고가 이목을 더 끌긴 했지만, 흑백 광고의 달러 당 독자 수만큼은 끌지 못했다. 오늘날 인쇄의 기술, 경제성, 효율성은 컬러 광고가 더 이상 희귀하지 않는 정도까지 발전했다. 그 결과 컬러 광고는 더 이상 '이례적인 것'이 아닐 수 있다. 일부 광택의 컬러 잡지나 텔레비전에서, 컬러 광고는 너무 흔해서 희귀한 흑백 광고가 이제 그 대비로 더 많은 이목을 끌고 있다.

## 18 정답 ④

**[정답해설]**
제시문에 따르면 새로 개발된 모델을 통해 참고래의 개체수를 측정한 결과, 2010년 이후 개체수가 감소해 온 것은 거의 100% 확실하다며 참고래의 개체수 감소를 언급하고 있다. 반면에 ④에서는 참고래 수가 그대로 남아 있다고 설명하고 있으므로, 전체적인 글의 흐름상 가장 어색하다.

**[핵심어휘]**
ㅁ estimate 추정(치), 추산, 견적
ㅁ North Atlantic right whale 북방긴수염고래
ㅁ population 인구수, 개체수
ㅁ endangered species 멸종위기종
ㅁ in the midst of ~의 한가운데에
ㅁ mortality 사망자 수, 치사율
ㅁ atmospheric 대기의, 공기의
ㅁ administration 관리, 집행, 행정
ㅁ fishery 어업, 어장
ㅁ agency 단체, 기관
ㅁ probability 개연성, 확률
ㅁ decline 쇠퇴하다, 감소하다
ㅁ bottom line 핵심, 요점, 최종 결과
ㅁ right whale 참고래
ㅁ intact 그대로의, 완전한
ㅁ worrisome 걱정스러운, 우려스러운
ㅁ widening 확대, 확장

**[본문해석]**
연구진은 북방긴수염고래의 개체수에 대해 더 나은 측정치를 제공해 줄 새 모델을 개발했지만, 소식은 좋지 않았다. ① 국립해양기상청 북동부 어업과학센터의 큰 고래 팀을 이끄는 Peter Corkeron은 그 모델이 년 중 높은 사망률의 멸종위기종을 구하기 위한 노력에 상당히 중요할 거라고 말했다. ② 그 기관은 이러한 분석이 2010년 이후로 개체수가 감소해 온 확률이 거의 100퍼센트라는 것을 보여준다고 말했다. ③ "한 가지 문제는 개체수가 정말로 감소하였는지 아니면 우리가 그걸 보지 못했는지 였다. 개체수는 정말로 감소하고 있으며, 그게 핵심이다."라고 Corkeron이 말했다. ④ 그 새로운 연구 모델은 수컷과 암컷 고래 사이의 개체수 격차가 벌어지고 있다는 걱정에도 불구하고, 참고래 수는 그대로 남아 있다는 것을 성공적으로 입증했다.

## 19 정답 ④

**[정답해설]**
제시문은 중국 최고의 오리 요리 식당인 Duck de Chine를 소개하고 있다. 제시문의 마지막 문장에서 이 식당은 광둥 지방과 베이징 지방의 요리를 둘 다 제공한다고 하였으므로, "그 식당은 베이징 지역의 요리만을 제공한다."는 ④의 설명은 제시문의 내용과 일치하지 않는다.

**[오답해설]**
① 그 식당은 요리 공연을 보여준다. → 베이징덕을 자르는 그 도시의 가장 큰 요리 쇼를 제공함
② 그 식당은 베이징에서 높은 평가를 받는다. → 중국의 지역 가이드들로부터 그 도시 최고의 베이징덕으로 선정됨
③ 그 식당은 특별한 샴페인 바가 특색이다. → 중국 최초의 Bollinger Champagne Bar를 자랑거리로 내세움

**[핵심어휘]**
ㅁ gong 공, 징
ㅁ diner 식사하는 사람[손님]
ㅁ culinary 요리의
ㅁ Peking duck 북경 오리 요리
ㅁ crispy 바삭바삭한, 아삭아삭한
ㅁ caramelized 캐러멜화된, 설탕에 졸인
ㅁ tender 연한, 부드러운

- juicy 육즙이 풍부한
- jujube wood 대추나무
- scent 향기, 향내
- flavor 맛, 풍미, 향미
- hoisin sauce 해선장(중국 요리에 사용되는 된장)
- drizzle 조금 붓다
- spring onion 파
- cucumber 오이
- encase 감싸다, 둘러싸다
- boast 뽐내다, 자랑하다
- Cantonese 광둥 지방의
- region 지역, 지방

**[본문해석]**

종이 울리면 베이징 식당인 Duck de Chine의 거의 모든 손님들이 뒤로 돌아본다. 그 이유는 베이징덕을 자르는 그 도시의 가장 큰 요리쇼가 막 시작되기 때문이다. 중국의 지역 가이드들이 그 도시 최고의 베이징덕으로 선정한 Duck de Chine의 오리껍질은 바삭하고 설탕에 졸여져 있으며, 고기는 부드럽고 육즙이 풍부하다. Duck de Chine의 매니저인 An Ding은 "우리의 구운 오리 요리는 다른 곳과는 조금 다르다."고 말한다. "우리는 60년 이상 된 과일 향이 강한 대추나무를 사용하는 데, 그것이 오리껍질을 특히 바삭하게 하고 풍미를 더해준다." 얇게 썬 파와 오이에 뿌려져 오리껍질과 함께 얇은 피 위에 둘러진 달콤한 해선장 소스는 또 다른 볼거리이다. "우리 서비스의 목표는 디테일에 집중하는 것이다." 라고 Ding은 말한다. "그것은 구운 오리 요리를 어떻게 선보이는지 그리고 손님을 위한 맞춤형 소스를 어떻게 만들었는지도 포함한다." 심지어 접시와 젓가락 통도 오리 모양이다. Duck de Chine은 또한 중국 최초의 Bollinger Champagne Bar를 자랑거리로 내세운다. 베이징덕이 주메뉴임에도 불구하고, 메뉴에는 다른 먹을 만한 요리들이 많다. 이 식당은 광둥 지방과 베이징 지방의 요리를 둘 다 제공하는데, 프랑스풍이 가미되어 있다.

**20** 정답 ①

**[정답해설]**

제시문은 강아지의 적절한 목욕 빈도에 대해 서술하고 있다. 글의 서두에서 "얼마나 자주 강아지를 씻겨야 할까?"라는 물음에 대한 답변은 "가장 좋은 목욕 빈도는 목욕하는 이유에 달려있다."고 말한 Jennifer Coates 박사의 말에서 찾을 수 있다. 즉, 대부분의 시간을 실내에서 보내는 건강한 강아지들은 1년에 몇 번만 씻기면 되고, 반면에 알레르기성 피부 질환과 같은 질병이 있는 강아지는 목욕을 자주 시켜주는 것이 좋다고 설명하고 있다. 그러므로 밑줄 친 빈칸에 들어갈 말로는 ①의 It depends(상황에 따라 달라요)가 가장 적절하다.

**[오답해설]**

② 단지 한 번
③ 목욕은 결코 필요하지 않다.
④ 목욕이 강아지한테 해로울 때

**[핵심어휘]**

- messy 지저분한, 엉망한
- time-consuming 시간이 필요한, 시간이 걸리는
- groom 손질하다, 다듬다
- facilitate 가능하게 하다, 용이하게 하다
- hair follicle 모낭, 모공
- irritate 짜증나게 하다, 자극하다
- fungal infection 곰팡이 감염
- veterinary 수의과의
- frequency 빈도, 횟수
- doggy 개의, 개 같은
- odor 냄새, 악취, 향기
- critical 중요한, 비판적인
- medical condition 의학적 질환, 질병
- allergic 알레르기가 있는, 알레르기성의
- It depends 상황에 따라 다르다
- detrimental 해로운, 유해한

**[본문해석]**

강아지 목욕은 지저분하고, 시간이 많이 걸리며, 관련된 모든 이에게 그다지 재미있는 일은 아니기 때문에 "얼마나 자주 강아지를 씻겨야 할까?"하고 궁금해 하는 것은 당연하다. 종종 있는 일이지만, 그 대답은 "상황에 따라 달라요"이다. "강아지들은 모공의 성장을 용이하게 하고, 피부 건강을 유지하기 위해 스스로를 다듬는다."고 덴마크 Rhawnhurst 동물병원의 Adam 박사가 말한다. "하지만 그 과정을 보완하기 위해 대부분의 강아지들은 목욕을 필요로 한다. 그러나 너무 잦은 목욕은 애완견에게 또한 해로울 수도 있다. 그것은 피부에 염증을 일으킬 수도 있고, 모공에 손상을 주며, 박테리아나 곰팡이 감염 위험을 높일 수 있다." petMD의 수의학 자문가인 Jennifer Coates 박사는 "가장 좋은 목욕 빈도는 목욕하는 이유에 달려있다. 대부분의 시간을 실내에서 보내는 건강한 강아지들은 자연적인 '강아지 냄새'를 조절하기 위해 1년에 몇 번만 씻기면 된다. 반면에 자주 목욕을 시켜주는 것은 알레르기성 피부 질환과 같은 질병을 치료하는 데 아주 중요하다"고 덧붙였다.

# 2023~2017 [지방직] 정답 및 해설

## [지방직] 2023년 06월 | 정답

| | | | | | | | | | |
|---|---|---|---|---|---|---|---|---|---|
| 01 | ② | 02 | ④ | 03 | ① | 04 | ① | 05 | ④ |
| 06 | ③ | 07 | ③ | 08 | ① | 09 | ④ | 10 | ③ |
| 11 | ③ | 12 | ② | 13 | ② | 14 | ④ | 15 | ④ |
| 16 | ④ | 17 | ② | 18 | ② | 19 | ① | 20 | ③ |

## [지방직] 2023년 06월 | 해설

### 01 정답 ②

**[정답해설]**
밑줄 친 subsequent는 '다음의, 차후의'의 뜻으로 ②의 following(다음의)과 그 의미가 가장 유사하다.

**[오답해설]**
① 필수의
③ 고급의
④ 보충의

**[핵심어휘]**
- subsequent 다음의, 차후의
- advanced 선진의, 고급의
- supplementary 보충의, 추가의

**[본문해석]**
우리 프로젝트에 대한 추가 설명은 다음 발표에서 제공될 것이다.

### 02 정답 ④

**[정답해설]**
밑줄 친 courtesy는 '공손함, 정중함'의 뜻으로 ④의 politeness(공손함)와 그 의미가 가장 유사하다.

**[오답해설]**
① 자비
② 겸손
③ 대담함

**[핵심어휘]**
- folkway 습관, 풍속, 사회적 관행
- courtesy 공손함, 정중함
- sneeze 재채기하다
- charity 자비, 관용
- humility 겸손, 겸양
- boldness 대담함, 무모함
- politeness 공손함, 우아함

**[본문해석]**
사회적 관행은 한 집단의 구성원들이 다른 사람들에게 공손함을 보이기 위해 따를 것으로 기대되는 관습이다. 예를 들어, 재채기할 때 "실례합니다"라고 말하는 것은 미국의 사회적 관행이다.

### 03 정답 ①

**[정답해설]**
밑줄 친 brought up은 '기르다, 양육하다'의 뜻으로 ①의 raised(기르다)와 그 의미가 가장 유사하다.

**[오답해설]**
② 충고하다
③ 관찰하다
④ 통제하다

**[핵심어휘]**
- bring up 기르다, 양육하다
- on a diet of ~을 주식으로

**[본문해석]**
이 아이들은 건강에 좋은 음식을 주식으로 양육되었다.

## 04 정답 ①

**[정답해설]**
밑줄 친 done away with는 '처분하다, 폐지하다'의 뜻으로 ①의 abolished(폐지하다)와 그 의미가 가장 유사하다.

**[오답해설]**
② 동의하다
③ 비평하다
④ 정당화하다

**[핵심어휘]**
- slavery 노예, 노예제도
- do away with 처분하다, 폐지하다
- not A until B B하고 나서야 비로소 A하다
- abolish 폐지하다, 파기하다
- consent 동의하다, 합의하다

**[본문해석]**
노예제도는 미국에서 19세기가 되어서야 비로소 폐지되었다.

## 05 정답 ④

**[정답해설]**
선거 과정을 분명하게 보고 이해하는 것이므로, 빈칸에 들어갈 말로는 ④의 transparency(투명성)가 가장 적절하다.

**[오답해설]**
① 속임수
② 유연성
③ 경쟁

**[핵심어휘]**
- voter 투표자, 유권자
- deception 사기, 속임수
- flexibility 유연성, 융통성
- transparency 투명도, 투명성

**[본문해석]**
유권자들은 그것을 분명하게 보고 이해할 수 있도록 선거 과정에 더 큰 투명성이 있어야 한다고 요구했다.

## 06 정답 ③

**[정답해설]**
what → that
be 동사의 보어로써 선행사를 자체 포함하고 있는 관계대명사 what은 뒤에 불완전한 문장이 와야 한다. 그런데 what 뒤에 주어와 목적어가 모두 존재하는 완전한 문장이 왔으므로, 관계대명사 what을 명사절을 이끄는 접속사 that으로 고쳐 써야 한다.

**[오답해설]**
① in which는 앞의 sports를 선행사로 하는 전치사+관계대명사의 형태로, 관계부사 where로 바꾸어 쓸 수 있다. 뒤에 the team이 주어, loses가 동사, the contest가 목적어인 완전한 문장이 왔으므로 in which의 쓰임은 적절하다.
② 이길 것으로 예상되는 팀이므로 수동의 의미를 나타내는 과거분사 predicted의 쓰임은 올바르다.
④ perceive A as B는 'A를 B라고 여기다'라는 뜻으로, A의 their opponents가 능동의 주체이므로 현재분사의 형태인 threatening의 쓰임은 적절하다.

**[핵심어휘]**
- upset 뜻밖의 패배[패전]
- supposedly 아마, 추측컨대
- opponent 상대방, 반대자
- perceive 감지[인지]하다, 깨닫다

**[본문해석]**
스포츠에서 뜻밖의 패배에 대한 한 가지 이유는 – 이길 것으로 예상되며 아마 상대 팀보다 더 우월한 팀이 놀랍게도 경기에서 지는 – 우월한 팀이 상대 팀을 계속되는 승전에 대한 위협으로 여기지 않기 때문이다.

## 07 정답 ③

**[정답해설]**
an alive man → a man alive / a living man
alive를 비롯한 afraid, alike, asleep 등은 서술 형용사로 동사의 보어로만 사용되며, 한정 형용사처럼 명사를 앞에서 수식할 수 없다. 그러므로 해당 문장에서 an alive man은 주격 관계대명사 + be동사가 생략된 a man (who is) alive나 한정 형용사인 living을 사용하여 a living man으로 고쳐 써야 옳다.

**[오답해설]**
① should + have + p.p는 '~했어야 했는데 (하지 못했다)'라는 과거의 후회나 유감을 나타내는 구문으로 적절하게 사용되었다.
② as + 원급 + as 구문에서 뒤의 as가 접속사로 사용되어 절의 형태인 we used to (save money)가 옳게 사용되었다. 여기서 used to + 동사원형은 '(예전에는) ~ 했었다'라는 과거의 규칙적인 습관을 나타낸다.

④ 자동사는 목적어를 수반하지 않으므로 수동태로 사용될 수 없다. 그러나 자동사 + 전치사가 타동사처럼 사용되어 수동태로 전환할 수 있는데, 해당 문장의 looked at도 was looked at의 수동태 형태로 옳게 사용되었다.

**[핵심어휘]**
- rescue squad 구조대
- art critic 미술 평론가

**[본문해석]**
① 나는 오늘 아침에 갔어야 했지만, 몸이 좀 아픈 것을 느꼈다.
② 요즘 우리는 예전만큼 많은 돈을 저축하지 못한다.
③ 구조대는 한 생존자를 발견해서 기뻤다.
④ 그 그림은 미술 평론가에 의해 조심스럽게 관찰되었다.

## 08 정답 ①

**[정답해설]**
touching → touched
해당 문장은 사역동사 make가 be made + p.p의 수동태 형식으로 사용된 것이다. 글의 의미상 우리가 그의 연설에 감동을 받은 것이므로, 능동의 의미인 touching은 수동의 의미인 touched로 고쳐 써야 옳다.

He made us touched with his speech.
→ We were made touched with his speech (by him).

**[오답해설]**
② apart from은 '~은 차치하고[제외하고]'의 의미인 전치사구로 옳게 사용되었다. 또한 a plan의 반복 사용을 피하기 위한 부정대명사 one의 쓰임도 적절하다.
③ while drinking hot tea는 while they were drinking hot tea에서 주절의 주어와 동일한 they와 be동사 were가 생략된 분사구문으로 옳게 사용되었다. 분사구문에서 일반적으로 접속사도 생략이 가능하지만, 접속사의 의미를 명확히 하고자 할 때는 접속사 + 분사구문의 형태로 함께 쓸 수 있다.
④ 사역동사 make 다음에 목적어와 목적보어의 관계가 수동일 때는 과거분사를 사용한다. 해당 문장에서 그가 그 프로젝트에 적합하게 된 것이므로 수동의 의미인 suited가 사용된 것은 적절하다.

**[핵심어휘]**
- apart from ~을 차치하고[제외하고]
- suit for 안성맞춤의, 적합한

## 09 정답 ④

**[정답해설]**
인사과를 찾는데 도와주실 수 있냐는 A의 물음에 B가 3층에 있다고 알려주고 있으므로, 빈칸에는 대화의 흐름상 도와드리겠다는 내용이 들어가야 한다. 그러므로 빈칸에는 ④의 "물론이죠. 무엇을 도와드릴까요?"가 들어갈 말로 가장 적절하다.

**[오답해설]**
① 우리는 이 상황을 어떻게 처리해야 할지 모르겠어요.
② 책임자가 누구인지 말씀해 주시겠어요?
③ 네. 저는 여기서 도움이 좀 필요해요.

**[핵심어휘]**
- give ~ a hand ~을 돕다
- the Personnel Department 인사과
- appointment 약속, 지정
- be in charge 담당하다, 맡다

**[본문해석]**
A: 실례지만, 좀 도와주실 수 있나요?
B: 물론이죠. 무엇을 도와드릴까요?
A: 저는 인사과를 찾고 있습니다. 10시에 약속이 있어서요.
B: 그건 3층에 있습니다.
A: 거기에 어떻게 올라가죠?
B: 모퉁이를 돌아 엘리베이터를 타세요.

## 10 정답 ③

**[정답해설]**
B가 마지막 퇴근자임을 확인한 후, 사무실 전등과 에어컨이 켜져 있었다는 A의 말에, B가 어젯밤에 그것들을 끄는 걸 깜빡했다고 인정하고 있다. 그러므로 빈칸에는 ③의 "미안합니다. 앞으로 더 조심하겠다고 약속할게요."가 들어갈 말로 가장 적절하다.

**[오답해설]**
① 걱정 마세요. 이 기계는 잘 작동합니다.
② 모두 당신과 일하는 것을 좋아해요.
④ 안됐네요. 너무 늦게 퇴근해서 피곤하겠어요.

**[핵심어휘]**
- from now on 이제부터, 앞으로
- get off work 퇴근하다

**[본문해석]**

A: 당신이 마지막으로 퇴근했죠, 그렇지 않나요?

B: 네. 무슨 문제라도 있나요?

A: 오늘 아침에 사무실 전등과 에어컨이 켜져 있는 것을 발견했어요.

B: 정말요? 오, 이런. 어젯밤에 그것들을 끄는 걸 깜빡했나 봐요.

A: 아마 밤새 켜져 있었을 거예요.

B: 미안합니다. 앞으로 더 조심하겠다고 약속할게요.

## 11 정답 ③

**[정답해설]**

A가 오랜만에 만난 B에게 얼마 만에 보는 것이냐고 묻고 있으므로, 차로 한 시간 반쯤 걸렸다고 소요 시간을 답한 B의 대답은 대화의 흐름상 어색하다.

**[핵심어휘]**

- be tired of 질리다, 싫증나다
- dye 염색하다, 물들이다
- global warming 지구 온난화
- public transportation 대중교통

**[본문해석]**

① A: 머리는 어떻게 해 드릴까요?
   B: 머리 색깔에 조금 싫증이 났어요. 염색하고 싶어요.

② A: 지구 온난화를 늦추기 위해 우리가 무엇을 해야 할까요?
   B: 우선, 대중교통을 더 많이 이용해야 합니다.

③ A: Anna, 너니? 오랜만이다! 얼마만이니?
   B: 차로 한 시간 반쯤 걸렸어.

④ A: 난 Paul이 걱정돼. 그가 불행해 보여. 내가 뭘 해야 될까?
   B: 내가 너라면, 그가 자신의 문제를 말할 때까지 기다릴 거야.

## 12 정답 ②

**[정답해설]**

제시문은 Daniel Goleman의 저서 「사회적 지능」을 바탕으로 우리의 뇌가 얼마나 사교적인지를 설명하는 글이다. 글의 말미에 비록 우리 사회가 더욱 외로운 곳이 되어가고 있지만 우리의 뇌는 인간 상호작용을 갈망한다고 서술하고 있으므로, ②의 Sociable Brains(사교적인 뇌)가 제시문의 제목으로 가장 적절하다.

**[오답해설]**

① 외로운 사람들 → 우리 사회가 더 외로운 곳이 되어가고 있지만 그럼에도 우리의 뇌는 인간 상호작용을 갈망함

③ 정신 건강 조사의 필요성 → 조사한 통계를 근거 자료로 이용하고 있을 뿐, 조사의 필요성이 핵심 주제는 아님

④ 인간 연결성의 위험 → 다른 사람들과의 의미 있는 연결을 갈망하는 것은 인간의 욕구라고 설명되어 있으나, 그로 인한 위험성은 서술되어 있지 않음

**[핵심어휘]**

- dedicate 바치다, 헌신하다
- neuro-sociology 신경 사회학
- sociable 사교적인, 붙임성 있는
- be drawn to 마음이 가다, 마음이 끌리다
- engage with ~와 관계를 맺다, ~를 상대하다
- connectivity 연결성, 접속성
- crave 갈망하다, 열망하다
- article 글, 기사
- loneliness 고독, 외로움
- epidemic 유행병, 전염병

**[본문해석]**

유명한 작가인 Daniel Goleman은 그의 인생을 인간 관계학에 바쳤다. 그의 저서 「사회적 지능」에서 그는 우리의 뇌가 얼마나 사교적인지를 설명하기 위해 신경 사회학으로부터 얻은 결과를 논한다. Goleman에 따르면, 다른 사람과 관계를 맺을 때마다 우리는 다른 사람의 뇌에 마음이 끌린다. 우리의 관계를 깊이 있게 하기 위한 다른 사람들과의 의미 있는 연결에 대한 인간의 욕구는 우리 모두가 갈망하는 것이지만, 그럼에도 우리가 지금까지보다 더 외롭고 외로움은 이제 세계적인 건강 유행병이라는 점을 시사하는 수많은 기사와 연구들이 있다. 특히 호주에서 전국적인 Lifeline 조사에 따르면, 조사받은 사람들 중 80% 이상이 우리 사회가 더 외로운 곳이 되어가고 있다고 생각하고 있다. 그럼에도 불구하고, 우리의 뇌는 인간 상호작용을 갈망한다.

## 13 정답 ②

**[정답해설]**

제시문에 따르면 선천적으로 장점을 갖고 태어나는 사람들도 있지만, 그러한 장점을 갖고 태어나지 못한 사람들도 마음을 다한 계획적인 연습을 통해 재능을 발달시킬 수 있다고 수학적인 재능이나 사교적인 능력의 함양을 예로 들어 설명하고 있다. 그러므로 ②의 '재능을 함양하기 위한 지속적인 노력의 중요성'이 제시문의 주제로 가장 적절하다.

**[오답해설]**

① 어떤 이들이 소유한 다른 사람들보다 나은 장점들 → 어떤 이들은 선천적으로 장점을 갖고 태어나지만, 그렇지 않은 사람들도 후천적인 노력을 통해 이를 개발할 수 있음

③ 수줍음 많은 사람들이 사회적 상호작용에서 갖는 어려움 → 수줍음 많은 사람들도 시간과 노력을 투자해 사교적인 능력을 발달시킬 수 있음

④ 자신의 장단점을 이해할 필요성 → 제시문은 후천적인 노력으로 자신의 단점을 극복할 수 있다는 주제를 부각함

**[핵심어휘]**

- physical size 체격
- jockey (경마의) 기수
- dedication 전념, 헌신
- mindful 염두에 둔, 마음을 다한
- deliberate 의도적인, 계획적인
- occasion 행사, 의식
- cultivate 구축하다, 기르다, 함양하다

**[본문해석]**

분명히 어떤 이들은 장점을 가지고 태어난다(예를 들어, 기수에게 필요한 체격, 농구 선수에게 필요한 키, 음악가에게 필요한 음악용 귀). 그렇지만 수년간 마음을 다한 계획적인 연습에 전념해야만 이러한 장점을 재능으로 만들고, 그러한 재능을 성공으로 변모시킬 수 있다. 동종의 헌신적인 연습을 통해, 그러한 장점을 갖고 태어나지 못한 사람들도 천성으로부터 조금 멀리 떨어진 재능을 발달시킬 수 있다. 예를 들어, 수학에 대한 재능을 갖고 태어나지 않았다고 할지라도, 마음을 다한 계획적인 연습을 통해 수학적 능력을 상당히 증가시킬 수 있다. 또한 자신이 "선천적으로" 수줍음이 많다고 여긴다면, 사교적인 능력을 발달시키기 위해 시간과 노력을 투자하는 것이 사교적인 행사에서 활기차고 우아하며 손쉽게 사람들과 상호작용하는 것을 가능하게 할 수 있다.

**14** 정답 ④

**[정답해설]**

제시문에서 Roossinck 박사는 연구를 통해 바이러스가 어떤 식물에 건조에 대한 저항성과 내열성을 높이는 등 자신들의 숙주에 이로움을 주고 있다고 설명하고 있다. 그러므로 "바이러스는 가끔 자신들의 숙주를 해롭게 하기보다는 이롭게 한다."는 ④의 설명이 제시문의 요지로 가장 적절하다.

**[오답해설]**

① 바이러스는 생물체의 자급자족을 보여준다. → 생물체의 자급자족이 아니라 공생을 보여줌

② 생물학자들은 식물로부터 바이러스를 퇴치하기 위해 어떤 일이든 해야 한다. → 바이러스가 주는 이로움에 대해 설명하고 있으므로, 바이러스를 퇴치하는 것은 아님

③ 공생의 원리는 감염된 식물에는 적용될 수 없다. → 건조에 대한 저항성과 내열성을 높이는 등 바이러스에 감염된 숙주 식물의 공생 원리에 대해 설명함

**[핵심어휘]**

- colleague 동료, 동업자
- resistance 저항, 반대
- drought 가뭄, 건조
- botanical 식물의
- species 종(種)
- heat tolerance 내열성
- in a range of 다양한, ~의 범위에서
- host 숙주
- biologist 생물학자
- symbiosis 공생
- self-sufficient 자급자족할 수 있는
- virus-free 바이러스가 없는
- infect 감염시키다, 전염시키다

**[본문해석]**

Roossinck 박사와 그녀의 동료들은 어떤 바이러스가 식물학 실험에 널리 사용되는 어떤 식물에 건조에 대한 저항성을 높인다는 사실을 우연히 발견했다. 관련 바이러스에 대한 추가 실험은 15종의 다른 식물들도 또한 사실임을 보여주었다. Roossinck 박사는 이제 다양한 식물에서 내열성을 높이는 또 다른 종류의 바이러스를 연구하기 위한 실험을 하고 있다. 그녀는 다른 종류의 바이러스가 자신들의 숙주에게 주는 이점들을 더 깊게 이해하기 위해 자신의 연구를 확장하길 희망한다. 그것이 점점 늘어나는 많은 수의 생물학자들이 가지고 있는 견해, 즉 많은 생물들이 자급자족을 하기보다는 공생에 의존한다는 것을 뒷받침하는 데 도움이 될 것이다.

**15** 정답 ④

**[정답해설]**

제시문의 마지막 문장에서 대부분의 단풍나무시럽 생산자들은 손으로 통을 수거하고 직접 수액을 끓여 시럽으로 만드는 가족 농부들이라고 서술되어 있다. 그러므로 "단풍나무시럽을 만들기 위해 기계로 수액 통을 수거한다."는 ④의 설명은 제시문의 내용과 일치하지 않는다.

**[오답해설]**

① 사탕단풍나무에서는 매년 봄에 수액이 생긴다. → 사탕단풍나무는 땅에 여전히 많은 눈이 쌓인 매년 봄에 묽은 수액을 생산함

② 사탕단풍나무의 수액을 얻기 위해 나무껍질에 틈새를 만든다. → 사탕단풍나무로부터 수액을 채취하기 위해 농부는 특수 칼로 나무껍질에 틈을 만듦
③ 단풍나무시럽 1갤론을 만들려면 수액 40갤론이 필요하다. → 수액은 수거되어 달콤한 시럽이 남을 때까지 끓여지는데, 사탕단풍나무 "물" 40갤론이 시럽 1갤론을 만듦

**[핵심어휘]**

- maple syrup 메이플 시럽, 단풍나무시럽
- watery 묽은, 물기가 많은
- sap 수액
- slit 구멍, 틈
- bark 나무껍질
- tap [수도]꼭지, 잠금장치
- even so 그렇기는 하지만, 그렇다고 할지라도

**[본문해석]**

단풍나무시럽을 만드는 전통적인 방식은 흥미롭다. 사탕단풍나무는 땅에 여전히 많은 눈이 쌓인 매년 봄에 묽은 수액을 생산한다. 사탕단풍나무로부터 수액을 채취하기 위해 농부는 특수 칼로 나무껍질에 틈을 만들고, 나무에 "꼭지"를 단다. 그런 다음 농부는 꼭지에 통을 매달고, 수액은 그 안으로 떨어진다. 그 수액은 수거되어 달콤한 시럽이 남을 때까지 끓여지는데, 사탕단풍나무 "물" 40갤론이 시럽 1갤론을 만든다. 그것은 많은 통, 많은 증기 그리고 많은 노동이 든다. 그렇기는 하지만, 대부분의 단풍나무시럽 생산자들은 손으로 통을 수거하고 직접 수액을 끓여 시럽으로 만드는 가족 농부들이다.

## 16 정답 ④

**[정답해설]**

제시문은 마지막 문장에 서술되어 있는 것처럼 성공한 소설 작가가 되려면 사람들에게 관심을 가져야 함을 강조하고 있다. 그런데 ④는 유명한 마술사의 성공에 대한 감사 이야기를 서술하고 있으므로, 전체적인 글의 흐름상 어색한 문장이다.

**[핵심어휘]**

- renowned 유명한, 명성 있는
- dozens of 수십의, 많은
- stress 강조하다, 역설하다
- magician 마술사, 마법사
- say to oneself 혼잣말하다, 독백하다

**[본문해석]**

나는 언젠가 단편소설 작문 강연을 들었는데, 그 강연에서 일류 잡지의 유명한 편집자가 우리 반에서 수업을 했다. ① 그는 매일 자기 책상에 놓인 수십 개의 이야기들 중 하나를 골라 몇 단락을 읽은 후에 작가가 사람들을 좋아하는지 아닌지를 느낄 수 있다고 말했다. ② "만약 작가가 사람들을 좋아하지 않는다면, 사람들도 그 작가의 이야기를 좋아하지 않을 겁니다."라고 그가 말했다. ③ 그 편집자는 소설 작문에 관한 강연 도중에도 사람들에게 관심을 갖는 것에 대한 중요성을 계속해서 강조했다. ④ <u>위대한 마술사인 Thruston은 무대에 오를 때마다 스스로에게 "나는 성공했기 때문에 감사하다."라고 혼잣말로 말했다고 한다.</u> 강연 말미에, 그는 "다시 한 번 말씀드립니다. 여러분이 성공한 소설 작가가 되고자 한다면 사람들에게 관심을 가져야 합니다."라고 끝마쳤다.

## 17 정답 ②

**[정답해설]**

주어진 글에서 과거에는 인공지능(AI)을 종말론과 관련된 부정적 대상으로 보았다고 설명하고 있으므로, 주어진 글 다음에는 AI가 악마를 소환하거나 인류의 종말을 초래할 수도 있다고 설명한 (B)가 와야 한다. 다음으로 그러한 상황이 최근 들어 변하기 시작하여 AI의 다양한 활용 사례가 나타나고 있다고 서술한 (A)가 와야 한다. 마지막으로 이러한 변화는 시장 기회를 확대하기 위해 AI가 대규모로 연구되고 있기 때문이라고 그 이유를 서술한 (C)가 와야 한다. 그러므로 주어진 글 다음에 이어질 순서는 ②의 (B)－(A)－(C)순이다.

**[핵심어휘]**

- end with ~으로 끝나다, 그만두게 하다
- apocalyptic 묵시의, 종말론적
- prediction 예언, 예측
- scary 무서운, 겁나는
- summon 소환하다, 호출하다
- demon 악령, 악마
- spell (보통 나쁜 결과를) 가져오다, 초래하다
- shift 이동, 변화
- at scale 대규모로

**[본문해석]**

> 불과 몇 년 전, 인공지능(AI)에 대한 모든 대화는 종말론적인 예측으로 마무리되는 것처럼 보였다.

(B) 2014년에 그 분야의 한 전문가는 AI를 가지고 우리는 악마를 소환하고 있다고 말했고, 노벨상을 수상한 한 물리학자는 AI는 인류의 종말을 초래할 수도 있다고 말했다.
(A) 그러나 최근 들어서 상황이 변하기 시작했다. AI는 무서운 블랙박스에서 사람들이 다양한 활용 사례로 이용할 수 있는 무언가가 되었다.

(C) 이러한 변화는 이 기술들이 마침내 산업에서, 특히 시장 기회를 위해 대규모로 연구되고 있기 때문이다.

## 18 정답 ②

**[정답해설]**

제시문은 자신의 성과를 어떻게 주관적으로 설명할지에 대해 다룬 자기 평가(self-assessment)의 개념에 대해 서술하고 있다. 주어진 문장은 Yet(그럼에도 불구하고)으로 시작하므로, 앞의 문장과 상반되는 내용임을 알 수 있다. 주어진 문장에서 자기 평가에 대한 요청은 그럼에도 불구하고 한 사람의 경력 내내 만연하다고 했으므로, 주관적으로 성과를 표현하는 방법은 불분명하며 올바른 정답이 없다고 서술된 문장 다음인 ②에 들어가는 것이 가장 적절하다.

**[핵심어휘]**

- self-assessment 자기 평가
- pervasive 충만한, 만연하는
- fiscal quarter 회계 분기
- come by 잠깐 들르다
- in terms of ~의 면에서
- metric 계량, 측정 기준
- subjectively 주관적으로, 개인적으로
- what we call 소위, 이른바
- application 지원서
- self-promotion 자기 홍보
- hire 고용하다, 채용하다
- get a raise 급여가 올라가다

**[본문해석]**

> 그럼에도 불구하고, 그러한 자기 평가에 대한 요청은 한 사람의 경력 내내 만연하다.

회계 분기가 막 끝났다. 당신의 상사가 이번 분기의 매출액 면에서 얼마나 잘 실행했는지 묻기 위해 잠깐 들른다. 당신은 어떻게 자신의 성과를 설명하겠는가? 매우 훌륭함? 좋은? 나쁨? ( ① ) 누군가가 당신에게 객관적인 성과 측정 기준(예를 들어, 이번 분기에 당신이 벌어들인 매출 액수)에 대해 물을 때와는 달리, 주관적으로 당신의 성과를 표현하는 방법은 종종 불분명하다. 올바른 정답은 없다. ( ② ) 당신은 입학 지원서, 입사 지원서, 면접, 성과 평가, 회의에서 자신의 성과를 주관적으로 설명할 것을 요청받는데, 그러한 목록은 계속된다. ( ③ ) 당신이 어떻게 자신의 성과를 설명하는지가 이른바 자기 홍보 수준이다. ( ④ ) 자기 홍보는 만연된 업무의 한 부분이므로, 더 많은 자기 홍보를 하는 사람들이 채용되고, 승진되고, 급여 인상 혹은 보너스를 받을 가능성이 더 높을 수 있다.

## 19 정답 ①

**[정답해설]**

제시문은 불안의 시대에 살고 있는 우리가 회피 전략으로 대응하면 오히려 장기적으로는 불안을 가중시킨다는 내용이다. 빈칸이 있는 문장은 however(그러나)가 있으므로 앞 문장과 역접의 관계를 나타낸다. 앞 문장에서 기분 전환이 불안 회피 전략의 역할을 한다고 하였고, 뒤의 문장에서 이러한 회피 전략들은 장기적으로 불안을 가중시킨다고 하였으므로, 빈칸에는 ①의 Paradoxically(역설적으로)가 들어갈 말로 가장 적절하다.

**[오답해설]**

② 다행스럽게도
③ 중립적으로
④ 창조적으로

**[핵심어휘]**

- anxiety 불안, 근심, 걱정
- resort to ~에 의지하다, 기대다
- conscious 의식적인, 의식이 있는
- distraction 기분 풀이, 기분 전환
- serve as ~의 역할을 하다
- avoidance strategy 회피 전략
- in the long run 장기적으로, 결국
- quicksand (늪처럼 빨아들이는) 모래구덩이
- sink 빠지다, 가라앉다
- persist 계속되다, 지속되다
- paradoxically 역설적으로, 모순적으로
- neutrally 중립적으로, 공평무사하게

**[본문해석]**

우리는 불안의 시대에 살고 있다. 불안한 것은 불편하고 무서운 경험이 될 수 있으므로, 우리는 그 순간에 불안을 줄이는 데 도움이 되는 의식적인 또는 무의식적인 전략에 의지하는데, 영화나 TV 시청하기, 먹기, 비디오게임 하기와 혹사하기 등이 있다. 게다가 스마트폰 또한 밤낮 어느 시간에나 기분을 전환시켜 준다. 심리학적 연구는 기분 전환이 흔한 불안 회피 전략의 역할을 한다는 것을 보여준다. 그러나 역설적으로, 이러한 회피 전략들은 장기적으로 불안을 가중시킨다. 불안한 것은 모래구덩이에 들어가는 것과 마찬가지이다. 즉, 싸우면 싸울수록 더 깊이 빠진다. 실제 연구는 "당신이 저항하는 것은 지속된다."라는 유명한 말을 강력하게 뒷받침한다.

## 20 정답 ③

**[정답해설]**
제시문은 정보관리를 좀 더 효율적으로 하기 위해 수신함의 수를 최소한도로 할 것을 주문하고 있다. 본문 말미에 수신함을 많이 가지면 가질수록 관리하기가 더욱 힘들어진다고 하였고, 마지막 문장에서 수신함의 수를 가능한 최소한도로 줄이라고 제안하고 있다. 그러므로 빈칸에 들어갈 말은 ③의 '당신이 가지고 있는 수신함의 수를 최소화하는 것'이 가장 적절하다.

**[오답해설]**
① 한 번에 여러 목표를 설정하는 것 → 제시문의 내용과 목표 설정과는 연관성이 없음
② 유입되는 정보에 몰두하는 것 → 제시문은 정보가 유입되는 경로를 줄이기 위한 방법을 제시함
④ 열정을 다할 정보를 선택하는 것 → 정보의 유입 경로에 대한 문제이지, 선택할 정보의 종류에 대한 문제가 아님

**[핵심어휘]**
- in-box 수신함, 받은 편지함
- exhausting 지친, 고단한
- stressful 스트레스가 많은
- manageable 관리할 수 있는, 다루기 쉬운
- function 기능하다, 작동하다
- immerse 열중시키다, 몰두시키다
- passionate 열정적인, 정열적인

**[본문해석]**
당신은 몇 가지 방법으로 정보를 얻는가? 몇몇 사람들은 회신하기 위해 6가지 종류의 의사소통 방법을 가지고 있을 수 있는데, 문자 메시지, 음성 사서함, 종이 문서, 정기 우편, 블로그 게시물, 다른 온라인 서비스에서 메시지 등이다. 이들 각각은 일종의 수신함이며, 지속적으로 처리되어야만 한다. 그것은 끝없는 과정이지만, 지치거나 스트레스를 받을 필요는 없다. 정보 관리를 좀 더 관리하기 쉬운 수준으로 줄이고 생산적인 영역으로 옮기는 것은 당신이 가지고 있는 수신함의 수를 최소화하는 것으로 시작된다. 메시지를 확인하기 위해 또는 유입되는 정보를 읽기 위해 가야 하는 모든 장소가 수신함이며, 더 많이 가지고 있을수록 모든 것을 관리하기가 더 힘들다. 필요한 방식으로 계속해서 작동하려면 당신이 가지고 있는 수신함의 수를 가능한 최소한도로 줄여라.

## [지방직] 2022년 06월 | 정답

| | | | | | | | | | |
|---|---|---|---|---|---|---|---|---|---|
| 01 | ② | 02 | ① | 03 | ④ | 04 | ④ | 05 | ② |
| 06 | ② | 07 | ① | 08 | ① | 09 | ④ | 10 | ④ |
| 11 | ③ | 12 | ③ | 13 | ④ | 14 | ③ | 15 | ③ |
| 16 | ③ | 17 | ① | 18 | ① | 19 | ② | 20 | ② |

## [지방직] 2022년 06월 | 해설

## 01 정답 ②

**[정답해설]**
밑줄 친 flexible은 '유연한, 융통성 있는'의 뜻으로 ②의 adaptable(융통성 있는)과 그 의미가 가장 유사하다.

**[오답해설]**
① 강한
③ 정직한
④ 열정적인

**[핵심어휘]**
- flexible 유연한, 융통성 있는
- cope with ~에 대처하다[대항하다]
- adaptable 적응할 수 있는, 융통성 있는
- passionate 열정적인, 정열적인

**[본문해석]**
학교 선생님들은 학생들의 다양한 능력 수준에 대처하기 위해 유연해야 한다.

## 02 정답 ①

**[정답해설]**
밑줄 친 vary는 '다르다, 변화하다'의 뜻으로 ①의 change(변하다)와 그 의미가 가장 유사하다.

**[오답해설]**
② 감소하다
③ 확장하다
④ 포함하다

**[핵심어휘]**
- crop yield 곡물 수확량
- vary 다르다, 변화하다
- decline 줄어들다, 감소하다

□ expand 늘어나다, 확장하다

**[본문해석]**
곡물 수확량은 달라지는데, 일부 지역에서는 개선되고 다른 지역에서는 감소한다.

## 03 정답 ④

**[정답해설]**
밑줄 친 with respect to는 '~에 관하여, ~에 대하여'의 뜻으로 ④의 in terms of(~의 면에서)와 그 의미가 가장 유사하다.

**[오답해설]**
① ~의 위험에 처한
② ~에도 불구하고
③ ~에 찬성하여

**[핵심어휘]**
□ inferior to ~보다 열등한
□ with respect to ~에 관하여, ~에 대하여
□ in danger of ~의 위험에 처한
□ in favor of ~에 찬성하여
□ in terms of ~의 면에서

**[본문해석]**
나는 교육에 관하여 누구에게도 열등감을 느끼지 않는다.

## 04 정답 ④

**[정답해설]**
다음 월급날이 되기도 전에 돈을 어떻게 하다의 의미이므로, 빈칸에 들어갈 말로는 ④의 run out of(~을 다 써버리다)가 가장 적절하다.

**[오답해설]**
① ~로 바뀌다
② 다시 시작하다
③ 견디다

**[핵심어휘]**
□ payday 월급날, 봉급날
□ turn into ~로 바뀌다, ~으로 변하다
□ start over 다시 시작하다
□ put up with 참다, 견디다
□ run out of ~을 다 써버리다, ~이 없어지다

**[본문해석]**
때때로 우리는 다음 월급날 훨씬 전에 돈을 다 써버린다.

## 05 정답 ②

**[정답해설]**
has recently discarded → have recently been discarded
문장 전체의 주어가 Toys이므로 본동사인 has는 복수 동사 형태인 have로 고쳐 써야 한다. 또한 discard는 타동사로써 뒤에 목적어가 없고, 의미상 장난감들이 폐기되는 것이므로 현재완료 수동태 형식인 have been recently discarded로 고쳐 써야 옳다.

**[오답해설]**
① ask + 간접 목적어 + 직접 목적어의 4형식 문장에서 직접 목적어가 의문사(why) + 주어 + 동사의 간접 의문문 어순으로 바르게 사용되었다 또한 keep는 동명사를 목적어로 취하므로, 동명사의 형태인 coming이 옳게 사용되었다.
③ who는 앞의 someone을 선행사로 하는 주격관계대명사로, someone이 단수 명사이므로 who 다음의 동사 is는 선행사와의 수의 일치에 따라 바르게 사용되었다.
④ 타동사 attract가 Insects를 주어로 하는 are attracted by 형식의 수동태 문장으로 바르게 사용되었다. 또한 that은 앞의 scents를 선행사로 하는 주격관계대명사이며, 선행사와의 수의 일치에 따라 동사 aren't도 그 쓰임이 적절하다.

**[핵심어휘]**
□ discard 버리다, 폐기하다
□ scent 향기, 냄새
□ obvious 분명한, 확실한

**[본문해석]**
① 그는 왜 매일 계속해서 돌아오는지 나에게 물었다.
② 아이들이 일 년 내내 원했던 장난감들이 최근 폐기되었다.
③ 그녀는 항상 도움의 손길을 내밀 준비가 되어 있는 사람이다.
④ 곤충들은 우리가 모르는 향기에 종종 이끌린다.

## 06 정답 ②

**[정답해설]**
warm → warmth
등위 접속사 and로 연결된 A, B, and C 구문으로 A, B, C는 모두 동일 형태여야 한다. A, B, and C가 전치사 of의 목

적어에 해당되므로 명사 상당어구가 와야 하며, 따라서 명사인 security, love와 마찬가지로 형용사인 warm 또한 명사인 warmth로 고쳐 써야 옳다.

**[오답해설]**

① both는 복수명사와 함께 쓰이므로, both sides는 올바르게 사용되었다.
③ 해당 문장의 주어인 The number of는 '~의 수'라는 의미로, 단수 명사이기 때문에 본동사로 3인칭 단수형인 is를 사용한 것은 적절하다.
④ If I had realized~에서 If가 생략되고 주어와 동사가 도치된 가정법 과거완료 구문으로, Had I realized~의 어순은 바르게 사용되었다.

**[핵심어휘]**

- security 보안, 안전, 안심
- be on the rise 증가하고 있다, 대두되다
- intend to ~할 작정이다, ~하려고 생각하다

**[본문해석]**

① 종이 양면에 다 쓸 수 있다.
② 우리 집은 안정감, 따뜻함 그리고 사랑의 느낌을 준다.
③ 자동차 사고의 수가 증가하고 있다.
④ 네가 뭘 하려고 했는지 알았더라면, 너를 말렸을 텐데.

## 07 정답 ①

**[정답해설]**

can → can't

cannot afford to + 동사원형은 '~할 여유가 없다'는 부정의 의미를 나타낸다. ①의 우리말도 '낭비할 수 없다'는 부정의 의미이므로, can을 can't로 고쳐 써야 옳다.

**[오답해설]**

② fade는 보어가 필요 없는 완전자동사로, fade from은 '~에서 사라지다'라는 의미이다. 해당 문장에서 사물인 The smile이 주어지만 수동태가 아닌 능동태 문장으로 표현한 것은 적절하다.
③ have no alternative but to + 동사원형은 '~하지 않을 수 없다'는 뜻으로, 해당 문장에서 to부정사인 to resign은 적절하게 사용되었다.
④ aim은 to부정사를 목적어로 취하는 완전타동사로, 해당 문장에서 to부정사인 to start의 쓰임은 적절하다.

## 08 정답 ①

**[정답해설]**

No sooner I have finishing → No sooner had I finished

No sooner ~ than 구문은 '~하자마자 …하다'라는 뜻으로, 해당 문장에서 식사를 마친 것이 다시 배가 고프기 시작한 것보다 이전의 일이므로 had + p.p의 과거완료 시제를 사용해야 한다. 그러므로 have finishing은 had finished로 고쳐 써야 한다. 또한 No sooner가 문두에 위치할 때 주어 + 동사가 도치되어야 하므로, 결국 해당 문장은 No sooner had I finished~가 되어야 한다.

**[오답해설]**

② 의무를 나타내는 조동사 must를 미래 시제에 사용하기 위해 will must가 아닌 will have to + 동사원형을 사용한 것은 올바르다. 또한 '조만간'이라는 표현으로 sooner or later를 사용한 것은 적절하다.
③ A is to B what C is to D 구문은 'A와 B와의 관계는 C와 D와의 관계와 같다'는 뜻으로, 해당 문장에서 올바르게 사용되었다.
④ end up ~ing는 '결국 ~하게 되다'는 뜻으로, 해당 문장에서 동명사 working의 쓰임은 적절하다.

## 09 정답 ④

**[정답해설]**

도화지에 그리고 싶은 주제가 있냐는 A의 질문에 고등학교 때 역사를 잘 하지 못했다는 B의 대답은 대화의 흐름상 어색하다.

**[핵심어휘]**

- opinionated 독선적인, 자기 의견을 고집하는
- circulation (신문 · 잡지의) 판매 부수
- be dressed up 옷을 잘 차려 입다

**[본문해석]**

① A: 나는 이 신문이 독선적이지 않아서 좋아.
B: 그 이유로 그게 판매 부수가 가장 많아.
② A: 옷을 잘 차려 입은 이유라도 있니?
B: 응, 오늘 중요한 면접이 있어.
③ A: 연습 중에는 공을 똑바로 칠 수 있는데, 경기 중에는 안 돼.
B: 그건 나도 항상 그래.
④ A: 도화지에 그리고 싶은 특별한 주제가 있니?
B: 고등학교 다닐 때 나는 역사를 잘하지 못했어.

## 10 정답 ④

**[정답해설]**

과학 시험을 어떻게 봤냐는 B의 물음에 A가 잘 봤다며 너한테 신세를 졌다고 말한 것으로 보아, 시험공부를 하는 데 A가 B의 도움을 받았음을 짐작할 수 있다. 그러므로 빈칸에는 B에게 감사의 마음을 전하는 ④의 "네가 도와줘서 얼마나 고마운지 몰라."가 들어갈 말로 가장 적절하다.

**[오답해설]**

① 그거 때문에 자책해 봐야 소용없어.
② 여기서 널 볼 줄은 전혀 생각 못 했어.
③ 사실, 우리는 아주 실망했어.

**[핵심어휘]**

- geography 지리, 지리학
- owe a treat 한 턱 내다, 신세를 지다
- no sense 의미 없는, 소용없는
- beat oneself up 자책하다
- disappoint 실망시키다, 좌절시키다

**[본문해석]**

A: 야! 지리학 시험은 어땠어?
B: 나쁘지 않았어, 고마워. 그저 끝난 게 기뻐! 너는 어때? 과학 시험은 어땠어?
A: 오, 정말 잘 봤어. 네가 도와줘서 얼마나 고마운지 몰라. 너한테 신세를 졌어.
B: 내가 좋아서 한 거야. 그러면 다음 주에 있는 수학 시험을 준비할까?
A: 물론이지. 같이 공부하자.
B: 좋아. 나중에 봐.

## 11 정답 ③

**[정답해설]**

주어진 문장의 people who are blind를 (B)의 they가 가리키며, 그들이 누군가의 눈을 빌린다고 가정하고 있다. 다음으로 누군가의 눈을 빌린다는 개념을 Aira의 배후 생각(That's the thinking behind Aira)이라고 (A)에서 구체적으로 설명하고 있다. 마지막으로 (A)에서 언급한 그 Aira 직원들(The Aira agents)이 어떻게 응대하는 지를 (C)에서 설명하고 있다. 그러므로 주어진 글 다음에 이어질 글의 순서는 ③의 (B)-(A)-(C) 순이다.

**[핵심어휘]**

- sort 분류하다, 구분하다
- laundry 빨래, 세탁물
- stream (데이터 전송을) 스트림하다
- on-demand agent 상시 대기 직원
- proprietary 소유권의, 등록 상표가 붙은
- 24/7 (하루 24시간 1주 7일 동안) 연중무휴의, 항시 대기의

**[본문해석]**

> 눈이 보이지 않는 사람들에게, 우편물을 분류하거나 한 보따리의 세탁물을 빨래하는 것과 같은 일상적인 일들은 하나의 도전이다.

(B) 그러나 만일 그들이 볼 수 있는 누군가의 눈을 "빌릴" 수 있다면 어떨까?
(A) 그것이 바로 수천 명의 이용자가 스마트폰이나 Aira 소유의 안경을 이용해 자신들의 주변 환경을 상시 대기 직원에게 라이브 비디오를 스트리밍할 수 있도록 해주는 신규 서비스인 Aira의 배후 생각이다.
(C) 그러면 연중무휴로 대기하고 있는 Aira의 직원들이 질문에 답하거나, 물건을 설명하거나 혹은 위치 추적을 통해 이용자들을 안내할 수 있다.

## 12 정답 ③

**[정답해설]**

주어진 문장에서 역접의 접속사 however를 사용하여 심장과 펌프를 진정한 비유라고 설명하고 있다. 그러므로 주어진 문장을 경계로, 앞쪽은 진정한 비유에 해당되지 않는 내용이 그리고 뒤쪽은 진정한 비유에 해당되는 내용이 서술되어야 한다. ③을 기준으로 앞의 문장들은 진정한 비유가 아닌 장미와 카네이션의 관계에 대해 서술하고 있고, 뒤의 문장들은 심장과 펌프가 비유로 타당한 이유들을 서술하고 있다. 따라서 주어진 문장은 ③에 위치하는 것이 가장 적절하다.

**[핵심어휘]**

- comparison 비교, 비유
- genuine 진짜의, 진실한
- analogy 비유, 유추
- a figure of speech 수사적 표현, 비유된 말
- assert 단언하다, 주장하다
- in many respects 여러 면에서, 많은 점에서
- fundamental 근본적인, 핵심적인
- dissimilar 다른, 같지 않은
- analogous 유사한, 비슷한, 비유적인
- stem 줄기
- exhibit 전시하다, 보여주다
- genus (생물 분류상의) 속(屬), 종류, 분류

- disparate 이질적인, 서로 전혀 다른
- apparatus 기관, 조직체
- possession 소유, 소지, 보유
- fluid 유체, 액체

**[본문해석]**

하지만, 심장과 펌프를 비교하는 것은 진정한 비유이다.

비유는 두 사물이 꽤 핵심적인 여러 면에서 유사하다고 주장되는 수사적 표현이다. 비록 그 두 사물은 또한 전혀 다르지만, 구조, 부분들의 관계, 또는 그들이 제공하는 필수 목적은 유사하다. 장미와 카네이션은 비유적이지 않다. ( ① ) 그것들 둘 다 줄기와 잎이 있고 모두 붉은 색일 수도 있다. ( ② ) 그러나 그것들은 이러한 특징들을 동일하게 보여준다. 즉, 그것들은 동일한 종류이다. ( ③ ) 이것들은 전혀 다른 것들이지만, 중요한 특징들, 즉, 기계적인 장치, 밸브의 보유, 압력을 늘이거나 줄이는 능력, 그리고 액체를 흐르게 하는 능력을 공유한다. ( ④ ) 그리고 심장과 펌프는 이러한 특징들을 다른 상황에서 다른 방식으로 보여준다.

## 13 정답 ④

**[정답해설]**

제시문에서 개개인의 생산성 향상을 통해 효율성을 높이려면 에너지 소모적인 '멀티태스킹'을 중단하라고 서술되어 있다. 또한 마지막 문장에서 글쓴이는 "중단 없이, 지속적으로 한 가지 일을 하라"는 말을 인용하여 생산성을 높일 것을 주문하고 있다. 그러므로 ④의 Do One Thing at a Time for Greater Efficiency(효율성을 더 높이려면 한 번에 한 가지 일을 하라)가 제시문의 제목으로 가장 적절하다

**[오답해설]**

① 인생에서 더 많은 선택지를 만드는 방법 → 제시문은 생산성 향상을 위한 효율성 제고 방법을 제시함
② 매일 신체 능력을 향상시키는 방법 → 개인의 신체적 능력 향상은 효율성을 제고하는 방법으로 제시문에 언급되지 않음
③ 효율성을 더 좋게 하려면 멀티태스킹이 답이다. → 멀티태스킹을 에너지 소모적이라고 비판하며 중단할 것을 권고함

**[핵심어휘]**

- efficiency 효율성, 능률성
- optimize 최적화하다, 최대한 활용하다
- work force 노동력, 노동 인구
- productivity 생산성
- employee 종업원, 근로자, 피고용인
- ensure 보증하다, 확실하게 하다
- staffer 직원
- put an end to ~을 끝내다, ~을 그만두게 하다
- modern-day 현대의, 현대판의
- energy drain 에너지 유출, 에너지 소모
- simultaneously 동시에
- vice president 부통령, 부사장
- uninterrupted 연속된, 중단되지 않는
- sustained 지속된, 한결같은

**[본문해석]**

한 근로자가 정해진 시간에 처리할 수 있는 노동량(생산된 제품, 서비스된 고객)으로 정의되는 개개인의 생산성 향상을 통해, 효율성이 최적화될 수 있는 분야 중 하나는 노동력이다. 최적의 성과를 내기 위해 적절한 설비, 환경 그리고 훈련에 투자하는 것 외에도, 직원들이 '멀티태스킹'이라는 현대판 에너지 소모를 그만두게 함으로써 생산성을 향상시킬 수 있다. 연구들은 다른 프로젝트들을 동시에 작업하려고 할 때 한 가지 일을 처리하는 데 25~40%의 시간이 더 걸린다는 사실을 보여준다. 컨설팅 회사인 The Energy Project 사업 개발 부사장인 Andrew Deutscher는 생산성을 더 높이려면 "중단 없이, 지속적으로 한 가지 일을 하라"라고 말한다.

## 14 정답 ③

**[정답해설]**

제시문에 따르면 아이들의 창의성은 평화롭고 안정적인 가정보다는 의견 충돌과 갈등이 많은 가정에서 더 잘 길러진다고 서술되어 있다. 그러므로 아이들은 평화로운 환경에서 많은 칭찬과 격려를 받으며 자유롭게 브레인스토밍 할 때 가장 창의적이라는 ③의 내용이 전체적인 글의 흐름과 배치된다.

**[핵심어휘]**

- critical 비판적인, 중요한
- stable 안정된, 침착한
- sibling 형제자매
- disagreement 의견 충돌, 불일치
- creativity 창의성, 창조성
- brainstorm 브레인스토밍하다, 구상하다, (생각을) 짜내다
- tension 긴장, 흥분, 갈등
- fistfight 주먹다짐, 주먹 싸움
- insult 모욕, 욕설
- imaginative 창의적인, 상상력이 풍부한

**[본문해석]**

논쟁을 잘하는 기술은 인생에서 중요하다. 그러나 그것을 자녀들에게 가르치는 부모들은 거의 없다. ① 우리는 아이들에

게 안정적인 가정을 제공하길 원하므로, 형제자매들이 싸우는 것을 막으며 문을 닫고 논쟁을 벌인다. ② 그러나 아이들이 의견 충돌을 전혀 접하지 못 한다면, 결국 아이들의 창의성을 제한하게 될지도 모른다. ③ 아이들은 평화로운 환경에서 많은 칭찬과 격려를 받으며 자유롭게 브레인스토밍 할 때 가장 창의적이다. ④ 고도로 창의적인 사람들은 종종 갈등이 많은 집안에서 성장한 것으로 밝혀졌다. 그들은 주먹다짐이나 인간적인 모욕이 아니라 실제적인 의견 충돌에 둘러싸여 있다. 30대 초반의 성인들에게 창의적인 이야기를 써보라고 요청했을 때, 가장 창의적인 이야기들은 25년 전 가장 심한 갈등을 겪은 부모를 가진 이들에게서 나왔다.

## 15 정답 ③

**[정답해설]**

제시문에 따르면 Christopher Nolan은 태어날 때부터 뇌가 손상되어 있었지만, 다행히도 지능이 손상되지 않을 정도였고 그의 청각은 정상이었다고 서술되어 있다. 그러므로 Christopher Nolan은 청각 장애로 인해 들을 수 없었다는 ③의 설명은 제시문의 내용과 일치하지 않는다.

**[오답해설]**

① Christopher Nolan은 뇌 손상을 갖고 태어났다. → Nolan은 태어날 때부터 뇌가 손상되어 있었음
② Christopher Nolan은 음식을 삼키는 것도 어려웠다. → Nolan은 신체 근육을 거의 통제할 수 없었을 뿐만 아니라, 심지어 음식을 삼키기도 어려울 정도였음
④ Christopher Nolan은 10대일 때 책을 썼다. → Nolan은 아직 10대일 때 시와 단편 전집인 Dam–Burst of Dreams를 글자 하나하나를 가리키는 '유니콘' 방식에 의해 창작함

**[핵심어휘]**

- renown 명성, 유명
- muscle 근육
- to the extent of ~정도까지, ~토록
- swallow 삼키다, 넘기다
- strap 끈으로 묶다[고정시키다]
- utter 말하다, 소리를 내다
- recognizable 알 수 있는, 인식할 수 있는
- poem 시

**[본문해석]**

Christopher Nolan은 영어권에서 상당히 유명한 아일랜드 작가이다. 태어날 때부터 뇌가 손상된 Nolan은 신체 근육을 거의 통제할 수 없었으며, 심지어 음식을 삼키기도 어려울 정도였다. 그는 혼자서 똑바로 앉아있을 수 없었기 때문에 휠체어에 묶여 있어야만 했다. Nolan은 알아들을 수 있는 말소리를 낼 수 없다. 그러나 다행히도, Nolan의 뇌 손상은 지능이 손상되지 않을 정도였고 그의 청각은 정상이었다. 결과적으로 그는 어린아이일 때 말을 이해하는 것을 배웠다. 그러나 그가 10살이 지나고 읽기를 배운 후, 여러 해가 지나서야 그의 첫 말을 표현할 수 있는 수단이 생겼다. 그는 글자를 가리킬 수 있도록 머리에 부착된 막대를 이용해 이것을 했다. 그가 아직 10대일 때 시와 단편 전집인 Dam–Burst of Dreams를 창작한 것은 바로 이런 글자 하나하나를 가리키는 '유니콘' 방식에 의해서였다.

## 16 정답 ③

**[정답해설]**

제시문에서 일부 호주 원주민들은 그들의 지혜, 창의성 또는 결단력을 어떤 식으로든 입증하게 되면 그들의 이름을 평생 동안 계속해서 바꿀 수 있다고 서술되어 있다. 그러므로 호주 원주민 문화에서 이름을 바꾸는 것은 전혀 용납되지 않는다는 ③의 설명은 제시문의 내용과 일치하지 않는다.

**[오답해설]**

① 많은 가톨릭 국가에서 아이들은 흔히 성인(聖人)의 이름을 따라 지어진다. → 제시문의 첫 번째 문장에 많은 가톨릭 국가에서 아이들은 종종 성인(聖人)의 이름을 따서 지어진다고 서술됨
② 일부 아프리카 아이들은 그들이 다섯 살이 되고 나서야 비로소 이름이 지어진다. → 아프리카처럼 유아 사망률이 매우 높은 국가에서는 아이들의 생존 가능성이 높아지기 시작하는 나이인 5세가 되어서야 아이들에게 이름을 지어줌
④ 다양한 문화들이 여러 방식으로 아이들의 이름을 짓는다. → 가톨릭과 개신교 국가들, 노르웨이, 아프리카와 극동 국가들 그리고 호주 원주민 등의 다양한 문화들이 각기 다른 방식으로 아이들에게 이름을 지어줌

**[핵심어휘]**

- name after ~의 이름을 따서 짓다
- saint 성인(聖人), 성자 같은 사람
- priest 사제, 성직자
- soap opera 연속극, 드라마
- protestant (개)신교도
- ban 금하다, 금지하다
- infant mortality 유아 사망률
- tribe 부족, 집단
- the Far East 극동
- aborigine (호주) 원주민
- determination 결정, 결단력
- supreme 최고의, 최대의
- unacceptable 용납할 수 없는, 인정할 수 없는

**[본문해석]**

많은 가톨릭 국가에서, 아이들은 종종 성인(聖人)의 이름을 따서 지어지지만, 사실 일부 성직자들은 부모들이 자기 아이들의 이름을 드라마 스타나 축구 선수의 이름을 따서 짓는 걸 용인하지 않을 것이다. 개신교 국가들은 이 점에 대해 좀 더 자유롭다. 그러나 노르웨이에서는 Adolf와 같은 특정 이름들이 완전히 금지된다. 아프리카처럼 유아 사망률이 매우 높은 국가에서, 부족들은 아이들의 생존 가능성이 높아지기 시작하는 나이인 5세가 되어서야 아이들에게 이름을 지어준다. 그때까지 그들은 자기 나이로 불린다. 극동의 많은 나라들은 아이들에게 그 아이의 출생 상황이나 아이에 대한 부모의 기대와 희망을 어떤 식으로 묘사하는 특별한 이름을 지어준다. 일부 호주 원주민들은 그들의 지혜, 창의성 또는 결단력을 어떤 식으로든 입증한 몇몇 중요한 경험의 결과로서 그들의 이름을 평생 동안 계속해서 바꿀 수 있다. 예를 들어, 어느 날 그들 중 한 명이 아주 춤을 잘 춘다면, 그들은 자신의 이름을 '최고의 춤꾼' 또는 '가벼운 발'로 바꾸기로 결정할 수도 있다.

## 17 정답 ①

**[정답해설]**

1다임의 동전을 빌리는 실험과 탄원서에 서명을 받는 실험에서 비슷한 복장을 한 실험자가 그렇지 않은 실험자보다 더 가능성이 높았다고 설명하고 있다. 그러므로 사람들은 자신과 비슷한 복장을 한 사람들을 도와줄 가능성이 더 높다는 ①의 설명이 제시문의 요지로 가장 적절하다.

**[오답해설]**

② 격식을 갖추어 입는 것은 탄원서에 서명할 가능성을 높여준다. → 탄원서에 서명하는 것은 두 번째 실험 내용에 국한됨

③ 전화를 하는 것은 다른 학생들과 사귀는 효과적인 방법이다. → 전화를 통한 사회화가 아니라 의복 상태에 따라 1다임의 동전을 빌릴 확률을 실험하는 것이 목적임

④ 1970년대 초반 일부 대학생들은 자신들의 독특한 패션으로 추앙받았다. → 실험 참가들이 입을 옷으로 1970년대에 유행한 패션을 언급한 것뿐임

**[핵심어휘]**

- experimenter 실험자
- don 입다, 쓰다, 신다
- attire 의복, 복장
- dime 다임(미국 · 캐나다의 10센트짜리 동전)
- dissimilarly 같지 않게, 다르게
- marcher 가두 행진 참가자
- antiwar 반전의, 전쟁 반대의
- petition 진정서, 탄원서
- bother 신경 쓰다, 애를 쓰다, 수고하다

**[본문해석]**

젊은이들이 '히피'나 '스트레이트' 패션 중 하나를 착용했던 1970년대 초반에 실시된 연구에서, 실험자들은 히피 또는 스트레이트 복장을 한 후, 전화를 걸기 위해 1다임 동전을 빌려달라고 캠퍼스에 있는 대학생들에게 부탁했다. 실험자가 학생과 동일한 복장을 입었을 때, 그 요청은 3분의 2 이상 받아들여졌지만, 학생과 요청자가 다른 옷을 입었을 때, 동전은 절반 이하로 제공되었다. 또 다른 실험은 비슷한 다른 사람들에게 우리의 긍정적인 반응이 얼마나 자동적일 수 있는지를 보여주었다. 반전 시위 참가자들은 비슷한 복장을 한 요청자들의 탄원서에 서명하고, 그것을 먼저 읽어보는 수고조차 없이 그렇게 할 가능성이 높은 것으로 밝혀졌다.

## 18 정답 ①

**[정답해설]**

(A) 지속 기간은 횟수와 역의 관계를 갖는다는 전제 하에, 자주 만나는 친구와 그렇지 못한 친구와의 지속 기간과 횟수와의 관계를 빈칸 (A) 이후의 문장에서 예를 들어 자세히 설명을 하고 있다. 그러므로 빈칸 (A)에는 For example(예를 들면)이 들어갈 말로 가장 적절하다.

(B) 정기적으로 만나는 사람과의 저녁 식사 기간은 상당히 짧을 것이지만, 최근 사귄 연인들은 가능한 한 많은 시간을 보내고 싶어 하기 때문에 횟수와 지속 기간이 매우 높다고 앞 문장과 대조하여 설명하고 있다. 그러므로 빈칸 (B)에는 Conversely(반대로)가 들어갈 말로 가장 적절하다.

**[오답해설]**

| | (A) | (B) |
|---|---|---|
| ② | 그럼에도 불구하고 | 더욱이 |
| ③ | 그러므로 | 결과적으로 |
| ④ | 마찬가지로 | 따라서 |

**[핵심어휘]**

- duration 지속[존속] 기간
- inverse 역의, 정반대의
- frequency 빈도, 횟수
- encounter 만남, 접촉, 조우
- conversely 정반대로, 역으로
- significantly 상당히, 중요하게
- keep up with ~에 밝다[정통하다], ~에 뒤지지 않다
- unfold 펼치다, 전개하다
- catch up on ~을 따라잡다, 만회하다
- considerably 상당히, 꽤
- on a regular basis 정기적으로, 꼬박꼬박
- mint 만들다, 주조하다
- intensity 강도, 강렬함

**[본문해석]**
지속 기간은 횟수와 역의 관계를 갖는다. 만일 친구를 자주 본다면, 만남의 기간은 더 짧아질 것이다. 정반대로, 친구를 그다지 자주 보지 않는다면, 방문 기간은 대게 상당히 늘어날 것이다. (A) 예를 들어, 친구를 매일 만나면, 사건들이 일어날 때 어떻게 진행되고 있는지 알 수 있기 때문에 방문 기간은 적을 수 있다. 그러나 친구를 1년에 2번만 본다면, 방문 기간은 더 커질 것이다. 오랫동안 보지 못한 친구와 식당에서 저녁 식사를 하던 때를 기억해 보라. 아마도 서로의 삶을 만회하는 데 몇 시간을 보냈을 것이다. 만일 그 사람을 정기적으로 만난다면, 같은 저녁 식사 기간은 상당히 짧을 것이다. (B) 반대로, 연인 관계에서 특히 최근 사귄 연인들은 서로 가능한 한 많은 시간을 보내고 싶어 하기 때문에 횟수와 지속 기간이 매우 높다. 그 관계의 강도 또한 매우 높을 것이다.

## 19 정답 ②

**[정답해설]**
제시문은 선전자의 생각이 보통 사람들의 생각을 반영하고 "그저 그 사람들 중의 하나"라는 인상을 심어줌으로써 청중들로부터 신뢰를 얻는 선전 기법에 대해 설명하고 있다. 그러므로 빈칸에 들어갈 말로는 ②의 "just plain folks like ourselves(그저 우리들과 같은 평범한 사람들)"가 가장 적절하다.

**[오답해설]**
① 미사여구를 초월한 → 정치인들이 사용하는 선전 기법 중의 하나로 미사여구가 사용됨
③ 다른 사람들과 다른 어떤 것 → 대중들과 다른 차별화는 제시문의 선전 기법과 배치됨
④ 대중보다 더 잘 교육받은 → 선전자들도 대중의 하나라는 인상을 심어준다는 선정 기법과 배치됨

**[핵심어휘]**
- propaganda 선전, 광고
- convince 납득시키다, 설득하다
- propagandist 선전자[원]
- blue-collar 육체노동자의
- roll up one's sleeves 팔을 걷어붙이다, 소매를 걷다
- idiom 어법, 관용구, 표현 양식
- on purpose 고의로, 일부러
- glittering generality 화려한 추상어, 미사여구
- address 말하다, 연설하다
- minister 장관, 성직자
- win one's confidence 신뢰를 얻다, 신용을 얻다

**[본문해석]**
가장 빈번히 사용되는 선전 기법 중 하나는 선전자의 생각이 보통 사람들의 생각을 반영하고 그들이 최선의 이익을 위해 일하고 있다고 대중을 설득하는 것이다. 육체노동자 청중에게 연설하는 정치인은 소매를 걷고 넥타이를 풀며, 그 무리 고유의 관용구를 사용하려 시도할 것이다. 그는 심지어 자신이 "그저 그 사람들 중의 하나"라는 인상을 주기 위해 고의로 언어를 부정확하게 사용할지도 모른다. 이 기법은 또한 정치인의 생각이 연설을 듣고 있는 군중의 생각과 같다는 인상을 주기 위해 미사여구를 사용한다. 노동 지도자들, 기업인들, 성직자들, 교육자들, 그리고 광고주들은 그저 우리들과 같은 평범한 사람들처럼 보임으로써 우리의 신뢰를 얻기 위해 이 기법을 사용해 왔다.

## 20 정답 ②

**[정답해설]**
제시문은 위치에너지, 운동에너지 등 롤러코스터에 가하는 여러 에너지의 변환에 대해 설명하고 있다. 빈칸에는 브레이크 장치가 두 표면 사이에 일으키는 것이 무엇인지 찾는 것이므로, ②의 friction(마찰)이 빈칸에 들어갈 말로 가장 적절하다.

**[오답해설]**
① 중력
③ 진공
④ 가속

**[핵심어휘]**
- potential energy 위치에너지
- gravity 중력,
- crest 꼭대기[정상]에 이르다, 최고조에 달하다
- descent 내려오다, 하강하다
- kinetic energy 운동에너지
- misperception 오인, 오해
- conservation 보존, 보호
- momentum 탄력, 가속도, 운동량
- convert 바꾸다, 전환시키다
- mistakenly 실수로, 잘못하여
- friction 마찰, 마찰저항
- vacuum 진공, 공백
- acceleration 가속, 가속도

**[본문해석]**
롤러코스터가 트랙의 첫 번째 경사로를 올라갈 때, 그것은 위치에너지를 축적한다. 즉, 지상으로 더 높이 올라갈수록, 중

력의 힘은 더 강해질 것이다. 롤러코스터가 경사로의 꼭대기에 올라 하강하기 시작할 때, 그것의 위치에너지는 운동에너지, 즉 움직임의 에너지가 된다. 흔히 하는 오해는 롤러코스터가 트랙을 따라 에너지를 잃는다는 것이다. 그러나 에너지 보존의 법칙이라 불리는 중요한 물리학 법칙은 에너지가 결코 생성되거나 파괴될 수 없다는 것이다. 그것은 단순히 하나의 에너지에서 다른 에너지로 바뀌는 것이다. 트랙이 다시 오르막길로 올라갈 때마다, 차체의 운동량 즉, 운동에너지는 그것을 위로 운반할 것이고, 이것이 위치에너지를 축적시키며, 롤러코스터는 반복적으로 위치에너지를 운동에너지로 전환시키고 다시 반대로 전환시킨다. 탑승이 끝날 무렵, 롤러코스터 차체는 두 표면 사이에 마찰을 일으키는 브레이크 장치에 의해 느려진다. 이 운동이 그것들을 뜨겁게 만드는데, 이것은 제동 시 운동에너지가 열에너지로 바뀌는 것을 의미한다. 탑승객들은 롤러코스터가 트랙의 끝에서 에너지를 잃는다고 잘못 생각할지도 모르지만, 에너지는 단지 다른 형태로 바뀔 뿐이다.

## [지방직] 2021년 06월 | 정답

| | | | | | | | | | |
|---|---|---|---|---|---|---|---|---|---|
| 01 | ④ | 02 | ③ | 03 | ① | 04 | ② | 05 | ④ |
| 06 | ④ | 07 | ② | 08 | ② | 09 | ④ | 10 | ① |
| 11 | ① | 12 | ③ | 13 | ② | 14 | ② | 15 | ③ |
| 16 | ② | 17 | ④ | 18 | ① | 19 | ③ | 20 | ② |

## [지방직] 2021년 06월 | 해설

### 01 정답 ④

**[정답해설]**
gratification은 '만족감'이라는 뜻으로, 이와 의미가 가장 가까운 것은 ④ 'satisfaction(만족)'이다.

**[오답해설]**
① 쾌활함
② 자신감
③ 평온함

**[핵심어휘]**
- gratification 만족감[희열](을 주는 것) (= satisfaction)
- satisfaction 만족(감), 흡족; 만족(감을 주는 것) (→ dissatisfaction)
- liveliness 원기, 활기; 명랑; 선명
- confidence 자신(감)
- tranquility 평온

**[본문해석]**
많은 충동적인 구매자들에게, 구매 행위는 그들이 사는 것이 아니라 만족으로 이끄는 것이다.

### 02 정답 ③

**[정답해설]**
세계화가 이끄는 낮은 비용과 같은 긍정적인 점이 and로 연결되고 있다. 따라서 빈칸에는 긍정적인 표현이 들어가야 한다. 적절한 것은 ③ 'efficiency(효율)'이다.

**[오답해설]**
① 멸종
② 우울증
④ 주의

**[핵심어휘]**
- efficiency 효율(성), 능률(= effectiveness, power, economy)
- extinction 멸종, 절멸, 소멸(= dying out, destruction, abolition)
- depression 우울증(→ post-natal depression, post-partum depression)
- caution (경범자에 대한 경찰의) 경고[주의]

**[본문해석]**
세계화는 더 많은 나라들이 그들의 시장을 개방하도록 이끌며, 더 낮은 비용으로 더 높은 효율로 상품과 서비스를 자유롭게 거래할 수 있게 한다.

### 03 정답 ①

**[정답해설]**
번 아웃에 대한 언급과 함께 빈칸 이후에는 번 아웃에서 벗어날 수 있는 방법들이 열거되고 있다. 따라서 빈칸에 들어갈 말로 가장 적절한 것은 ① 'fixes(해결책들)'이다.

**[오답해설]**
② 손해, 피해

③ 상
④ 문제, 합병증

**[핵심어휘]**
- cost (…을) 희생시키다[잃게 하다]
- burnout (신체적 또는 정신적인) 극도의 피로
- engagement (특히 업무상 · 공적인) 약속, (약속 시간을 정해서 하는) 업무(= appointment, meeting, interview)
- take a hit 타격을 입다
- intuitive 직감[직관]에 의한(= instinctive, intuitional, instinctual)
- unplug (전기) 플러그를 뽑다(↔ plug sth in)
- fix (특히 쉽거나 잠정적인) 해결책
- damage 손상, 피해(= spoil, hurt, injure)
- prize 상, 상품; 경품(→ consolation prize)
- complication 합병증

**[본문해석]**
우리는 극도의 피로의 손실들을 잘 알고 있다: 즉 에너지, 동기, 생산성, 업무 및 헌신은 직장에서나 가정에서나 모두 타격을 입을 수 있다. 또한 많은 해결책들이 상당히 직관적이다: 정기적으로 플러그를 뽑아라. 불필요한 미팅을 줄여라. 운동을 하라. 낮에 작은 휴식 시간을 가져라. 가끔씩 휴가를 갈 여유가 없기 때문에 휴가를 떠날 여유가 없더라도 휴가를 가져라.

## 04 정답 ②

**[정답해설]**
늘어난 세금에 대한 부담을 완화시키기 위해 대통령이 해결책을 강구하는 내용이다. 빈칸 뒤에는 대중과의 소통 채널이라는 해결책이 제시되고 있으므로 빈칸에 들어갈 말로 가장 적절한 것은 ② 'called for(요청하다)'이다. 'call for A to 부정사' 형식으로 쓰이면, 'A에게 ~할 것을 요청하다'라는 뜻이 된다.

**[오답해설]**
① ~에 달려들다
③ 고르다
④ 거절하다

**[핵심어휘]**
- government 정부, 정권
- salaried 봉급을 받는
- tax burdens 조세 부담
- arising 생기다, 발생하다(= occur)
- aide 보좌관(= assistant, supporter, attendant)
- communication 의사소통, 연락(= contact, conversation, correspondence)
- fell on ~에 달려들다, ~의 책임이다
- picked up 고르다
- turned down 거절하다, 각하하다; 엎어놓다; 약하게 하다; 접어 젖히다[개다].(= refuse, reject; turn over; become weaker.)

**[본문해석]**
정부는 새로운 세금 정산 제도로 인해 늘어나는 세금 부담에 대해 봉급 생활자들을 달래기 위한 방안을 모색하고 있다. 지난 월요일 대통령 보좌관들과의 회담에서, 대통령은 참석자들에게 대중과 더 많은 소통 채널을 열 것을 요청했다.

## 05 정답 ④

**[정답해설]**
apprehend는 '이해하다, 파악하다'라는 뜻으로, 이와 의미가 가장 가까운 것은 ④'grasp(파악하다)'이다.

**[오답해설]**
① 포함하다
② 침입하다
③ 조사하다

**[핵심어휘]**
- Chinese calligraphy 중국의 서예
- origin (사람의) 출신[혈통/태생]
- except for …이 없으면, …을 제외하고는(but for)
- aesthetic 미적 특질, 미학(적 특질)
- significance 중요성, 중대성, 의의, 의미(→ insignificance)
- encompass (많은 것을) 포함[망라]하다, 아우르다
- intrude (남이 원치 않거나 가서는 안 될 곳에) 자기 마음대로 가다[침범하다]
- inspect (특히 모든 것이 제대로 되어 있는지 확인하기 위해) 점검[검사]하다(= examine)

**[본문해석]**
중국 서예를 공부할 때, 중국 언어의 기원과 그것이 어떻게 쓰였는지 알아야 한다. 하지만, 그 국가의 예술적 전통에서 자라난 사람들을 제외하고는, 그것의 미적 의의는 파악하기가 매우 어려워 보인다.

## 06 정답 ④

**[정답해설]**

moved → moving

see는 지각동사로 목적격 보어가 행위를 하는 주체일 때 현재분사 또는 원형부정사를 취한다. 목적어인 한 가족이 '이사 오는' 것이므로 과거분사 'moved'가 아니라 현재분사 'moving' 으로 고쳐야 한다.

**[오답해설]**

① 'his novels'로 복수라서 'are' 동사와의 수일치가 잘 이루어졌다.

② 'it is no use v–ing'는 '~해도 소용없다'의 뜻을 갖는 동명사의 관용표현이다. 따라서 'It is no use trying'는 어법에 맞게 쓰였다.

③ 집의 입장에서 페인트칠 된다고 서술되었다. 따라서 수동태로 서술한 것이 적절하고, 시간을 나타내는 부사구 또한 적절하게 쓰였다.

**[핵심어휘]**

- novel (장편) 소설
- persuade (…을 하도록) 설득하다, 설득하여 …하게 하다 (= talk (someone) into, urge, influence)
- upstairs 위층, 2층(↔ downstairs 아래층(특히 1층))

## 07 정답 ②

**[정답해설]**

distracted → be distracted

'let'이 사역동사로 쓰여 목적격 보어에 수동이 위치할 경우엔 'let + O + be p.p.'의 형태로 써야 한다. 따라서 'distracted'를 'be distracted'로 고쳐야 한다.

**[오답해설]**

① 'had'가 사역동사로 쓰였고 목적어 'the woman'이 '체포되는' 것이므로 목적격 보어에 과거분사 'arrested'는 바르게 쓰였다.

③ 'let'이 사역동사로 쓰였고 목적격 보어에 능동이 위치할 경우 원형부정사를 사용하므로 'know'는 바르게 쓰였다.

④ 'had'가 사역동사로 쓰였고 목적격 보어에 능동이 위치할 경우 원형부정사가 사용하므로 'phone'는 바르게 쓰였다. 또한 'ask'는 5형식으로 쓰이는 경우 목적격 보어에 to부정사를 사용하므로 'to donate' 또한 알맞게 쓰였다.

**[핵심어휘]**

- authorities 당국, 관계자, 정부당국
- arrest 체포하다
- distract (정신이) 집중이 안 되게[산만하게/산란하게] 하다, (주의를) 딴 데로 돌리다(= divert)
- as soon as possible 될 수 있는 대로 빨리
- strangers 낯선[모르는] 사람
- donate (특히 자선단체에) 기부[기증]하다

## 08 정답 ②

**[정답해설]**

'She attempted a new method'라는 3형식 문장이 'and'를 통해 'had different results' 라는 또 다른 3형식 문장으로 병렬되었다. 또한 'had' 앞에 'needless'는 말할 필요도 없이 라는 뜻의 부사로 쓰인 것도 적절하다.

**[오답해설]**

① unpredictably → unpredictable

2형식 동사 'become' 뒤에는 형용사 보어가 와야 한다. 따라서 부사 'unpredictably'를 형용사 'unpredictable'로 고쳐야 한다.

③ arrived → arriving / arrival

'upon'은 전치사이므로 뒤에는 명사 상당어구가 나와야 한다. 따라서 'arrived'를 'arriving' 또는 'arrival'로 고쳐야 한다.

④ enough comfortable → comfortable enough

'enough'는 부사로 쓰일 때는 후치부사로서 수식대상인 'comfortable(형용사)'보다 뒤에 위치해야 된다. 따라서 'enough comfortable'을 'comfortable enough'로 고쳐야 한다.

**[핵심어휘]**

- unpredictable 예측할 수 없는, 예측이 불가능한, (사람이) 예측할[종잡을] 수 없는(↔ predictable 예측[예견]할 수 있는)
- attempt (특히 힘든 일에 대한) 시도
- upon ~ing ~하자마자
- take advantage of (호기, 사실 따위를) 이용하다, …을 이용하여 …하다; 편승하다.(= make use of ~ for gain, impose upon.)
- comfortable 편(안)한, 쾌적한(↔ uncomfortable 불편한)

**[본문해석]**

① 나의 다정한 딸이 갑자기 예측불허로 변했다.

② 그녀는 새로운 방법을 시도했고, 말할 것도 없이 다양한 결과가 나왔다.

③ 도착하자마자, 그는 새로운 환경을 충분히 활용했다.

④ 그는 자신이 하고 싶은 일에 대해 나에게 말할 수 있을 정도로 충분히 편안함을 느꼈다.

## 09 정답 ④

**[정답해설]**
이글은 초반부에서 'digital turn'이라는 용어의 의미를 정의하면서 'social reality' 에서 이것이 어떤 의미를 갖는지를 설명한다. 글의 중반부에 나오는 'linguistic turn'이라는 용어는 현대철학에서 많이 사용되는 용어로, 이글에서 사용한 'digital turn'의 의미를 설명하기 위해 가져온 것이기 때문에 두 가지 개념을 비교하거나 대조하는 것이 아니다. 따라서 글의 제목으로 가장 적절한 것은 ④ '사회적 현실의 맥락 안에서 디지털화'이다.

**[오답해설]**
① SNS에서의 정체성 재구성
② 언어적 전환과 디지털 전환
③ 디지털 시대에서의 정보를 공유하는 방법

**[핵심어휘]**
- cast (시선미소 등을) 던지다[보내다], (빛을) 발하다, (그림자를) 드리우다
- definition (특히 사전에 나오는 단어나 구의) 정의
- digital turn 디지털 턴, 디지털 전환
- analytical (사고가) 분석적인, (연구가) 분석적인
- digitalization 디지털 화, 전산 화
- social reality 사회 현실
- perspective 관점, 시각(= viewpoint)
- signify 의미하다, 뜻하다, 나타내다(= mean), (행동으로 감정 · 의도 등을) 나타내다[보여 주다]
- linguistic turn 언어론적 전환(회전)
- epistemological 철학의 일부분이며 인식 · 지식의 기원 · 구조 · 범위 · 방법 등을 탐구하는 학문
- assumption 추정, 상정
- increasingly 점점 더, 갈수록 더(= progressively, more and more, to an increasing extent)
- symbolize 상징하다(= represent)
- identity management 계정 관리
- polydirectional 다방향의

**[본문해석]**
'전환'의 정의는 디지털 전환을 우리가 사회적 현실에서 디지털화의 역할에 집중할 수 있도록 하는 분석 전략으로 제시한다. 분석적 관점으로서, 디지털 전환은 디지털화의 사회적 의미를 분석하고 토론하는 것을 가능하게 한다. 따라서 '디지털 전환'이라는 용어는 한 사회 내에서 디지털화의 역할에 초점을 맞춘 분석적 접근 방식을 의미한다. 만약 언어적 전환이 언어를 통해 현실이 구성된다는 인식론적 가정에 의해 정의된다면, 디지털 전환은 사회적 현실이 점점 디지털화에 의해 정의된다는 가정에 기초한다. 소셜 미디어는 사회적 관계의 디지털화를 상징한다. 개인들은 점점 더 소셜네트워킹 사이트에서 계정관리에 참여한다. SNS는 다방향적인데, 그것은 사용자가 서로 접속해 정보를 공유할 수 있는 것을 의미한다.

## 10 정답 ①

**[정답해설]**
주어진 글 후반에서 '재생 가능한 에너지'를 지지하는 캠페인에 대해 언급하고 있다. 따라서 바로 이어질 내용으로 가장 적절한 것은 영국의 단체 설립을 소개하는 (C)가 오는 것이 자연스럽다. 그다음에는 (C)의 마지막 문장에서 언급된 the Westmill Solar Cooperative를 This solar cooperative로 받아 이 태양광 협동조합이 의미하는 바를 설명하는 (A)가 오고, 마지막으로 Similarly로 이어서 미국에서도 재생 에너지를 지지하는 Clean Energy Collective가 설립되었다는 내용의 (B)가 와야 한다. 따라서 글의 순서로 가장 적절한 것은 ① '(C)－(A)－(B)'이다.

**[핵심어휘]**
- motivate (행동 등의) 이유[원인]가 되다, (특히 열심히 노력하도록) 동기를 부여하다
- organize (어떤 일을) 준비[조직]하다, (특정한 순서 · 구조로) 정리하다, 체계화[구조화]하다, (일의) 체계를 세우다[잡다]
- extraction (어떤 과정을 거쳐) 뽑아냄[얻어냄], 추출
- consumption (에너지 · 식품 · 물질의) 소비[소모](량) (→ consume)
- represent (행사 · 회의 등에서 단체 등을) 대표[대신]하다, (어떤 사람의 이익을 옹호하며 그를) 대변[변호]하다, (…에) 해당[상당]하다(= constitute)
- sustainable (환경 파괴 없이) 지속 가능한
- democratic 민주주의의, 민주(주의)적인(↔ totalitarian 전체주의의)
- utility scale 공익사업
- enthusiast 열렬한 지지자
- power-generation 발전(發電)
- deliver (물건 · 편지 등을) 배달하다, (사람을) 데리고 가다
- reminder (이미 잊었거나 잊고 싶은 것을) 상기시키는[생각나게 하는] 것, 독촉장, (약속이나 해야 할 일 등을) 상기시켜 주는 편지[메모]
- collectively 집합적으로, 총괄하여; [문법] 집합 명사적으로

- accelerate 가속화되다, 가속화하다
- participate 참가[참여]하다
- frustrated 좌절감을 느끼는, 불만스러워 하는
- onshore (바다가 아닌) 육지[내륙]의

**[본문해석]**

지구 기후 변화에 대한 우려가 커지면서 활동가들은 화석 연료 추출 소비 반대 캠페인뿐만 아니라 재생 에너지 지원 캠페인을 조직하게 되었다.

(C) 재생 가능한 에너지 산업의 성장을 빠르게 가속화하지 못하는 영국 정부의 무능함에 불만을 느낀 환경 운동가들은 1년에 2,500가구에서 사용하는 만큼의 전기를 생산하는 것으로 추정되는 육상 풍력 발전 단지를 보유한 2,000명 이상의 회원을 보유한 공동체 소유의 조직인 Westmill Wind Farm Co-operative을 구성했다. Westmill Wind Farm Cooperativesms는 지역 시민들이 Westmill Solar Co-operative를 구성하도록 영감을 주었다.

(A) 이 태양열 협동조합은 1,400가구에 전력을 공급할 수 있는 충분한 에너지를 생산하는데, 이로써 그 조합은 국가에서 가장 대규모의 태양광 발전소 협동조합이 되었다. 그리고 회원들의 말에 따르면 태양광 발전이 "일반인들이 그들의 지붕에서 뿐만이 아니라 공공 규모로도 청정 전력을 생산할 수 있는 지속 가능하고 '민주적인' 에너지 공급의 새로운 시대"를 나타낸다는 것을 눈에 띄게 상기시켜 준다.

(B) 유사하게, 미국의 재생 가능한 에너지 지지자들은 Clean Energy Collective를 설립했는데, 이는 "참여하는 공공 설비 소비자들에 의해 공동으로 소유된 중간 규모의 설비를 통해 깨끗한 전력 발전 성취 모델"을 개척한 회사이다

## 11 정답 ①

**[정답해설]**

B가 주말에 본 영화에 관해 대화하는 상황이다. B가 영화가 재미있었다고 말한 후, A의 질문에 B가 '특수 효과'라고 답하고 있으므로, 빈칸에서 A가 영화에서 좋았던 점을 구체적으로 물어봤음을 알 수 있다. 따라서 빈칸에 들어갈 말로 가장 적절한 것은 ① '어떤 점이 가장 좋았어?'이다.

**[오답해설]**

② 네가 가장 좋아하는 영화 장르가 뭐야?
③ 그 영화는 전 세계적으로 홍보가 되었니?
④ 그 영화가 매우 비쌌어?

**[핵심어휘]**

- special effects 특수효과
- promote 홍보하다
- genre (예술 작품의) 장르

**[본문해석]**

A: 주말 잘 보냈어?
B: 응, 아주 좋았어. 우리는 영화 보러 갔었어.
A: 오! 뭘 봤는데?
B: 〈인터스텔라〉. 정말 재미있었어.
A: 정말? 어떤 점이 가장 좋았어?
B: 특수 효과야. 정말 환상적이었어. 다시 봐도 괜찮을 것 같아.

## 12 정답 ③

**[정답해설]**

A가 방학이 너무 빨리 지나가 버렸다는 취지로 방학이 끝남을 아쉬워하는데, 그 말이 옳다고 동의하며 방학이 몇 주간 질질 끌어지고 있다고 하는 B의 말은 반대되므로 적절하지 않다. 따라서 대화의 흐름상 가장 어색한 것은 ③이다.

**[핵심어휘]**

- tie the knot 결혼하다
- be around the corner 목전에 닥치다
- drag on (너무 오랫동안) 질질 끌다[계속되다]
- on the tip of my tongue 말이 혀 끝에 맴돌다

**[본문해석]**

① A: 오늘 해야 하는 연설 때문에 너무 떨려.
B: 가장 중요한 건 침착함을 유지 하는 거야.
② A: 그거 알아? 민수랑 유진이 결혼한대!
B: 잘됐네! 걔네 언제 결혼하는데?
③ A: 두 달간의 방학이 그냥 일주일처럼 지나가 버렸어. 새학기는 코앞으로 다가왔고.
B: 내 말이. 방학이 몇 주째 계속되고 있어.
④ A: '물'을 프랑스어로 뭐라고 하니?
B: 혀끝에서 뱅뱅 도는데, 기억이 안 나네.

## 13 정답 ②

**[정답해설]**

남녀 간의 대화 주제와 방식의 차이에 관한 글이다. 3번째 문장에서 여성들의 대화 주제 범위가 다양하지만 그중 스포츠는 눈에 띄게 없다고 언급된다. 따라서 글의 내용과 일치하지 않는 것은 ② '여성들의 대화 주제는 건강에서 스포츠에 이르

기까지 매우 다양하다.'이다.

[핵심어휘]
- expert 전문가
- gossip 수다, 한담
- far from …에서 멀리
- range from …에서 (…까지) 걸치다, 범위가 …부터이다
- suggest (아이디어 · 계획을) 제안[제의]하다(= propose)
- education 교육, (특정한 종류의) 교육[지도/훈련]
- notably 특히(= especially), 현저히, 뚜렷이(= remarkably)
- psychologist 심리학자
- discuss 상의[의논/논의]하다
- matters (고려하거나 처리해야 할) 문제[일/사안](= affair), 상황, 사태, 사정(= things)
- fully 완전히, 충분히
- On the other hand 다른 한편으로는, 반면에
- concentrate (정신을) 집중하다[집중시키다], 전념하다, (한 곳에) 모으다[집중시키다]

[본문해석]
여성들은 수다의 전문가이고, 그들은 항상 사소한 것들에 대해 이야기 한다. 적어도 남자들이 항상 생각해 온 것이다. 하지만 일부 새로운 연구는 여성들이 여성들과 대화를 할 때, 그들의 대화는 시시함과는 거리가 멀고, 남성들이 다른 남성들과 대화할 때보다 더 많은 주제(최대 40개의 주제)를 다루고 있다고 제시한다. 여성들의 대화는 건강에서 그들의 집, 정치에서 패션, 영화에서부터 가족, 교육에서 인간관계 문제까지 다양하지만, 스포츠는 눈에 띄게 없다. 남성들은 더 제한된 범위의 주제를 이야기하는 경향이 있는데, 가장 인기 있는 것은 일, 스포츠, 농담, 자동차, 여성이다. 1,000명이 넘는 여성들을 인터뷰한 심리학자인 Petra Boynton 교수에 따르면, 여성들은 또한 대화 중 한 주제에서 다른 주제로 빠르게 이동하는 경향이 있는 반면, 남자들은 보통 한 주제에서 더 오랫동안 벗어나지 않는다. 직장에서, 그들은 다른 문제들을 제쳐두고 논의되는 주제에 완전히 집중할 수 있기 때문에, 이러한 차이는 남성들에게 이점이 될 수 있다. 한편, 이는 또한 그들이 가끔 회의에서 여러 가지를 동시에 논의해야 할 때 집중하기 힘들다는 것을 의미하기도 한다.

## 14 정답 ②

[정답해설]
위 지문은 15세기 철학을 중심소재로 그 경계가 없음을 먼저 제시하고 있으며 글 전체를 통해 15세기 자연 철학 발전의 중심이 되었던 아리스토텔레스에 대해 이야기하고 있다. 아리스토텔레스의 작품이 철학과 과학적 인식에 미친 영향에 대해 설명하고 있다. 따라서 인쇄기의 힘을 빠르게 깨달은 인문주의자들에 대한 내용인 ②가 글의 흐름상 적절하지 않은 문장이다.

[핵심어휘]
- philosophy (학문으로서의) 철학
- natural philosophy 자연철학(후에 자연과학으로 발달함)
- printing press 인쇄기
- spread 확산, 전파(→ middle-age spread)
- divide (여러 부분들로) 나뉘다[갈라지다], 나누다[가르다](= split up)
- come under the heading of [...]의 부류에 들다.
- the recovery of 회복, 복원
- speculation 추측, (어림)짐작
- translation 번역[통역](된 것), 번역문[본]
- perspective 관점, 시각(= viewpoint)
- Surviving 살아 남은, 잔존한
- Metaphysics 형이상학

[본문해석]
15세기에는 과학, 철학, 마술의 구분이 없었다. 세 분야 모두 '자연 철학'이라는 총칭 아래 있었다. ① 고전 작가들, 가장 중요하게는 아리스토텔레스의 작품의 회복이 자연 철학 발달의 중심에 있었다. ② 인문주의자들은 자신들의 지식을 확산시키기 위한 인쇄기의 힘을 빠르게 깨달았다. ③ 15세기 초에 아리스토텔레스는 철학과 과학에 대한 모든 학문적 추측의 기초가 되었다. ④ Averroes와 Avicenna의 아랍어 번역본과 주석에 생생히 살아있는 아리스토텔레스는 인류와 자연 세계의 관계에 대한 체계적 시각을 제공했다. 그의 물리학, 형이상학, 기상학 같은 남아있는 문서들은 학자들에게 자연계를 창조한 힘을 이해할 수 있는 논리적인 도구를 제공했다.

## 15 정답 ③

[정답해설]
will be vary → will vary
vary는 '다르다'라는 뜻의 완전자동사이다. 따라서 be동사와 일반 동사를 같이 쓸 수 없으므로, will be vary를 will vary로 고쳐야 한다.

[오답해설]
① "of + 추상명사"는 형용사 역할을 한다. 따라서 of special interest는 형용사 보어 역할로 어법에 맞게 쓰였다.
② consider는 5형식 동사로 쓰여 "consider + O + (to be) + 형/명"의 구조를 취할 수 있는데, 수동태가 되면 "be considered + (to be) + 형/명" 형태가 된다.

④ 카메라는 만들어진 대상이므로 수동태가 알맞게 쓰였고, 행위자는 by를 이용해 적절히 사용했다.

**[핵심어휘]**

- earthquake 지진
- insurance industry 보험업계
- consider (~을 ~로) 여기다[생각하다]
- ultimate 궁극[최종]적인, 최후의(= final)
- typist 타이피스트, (컴퓨터) 입력 요원
- vary (상황에 따라) 달라지다[다르다]
- according to (진술 · 기록 등에) 따르면
- circumstances 사정, 상황

**[본문해석]**

① 지진 뒤에 따라오는 화재는 보험업계에 특별한 관심사이다.
② 워드 프로세서는 과거에 타이피스트의 궁극적인 도구로 여겨졌다.
③ 현금 예측에서 수익 요소는 회사의 상황에 따라 달라 질 것 이다.
④ 세계 최초의 디지털 카메라는 1975년 Eastman Kodak에서 Steve Sasson에 의해 만들어졌다.

## 16 정답 ②

**[정답해설]**

중국이 30년 동안 10퍼센트 성장을 지속해왔고 이것이 세계 경제를 움직이게 했다고 했는데, 중국의 경제가 둔화되고 있다고 했으므로 이것이 다른 곳에서의 성장의 부담이 될 것으로 예상된다는 내용이 적절하다. 따라서 빈칸에 들어갈 말로 가장 적절한 것은 ② '압박하다, 부담이 되다'이다.

**[오답해설]**

① 속도를 더 내다
③ 초래하다
④ 초래하다

**[핵심어휘]**

- historically 역사상
- elsewhere (어딘가) 다른 곳에서[으로]
- source (사물의) 원천, 근원
- fuel 연료(→ fossil fuel), 연료를 공급하다
- deceleration 감속, [물리] 감속도(opp. acceleration)
- added 추가된, 부가된

**[본문해석]**

역사적으로 높은 성장률에 따른 중국 경제의 둔화는 다른 나라들의 성장에 오랫동안 부담이 될 것으로 예상되어 왔다. "30년 동안 10퍼센트 성장을 지속해 온 중국은 세계 경제를 견인하는 데 강력한 연료 공급원이었다."라고 Yale대의 Stephen Roach는 말했다. 성장률이 약 7%의 공식적인 수치로 둔화되었다. "그것은 구체적인 감속이다."라고 Roach씨는 덧붙였다.

## 17 정답 ④

**[정답해설]**

빈칸 이후의 문장들이 빈칸의 내용을 부연 설명해 주고 있다. 더 많은 권한을 부여받은 사람들은 일을 더 완벽하게 처리할 수 있으며 그것이 직무 만족과 연관된다고 했고, 신뢰하는 사람에게 책임을 맡기는 것이 조직을 더 원활하게 만들고 본인에게 더 많은 시간을 주어 더 큰 문제에 집중할 수 있게 만든다고 했다. 따라서 빈칸에 들어갈 말로 가장 적절한 것은 ④ '자율성'이다.

**[오답해설]**

① 일
② 보상
③ 제한

**[핵심어휘]**

- remotely 멀리서, 원격으로
- scattered 드문드문[간간이] 있는, 산재한; 산발적인
- globe 세계(특히 그 크기를 강조해서 가리킬 때 씀)
- freelancers 일정한 소속이 없이 자유 계약으로 일하는 사람.
- convinced (전적으로) 확신하는(↔ unconvinced (남의 말을 듣고도) 납득[확신]하지 못하는)
- correlation 연관성, 상관관계
- satisfaction 만족(감), 흡족; 만족(감을 주는 것) (→ dissatisfaction)
- empowered 권한을 주다(= authorize), 자율권을 주다
- responsibility 책임(맡은 일), 책무
- organization 조직(체), 단체, 기구
- smoothly (아무 문제없이) 순조롭게

**[본문해석]**

점점 더 많은 리더들이 원격으로 일하거나, 컨설턴트와 프리랜서뿐만 아니라 전국이나 전세계에 흩어져 있는 팀과 함께 일함에 따라, 그들에게 더 많은 자율성을 주어야 할 것이다. 당신이 더 많은 신뢰를 줄수록, 다른 사람들은 당신을 더 신뢰한다. 직무만족과 권한을 부여받은 사람들이 자신의 일을 모든 업무 상황에서 누군가의 통제 없이 완벽하게 업무를 수행할 수 있는 방법 사이에는 직접적인 상관관계가 있다고 나

는 확신한다. 당신이 신뢰하는 사람에게 책임을 맡기는 것은 조직을 보다 원활하게 운영할 수 있을 뿐만 아니라 당신에게 더 많은 시간을 만들어내어 더 큰 문제에 집중할 수 있도록 한다.

## 18 정답 ①

**[정답해설]**

유대교의 교리에 기초하여 우리가 행해야 할 의무를 설명하는 글이다. 본문에 〈Our job as human beings, she says, “is to mend what's been broken. It's incumbent on us to not only take care of ourselves and each other but also to build a better world around us.〉를 통해 인간으로서 우리의 일은 망가진 것을 고치는 것, 우리 자신과 서로를 돌보는 것뿐만이 아니라 우리 주변을 더 나은 세계로 만드는 것이라 언급했다. 따라서 글의 요지로 가장 적절한 것은 ① ‘우리는 세상을 고치기 위해 노력해야 한다.’이다.

**[오답해설]**

② 공동체는 쉼터 역할을 해야 한다.
③ 우리는 선을 믿음으로 개념화해야 한다.
④ 사원은 지역사회에 기여해야 한다.

**[핵심어휘]**

- armchair (책이나 텔레비전 등을 통해) 간접적으로 아는, (실제는 모르는) 탁상공론식의
- do-gooder 공상적 박애주의자[개혁가]
- repair (상황을) 바로잡다(= put right)
- incumbent (공적인 직위의) 재임자
- ourselves 우리 자신[스스로/직접]
- philosophy (세계나 인생에 대한 신념 체계로서의) 철학
- conceptualizes 개념화하다
- goodness 선량함(= virtue)
- Instead 대신에
- belief 신념, 확신, (옳다고 믿고 있는) 생각, 믿음
- community (특정 지역 · 국가 등에 사는 사람들을 통칭한) 주민, 지역 사회
- For instance 예를 들어

**[본문해석]**

“유대교에서, 우리는 대부분 우리의 행동에 의해 정의된다.” 라고 몬트리올의 Emanu-El-Beth Sholom 사원의 수석 랍비인 Lisa Grushcow가 말한다. “당신은 정말 탁상공론뿐인 박애주의자가 될 수는 없다.” 이 개념은 “세상을 고치다”로 번역되는 tikkun olam이라는 유대인 개념과 관련 있다. 그녀는 인간으로서의 우리의 일이 “망가진 것을 고치는 것이다. 우리 자신과 서로를 돌보는 것뿐만 아니라 우리 주변에 더 나은 세상을 만드는 것이 우리의 의무이다.”라고 말한다. 이 철학은 선을 봉사에 기반을 둔 것으로 개념화한다. “내가 좋은 사람인가?”라고 묻는 대신, 여러분은 “내가 세상에 무슨 도움을 주는가?”라고 묻고 싶을지도 모른다. Grushcow의 사원은 이러한 믿음을 그들의 공동체 내부와 외부에서 실천으로 옮긴다. 예를 들어, 그들은 1970년대에 베트남 출신의 두 난민 가족이 캐나다로 오도록 후원했다.

## 19 정답 ③

**[정답해설]**

이 글은 부정적 사고를 권고하는 스토아학파의 견해를 말하고 있다. (A) 앞에서 최악의 상황을 가정하는 경우 이것이 미래에 대한 불안감을 감소시키는 경향이 있다고 했고, 현실에서 상황이 악화되었을 경우 대처가 가능하다고 했다. 이것은 (A) 뒤의 현재 누리고 있는 관계나 소유물이 없어질 수도 있다고 가정하는 내용과 이어지므로 (A)에는 ‘Besides(게다가)’가 적절하다. (B) 이후에서는 이와는 반대로 긍정적인 사고가 미래에만 의지하고 현재의 즐거움을 무시하게 된다고 설명한다. 따라서 (B)에는 ‘by contrast(이에 반하여)’가 적절하다.

**[오답해설]**

| | (A) | (B) |
|---|---|---|
| ① | 그럼에도 불구하고 | 게다가 |
| ② | 뿐만 아니라 | 예를 들어 |
| ④ | 그러나 | 마지막으로 |

**[핵심어휘]**

- Ancient 고대의(↔ modern 현대의, 근대의)
- philosopher 철학자
- negative 부정적인, 나쁜(↔ positive (낙관적인) 긍정적인)
- optimism 낙관론, 낙관[낙천]주의(↔ pessimism 비관주의)
- pessimism 비관적인 생각[기분], 비관주의(↔ optimism 낙관[낙천]주의)
- uncertainty 불확실성, 반신반의
- recommend (행동 방침 등을) 권고[권장]하다[권하다]
- premeditation 미리 생각[계획]함
- deliberately 고의로, 의도[계획]적으로(= intentionally, on purpose)
- visualizing 구상화하기
- relationship (두 가지 이상 사물 사이의) 관계[관련(성)]
- possession 소유, 소지, 보유(→ vacant possession)
- currently 현재, 지금
- lean ~에 기대다[의지하다]
- pleasure 기쁨, 즐거움(= enjoyment)

국가직 문제
지방직 문제
서울시 문제
국가직 해설
지방직 해설
서울시 해설

**[본문해석]**

고대 철학자들과 영적 교사들은 긍정적인 것과 부정적인 것, 낙관주의와 비관주의, 성공과 안보를 위한 노력과 실패와 불확실성에 대한 개방의 균형을 유지할 필요성을 이해했다. 스토아학파는 "악의 선입견" 또는 최악의 상황을 의도적으로 시각화하는 것을 권고했다. 이것은 미래에 대한 불안감을 감소시키는 경향이 있다. 현실에서 상황이 어떻게 악화될지를 냉정하게 상상할 때, 당신은 대개 대처할 수 있을 것이라고 결론짓는다. (A) 게다가, 그들은, 당신이 현재 누리고 있는 관계와 소유물을 잃게 될 수도 있다고 상상하는 것은 지금 그것들을 가지고 있는 것에 대한 감사함을 증가시킨다고 언급했다. (B) 이에 반하여, 긍정적인 생각은 항상 현재의 쾌락을 무시하고 미래로 기울어진다.

## 20 정답 ②

**[정답해설]**

일 중독자들이 일에 몰두하는 근거를 제시하기 위해 일이 주는 여러 가지 혜택들을 병렬적으로 서술하고 있는 글이다. 주어진 문장은 일이 재정적 보장 이상을 제공한다는 내용이다. ② 앞에서 재정적 보장을 의미하는 봉급에 관한 내용이 나왔고, ② 뒤에서 자신감을 준다는 내용이 나왔는데, 바로 이 자신감이 주어진 문장의 재정적 보장 이상을 의미한다. 따라서 주어진 문장이 들어갈 위치로 가장 적절한 것은 ②이다.

**[핵심어휘]**

- workaholic 일 중독자, 일벌레
- Mostly 주로, 일반적으로(= mainly, largely, chiefly)
- offer (이용할 수 있도록) 내놓다[제공하다]
- advantage (무엇의) 이점, 장점(↔ disadvantage 불리한 점)
- self-confidence 자신(自信)
- satisfaction 만족(감), 흡족; 만족(감을 주는 것) (→ dissatisfaction)
- Psychologist 심리학자
- individualism 개인주의
- compulsive 강박적인, 조절이 힘든
- advantageous 이로운, 유리한(↔ disadvantageous 불리한), (= beneficial)

**[본문해석]**

> 그리고 일은 재정적 보장 이상을 제공한다.

왜 일 중독자들은 그들의 일을 그렇게나 즐기는가? 주로 일하는 것이 몇 가지 중요한 이 점들을 제공하기 때문이다. ( ① ) 그것은 사람들에게 생계를 유지할 수 있는 방법인 급여를 지급한다. ( ② ) 그것은 사람들에게 자신감을 준다; 그들이 힘든 작업물을 만들어내고 "내가 만든 거야"라고 말할 수 있을 때, 그들은 만족감을 느낀다. ( ③ ) 심리학자들은 일은 또한 사람에게 정체성을 준다고 주장한다. 그들은 그들이 자아와 개인주의를 느낄 수 있도록 일한다. ( ④ ) 게다가, 대부분의 직업은 사람들에게 사회적으로 용인되는 다른 사람들을 만나는 방법을 제공한다. 일하는 것은 긍정적인 중독이라고 말할 수 있다; 아마도 일 중독자들은 그들의 일에 대해 강박적일 수 있지만, 그들의 중독은 안전한, 심지어 이로운 것으로 보인다.

## [지방직] 2020년 06월 | 정답

| | | | | | | | | | |
|---|---|---|---|---|---|---|---|---|---|
| 01 | ② | 02 | ④ | 03 | ② | 04 | ① | 05 | ③ |
| 06 | ④ | 07 | ③ | 08 | ② | 09 | ① | 10 | ③ |
| 11 | ② | 12 | ① | 13 | ② | 14 | ④ | 15 | ③ |
| 16 | ③ | 17 | ① | 18 | ③ | 19 | ④ | 20 | ④ |

## [지방직] 2020년 06월 | 해설

## 01 정답 ②

**[정답해설]**

빈칸 이하에서 등장하는 'temperatures(온도)'와 'heat up(뜨거워지다)' 등을 보면 플라스틱 소재로 만들어진 병이 물 내부와 외부를 별도로 격리시켜서 물의 온도를 유지할 수 없다는 내용이 필요하므로 'insulated(열이 차단되다)'가 정답이다.

**[오답해설]**

① 위생적인
③ 재활용할 수 있는
④ 방수의

**[핵심어휘]**

- issue 문제, 주제, 쟁점, 사안, 안건(= question)
- bottle 물병, 한 병의 양
- rise 증가, 상승, 발흥, 진보
- sanitary 위생의, 위생적인, 깨끗한(= hygienic)
- insulate 절연[단열/방음] 처리를 하다, (불쾌한 경험 · 영향으로부터) ~을 보호[격리]하다(= shield)

- recyclable 재활용할 수 있는, 재생할 수 있는
- waterproof 방수의, 방수복

**[본문해석]**
플라스틱 병의 문제는 열이 차단되지 않는다는 것이다. 그래서 온도가 올라가기 시작하면, 당신의 물 또한 뜨거워질 것이다.

## 02 정답 ④

**[정답해설]**
'alleviate'는 '구제하다, 완화하다, 달래다'라는 뜻이므로 동의어인 'relieve'가 정답이다.

**[오답해설]**
① 보충하다
② 가속하다
③ 계산하다

**[핵심어휘]**
- strategies (특정 목표를 위한) 계획, 방책, 방법, 전략(= tactic)
- adopt 입양하다(= foster), 쓰다[취하다], (정책 등을) 채택[채용]하다, 고르다(= choose)
- writing process 글쓰기 과정
- overload 과적하다, 너무 많이 주다[부과하다]
- alleviate (고통 등을) 덜다, 완화하다, 경감하다, 편하게 하다(= ease)
- complement 보완하다, (금상첨화 격으로) 덧붙이다, (필요하거나 허용되는) 전체 수[량], (탈 것의) 정원
- accelerate 가속화하다, ~을 촉진하다, 빠르게 하다, 앞당기다, 속도를 높이다(↔ decelerate 속도를 줄이다, 감속하다)
- calculate 계산하다, 산출하다, 추정하다, 추산하다(= estimate), (~에) 적합하게 하다, 의도하다, ~이라고 생각하다(= think), 상상하다(= suppose)
- relieve (불쾌감 · 고통 등을) 없애[덜어] 주다, 안도하게[후련하게] 하다, (문제의 심각성을) 완화하다[줄이다](= alleviate), 지루함[단조로움]을 줄이다, (근무자와) 교대하다

**[본문해석]**
글쓰기 과정에서 작가가 채택하는 전략은 주의력 과부하의 어려움을 완화시킬 수 있다.

## 03 정답 ②

**[정답해설]**
'thoughts'와 'wouldn't have entered her mind' 부분을 통해서 문맥을 살펴보면 'touch off(~을 유발하다)'와 유사한 'give rise to(~이 생기게 하다)'가 정답이 된다.

**[오답해설]**
① 돌보다
③ 보상하다
④ ~와 연락을 유지하다

**[핵심어휘]**
- cruel 잔혹한, 잔인한(↔ kind 친절한, 다정한), 고통스러운, 괴로운, 무정한(= merciless), (규칙 따위가) 가혹한, 엄한
- sight 시력(= eyesight), 시야, 광경[모습](= view), (찾던 것을) 갑자기 보다[찾다]
- thought (특정한) 생각, 심사숙고, 사색(= consideration), 사상, 사조
- otherwise 그렇지 않으면[않았다면], 그 외에는, (~와는) 다르게[다른 방법으로], 달리, 그 밖에는
- touch off 촉발하다, 발단이 되다, 발사[발포]하다, 정확히 묘사하다(= cause to ignite, begin, start firing, describe exactly)
- look after ~을 눈으로 좇다, 배웅하다, ~에 주의하다, ~을 구하다, 요구하다, ~을 보살펴 주다, 감독하다
- give rise to 낳다, 일으키다(= originate, cause)
- make up for (손실 따위를) 보상하다, 보전하다(= compensate for, complete)
- keep in contact with ~와 접촉[연락]을 유지하다

**[본문해석]**
그 잔인한 광경은 그렇지 않았다면 그녀의 마음속에 들어오지 않았을 생각을 불러일으켰다.

## 04 정답 ①

**[정답해설]**
동사 'shun(피하다)'과 뜻이 동일하고 문맥상 외면을 당한다는 뜻이 되어야 하므로 'avoid'가 알맞다.

**[오답해설]**
② 경고하다
③ 처벌하다
④ 모방하다

**[핵심어휘]**
- school bully 학교 불량배
- shun 피하다, 멀리하다, 면하다, 막다, 비키다, 꺼리다, 기피하다
- avoid 방지하다, 막다, 모면하다, 피하다, 막다, 예방하다(= escape)
- warn 경고하다, 주의를 주다, 조심하라고 하다, (~하지 말라고/하라고) 강력히 충고하다[경고하다], ~에게 통지[통고]하다, 예고하다, 경보를 울리다(= advise)
- punish 처벌하다, 벌주다, (특정한 형벌 · 형에) 처하다, (~에 대해) 자책하다
- imitate 모방하다, 본뜨다, 흉내 내다(= mimic), 본받다, 본보기로 하다, 배우려 하다, 따라 하다, ~을 가장하다, ~인 체하다, 위조하다(= counterfeit)

**[본문해석]**
그 학교 불량배는 반에서 다른 학생들로부터 외면당하는 것이 어떤 것인지 알지 못했다.

## 05 정답 ③

**[정답해설]**
현재진행형인 'be -ing'가 미래의 의미를 전달한다는 것을 보여주는 문장으로 'be -ing'으로 가까운 미래를 나타내고자 할 때는 'will' 대신 얼마든지 미래를 나타낼 수 있기 때문에 올바른 문장이다.

**[오답해설]**
① much → many
'much'는 불가산명사를 수식하는 형용사이므로, 'many'로 수정해야 한다.
② excited → exciting
본 문장의 주어는 'Christmas party'이므로 감정을 느낀다는 뜻의 'excited(과거분사)' 대신 현재분사 'exciting'으로 써야 적절하다.
④ used to loving → used to love
주어인 'they' 다음에 동사가 와야 하는데 'used to'는 조동사이기 때문에 동사의 원형이 오는 것이 올바르므로 'used to loving'이 아닌 'used to love'로 써야 한다.

**[핵심어휘]**
- billion 10억, 엄청난 양, 1조(= trillion)
- galaxy 은하계, 은하수(= The Milky Way), 성운, 소우주, (사람 · 물건의) 화려한 대집단
- hatch 부화하다, (비밀리에 계획 등을) 만들어 내다, (바닥이나 천장에 나 있는) 출입구
- excited 신이 난, 들뜬, 흥분한, 초조한, (시황 · 장사 등이) 활기를 띤
- lose track of time 시간 가는 것을 잊다
- used to ~하곤 했다, 과거 한때는[예전에는] ~이었다[했다]
- much more 더 많이, 더구나, 하물며

**[본문해석]**
① 은하계에 있는 수십억 개의 별들 중에서, 얼마나 많은 별들이 생명을 부화할 수 있을까?
② 크리스마스 파티는 정말 재미있었고 나는 시간가는 줄을 몰랐다.
③ 나는 오늘 정오에 일을 시작할 것이기 때문에 지금 당장 떠나야 한다.
④ 그들은 어렸을 때 책을 훨씬 더 좋아했었다.

## 06 정답 ④

**[정답해설]**
'make a case for'은 '~에 대해 (긍정적인) 의견을 강력히 주장하다'는 뜻으로 ④의 'strongly suggested(강력히 주장하다)'와 일맥상통한다.

**[오답해설]**
① ~에 반대하다
② ~을 꿈꾸다
③ 완전히 배제하다

**[핵심어휘]**
- uncomfortable 불편한, (일 등이) 불쾌한[언짢은], 마음이 편치 못한, 거북한, 아픈, 고통스러운, 살기[앉기, 입기, 신기] 불편한, 곤란한, 난처한
- silence 고요, 적막, 정적, 침묵, 정숙(= stillness), 비밀 엄수, 망각(= oblivion)
- fall on ~위에 떨어지다, 쓰러지다, ~에 닥쳐오다, ~을 엄습하다
- grandiose (너무) 거창한, 뽐내는, 으쓱대는, 과장한, 웅장[웅대]한, 숭고[장엄]한, 당당한, 거드름피우는, 필요 이상으로 복잡한
- make a case for ~에 옹호하는 의견을 내다, ~에 긍정적인 의견을 피력하다
- object to ~에 반대하다
- dream about ~을 꿈꾸다
- completely exclude 완전히 배제하다
- strongly suggest 강하게 주장하다

**[본문해석]**
Francesca가 여름휴가 동안 집에 머문다고 강력히 주장한 후, 불편한 침묵이 저녁식사 시간에 닥쳐왔다. Robert는 지금이 그녀에게 자신의 거창한 계획을 말할 적기인지 확신하지 못했다.

## 07 정답 ③

**[정답해설]**
were → was
③이 속한 문장의 'Among ~ sale'까지가 문두로 오면서 도치를 이룬 것이므로 주어는 'were' 다음에 이어지는 단수명사인 'a 1961 bejeweled timepiece'이기 때문에 수일치는 'were'이 아닌 'was'가 되어야 올바르다.

**[오답해설]**
① 'S+V, –ing' 구문의 분사구문으로 타동사 'declare'의 다음에 접속사 'that'이 생략된 목적격이 있기 때문에 능동의 현재분사를 사용하였다. 여기서 'declaring'의 의미상 주어는 주절의 주어와 같으므로 능동이라고도 할 수 있다.
② 다음 문장에서 'that'은 'an evening auction'을 선행사로 갖고 있는 주격관계대명사로 쓰였다.
④ 'with + 목적어 + 분사' 형태에서 머리와 꼬리가 다이아몬드로 덮여 있기 때문에 과거분사인 p.p 형태가 알맞다.

**[핵심어휘]**
- ㅁ have an eye for ~을 보는 눈이 있다.
- ㅁ amass (긁어) 모으다, (재산을) 축적하다(= accumulate), 쌓다(= pile up), 대량으로 수집하다, 모이다(= collect), 집결하다
- ㅁ bring in 들여오다, (이익 · 이자를) 가져오다, (새로운 것을) 받아들이다, 수입하다, (의제 등을) 제출하다, (협력자 등의) 참가를 의뢰하다
- ㅁ bejewel 보석으로 장식하다
- ㅁ timepiece 시계
- ㅁ serpent (크고 독을 가진) 뱀(= snake), 음흉한 사람, 교활한 사람
- ㅁ coil (고리 모양으로) 감다, 휘감다
- ㅁ hypnotic 최면술의, 최면을 거는 듯한[일으키는](= mesmerizing, soporific)
- ㅁ discreet 신중한, 조심스러운(= tactful), 사려[분별, 지각] 있는(= careful), 예의 바른

**[본문해석]**
Elizabeth Talor는 아름다운 보석들에 대한 안목을 가지고 있었고, 몇 년 동안 놀라운 작품들을 모아놓았는데, 한번은 "여자라면 언제나 더 많은 다이아몬드를 가질 수 있다"고 선언했었다. 2011년에 그녀의 가장 좋은 보석들이 Christie 경매장의 어느 저녁 경매에서 팔렸는데 이 경매로 1억 1,590만 달러를 벌어들였다. 저녁 판매기간 동안 팔린 그녀의 가장 소중한 물건들 중 하나는 Bulgari에서 1961년에 만든 보석으로 만든 시계였다. 손목을 휘감고 머리와 꼬리가 다이아몬드로 덮여 있고 최면을 거는 두 개의 에메랄드 눈을 가지고 있는 뱀으로 디자인된 이런 교묘한 기계장치는 사나운 턱을 열어 작은 쿼츠 시계를 드러낸다.

## 08 정답 ②

**[정답해설]**
whomever → whoever
'whomever'는 목적격 복합관계대명사이므로 바로 뒤에 'completes'라는 동사가 나오고 있는데 동사 앞에 주어가 없기 때문에 주격인 'whoever'가 나와야 알맞다.

**[오답해설]**
① 보증이 만료된 시점이 더 이전 시제이기 때문에 부사절에는 'had p.p', 주절에는 과거시제가 적절하다.
③ if 부사절은 과거 사실로 해석되기 때문에 가정법과거완료 'had p.p'이고 주절은 현재 사실로 해석되기 때문에 가정법과거형 'would + 동사원형' 형태가 알맞다.
④ 'what is worse'는 '설상가상으로'의 의미를 지니는 관용표현이므로 바르게 사용되었으며 시제가 'last year(지난해)'이므로 시제 일치를 위해 'passed away'가 사용된 것도 옳다.

**[핵심어휘]**
- ㅁ warranty (제품의) 품질 보증서(= guarantee), (품질 등의) 보증, 근거, 정당한 이유
- ㅁ expire 만료되다, 만기가 되다(= run out), 끝나다, 숨을 거두다, (숨을) 내쉬다, 배출하다
- ㅁ free of charge 무료로
- ㅁ questionnaire 설문지, 질문 사항, ~에 질문서를 보내다, (질문서로) ~에 참고 자료를 얻다
- ㅁ pass away 사망하다[돌아가시다], (존재하던 것이) 없어지다[사라지다]
- ㅁ what is worse 설상가상으로, 엎친 데 덮친 격으로

## 09 정답 ①

**[정답해설]**
첫 번째 빈칸은 문두의 'Assertive behavior(적극적 행동)'과

빈칸 뒤의 'Aggressive behavior(공격적 행동)'을 서로 대조하는 문장이므로 'In contrast(대조적으로)'가 적절하며 두 번째 빈칸은 바로 앞 문장의 어조가 부정이고 빈칸 뒤의 어조도 부정이므로 순접 관계가 되기 때문에 결론문을 이끄는 'Thus(따라서)'가 적절하다.

**[오답해설]**

| | (A) | (B) |
|---|---|---|
| ② | 유사하게 | 게다가 |
| ③ | 그러나 | 한편으로는 |
| ④ | 그에 따라 | 반면에 |

**[핵심어휘]**

- assertive 적극적인(↔ submissive 순종적인, 고분고분한), 단정적인(= positive), 독단적인(= dogmatic), 확신에 찬, 자기주장이 강한, 자신이 있는
- stand up for ~을 지지하다, 옹호하다(= support)
- with ease 쉽게, 용이하게
- with assurance 확신을 가지고
- handle (상황, 사람, 작업, 감정을) 다루다[다스리다/처리하다], (손으로) 만지다[들다/옮기다], (차량 등이) 말을 잘 듣다, (상품을) 취급[거래]하다(= deal in)
- right (도덕적으로) 옳은, 올바른, 맞는, 정확한(↔ wrong 틀린, 잘못된, 잘못 생각하는), 오른쪽의
- aggressive 공격적인(= offensive), 호전적인, 적극적인, 의욕적인, 활동적인(= active), 저돌적인, 지나친
- interpersonal 대인관계에 관련된, 인간 사이에 존재하는[일어나는]
- interrupt (말 · 행동을) 방해하다[중단시키다/가로막다], (계속 이어지는 선 · 표면 · 전망 등을) 차단하다[끊다], (일 따위를) 중단하다, 중도에 그만두다
- verbal abuse 언어폭력, 악담
- subservient (~에) 굴종하는, (~보다) 부차적인[덜 중요한], (목적 달성 등에) 도움이 되는, 공헌하는, 비굴한, 아첨하는,
- have a difficult time ~ing ~하는데 어려움을 겪다

**[본문해석]**

확신에 찬 행동은 당신의 권리를 옹호하고, 타인의 권리를 침해하지 않는 직접적이고 적절한 방식으로 당신의 생각과 느낌을 표현하는 것을 포함한다. 그것은 타인이 당신의 관점을 이해하도록 하는 일이다. 확신에 찬 행동 기술을 보여주는 사람들은 좋은 대인관계를 유지하면서 쉽게, 확신을 가진 채로 갈등 상황을 처리할 수 있다. (A) 대조적으로, 공격적인 행동은 타인의 권리를 공공연히 침해하는 방식으로 당신의 생각과 느낌을 표현하고 당신의 권리를 옹호하는 것을 포함한다. 공격적인 행동을 보여주는 사람들은 타인의 권리가 자신들의 것보다 덜 중요함에 틀림없다고 믿는 것 같다. (B) 따라서, 그들은 좋은 대인관계를 유지하는 데 힘겨운 시간을 갖는다. 그들은 통제권을 유지하기 위해 방해하고, 빨리 말하고, 타인을 무시하고, 비꼬는 것이나 다른 형태의 언어폭력을 사용할 가능성이 높다.

## 10 정답 ③

**[정답해설]**

제시문은 'touchscreen technology'의 작동원리를 열거하는 글이므로, 핵심어는 가장 많이 반복되고 있는 'touchscreen'이 된다. 그리고 제시문은 모두 현재 시제로 구성되어 있기 때문에 전화로는 말할 수는 없으므로 ③의 'how touchscreen technology works(터치스크린 기술의 작동 방식)'이 정답이다.

**[오답해설]**

① 사용자가 새로운 기술을 배우는 방법
② 전자책이 태블릿 컴퓨터에서 작동하는 방식
④ 터치스크린의 진화 방식

**[핵심어휘]**

- employ 고용하다, (기술, 방법 등을) 이용하다[쓰다] cf) self-employed 자영업을 하는
- feature 특징, 특색, 특성, 요점, 주안점, (행사 · 쇼 따위의) 인기거리, 볼거리
- current 전류, (물 · 공기의) 흐름, 해류, 기류(= flow), 현재의, 지금의 , 통용되는, (특정 집단 사람들 사이의) 경향[추세], 흘려 쓴(= running)
- charge 요금, 전하, (경찰의) 기소, 고발, 비난, (사람 일에 대한) 책임, 담당, 습격, 돌격, 흥분, 감동, 과제, 임무, (요금 값을) 청구하다[주라고 하다]
- panel 금속판[판금], 화판, (옷의 일부를 이루는) 천 조각, (자동차 등의) 계기판
- resistive 저항하는, 저항성의, 저항력이 있는 n. resistiveness 저항력, 저항성
- capacitive 용량성의, 전기 용량의
- application 지원[신청], 적용, 응용, 이용, 앱, 응용 프로그램, 특정의 용도[목적], 전념, 전심, 열중, 몰두(= effort)
- translate 번역[통역]하다, (다른 언어로) 옮기다, (특정하게) 이해[해석]하다(= interpret), (다른 꼴 · 상태 · 성질로) 바꾸다, 고치다, 변형하다, 옮기다, 나르다
- command 명령하다, 명령어, 지휘하다, 통솔하다, (감정 등을) 지배하다, 억누르다, (사물이) ~을 강요하다, ~의 값어치가 있다(= deserve)
- react 반응하다, 반응을 보이다, 서로 영향을 주다, 반대[반발]하다, 반항하다(= against), 역행하다, 되돌아가다

- carry out 수행하다, 실시하다
- function (사람 · 사물의) 기능, 행사, 의식, 직능, 직분, 역할, 상관관계, (제대로) 기능하다[작용하다], 활동하다
- desire 바라다, 원하다, 욕구하다, 희망하다, 소망하다(= want)
- evolve (점진적으로) 발달[진전]하다[시키다], 진화하다[시키다], 서서히 발전[전개]시키다, 알려지다, 판명되다, 전개하다, (이야기 따위 줄거리가) 진전되다

**[본문해석]**

태블릿 컴퓨터에서 이용 가능한 e-book 앱은 터치스크린 기술을 사용한다. 몇몇 터치스크린은 마주 보고 놓여있는 전자가 채워진 두 개의 금속 표면을 덮고 있는 유리판을 포함한다. 스크린이 터치되면, 두 금속 표면이 압력을 감지하고 접촉한다. 이 압력이 컴퓨터에 전기 신호를 보내고, 이것이 터치를 명령으로 해석한다. 스크린이 손가락의 압력에 반응하기 때문에 이 버전의 터치스크린은 저항식 화면이라고 알려져 있다. 다른 태블릿 컴퓨터는 단일한 유리판 아래에 한 개의 전기가 통하는 금속 막을 포함한다. 사용자가 스크린을 터치하면, 일부 전류가 유리를 통해 사용자의 손가락으로 흐른다. 전하가 이동되면, 컴퓨터는 전력 손실을 명령으로 해석하고 사용자가 원하는 기능을 수행한다. 이 유형의 스크린은 정전 용량식 스크린이라고 알려져 있다

## 11 정답 ②

**[정답해설]**

빈칸에 이어지는 답변으로 해결방안에 대해 언급하였으므로, A는 해결방안을 강구하는 질문이 들어가야 한다. 빈칸 바로 다음에서 "Well, you can set up a filter on the settings.(음, 설정에 필터를 설치할 수 있어.)"라고 말하는 것으로 볼 때 빈칸에는 "Isn't there anything we can do?(우리가 할 수 있는 것이 없어?)"라고 묻는 것이 적절하다.

**[오답해설]**

① 너는 이메일을 자주 쓰니?
③ 너는 어떻게 이렇게 굉장한 필터를 만들었니?
④ 내가 이메일 계정을 개설하는 것을 도와줄 수 있니?

**[핵심어휘]**

- junk email 정크 메일, 스팸 메일
- stop A from ~ing A가 ~하는 것을 막다
- set up 건립하다, 설립[수립]하다, 준비하다, ~인 체하다(= erect, establish, prepare, claim to be, entrap, frame)
- weed out 걸러내다, 솎다, 제거하다

**[본문해석]**

A: 이런, 또 왔어! 스팸 메일이 너무 많아!
B: 나도 알아. 나는 하루에 10통 이상의 스팸 메일을 받아.
A: 그것들이 오는 것을 막을 수 있을까?
B: 그것들을 완전히 차단하는 것은 불가능하다고 생각해.
A: 우리가 할 수 있는 것이 없을까?
B: 음, 너는 환경설정에서 필터를 설정할 수 있어.
A: 필터를?
B: 그래. 필터는 일부 스팸 메일을 걸러낼 수 있어.

## 12 정답 ①

**[정답해설]**

to tell → telling
동사인 'regret(후회하다)'의 다음에 to부정사가 오면 미래의 의미를 전달하지만 해석을 보면 과거 사실을 말하고 있으므로 'to tell'을 과거 사실을 말할 때 사용하는 동명사인 'telling'으로 바꿔야 한다.

**[오답해설]**

② 소유격 + 명사를 대신하기 위해 소유대명사를 사용할 수 있으며 해당 문장에서는 'His experience(그의 경험)'과 'her experience(그녀의 경험)'을 비교하고 있는데, 'hers(그녀의 것)'이라는 소유대명사를 사용해 표현하였다.
③ 주어가 3인칭 단수이고 시제가 현재형일 때, 동사원형에 '-s'를 붙인다.
④ 선행사가 사람이고, 관계대명사 절에서 관계대명사가 주어 역할을 하는 경우 'who'를 사용한다.

**[핵심어휘]**

- regret to V ~해서 유감이다
- regret Ving ~를 후회하다
- experience 경험[경력], 체험 cf) work experience 근무경력, 현장 체험
- remind A of B A에게 B를 상기시키다
- worse 더 나쁜[못한/엉망인], 더 심한[심각한/악화된], 더욱 불리한, 더욱 마음에 들지 않는
- conversation 대화, 회화, 담화, (사무적인) 회담, (외교상의) 비공식 회담, 교제, 사교(성), 친교

## 13 정답 ②

**[정답해설]**

②에서 A는 어디를 가느냐고 묻고 있으며 이에 대해 'be off to~(~로 가다)'의 형태로 대답하는 것이 자연스럽다.

**[오답해설]**
① 시간을 묻는 질문에 "I'm busy ~(나는 바쁘다)"고 답하는 것은 어색하다.
③ "Can you give me a hand ~?(나를 도와줄래?)"는 도움을 요청하는 표현으로, 'clap(박수치는 것)'과는 관계가 적다.
④ "Long time no see.(오랜만이야.)"는 오랜만에 본 사이에 하는 인사말로, 지갑을 찾는 질문에 대한 답으로는 부적절하다.

**[핵심어휘]**
- be headed 가다, 향하다
- give a hand 도와주다, ~에 관계하다, 참가하다
- purse 지갑(= wallet), (개인, 기관, 정부가 쓸 수 있는) 돈[자금력]

**[본문해석]**
① A: 지금 몇 시인지 아니?
B: 미안해, 나는 요즘 바빠.
② A: 얘들아, 너희 어디 가니?
B: 우리는 식료품점에 가려고.
③ A: 나 이것 좀 도와주겠니?
B: 그래, 내가 너를 위해 박수를 칠게.
④ A: 내 지갑 본 사람 있니?
B: 오랜만이야.

## 14 정답 ④

**[정답해설]**
제시문은 베르사유에 관한 내용을 담고 있으므로 정답은 ③이나 ④가 되어야 하지만 ③처럼 순전히 운하를 말하는 것은 아니다. 하지만 전체적으로 베르사유의 작은 오두막이 거대한 궁전으로 변한 본문의 진술을 보았을 때 ④의 'Versailles : From a Humble Lodge to a Great Palace(베르사유 : 초라한 오두막에서 거대한 궁전으로)'라는 문두에서 오두막 자리에 베르사유를 지었다고 말하였고 그 이후의 웅장함을 말하고 있으므로 제목으로 적절하다.

**[오답해설]**
① 그리스 신들의 진짜 얼굴
② 거울의 전당 VS 아폴로 살롱
③ 운하가 단순히 물 이상의 것을 베르사유에 가져왔을까?

**[핵심어휘]**
- lodge 오두막[산장], 관리 사무소, (건물의) 수위실
- enormous 막대한(= immense), 거대한(= huge), 엄청난, 비정상의, 무법적인, 극악한(= outrageous), 심한
- elaborate 정교한, 정성들인, 복잡한, 화려하게 꾸민, 부자연스러운
- canal 운하, 수로
- drain 물을 빼내다, (액체를) 따라 내다, (잔을) 비우다, (재물, 힘 등을) 소모시키다(= exhaust)
- marshland 습지대

**[본문해석]**
루이 14세는 그의 위대함에 걸맞은 궁전이 필요했다. 그래서 그는 사냥꾼의 작은 오두막이 있는 베르사유에 웅장한 새로운 집을 짓기로 결심했다. 거의 50년간의 작업 이후, 이 자그마한 사냥꾼의 오두막은 길이가 4분의 1마일이나 되는 거대한 궁전으로 탈바꿈하였다. 물을 강에서 끌어오고 습지대로 흘려보내기 위해 수로가 파였다(만들어졌다). 베르사유는 17개의 커다란 창문 맞은편에 17개의 거대한 거울이 있는 유명한 거울의 전당과 순은 왕좌가 있는 아폴로 살롱과 같은 정교한 방들로 가득했다. 아폴로, 주피터, 그리고 넵튠과 같은 그리스 신들의 조각상 수백 개가 정원에 있었는데, 각각의 신들은 모두 루이 14세의 얼굴을 가지고 있었다!

## 15 정답 ③

**[정답해설]**
철학자는 인류학을 연구에 크게 고려하지 않는다는 것이 제시문의 중심 생각으로 ③은 훌륭한 철학자들이 인류학과 같은 분야에서 영감을 얻는다는 내용이기 때문에 글의 주제와 반대되는 흐름상 어색한 문장이다.

**[핵심어휘]**
- anthropology 인류학
- concerned with ~에 관련 있는[관심 있는]
- philosophy 철학, 형이상학, 인생관, 세계관
- influential 영향을 미치는, 영향력이 큰, 유력한(= powerful)
- contemporary 동시대의, 현대의, 당대의(= modern), 동시에 발생한(= simultaneous)
- take into account ~을 고려하다, 참작하다, 계산에 넣다
- specialize in ~을 전문으로 하다
- analyze ~을 분석하다, ~으로 분해하다(↔ synthesize 합성하다), ~을 검토하다, 꼼꼼히 살펴보다, 해석하다
- illustrate (책 등에) 삽화[도해]를 쓰다[넣다], (실례 · 도해 등을 이용하여) 분명히 보여주다, 실증하다(= demonstrate)
- conceptual 개념의, 구상의
- epistemological 인식론의

- distinction 차이[대조](= difference), 뛰어남, 탁월함, 특별함, 구분, 차별, 식별, 특징, 특질, 특이성, 우대, 예우, 우수성
- criticize 비판[비난]하다(↔ praise 칭찬하다), 비평[평론]하다, ~의 흠을 찾다
- ethical 윤리적인(= moral), 도덕적인, 선악에 관한, 처방전 없이 판매할[살] 수 없는 약
- implication (행동 · 결정이 초래할 수 있는) 영향[결과], 함축, 암시, 연루(= involvement)
- draw inspiration from ~에서 영감을 끌어내다
- psychology 심리학 cf) pop psychology 대중 심리학
- seldom 좀처럼[거의] ~않는(= rarely), 드문, 간혹
- experimental (아이디어 · 방법 등이) 실험적인, 실험의, 실험용의, 실험에 입각한, 경험적인, 경험을 통해 얻은
- fieldwork 현장 연구, 야외 작업

**[본문해석]**

인류학자가 철학에 관심을 가지는 것만큼 철학자는 인류학에 관심을 가지지 않았다. ① 영향력 있는 현대의 철학자들 중 그들의 연구에 인류학적 연구를 고려한 사람은 거의 없었다. ② 사회과학에 대한 철학을 전공으로 하는 사람들은 인류학적 연구로부터의 사례를 고려하거나 분석할 수도 있지만, 이는 주로 개념적인 요점이나 인식론적 차이를 보여주거나 혹은 인식론적 혹은 윤리적 의미를 비판하기 위해서였다. ③ 사실, 우리 시대의 훌륭한 철학자들은 종종 인류학이나 심리학 같은 다른 분야에서 영감을 얻는다. ④ 철학을 공부하는 학생들은 인류학을 공부하거나 또는 진지한 관심을 잘 보이지는 않는다. 그들은 과학에서 실험적인 방법을 배울 수는 있지만, 인류학의 현장 연구에 대해서는 좀처럼 배우지 않는다.

## 16 정답 ③

**[정답해설]**

빈칸 이전에는 돈, 재산, 물건과 같은 실체가 있는 유산에 관해 언급하고 있는 반면, 빈칸 이후에서는 우리가 인식하지 못할 수도 있는 실체가 없거나 모호한 유산에 관해 언급하고 있으므로 ③이 정답이다

**[오답해설]**

① 우리의 일상과 상당히 관련이 없는
② 우리의 도덕적 기준에 반하는
④ 금전적으로 매우 가치가 있는

**[핵심어휘]**

- inherit 상속받다, 물려받다, 유전되다, (전임자로부터) 인계받다, 물려받다, 계승하다
- heirloom 가보, 세습 재산, (부동산과 함께 상속되는) 법정 상속 동산
- concrete 콘크리트로 된, 고체의, 현실의, 사실에 의거한, 구체적인(↔ abstract 추상적인), 실체가 있는
- tangible 분명히 실재하는[보이는], 유형의(↔ intangible 무형의), 만질[감지할] 수 있는, 현실의, 명백한

**[본문해석]**

우리는 모두 무언가를 물려받는다. 어떤 경우에는 돈, 부동산, 또는 어떤 물건, 즉 할머니의 웨딩드레스나 아버지의 도구와 같은 가보일 수도 있다. 하지만 그것을 넘어서, 우리는 모두 다른 것을 물려받는데, 그것은 실체가 없거나, 만질 수 없는 것들, 우리가 인식조차 하지 못하는 것들이다. 그것은 일상적인 일을 하는 방법일 수도 있고, 특정한 문제를 해결하거나 스스로 도덕적인 문제를 결정하는 방법일 수 있다. 휴가를 보내거나 특정한 날에 소풍을 가는 전통을 지키는 특별한 방식일 수도 있다. 그것은 우리의 생각에서 중요하거나 중심적인 것일 수도 있고, 오랫동안 받아들여 오던 사소한 것일 수도 있다.

## 17 정답 ①

**[정답해설]**

제시문에서는 약자임에도 불구하고 노인들이 음식을 얻을 수 있었던 이유를 그들이 혼란의 시기에 균형과 판단의 중심이 되어주었기 때문이라고 마지막 문장에서 언급하고 있으므로 정답은 ①의 'Seniors have been making contributions to the family.(노인들은 가족에 기여해왔다.)'이다.

**[오답해설]**

② 현대의학은 노인들의 역할에 초점을 맞추었다.
③ 가족 내에서 자원을 잘 배분하는 것이 그 가족의 번영을 결정한다.
④ 대가족에는 한정된 자원이라는 대가가 따른다.

**[핵심어휘]**

- goodie (영화 따위의) 주인공, 좋은 사람, 좋은 것, 맛있는 것, 언제나 예의바른 사람
- life expectancy 기대수명
- great-grandparents 증조부모
- leveling 평평하게 하기, 땅고르기, 수준 측정, 수평[계급 타파] 운동, (어형 변화의) 단순화
- reasoning 추론, 추리, (추론의 결과로서의) 논거, 증명, 논증, 이성적인(= rational)
- tumult 소란, 소동, (마음이) 심란함, 혼란스러움, 폭동, 반란, 뒤섞임, 어지러움
- swirl (빠르게) 빙빙 돌다, 소용돌이치다, (머리가) 어지럽다, 현기증이 나다

**[본문해석]**

진화론적으로, 생존을 희망하는 어떤 생물 종이라도 자신이 가진 자원을 조심스럽게 관리해야 한다. 그것은 식량이나 좋은 것들이 제일 먼저 양육자들, 전사들, 사냥꾼들, 농부들, 건축자들, 그리고 아이들에게 주어지며, 본인들이 기여하는 것 이상으로 소비하고 있는 것으로 여겨질 수 있는 노인들에게는 그다지 많은 양이 돌아가지 않는다는 것을 의미한다. 그러나 현대의학이 기대수명을 연장시키기 이전에도 일반적인 가정들은 조부모, 심지어 조부모까지 포함하고 있었다. 그것은 노인들이 가족들의 주위에서 종종 소용돌이치는 소란이나 소동들에 대해 침착하고 합리적인 중심점을 제공함으로써, 물질적으로 소비하는 것을 행동적으로 돌려주기 때문이다.

## 18 정답 ③

**[정답해설]**

주어진 문장에서 산업화 이전 시간 판단의 기준에 대해 언급하고 있으므로, 이후에는 시계의 최초 등장 이후 상황에 대해 설명하는 (B)가 이어지는 것이 적절하다. 이후 (B)에서 언급된 시계들을 'These clocks'를 이용해 가리키는 (C)가 이어진 후, 마지막으로 (C)에서 언급된 70가지 다른 시간대가 초래한 결과를 설명하는 (A)가 이어지는 것이 자연스럽다. 따라서 주어진 문장 다음에 이어질 글의 순서는 (B)－(C)－(A) 순이다.

**[핵심어휘]**

- dominate 지배[군림]하다, 가장 중요한[두드러지는] 특징이 되다, (어떤 장소에서) 가장 크다[높다/두드러지다], (경기에서) 압도적으로 우세하다, (격정 등을) 억누르다, 조절하다
- industrialization 산업[공업]화
- confusion (정신의) 혼란, 혼동, 당혹, 정신 착란, 의식 장애
- fashionable 유행하는, 유행을 따른, 사교계의, 상류 사회의, 일류의(↔ unfashionable 유행에 어울리지 않은)
- expression 표현, 표시, 표출, 표정(= look),
- refer 알아보도록 하다, 조회하다, (서적 등을) 참조하게 하다, (사실 등에) 주목하게 하다, (사건, 문제 등을) 위탁[부탁]하다, 맡기다, 회부하다, (이유 · 원인 · 기원 등을) ~에 돌리다, ~의 탓으로 하다(= attribute), 지시하다, 나타내다, 주목시키다, 언급하다, 인용하다, 적용되다
- decorative 장식이 된, 장식용의, 장식적인, 화려한
- province 주[도], (수도 외의) 지역, 지방, (개인의 특정 지식 · 관심 · 책임) 분야

**[본문해석]**

요즘 시계는 우리의 삶을 너무 많이 지배하고 있어서 시계가 없는 삶은 상상하는 것조차 어렵다. 산업화 이전에 대부분의 사회는 시간을 알기 위해서 태양이나 달을 사용했다.

(B) 기계적인 시계가 처음 등장했을 때, 그 시계들은 곧바로 인기를 끌었다. 시계나 손목시계를 가지는 것이 최신 유행이 되었다. 사람들은 시간을 말하는 이러한 새로운 방법을 표현하기 위해서 "of the clock"이나 "o'clock"이라는 표현을 만들어내기도 했다.

(C) 이러한 초기의 시계들은 예쁘긴 했으나, 늘 유용하지는 않았다. 왜냐하면 마을들과 지방들, 그리고 심지어 이웃 마을들도 시간을 표시하는 방식이 제각기 달랐기 때문이다. 여행자들은 그들이 한 장소에서 다른 곳으로 이동할 때마다 반복해서 그들의 시계를 다시 맞춰야 했다. 1860년대에 미국에는 70개의 다른 표준 시간대가 존재했다.

(A) 철도망이 발달하면서, 기준시간대가 없다는 사실은 재앙이 되었다. 단 몇 마일 떨어진 역들도 자주 다른 시간대로 시계를 맞추었다. 여행자들에게는 많은 혼란이 있었다.

## 19 정답 ④

**[정답해설]**

주어진 문장은 millennials가 Generation X보다 더 많은 저축을 한다는 내용이며, 주어진 문장의 'But(그러나)'으로 보아, 이전에는 Generation X가 millennials보다 부유하다는 내용이 오는 것이 적절하다. ④의 이전 문장에서 Gen Xers가 순자산이 더 많다고 언급하고 있으므로, ④ 이후에 주어진 문장이 들어가야 자연스럽다.

**[핵심어휘]**

- Millennials 밀레니얼 세대
- label (종이 등에 물건에 대한 정보를 적어 붙여 놓은) 표[라벨/상표](= tag, ticket)
- burden 부담[짐](을 지우다)(↔ unburden (부담 · 걱정 등을) 덜어 주다), 무거운 짐, 화물
- staggering (너무 엄청나서) 충격적인, 믿기 어려운(= astounding), 비틀거리는, 망설이는, 압도[경이]적인, 깜짝 놀라게 하는, 당황하게 하는
- accumulate (서서히) 모으다, 축적하다(= amass), (서서히) 늘어나다[모이다](= build up)
- primarily 주로(= chiefly), 첫째로, 처음으로, 원래(= originally), 우선(= in the first instance), 무엇보다도 먼저, 대강, 대부분
- retirement 은퇴[퇴직], (퇴직자용의) 연금, 은거하는 곳, (채

권 등의) 회수, 후퇴, 철수
- to boot 그것도(앞서 한 말에 대해 다른 말을 덧붙일 때), 더구나
- to date 지금까지, 오늘에 이르기까지
- complicate 복잡[혼잡]하게 하다, 까다롭게 하다, (병을) 악화시키다

**[본문해석]**

> 그러나 1981년과 1996년 사이에 태어난 밀레니얼 세대는 같은 나이인 세대에 비해 은퇴를 위해 더 적극적으로 저축하고 있다는 명백한 증거도 있다.

밀레니얼 세대는 현대에 가장 가난하고 경제적으로 가장 부담이 큰 세대라는 꼬리표가 붙는 경우가 많다. 그들 중 많은 수가 대학을 졸업하고, 엄청난 양의 학생부채와 함께 이제껏 미국이 본 최악의 노동시장 중 하나로 흘러들어간다. ( ① ) 놀랄 것도 없이, 밀레니얼 세대는 X세대가 비슷한 삶의 단계에서 축적했던 것보다 적은 부를 축적해왔다. 그 이유는 주로 그들 중 더 적은 수의 사람들이 집을 소유하고 있기 때문이다. ( ② ) 그러나 다른 세대의 미국인들이 얼마를 저축하는가에 대해 현재까지 가장 상세한 그림을 제공하는 새로운 데이터는 그러한 평가를 복잡하게 만든다. ( ③ ) 그렇다. 1965년에서 1980년 사이에 태어난 X세대는 순 자산이 더 높다. ( ④ ) 그리고 그것은 많은 사람들이 추측하는 것보다 더 나은 재정상태를 만들 수도 있다.

## 20 정답 ④

**[정답해설]**

본문 중후반의 "In other words, ocean acidification will impact the dissolution of coral reef sands more than the growth of corals.(다시 말해, 해양 산성화는 산호의 성장보다 산호초 모래 소멸에 더 많은 영향을 미칠 것이다.)"를 통해, ④의 "Ocean acidification affects the growth of corals more than the dissolution of coral reef sands.(해양 산성화는 산호초 모래 소멸보다 산호의 성장에 더 많은 영향을 미친다.)"는 글의 내용과 일치하지 않음을 알 수 있으며 'A than B'의 구조를 'B than A'로 표현한 것이 잘못되었다.

**[오답해설]**

① 산호초의 틀은 탄산염 모래로 만들어진다.
② 산호는 부분적으로 해양 산성화에 적응할 수 있다.
③ 인간이 방출하는 이산화탄소가 전 세계의 해양 산성화에 기여했다.

**[핵심어휘]**

- carbonate 탄산염 모래
- breakdown (차량 · 기계의) 고장, 파손, 붕괴, 몰락, 와해(= downfall), (관계 · 논의 · 시스템의) 실패[결렬/와해], 명세(서), 분해, 분업, (건강 따위의) 쇠약, 쇠퇴, 장애, 좌절
- coral 산호
- reef 암초
- lagoon 석호, 초호, (강 · 호수 인근의) 작은 늪, 갯벌, (하수 처리용의) 저수지, (강 · 호수로 통하는) 연못
- make-up 구성 (요소 · 방식), (사람의) 기질, 체질, 화장, 화장품(= cosmetics), 결산, 청산, 차액(= balance)
- absorb (액체 · 가스 등을) 흡수하다[빨아들이다], (정보를) 받아들이다(= take in), (관심을) 빼앗다, 빠지게 만들다(= engross), (돈이나 시간을) 차지하다[잡아먹다], (경비 · 손실 등을) 부담하다, (기업 등을) 흡수 병합하다, (벌 따위를) 받다
- acidify 산성화되다[하다] n. acidification 산성화
- dissolve 녹다, 용해되다, (조직, 단체 등을) 해산하다, 사라지다, 흩어지다, (물건을) 분해하다, 무효화하다, 폐기하다 n. dissolution 해산, 소멸, 용해
- emit (빛, 열, 가스, 소리 등을) 내다, 방출하다, (의견 · 말 등을) 토로하다, (지폐 · 어음 등을) 발행하다(= issue), (법령 등을) 발포[공포]하다
- overlie ~위에 가로놓이다[눕다, 엎드리다]
- geochemical 지구화학적
- adjust (약간) 조정[조절]하다, 적응하다(= adapt), 바로잡다[정돈하다], (환경 등에) 순응하다, 조직화하다, (보험금 청구 · 손해의) 지불액을 결정하다, ~을 체계화하다 cf) well adjusted 적응을 잘하는

**[본문해석]**

산호와 다른 암초 유기체의 분해로부터 수천 년 동안 축적된 탄산염 모래는 산호초의 골격 형성을 위한 재료다. 그러나 이 모래들은 바닷물의 화학적 구성에 민감하다. 바다는 이산화탄소를 흡수하면서 산성화되며, 어느 순간 탄산염 모래가 용해되기 시작한다. 세계 바다는 인간이 배출한 이산화탄소의 약 3분의 1을 흡수하고 있다. 모래가 녹는 속도는 과잉해수의 산도와 밀접한 관계가 있으며, 산호 생장보다 해양 산성화에 10배나 더 민감했다. 즉, 해양 산성화는 산호의 성장보다 산호초 모래가 사라지는 것에 더 큰 영향을 미칠 것이다. 이것은 아마도 산호들의 환경을 수정하고 부분적으로 해양 산성화에 적응하는 능력을 반영하고 있는 반면, 모래의 용해는 적응할 수 없는 지질학적 과정이다.

## [지방직] 2019년 06월 | 정답

| | | | | | | | | | |
|---|---|---|---|---|---|---|---|---|---|
| 01 | ① | 02 | ① | 03 | ④ | 04 | ③ | 05 | ④ |
| 06 | ② | 07 | ② | 08 | ② | 09 | ② | 10 | ④ |
| 11 | ④ | 12 | ① | 13 | ③ | 14 | ④ | 15 | ④ |
| 16 | ③ | 17 | ① | 18 | ③ | 19 | ① | 20 | ② |

## [지방직] 2019년 06월 | 해설

### 01 정답 ①

**[정답해설]**
'excavated'는 '파다', '발굴하다'는 뜻으로 'exhumed(파다, 발굴하다)'와 그 의미가 가장 유사하다.

**[오답해설]**
- relic 유적, 유물(= remnant)
- sensibility 감성, 감수성
- excavate 파다, 발굴하다(= dig up) n. excavation 파기, 발굴
- exhume 파내다, 발굴하다 n. exhumation 발굴
- pack 싸다, 꾸리다, 포장하다
- erase 지우다, 삭제하다(= delete) n. erasure 삭제, 말소

**[핵심어휘]**
② 포장하다
③ 삭제하다
④ 축하하다

**[본문해석]**
나는 이 문서들을 이제 죽어서 묻힌 감성의 유물로 보게 되었고, 그것은 발굴될 필요가 있었다.

### 02 정답 ①

**[정답해설]**
'sheer'는 '순수한, 순전한'의 뜻으로 'utter(완전한, 순전한)'와 그 의미가 가장 유사하다.

**[오답해설]**
② 무서운
③ 가끔의
④ 관리할 수 있는

**[핵심어휘]**
- roller coaster 롤러코스터, 급변하는 상황
- ride 타기, 승차, 탑승
- nervous 불안해 하는, 초초해 하는(↔ confident 자신감 있는, 확신하는)
- anticipation 예상, 예측, 기대(= expectancy)
- strap 끈[줄]으로 묶다[매다]
- regret 유감, 애석, 후회(= repentance)
- sheer 순수한, 순전한(= utter)
- adrenaline 아드레날린(부신 호르몬의 하나), 흥분시키는 것
- dive 다이빙하다, 급강하하다
- utter 완전한, 순전한
- scary 무서운, 겁나는(= alarming)
- occasional 가끔의, 임시의, 때대로의(= infrequent)
- manageable 관리[감당/처리]할 수 있는

**[본문해석]**
롤러코스터를 타는 것은 기분 좋은 승차감이 될 수 있다. 즉, 좌석에서 안전벨트를 맬 때의 초조한 기대감, 점점 위로 올라가고 있을 때의 의문과 후회, 그리고 차가 첫 급강하할 때 솟구치는 완전한 아드레날린의 폭주가 그것이다.

### 03 정답 ④

**[정답해설]**
④에서 전화를 받지 못해 미안하다는 A의 말에 B가 "메시지를 남기시겠습니까?"라고 답한 것은 동문서답이므로 어색한 대화 내용이다.

**[핵심어휘]**
- miss call 전화를 받지 않다
- take a vacation 휴가를 얻다
- cell phone 휴대폰, 이동 전화기
- turn off 끄다(↔ turn on 켜다)

**[본문해석]**
① A: 점심을 몇 시에 먹을 거니?
B: 정오 전에는 준비될 거야.
② A: 전화를 여러 번 했었어. 왜 전화를 받지 않니?
B: 아, 휴대폰이 꺼져 있었나봐.
③ A: 이번 겨울에 휴가를 갈 예정이니?
B: 그럴지도 몰라. 난 아직 정하지 못했어.
④ A: 여보세요. 전화를 받지 못해 미안합니다.
B: 메시지를 남기시겠습니까?

## 04 정답 ③

**[정답해설]**

제시문은 환전소에서 돈을 환전하면서 나누는 대화 내용이다. 빈칸 다음의 문장에서 B가 화폐를 무료로 바꿔드리니 영수증만 가지고 오면 된다고 하였으므로, 재환전 규정에 대한 내용이 와야 함을 알 수 있다. 그러므로 ③의 "What's your buy-back policy? (환매 규정은 어떻게 되나요?)"가 빈칸에 들어갈 말로 가정 적절하다.

**[오답해설]**

① 비용이 얼마나 듭니까?
② 어떻게 지불해야 합니까?
④ 신용 카드를 받으시나요?

**[핵심어휘]**

- currency 통화, 화폐 cf) foreign currency 외화
- convert A into B A를 B로 바꾸다[전환하다]
- exchange rate 환율
- commission 수술
- for free 공짜로, 무료로
- buy-back 역구매, 되팔기, 환매
- policy 정책, 방침, 규정

**[본문해석]**

A: 안녕하세요. 제가 돈을 좀 환전해야 해서요.
B: 그러세요. 어떤 화폐가 필요하세요?
A: 달러를 파운드로 바꿔야 해요. 환율이 어떻게 되죠?
B: 환율은 달러 당 0.73 파운드예요.
A: 좋습니다. 수수료가 있나요?
B: 네, 4달러의 소액 수수료가 있습니다.
A: 환매 규정은 어떻게 되나요?
B: 화폐를 무료로 바꿔드려요. 그냥 영수증만 가져오세요.

## 05 정답 ④

**[정답해설]**

injuring → injured
수백 만 명의 보행자들(pedestrians)이 부상을 당하는 것이므로, ④의 'injuring'은 수동의 의미인 과거분사 'injured'로 고쳐 써야 적절하다.

**[오답해설]**

① 주어가 복수 명사인 'pedestrians(보행자들)'이므로 복사 동사인 'lose'를 사용한 것은 적절하다.
② 'to return'은 to부정사의 부사적 용법 중 결과에 해당하며, 옳은 표현이다.
③ 'as 원급 as'의 동등비교 구문으로, 원급 'high'를 사용하였으므로 어법상 적절하다.

**[핵심어휘]**

- pedestrian 보행자(↔ motorist 운전자)
- constitute …을 구성하다, 이루다(= make up)
- fatality 사망자, 치사율
- proportion 비, 비율(= ratio)
- non-fatally 치명적이지 않게, 비참하지 않게
- injure 부상을 입히다, 상하게 하다 n. injury 부상, 피해
- permanent 불변의, 영구적인(↔ transient 일시적인, 순간적인)
- disability 장애(= affliction)
- incident 일, 사건
- grief 비탄, 비통, 슬픔
- hardship 어려움, 곤란

**[본문해석]**

매년 27만 명 이상의 보행자들이 도로에서 목숨을 잃는다. 많은 사람들이 평소처럼 집을 떠났다가 돌아오지 못한다. 전 세계적으로 보행자들이 교통사고 사망자들의 22%를 차지하고, 몇몇 국가에서는 이 비율이 전체 교통사고 사망자의 2/3에 이를 정도로 높다. 수백만 명의 보행자들이 치명적이지는 않지만 부상을 당하는데, 그 중 일부는 영구장애를 갖게 된다. 이러한 사고는 경제적 어려움뿐만 아니라 많은 고통과 슬픔을 야기한다.

## 06 정답 ②

**[정답해설]**

'lest ~ (should) + 동사원형' 구문으로 '~하지 않도록'의 의미를 가진다. 'should'는 생략이 가능하므로 'be+p.p'의 수동태 문장에서 동사원형에 해당하는 'be aroused'가 사용된 것은 어법상 적절하다.

**[오답해설]**

① use → using
'with'가 전치사이므로 'use'는 동명사의 형태인 'using'으로 고쳐 써야 옳다.
③ be mad → be to make
'be made'는 수동태 형태인데 다음에 목적어에 해당하는 'the shift'가 있으므로 능동태로 바꾸어야 한다. 또한 be동사의 보어에 해당하므로 to부정사를 사용하여 'be to make'로 고쳐 써야 옳다.
④ the lead cause → the leading causes
one of + 복수 명사의 형태여야 하므로, 'cause'는

'causes'로 고쳐 써야 한다. 또한 동사 'lead'는 뒤의 'causes'를 수식하기 위해 분사 형태로 바꿔 써야 하며, 능동의 의미이므로 현재분사인 'leading'으로 고쳐 써야 한다.

**[핵심어휘]**

- charge A with B B에 대해 A를 비난하다
- purpose 목적, 의도 cf) on purpose 고의로, 일부러
- investigation 수사, 조사
- utmost 최고의, 극도의(= extreme)
- suspicion 혐의, 의혹
- fossil 화석 cf) fossil fuels 화석 연료

**[본문해석]**

① 그 신문은 자신의 목적을 위해 회사 돈을 유용한 것에 대해 그녀를 비난했다.
② 의혹이 발생하지 않도록 그 조사는 극도로 주의 깊게 처리되어야 한다.
③ 그 과정의 속도를 올리는 또 다른 방법은 새로운 시스템으로 전환하는 것이다.
④ 화석연료를 태우는 것은 기후변화의 주도적 원인들 중의 하나이다.

## 07 정답 ②

**[정답해설]**

(C)에서 'stripped down(제거되었다)'이라는 말을 언급하고 있으므로, 이 말을 처음 사용한 (A)가 (C) 앞에 와야 한다. 마지막으로 (C)에 대한 구체적인 예시로, 한 경제학자의 말을 인용한 (B)로 글을 마무리하는 것이 자연스럽다. 그러므로 주어진 글 다음에 (A)－(C)－(B)의 순서로 배열되어야 한다.

주어진 글 : 세상을 이해하는 방식에 대한 화두 제시
(A) : 불필요한 것을 제거한 모델 구축
(C) : 한두 가지 요소에 집중하고 나머지는 배제
(B) : 한 경제학자의 말을 인용한 예시

**[핵심어휘]**

- hunt 끊임없이 떠오르다, 괴롭히다(= obsess)
- weigh down by …로 내리 누르다, 짓누르다
- discipline 규율, 훈련, 학과, 학문
- caricature 캐리커처, 풍자만화, 희화
- make sense of ~을 이해하다
- deliberately 고의로, 의도[계획]적으로(= on purpose)
- strip down …를 벗겨내다
- representation 표현, 표시, 묘사
- phenomenon 현상 pl. phenomena
- in terms of ~면에서, ~에 관해서
- relevant to …에 관련된
- contemporary 동시대의, 당대의, 현대의
- causal 원인의, 원인이 되는
- factor 요인, 요소, 인자(= element)
- exclude 제외하다, 배제하다(↔ include 포함하다) n. exclusion 제외, 배제

**[본문해석]**

우리를 끊임없이 괴롭힐 수 있는 생각이 하나 있다. 어쩌면 모든 것은 다른 모든 것에 영향을 미치는데, 우리가 어떻게 사회를 이해할 수 있을까? 하지만 그런 걱정에 짓눌려 있다면, 우리는 결코 발전하지 못할 것이다.

(A) 내가 알고 있는 모든 학문은 세상을 이해하기 위해 간략하게 표현한다. 현대의 경제학자들은 모델을 만들어 이를 실행하는데, 이 모델들은 (불필요한) 외부 현상들에 대한 묘사가 의도적으로 제거되어 있다.
(C) 내가 '제거되었다'라고 말할 때, 정말로 제거되었음을 의미한다. 다른 모든 것을 배제하고 한두 가지 원인이 되는 요소에 초점을 맞추어, 이것이 실제의 측면들과 어떻게 작동하고 상호작용 하는지 이해하길 바라는 것은 우리 경제학자들 사이에서 드문 일은 아니다.
(B) 경제학자 John Maynard Keynes는 우리 과목을 다음과 같이 묘사했다. "경제학은 현재의 세상과 관련된 모델들을 선택하는 기술과 결합된, 모델의 관점에서 사고하는 과학이다."

## 08 정답 ②

**[정답해설]**

제시문에 단순한 두통에서 경련 발작에 이르기까지 비정상적인 행동은 아픈 사람의 몸에 들어가 조종하는 악령의 탓이라고 서술되어 있다. 그러므로 "Abnormal behaviors were believed to result from evil spirits affecting a person. (비정상적인 행동은 사람에게 영향을 끼친 악령에서 비롯된 것으로 여겼다.)"는 ②의 설명은 제시문의 내용과 일치한다.

**[오답해설]**

① 정신장애는 신체장애와 분명히 구별되었다.
→ 약 50만 년 전 선사시대의 사회는 정신장애와 신체장애를 뚜렷하게 구분하지 않았다.
③ 사악한 영혼이 사람의 몸에 들어가도록 두개골에 구멍이 생겼다.
→ 석기시대의 동굴 거주자들은 천공술이라는 외과적 방법으로

행동 장애를 치료했을 수도 있는데, 이 방법으로 두개골의 일부가 절개되어 열린 구멍을 통해 악령이 빠져나갈 것으로 여겼다.

④ 천공술로 살아남은 동굴 거주자는 없다.

→ 놀랍게도 천공된 두개골이 치유된 것으로 밝혀져, 일부 환자들이 이 극도의 조잡한 수술에서 살아남았음을 보여주었다.

**[핵심어휘]**

- prehistoric 선사시대의
- distinguish between A and B A와 B를 구별하다
- disorder 장애, 이상
- convulsive 경련성의, 발작적인 cf) convulsive attack 경련 발작
- be attributed to ~에 기인하다, ~의 탓으로 돌리다
- inhabit 살다, 거주하다
- afflicted 괴로워하는, 고민하는 cf) be afflicted at[by] ~으로 괴로워하다, 마음 아파하다
- demonic 악령의, 악마의(= devilish) cf) demonic possession 악령의 빙의
- sorcery 마법, 마술(= witchery)
- behest 명령, 지령 cf) at one's behest ~의 명령[요청]에 따라
- offended 불쾌한, 화가 난, 성난
- ancestral 선조의, 조상의
- demonology 귀신학[론], 악마 연구
- victim 피해자, 희생자(= casualty)
- dweller 거주자, 주민(= inhabitant)
- surgical 외과의, 수술의 n. surgery 외과, 수술
- trephine 관상톱으로 수술하다
- skull 두개골(= cranium)
- chip 깨다, 절개하다 cf) chip away ~을 조금씩 잘라내다
- crude 조잡한, 거친

**[본문해석]**

약 50만 년 전 선사시대의 사회는 정신장애와 신체장애를 뚜렷하게 구분하지 않았다. 단순한 두통에서 경련 발작에 이르기까지 비정상적인 행동은 아픈 사람의 몸에 들어가 조종하는 악령의 탓이었다. 역사가들에 따르면, 이 고대의 사람들은 여러 형태의 질병을 악마의 빙의, 마법 또는 성난 조상의 명령 탓으로 돌렸다. 악마학이라고 불리는 이 신앙의 체계 내에서, 희생자는 적어도 부분적으로 그 불행에 책임을 졌다. 석기시대의 동굴 거주자들은 천공술이라는 외과적 방법으로 행동 장애를 치료했을 수도 있는데, 이 방법으로 두개골의 일부가 절개되어 열린 구멍을 통해 악령이 빠져나갈 것으로 여겼다. 사람들은 악령이 떠나면 그 사람이 정상적인 상태로 돌아올 거라고 믿었을 것이다. 놀랍게도 천공된 두개골이 치유된 것으로 밝혀져, 일부 환자들이 이 극도의 조잡한 수술에서 살아남았음을 보여주었다.

## 09 정답 ②

**[정답해설]**

24시간 전쯤에 기자가 전혀 알지 못했던 주제에 대해 기사를 쓰거나, 실시간으로 인터뷰하거나, 또는 대본 없이 기사를 쓰는 등 디지털 혁명의 환경 하에서 필자는 즉흥적인 대응 능력을 키울 것을 기자들에게 조언하고 있다. 그러므로 ②의 'a reporter and improvisation(기자와 즉흥성)'이 제시문의 주제로 가장 적절하다.

**[오답해설]**

① 교사로서의 기자
③ 정치학에서의 기술
④ 저널리즘과 기술 분야

**[핵심어휘]**

- upend 거꾸로 세우다, 뒤집다, 큰 영향을 미치다
- transformation 변화, 변형
- frequency 빈도, 빈번
- stuff 것, 일, 물건 cf) make stuff up 지어내다, 만들어내다
- tax policy 조세 정책
- immigration 이주, 이민
- deadline 기한, 마감 시한
- at the top[bottom] of the hour 매 정시[매시 30분, 반]에
- podcast 팟캐스트(인터넷망을 통해 다양한 콘텐츠를 제공하는 서비스)
- presidential convention 대통령 연설
- script 대본, 원고
- improvisation 즉석에서 하기(= extemporization)

**[본문해석]**

디지털 혁명이 전국의 뉴스룸을 뒤엎는 이 때, 모든 기자들을 위한 조언이 있다. 나는 25년 넘게 기자로 일해 왔기 때문에, 여섯 번의 기술 변화를 겪어왔다. 가장 극적인 변화는 지난 6년 동안 일어났다. 그것은 높은 빈도로, 내가 뉴스를 진행하면서 무언가를 만들어가고 있다는 것을 의미한다. 뉴스 업계에서 대부분의 시간 동안 우리는 무엇을 하고 있는지 모른다. 아침에 출근하면 누군가가 이렇게 말한다. "(하나를 꼭 집어) 세금 정책 / 이민 / 기후 변화에 관한 기사를 써줄래요?" 신문이 하루에 한 번 마감될 때, 기자는 아침에 배워서 밤에 가르쳐야 한다고 말한다. 24시간 전쯤에 기자가 전혀 알지 못했던 주제에 대해 내일의 독자들에게 알릴 수 있는 기사를 쓰는 것이다. 이제 그것은 정시에 배워서 매 30분에 가르치는 것과 같다. 예를 들어 나는 정치 팟캐스트를 운영하고 있으며, 대통령 기자회견 동안 어디서나 실시간으로 인터뷰하는 데 그것을 이용할 수 있어야 한다. 나는 점차 대본 없이 일하고 있다.

국가직 문제
지방직 문제
서울시 문제
국가직 해설
지방직 해설
서울시 해설

## 10 정답 ④

**[정답해설]**
제시문은 전통적인 자연의 놀이터에서 아이들이 사라지고 비디오 게임, 문자 메시지 및 SNS에 열광하는 요즘 아이들의 세태를 묘사하고 있다. 그러므로 동네에서 노는 아이들이 흔히 발견된다는 ④의 내용은 글의 전체적인 흐름과 어울리지 않는다.

**[핵심어휘]**
- wilderness 황야, 황무지
- stream 개울, 시내
- vacant 텅 빈, 공허한(= empty, void), v. vacate 비우다, 떠나다 cf) vacant place 공터
- spontaneous 자발적인, 임의의(= voluntary)
- decade 10년
- love affair 연애, 열중, 열광
- rural 시골의, 지방의(↔ urban 도시의)
- roam 돌아다니다, 배회하다(= wander)
- free-ranging 자유 범위의
- unaccompanied 동행자가 없는, 따르지 않는
- fort 보루, 요새, 진지
- disappear 사라지다, 보이지 않게 되다(= vanish)
- terrain 지형, 지역
- creek 시내, 샛강, 작은 만(= inlet)
- counterpart 상대, 대응
- sedentary 앉아 있는, 앉아 일하는

**[본문해석]**
역사를 통틀어 어린이 놀이터는 시골의 황무지, 들판, 개울, 언덕 및 마을과 도시의 도로, 거리, 공터였다. ① 놀이터라는 용어는 아이들이 자유롭고 자발적인 게임을 하기 위해 모이는 모든 장소를 말한다. ② 불과 지난 수십 년 동안 아이들은 비디오 게임, 문자 메시지 및 SNS에 열광하여 이 자연 놀이터를 떠났다. ③ 심지어 미국의 시골에서도, 어른들과 동행하지 않은 채 여전히 자유롭게 돌아다니는 아이들은 거의 없다. ④ 방과 후, 아이들은 모래를 파고, 요새를 짓고, 전통적인 놀이를 하고, 등반하거나, 공놀이를 하는 모습이 동네에서 흔히 발견된다. 아이들은 샛강, 언덕, 들판의 자연 지형에서 빠르게 사라지고 있으며, 도시의 아이들과 마찬가지로 실내에서 앉아서 하는 오락용 사이버 장난감에 눈을 돌리고 있다.

## 11 정답 ④

**[정답해설]**
'be engrossed in'은 '~에 전념[몰두]하다'는 뜻으로 'be preoccupied with(~에 사로잡히다, 집착하다)'와 의미상 가장 유사하다.

**[오답해설]**
① 향상된
② 냉담한
③ 안정된

**[핵심어휘]**
- trickle 조금씩 흐르는 소량의 액체 또는 분량
- boring 재미없는, 지루한(= tedious)
- lecture 강의, 강연
- be engrossed in ~에 전념[몰두]하다
- enhance 높이다, 향상시키다(= intensify)
- apathetic 무관심한, 냉담한 cf) apathetic to ~에 냉담한
- stabilized 안정된
- preoccupied 사로잡힌, 집착한 cf) preoccupied with ~에 사로잡힌[집착하는]

**[본문해석]**
지루한 오후 강의가 있는 동안 시간은 천천히 조금씩 흐르는 것 같고 뇌가 아주 재미있는 무언가에 몰두하고 있을 때는 시간이 빨리 가는 것 같다.

## 12 정답 ①

**[정답해설]**
'keep abreast of'는 '소식을[정보를] 계속 접하다'는 뜻으로 'be acquainted with(~를 알다, ~와 친숙하다)'와 의미상 가장 유사하다.

**[오답해설]**
② ~에 영감을 받다
③ ~에 신념을 갖다
④ ~를 멀리하다

**[핵심어휘]**
- keep abreast of 소식을[정보를] 계속 접하다
- be acquainted with ~를 알다, ~와 친숙하다
- get inspired by ~에 영감을 받다
- have faith in ~에 신념을 갖다
- keep away from ~를 가까이 하지 않다, 멀리하다

**[본문해석]**
이러한 일일 업데이트는 정부가 시장을 통제하려고 시도함에 따라 독자들이 시장에 대한 소식을 계속 접하는 데 도움이 되도록 고안되었다.

## 13 정답 ③

**[정답해설]**

(A) 아일랜드 섬은 충분한 식량을 생산할 수 없었기 때문에 약 백만 명의 사람들이 사망하였으므로, 빈칸 (A)에는 사망의 원인에 해당하는 'starvation(기아)'이 들어갈 말로 적절하다.

(B) 기근으로 인해 대다수는 미국을 향해 고향 섬을 떠났고, 나머지는 캐나다, 호주, 칠레 및 다른 국가로 갔다고 하였으므로, 빈칸 (B)에는 '이민을 가다'는 의미인 'emigrate'가 적절하다.

**[오답해설]**

| | (A) | (B) |
|---|---|---|
| ① | 탈수 | 추방되다 |
| ② | 트라우마 | 이민을 오다 |
| ④ | 피로 | 구금되다 |

**[핵심어휘]**

- famine 기근, 기아, 굶주림(= starvation)
- population 인구, 주민(= inhabitant)
- approximately 약, 대략, 거의(= nearly)
- shortage 부족, 결핍
- dehydration 탈수, 건조
- deport 강제 추방하다(= expel)
- trauma 정신적 외상, 트라우마
- immigrate 이민을 오다, 이주해 오다 ↔ emigrate 이민을 가다, 이주하다
- starvation 기아, 굶주림, 아사
- fatigue 피로, 피곤(= triedness)
- detain 구금하다, 억류하다

**[본문해석]**

1840년대에 아일랜드 섬은 기근을 겪었다. 아일랜드는 인구를 먹여 살릴 충분한 식량을 생산할 수 없었기 때문에, 약 백만 명의 사람들이 (A) 기아로 사망했다. 즉, 그들은 그저 살아 있을 만큼 충분히 먹지 못했다. 기근으로 인해 125만 명이 (B) 이민을 갔는데, 대다수가 미국을 향해 고향 섬을 떠났고, 나머지는 캐나다, 호주, 칠레 및 다른 국가로 갔다. 기근이 발생하기 전에, 아일랜드의 인구는 약 6백만 명이었다. 대규모 식량 부족 이후로 그 인구는 약 4백만 명이었다.

## 14 정답 ④

**[정답해설]**

(A) "~하지 않는다면, 가상의 경험이 산산조각 난다"고 해야 문맥상 어울리므로, 빈칸 (A)에는 부정의 접속사 'Unless(= If ~ not)'가 들어갈 말로 적절하다.

(B) 제시문은 아직까지 VR의 오디오 기술은 미흡하다는 내용을 전달하고 있으므로, 빈칸 (B)에는 'Unfortunately(불행하게)'가 들어갈 말로 적절하다.

**[핵심어휘]**

- component 구성요소, 부품
- virtual–reality(VR) 가상현실
- accessible 접근[입장/이용] 가능한
- affordable (가격이) 알맞은
- convincingly 납득이 가도록, 설득력 있게
- midcourt 경기장 가운데
- may as well + 동사원형 ~하는 편이 더 낫다
- reproduction 복사, 복제, 재생
- inadequate 불충분한, 부적당한(= insufficient)
- battlefield 싸움터, 전장

**[본문해석]**

오늘날 가상현실(VR)을 경험하는 시각적 요소를 만드는 기술은 널리 이용 가능하며 알맞은 가격으로 잘 운영되고 있다. 하지만 강력한 효과를 내려면 가상현실은 시각적인 것 이상을 필요로 한다. (A) 만일 듣고 있는 것이 시각적인 것과 일치하지 않는다면, 가상의 경험은 산산조각이 날 것이다. 농구 경기를 예로 들어보자. 선수, 코치, 아나운서, 그리고 관중들 모두가 코트 중앙에 앉아 있는 것처럼 들린다면, 텔레비전으로 경기를 보는 편이 더 나을 것이다. 당신은 꼭 '현장'에 있다는 기분이 들 것이다. (B) 불행하게도 오늘날의 오디오 장비와 널리 사용되는 녹음 및 재생 형식은 외딴 행성의 전쟁터, 코트사이드의 농구 경기, 혹은 거대한 콘서트장의 첫 번째 줄에서 들리는 교향곡의 소리를 설득력 있게 재창조하는 작업에 단지 부적합할 뿐이다.

## 15 정답 ④

**[정답해설]**

제시문은 장기적인 목표를 달성하기 위해 단기적인 목표에 집중하자는 내용으로, ③까지는 체중 감량을 사례로 들고 있으나 ④부터는 직장에서의 목표 달성을 예로 들고 있다. 그러므로 직장에서의 업무 성과에 대해 설명하고 있는 주어진 문장은 ④에 위치하는 것이 가장 적절하다.

**[핵심어휘]**

- apply to ~에 적용되다
- improve 개선하다, 향상시키다(= enhance)
- short[long] term 단[장] 기간

- that being the case 사정이 그렇다면
- associate with ~와 어울리다
- increment 증가, 증대(↔ decrement 감소, 소모) a. incremental 증가의, 증대의
- overwhelm 휩싸다, 압도하다
- enormity 엄청남, 막대함

**[본문해석]**

> 직장에서 업무성과를 향상시키는 것과 같이, 동일한 사고가 여러 목표에 적용될 수 있다.

행복한 뇌는 단기적인 것에 초점을 맞추는 경향이 있다. ( ① ) 상황이 그렇다면, 결국 장기적인 목표를 달성하는 데, 어떤 단기적인 목표를 달성할 수 있을지를 고려하는 것이 좋은 생각이다. ( ② ) 예를 들어, 6개월 안에 30파운드의 감량을 원한다면, 이를 달성하기 위해 점차 감소량을 증가시키는 단기적인 목표와 어떻게 연계시킬 수 있는가? ( ③ ) 어쩌면 그것은 매주 2파운드를 감량할 때마다 자신에게 보상을 주는 것만큼 간단한 일일지도 모른다. ( ④ ) 전체적인 목표를 더 작고 단기적인 부분으로 쪼개면, 우리는 직업에서 엄청난 목표에 압도당하는 대신 점진적인 성취에 집중할 수 있다.

## 16 정답 ③

**[정답해설]**

'marry'는 완전타동사이므로 'her husband'를 목적어로 취할 때 전치사를 필요로 하지 않는다. 그러므로 'married to'를 'married'로 고쳐 써야 한다. 또한 수동태 문장으로 사용하여 'has married to her husband'를 'has been married to her husband'로 고쳐 써도 옳다.

**[오답해설]**

① 'in case (that) + S + V' 구문은 '~할 경우에, ~할 경우를 대비해서'의 의미로 올바르게 사용되었다.
② 'be busy ~ing'는 '~하느라 바쁘다'의 의미로, 'preparing'을 사용한 것은 올바르다.
④ 'to read'는 to부정사의 형용사적 용법으로 앞의 'a book'을 수식하며, to부정사의 의미상 주어로 'for my son'은 올바르게 사용되었다.

**[핵심어휘]**

- be busy ~ing ~하느라 바쁘다
- decade 십 년

## 17 정답 ①

**[정답해설]**

본문에 따르면 질병을 예방하기 위해 방의 내부 혹은 외부에 더 많은 미애즈마가 있느냐에 따라 창문이 열려 있거나 닫혀 있었다고 서술하고 있다. 그러므로 "In the nineteenth century, opening windows was irrelevant to the density of miasma. (19세기에 창문을 여는 것은 미애즈마의 밀도와 상관이 없었다.)"라는 ①의 설명은 제시문의 내용과 일치하지 않는다.

**[오답해설]**

② 19세기에 귀족들은 공기가 나쁜 곳에서 살지 않은 것으로 여겨졌다.
③ 백신은 미생물과 박테리아가 질병의 진짜 원인이라는 것을 사람들이 깨달은 후에 발명되었다.
④ 베이고 긁힌 상처를 소독하는 것은 사람들이 건강을 유지하는 데 도움이 될 수 있다.

**[핵심어휘]**

- miasma (지저분한 · 불쾌한) 공기[냄새], 독기
- fancy 장식적인, 화려한(= elaborate, decorative) cf) a fancy term 미사여구, 화려한 용어나 그럴듯한 말
- assumption 가정, 추정, 추측 v. assume 추정[추측]하다
- pass along ~을 전달하다, 옮기다
- inhabit 살다, 거주하다, 서식하다
- quarters 숙소, 막사
- germ 세균, 미생물(= microbe)
- come along 생기다, 나타나다
- invisible 보이지 않는, 눈에 띄지 않는
- microbe 미생물
- sweeping 전면적인, 일소하는
- surgeon 외과의, 외과 전문의(↔ physician 내과의사)
- antiseptics 방부제, 소독제[약]
- antibiotics 항생물질, 항생제
- momentously 중대하게, 중요하게
- scrapes 찰과상, 긁힌 자국
- iodine 요오드
- irrelevant 무관한, 상관없는
- density 밀도, 농도 a. dense 빽빽한, 밀집한

**[본문해석]**

19세기에 가장 존경받는 건강과 의료 전문가들 모두 질병은 나쁜 공기를 가리키는 그럴듯한 용어인 '미애즈마'가 원인이라고 주장했다. 서구 사회의 보건 시스템은 이런 가정에 근거를 두고 있다. 즉, 질병을 예방하기 위해 방의 내부 혹은 외부에 더 많은 미애즈마가 있느냐에 따라 창문이 열려 있거나 닫혀 있었다. 귀족들은 공기가 나쁜 숙소에 거주하지 않았기

때문에 의사들은 병을 옮길 수 없다고 여겼다. 그러다 세균에 대한 개념이 등장했다. 어느 날 모든 사람들은 나쁜 공기가 사람을 병들게 한다고 믿었다. 그리고 거의 하룻밤 사이에 사람들은 질병의 진짜 원인인 미생물과 박테리아라고 불리는 보이지 않는 것들이 존재한다는 것을 깨닫기 시작했다. 이러한 질병에 관한 새로운 견해는 외과의사가 소독약을 사용하고 과학자들이 백신과 항생제를 발명함에 따라 의학에 전면적인 변화를 가져왔다. 그러나 그리 중요하게 세균에 대한 개념은 일반인들에게도 그들의 삶에 영향을 미칠 수 있는 힘을 주었다. 이제 건강을 유지하고 싶다면 손을 씻고, 물을 끓이고, 음식을 철저히 조리하고, 요오드로 베이고 긁힌 상처를 깨끗이 소독할 수 있다.

## 18 정답 ③

**[정답해설]**
본문에 따르면 시간이 흘러 사회적 변화는 추종자에 대한 사람들의 견해를 형성했고, 리더십 이론들은 추종자들이 리더십 과정에서 행하는 적극적이고 중요한 역할을 점차 인식했다고 서술되어 있다. 그러므로 "The important role of followers is still denied today. (추종자들의 중요한 역할은 오늘날에도 여전히 거부되고 있다.)"는 ③의 설명은 제시문의 내용과 일치하지 않는다.

**[오답해설]**
① 오랜 기간 동안, 리더는 적극적으로 이끌고 추종자는 수동적으로 따랐던 것으로 이해됐다.
② 부하에 대한 사람들의 견해는 사회적 변화에 영향을 받았다.
④ 리더와 추종자들 모두 리더십 과정에 참여한다.

**[핵심어휘]**
- critical 중요한, 중대한(= crucial)
- equation 등식, 방정식
- appreciate 진가를 알아보다, 인정하다
- subordinate 부하, 하급자(= inferior)
- obediently 고분고분하게, 공손하게
- in this regard 이런 점[면]에서
- restrict 제한[한정]하다
- exert 힘을 쓰다, 발휘하다
- deny 부정하다, 부인하다 n. denial 부정, 부인
- participate in ~에 참가하다(= take part in)

**[본문해석]**
추종자들은 리더십 방정식의 중요한 부분이지만, 그들의 역할이 항상 인정받았던 것은 아니다. 사실, 얼마동안 "리더십에 대한 일반적 견해는 리더들이 적극적으로 이끌고, 후에 추종자라 불렸던 부하들이 수동적이고 순종적으로 따랐다는 것이다." 시간이 흘러 특히 지난 세기에, 사회적 변화는 추종자에 대한 사람들의 견해를 형성했고, 리더십 이론들은 추종자들이 리더십 과정에서 행하는 적극적이고 중요한 역할을 점차 인식했다. 오늘날에는 추종자들이 행하는 중요한 역할을 인정하는 것이 당연해 보인다. 리더십의 한 측면은 특히 이점에서 주목할 가치가 있다. 즉, 리더십은 한 집단의 모든 구성원들 사이에 공유된 사회적 영향 과정이다. 리더십은 특정 직책이나 역할에 있는 누군가가 행사하는 영향력에 국한되지 않는다. 즉, 추종자들도 또한 리더십 과정의 일부이다.

## 19 정답 ①

**[정답해설]**
글의 서두에서 하나의 소리는 가끔 의미가 있을 뿐이며, 대부분의 다양한 말소리는 중복된 연결고리로 결합될 때만 일관성 있는 메시지를 전달한다고 하였다. 즉, 소리의 연속성이 중요함을 설명하고 있다. 그러므로 빈칸에는 ①의 'individual notes are often of little value(개별적인 음은 거의 중요하지 않다)'가 들어갈 말로 가장 적절하다.

**[오답해설]**
② 리듬감 있는 소리가 중요하다.
③ 방언은 중요한 역할을 한다.
④ 소리 체계가 존재하지 않는다.

**[핵심어휘]**
- proper [명사 뒤] 엄밀한 의미의
- double-layered 이중층의
- noise 소리, 소음
- coherent 일관성 있는, 논리[조리]가 있는
- overlapping 부분적으로 덮는, 중복된
- relatively 비교적, 어느 정도(= comparatively)
- dialect 방언, 사투리
- white-crowned sparrow 노랑턱멧새
- supposedly 추정상, 아마(= allegedly)
- critical 중요한, 중대한(= crucial)

**[본문해석]**
엄밀한 의미의 언어는 그 자체로 이중층이다. 하나의 소리는 가끔 의미가 있을 뿐이며, 대부분의 다양한 말소리는 마치 다양한 색의 아이스크림이 녹아서 서로 섞이는 것처럼 중복된 연결고리로 결합될 때만 일관성 있는 메시지를 전달한다. 새소리 또한 개별적인 음은 거의 중요하지 않다. 즉, 연속성이 중요하다. 인간과 새 모두 이 특수한 소리 체계의 제어는 뇌

의 절반, 일반적으로 좌뇌에 의해 실행되며, 그 체계는 비교적 생애 초기에 학습된다. 그리고 많은 인간의 언어가 방언을 가지고 있는 것처럼, 일부 종의 새들도 마찬가지이다. 캘리포니아에서 노랑턱멧새는 지역마다 매우 다른 새소리를 가지고 있어서 캘리포니아 사람들은 이 멧새 소리를 듣고 자신이 그 주의 어디에 있는지 추정할 수 있다.

## 20 정답 ②

**[정답해설]**

빈칸의 앞 문장에서 MAP(조정 평가 프로토콜)는 어떤 선택이 여러 개별적 요소들에 의해 설명될 때까지 직감에 근거한 의사결정을 미루는 것이 목표라고 하였다. 이는 Kahneman이 The Post와의 최근 인터뷰에서 말한 내용과 상통해야 하므로, 빈칸에는 ②의 'delay(지연시키다)'가 들어갈 말로 가장 적절하다.

**[오답해설]**

① 향상시키다
③ 소유하다
④ 촉진하다

**[핵심어휘]**

- upend 거꾸로 세우다, 뒤집다, 큰 영향을 미치다
- discipline-crossing 여러 학문에 걸친
- alter 바꾸다, 변경하다
- physician 내과 의사(↔ surgeon 외과 의사)
- evaluate 평가하다, 감정하다(= assess)
- colleague 동료, 친구
- outline 개요를 서술하다, 개략적으로 설명하다
- strategic 전략적인, 전략상 중요한
- MAP(Mediating Assessments Protocol) 조정 평가 프로토콜
- put off 미루다, 연기하다(= postpone)
- gut-based 직감에 기반한
- intuition 직감, 직관
- attribute 속성, 특질
- previously 이전에, 미리, 사전에(= in advance)
- separately 따로따로, 각기, 별도로
- assign 맡기다, 할당하다, 부여하다
- relative 비교상의, 상대적인
- percentile 백분위수(百分位數)
- holistic 전체론의, 전체론적인
- facilitate 촉진하다, 조장하다(= promote)

**[본문해석]**

노벨상을 수상한 심리학자 Daniel Kahneman은 인간이 합리적인 의사결정자라는 개념을 뒤집어, 세계가 경제학에 대해 생각하는 방식을 변화시켰다. 그 과정에서 여러 학문에 걸친 그의 영향력은 의사들이 의학적 결정을 내리는 방식, 투자자들이 월스트리트에서 위험을 평가하는 방식을 변화시켰다. 한 논문에서 Kahneman과 그의 동료들은 큰 전략적 결정을 내리기 위한 과정을 개략적으로 설명했다. '조정 평가 프로토콜' 즉, MAP로 명명된 그들의 제안 방식은 간단한 목표를 가지고 있다. 즉, 어떤 선택이 여러 개별적 요소들에 의해 설명될 때까지 직감에 근거한 의사결정을 미루는 것이다. Kahneman은 최근 The Post와의 인터뷰에서 "MAP의 본질적인 목표 중의 하나는 기본적으로 직감을 지연시키는 것이다"라고 말했다. 이러한 구조적 과정은 이전에 선택된 6~7개의 요소들에 근거한 결정을 분석하고, 각 요소들을 별도로 논의하며, 각 요소에 상대적인 백분위 점수를 부여하고, 마지막으로 전체적인 판단을 위해 이 점수를 사용할 것을 요구한다.

## [지방직] 2018년 05월 | 정답

| | | | | | | | | | |
|---|---|---|---|---|---|---|---|---|---|
| 01 | ① | 02 | ② | 03 | ④ | 04 | ④ | 05 | ④ |
| 06 | ③ | 07 | ② | 08 | ① | 09 | ③ | 10 | ② |
| 11 | ② | 12 | ① | 13 | ② | 14 | ① | 15 | ④ |
| 16 | ③ | 17 | ① | 18 | ① | 19 | ④ | 20 | ① |

## [지방직] 2018년 05월 | 해설

## 01 정답 ①

**[정답해설]**

'paramount'은 '가장 중요한, 최고의'의 뜻으로 'chief(주요한, 으뜸가는)'와 그 의미가 가장 유사하다.

**[오답해설]**

② sworn → 맹세한
③ successful → 성공적인
④ mysterious → 신비한

**[핵심어휘]**

- paramount 다른 무엇보다[가장] 중요한, 최고의(= prime)

n. paramountcy 최고권, 주권, 탁월 cf) a paramount chief 군주
- physician 의사, 내과 의사(↔ surgeon 외과 의사)
- take second place 2위를 차지하다 cf) take second place to ~에 비해서 그렇게 중요하지 않다
- sworn 선서[맹세]를 하고 한, 맹세한(= pledged) cf) sworn enemy[foe] 불구대천의 원수, 결코 용서 못할 적

**[본문해석]**

의사의 가장 중요한 의무는 해를 입히지 않는 것이다. 그 밖의 모든 것은 심지어 치료까지도 두 번째 일이다.

## 02 정답 ②

**[정답해설]**

'get cold feet'은 '갑자기 초초해지다, 겁이 나다'의 뜻으로 'become afraid(겁을 먹다)'와 그 의미가 가장 유사하다.

**[오답해설]**

① become ambitious → 야망을 품다
③ feel exhausted → 지치다
④ feel saddened → 슬퍼하다

**[핵심어휘]**

- get cold feet 갑자기 초초해지다[겁이 나다], 주눅 들다
- ambitious 야심 있는, 야망을 품은
- exhausted 지친, 기진맥진한
- sadden 슬프게 하다(= upset, depress, distress)

**[본문해석]**

사람들이 북극으로 여행가는 것에 겁을 먹는 것은 이상한 일이 아니다.

## 03 정답 ④

**[정답해설]**

what → that / which

관계대명사 'what'은 선행사를 자체 포함하나, 해당 문장에서는 뒤의 종속절이 앞의 'the post'를 수식하는 형용사절의 역할을 하므로 'the post'는 선행사이다. 그러므로 'what'을 관계대명사 'that' 또는 'which'로 고쳐 써야 옳다.

**[오답해설]**

① 'for + 기간'이 현재완료 시제와 결합하여 과거에 일어난 일이 현재까지 계속되고 있음을 나타낸 현재완료의 계속적 용법으로 옳게 사용되었다.
② 'mentioned'는 앞의 'requirements'를 수식하는 과거분사로, 수동의 의미를 지니므로 옳게 사용되었다.
③ 'to doubt'는 앞의 'reason'을 수식하는 to부정사의 형용사적 용법으로 옳게 사용되었다.

**[핵심어휘]**

- in response to ~에 응하여[답하여]
- reference 추천서 cf) for a reference 참고로
- secretary 비서, 총무[서기], 장관 cf) the Education Secretary 교육부 장관
- employee 종업원, 직원, 피고용인(= employer 고용주, 고용인)
- requirement 필요[요구] 조건, 요건
- job description 직무 기술서, 직무 분석표
- integrity 정직, 고결, 성실
- recommend 추천[천거]하다, 권장[권고]하다(= advocate)
- for the post 직책에 맞는, 적임자의 cf) the best person for the post 그 직책의 최적임자
- advertise 광고하다, 알리다(= publicize, promote)

**[본문해석]**

저는 요청하신 Ferrer 부인 추천서에 대한 답장을 쓰고 있습니다. 그녀는 지난 3년 간 제 비서를 역임한 뛰어난 직원이었습니다. 저는 그녀가 직무 기술서에 언급된 모든 요건에 부합하며, 다방면에 걸쳐 정말 유능하다고 생각합니다. 저는 그녀의 성실함을 믿어 의심치 않았습니다. 그래서 당신이 공고한 직책에 Ferrer 부인을 추천합니다.

## 04 정답 ④

**[정답해설]**

Being cold outside → It being cold outside

해당 문장을 절로 바꾸면 "Because it was cold outside, I boiled some water to have tea."인데, 주절의 주어는 'I'이고 종속절의 주어는 날씨를 나타내는 비인칭 주어 'it'이다. 따라서 해당 문장은 주절의 주어와 종속절의 주어가 서로 다른 독립분사구문의 형태가 되어 'It'을 생략하면 안 되므로, "It being cold outside, ~"가 되어야 옳다.

**[오답해설]**

① 'all + (of the) + 명사'의 경우 다음에 오는 명사에 동사의 수를 일치시킨다. 해당 문장에서 'information'은 불가산명사이므로 단수 취급하여 3인칭 단수 동사인 'was'를 사용하였다.
② 'should have + p.p'는 '~했어야 했는데, 하지 못했다'는 과거 사실에 대한 후회나 유감을 나타내는 구문이다. 그러

므로 해당 문장은 "Thomas didn't apologize earlier. (토마스는 더 일찍 사과하지 못했다.)"는 의미로 파악할 수 있다.
③ 영화가 시작한 것이 우리가 도착하기 전에 일어난 일이므로 'had + p.p'의 과거완료 형태인 'had already started'를 사용했다.

[핵심어휘]
- apologize 사과하다, 사죄하다 n. apology 사과, 사죄

## 05 정답 ④

[정답해설]
'intimidating'은 '위협적인, 겁을 주는'의 뜻으로, 'frightening(무서운, 겁나는)'과 그 의미가 가장 유사하다.

[오답해설]
① humorous → 재미있는
② friendly → 친근한
③ convenient → 편리한

[핵심어휘]
- state-of-the-art 최첨단의, 최신식의(↔ out of date 시대에 뒤떨어진, 구식의)
- approach 접근법, 처리 방법
- intimidating 위협적인, 겁을 주는
- method 방법, 방식, 절차 cf) old method 구식
- convenient 편리한, 간편한 n. convenience 편의, 편리
- frightening 무서운, 겁나는

[본문해석]
최첨단 방식에 겁을 내는 학생은 예전 방식으로 배웠을 때보다 더 배우지 못한다.

## 06 정답 ③

[정답해설]
에어컨이 수리 중이어서 사무실 직원들이 선풍기를 임시변통으로 사용했다는 의미이므로, 빈칸에는 'make do with(~으로 임시변통하다, 때우다, 견디다)'가 들어갈 말로 가장 적절하다.

[오답해설]
① get rid of → 제거하다
② let go of → 손에서 놓다
④ break up with → 결별하다

[핵심어휘]
- electric fan 선풍기
- get rid of ~을 제거하다, 없애다(= eliminate)
- let go of (손에 쥔 것을) 놓다, ~에서 손을 놓다
- make do with ~으로 임시변통하다, 때우다, 견디다
- break up with ~와 결별하다

[본문해석]
에어컨이 지금 수리 중이어서, 사무실 직원들은 그 날 하루를 선풍기로 견뎌야 했다.

## 07 정답 ②

[정답해설]
'If it were not for~(~이 없다면)'는 현재 사실의 반대를 나타내는 가정법 과거 구문으로, 해당 문장은 접속사 'If'가 생략되고 주어와 동사가 도치되어 'Were it not for ~'의 형태가 된 것이다.

[오답해설]
① contact to me → contact me
'contact'는 타동사이기 때문에 뒤에 전치사를 동반하여 목적어를 취할 수 없다. 그러므로 'contact to me'는 'contact me'로 고쳐야 옳다.
③ is → are
'who'는 앞의 'people'을 선행사로 하는 주격 관계대명사로, 종속절의 동사는 선행사에 그 수를 일치시켜야 하므로 'is'를 복수 동사인 'are'로 고쳐야 옳다.
④ the worst → the worse
'~할수록 더 ~하다'라는 의미인 'The 비교급 S + V, the 비교급 S + V' 구문이어야 하므로, 최상급 형태인 'the worst'를 'the worse'로 고쳐야 옳다.

[핵심어휘]
- extinct 멸종된, 사라진 n. extinction 멸종, 소멸
- laptop 휴대용 컴퓨터, 노트북
- be away from ~에서 벗어나다, ~로부터 떨어져있다

[본문해석]
① 지난 주 제가 드린 이메일 주소로 연락해주세요.
② 물이 없었다면, 지구상에 살아있는 모든 생명체는 멸종되었을 것이다.
③ 노트북으로 사무실 밖에서도 사람들이 계속해서 일을 할 수 있다.
④ 자기들의 실수를 이해시키려고 할수록, 그들의 말은 더 안 좋게 들렸다.

## 08 정답 ①

**[정답해설]**
'see off'는 '~을 배웅[전송]하다'는 뜻으로, 해당 문장에서는 '~ to see off his friend(친구를 배웅하기 위해)'의 형태로 to부정사의 부사적 용법 중 '목적(~하기 위해)'의 의미로 사용되었다.

**[오답해설]**
② made it believe → made believe
'make believe (that)'은 '~인 체[척]하다'는 뜻의 관용적 표현으로, 'it'을 삭제해야 한다.
③ go → going
'look forward to~'는 '~을 학수고대하다'라는 뜻으로, 여기서 'to'는 to부정사가 아닌 전치사이기 때문에 'go'는 동명사의 형태인 'going'으로 고쳐 써야 옳다.
④ interested → interesting
사람이 재미가 있을 때는 수동의 의미인 과거분사 'interested'를 써야 하지만, 해당 문장처럼 사물이 재미를 주는 경우는 현재분사의 형태인 'interesting'을 써야 한다.

**[핵심어휘]**
- see off ~를 배웅[전송]하다
- spoiled 예의 없는, 버릇 없는
- make believe (that) ~인 체[척]하다
- look forward to ~ing ~을 학수고대하다[기다리다]

## 09 정답 ③

**[정답해설]**
윗글은 르네상스 시대에 주방에서 일하는 사람들의 계급에 대해 서술하고 있는데, ①은 주방과 식당을 총괄하는 scalo 혹은 지배인, ②는 식당을 책임지는 집사, ④는 주방을 책임지는 수석 주방장에 대해 언급하고 있다. ③에서는 주방에서 일하는 사람들의 계급과 관련 없는 '프런트 데스크'에 대해 설명하고 있으므로, 윗글의 전체적인 흐름과 연관성이 떨어진다.

**[핵심어휘]**
- definite 확실한, 분명한, 명확한
- hierarchy 계급, 계층, 서열
- help 일꾼, 도우미
- elaborate 공들인, 정성을 들인, 우아한
- banquet 연회, 만찬
- steward 남자 승무원, 집사, 지배인
- be in charge of ~을 담당하다, ~을 총괄하다
- supervise 감독[관리/지휘]하다 n. supervision 감독, 관리, 지휘
- butler 집사, 하인 우두머리(= head manservant)
- silverware 은제품, 은식기류
- linen 리넨, 아마 섬유
- confection 사탕 과자, 설탕 절임
- undercook 보조 주방장, 보조 요리사
- pastry 페이스트리, 반죽과자

**[본문해석]**
르네상스 시대의 주방에서 우아한 만찬을 열기 위해 함께 일을 한 일꾼들에게는 명확한 계급이 있었다. ① 보다시피 맨 위에는 주방뿐만 아니라 식당까지 총괄하는 scalco 혹은 지배인이 있다. ② 식당은 은식기류와 린넨을 담당하는 집사에 의해 관리되었고 연회의 시작과 끝에 나오는 음식 즉, 식사를 시작할 때는 냉요리, 샐러드, 치즈, 과일을 그리고 식사가 끝날 때에는 디저트와 과자류를 제공했다. ③ 이러한 우아한 장식과 대접은 식당에서 '프런트 데스크'라고 불린다. ④ 주방은 보조 주방장, 페이스트리 요리사, 주방 도우미를 지시하는 수석 주방장에 의해 관리되었다.

## 10 정답 ②

**[정답해설]**
윗글에서 인생에서 좋은 사람을 아는 것은 분명 도움이 되지만, 그들이 당신을 위해 얼마나 열심히 돕는지 그리고 얼마나 큰 위험을 감수할 지는 당신이 제공하는 것에 달려 있다고 설명하고 있다. 즉, 강력한 인맥을 형성하기 위한 전제조건이 성과라는 의미이므로, ②의 "Building a good network starts from your accomplishments.(좋은 인맥을 형성하는 것은 성과로부터 비롯된다.)"가 윗글의 요지로 가장 적절하다.

**[오답해설]**
① Sponsorship is necessary for a successful career.(성공적인 경력을 쌓으려면 후원은 필수적이다.) → 좋은 사람들과의 인맥을 형성해 성공적인 경력을 쌓으려면 먼저 성과가 선행되어야 함
③ A powerful network is a prerequisite for your achievement.(강력한 인맥은 성과를 위한 전제조건이다.) → 성과가 강력한 인맥을 형성하기 위한 전제조건임
④ Your insights and outputs grow as you become an expert at networking.(인맥 전문가가 됨에 따라 통찰력과 성과는 성장한다.) → 강력한 인맥을 구축하는 것은 인맥 전문가가 되는 것을 필요로 하지 않는다고 서술함

**[핵심어휘]**
- remarkably 두드러지게, 현저하게, 몹시, 매우

- engage with ~와 관계를 맺다[어울리다]
- pique 불쾌하게 하다, 언짢게 하다 n. piquancy 톡[탁] 쏘는 듯한 맛, 짜릿한 느낌
- achievement 성취, 업적, 달성(= accomplishment)
- go to bat for ~를 도와주다
- stick one's neck out 무모한 짓을 하다, 위험을 자초하다
- business card 명함
- prerequisite 선행[필요, 전제] 조건
- achievement 업적, 성취, 성과

**[본문해석]**

우리 학생들은 단순하게 그들이 더 중요한 사람들을 만난다면, 일이 잘 될 거라고 종종 믿는다. 그러나 그 세계에 가치 있는 어떤 것들을 이미 내놓지 않는 이상 그 사람들과 관계를 맺기란 몹시 어렵다. 그것은 조언자들과 후원자들의 호기심을 불쾌하게 하는 것이다. 성과는 무언가를 꼭 성취하는 것이 아니라, 기여할 수 있는 무언가를 보여주는 것이다. 인생에서 좋은 사람을 아는 것은 분명 도움이 된다. 그러나 그들이 당신을 위해 얼마나 열심히 돕는지, 얼마나 큰 위험을 감수할 지는 당신이 제공하는 것에 달려 있다. 강력한 인맥을 구축하는 것은 인맥 전문가가 되는 것을 필요로 하지 않는다. 단지 무언가에 전문가가 되기를 요구할 뿐이다. 만약 좋은 인연을 만든다면, 경력에 큰 도움이 될 수도 있다. 만약 일을 잘 해내면, 그러한 인연을 만들기가 더욱 쉬워질 것이다. 명함이 아닌 통찰력과 성과로 이야기 하라.

## 11 정답 ②

**[정답해설]**

윗글은 A의 컴퓨터가 고장 나서 B와 상의하는 대화 내용이다. 빈칸 다음에 A가 그렇게 해야 되는데 너무 게으르다고 하였으므로, 빈칸에는 B가 컴퓨터를 고치기 위해 어떻게 하라고 권유하는 말이 와야 한다. 그러므로 ②의 "Try visiting the nearest service center then. (그러면 가장 가까운 서비스 센터에 가봐.)"가 빈칸에 들어갈 말로 가장 적절하다.

**[오답해설]**

① I don't know how to fix your computer. (네 컴퓨터를 어떻게 고치는지 몰라.)
→ B도 못 고친다고 하였으므로, A의 다음 대화 내용은 고장난 컴퓨터를 어떻게 처리할지 걱정하는 말이 와야 함

③ Well, stop thinking about your problems and go to sleep. (음, 문제점은 그만 생각하고 가서 자.)
→ 그만 생각하고 잠을 자라는 말과 A의 너무 게으르다는 대화가 어울리지 않음

④ My brother will try to fix your computer because he's a technician. (내 동생이 컴퓨터 기사라 고쳐줄 거야.)
→ A의 다음 대화 내용이 고마움을 표시하는 말이 와야 함

**[핵심어휘]**

- shut down 멈추다, 정지하다
- charge 충전하다
- out of battery 배터리가 다 된, 방전된
- technician 기술자, 기사, 정비공

**[본문해석]**

A: 내 컴퓨터가 아무 이유 없이 멈춰버렸어. 다시 켤 수가 없네.
B: 충전은 시켜봤어? 배터리가 방전됐을 수도 있어.
A: 물론이지. 충전을 해봤어.
B: 그러면 가장 가까운 서비스 센터에 가봐.
A: 그렇게 해야 되는데, 너무 게을러서.

## 12 정답 ①

**[정답해설]**

윗글은 화자가 시험장에 늦게 도착해서 허둥지둥 시험을 치는 상황을 묘사하고 있다. 본문에 따르면 화자는 완전히 패닉 상태에서 시험장에 도착해 인간 토네이도와 같은 혼란스러운 마음으로 시험에 임하고 있으므로, 윗글에 나타난 화자의 심정은 '불안하고 걱정되는(nervous and worried)' 마음이다.

**[오답해설]**

② excited and cheerful → 흥분되고 기운찬
③ calm and determined → 차분하고 확고한
④ safe and relaxed → 안전하고 느긋한

**[핵심어휘]**

- (as) white as a sheet 백지장처럼 하얀, 창백한, 핏기가 없는
- absolute 완전한, 절대적인(↔ relative, comparative 상대적인)
- panic 극심한 공포, 공황
- descriptive 서술[묘사]하는 v. describe 서술[묘사]하다
- nothing more than ~에 불과한, ~에 지나지 않는
- convincing 설득력 있는, 확실한, 납득할 만한(= persuasive)
- version 판, 형태, 변형
- tornado 토네이도, 회오리바람
- curb 억제[제한]하다(= restrain)
- distracting 마음을 산란케 하는, 방해하는
- proctor 시험 감독관

- booklet 작은 책자, 소책자
- desperately 절망적으로, 필사적으로, 기를 쓰고
- make up for 보충하다, 보상하다(= compensate for)
- scramble 재빨리 움직이다, 허둥지둥[간신히] 해내다
- madly 미친 듯이, 마구(= desperately)
- analogy 비유, 유추, 유사점(= similarity)
- sentence completion 문장 완성
- doom (나쁜) 운명, 비운, 죽음, 파멸
- declare 선언[선포]하다, 표명하다
- algebraic equation 대수 방정식
- arithmetic calculation 산술 계산
- geometric diagram 기하학 도형[도표]
- nervous 불안한, 초조해 하는(= apprehensive)
- calm 침착한, 차분한
- determined 확고한, 단호한(= resolute)

**[본문해석]**

내 얼굴은 백지장처럼 하얘졌다. 나는 시계를 보았다. 지금쯤이면 시험은 거의 끝났을 것이다. 나는 완전히 패닉 상태에서 시험장에 도착했다. 자초지종을 설명하려 했지만, 내 말과 설명하는 몸짓은 너무 혼란스러워 인간 토네이도의 흡사판에 지나지 않았다. 나의 산만한 설명을 그만두게 하려는 시도로, 시험 감독관은 빈자리로 데려가 내 앞에 시험지를 놓았다. 그는 의심스러운듯 나와 시계를 쳐다보다 가버렸다. 나는 잃어버린 시간을 보충하려고 필사적으로 노력했고, 비유와 문장 완성 시험을 미친 듯이 해치웠다. "15분 남았습니다."라는 운명의 목소리가 교실 앞에서 퍼졌다. 대수 방정식, 산술 계산, 기하학 도형들이 내 눈 앞에서 떠다녔다. "그만! 연필을 내려놓으세요."

## 13 정답 ②

**[정답해설]**

주어진 글에서 건강을 감시하고 추적하는 장치를 소개하고 있고, 이러한 기술이 집에 돌봐주는 사람이 없는 고령자들의 목숨을 구할 수 있음을 (B)에서 제시하고 있다. (A)에서는 그에 대한 사례로 낙상 경보를 예로 들어 설명하고 있고, 마지막으로 (C)에서 낙상 경보의 과정을 부연 설명하고 있다. 그러므로 (B)-(A)-(C)의 순서로 이어지는 것이 윗글의 문맥상 적절하다.

**[핵심어휘]**

- population 인구, 주민(= inhabitant)
- alert 경계, 경계경보(= vigilance) cf) be on full alert 만반의 준비를 하다
- gerotechnology 노인을 위한 양로 기술
- improve 개선하다, 향상시키다(= enhance)
- senior 연장자, 손윗사람 cf) aging senior 고령자, 어르신, 원로
- caretaker 경비원, 관리인, 돌봐주는 사람
- lifesaving 구명의, 구조의

**[본문해석]**

> 당신의 건강을 감시하고 추적하는 장치가 모든 연령대의 사람들에게 점점 더 인기를 얻고 있다.

(A) 예를 들어, 낙상은 65세 이상 성인들의 주요 사망 원인이다. 낙상 경보는 수년 전부터 있었던 대중적인 양로 기술이지만 최근에서야 발전되었다.
(B) 그러나 지역의 고령자들에게, 특히 집에 돌봐주는 사람이 없는 이들에게 이러한 기술은 목숨을 구할 수 있다.
(C) 이러한 간단한 기술은 노인이 낙상하는 순간 자동적으로 911이나 가까운 가족들에게 경보를 알린다.

## 14 정답 ①

**[정답해설]**

둘 다 가보지 않은 신혼여행지로 하와이를 추천한 것이므로, 동의의 의사를 표시한 ①의 "I've always wanted to go there. (난 항상 그곳에 가보고 싶었어.)"라는 대답이 어울린다. 참고로 만일 동의하지 않는 의사를 표시한다면 "I've been to there already. (나는 이미 그곳에 가본 적이 있어.)"라고 답하면 된다.

**[오답해설]**

② Isn't Korea a great place to live? (한국은 살기 좋은 곳이 아니니?)
→ 신혼여행지로 하와이는 어떠냐고 물었는데, 한국은 살기 좋은 곳이 아니냐고 묻는 것은 동문서답임
③ Great! My last trip there was amazing! (좋아! 그곳에서의 마지막 여행은 굉장했어!)
→ 둘 다 가보지 않은 첫 여행지이므로, 마지막 여행이라는 말은 어울리지 않음
④ Oh, you must've been to Hawaii already. (오, 너는 이미 하와이에 다녀왔구나.)
→ 이미 하와이에 다녀왔다면 앞의 대화 내용에 하와이 여행의 경험담이 언급되어 있어야 함

**[핵심어휘]**

- amazing 놀라운, 굉장한(= astonishing)

**[본문해석]**
A: 신혼여행을 어디로 가고 싶어?
B: 우리 둘 다 가보지 않은 곳으로 가자.
A: 그러면 하와이는 어때?
B: 난 항상 그곳에 가보고 싶었어.

## 15 정답 ④

**[정답해설]**
윗글을 종합적으로 정리해보면 성공한 사람들의 비결은 우선순위를 정하여 한 가지 일에 집중하는 것이라고 하였다. 그리고 빈칸의 앞 문장에서 이러한 순서는 아주 간단하다고 하였으므로, 빈칸에는 ④의 'the most important thing first(가장 중요한 일을 첫 번째로 하는 것이다)'가 들어갈 말로 가장 적절하다.

**[오답해설]**
① the sooner, the better (빠를수록 더 낫다.)
→ 일 처리의 빠르기가 아니라 일의 순서를 정하는 것임
② better late than never (늦더라도 안하는 것보다는 낫다.)
→ 일의 실행 여부가 적절한 순서를 찾아내는 것이 중요하다고 앞에 서술됨
③ out of sight, out of mind (눈에서 멀어지면, 마음에서도 멀어진다.) → 그리움이나 정을 나타내는 속담과 어울리지 않음

**[핵심어휘]**
- concentrate 집중하다, 전념하다 cf) concentrate on ～에 집중[전념]하다
- method 방법, 방식, 절차 v. methodize 방식화하다, 순서[조직, 계통]를 세우다 cf) without method 조리 없이, 엉터리로
- commitment 약속, 책무
- impede 지연시키다, 방해하다, 저해하다(= hinder, hamper) n. impediment 장애(물)
- priority 우선권, 우선 사항(= precedence)
- trivial 사소한, 하찮은 v. trivialize 하찮아 보이게 만들다
- unforeseen 예측하지 못한, 뜻밖의(= unexpected)
- distraction 산만, 심란, 방해(= disturbance, interference)
- disturbance 방해, 장애 cf) create a disturbance 평지풍파를 일으키다
- get in the way 방해되다, 가로막다

**[본문해석]**
성공한 사람들의 비결은 언제나 한 가지 일에 완전히 집중할 수 있다는 것이다. 머릿속에 많은 생각이 들어있어도, 그들은 여러 일들이 서로 방해되지 않도록 마음속으로 적절한 순서를 정하는 방법을 찾아냈다. 그리고 이러한 순서는 아주 간단하다. 즉, 가장 중요한 일이 첫 번째이다. 이론상으로는 아주 명확해 보이지만, 일상에서는 다소 다를 수 있다. 우선순위를 정하려고 했지만, 일상의 사소한 문제나 뜻밖의 방해 때문에 실패했다. 방해물을 제거하라. 예를 들어 다른 사물실로 피하거나 어떤 방해물도 가로막지 못하도록 하라. 우선순위에 따라 한 가지 일에 집중한다면, 여태껏 알지 못했던 열정을 찾아낼 것이다.

## 16 정답 ③

**[정답해설]**
윗글의 서두에서 과학자들의 도움으로 수산업계는 어업이 과학적으로 이루어져야 함을 깨달았다고 하였고, 본론에서는 최대 적정 어획량을 확보하기 위한 과학적인 사례들을 설명하고 있다. 그러므로 ③의 "Why Does the Fishing Industry Need Science? (왜 수산업계에 과학이 필요한가?)"가 윗글의 제목으로 가장 적절하다.

**[오답해설]**
① Say No to Commercial Fishing (상업적인 어업에 반대하라.)
② Sea Farming Seen As a Fishy Business (어업으로 간주되는 바다 양식업)
④ Overfished Animals: Cases of Illegal Fishing (남획된 동물 : 불법 조업의 사례들)

**[핵심어휘]**
- population 인구, 주민수, 개체 수
- predictable 예측[예상, 예견]할 수 있는
- abundance 풍부, 부유(= exuberance)
- fluctuation 동요, 변동(= vacillation) cf) fluctuation income 일정치 않은 수입
- availability 유효성, 효용 cf) the period of availability 유효기간
- fishery 어장, 어업, 수산업 cf) deep-sea fishery 원양 어업, longshore fishery 연안 어업
- mackerel 고등어
- reduce 줄이다, 축소하다, 낮추다 n. reduction 축소, 감소
- sustainable 지속 가능한, 유지[지탱]할 수 있는 cf) maximum sustainable yield 최대 유지[적정] 생산량
- overfish 물고기를 남획하다, 다 잡아 버리다
- halibut 넙치류
- deplete 감소시키다, 고갈시키다(= exhaust) n. depletion 고갈, 소모
- illegal 불법의, 비합법적인(= unlawful) cf) an illegal alien 불법 체류자

**[본문해석]**

과학자들의 도움으로 수산업계는 그것이 지속되려면 어업이 과학적으로 이루어져야 함을 깨달았다. 물고기 개체 수에 대한 조업 압박 없이, 물고기 수는 예측 가능한 풍부한 수준을 유지할 것이다. 유일한 변동성은 먹이의 양, 적절한 수온과 같은 자연 환경적 요인들뿐이다. 어장이 이러한 물고기들을 잡도록 개발된다면, 물고기 개체 수는 어획량이 과하다지 않으면 유지될 수 있다. 북해의 고등어가 좋은 예이다. 만약 어장을 늘려 매년 더 많은 물고기를 잡는다면, 매년 잡는 물고기의 총량을 대체할 수 있는 이상점 밑으로 개체 수를 떨어트리지 않도록 주의해야 한다. 만일 최대 적정 어획량이라고 불리는 수준에서 조업을 한다면, 해마다 최대치의 어획량을 유지할 수 있다. 만일 지나치게 많이 잡으면, 물고기의 수는 매년 줄어 조업을 할 수 없게 된다. 과도하게 남획된 사례로 남극의 대왕고래와 북대서양 넙치가 있다. 매년 최대 어획량을 유지하기 위해 최적의 양을 포획하는 것이 과학이자 기술이다. 물고기 개체 수와 어떻게 개체 수의 고갈 없이 최대한으로 활용할 수 있는지 그 이해를 돕기 위해 연구는 계속해서 진행되고 있다.

## 17 정답 ①

**[정답해설]**

(A) 앞 문장에서 9/11 테러는 알 카에다에게 엄청난 전략적 성공을 가져왔다고 전제한 후, 그 사건에 대한 가장 광범위한 보도가 이루어졌기 때문이라고 그 인과 관계를 설명하고 있다. 그러므로 빈칸에는 'thereby(그렇게 함으로써, 그로 인해)'가 들어갈 말로 가장 적절하다.

(B) 앞 문장에서 일본 제국의 진주만 공격과 9/11 테러는 다른 양상에서 또한 유사했다고 전제한 후, 진주만 공격이 일본 제국의 전략적 실패를 가져온 것과 마찬가지로 9/11 테러가 오사마 빈 라덴에게도 또한 엄청난 전략적 실패를 가져왔다고 서술하고 있다. 그러므로 빈칸에는 'Similarly(마찬가지로)'가 들어갈 말로 가장 적절하다.

**[핵심어휘]**

- enormous 엄청난, 막대한, 거대한(= huge, massive, vast)
- tactical 작전[전술]의, 전술상의, 전략적인(= strategic)
- take place 일어나다, 발생하다(= happen)
- ensure 보증[보장]하다, 책임지다(= guarantee)
- coverage 보도, 방송
- significant 의미 있는, 중요한, 대단한(= serious) (↔ insignificant 대수롭지 않은, 사소한, 하찮은)
- imperial 제국의, 황제의
- strategic 전략상 중요한, 전략적인(= tactical) cf) make a strategic retreat 작전상 후퇴하다
- ruins 잔해, 폐허(= remains)
- utterly 완전히, 아주, 전혀(= totally)
- defeat 패배시키다, 물리치다, 이기다(= overwhelm)

**[본문해석]**

테러는 과연 효과가 있는가? 9/11 테러는 알 카에다에게는 엄청난 전략적 성공이었는데, 부분적으로 전 세계 언론의 중심지이자 미국의 실질적 수도에서 일어난 공격이었고, (A) 그로 인해 그 사건에 대한 가장 광범위한 보도가 이루어졌기 때문이다. 만일 테러가 많은 사람들이 보길 원하는 극장식이었다면, 인류 역사에서 9/11 공격보다 더 많은 전 세계인들이 지켜본 사건은 없었을 것이다. 그 당시 9/11 테러가 어떻게 진주만 공격과 유사했는지에 관한 논의가 활발했다. 그 둘 모두 미국을 대규모 전쟁으로 끌어들인 기습 공격이라는 점에서 실제로 비슷했다. 그러다 다른 양상에서 또한 유사했다. 진주만은 일본 제국의 엄청난 전략적 성공이었지만, 더 큰 전략적 실패를 가져왔다. 즉, 진주만 공격 후 4년이 못 되어 일본 제국은 폐허가 되었고, 완전히 패배했다. (B) 마찬가지로, 9/11 공격은 알 카에다에게는 엄청난 전략적 성공이었지만, 오사마 빈 라덴에게 또한 엄청난 전략적 실패로 드러났다.

## 18 정답 ①

**[정답해설]**

윗글에 따르면 위원회는 이미 건강한 아이들을 더 힘이 세고 키를 크게 하는 것과 같은 '강화'를 위한 수정을 더 경계하고 있고, 의사들에게 공개적 토론을 권고했다. 그리고 의사들은 "현 시점에서 진행해서는 안 된다."고 말했다. 그러므로 의사들은 강화를 위한 배아 수정을 즉시 진행하도록 권고 받았다는 ①의 설명은 윗글의 내용과 일치하지 않는다.

**[오답해설]**

② Recently, the scientific establishment in the U.S. joined a discussion on eugenics. (최근에 미국 내 과학 기관이 우생학 토론에 참여했다.) → 미국의 과학 기관이 개입하여 '합리적인 대안'이 없을 때, 심각한 질병을 유발하는 유전자를 겨냥한 배아 수정을 지지함

③ Chinese scientists modified a human embryo to prevent a serious blood disorder. (중국 과학자들은 중증 혈액 질환을 예방하기 위해 인간 배아를 수정했다.) → 중국 과학자들이 아기뿐만 아니라 모든 후손으로부터 잠재적으로 치명적인 혈액 질환을 제거하기 위해 인간 배아를 변형시킴

④ "Designer babies" is another term for the germline modification process. ('맞춤 아기'는 생식세포 계열의 변형 과정을 칭하는 또 다른 용어이다.) → 연구원들은 생식 세

포 계열의 변형이라고 부르고, 언론 매체는 '맞춤 아기'라고 칭하나 원래 '우생학'이라 불러야 함

**[핵심어휘]**
- phase 단계, 시기, 국면 cf) in phase 서로 맞게 돌아가는[작동하는] ↔ out of phase 서로 맞게 돌아가지[작동하지] 않는
- species 종(種) cf) a rare species 희귀종
- alter 바꾸다, 변경하다(= modify) n. alteration 변화, 개조
- embryo 배아, 태아
- potentially 잠재적으로, 어쩌면
- fatal 죽음을 초래하는, 치명적인(= disastrous) cf) a fatal dose 치사량
- disorder 장애, 질환, 병(= disease)
- descendant 자손, 후손, 후예(↔ ascendant, ancestor 선조, 조상)
- germline 생식 세포 계열
- modification 수정, 변경, 변형 v. modify 수정[변경]하다
- phrase 구, 구절, 관용구 cf) to coin a phrase 옛말에도 있듯이
- designer baby 맞춤 아기
- eugenics 우생학, 인종개량학
- establishment 설립, 기관, 시설
- weigh in (논의 · 언쟁 등에) 끼어들다, 관여하다, 개입하다
- endorse 지지하다, 보증[홍보]하다(= approve, support)
- gene 유전자 cf) a recessive gene 열성 유전자 ↔ a dominant gene 우성 유전자
- alternative 선택 가능한 것, 대안, 대체(= substitute) cf) select one alternative 양자택일하다
- wary 조심하는, 경계하는(= suspicious) cf) be wary of ~을 조심[경계]하다
- enhancement 증대, 증진, 강화
- urge 권고[촉구]하다, 재촉하다 n. urgency 긴급, 절박, 위급
- caution 조심, 경고, 주의
- oppression 압박, 억압, 탄압
- misery 고통, 고생, 불행(= distress)

**[본문해석]**
우리는 중국 과학자들이 아기뿐만 아니라 모든 후손으로부터 잠재적으로 치명적인 혈액 질환을 제거하기 위해 인간 배아를 변형시켰을 때의 인종으로서 새로운 국면에 접어들었다. 연구원들은 이 과정을 "생식 세포 계열의 변형"이라고 부른다. 언론 매체는 '맞춤 아기'라는 어구를 즐겨 사용한다. 그러나 원래 '우생학'이라 불러야 한다. 그리고 우리 인류는 그것을 이용할 것인지를 결정해야 한다. 지난 달 미국에서, 과학 기관이 개입했다. 국립 과학원과 국립 의료원 간의 연합위원회는 '합리적인 대안'이 없을 때, 심각한 질병을 유발하는 유전자를 겨냥한 배아 수정을 지지했다. 그러나 위원회는 이미 건강한 아이들을 더 힘이 세고 키를 크게 하는 것과 같은 '강화'를 위한 수정을 더 경계하고 있다. 위원회는 공개적 토론을 권고했고, 의사들은 "현 시점에서 진행해서는 안 된다."고 말했다. 위원회가 경계를 촉구하는 데는 타당한 이유가 있다. 우생학의 역사는 억압과 고통으로 가득하기 때문이다.

## 19 정답 ④

**[정답해설]**
윗글은 고대 올림픽 경기 종목 중의 하나인 판크라티온의 경기 규칙에 대해 설명한 글로, '둘 중 하나(one of the two)'의 의미 표현을 파악하면 주어진 문장의 위치를 찾는데 도움이 된다. ④의 앞 문장에서 경기자들은 둘 중 하나가 쓰러질 때까지 계속했다고 했으므로, 만일 아무도 항복하지 않으면 둘은 하나가 쓰러질 때까지 주먹을 주고받았다고 주어진 문장이 이어져야 글의 문맥상 흐름이 자연스럽다. 그러므로 ④에 위치하는 것이 가장 적절하다.

**[핵심어휘]**
- surrender 항복하다, 굴복하다(= give up)
- blow 세게 때림, 강타, 구타
- athlete (운동) 선수
- fitness 신체 단련, 건강
- superiority 우월, 탁월, 우세(= supremacy) (↔ inferiority 열등, 하위)
- eliminate 제거하다, 없애다(= remove, exclude)
- glorify 찬양[찬미]하다, 영광스럽게 하다, 명예를 부여하다
- to the brink (벼랑 끝) 직전까지
- extreme 극도의, 극심한(= utmost)
- pankration 〈체육사〉 판크라티온
- leather strap 가죽 끈
- stud 단추형 보석[장신구]
- mess 엉망(진창)인 상태, 뒤죽박죽 cf) make a mess 어지르다, 엉망으로 만들다
- opponent 상대방, 적대자, 반대자(= adversary, antagonist) (↔ proponent 지지자)
- gouge 찌르다, 박다 cf) gouge out an eye 눈알을 후벼내다
- contender 도전자, 경쟁자, 경기자
- collapse 붕괴되다, 무너지다, 쓰러지다(= fall down)
- determined 굳게 결심한, 확고한(= resolute)
- fingertip 손가락 끝

[본문해석]

> 아무도 항복하지 않으면, 둘은 하나가 쓰러질 때까지 주먹을 주고받았다

고대의 올림픽은 현대의 경기들처럼 선수들에게 그들의 건강과 우월함을 증명할 기회를 제공했다. ( ① ) 고대의 올림픽 경기들은 약자를 제거하고 강자를 찬양하기 위해 고안되었다. 우승자들은 벼랑 끝까지 내몰렸다. ( ② ) 현대와 마찬가지로, 사람들은 극한 스포츠를 좋아했다. 인기 있는 경기들 중 하나는 33번째 올림픽에 추가되었다. 이 경기는 판크라티온, 또는 레슬링과 복싱이 극단적으로 뒤섞인 형태였다. 그리스어인 판크라티온은 '완전한 힘'을 뜻한다. 남자들은 금속 장신구가 박힌 가죽 끈을 착용했고, 그것은 상대방에게 끔찍한 상황을 만들 수 있었다. ( ③ ) 이러한 위험한 형태의 레슬링은 시간이나 몸무게 제한이 없었다. 이 경기에는 오로지 두 가지 규칙만이 적용되었다. 첫째, 레슬러들은 엄지손가락으로 상대방의 눈을 찌를 수 없었다. 둘째, 그들은 깨물 수 없었다. 이외의 다른 것들은 공정한 경기로 여겨졌다. 경기는 복싱 경기와 같은 방식으로 결정되었다. 경기자들은 둘 중 하나가 쓰러질 때까지 계속했다. ( ④ ) 오로지 가장 강한 자와 확실한 선수들만이 이 경기에 도전했다. 상대방의 손가락을 부러뜨려 얻은 별명인 'Mr. Fingertips'와 레슬링 하는 것을 상상해보라!

## 20 정답 ①

[정답해설]

윗글에 따르면 오늘날 과학의 문제점은 과학자 스스로 문제를 선택하지 못하고 계속해서 새로운 문제들을 해결하도록 강요받는다는 것이다. 즉, 인간이 문제 해결을 위한 부속품처럼 끊임없이 이용되는 도구로 전락한다는 것이다. 그러므로 ①의 'makes man its appendix(인간을 그것의 부속물로 만들어 버리다)'가 들어갈 말로 가장 적절하다.

[오답해설]

② creates a false sense of security (안전에 대한 잘못된 인식을 하다) → 안전에 대한 잘못된 인식을 포함하는 좀 더 포괄적인 내용이 필요함

③ inspires man with creative challenges (사람들이 창의적인 도전을 하도록 격려하다) → 과학자들이 스스로 연구 과제를 선택하지 못하는 시스템에 대해 비판하는 부정적인 내용이 와야 함

④ empowers scientists to control the market laws (시장의 법칙들을 통제하도록 과학자들에게 권한을 부여하다) → 과학자들이 시장의 법칙을 스스로 통제하지 못하고 그것의 부속물처럼 작동되는 시스템을 말함

[핵심어휘]

- secure 안전한, 안심하는 n. security 안전, 경비, 보안
- ever-quickening 계속해서 빨라지는
- theoretical physics 이론 물리학
- a fission bomb 원자 폭탄
- manufacture 제조하다, 생산하다
- a hydrogen bomb 수소 폭탄
- transcend 넘다, 초월하다(= surpass) cf) transcend time and space 시공을 초월하다
- appendix 부록, 부속물, 부가물(= supplement) v. append 덧붙이다, 첨부하다
- empower 권한을 주다[부여하다], 능력을 주다(= authorize)

[본문해석]

우리 시대에 인간 자체의 삶과 규칙을 소유한 것은 단지 시장의 법칙일 뿐만 아니라, 과학과 기술의 발전이기도 하다. 여러 가지 이유로, 오늘날 과학의 문제점과 구조는 과학자 스스로 문제를 선택하지 못하고, 문제들을 과학자에게 강요한다. 하나의 문제를 풀고 나면 좀 더 안전하거나 확실해지는 것이 아니라, 다른 열 개의 새로운 문제들이 해결된 하나의 문제를 대체하여 나타난다. 그 문제들을 해결하라고 강요하고 있으며, 그는 계속해서 빠른 속도로 진행해야만 한다. 이론 물리학은 우리에게 원자 에너지를 안겨주었다. 성공적인 원자 폭탄의 제조는 수소 폭탄의 제조를 강요한다. 우리는 스스로 문제를 선택하지 못한다. 우리는 스스로 생산품을 선택하지 못한다. 우리는 떠밀리며 강요당한다. 무엇에 의해서? 그것을 초월하는 목적과 목표 없이 인간을 그것의 부속물로 만들어버리는 시스템에 의해서.

국가직 문제
지방직 문제
서울시 문제
국가직 해설
지방직 해설
서울시 해설

## [지방직] 2017년 06월 | 정답

| 01 | ② | 02 | ③ | 03 | ① | 04 | ④ | 05 | ④ |
|---|---|---|---|---|---|---|---|---|---|
| 06 | ② | 07 | ④ | 08 | ① | 09 | ③ | 10 | ④ |
| 11 | ③ | 12 | ② | 13 | ④ | 14 | ③ | 15 | ① |
| 16 | ③ | 17 | ④ | 18 | ④ | 19 | ③ | 20 | ② |

## [지방직] 2017년 06월 | 해설

### 01 정답 ②

**[정답해설]**
윗글은 옛 친구들과 자주 연락하지 못하고 지내는 것을 아쉬워하는 대화내용이다. 사람들이 너무 자주 이사해서 연락을 하고 지내기가 어렵다는 A의 말에 B가 수긍하고 있으므로, 빈칸에는 이를 안타깝게 여기는 'People just drift apart(사람들이 금방 멀어지고 있어.)'가 들어갈 말로 가장 적절하다.

**[오답해설]**
① 날이 점점 길어지고 있어.
③ 내가 여태껏 들은 이야기 중 가장 웃겨.
④ 그의 이름을 들을 때마다 화가 나기 시작해.

**[핵심어휘]**
- buddy 친구, 단짝, 동료
- maintain 지탱하다, 유지하다(= preserve)
- move around 돌아다니다, 여기저기 이동하다
- drift apart 사이가 멀어지다
- fume 씩씩대다, 불끈하다, 화내다(= rage, seethe)

**[본문해석]**
A: 옛 고등학교 친구로부터 편지 한 통을 방금 받았어.
B: 정말 좋겠구나!
A: 음, 사실 그 친구로부터 소식을 들은 지가 꽤 됐어.
B: 솔직히, 나는 대부분의 옛 친구들과 연락이 되지 않아.
A: 그래. 사람들이 너무 자주 이사하기 때문에 연락을 하고 지내기가 어려워.
B: 네 말이 맞아. 사람들이 금방 멀어지지. 그렇지만 너는 네 친구와 다시 연락하게 되서 다행이구나.

### 02 정답 ③

**[정답해설]**
윗글은 Ted의 생일 선물을 준비하기 위해 고민하는 대화내용이다. A는 생일 선물로 모자를 주려고 생각했지만, B는 Ted가 필요한 것이 무언인지 적당한 선물을 찾지 못하고 있다. 그러므로 빈칸에 들어갈 말은 'racking my brain(머리를 쥐어짜다)'이다.

**[오답해설]**
① 그에게 연락받다.
② 온종일 자고 있다.
④ 사진 앨범을 수집하다.

**[핵심어휘]**
- have an inkling of 눈치를 채다, 짐작하다, 알아차리다.
- suggestion 제안, 제의(= recommendation, proposal)
- rack one's brain 머리를 쥐어짜다, 골똘히 생각하다, 궁리하다.

**[본문해석]**
A: Ted에게 줄 생일 선물로 뭘 준비할 거니? 난 야구 모자 두 개를 주려고 해.
B: 나는 적당한 선물을 생각해 보려고 머리를 쥐어짜고 있어. 하지만 Ted가 뭘 필요로 하는지 모르겠어.
A: 그에게 앨범을 주는 것은 어때? Ted는 사진이 많잖아.
B: 좋은 생각이야! 그 생각을 왜 못했지? 조언해 줘서 고마워.

### 03 정답 ①

**[정답해설]**
'surrogate'는 '대리인'의 뜻으로 'proxy(대리인)'와 그 의미가 가장 유사하다.

**[오답해설]**
② 보초병
③ 전임자
④ 약탈자

**[핵심어휘]**
- authorize 권위를 부여하다, 권한을 주다(= empower)
- appoint 임명[지명]하다, 약속하다 n. appointment 임명, 지명, 약속
- surrogate 대리(인)(= deputy) cf) a surrogate mother 대리모
- proxy 대리인
- sentry 보초[감시](병)
- predecessor 전임자, 선배(↔ successor 후임자, 계승자)
- plunderer 약탈자, 도적

**[본문해석]**
일부 최신 법에서 필요한 경우 의료 결정을 내릴 수 있는 대

리인을 임명하는 권한을 부여하고 있다.

## 04 정답 ④

**[정답해설]**
'keep one's feet on the ground'는 'remain sensible and realistic about life(삶에 관해 실용적이고 현실적이다)'라는 의미이다.

**[오답해설]**
① 자신만의 세계에서 살다
② 여유를 갖고 즐기다
③ 용감하고 자신감이 있다

**[핵심어휘]**
- keep one's feet on the ground 현실적[실제적]이다
- relax 휴식을 취하다, 느긋이 쉬다(= take it easy)
- confident 자신감 있는, 확신하는
- sensible 분별[양식] 있는, 실용적인(= practical)
- realistic 현실적인, 사실적인(↔ idealistic 이상적인)

**[본문해석]**
A: 그는 어떤 일이든 해낼 수 있다고 생각해.
B: 그래, 그는 현실적일 필요가 있어.

## 05 정답 ④

**[정답해설]**
'on the fence'는 '애매한 태도를 취하는'의 뜻으로, 제시문의 내용상 'undecided(결정하지 못한)'의 의미와 가장 유사하다.

**[오답해설]**
① 번민의
② 열정적인
③ 걱정되는

**[핵심어휘]**
- on the fence 애매한 태도를 취하는 cf) sit on the fence 중립적인 태도를 취하다, be on the fence 형세를 관망하다, 기회를 살피다
- anguished 번민의, 고뇌에 찬
- enthusiastic 열렬한, 열광적인(= keen, committed, eager)
- apprehensive 걱정되는, 불안한 n. apprehension 우려, 불안
- undecided 결정하지 못한, 미정의 cf) undecided votes 부동표, an undecided character 우유부단한 사람

**[본문해석]**
그녀는 루브르 박물관의 모나리자를 보러 갈 것인지 결정하지 못하고 있다.

## 06 정답 ②

**[정답해설]**
that → what
'isn't'의 보어가 될 주격 관계대명사를 사용해야 하는데, 선행사가 없으므로 관계대명사 'what'을 사용해야 한다.

**[오답해설]**
① 'you[사람]'가 건강한 것이므로 'healthy(건강한)'를 사용한 것은 적절하다. 참고로 'healthful(건강에 좋은)'은 음식이 건강에 좋은 것이므로 사물일 때 사용한다.
③ prevent A from B 구문으로, A가 B하는 것을 못하게 하다[막다]의 의미로 올바른 문장이다.
④ tell은 5형식이 가능한 동사로, tell + 목적어 + to부정사의 형태로 올바른 문장이다.

**[핵심어휘]**
- academic 학업의, 학문의, 학구적인(= scholastic) cf) an academic career 학력
- reckless 무모한, 신중하지 못한(= rash, careless)
- processed food 가공 식품

**[본문해석]**
① 단지 야채를 많이 먹는 것만으로도 완벽하게 건강을 유지할 거라고 생각할 수도 있다.
② 학문적인 지식이 항상 올바른 결정을 내리도록 하는 것은 아니다.
③ 다칠 수 있다는 두려움 때문에 그는 무모한 행동을 하지 않았다.
④ Julie의 담당 의사는 가공 식품을 너무 많이 먹지 말라고 말했다

## 07 정답 ④

**[정답해설]**
주어가 길어 후치되면서 주어와 동사가 도치되는 구문이다. 원래는 'is included'의 수동태 구문인데, 과거분사 'included'가 형용사의 기능을 하여 문두로 도치된 것이다.

**[오답해설]**

① has → have

관계대명사 'that'이 이끄는 선행사가 'many forms of life'이고 복수이므로, 단수 동사 'has'를 복수 동사 'have'로 바꿔 써야 옳다.

② so → too

너무 ~해서 ~할 수 없다는 'too ~ to' 구문을 사용해야 하므로, 'so'를 'too'로 바꿔 써야 옳다.

③ has been protected → has protected

Aswan 댐이 이집트를 보호하는 것이므로 수동태가 아닌 능동태 문장을 사용해야 한다. 그러므로 'has been protected'를 'has protected'로 고쳐 써야 옳다.

**[핵심어휘]**

- the rings of Saturn 토성의 고리
- famine 기근, 기아, 굶주림(= hunger, starvation)
- neighboring 이웃의, 근처의, 인접한(= adjacent)
- enchanted 마법에 걸린

**[본문해석]**

① 바다에는 아직까지도 발견되지 않은 많은 종류의 생명체가 있다.

② 토성의 고리는 너무나 멀어서 망원경 없이는 지구에서 보이지 않는다.

③ Aswan 댐은 이웃 나라들의 기근으로부터 이집트를 보호했다.

④ 다른 유명한 동화들 중에 "마법의 말"이 이 시리즈에 포함된다.

## 08 정답 ①

**[정답해설]**

윗글의 마지막 문장에서 교회 경내보다 농지가 더 빠르게 침식된 결과, 지금 교회 경내는 주변 농지보다 10피트 정도 상승한 작은 섬처럼 서있다고 했으므로, "A churchyard in Iowa is higher than the surrounding farmland.(Iowa 주의 한 교회 경내는 주위 농지보다 더 높다.)"는 ①의 설명은 윗글의 내용과 일치한다.

**[오답해설]**

② Iowa 주의 농업 생산성은 토양 형성을 가속화시켰다. → Iowa 주의 농업 생산성은 토양 침식을 가속화시켰다.

③ 농지에서 토양의 형성 속도는 토양의 침식 속도보다 빠르다. → 농지에서 토양의 형성 속도는 토양의 침식 속도보다 느리다.

④ Iowa 주는 지난 150년 동안 표토층을 유지해 왔다. → Iowa 주의 표토층의 대략 절반은 지난 150년 동안 침식되었다.

**[핵심어휘]**

- carry away ~을 운반해 가다, ~을 휩쓸어 가다
- erosion 부식, 침식 v. erode 침식[부식]시키다
- formation 형성, 구성(= establishment)
- forested land 삼림 지대, 삼림지
- a net loss 순손실
- top soil 겉흙, 표토
- agriculture productivity 농업 생산성
- churchyard 교회 경내, 교회 묘지
- accelerate 가속화되다, 속도를 높이다

**[본문해석]**

작물 재배에 사용되는 농지의 토양은 물과 바람의 침식작용에 의해 토양 형성의 10~40배의 속도로, 삼림지에서는 토양 침식의 500~10,000배의 속도로 유실된다. 토양의 침식 속도는 토양의 형성 속도보다 훨씬 빠르기 때문에, 이는 토양의 순손실을 의미한다. 예를 들어, 미국에서 최고의 농업 생산성을 보여준 Iowa 주의 표토층의 대략 절반은 지난 150년 동안 침식되었다. 최근에 Iowa 주를 방문했을 때, 집주인은 이러한 토양 손실을 단적으로 보여주는 교회 경내로 안내했다. 그 교회는 19세기 중반에 농지 한 가운데에 건설되었고, 주변 토지가 농지로 이용되는 동안 지금껏 교회의 모습을 유지하고 있었다. 토양이 교회 경내보다 농지가 더 빠르게 침식된 결과, 지금 교회 경내는 주변 농지보다 10피트 정도 상승한 작은 섬처럼 서있다.

## 09 정답 ③

**[정답해설]**

윗글은 2주 이상 운동을 하지 않으면 신체적 능력이 떨어지는 많은 징후들이 나타난다는 내용이다. 그러므로 "신체에 빠른 속도로 근육을 만들기 위해서는 보다 많은 단백질이 요구된다."는 ③의 내용은 문맥상 글 전체의 흐름과 연관성이 떨어지는 어색한 문장이다.

**[핵심어휘]**

- go through ~을 겪다, 경험하다(= experience)
- gym 체육관, 운동 cf) out of gym 운동을 하지 않는
- take its toll on ~에 손해를 끼치다
- muscle 근육, 근력
- a multitude of 다수의, 아주 많은
- physiological 생리학상의, 생리적인 cf) physiological phenomena 생리 현상
- reveal 드러내다, 밝히다, 폭로하다(= disclose) cf) reveal the whole story 사건의 전말을 밝히다
- reduction 축소, 감소, 할인, 인하 v. reduce 줄이다, 낮추다

ㅁ fitness 신체 단련, 건강
ㅁ exercise physiologist 운동 생리학자
ㅁ sensitive 세심한, 민감한
ㅁ aerobic 유산소 운동의
ㅁ come about 발생하다, 일어나다
ㅁ dwindle 점점 줄다[감소하다](= lessen, decline)
ㅁ slink 살금살금[슬그머니] 움직이다
ㅁ baseline 기준선, 기초, 토대
ㅁ protein 단백질
ㅁ decondition 건강을 손상시키다
ㅁ a slew of 많은
ㅁ fit 건강한, 탄탄한(= healthy)
ㅁ sweat 땀을 흘리다, 매우 열심히 일하다

**[본문해석]**

여행을 하든, 가정에 집중하든, 직장에서 바쁜 시간을 보내든 간에, 14일 동안 운동을 하지 않으면 근육뿐만 아니라 수행능력, 두뇌 그리고 수면에도 피해를 준다. ① 대부분의 전문가들은 체육관으로 돌아가지 않으면 2주 후 어려움에 처하게 될 거라는 데 동의한다. "운동을 안 한지 2주 시점이 되면, 신체능력의 하락을 나타내는 많은 생리적 징후가 나타날 것이다."라고 뉴욕에서 활동하는 운동 생리학자이자 엘리트 선수 트레이너인 Scott Weiss는 말한다. ② 결국, 모든 신체 능력에도 불구하고, 인간의 신체(심지어 건강한 신체도)는 매우 민감한 조직이어서 훈련을 통해 나타나는 생리적인 변화(근육 강도나 유산소 능력)는 훈련양이 점차 줄어들면 그냥 사라지게 될 거라고 그는 말한다. 훈련 요청이 없기 때문에, 신체는 기본적인 수준으로 슬그머니 뒷걸음질 치게 된다. ③ 신체에 빠른 속도로 근육을 만들기 위해서는 보다 많은 단백질이 요구된다. ④ 물론, 얼마나 많이 그리고 얼마나 빨리 상태가 안 좋아지는가는 건강상태, 나이, 운동이 습관화된 기간과 같은 여러 요인에 달려 있다. "2~8개월 동안 운동을 전혀 하지 않으면 마치 운동을 결코 하지 않는 수준까지 건강상태가 악화된다."라고 Weiss는 말한다.

## 10 정답 ④

**[정답해설]**

윗글에 따르면 마녀들의 초자연적인 힘은 당시의 대학이 남성의 전유물이었기 때문에 마법 학습을 통해 터득할 수가 없었다. 그러므로 "Learned men believed that the witch's power came from a scholarly training at the university. (학자들은 마녀의 힘은 대학에서의 학구적인 훈련을 통해서 만들어졌다고 믿었다.)"라는 ④의 설명은 윗글의 내용과 일치하지 않는다.

**[오답해설]**

① 민중과 학자들은 마녀의 초자연적 힘의 근원에 대해 다른 관점을 가지고 있었다.
② 민중의 믿음에 의하면, 초자연적인 힘은 마녀들의 근본적인 천성에 속하는 것이었다.
③ 마녀의 4가지 특성은 교회에 의한 반체제 단체들이 만들었다.

**[핵심어휘]**

ㅁ witch 마녀(↔ wizard 마법사)
ㅁ pact 약속, 협정, 조약(= agreement, alliance, treaty)
ㅁ ascribe ~의 탓으로 돌리다(= attribute, impute) cf) ascribe A to B A를 B의 탓으로 돌리다
ㅁ adversary 상대방, 적수(= opponent, enemy)
ㅁ Templar 템플 기사단
ㅁ heretic 이단자, 이교도
ㅁ magician 마술사, 마법사
ㅁ dissident 반체제 인사(= protester, rebel)
ㅁ emerge 나타나다, 출현하다(= appear) n. emergence 출현, 발생
ㅁ peasant 소작농, 소작인(= rustic, countryman)
ㅁ confession 자백, 고백(= revelation, disclosure) v. confess 자백하다, 고백하다
ㅁ witch trial 마녀 재판
ㅁ witchcraft 마법, 마술
ㅁ innate 타고난, 선천적인(↔ acquired 후천적인)
ㅁ derive from ~에서 유래하다, 파생하다
ㅁ border on ~에 접하다, ~에 아주 가깝다, 거의 ~와 같다
ㅁ heresy 이단, 이교 cf) denounce heresy 이교를 탄핵하다
ㅁ craft 공예, 기교, 술책
ㅁ scholarly 학자의, 학구적인(= academic) cf) a scholarly journal 학술지
ㅁ masculine 남자 같은, 사내다운(↔ feminine 여자 같은, 여성스러운)
ㅁ make with ~을 만들어 내다, ~을 제안하다

**[본문해석]**

15세기 전에, 마녀의 4가지 특성(야간 비행, 비밀 모임, 사악한 마법, 악마와의 계약)은 기사단, 이교도, 수련 마법사 그리고 다른 반체제 단체와 같은 마녀의 적수들이 교회와 개별적으로 또는 제한적으로 연합하여 만들어 낸 것이다. 초자연적인 것에 대한 민중의 믿음은 마녀 재판에서 농부들의 자백으로 등장하였다. 마녀의 마법에 대한 민중과 학자들의 가장 두드러진 인식의 차이는 마녀들이 악마로부터 비롯된 것이 아니라 선천적으로 초자연적인 힘을 가지고 있다는 민중의 믿음에 있다. 학자들에게 이것은 거의 이단에 가까웠다. 초자연적인 힘의 근원은 결코 인간에게 있거나 마녀들이 마법 학습이라는 전통으로부터 기술을 터득할 수도 없었는데, 그것은

당시에 남성의 전유물인 대학에서 학구적인 훈련을 필요로 했기 때문이다. 마녀의 힘은 의당 악마와의 계약에서 비롯된 것이었다.

## 11 정답 ③

**[정답해설]**
주어진 문장이 'Fortunately(다행히도)'로 시작하므로, 앞 문장의 내용에는 걱정거리가 와야 한다. 또한 그녀가 잠자리를 준비했다고 했으므로 다음 문장에는 그녀가 잠자는 상태임을 알 수 있는 내용이 와야 한다. 그러므로 초가 다 탈 때까지 그녀가 말을 걸지 않을까봐 걱정했다는 문장과 내가 옷을 갈아입기도 전에 그녀는 이미 코를 골았다는 문장 사이인 ③에 들어가는 것이 가장 적절하다.

**[핵심어휘]**
- prayer 기도문, 기도하는 사람
- retire 은퇴하다, 잠자리에 들다 n. retirement 은퇴[퇴직] cf) retire for the night 잠자리에 들다
- inevitable 불가피한, 필연적인(= unavoidable, inescapable, inexorable)
- companion 동반자, 동지, 친구 cf) a travelling companion 길동무, a companion in arms 전우
- candlestick 촛대
- dread 몹시 무서워하다, 두려워하다(= fear, shrink from)
- snore 코를 골다
- undress 옷을 벗다[벗기다]
- seal 직인, 도장, 봉인

**[본문해석]**

> 그러나 다행히도 그녀는 저녁 식사를 많이 해 노곤해졌고 잠자리를 준비했다.

도착하자마자 많은 업무들이 나를 기다리고 있었다. 나는 소녀들이 공부를 하는 동안 그녀들과 앉아있어야 했다. ( ① ) 그다음은 기도문을 읽을 차례였으며, 소녀들이 잠자리에 드는 것을 보았다. 그 후에 다른 선생님들과 식사를 했다. ( ② ) 심지어 잠자리에 들 때조차도, 응당 Gryce양이 나와 함께 있었다. 촛대에 초는 거의 타고 없었고, 난 초가 다 탈 때까지 그녀가 말을 걸지 않을까봐 걱정했다. ( ③ ) 내가 옷을 갈아입기도 전에 그녀는 이미 코를 골았다. 아직 초가 1인치 정도 남아 있었다. ( ④ ) 나는 편지를 꺼내 들었고, 봉인에는 F라는 이니셜이 있었다. 내용은 짤막했다.

## 12 정답 ②

**[정답해설]**
윗글에 따르면 불에 타는 고통을 느끼지 못하는 아이는 불에 타 없어질 때까지 불을 가지고 놀 것이며, 두려움이 없는 병사는 곧 전사할 것이므로 공포와 고통은 없어서는 안 될 수호자이다. 그러므로 윗글의 제목으로는 ②의 'Indispensability of Fear and Pain(공포와 고통의 필요성)'이 가장 적절하다.

**[오답해설]**
① 군인에게 공포와 고통의 모호함
③ 공포와 고통에 대한 부정
④ 공포와 고통과 아이들의 연관성

**[핵심어휘]**
- pain 아픔, 통증, 고통(= suffering, discomfort, hurt)
- keep away from ~에 가까지 하지 않다[멀리하다]
- obscurity 불분명, 모호(= ambiguity)
- indispensability 긴요함, 필요성
- disapproval 반감, 부정(= displeasure, objection)
- association 연관성, 유대, 연계

**[본문해석]**
공포와 그것의 동반자인 고통은 적절하게 사용된다면, 인간과 동물이 소유한 가장 유용한 2가지이다. 만약 불이 타면서 상처를 주지 않는다면, 아이들은 손이 불에 타서 없어질 때까지 불을 가지고 놀 것이다. 마찬가지로 고통은 있지만 공포가 없다면, 공포심이 아이에게 불을 멀리하도록 경고를 하지 않기 때문에, 아이는 반복해서 스스로를 태울 것이다. 때로 있기도 하지만 두려움이 정말 없는 군인은 훌륭한 군인이 아닌데, 왜냐하면 곧 전사할 것이기 때문이다. 그리고 사망한 병사는 군에 아무런 소용이 없다. 그러므로 공포와 고통이 없는 인간과 동물은 곧 죽게 되므로, 공포와 고통은 두 수호자이다.

## 13 정답 ④

**[정답해설]**
to staying → to stay / to going out → (to) go out
'prefer to 동사원형 [rather than to 동사원형](~하는 것보다 ~하는 것을 더 좋아한다)' 구문이므로, 'to staying'을 'to stay'로 'to going out'을 '(to) go out'으로 고쳐 써야 옳다.

**[오답해설]**
① 'make it a rule to 동사원형(~하는 것을 규칙으로 하다, 늘 ~하기로 하고 있다)' 구문이 옳게 사용된 문장이다.

② 'grab me by the arm(나의 팔을 붙잡다)'라고 신체의 일부를 표시하는 경우, 소유격을 사용하지 않고 정관사 'the'를 사용하여 표현한 것은 올바른 문장이다.
③ 'owing to(~때문에, ~덕택에)'는 원인을 나타내며, 'rise'는 자동사로써 바르게 사용되었다.

**[핵심어휘]**
- make it a rule to ~하는 것을 규칙으로 하다, 늘 ~하기로 하고 있다
- grab 붙잡다, 움켜쥐다(= snatch, seize, catch)
- owing to ~때문에, ~덕택에

## 14 정답 ③

**[정답해설]**
sick and wounded → the sick and the wounded
'the + 형용사 = 복수 보통명사'이므로, 정관사 'the'를 사용하여 'the sick(환자들)'과 'the wounded(부상자들)'로 고쳐 써야 옳다.

**[오답해설]**
① 'it is ~ that' 강조구문과 'not A but B(A가 아니라 B)' 구문이 바르게 사용되었다.
② 'cannot ~ too(아무리 ~해도 지나치지 않다)' 구문이 바르게 사용되었다.
④ 'to make matters worse'는 '설상가상으로'의 의미이며, 'that'은 'a report'의 내용을 설명해 주는 동격의 'that'으로 바르게 사용되었다.

**[핵심어휘]**
- refusal 거절, 거부(= rejection, denial, rebuff) v. refuse 거절[거부]하다 cf) meet with refusal 퇴짜 맞다
- rudeness 버릇없음, 무례함
- perplex 당황하게[곤란하게] 하다, 어리둥절하게 하다(= embarrass)
- tend 돌보다, 보살피다 n. tendance 시중, 돌보기, 간호 cf) tendency 경향, 성향
- to make matters worse 설상가상으로, 엎친 데 덮친 격으로

## 15 정답 ①

**[정답해설]**
맛이 썩 좋지 않은 메인 요리에 조미료를 첨가하여 입맛에 맞게 만든다는 의미이므로, 'palatable(맛있는, 입맛에 맞는)'이 빈칸에 들어갈 말로 적절하다.

**[오답해설]**
② 분해할 수 있는
③ 마셔도 되는
④ 민감한

**[핵심어휘]**
- flavor 풍미, 맛(= savor)
- condiment 조미료, 양념
- palatable 맛있는, 맛좋은, 입맛에 맞는
- dissolvable 분해할 수 있는, 해산[해제]할 수 있는
- potable 음료로 적합한, 마셔도 되는
- susceptible 민감한, 예민한(= responsive, sensitive, receptive)

**[본문해석]**
메인 요리가 썩 맛있지 않았지만, 난 조미료를 첨가하여 입맛에 맞게 만들었다.

## 16 정답 ③

**[정답해설]**
런던의 택시 운전사들은 운행 면허를 취득하기 위해 25,000개 이상의 시내 도로의 배치를 익히는 것과 같은 '숙지'라는 집중 훈련을 수년 동안 받아야 하는데, 이로 인해 택시 운전사들은 일반인들에 비해 익숙하지 않은 새로운 도로를 식별하는 것을 훨씬 더 잘했다. 그러므로 'generalized(일반화되다)'가 빈칸에 들어갈 말로 가장 적절하다.

**[오답해설]**
① 국한하다
② 전념하다
④ 기여하다

**[핵심어휘]**
- intense 극심한, 강렬한(= extreme, severe) cf) an intense training program 집중 훈련 프로그램
- operating license 운전[운행] 허가[면허]
- layout 설계, 배치(= arrangement, design, outline)
- investigate 수사[조사]하다, 살피다 cf) investigate by questioning 탐문 수사를 벌이다
- route 길, 경로, 노선
- identify 확인하다, 알아보다, 식별하다(= recognize)
- landmark 주요 지형지물, 주요 명소
- do well on ~을 잘하다, 잘 보다
- significantly 상당히[크게], 중요하게, 의미심장하게

- mastery 숙달, 통달, 전문적 기능[지식] cf) have a mastery of ~에 능통하다, the mastery of the skies[seas] 제공[제해]권
- deliberate 사려 깊은, 신중한(= cautious)
- confine 얽매이다, 국한시키다(= imprison, enclose)
- devote 쏟다, 기울이다, 전념하다 cf) devote oneself to ~에 전념[몰두]하다
- contribute 기여[공헌]하다 cf) contribute A to B A를 B의 탓으로 돌리다

**[본문해석]**

런던의 택시 운전사들은 운행 면허를 취득하기 위해, 25,000개 이상의 시내 도로의 배치를 익히는 것과 같은 '숙지'라는 집중 훈련을 수년 동안 받아야 한다. 한 연구자와 그의 팀이 택시 운전사들과 일반인들을 조사했다. 두 그룹에게 아일랜드의 한 도시를 관통하는 익숙하지 않은 도로 영상을 보게 했다. 그 후 그들에게 도로 그리기, 주요 명소 식별하기, 거리 측정하기 등과 같은 영상 시험을 보게 했다. 두 그룹 모두 시험을 잘 치렀지만, 택시 운전사들이 새로운 도로를 식별하는 것을 훨씬 더 잘했다. 이러한 실험 결과는 택시 운전사들의 숙련된 기능이 익숙하지 않은 지역에 일반화될 수 있음을 보여준다. 신중한 연습을 통한 수년에 걸친 훈련과 학습은 택시 운전사가 그들이 전혀 가보지 않은 지역에서도 유사한 도전을 실행하도록 준비시킨다.

## 17 정답 ④

**[정답해설]**

윗글은 Missouri 강의 거대한 폭포를 발견했던 날의 이야기를 시간적 순서에 따라 (C)-(B)-(A) 순으로 서술하고 있다. 점점 커져가는 폭포 소리를 따라갔고(C), 정오쯤에 Missouri 강의 거대한 폭포에 이르렀으며(B), 폭포 아래에서 낚시를 하며 멋진 오후를 보냈다(A).

**[핵심어휘]**

- half a dozen 12의 반, 6
- trout 송어
- tremendous 거대한, 엄청난(= huge, enormous)
- faraway 멀리 떨어진, 먼
- spray 물보라, 물줄기
- disappear 사라지다, 없어지다(= vanish, recede, evanesce)

**[본문해석]**

나는 Lewis가 폭포를 발견했던 날을 기억한다. 그들은 일출 때 캠프를 떠나 몇 시간 후에 아름다운 평원과 마주했고 그 평원에는 여태껏 본 것보다 더 많은 들소가 한 자리에 모여 있었다.

(C) 그들은 멀리서 폭포소리가 들릴 때까지 계속 걸었고 물줄기가 솟구쳤다가 사라지는 것을 보았다. 그들은 점점 더 커져가는 소리를 따라갔다.

(B) 잠시 후 그 소리는 엄청났고 그들은 Missouri 강의 거대한 폭포에 이르렀다. 그들이 그곳에 도착한 것은 대략 정오쯤이었다.

(A) 그날 오후 멋진 일이 일어났고, 그들은 폭포 아래에서 낚시를 하다가 6마리의 송어를 잡았는데, 16에서 23인치에 이르는 멋진 놈이었다.

## 18 정답 ④

**[정답해설]**

윗글의 마지막 문장에서 새롭고 색다른 자극은 익숙한 자극보다 더 많은 사고와 숙고를 필요로 하며, 따라서 뇌에게 더 많은 주관적인 사간을 할애하도록 하는 의미가 있다고 하였으므로, "New stimuli give rise to subjective time expansion. (새로운 자극은 주관적인 시간 연장을 유발한다.)"는 ④의 설명이 윗글의 요지로 가장 적절하다.

**[오답해설]**

① 자극에 대한 반응은 두뇌훈련의 중요한 부산물이다.
② 자극의 강도는 반복을 통해 증가한다.
③ 자극에 대한 신체반응은 우리의 사고에 영향을 미친다.

**[핵심어휘]**

- novelty-induced 신종 유발된
- expansion 확장, 연장, 팽창 v. expand 확장[확대/팽창]시키다
- well-characterized 잘[훌륭하게] 특징지어진
- phenomenon 현상, 사건 cf) an infant phenomenon 신동(神童)
- investigate 수사[조사]하다, 살피다 cf) investigate by questioning 탐문 수사를 벌이다
- expose 드러내다, 폭로하다(= uncover, show, reveal) n. exposition 설명[해설], 전시회, 박람회, exposure[exposal] 노출, 폭로
- a train of 일련의, 연속의 cf) a train of successful battles 연전연승
- repetitive 반복적인, 되풀이되는 n. repetition 반복, 되풀이

- unremarkable 특별할 것 없는, 평범한
- moderately 적당히, 알맞게
- induce 설득하다, 유도하다, 유발[초래]하다 n. induction 인도[소개], 유도 분만, 귀납법
- evolve 진화하다, 발달하다(= develop, metamorphose) n. evolution 진화, 발달
- presumably 아마, 짐작컨대
- exotic 외국의, 이국적인, 색다른
- allocate 할당[할애]하다, 분배[배정]하다(= assign, grant, distribute)
- by-product 부산물, 부작용
- intensity 강렬함, 강도[세기] a. intense 극심한, 강렬한
- give rise to 낳다, 일으키다, 유발하다

**[본문해석]**

신종 유발된 시간 연장은 실험실 조건에서 조사될 수 있는 잘 특징지어진 현상이다. 사람들에게 단순히 일련의 자극에 노출된 시간의 길이를 측정해보라는 요청을 하면 새로운 자극이 반복적이고 평범한 자극보다 더 오래 지속되는 것처럼 보인다고 한다. 사실, 평범하게 반복되는 자극의 연속 중 첫 번째 자극도 주관적인 시간 연장을 유발하기에 충분한 것처럼 보인다. 물론 우리의 뇌가 이처럼 작동하도록 진화해 온 이유를 생각하기란 쉽다. — 아마도 새롭고 색다른 자극은 익숙한 자극보다 더 많은 사고와 숙고를 필요로 하며, 따라서 뇌에게 더 많은 주관적인 시간을 할애하도록 하는 의미가 있다.

**19 정답 ③**

**[정답해설]**

확증 편향이란 우리가 이미 믿고 있는 생각이나 신념을 확인하려는 경향을 말하는데, 이로 인해 바른 결정을 내리고자 할 때는 편견으로 인한 문제가 발생한다. 따라서 심리적으로 확증 편향이 왜 발생하는지 파악한다면, 확증편향으로부터 우리의 의사결정을 보호할 수 있을 것이다(we can protect our decisions from confirmation bias). 그러므로 ③의 내용이 빈칸에 들어갈 말로 가장 적절하다.

**[오답해설]**

① 경쟁자가 우리를 믿도록 만드는 방법
② 우리의 맹점이 우리가 더 나은 결정을 하도록 도와줄 방법
④ 우리가 똑같은 편견을 만들어 내는 방법

**[핵심어휘]**

- evidence 증거, 증언
- confirm 확인하다, 확증하다(= verify) n. confirmation 확인, 확증
- a nasty piece of work 성질 더러운[질 나쁜] 사람, 형편없는 사람
- confirmation bias 확증 편향
- blind spot 맹점, 약점

**[본문해석]**

우리의 머리가 부리는 속임수 중의 하나는 우리가 이미 믿고 있는 것을 확인해주는 증거만을 강조한다는 것이다. 만일 경쟁자에 관한 험담을 듣게 되면, "난 그 사람이 형편없는 사람이라는 것을 알았어."라고 생각하는 경향이 있다. 반면에 절친한 친구에 관한 똑같은 소문을 듣게 되면, "그것은 소문에 불과해"라고 말할 가능성이 더 높다. 일단 소위 확증 편향이라 부르는 이러한 정신적 습관에 대해 알게 되면, 그것을 어디서든지 보기 시작한다. 이것은 우리가 더 바른 결정을 내리고 싶을 때는 문제가 된다. 우리가 옳을 경우에는 이러한 확증 편향은 괜찮지만, 우리는 너무 자주 오류를 범하며, 너무 늦은 시점에 결정적 증거에 주목한다. 확증 편향으로부터 우리의 의사결정을 보호할 수 있는 방법은 심리적으로 확증 편향이 왜 발생하는지 파악하는 것에 달려있다. 가능한 이유는 두 가지이다. 하나는 우리의 상상력에 맹점을 가지고 있는 것이고, 다른 하나는 새로운 정보에 대해 의문을 갖지 않는 것에 있다.

**20 정답 ②**

**[정답해설]**

유명 소비재 브랜드들이 현지 인력과 현지 기호에 맞추어 수출과 해외 생산을 하는 것은 적합한 전략인데, Sweets사는 국내시장에만 매달려 해외 생산을 말할 것도 없이 수출도 하지 않는다. 그러므로 빈칸에 들어갈 말은 ②의 "does very little exporting(수출도 거의 하지 않는다)"가 가장 적절하다.

**[오답해설]**

① 수입에 열중한다
③ 운영을 능률화하기로 결정했다
④ 신흥국가로 팽창하고 있다

**[핵심어휘]**

- big names 유명 회사[인사]
- export 수출하다(↔ import 수입하다)
- expand 확장[확대/팽창]시키다 n. expansion 확장, 연장, 팽창
- emerge 나타나다, 출현하다(= come out, appear) n. emergence 출현, 발생 cf) emerging country 신흥국가

- be stuck in ~에 처박혀 있다
- domestic market 국내 시장
- preservative 방부제
- let alone ~은 말할 것도 없이
- unwillingness 본의 아님, 자발적이 아님
- inability 무능, 불능
- strategy 계획, 전략(= policy, procedure)
- be intent on ~에 열중[전념]하다
- streamline 간소화[능률화]하다

**[본문해석]**
많은 유명 소비재 브랜드들에게, 현지 인력과 현지 기호에 맞춘 수출과 해외 생산은 적합한 전략이다. 그런 가운데 회사들은 빠르게 확장하는 신흥국가들의 소비재 시장에서 성장하기 위해 원가구조를 개선시킬 방법을 찾아냈다. 그러나 Sweets사는 국내시장에만 매달려 있다. 그 회사의 상품들이 방부제가 첨가 되어 있어 장거리 운송도 견딜 수 있지만, Sweets사는 해외 생산은 말할 것도 없이 수출도 거의 하지 않는다. 변화하는 세상에 사업 전략과 상품의 최신화를 주저하거나 하지 않는 것은 그 회사에 분명히 손해가 된다.

## [지방직] 2017년 12월 | 정답

| | | | | | | | | | |
|---|---|---|---|---|---|---|---|---|---|
| 01 | ① | 02 | ③ | 03 | ③ | 04 | ④ | 05 | ① |
| 06 | ① | 07 | ③ | 08 | ② | 09 | ④ | 10 | ① |
| 11 | ④ | 12 | ④ | 13 | ③ | 14 | ④ | 15 | ② |
| 16 | ③ | 17 | ② | 18 | ③ | 19 | ③ | 20 | ① |

## [지방직] 2017년 12월 | 해설

### 01 정답 ①

**[정답해설]**
밑줄 친 subsidy는 '보조금, 장려금'의 뜻으로 ①의 financial support(재정적 지원)와 그 의미가 가장 유사하다.

**[오답해설]**
② 장기적 계획
③ 기술적 지원
④ 무제한 정책

**[핵심어휘]**
- subsidy 보조금, 장려금
- vastly 대단히, 상당히
- construction 건설, 건축, 건조
- assistance 원조, 지원
- non-restrictive 비제한적인, 무제한의
- policy 방책, 정책

**[본문해석]**
두 차례의 세계 대전 동안 정부 보조금과 새로운 항공기 수요가 그 설계와 건조 기술을 상당히 발전시켰다.

### 02 정답 ③

**[정답해설]**
밑줄 친 convoluted는 '복잡한, 뒤엉킨'의 뜻으로 ③의 complicated(복잡한)와 그 의미가 가장 유사하다.

**[오답해설]**
① 고대의
② 무관한
④ 내세의

**[핵심어휘]**
- premiere 첫 공연, 초연, 개봉
- strike a balance 대차대조하다, 균형을 잡다
- convoluted 복잡한, 뒤엉킨
- character-driven 인물 중심의, 인물 주도의
- dimension 규모, 차원, 관점
- otherworldly 내세의, 저승의, 공상적인

**[본문해석]**
화요일 밤 시즌 첫 방영된 그 TV 프로그램은 복잡한 신화와 좀 더 인간적인 인물 중심적 관점 사이에서 균형을 잡으려고 애쓰는 것처럼 보였다.

### 03 정답 ③

**[정답해설]**
밑줄 친 wound up은 '그만두다, 마무리 짓다'의 뜻으로 ③의 terminated(종료하다)와 그 의미가 가장 유사하다.

**[오답해설]**
① 시작하다
② 재개하다

④ 방해하다

**[핵심어휘]**
- ㅁ wind up 그만두다, 마무리 짓다
- ㅁ initiate 시작하다, 착수하다
- ㅁ resume 재개하다, 다시 시작하다
- ㅁ terminate 끝내다, 종료하다
- ㅁ interrupt 방해하다, 중단시키다

**[본문해석]**
우리의 대화가 마무리될 무렵에, 나는 제네바에 가지 않으리라는 것을 알았다.

## 04 정답 ④

**[정답해설]**
15년 경력의 경사가 승진에서 떨어진 것이므로, 빈칸에 들어갈 말로는 ④의 passed over(제외되다)가 가장 적절하다.

**[오답해설]**
① 차에 치이다
② 데이트 신청을 받다
③ 수행되다

**[핵심어휘]**
- ㅁ sergeant 병장, 경사
- ㅁ dismay 낙담[실망]케 하다
- ㅁ promotion 승진, 승격
- ㅁ in favor of ~에 찬성하여, ~을 위하여
- ㅁ officer 장교, 사관, 경관
- ㅁ run over (차로) 치다
- ㅁ ask out 데이트를 신청하다, 초대하다
- ㅁ carry out 수행하다, 완수하다
- ㅁ pass over 무시하다, 제외시키다

**[본문해석]**
15년 경력의 경사가 젊은 경관을 위해 승진에서 제외되어 낙담하였다.

## 05 정답 ①

**[정답해설]**
해당 문장에서 heard는 지각동사이며, 지각동사 + 목적어 + 목적보어의 5형식 문장이다. 목적어와 목적보어의 관계가 능동 관계이므로 목적보어로는 동사원형 또는 현재분사를 사용할 수 있다. 그러므로 현재분사의 형태인 sneezing과 coughing을 목적보어로 사용한 것은 적절하다.

**[오답해설]**
② that → if / whether
ask + 간접목적어 + 직접목적어의 4형식 문장으로, 내게 필요한 게 있는지 없는지 물어보는 것이므로 밑줄 친 that I needed anything에서 접속사 that을 if나 whether로 바꿔 써야 옳다.
③ it → 삭제
anything (that) he could do it은 anything을 선행사로 하는 목적격 관계대명사 that이 생략된 문장이다. 관계대명사 that 다음에는 불완전한 문장이 와야 하는데, do동사의 목적어가 선행사 anything이므로 it을 빼야 한다.
④ to go away → go away
해당 문장에서 make는 사역동사이며, 사역동사 + 목적어 + 목적보어의 5형식 문장이다. 목적어와 목적보어의 관계가 능동 관계이므로, 목적보어의 형태로는 동사원형이 적절하다. 그러므로 to go away를 go away로 고쳐 써야 옳다.

**[핵심어휘]**
- ㅁ be sick with ~로 아프다
- ㅁ flu 독감, 감기
- ㅁ sneeze 재채기하다
- ㅁ caring 배려하는, 보살피는

**[본문해석]**
지난주에 나는 독감으로 아팠다. 아빠는 내가 재채기와 기침을 하는 것을 들었을 때, 내 방문을 열고 뭐 필요한 게 있는지 물어보셨다. 난 아빠의 자상하고 배려하는 얼굴을 보아서 정말 행복했지만, 그가 독감이 떨어지도록 해줄 수 있는 것은 아무것도 없었다.

## 06 정답 ①

**[정답해설]**
보통 무생물의 소유격은 of를 사용하지만, a week's holiday처럼 시간, 거리, 가치 등의 단위나 척도를 나타낼 때 's의 소유격을 사용할 수 있다. 또한 promise는 타동사인데 사물인 a week's holiday가 주어이므로, 해당 문장에서 현재완료 수동태의 형태인 has been promised는 적절하게 사용되었다.

**[오답해설]**
② destined to → was destined to
destine은 '~을 운명 짓다'는 타동사로, 해당 문장에서 그녀가 타인에게 봉사할 운명인 것이므로 수동태 문장이 되

어야 한다. 그러므로 destined to를 be + p.p의 수동태 형태인 was destined to로 고쳐 써야 옳다.

③ than → to

superior, inferior, senior, junior 등 라틴어에서 유래한 형용사의 비교급은 than이 아니라 to를 사용한다. 마찬가지로 preferable도 비교급을 표현하기 위해 than이 아닌 to를 사용한다.

④ finding → finding it

finding 다음에 현재분사 형태의 형용사인 challenging은 목적보어이고, to stay ahead는 진목적어이다. 즉, find + 가목적어(it) + 목적보어 + to부정사(진목적어) 구문이므로, 해당 문장에서 finding 다음에 가목적어인 it을 추가해야 한다.

**[핵심어휘]**

- destine 정해지다, 운명 짓다
- preferable 더 좋은, 선호되는
- stay ahead 앞장서다, 앞서가다

**[본문해석]**

① 일주일간의 휴가가 전 직원에게 약속되었다.

② 그녀는 다른 사람들에게 봉사하며 살아 갈 운명이었다.

③ 소도시가 아이들을 키우기에 대도시보다 더 선호된다.

④ 최고의 소프트웨어 회사들은 앞서가는 것이 점점 더 힘들다 것을 발견하고 있다.

## 07 정답 ③

**[정답해설]**

빈칸에 들어갈 A의 말은 슈퍼마켓이 하나밖에 없어 식료품이 비싼 문제점이 있다는 B의 말에 대한 반응이다. 빈칸 다음에서 B가 내 말이 그 말이라고 동감을 표현하고 있으므로, ③의 "It looks like you have a problem.(문제가 좀 있어 보인다.)"이 빈칸에 들어갈 말로 가장 적절하다.

**[오답해설]**

① 슈퍼마켓이 몇 개나 있니?

② 그곳에 쇼핑할 데는 많아?

④ 너희 동네로 이사 가고 싶어.

**[핵심어휘]**

- for the most part 대게, 보통, 대부분의
- drawback 단점, 결점, 문제점
- You're telling me. 내 말이 그 말이야, 동감이다

**[본문해석]**

A: 새로운 동네는 어때?

B: 대부분 훌륭해. 깨끗한 공기와 녹지 환경이 좋아.

A: 살기 좋은 곳이구나.

B: 응, 그렇지만 단점이 없진 않아.

A: 뭔데?

B: 우선 가게가 많지 않아. 예를 들어 슈퍼마켓이 하나밖에 없어서 식료품이 매우 비싸.

A: 문제가 좀 있어 보인다.

B: 내 말이 그 말이야. 하지만 다행이야. 시에서 새 쇼핑센터를 지금 짓고 있어. 내년이면 선택지가 더 많아질 거야.

## 08 정답 ②

**[정답해설]**

직장 경력과 거기서 한 일 등에 대해 묻는 것으로 보아, A와 B의 대화 내용은 구직 면접임을 알 수 있다. 빈칸 A에 들어갈 말은 B가 기존 직장에 대해 좋고 모두가 친절하다고 말하고 있음에도 새로운 직장을 구하는 동기가 무엇인지 묻는 말이 와야 한다. 빈칸 다음에서 그냥 좀 더 정규직 환경에서 일하고 싶다는 B의 대답으로 보아, 빈칸에 들어갈 A의 질문은 ②의 "Then, why are you applying for this job? (그렇다면, 왜 이 일을 지원하셨습니까?)"이다.

**[오답해설]**

① 그래서, 그곳 환경은 어떻습니까?

③ 하지만 잘 하시는 외국어가 있습니까?

④ 여기서 일하려면 어떤 자질이 필요하다고 생각하십니까?

**[핵심어휘]**

- pizzeria 피자 전문점
- formal 공식적인, 정규적인
- apply for ~에 지원하다
- quality 자격, 자질

**[본문해석]**

A: 그래서 Wong 선생님, 뉴욕에 사신 지는 얼마나 되셨나요?

B: 여기서 약 7년 정도 살았습니다.

A: 직장 경력에 대해 말씀해 주시겠어요?

B: 지난 3년간 피자 전문점에서 일했습니다.

A: 거기서 무얼 하시나요?

B: 손님에게 좌석을 안내하고 시중을 듭니다.

A: 일은 어떠세요?

B: 좋습니다. 모두가 정말 친절해요.

A: 그렇다면, 왜 이 일을 지원하셨습니까?

B: 그냥 좀 더 정규직 환경에서 일하고 싶어서요.

A: 알겠습니다. 더 하고 싶은 말씀이 있으세요?

B: 저는 사람들과 정말 잘 어울립니다. 이태리어와 중국어도 할 수 있습니다.
A: 알겠습니다. 감사합니다. 곧 연락드리겠습니다.
B: 곧 소식 듣길 바랍니다.

## 09 정답 ④

**[정답해설]**
해당 문장에서 컴퓨터가 작동하는 것을 멈춘 것이므로, '~하는 것을 멈추다'의 의미인 stop + 동명사(~ing)의 형태가 올바르게 사용되었다. 참고로 stop + to부정사는 '~하기 위해 멈추다'의 의미이다. 또한 get it fixed에서 컴퓨터가 고쳐지는 것이므로 목적어인 it과 목적보어인 fixed의 관계는 수동이다. 그러므로 과거분사인 fixed를 사용한 것은 올바르다.

**[오답해설]**
① haven't lost → hadn't lost
해당 문장은 과거 상황에 대한 가정을 나타내는 가정법 과거완료 구문이다. 가정법 과거완료는 「If + 주어 + had p.p~, 주어 + 조동사의 과거형 + have p.p」이다. 그러므로 if 이하 종속절의 haven't lost를 hadn't lost로 고쳐 써야 옳다.
② bored → boring
해당 문장의 주어는 The movie이며 사람이 아닌 사물, 즉 영화가 지루하게 하는 것이므로 수동의 의미인 과거분사 bored가 아니라 능동의 의미인 현재분사 boring로 고쳐 써야 옳다.
③ accompany with → accompany
accompany는 완전타동사이므로 전치사 없이 목적어를 바로 취할 수 있다. 그러므로 accompany 뒤의 with를 빼야 한다.

## 10 정답 ①

**[정답해설]**
originally expecting → originally expected
해당 문장의 주어는 사물인 the budget(예산)인데, 예산은 기대하는 주체가 아니라 대상이다. 그러므로 현재분사의 형태인 expecting을 과거분사의 형태인 expected로 고쳐 써야 옳다.

**[오답해설]**
② to be done은 앞의 명사 work를 수식하는 형용사적 용법으로 옳게 사용되었고, be done 또한 일이 행해지는 것이므로 수동태 형태로 옳게 사용되었다.
③ 「it + take + 시간 + (for 사람) + to부정사」는 '~하는데 시간이 걸리다'는 의미로, 해당 문장에서 의미상 주어인 'for + 사람'이 불특정 일반인이라 생략되어 있다. 또한 It은 가주어이고 to complete는 진주어 역할을 한다.
④ who는 The head를 선행사로 하는 주격 관계대명사의 계속적 용법으로 사용되었으며, 선행사가 단수이므로 3인칭 단수 현재의 receives는 옳게 사용되었다. 또한 문장 전체의 주어가 The head이므로 3인칭 단수 현재의 본동사 has가 사용된 것은 적절하다.

## 11 정답 ④

**[정답해설]**
(A) 선진국에서 입양 가능한 아동 인구가 줄어드는 이유로 안전한 피임, 낙태에 대한 법적 허용 외에 미혼모들을 위한 국가의 지원을 추가적으로 덧붙이고 있다. 그러므로 빈칸 (A)에는 부연 또는 추가의 의미인 Furthermore(게다가)가 들어갈 말로 가장 적절하다.
(B) 앞에 제시된 원인들로 인해 선진국에서는 입양 가능한 아동들이 충분치 않아서 결국 해외 아동들을 이동한다고 설명하고 있다. 그러므로 빈칸 (B)에는 결과를 나타내는 As a consequence(결과적으로)가 들어갈 말로 가장 적절하다.

**[핵심어휘]**
- domestic 국내의, 가정의
- adoption 입양, 채택, 선정
- developed country 선진국
- adoptable 양자로 삼을 수 있는
- availability 유효성, 이용 가능성
- reliable 믿을 수 있는, 믿을 만한
- contraception 피임
- pervasive 만연하는, 스며드는
- postponement 연기, 지연
- childbearing 출산, 분만
- legal 합법의, 법이 허용하는
- abortion 낙태, 임신중절
- reduction 축소, 감소
- single mother 미혼모
- stigmatize 오명을 씌우다, 낙인찍다
- count on ~을 믿다, ~에 의존하다
- resident 거주자, 주민
- prospective 장래의, 곧 있을
- resort to ~에 의존하다, 기대다

**[본문해석]**
선진국에서 국내 입양 수치의 감소는 주로 국내로 입양할 수 있는 아동의 공급이 하락한 결과이다. 그러한 나라들에서는 널리 퍼진 안전하고 믿을 만한 피임의 이용 가능성이 만연한 출산의 연기뿐만 아니라 낙태에 대한 법적 허용과 결합되어 대부분 원치 않는 출산의 빠른 감소 즉, 결과적으로 입양할 수 있는 아동 수의 감소를 초래했다. (A) 게다가, 미혼모는 예전처럼 더 이상 낙인찍히지 않으며 미혼모들은 아이를 양육하고 보살피기 위해 국가의 지원에 의존할 수 있다. (B) 결과적으로, 선진국에는 입양을 원하는 주민들을 위한 입양 가능 아동들이 충분치 않고, 장래의 입양 부모들은 점차 해외 아동들을 입양하는 것에 의존해 왔다.

## 12 정답 ④

**[정답해설]**
제시문은 과식이 사람에게 미치는 부정적 영향을 서술한 글이다. 풍년일 때 많이 먹고 흉년일 때 적게 먹는 식습관으로 인한 과식의 영향은 소년과 소녀 모두 다음 세대의 사망률을 증가시켰다. 그런데 소년과 소녀들 모두 풍년에 큰 혜택을 받았다는 ④의 내용은 과식으로 인한 부정적 영향과 관련이 없는 내용으로, 전체적인 글의 흐름상 어울리지 않는다.

**[핵심어휘]**
- on the cutting edge of ~의 최첨단에, 최신의
- isolated 외딴, 고립된
- unpredictable 예측할 수 없는, 종잡을 수 없는
- population 인구, 주민
- significantly 상당히, 중요하게
- astonish 깜짝[크게] 놀라게 하다
- benefit from ~로부터 이익을 얻다

**[본문해석]**
최신 근대 과학의 한 이야기가 19세기 스웨덴 북부의 어느 외딴 지역에서 시작되었다. ① 그 나라의 이 지역은 19세기 상반기 수확을 종잡을 수 없었다. 수확이 실패한 해에는 사람들이 굶주렸다. 하지만 수확이 좋은 해에는 아주 좋았다. ② 흉년에 굶주렸던 사람들은 풍년 동안 상당히 많이 먹었다. 한 스웨덴 과학자는 이러한 식습관이 장기적으로 어떤 영향을 끼칠 지 궁금했다. 그는 그 지역의 수확과 건강 기록들을 조사했다. 그는 자신이 찾아낸 사실에 놀랐다. ③ 풍년 동안 과식한 소년들은 아주 적게 먹은 소년들의 자녀들과 손자들보다 약 6년 정도 일찍 사망한 자녀들과 손자들을 낳았다. 다른 과학자들은 소녀들에 있어서도 같은 결과를 발견했다. ④소년과 소녀들 모두 풍년에 큰 혜택을 받았다. 과학자들은 과식이라는 단 하나의 이유가 세대에 걸쳐 계속되는 부정적 영향을 미칠 수 있다는 결론을 내렸다.

## 13 정답 ③

**[정답해설]**
제시문의 여섯 번째 문장에서 "전화는 쿨 미디어 또는 저밀도인데, 귀가 불충분한 양의 정보를 제공받기 때문이다."라고 서술되어 있다. 그러므로 전화가 고밀도라는 ③의 설명은 제시문의 내용과 일치하지 않는다.

**[오답해설]**
① 미디어는 핫 미디어와 쿨 미디어로 분류될 수 있다. → 첫 번째 문장에서 라디오와 영화는 핫 미디어로, 전화와 TV를 쿨 미디어로 분류하고 있음
② 핫 미디어는 데이터로 가득 차 있다. → 핫 미디어는 고밀도이며, 데이터로 가득 채워져 있는 상태임
④ 쿨 미디어는 청중에 의해 채워져야 할 것이 많다. → 말은 저밀도의 쿨 미디어인데, 너무 적은 정보가 들어오고 듣는 사람에 의해 많은 것이 채워져야 함

**[핵심어휘]**
- distinguish A from B A와 B를 구별하다
- high definition 고밀도, 고화질, 고해상도
- low definition 저밀도, 저화질, 저해상도
- meager 빈약한, 결핍한, 불충분한

**[본문해석]**
라디오와 같은 핫 미디어와 전화와 같은 쿨 미디어, 또는 영화와 같은 핫미디어와 TV와 같은 쿨 미디어를 구별하는 기본 원칙이 있다. 핫 미디어는 단일 감각을 "고밀도"로 확장하는 것이다. 고밀도는 데이터로 가득 채워져 있는 상태를 말한다. 사진은 시각적으로 "고밀도"이다. 만화는 "저밀도"인데, 단순히 아주 적은 시각적 정보가 제공되기 때문이다. 전화는 쿨 미디어 또는 저밀도인데, 귀가 불충분한 양의 정보를 제공받기 때문이다. 그리고 말은 저밀도의 쿨 미디어인데, 너무 적은 정보가 들어오고 듣는 사람에 의해 많은 것이 채워져야 하기 때문이다. 반면에 핫 미디어는 청중에 의해 채워지거나 완료될 것이 거의 없다.

## 14 정답 ④

**[정답해설]**
제시문의 마지막 문장에서 연간 고래 수의 집계는 1월, 2월, 3월 마지막 주 토요일이 되어서야 비소로 시작되기 때문에 공무원들이 실질적 수치를 얻기 전까지는 시간이 좀 걸릴 것이라고 하였다. 그러므로 "이번 고래 시즌에 하와이로 돌아온 혹등고래의 수는 공식적으로 집계되었다."는 ④의 설명은 제시문의 내용과 일치하지 않는다.

**[오답해설]**

① 하와이에서 혹등고래 계절은 보통 연말에 시작된다. → 첫 번째 문장에서 12월이 하와이에서 혹등고래 계절의 시작이라고 하였음

② 혹등고래들은 하와이에서 여행사에게 수익이 된다. → 두 번째 문장에서 이 거대한 고래들은 그 섬에서 겨울의 상징이며 여행사들의 수입원이라고 하였음

③ 하와이에서 목격되는 흑등고래 수의 감소는 그들의 성공 때문일 수도 있다. → 제시문에서 하와이에서 목격되는 흑등고래의 수가 감소하는 때는 고래가 증가할 때이며 이는 성공의 산물, 즉 개체수의 증가를 의미함

**[핵심어휘]**

- humpback whale 혹등고래
- iconic 상징의, 우상의, 대표적인
- tour operator 여행사
- sanctuary 보호구역, 피난처
- spot 찾다, 발견하다, 목격하다
- coordinator 조정관, 편성자
- distressed 괴로워 하는, 아파하는
- calf (송아지 또는 고래 등의) 새끼
- a handful of 소수의, 한 줌의
- hard numbers 실질적인 수치
- profitable 수익성이 있는, 이득이 되는
- calculate 계산하다, 집계하다

**[본문해석]**

12월은 하와이에서 혹등고래 계절의 시작이지만, 전문가들은 올해 고래들의 귀환이 늦어지고 있다고 말한다. 이 거대한 고래들은 그 섬에서 겨울의 상징이며 여행사들의 수입원이다. 하지만 혹등고래 해양보호구역 공무원들은 지금까지 고래를 목격하기가 어려웠다는 보고를 받았다고 말했다. "한 가지 의견은 이런 일들이 고래가 증가할 때 발생했다는 것입니다. 이는 성공의 산물입니다. 더 많은 개체수로 인해, 그들은 먹이 자원을 얻기 위해 서로 경쟁하고 있으며, 그리고 돌아오는 긴 여정을 위해 에너지를 비축합니다."라고 마우이 섬 자원보호 매니저이자 대응 코디네이터인 Ed Lyman은 말했다. 크리스마스이브에 고통 받는 새끼 고래에 대한 연락을 받고 대응하는 동안, "우리는 그저 소수의 고래만을 봤을 뿐입니다."라고 말하며 그가 얼마나 적은 수의 동물들을 봤는지에 놀랐다. 전 보호구역 공동 매니저인 Jeff Walters에 따르면, 연간 고래 수의 집계는 1월, 2월, 3월 마지막 주 토요일이 되어서야 비소로 시작되기 때문에 공무원들이 실질적 수치를 얻기 전까지는 시간이 좀 걸릴 것이다.

## 15 정답 ②

**[정답해설]**

제시문은 독해를 하는 동안 모르는 단어가 나오면 문맥을 통해 그것을 이해하려 하기 보다는 졸리기 전에 사전을 붙잡는 의지력을 보이라는 것이다. 주어진 문장이 역접의 접속부사 However(그러나)로 시작하므로, 앞의 서술 내용과 상반되는 부분에 위치해야 한다. 또한 주어진 문장이 독해 과정에서 모르는 단어가 나오면 곧 졸리게 된다는 의미이므로, 잠에 대한 서술 내용이 시작되는 ②에 들어가는 것이 가장 적절하다.

**[핵심어휘]**

- drowsy 졸리는, 나른한
- reliable 믿을 수 있는, 믿을 만한
- cultivate 기르다, 함양하다, 계발하다
- annoying 성가신, 짜증스러운
- interruption 중단, 훼방, 방해
- gradual 점진적인, 완만한
- consciousness 의식, 자각, 생각
- knack 재주, 요령
- confusion 혼란, 혼동
- take over 장악하다, 지배하다
- willpower 의지력
- grab 붙잡다, 움켜잡다
- clarify 명확하게 하다, 분명히 말하다
- perceptible 감지할 수 있는, 지각할 수 있는

**[본문해석]**

> 그러나 이해가 되지 않는다면, 곧 졸고 있는 자신을 발견하게 될 것이다.

사전은 어휘를 공부하는데 필요한 가장 믿을만한 자산이다. 그럼에도 그것을 사용하는 습관은 계발되어야 한다. 물론 읽는 것을 중단하고 단어를 찾는 것이 성가신 방해처럼 느낄 수 있다. 계속 읽다보면 결국 문맥으로부터 그것을 이해하게 될 거라고 말할 수도 있다. ( ① ) 실제로 독해 학습 안내서들은 종종 그처럼 조언을 한다. ( ② ) 종종 발생하는 것은 잠에 대한 욕구가 아니라 점진적인 의식의 상실이다. ( ③ ) 여기에서 요령은 졸음이 지배하기 전에 단어 공부를 위해 사전을 붙잡는 충분한 의지력을 발휘하는 것이 좀 더 쉬울 때, 단어가 혼동된다는 초기의 신호를 인식하는 것이다. ( ④ ) 비록 이런 특별한 노력이 필요할지라도, 일단 의미가 명확해진다면 지각할 수 있는 안도감이 그 노력을 가치 있게 만들어준다.

국가직 문제 | 지방직 문제 | 서울시 문제 | 국가직 해설 | 지방직 해설 | 서울시 해설

## 16 정답 ③

**[정답해설]**

제시문에 따르면 사람들이 생산한 다양한 창조물들을 보고 그 차이점을 설명하기는 쉬우나, 그들이 어떻게 창조하는지에 대한 보편성을 간과하기는 쉽다고 서술하고 있다. 즉, 전문 분야는 다르지만 모든 창조가들은 소위 "사고의 도구"라는 공통된 세트를 사용한다는 것이다. 그러므로 ③의 '창조 과정의 공통성'이 제시문의 주제로 가장 적절하다.

**[오답해설]**

① 창의적 사고의 방해물
② 예술과 과학의 차이점
④ 다양한 전문직종의 뚜렷한 특징

**[핵심어휘]**

- □ diverse 다양한, 여러 가지의
- □ obviously 확실히, 분명히
- □ genetics 유전학
- □ combine 결합하다, 연합하다
- □ playwright 극작가, 각본가
- □ characterize 특징을 이루다, 특징짓다
- □ universality 보편성, 일반성
- □ sculptor 조각가
- □ what we call 소위, 이른바
- □ sensation 느낌, 감각
- □ reproducible 재생할 수 있는, 재현 가능한
- □ analogy 비유, 유추
- □ give rise to 낳다, 일으키다
- □ obstacle 장애, 방해
- □ commonality 공통성, 공유성

**[본문해석]**

사람들이 생산한 다양한 것들을 보고 그들의 차이점을 설명하는 것은 쉽다. 분명 시는 수학 공식이 아니며, 소설은 유전학 실험이 아니다. 작곡가는 확실히 시각 예술가들의 언어와는 다른 언어를 사용하며, 화학자들은 극작가들이 하는 것보다는 아주 다양한 것들을 결합시킨다. 그러나 그들이 만든 다양한 것들로 사람들을 특징짓는 것은 그들이 어떻게 창조하는지에 대한 보편성을 간과하는 것이다. 왜냐하면 창조 과정의 수준에서 과학자, 예술가, 수학자, 작곡가, 작가 그리고 조각가는 정서 감정, 시각 이미지, 신체 감각, 재현 가능한 패턴, 그리고 비유 등이 포함된 소위 "사고의 도구"라는 공통된 세트를 사용한다. 그리고 모든 창의적인 사상가들은 이러한 주관적인 사고의 도구들에 의해 창조된 아이디어들을 자신들의 통찰력을 표현할 대중적 언어로 바꾸는 법을 배우는데, 그것은 다른 사람들의 정신에 새로운 사고를 불러일으킬 수 있다.

## 17 정답 ②

**[정답해설]**

제시문의 서두에 외관상 간단해 보이는 질문들도 더 탐구해 보면 더 복잡하다고 서술하고 있다. 또한 암세포에 혈액을 차단하여 산소 공급을 막는 것은 오히려 암세포를 키우고 퍼지게 하므로 혈액을 더 많이 공급하라고 서술하고 있다. 즉, 초기의 예상과 달리 모순되는 결과가 이어지고 있다. 그러므로 ②의 '초기의 직관과는 모순되는 결론'이 제시문의 빈칸에 들어갈 말로 가장 적절하다.

**[오답해설]**

① 실현되지 않고 끝나는 계획
③ 조심스러운 관찰로 시작되는 위대한 발명
④ 과학적 진보에 역행하는 오해들

**[핵심어휘]**

- □ seemingly 겉으로, 외관상으로
- □ straightforward 간단한, 솔직한
- □ probe 탐색[탐구]하다, 조사하다
- □ nuance 뉘앙스, 어감, 미묘한 차이
- □ oxygen-hungry 산소가 부족한, 산소에 굶주린
- □ starve 굶주리다, 굶어 죽다
- □ deflate 공기를 빼다, 죽이다, 수축시키다
- □ deprivation 박탈, 부족, 제거
- □ strategy 계획, 전략
- □ collagen 콜라겐
- □ contradict 부정하다, 모순되다
- □ intuition 직관, 직감
- □ observation 관찰, 논평

**[본문해석]**

과학에 단순한 대답은 거의 없다. 심지어 외관상 간단해 보이는 질문들도, 증거를 찾는 사람들에 의해 탐구될 때 더 많은 질문들을 야기한다. 그러한 질문들은 미묘한 차이, 여러 겹의 복잡성, 그리고 우리가 기대하는 것보다 더 자주 초기의 직관과는 모순되는 결론으로 이어진다. 1990년대에 "우리는 산소에 굶주린 암세포와 어떻게 싸울 것인가?"라는 질문을 던진 연구원들이 명백한 해결책을 제시했다. 즉, 혈액 공급을 차단함으로써 산소를 없애 죽이는 것이다. 그러나 Laura Beil은 "암을 수축시키기"에서 산소 제거는 사실 암을 키우고 퍼지게 만든다고 설명하고 있다. 과학자들은 새로운 전략을 찾으면서 대처해 왔다. 예를 들어 콜라겐 고속 통행로 차단하기, 심지어 혹은 Beil이 기술한 세포에 "혈액을 더 적게 말고 더 많이" 공급하기 등이다.

## 18 정답 ③

**[정답해설]**

제시문에서 연사가 논문을 단순히 읽어주는 것이 아니라, 자신의 언어로 직접 연설해 주기를 바랐지만 그렇지 않아 실망했다고 서술하고 있다. 그러므로 ③의 "그의 장황하면서도 잘 준비된 논문을 충실하게 읽어나가기 시작했다."가 빈칸에 들어갈 말로 가장 적절하다.

**[오답해설]**

① 그의 강연이 너무 형식적이 될까 두려워했다.
② 그의 논문을 보지 않고 그의 이론을 설명했다.
④ 청중의 관심을 끌기 위해 익살스러운 몸짓을 많이 사용했다.

**[핵심어휘]**

- distribute A to B A를 B에게 나누어 주다
- photocopy 사진, 복사(물)
- leaf through ~을 훑어보다, 대충 넘겨보다
- grasp 완전히 이해하다, 파악하다
- pray 기도하다, 간절히 바라다
- disappointment 실망, 낙심
- elaborate 자세히 설명하다, 상술하다
- lengthy 너무 긴, 장황한, 지루한
- faithfully 충실히, 충직하게

**[본문해석]**

강연이 시작하기 전에, 그날의 연사는 각 관중들에게 자신의 논문·복사본을 나누어 주었고, 나도 한 부를 받아 훑어보고 그 글의 주제를 파악했다. 그가 시작하기를 기다리면서, 나는 이 연사가 그 주제에 대해 알고 있는 것을 읽어주는 것이 아니라 청중들에게 자신의 언어로 직접 연설하기를 조용히 기도했다. 그러나 너무나 실망스럽게도, 그는 그의 장황하면서도 잘 준비된 논문을 충실하게 읽어나가기 시작했다. 곧 나는 내 손에 있는 논문에 인쇄된 단어들을 기계적으로 따라가고 있는 것을 알게 되었다.

## 19 정답 ③

**[정답해설]**

제시문에서 "여우는 많은 것을 알지만, 고슴도치는 큰 한 가지만 안다."는 격언을 통해 사상가들을 여우 유형과 고슴도치 유형의 두 부류로 나누었다. 고슴도치 유형이 한 가지 틀만을 고집하는 반면, 여우 유형은 다양한 견해를 가지고 있다. 즉, 여우 유형은 하나의 구호만을 외치는 편협함을 지양하므로, ③의 '하나의 큰 구호만을 외치는 것'이 빈칸에 들어갈 말로 가장 적절하다.

**[오답해설]**

① 합리적으로 행동하는 것
② 다양한 해법을 찾아내는 것
④ 세계의 복잡함을 이해하는 것

**[핵심어휘]**

- liberal 자유주의의, 진보주의의
- hark back to ~을 상기하다
- lyric 서정시의
- hedgehog 고슴도치
- exclusively 배타적으로, 독점적으로, 오로지
- mold 주조하다, 틀에 넣다
- sympathy 동정, 동조, 공감
- have a variegated take on ~에 다양한 견해를 가지다
- skeptical 의심 많은, 회의적인
- articulate 분명히 표현하다[설명하다]

**[본문해석]**

톨스토이에 관한 유명한 에세이에서, 자유주의 철학자 Isaiah Berlin 경은 그리스의 서정시인 Archilochus(BC 7세기)에 기인한 고대의 격언, 즉 "여우는 많은 것을 알지만, 고슴도치는 큰 한 가지만 안다."를 상기시키며, 두 부류의 사상가들을 구분했다. 고슴도치들은 하나의 중심 생각을 가지고 세상을 오로지 그 생각의 프리즘을 통해서만 본다. 그들은 복잡함과 예외들을 간과하거나, 그것들을 틀에 넣어 그들의 세계관에 맞춘다. 모든 시대와 모든 환경에 맞는 하나의 정답만 있다. Berlin이 더 많이 공감한 여우들은 세상에 대한 다양한 견해를 가지고 있어, 이 점이 그들을 하나의 큰 구호만을 외치지 못하도록 했다. 세상의 복잡성이 일반화를 막는다는 것을 알기 때문에 그들은 커다란 이론들에 회의적이다. Berlin은 단테를 고슴도치로 반면에 셰익스피어를 여우로 생각했다.

## 20 정답 ①

**[정답해설]**

제시문에 따르면 로크는 사유재산을 옹호하면서 노동력이 창출하는 가치가 사람이 재산을 소유하는 것을 정당하게 한다고 설명하고 있다. 그러므로 "재산의 소유권은 노동으로부터 온다."는 ①의 설명이 로크의 주장으로 가장 적절하다.

**[오답해설]**

② 노동은 귀족 사회에서 가장 중요한 이상이다. → 귀족 사회에서 중요한 이상은 신분과 명예임
③ 사유재산의 축적은 행복의 원천이다. → 로크는 노동력이 동반된 사유재산의 축적을 옹호하였으나, 사유재산의 축적이 행복의 원천이라는 설명은 제시문에 나타나 있지 않음

국가직 문제 지방직 문제 서울시 문제 국가직 해설 지방직 해설 서울시 해설

④ 자본주의 사회로의 원활한 전환은 사회 발전에 필수적이다. → 자본주의 사회로의 전환은 노동의 중요성을 강조하는 로크의 사상이 부상하는 시대적 배경일 뿐임

**[핵심어휘]**

- private property 사유재산
- fertile 비옥한, 기름진
- fallow 놀리는, 미개간의
- fatten 살찌다, 살찌우다
- peripheral 주변부의, 지엽적인
- figure 인물, 사람
- status 지위, 신분
- aristocrat 귀족
- be entitled to ~에 대한 자격이 있다
- vast 넓은, 광대한
- landholdings 소유 토지, 토지 소유[임대]
- bourgeoisie 중산층, 자본가 계급, 부르주아
- elevation 고취, 등용, 찬양
- be bound to 반드시 ~하다
- transition 이행, 전이, 변천, 변이

**[본문해석]**

로크의 사유재산 옹호에서, 중요한 점은 신의 토지를 우리의 노동과 결합할 때 일어나는 것이다. 우리는 노동을 함으로써 그 땅에 가치를 더한다. 즉, 우리는 예전에는 놀고 있던 땅을 비옥하게 만든다. 이런 의미에서 토지의 가치 원천, 혹은 토지에 부과된 가치는 바로 우리의 노동력인 것이다. 나의 노동력이 창출하는 가치는 내가 개간함으로써 가치 있게 만들었던 토지를, 내가 파서 채운 우물을, 그리고 내가 키워 살찌운 가축들을 소유하는 것을 정당하게 한다. 로크로 인해 호모 파베르 즉, 노동 인간은 정치 사상의 역사에 있어 처음으로 주변 인물이 아니라 중심 인물이 된다. 로크의 세계에서 신분과 명예는 여전히 귀족들에게 흘러갔으며, 이러한 귀족들은 광활한 토지소유권을 갖고 있었으나 역사는 그들을 지나쳐 가게 내버려 두었다. 왜냐하면 정확히 새로운 경제 현실이 노동에 의해 실제적으로 가치를 창조하는 중산계층에게 부가 이동하고 있었기 때문이다. 시간이 지나 노동의 중요성에 대한 로크의 찬양은 부상하는 중산계층의 관심을 끌 수밖에 없었다.

# 2023~2017 [서울시] 정답 및 해설

## [서울시] 2022년 02월 | 정답

| | | | | | | | | | |
|---|---|---|---|---|---|---|---|---|---|
| 01 | ① | 02 | ④ | 03 | ② | 04 | ① | 05 | ④ |
| 06 | ④ | 07 | ② | 08 | ② | 09 | ③ | 10 | ① |
| 11 | ④ | 12 | ③ | 13 | ③ | 14 | ② | 15 | ④ |
| 16 | ③ | 17 | ① | 18 | ③ | 19 | ② | 20 | ③ |

## [서울시] 2022년 02월 | 해설

### 01 정답 ①

**[정답해설]**
밑줄 친 renowned는 '유명한, 명성 있는'의 뜻으로 ①의 famous(유명한)와 그 의미가 가장 유사하다.

**[오답해설]**
② 용감무쌍한
③ 초기의
④ 악명 높은

**[핵심어휘]**
- Norwegian 노르웨이인
- Antarctica 남극 대륙
- Bay of Whales 훼일스만
- South Pole 남극
- loan 빌려주다, 대여하다
- renowned 유명한, 명성 있는
- elite 일류의, 정예의
- polar 북극[남극]의, 극지의
- vessel 선박, 그릇
- intrepid 용감무쌍한, 두려움을 모르는
- notorious 악명 높은

**[본문해석]**
Roald Amundsen이 이끄는 노르웨이인들은 1911년 1월 14일 남극 훼일스만에 도착했다. 개 무리와 함께, 그들은 남극으로 영국인들과 경주할 준비를 했다. 유명한 북극 탐험가 Fridtjof Nansen이 대여한 Amundsen의 배 Fram은 당시 정예 극지 운항 선박이었다.

### 02 정답 ④

**[정답해설]**
밑줄 친 lucid는 '명쾌한, 명료한'의 뜻으로 ④의 perspicuous(명쾌한)와 그 의미가 가장 유사하다.

**[오답해설]**
① 수다스러운
② 게으른
③ 차분한

**[핵심어휘]**
- lucid 명쾌한, 명료한
- give a account of ~를 보고하다, 설명[해명]하다
- loquacious 말이 많은, 수다스러운
- sluggish 꾸물거리는, 게으른
- placid 차분한, 잔잔한
- perspicuous 명쾌한, 명료한

**[본문해석]**
그녀는 발표 때 이 조직의 일원으로서 자신의 향후 계획에 대해 명쾌한 설명을 할 것이다.

### 03 정답 ②

**[정답해설]**
제시문에서 사람들이 경쟁력을 갖추고 성공하려면 기술을 쌓아야 하므로, 빈칸에 들어갈 말로는 ②의 accumulate(축적하다)가 가장 적절하다.

**[오답해설]**
① 폐지하다
③ 줄어들다
④ 분리하다

**[핵심어휘]**

- ㅁ competitive 경쟁력 있는, 경쟁심이 강한
- ㅁ abolish 폐지하다
- ㅁ accumulate 모으다, 축적하다
- ㅁ diminish 줄어들다, 약해지다
- ㅁ isolate 격리하다, 분리하다

**[본문해석]**

사람들은 경쟁력을 갖추고 성공하기 위해 직장에서 기술을 축적할 필요가 있다.

## 04 정답 ①

**[정답해설]**

제시문에서 맨해튼의 마천루가 어쩔 수 없이 하늘로 확장된 것은 하늘 외에 다른 방향이 없다는 의미이므로, 빈칸에는 존재의 부재를 의미하는 ①의 absence(없음)가 들어갈 말로 가장 적절하다.

**[오답해설]**

② 결심
③ 노출
④ 선택

**[핵심어휘]**

- ㅁ be compelled to 어쩔 수 없이 ~하다, 억지로 ~하다
- ㅁ direction 방향, 목적
- ㅁ majesty 장엄함, 위풍당당함
- ㅁ absence 부재, 없음
- ㅁ exposure 노출, 폭로

**[본문해석]**

맨해튼은 다른 성장 방향이 없기 때문에 어쩔 수 없이 하늘로 확장되었다. 이것은 다른 무엇보다도 그것의 물리적인 장엄함에 책임이 있다.

## 05 정답 ④

**[정답해설]**

다른 사람의 말이나 아이디어를 사용하면서 원작자나 그것의 출처를 밝히지 않는 것은 ④의 plagiarism(표절)을 의미한다.

**[오답해설]**

① 인용
② 발표
③ 수정

**[핵심어휘]**

- ㅁ citation 인용, 인용구
- ㅁ modification 수정, 변경
- ㅁ plagiarism 표절

**[본문해석]**

표절은 다른 누군가의 정확한 말이나 아이디어를 자기 글에 사용하고서, 원작자나 그것들이 발췌된 책, 잡지, 비디오, 팟캐스트, 웹사이트의 이름을 밝히지 않는 것이다.

## 06 정답 ④

**[정답해설]**

지난 주 월요일에 산 재킷의 지퍼가 벌써 고장 나서 환불받고 싶다는 A의 말에, 환불 여부 대신 지퍼를 고쳐주겠다는 B의 말을 적절하지 않다. 그러므로 ④의 대화 내용이 가장 어색하다.

**[핵심어휘]**

- ㅁ favor 호의, 친절, 부탁
- ㅁ sure thing (제안 · 요청에 대한 대답으로) 네[응]
- ㅁ close account 계좌를 폐지하다[해지하다]
- ㅁ I'll say 그럼요, 내말이 그 말이다, 동감하다
- ㅁ refund 환불하다

**[본문해석]**

① A: 당신에게 부탁이 있어요.
B: 네. 무엇인데요?
② A: 제 계좌 좀 해지해야 할 것 같아요.
B: 알겠습니다. 이 양식을 작성해 주세요.
③ A: 아름다운 결혼식이었어요.
B: 동감이에요. 결혼한 두 사람이 너무 잘 어울려 보였어요.
④ A: 지난 주 월요일에 이 재킷을 샀는데 벌써 지퍼가 고장 났어요. 환불받고 싶습니다.
B: 알겠습니다. 지퍼를 고쳐드릴게요.

## 07 정답 ②

**[정답해설]**

would rather A than B는 "B하기보다 차라리 A하겠다"는 의미로, A와 B는 조동사 would의 본동사로 둘 다 동사원형이 와야 한다. 해당 문장에서 A 부분에 enter가 옳게 사용되었고,

B 부분은 A와 동일한 표현으로 enter the labor force가 생략되어 있다.

**[오답해설]**

① which → whose

해당 문장에서 관계대명사 which 다음에 완전한 문장이 왔고, 선행사 the population을 소유격으로 하는 '그 인구의 가구 소득'이므로 관계대명사 which는 소유격 관계대명사 whose로 고쳐 써야 옳다.

③ that people pick up → for people to pick up

hard는 난이형용사로, It ~ that 구문이 아니라 It ~ for ~ to부정사 구문 형태로 써야 한다. 그러므로 해당 문장에서 that people pick up은 for people to pick up으로 고쳐 써야 옳다.

④ Despite → Although[Though]

Despite는 품사가 전치사이므로 뒤에 주어+동사의 절이 올 수 없다. 그러므로 Despite는 양보를 나타내는 접속사 Although 또는 Though로 고쳐 써야 옳다.

**[핵심어휘]**

- poverty rate 빈곤율
- family income 가구 소득
- not surprisingly 놀랄 것 없이, 당연히, 응당
- would rather A than B B하기보다 차라리 A하겠다
- labor force 노동 인구, 경제 활동 인구
- expansion 확장, 확대
- contraction 축소, 위축
- statistic 통계, 통계 자료
- decline 감소하다, 줄어들다

**[본문해석]**

① 빈곤율은 가구 소득이 절대 수준 이하로 떨어지는 인구 비율이다.
② 당연히 어떤 대졸자도 경기가 위축되는 해보다 경기가 확장되는 해에 경제 활동 인구에 진입하는 것이 더 낫다.
③ 사람들은 경제에 관한 새로 보도된 통계를 보지 않고는 신문을 집어 들기 어렵다.
④ 평균소득이 계속 증가하고 있음에도 불구하고, 빈곤율은 감소하지 않았다.

**08** 정답 ②

**[정답해설]**

cleaning → cleaned

have(사역동사) + 목적어 + 목적보어 구문에서 목적보어는 보통 원형부정사를 사용하나, 목적어와 목적보어의 관계가 수동의 의미이면 과거분사를 사용한다. 해당 문장에서 그녀의 장소가 청소되는 것이므로, 목적보어는 수동의 의미인 과거분사를 사용해야 한다. 그러므로 cleaning은 cleaned로 고쳐 써야 옳다.

**[오답해설]**

① 부대상황을 나타내는 With 분사구문으로, 남은 것이 아무것도 없는 것이므로 수동의 의미인 과거분사 left가 바르게 사용되었다. 또한 지시대명사 that을 선행사로 하는 주격 관계대명사 which가 바르게 사용되었고, 매달렸던 시점보다 빼앗겼던 시점이 더 이전이므로 과거완료의 형태인 had robbed의 쓰임도 적절하다.

③ 문두의 Alive는 While she was alive~라는 부사절이 분사구문의 형태로 바뀐 것이다. she는 주절의 주어와 일치하므로 생략되어 Being alive가 되며, Being 또한 생략 가능하므로 문두에 Alive만 남은 것이다.

④ accuse A of B의 구문으로 'A를 B의 이유로 비난[고발]하다'의 의미이다. 해당 문장에서 A에 사람인 a lady가, B에 이유를 나타내는 'smelling bad'가 왔으므로 어법상 옳은 문장이다.

**[핵심어휘]**

- cling to ~에 매달리다, ~에 집착하다
- rob 빼앗다, 도둑질하다
- accuse 고발하다, 비난하다

**[본문해석]**

① 아무것도 남지 않은 터라, 그녀는 빼앗긴 것에 매달려야만 했다.
② 그녀에게 청소하라는 말 좀 전해주세요.
③ 살아 있는 동안, 그녀는 전통이자 의무이자 보살핌이었다.
④ 안 좋은 냄새가 난다고 면전에서 여성분을 비난할 것인가?

**09** 정답 ③

**[정답해설]**

very → 삭제

해당 문장에서 frightening 뒤에 목적어인 her가 왔으므로, was frightening은 동사적인 개념으로 봐야 한다. 그러므로 frightening 앞의 동사를 수식할 수 없는 very를 삭제해야 한다.

**[오답해설]**

① 명사 bucket 앞의 형용사들이 ugly(모양) + old(신구) + yellow(색깔) + tin(재료)의 어순으로 바르게 사용되었다.

또한 besides(~외에)가 아닌 전치사 beside(~옆에)가 옳게 사용되었다.

② 최상급인 the most perfect와 함께 '지금까지 발명된'이라는 의미인 ever invented가 바르게 사용되었다.

④ thought의 목적어로써 명사절을 이끄는 접속사 that이 올바르게 사용되었고, 관사+형용사+명사의 어순인 an utter fool도 바르게 사용되었다.

**[핵심어휘]**

- tin 주석, 깡통, 양철
- copier 복사기
- frighten 놀라게 만들다, 겁먹게 만들다
- utter 완전한, 순전한

**[본문해석]**

① 흉하고 오래된 누런 양철 양동이가 난로 옆에 서 있었다.
② 그것은 지금까지 발명된 것 중 가장 완벽한 복사기이다.
③ 존은 그녀를 놀라게 했다.
④ 그녀는 그가 완전 바보라고 생각했다.

## 10 정답 ①

**[정답해설]**

creating → created

when절 이하는 앞의 fashion을 의미상 주어로 하는 분사구문이다. 문장의 내용상 패션이 창조되는 것이므로, creating은 수동의 의미인 과거분사 created로 고쳐 써야 옳다.

**[오답해설]**

② 뒤의 형용사 responsible을 수식하는 부사로 socially는 옳게 사용되었다.

③ 2형식 동사인 remain의 보어로써 형용사 open은 옳게 사용되었다.

④ 앞의 The people, processes, and environments를 선행사로 하는 주격 관계대명사 that은 옳게 사용되었다.

**[핵심어휘]**

- sustainable 지속 가능한, 유지[지탱]할 수 있는
- sustainability 지속[유지] 가능성
- purchase 구입하다, 사다
- perception 지각, 통찰력, 인식
- complexity 복잡성, 복합성
- embody 상징하다, 구현하다
- fabulous 기막히게 좋은[멋진]

**[본문해석]**

사람들은 매일 옷을 입을 때 지속 가능한 방식으로 행동할 기회가 있고, 패션은 지속 가능성에 대한 폭넓은 이해 안에서 창조될 때, 환경뿐만 아니라 사람도 지속할 수 있다. 사람들은 그들이 구매하는 패션과 관련하여 사회적으로 책임감 있는 선택을 하고 싶어 한다. 패션 디자이너이자 제품 개발자로서, 우리는 책임감 있는 선택을 제공해야 하는 도전을 받고 있다. 우리는 패션에 대한 인식을 확장하여 존재하는 많은 층과 복잡성에 대해 열린 채로 있어야 한다. 패션을 구현하는 사람, 과정, 환경은 또한 새로운 지속 가능한 방향을 요구하고 있다. 정말 멋진 기회가 기다리고 있다!

## 11 정답 ④

**[정답해설]**

published → was published.

해당 문장에서 타동사인 published의 주어는 앞의 the report이며 뒤에 목적어가 없다. 또한 의미상 보고서가 발표되는 것이므로 수동태로 써야 한다. 그러므로 published는 was published로 고쳐 써야 옳다.

**[오답해설]**

① 문장의 주어가 복수명사이므로 본동사인 provide는 주어와의 수의 일치에 따라 옳게 사용되었다.

② information은 불가산 명사이므로 해당 문장에서 관사 없이 옳게 사용되었으며, 복수 형태로 쓰이지 않은 것도 또한 적절하다.

③ 해당 문장에서 the facts가 주어진 것이므로, 수동의 의미인 과거분사 given의 쓰임은 적절하다.

**[핵심어휘]**

- interpret 설명하다, 해석하다
- annual 매년의, 연례의
- development 발달, 전개, 국면

**[본문해석]**

신문, 저널, 잡지, TV, 라디오 그리고 전문 또는 무역 출판물은 연례 보고서에서 또는 보고서 발표 이후의 국면에 대해 주어진 사실을 설명하는 데 도움이 될 만한 추가 정보를 제공한다.

## 12 정답 ③

**[정답해설]**

제시문은 대규모 나무심기와 보호구역의 지정 등 열대우림의 생태계 보호를 위한 세계 각국의 노력을 서술하고 있다. 그러므로 열대우림에서 비롯된 제약품 수익을 국가들에게 더 공

평하게 배분토록 한다는 ③의 설명은 글의 흐름상 가장 어색하다.

**[핵심어휘]**

- tropical forest 열대림, 열대우림
- incredibly 믿을 수 없을 정도로, 엄청나게
- ecosystem 생태계
- biodiversity 생물의 다양성
- excessive 과도한, 지나친
- promising 유망한, 조짐이 좋은, 희망적인
- deforestation 삼림벌채
- intensive 집중적인, 강력한
- initiative 계획, 개시, 선도
- equitable 공정한, 공평한
- revenue 수익, 수입
- pharmaceutical products 제약품
- originate 비롯되다, 유래하다
- reserve (동 · 식물 등의)보호 구역
- designate 지정하다, 지명하다
- conservation 보호, 보존

**[본문해석]**

열대우림은 세계 생물 다양성의 상당 부분을 제공하는 믿을 수 없을 정도로 풍부한 생태계이다. ① 그러나 이 지역의 가치에 대한 이해가 높아졌음에도 불구하고, 과도한 파괴가 계속되고 있다. 하지만 몇 가지 희망적인 징후들이 나타나고 있다. ② 많은 지역의 삼림 벌채는 정부가 집중적인 나무심기로 이런 관행과 싸우면서 지연되고 있다. 예를 들어 아시아는 주로 중국의 대규모 나무심기 계획으로 인해 지난 10년 동안 숲을 얻었다. ③ 이러한 도전의 일부는 열대우림에서 비롯된 제약품 수익을 국가들에게 더 공평하게 배분토록 하는 것이다. 더욱이 생물다양성 보존을 위해 지정된 보호구역의 수는 전 세계적으로 증가하고 있으며, 특히 남아메리카와 아시아에서 큰 이익을 얻고 있다. ④ 불행히도 이러한 이익에도 불구하고, 인간이 숲을 파괴하는 능력은 그것을 보호하는 능력보다 더 큰 것으로 계속 나타나고 있다.

## 13 정답 ③

**[정답해설]**

본문에 따르면 다발성 골수종으로 죽어가는 친구를 병문안 갔을 때마다 화자가 쓴 병과 죽음에 관한 소설을 친구가 항상 읽었다고 서술하고 있다. 그러므로 그녀가 더 이상 그 책을 읽고 싶지 않다고 주장했다는 ③의 설명은 전체적인 글의 흐름상 어울리지 않는다.

**[핵심어휘]**

- multiple myeloma 다발성 골수종
- painfully 극도로, 고통스럽게
- get into the habit of ~ing ~하는 버릇[습관]이 생기다
- thoroughly 철저히, 완전히
- inappropriate 부적절한, 부적합한
- suspect 의심하다, 알아채다, 짐작하다

**[본문해석]**

1980년대 초에, 내 친한 친구가 특히 위험하고 고통스러운 암인 다발성 골수종으로 죽어간다는 사실을 알았다. 나는 이 전에 연세 드신 친척 분들과 가족의 친구들을 죽음으로 잃은 적은 있지만, 결코 개인적인 친구를 잃은 적은 없었다. ① 나는 비교적 젊은 사람이 병으로 천천히 고통스럽게 죽는 것을 결코 본 적이 없었다. 내 친구는 1년이 지나 죽었고, ② 나는 매주 토요일마다 그녀를 방문해 내가 작업하고 있는 소설의 최신 장을 가지고 가는 버릇이 생겼다. 이것은 우연히도 「Clay's Ark」였다. 그것은 병과 죽음에 관한 이야기로, 그 상황에는 완전히 부적합했다. 하지만 내 친구는 항상 내 소설을 읽었다. ③ 그녀는 더 이상 이 책도 읽고 싶지 않다고 주장했다. ④ 비록 당연하게도, 우리는 이것에 대해 얘기하지 않았지만, 나는 우리 둘 다 그녀가 살아서 완성된 형태의 책을 읽지 못하리라 짐작했다.

## 14 정답 ②

**[정답해설]**

제시문에 따르면 오늘날 기계의 기원은 18세기에 융성했던 정교한 기계식 장난감인 자동인형이었는데, 왕족의 장난감이나 선물용으로 사용되어 덜 실용적이었다고 설명하고 있다 그러므로 "현대 기계는 비실용적인 기원을 가지고 있다."는 ②의 설명이 제시문의 요지로 가장 적절하다.

**[오답해설]**

① 기계의 역사는 오락의 근원과는 덜 관련이 있다. → 기계의 역사는 오락의 근원인 자동인형과 관련이 있음

③ 유럽 전역의 왕족들은 장난감 산업에 관심이 있었다. → 자동인형의 원래 용도는 왕족의 장난감이나 선물용으로 덜 실용적이었으며, 장난감 산업에 대한 관심 여부는 제시문에 서술되어 있지 않음

④ 자동인형의 쇠퇴는 산업혁명과 밀접한 관련이 있다. → 자동인형은 후에 산업혁명에 활용될 기술의 성능 시험장을 대표함

**[핵심어휘]**

- elaborate 정교한, 섬세한
- flourish 번창하다, 융성하다

- automata automaton(자동인형)의 복수형
- proving ground 성능 시험장
- harness 이용하다, 활용하다
- utilitarian 실용적인, 실용주의의
- plaything 장난감, 노리개
- ruling family 통치 가문, 왕가
- scaled-down version 축소판
- adorn 꾸미다, 장식하다
- cathedral 대성당
- decline 쇠퇴, 퇴보
- be associated with ~와 관련되다, 연상되다

**[본문해석]**

컴퓨터에서 콤팩트 디스크 플레이어까지, 철도 엔진에서 로봇까지 오늘날 기계의 기원은 18세기에 융성했던 정교한 기계식 장난감으로 거슬러 올라갈 수 있다. 인간이 제작한 최초의 복잡한 기계인 자동인형은 후에 산업혁명에 활용될 기술의 성능 시험장을 대표했다. 그러나 그들의 원래 용도는 오히려 덜 실용적이었다. 자동인형은 왕족의 장난감으로, 유럽 전역의 궁전과 궁궐에서 오락의 한 형태이자 통치 가문에서 다른 가문으로 보낸 선물이었다. 오락의 근원으로서, 최초의 자동인형은 본래 대성당을 장식하는 정교한 기계식 시계들의 축소판이었다. 이 시계들은 더 작고 정교한 자동인형에 영감을 주었다. 이러한 장치들이 더 복잡해짐에 따라, 그들의 시간 기록 기능은 덜 중요해졌고, 자동인형은 기계 극장이나 움직이는 화면의 형태로 최초이자 가장 중요한 기계식 오락물이 되었다.

## 15 정답 ④

**[정답해설]**

초창기에 Ali는 아이디어를 내고 친구인 Igor는 가지고 있는 돈을 투자하여 동업을 시작하였으나, Igor의 배신으로 Ali는 은행을 설득하여 사업에 필요한 돈을 직접 빌렸다. 그러므로 "Ali는 은행을 설득하여 Igor에게 돈을 빌려주게 했다."는 ④의 설명은 제시문의 내용과 일치하지 않는다.

**[오답해설]**

① 본래 온라인 선물주문 사업은 Ali의 계획이었다. → Ali는 졸업 후 출근하는 대신 집에서 일할 수 있도록 온라인 선물주문 사업을 계획함
② Igor가 먼저 그 사업에서 손을 떼겠다고 말했다. → Igor가 개시 몇 주 전에 위험을 감수하기 싫어 철수하겠다고 폭탄선언을 함
③ Igor가 Ali보다 앞서서 자기 소유의 선물주문 회사를 차렸다. → Igor가 Ali를 배신하고 자신 소유의 온라인 선물주문 회사를 먼저 설립함

**[핵심어휘]**

- commuter 통근자
- fighting chance 성공할 가능성
- initially 처음에 초창기에
- launch 시작하다, 착수하다
- drop a bombshell 폭탄선언을 하다
- hang fire 행동[진척]을 미루다
- beat a retreat 철수하다, 후퇴하다
- shell-shocked 어쩔 줄 모르는, 충격을 먹은
- betrayal 배신, 배반
- a call to arms 전투 준비 명령, 적절한 조치 요구
- a baptism of fire (새 직장 · 활동의) 힘든 시작[첫 경험]
- on one's own 혼자서, 자력으로

**[본문해석]**

Ali가 졸업했을 때, 그는 매일 출근하기 위해 애쓰는 통근자들의 대열에 합류하고 싶지 않다고 결심했다. 그는 집에서 일할 수 있도록 온라인 선물주문 사업을 시작하고 싶었다. 그는 그것이 위험하다는 것을 알았지만 적어도 성공할 가능성은 있다고 느꼈다. 처음에는 그와 대학 친구가 함께 사업을 시작하기로 계획했다. Ali는 아이디어를 가지고 있었고 친구인 Igor는 그 회사에 투자할 돈이 있었다. 그러나 개시 몇 주 전에 Igor는 폭탄선언을 했다. 그는 더 이상 Ali 계획의 일부가 되고 싶지 않다고 말했다. Ali가 그의 결정을 미루도록 설득했음에도 불구하고, Igor는 더 이상 위험을 감수할 준비가 되어 있지 않다며 너무 늦기 전에 철수할 것이라고 말했다. 하지만 2주 후에 Igor는 자신 소유의 온라인 선물주문 회사를 설립함으로써 Ali의 진행을 가로챘다. Ali는 배신에 충격을 먹었지만, 곧 맞서 싸웠다. 그는 Igor의 행동에 적절한 조치를 요구하였고, 필요한 돈을 빌려달라고 은행을 설득했다. 비즈니스 세계에서 Ali의 입문은 분명 힘든 시작이었지만, 나는 그가 정말 자력으로 성공할 것이라고 확신한다.

## 16 정답 ③

**[정답해설]**

(A) 빈칸 앞의 문장에서는 줄기 세포를 연구하는 이유를 설명하고 있고, 빈칸 뒤의 문장에서는 그로 인한 결과를 나타내고 있다. 그러므로 빈칸 (A)에는 인과 관계를 나타내는 Consequently(결과적으로)나 Accordingly(따라서)가 들어갈 말로 적절하다.

(B) 빈칸 앞의 문장에서는 줄기 세포가 발전할 수 있는 세포의 종류를 열거하고 있고, 빈칸 뒤의 문장에서는 이를 다시 간략하게 요약하고 있다. 그러므로 빈칸 (B)에는 In other words(다시 말해서)가 들어갈 말로 가장 적절하다.

**[오답해설]**

| | (A) | (B) |
|---|---|---|
| ① | 특별히 | 예를 들면 |
| ② | 게다가 | 다른 한편으로 |
| ④ | 따라서 | 대조적으로 |

**[핵심어휘]**

- tissue (세포들로 이루어진) 조직
- generate 발생시키다, 만들어 내다
- jawbone 턱뼈
- lung 폐
- breakthrough 돌파구, 큰 발전, 약진
- promising 유망한, 촉망되는
- stem cell 줄기 세포

**[본문해석]**

과학자들은 많은 이들의 장기와 조직에 대해 연구하고 있다. 예를 들어, 그들은 성공적으로 간 조각을 만들거나 성장시켰다. 사람은 간 없이는 살 수 없기 때문에 이것은 흥미로운 성과이다. 다른 실험실에서 과학자들은 인간의 턱뼈와 폐를 만들었다. 이러한 과학적 발전은 매우 유망하지만, 그것들은 또한 제한적이다. 과학자들은 아주 병들거나 손상된 장기를 새로운 장기 세포로 사용할 수 없다. (A) 결과적으로, 많은 연구자들은 완전히 새로운 장기를 성장시키기 위해 줄기 세포를 이용하는 방법을 연구하고 있다. 줄기 세포는 피부 세포나 혈액 세포, 심지어 심장과 간 세포와 같은 어떤 종류의 복잡한 세포로도 발전할 수 있는 신체의 매우 단순한 세포이다. (B) 다시 말해서, 줄기 세포는 모든 다른 종류의 세포로 자랄 수 있다.

## 17 정답 ①

**[정답해설]**

(A) 과학자들은 목표가 서로 다르고, 과학 그 자체는 목표가 없기 때문에 과학적 활동의 목표에 대해 말하는 것은 어쩌면 고지식하다는 의미이다. 그러므로 빈칸 (A)에는 naive(순진한)가 들어갈 말로 가장 적절하다.

(B) 과학적 활동의 목표를 정하는 것은 순진한 일임에도 불구하고, 과학적 활동은 상당히 이성적인 활동처럼 보이고 이성적인 활동은 어떤 목표를 가져야만 하므로, 과학의 목표를 기술하려는 시도가 완전히 쓸데없는 것은 아니라는 의미이다. 그러므로 빈칸 (B)에는 futile(헛된)이 들어갈 말로 가장 적절하다.

**[오답해설]**

| | (A) | (B) |
|---|---|---|
| ② | 합리적인 | 생산적인 |
| ③ | 혼돈의 | 받아들일 수 있는 |
| ④ | 한결같은 | 버려진 |

**[핵심어휘]**

- naive 순진한, 고지식한
- futile 헛된, 쓸데없는
- fruitful 생산적인, 유익한
- chaotic 혼돈의, 무질서한
- discarded 버려진, 폐기된

**[본문해석]**

과학적 활동의 '목표'에 대해 말하는 것은 어쩌면 약간 (A) 순진하게 들릴지도 모른다. 왜냐하면 분명히 각기 다른 과학자들은 각기 다른 목표를 가지고 있고, 과학 그 자체는 (그것이 무엇을 의미하든 간에) 목표가 없기 때문이다. 난 이 모든 것을 인정한다. 그럼에도 불구하고 과학에 대해 말할 때, 다소 명확하게, 우리는 과학적 활동에 특유한 무언가가 있다고 정말 느끼는 것처럼 보인다. 그리고 과학적 활동은 꽤 상당히 이성적인 활동처럼 보이고, 이성적인 활동은 어떤 목표를 가져야만 하므로, 과학의 목표를 기술하려는 시도가 완전히 (B) 헛되진 않을지도 모른다.

## 18 정답 ③

**[정답해설]**

주어진 〈보기〉의 문장은 지금이나 옛날이나 태어난 아이의 능력은 동일하다고 하였고, (D)에서 그러한 능력은 최종 발달 단계에서 결국 큰 차이가 난다고 역접의 접속사 But을 사용하여 부정하고 있다. 다음으로 (D)에서 언급된 발달은 전적으로 아이가 살아갈 사회에 달려있다고 (A)에서 설명하고 있고, (B)에서 고도로 함양된 사회와 그렇지 않은 사회에서의 아이의 발달 결과를 설명하고 있다. 마지막으로 (C)에서 각 세대는 이전 세대의 함양의 혜택을 보게 된다고 결과의 접속사 Hence를 사용하여 결론짓고 있다. 그러므로 〈보기〉의 문장 다음에 이어질 글의 순서로는 (D)-(A)-(B)-(C)가 가장 적절하다.

**[핵심어휘]**

- faculty 능력, 기능
- exert 가하다, 행사하다
- deny 부정하다, 거절하다
- perish 죽다, 사라지다
- coarse 조악한, 열등한, 하등의

- stunted 성장을 멈춘, 왜소한
- cultivate 기르다, 함양하다
- vast 넓은, 광대한

**[본문해석]**

오늘날 태어나는 아이는 아마 노아의 시대에 태어난 것과 같은 능력을 소유했을 지도 모른다. 그렇지 않다고 해도, 우리는 그 차이를 알아낼 방법이 없다.

(D) 하지만 타고날 때의 동등한 능력이 최종 발달에선 큰 차이를 막을 수 없을 것이다.
(A) 그 발달은 전적으로 아이가 살아갈 사회가 행사하는 영향력에 달려있다.
(B) 만약 그러한 사회가 완전히 거부된다면, 그 능력들은 사라지고, 아이는 사람이 아닌 짐승으로 자라게 된다. 즉, 사회가 무지하고 열등하다면, 능력의 성장은 나중에 결코 회복될 수 없을 정도로 일찍 멈출 것이다. 사회가 고도로 함양된다면, 아이 또한 함양될 것이고, 일생을 통해 어느 정도는 함양의 결실을 보여줄 것이다.
(C) 따라서 각 세대는 이전 세대의 함양의 혜택을 받는다.

## 19 정답 ②

**[정답해설]**

제시문은 부정사를 표시하는 'to'와 동사 사이에 아무것도 넣지 말아야 하는 영어의 부정사 규칙에 관해 설명하고 있다. 그런데 사람들은 '–ing'를 동사의 나머지 부분과 잘 분리하여 사용하는 것과 달리, 부정사에서는 'to'와 동사 사이에 단어들을 곧 잘 넣는다고 설명하고 있다. 그러므로 밑줄 친 빈칸에는 ②의 as closely as(~만큼 긴밀하게)가 들어갈 말로 가장 적절하다.

**[오답해설]**

① ~보다 덜 긴밀하게
③ ~보다 느슨하게
④ ~만큼 느슨하게

**[핵심어휘]**

- infrequently 드물게, 어쩌다
- infinitive 동사원형, 부정사
- split 분열되다, 분리되다
- ending (단어의) 어미
- A is no more B than C is D A가 B가 아닌 것은 C가 D가 아닌 것과 같다
- belong together (물건이) 세트로 되어 있다, 묶여 있다
- loosely 느슨하게, 헐겁게

**[본문해석]**

영어가 무엇을 해야 하는지에 대한 사람들의 생각이 라틴어가 무엇을 하는지에 크게 영향을 받아왔다는 사실은 꽤 분명하다. 예를 들어, 영어에서 부정사는 분리되어서는 안 된다는 느낌이 있다 (또는 있곤 했는데, 그것은 오늘날 자연스러운 말씨에서는 매우 드물게 관찰된다). 이것이 의미하는 바는 부정사를 표시하는 'to'와 동사 사이에 아무것도 넣지 말아야 한다는 것이다. 즉 'to go boldly'라고 해야지 'to boldly go'라고 말하면 안 된다. 이 '규칙'은 부정사의 표기가 어미인 라틴어에 기반을 두고 있으며, 그것을 동사의 나머지 부분으로부터 분리할 수 없는 것은 '–ing'를 동사의 나머지 부분으로부터 분리하여 'going boldly' 대신에 'goboldlying'라고 말할 수 없는 것과 같다. 영어를 말하는 사람들은 분명 'to'와 'go'가 'go'와 '–ing'만큼 긴밀하게 묶여있다고 느끼지 않는다. 그들은 자주 이런 종류의 'to'와 동사 사이에 단어들을 넣는다.

## 20 정답 ③

**[정답해설]**

제시문에 따르면 비유동자산의 자산가치 증가로 인한 이익은 당장 실현되는 것이 아니라, 자산이 매각된 후 손익계산서에 반영되었을 때에 비로소 실현된다고 하였다. 그러므로 밑줄 친 빈칸에는 ③의 an immediate profit(목전의 이익)이 들어갈 말로 가장 적절하다.

**[오답해설]**

① 적정 가치
② 실제 원가
④ 거래 가격

**[핵심어휘]**

- revalue 재평가하다
- non–current assets 비유동자산
- fair value 적정 가치
- statement of financial position 재무상태표
- liability 부채, 부담
- income statement 손익계산서
- prudence 신중, 조심, 검약, 절약
- retain 유지하다, 보유하다
- balance sheet 대차대조표
- shareholder 주주
- stake 지분
- equity 자기 자본, 보통주
- revaluation reserve 재평가적립금
- actual cost 실제 원가
- immediate profit 눈앞의 이익, 목전의 이익
- the value of a transaction 거래 가격

[본문해석]
기업은 비유동자산을 재평가할 수 있다. 비유동자산의 적정 가치가 증가하는 경우, 이것은 재무상태표에 나타난 자산가치의 조정에 반영될 수 있다. 가능하다면, 이것은 자산과 부채의 적정 가치를 반영해야 한다. 그러나 비유동자산의 가치 증가가 반드시 그 기업의 목전의 이익을 나타내는 것은 아니다. 이익은 자산이 매각되고 그 결과로 인한 이익이 손익계산서에 반영되었을 때 생기거나 실현된다. 이러한 일이 일어날 때까지 상식적인 선에서 신중하게 자산가치의 증가가 대차대조표에 유지되도록 요구된다. 주주는 기업 자산의 매각 시 어떠한 이익도 얻을 권리가 있으므로, 주주의 지분(보통주)은 자산 평가에서 증가한 금액만큼 증가한다. 재평가적립금이 만들어지고 대차대조표는 여전히 균형을 유지한다.

## [서울시] 2019년 02월 | 정답

| | | | | | | | | | |
|---|---|---|---|---|---|---|---|---|---|
| 01 | ③ | 02 | ④ | 03 | ① | 04 | ① | 05 | ④ |
| 06 | ① | 07 | ① | 08 | ② | 09 | ④ | 10 | ③ |
| 11 | ① | 12 | ③ | 13 | ③ | 14 | ② | 15 | ④ |
| 16 | ④ | 17 | ④ | 18 | ① | 19 | ③ | 20 | ③ |

## [서울시] 2019년 02월 | 해설

### 01 정답 ③

[정답해설]
밑줄 친 mad a face는 '얼굴을 찌푸리다, 인상을 쓰다'의 뜻으로 ③의 grimaced(얼굴을 찡그리다)와 그 의미가 가장 유사하다.

[오답해설]
① 힐끗 보다
② 기뻐하다
④ 집중하다

[핵심어휘]
- make a face 얼굴을 찌푸리다, 인상을 쓰다
- glance 힐끗 보다, 대충 훑어보다
- rejoice 기뻐하다, 즐거워하다
- grimace 얼굴을 찡그리다
- concentrate 집중하다, 모으다

[본문해석]
그는 자기가 해야 할 숙제의 양을 보고 얼굴을 찌푸렸다.

### 02 정답 ④

[정답해설]
밑줄 친 guffaw는 '큰 웃음, 너털웃음'의 뜻으로 ④의 belly laugh(배꼽 잡는 웃음)와 그 의미가 가장 유사하다.

[오답해설]
① 능글맞은 웃음
② 티끌
③ 피식 웃음

[핵심어휘]
- guffaw 너털웃음, 큰 웃음
- chuckle 빙그레 웃음, 싱그레 웃음
- greet 반응을 보이다, 받아들이다
- sarcastic 빈정대는, 비꼬는
- ratify 비준하다, 재가하다, 승인하다
- smirk 능글맞은 웃음, 억지웃음
- tittle 작은 점, 티끌
- giggle 피식 웃음, 키득거림
- belly laugh 배꼽 잡는 웃음, 박장대소

[본문해석]
농담을 듣고 웃는 큰 웃음이든 비꼬는 말에 대한 반사적인 빙그레 웃음이든지 간에 웃음은 공연을 받아들이는 청중의 수단이다.

### 03 정답 ①

[정답해설]
밑줄 친 plummet은 '곤두박질치다, 급락하다'의 뜻으로 ①의 plunge(급락하다)와 그 의미가 가장 유사하다.

[오답해설]
② 확언하다
③ 사기치다
④ 시작하다

[핵심어휘]
- tremendous 거대한, 엄청난

- self-esteem 자존감, 자부심
- adolescent 청소년
- omnipotence 전능, 무소불능
- retirement 은퇴, 퇴임
- financial status 재정 상태
- be in charge 담당하다, 맡다
- withdraw 물러나다, 철회하다
- sullen 침울한, 시무룩한
- plummet 곤두박질치다, 급락하다
- plunge 거꾸러지다, 급락하다
- affirm 확언하다, 단언하다
- swindle 속이다, 사기 치다
- initiate 시작하다, 착수하다

**[본문해석]**
일부 노인들은 엄청난 자존감의 상실을 경험한다. 청소년들이 어린 시절의 전능함을 상실하는 반면에 노인들은 다른 종류의 상실을 경험한다. 노인들이 사랑하는 사람, 그들의 건강, 재정 상태 혹은 경쟁력을 잃기 시작하는 시기와 거의 동시에 은퇴가 찾아온다. 갑자기 담당자가 물러나 침울해지고, 그들의 자존감은 곤두박질칠 수도 있다.

## 04 정답 ①

**[정답해설]**
밑줄 친 cozened는 '속이다, 기만하다'의 뜻으로 ①의 deceived(기만하다)와 그 의미가 가장 유사하다.

**[오답해설]**
② 부드럽게 하다
③ 연결하다
④ 밝게 하다

**[핵심어휘]**
- pearl 진주
- wink 윙크하다, 반짝거리다
- glimmer 깜박이다, 희미하게 빛나다
- cozen 속이다, 기만하다
- deceive 속이다, 기만하다

**[본문해석]**
작은 양초의 빛에 반짝거리고 빛나는 진주의 아름다움은 그의 뇌를 그것의 아름다움으로 기만하였다.

## 05 정답 ④

**[정답해설]**
체중과 관련된 부정적 언급은 선수가 신체적 외모 및 체중 감소에 대한 스트레스를 받으므로 식이 장애의 발달에 있어 중요한 사건이다. 그러므로 밑줄 친 빈칸에는 ④의 pivotal(중요한)이 들어갈 말로 가장 적절하다.

**[오답해설]**
① 평범한
② 낭비하는
③ 기만적인

**[핵심어휘]**
- reinforce 강화하다, 보강하다
- eating disorder 식이[섭식] 장애
- mediocre 평범한, 보통의
- extravagant 낭비하는, 사치스러운
- treacherous 위험한, 기만적인
- pivotal 중요한, 중추적인

**[본문해석]**
비난 발언은 신체적 외모에 대한 언급, 체중 감소에 대한 스트레스를 포함하며 날씬한 이상형을 강조한다. 일부 운동선수들은 가족으로부터의 체중과 관련된 부정적인 언급이 섭식 장애의 발달에 있어 중요한 사건이라는 것을 보여주었다.

## 06 정답 ①

**[정답해설]**
밑줄 친 playing havoc with는 '~을 아수라장으로 만들다, ~을 혼란시키다'의 의미로, ①의 to cause a great deal of damage or confusion to(상당한 피해와 혼란을 야기하다)로 바꾸어 쓸 수 있다.

**[오답해설]**
② 음식으로 사용하다
③ 사방으로 싸다니다
④ 옮겨 다니다

**[핵심어휘]**
- lane (시골에 있는 좁은) 길
- hedgerow 산울타리, 생울타리
- play havoc with ~을 아수라장으로 만들다, ~을 혼란시키다
- confusion 혼란, 혼동

- bustle in and out 사방으로 싸다니다
- be on the move 옮겨 다니다, 동분서주하다

**[본문해석]**

그녀는 정원과 들판, 푸른 길과 산울타리를 좋아했다. 심지어 잔디밭을 계속 아수라장으로 만드는 토끼들도 좋아했다.

## 07 정답 ①

**[정답해설]**

대화의 흐름을 보면 A와 B가 상대방 때문에 싸움을 한다고 싸움의 원인을 서로에게 돌리고 있다. 그러므로 밑줄 친 빈칸에는 ①의 It takes two to tango(손바닥도 마주쳐야 소리가 난다)가 들어갈 말로 가장 적절하다.

**[오답해설]**

② 급할수록 돌아가라
③ 마지막에 웃는 사람이 가장 오래 웃는다
④ 용기를 잃지 마라

**[핵심어휘]**

- rude 무례한, 예의 없는
- slack off 게으름을 부리다, 일손을 놓다
- initiate 시작하다, 착수하다
- It takes two to tango 손바닥도 마주쳐야 소리가 난다
- More haste less speed 급할수록 돌아가라
- He who laughs last laughs longest 마지막에 웃는 사람이 가장 오래 웃는다
- Keep your chin up 용기를 잃지 마라

**[본문해석]**

A: 네가 여태껏 이 프로젝트를 위해 한 일이 뭐니? 내겐 아무 일도 안 한 것처럼 보여.
B: 정말 무례하네! 나는 많은 일을 하고 있어. 게으름을 부린 건 바로 너야.
A: 왜 너는 항상 나랑 싸워야만 하는지 모르겠어.
B: 손바닥도 마주쳐야 소리가 나지. 네가 시작하지 않았다면 우리는 싸우지 않았을 거야.

## 08 정답 ②

**[정답해설]**

'~하자마자 ~하다'의 의미를 갖는 'scarcely(rarely, hardly) ~ when' 구문으로, 부정어 'scarcely'가 문두로 나가면 주어와 동사가 도치된다. 해당 문장은 원래 'We had scarcely reached there when ~'이었는데, 부정어 'scarcely'가 문두로 나가면서 'Scarcely had we reached there when~'처럼 주어와 동사가 도치되었다.

**[오답해설]**

① Had → Having
  해당 문장의 종속절은 원래 Because he had never flown in an airplane before인데, 이를 분사구문으로 바꾸면 접속사와 주어를 생략하고 had를 having으로 고치면 된다. 그러므로 해당 문장에서 문두의 Had를 Having로 고쳐 써야 옳다.

③ electing → being elected
  Freddie Frankenstein이 지역 학교 이사회에 선출되는 것이므로, 해당 문장에서 전치사 of의 목적어인 electing은 수동태 동명사인 being elected로 고쳐 써야 옳다.

④ to be lying → lie / sitting → sit
  would rather A than B(B하는 것보다 차라리 A하는 게 더 낫다) 구문에서 A와 B는 동사원형으로 일치시켜야 한다. 그러므로 해당 문장에서 앞의 to be lying은 lie로, 뒤의 sitting는 sit로 고쳐 써야 옳다.

**[핵심어휘]**

- frighten 겁먹게 만들다, 놀라게 하다
- pop (기압차로 귀가) 멍해지다, 펑하는 소리가 나다
- scarcely 거의 ~않다
- school board 학교 이사회

**[본문해석]**

① 이전에 결코 비행기를 타 본 적이 없기 때문에, 그 어린 소년은 귀가 멍해졌을 때 놀라면서도 약간 겁이 났다.
② 우리가 그곳에 도착하자마자 눈이 내리기 시작했다.
③ 그의 명성에도 불구하고, Freddie Frankenstein은 지역 학교 이사회에 선출될 가능성이 아주 높았다.
④ 나는 지금 수업 시간에 앉아 있는 것보다 차라리 인도 해변에 누워 있는 것이 더 낫겠다.

## 09 정답 ④

**[정답해설]**

spread는 과거형과 과거분사의 형태가 'spread-spread-spread'로 모두 동일하다. ④의 spread는 글의 내용에서 2003년이라는 과거의 시점을 밝히고 있으므로, 과거 시제의 형태로 옳게 사용되었다.

**[오답해설]**

① identified → was identified

identified 뒤에 목적어가 없고, 주어는 관계대명사 that의 선행사 a virus이다. 글의 내용상 바이러스가 확인된 것이므로 수동의 형태로 써야 한다. 그러므로 ①의 identified는 was identified로 고쳐 써야 옳다.

② dies → death
접속사 and에 의한 A and B의 병렬 구문이므로, A와 B는 동일 형태여야 한다. 동사 causes의 목적어로 A에 명사 (acute respiratory) distress가 왔으므로, B에도 명사가 와야 한다. 그러므로 ②의 dies는 명사인 death로 고쳐 써야 옳다.

③ believes → is believed
해당 문장은 It(가주어) ~ that(진주어) 구문으로, believes 뒤에 that이 생략되어 있다. 문맥상 that 이하의 내용이 믿어지는 것이므로, ③의 believes는 수동의 형태인 is believed로 고쳐 써야 옳다.

**[핵심어휘]**
- acute 극심한, 급성의
- respiratory 호흡의, 호흡 기관의
- pneumonia 폐렴
- identify 확인하다, 알아보게 하다
- infection 감염, 전염병
- distress 고통, 곤란
- coronavirus 코로나바이러스
- epidemic 유행병, 전염병

**[본문해석]**
중증 급성 호흡 증후군(SARS)은 일종의 중증 폐렴이다. 그것은 2003년에 확인된 바이러스가 원인이다. SARS 바이러스로 인한 감염은 급성 호흡 곤란과 때로는 죽음을 야기한다. SARS는 바이러스들 중 코로나바이러스 군의 하나(일반 감기를 일으키는 것과 같은 군)에 기인한다. 2003년의 전염병은 그 바이러스가 중국의 작은 포유동물로부터 퍼졌을 때 시작된 것으로 여겨진다.

## 10 정답 ③

**[정답해설]**
be sufficed → suffice
동사 suffice는 '족하다, 충분하다'라는 뜻의 자동사로 수동태 형태로 쓸 수 없다. 그러므로 ③의 be sufficed는 조동사 will의 본동사로써, 동사원형의 형태인 suffice로 고쳐 써야 옳다.

**[오답해설]**
① trust to는 '~에게 맡기다'는 의미로 옳게 사용되었다.
② No doubt는 주어+동사의 절 앞에 위치하여 '틀림없이, 의심의 여지없이'라는 의미로 옳게 사용되었다.
④ 글의 문맥상 사실들이 제시되는 것이므로, 동사 adduce는 수동태 형태인 be adduced로 옳게 사용되었다.

**[핵심어휘]**
- abstract 개요, 초록, 발췌
- authority 권위, 근거, 출전
- repose 두다, 걸다, 위임[위탁]하다
- confidence 신뢰, 자신, 확신
- accuracy 정확, 정확도
- creep in ~에 생기기 시작하다, 몰래 슬며들다
- cautious 조심스러운, 신중한
- illustration 삽화, 실례, 설명
- suffice 족하다, 충분하다
- sensible 분별 있는, 알고 있는, 의식하고 있는
- adduce 제시하다, 인증[인용]하다
- apparently 분명히, 명확히, 겉보기로는, 외견상

**[본문해석]**
지금 출판하는 이 초록은 불가피하게 불완전함에 틀림없다. 나는 몇몇 진술들에 대한 참고문헌과 근거를 여기에 제공할 수 없고, 나의 정확성에 대한 신뢰를 위임한 독자들에게 맡기고자 한다. 나는 바라건대 좋은 근거들만을 의존하려고 항상 신중해 왔지만, 의심의 여지없이 오류들이 몰래 스며들 것이다. 나는 몇 가지 예시된 사실들로, 내가 도달한 일반적인 결론들만을 여기에 제공할 수 있지만, 바라건대 대부분의 경우 충분할 것이다. 내 결론에 근거가 된 모든 사실들을 참고문헌과 더불어 상세하게, 이후 출간해야 할 필요성을 나보다 더 의식하고 있는 사람은 없다. 그리고 나는 향후 작업에서 이것을 하기를 희망한다. 왜냐하면 나는 사실들이 제시될 수 없는 이 책에서 거의 단 한 가지 요점도 논의되지 않으며, 그것은 종종 내가 도달한 것들과 정반대의 결론으로 이어지기도 한다는 사실을 잘 알고 있기 때문이다. 공정한 결과는 각 문제의 양쪽에서 사실과 주장을 충분히 진술하고 균형을 맞춰야만 얻을 수 있으며, 이것은 아마도 여기서 이루어질 수 없을 것이다.

## 11 정답 ①

**[정답해설]**
crossed → is crossed
that은 앞의 a line을 선행사로 하는 주격 관계대명사이고, 동사 crossed는 문맥상 사람이 건너게 되는 선이므로 수동태로 써야 한다. 그러므로 ①의 crossed는 수동의 형태인 is crossed로 고쳐 써야 옳다.

**[오답해설]**

② as가 접속사이므로 주어+동사의 절이 와야 하며, 주어인 Hollindale와의 수의 일치에 따라 3인칭 단수 현재의 형태인 notes를 사용한 것은 적절하다.

③ does는 본동사인 leave를 강조하기 위한 조동사로, 앞의 주어 he와 수의 일치에 따라 3인칭 단수 현재의 형태인 does를 사용한 것은 적절하다.

④ for example은 전치사구로 문장의 어느 위치에서든지 자유롭게 쓸 수 있다.

**[핵심어휘]**

- a rite of passage 통과의례
- contemporary 당대의, 현대의, 동시대의
- communal 공동의, 공동체의
- recognition 인정, 인식, 인지
- arbitrary 임의적인, 독단적인
- ritualistically 의례적으로
- barren 불모의, 척박한
- in one fell swoop 일거에, 단번에
- traumatic 외상의, 충격적인

**[본문해석]**

일부 문화권에서는 유년기와 성년기 사이에 명확한 선을 긋는데, 이것은 사람이 통과의례를 거칠 때 건너게 되는 선이다. 이와 대조적으로 Hollindale이 언급한 것처럼, 예를 들어 충격적인 경험이 있는 경우에, 비록 그가 '어떤 사람들은 단번에 아이에서 어른으로 이동한다.'는 선택지를 정말 남겨놓았다 할지라도, 현대 서구에서 '어린 시절의 종결에 대한 공동체적이고 공식적인 인정은 임의적이며 의례적인 면에서 척박하다.

## 12 정답 ③

**[정답해설]**

been taken over → taken over

take over는 '이어받다, 넘겨받다'는 뜻으로 동사+부사로 이루어진 동사구이다. 해당 문장에서 has been taken over는 현재완료 수동태인데, 글의 문맥상 한글이 한자를 대체하는 것이므로 능동의 형태로 고쳐 써야 한다. 즉, 한글이 넘겨받는 것이지 넘겨지는 것이 아니다. 그러므로 ③의 been taken over는 taken over로 고쳐 써야 옳다.

**[오답해설]**

① 접속사 as 다음에 주어+동사의 절이 왔고, 주어 it의 본동사로서 수의 일치에 따라 3인칭 단수 현재형인 symbolizes를 사용한 것은 적절하다.

② sophisticated는 elegant와 함께 A and B의 형태로 뒤의 명사 way를 수식하는 형용사이다. 내용상 수동의 의미이므로, 과거분사의 형태인 sophisticated를 사용한 것은 적절하다.

④ occur는 자동사로서 목적어를 취할 수 없고, 일반 동사이므로 still 뒤에 사용된 것은 적절하다.

**[핵심어휘]**

- alphasyllabic 자음과 모음이 한 음절을 나타내는
- script 글자, 문자
- linguist 언어학자
- speech sound 말소리, 언어음
- sophisticated 세련된, 정교한
- elegant 우아한, 세련된
- in tandem with ~와 동시에[나란히]
- take over 이어받다, 넘겨받다, 인계[인수]하다

**[본문해석]**

15세기에 자음과 모음으로 구성된 한국의 문자가 발명되었다. 언어학자들은 그것이 정교하고도 대단히 세련된 방식으로 말소리를 상징하기 때문에 찬사를 보낸다. 한글로 불리는 이 글자는 한자와 동시에 사용될 수 있지만, 그것들을 완전히 대체할 수도 있다. 천천히 한글이 자리를 넘겨받았다. 북한에서는 한글만이 사용되지만, 남한에서는 한자가 특별한 문맥 속에 여전히 등장한다.

## 13 정답 ③

**[정답해설]**

(A) 수감자들에게 적절한 치료를 거부한 기간이 죽을 때까지이므로, 빈칸 (A)에는 기간을 나타내는 접속사 until을 사용하는 것이 바람직하다.

(B) 운동가들과 그의 어머니가 그의 건강 상태에 관한 소식을 전달하는 것이므로, 빈칸 (B)에는 according to(~에 따르면)가 적절하다.

**[핵심어휘]**

- document 기록하다, 정보를 제공하다
- abuse 남용, 학대
- corruption 부패, 타락
- endure 견디다, 인내하다
- penal system 형벌제도
- laureate 수상자
- activist 운동가, 활동가
- dissident 반체제 인사
- expire 죽다, 소멸하다
- jail cell 교도소 독방

**[본문해석]**

중국의 인권 학대와 부패를 기록하는데 20년을 보낸 HUANG Qi는 이제 그의 노고로 인해 3번째 수감기간을 보내고 있다. 중국의 형별제도는 노벨상 수상자인 Liu Xiaobo 등을 포함하여, 그들이 죽을 (A) 때까지 수감자들에게 적절한 치료를 거부한 기록이 있다. Huang은 지금 건강이 좋지 않으며, 운동가들과 그의 어머니에 (B) 따르면 목숨이 위태롭다고 한다. 중국은 지금 치료를 위해 그를 석방해야 하며, 교도소 독방에서 죽음을 맞이한 반체제 인사들 명단에 그의 이름을 추가하지 말아야 한다.

## 14 정답 ②

**[정답해설]**

(A) 무슨 일이 일어났는지를 알아내는 것이므로, 빈칸 (A)에는 동사 happened의 주어로써 의문사 what을 사용하는 것이 바람직하다.

(B) 멸종된 동물들이 살아있을 때 어떤 모습이었는지 추측하는 것이므로, 빈칸 (B)에는 동사 look의 보어로써 의문부사 how가 와야 한다.

(C) 해당 문장은 선행사 Anything을 뒤에서 수식하는 형용사절이므로 관계대명사를 사용해야 한다. 선행사가 사물이고 주어가 없는 불완전한 문장이므로, 빈칸 (C)에는 주격 관계대명사 that 또는 which를 사용하는 것이 적절하다.

**[핵심어휘]**

- figure out ~을 이해하다[알아내다]
- detective 형사, 탐정
- reveal 드러내다, 폭로하다
- investigate 수사하다, 조사하다
- prehistoric 선사시대의, 선사의
- remains 유적, 유해, 잔해
- long-extinct 멸종된
- speculate about ~에 대해 추측[짐작]하다
- fascinate 마음을 사로잡다, 매혹하다

**[본문해석]**

모든 미스터리에는 (A) 무슨 일이 일어났는지 알아내려는 누군가가 있다. 과학자, 조사자, 일반인들은 진실을 밝히는데 도움이 될 증거를 찾는다. 그들은 선사시대 유적들을 조사하며 어떻게 그리고 왜 고대 사람들이 피라미드를 건설하거나 기묘한 예술작품을 창조해냈는지 이해하기 위해 노력한다. 그들은 오래전 멸종된 동물의 잔해를 연구하고, 살아있을 때 그 동물들이 (B) 어떻게 보였을지 추측한다. 설명되지 않 (C)은 것은 무엇이든 미스터리를 사랑하는 사람들에게 매혹적이다.

## 15 정답 ④

**[정답해설]**

제시문은 무수히 다양한 인간들의 행동 양식을 소수의 유형으로 분류하는 정형화에 대해 설명하고 있다. 빈칸 뒤에 인생은 소모적인 과정이 될 것이라고 부정적인 말이 왔으므로, 빈칸에는 인생을 힘들게 하는 소모적인 내용이 들어가야 한다. 그러므로 ④의 if we had to start from scratch with every human contact(우리가 모든 인간과의 접촉을 처음부터 다시 시작해야 한다면)가 빈칸에 들어갈 말로 가장 적절하다.

**[오답해설]**

① 우리가 정형화를 고수하려고 한다면 → 정형화를 고수하는 것이 인생을 소모적인 과정으로 만드는 것은 아님

② 우리가 정형화된 방식으로 행동하는 법을 배우려고 한다면 → 정형화된 방식으로 행동하는 법을 배우는 것은 오히려 혼란을 줄이고 세상을 이해하는 시간을 절약하는 방법임

③ 우리가 사람들을 보기 전에 미리 판단한다면 → 사람들을 보기 전에 미리 판단하는 것이 시간을 낭비하는 소모적인 과정은 아님

**[핵심어휘]**

- stereotype 정형화, 고정 관념
- classify 분류하다, 나누다
- infinite 무한한, 한계가 없는
- a handful of 소수의, 몇 안 되는
- wearing 소모적인, 지치게 하는
- blooming 만발한, 융성한, 짜증나는
- buzzing 윙윙거리는, 와글거리는
- recognizable 인식할 수 있는, 알 수 있는
- cut-out 잘라[오려]낸 것[조각]
- prejudge 예단[속단]하다, 미리 판단하다
- lay eyes on ~을 보다[만나다]
- start from scratch 처음부터 시작하다

**[본문해석]**

정형화는 우리가 세상을 보기 위해 세상을 '정의하는' 한 가지 방법이다. 그것들은 인간의 무한한 다양성을 우리가 정형화된 방식으로 행동하는 법을 배우는 편리한 소수의 '유형'으로 분류한다. 우리가 모든 인간과의 접촉을 처음부터 다시 시작해야 한다면 인생은 소모적인 과정이 될 것이다. 정형화는 짜증나며 윙윙거리는 혼란을 인식할 수 있는 큰 조각으로 덮음으로써 우리의 정신적 노력을 절약시켜준다. 그것들은 세상이 어떤지 알아내는 '수고'를 덜어준다. 즉, 세상을 익숙하게 보이게 한다.

## 16 정답 ④

**[정답해설]**

주어진 글에서 레오나르도 다빈치는 과학의 거의 모든 영역과 관련된 그림을 그렸다고 서술하고 있고, Besides로 시작하는 (B)에서 그러한 그림 외에도 다양한 연구들도 있었다고 추가하여 설명하고 있다. 다음으로 (C)에서 (B)의 다양한 연구들(various studies)은 비행기 설계뿐만 아니라 일부 군사 장비에도 적용된다고 하였고, (C)의 비행기 설계(designs for flying machines)를 (A)의 이 그림들(these drawings)로 받으며 흥미롭지만 잠재적인 내공성과는 무관하다고 하였다. (E)에서 그러한 (A)의 사실을 그 예술가(레오나르도 다빈치)는 의심의 여지없이(No doubt) 알고 있었고, 그럼에도 불구하고 (Nevertheless) 계속해서 연구하고 있다고 (D)에서 밝히고 있다. 그러므로 주어진 글 다음에 이어질 글의 순서로는 ④의 B–C–A–E–D가 가장 적절하다.

**[핵심어휘]**

- rage 격노, 맹렬, 열정, 열의
- constitute 구성하다, 차지하다
- significant 의미심장한, 중요한
- reputation 명성, 평판
- intriguing 흥미로운, 호기심을 자극하는
- airworthiness 내항성, 내공성(항공의 적합성과 안전성)
- numerous 수많은, 다수의
- aerodynamics 공기역학, 항공역학
- undertaking 일, 사업

**[본문해석]**

> 1480년대 중후반, 레오나르도 다빈치가 궁중미술가로 자리매김하려 할 때, 그는 과학의 거의 모든 영역을 다루는 엄청난 열정으로 그림을 시작한 것으로 보이며, 이 그림들은 오늘날 그의 명성에 중요한 부분을 차지하고 있다.

(B) 기술적, 예술적, 그리고 '과학적인' 그림 외에도, 정말 환상적이라고 표현될 수밖에 없는 다양한 연구들이 이 시기에 있었다.
(C) 이것은 그의 수많은 비행기 설계만큼 많이 일부 군사 장비에도 적용된다.
(A) 이 그림들은 자체로 흥미롭고 매혹적이며, 단순히 이 기계들의 잠재적인 내공성에 관한 것만은 아니다.
(E) 의심의 여지없이 그 예술가는 그러한 일과 관련된 문제들을 충분히 알고 있었다.
(D) 그럼에도 불구하고 그는 새의 비행, 비행에 대한 공기역학, 날개의 구조에 대한 연구로 반복해서 돌아왔다.

## 17 정답 ④

**[정답해설]**

제시문에서 'During her last, brief hospital stay in late(그녀의 마지막 짧은 입원 기간 동안)'이라는 말과 caregiver(간병인) 등을 통해 마지막 임종을 앞둔 Cathe의 일화를 소재로 하고 있음을 알 수 있다. 그러므로 이런 종류의 글과 가장 가까운 것은 ④의 obituary(부고)이다.

**[오답해설]**

① 안내 광고
② 법령
③ 희곡

**[핵심어휘]**

- phD student 박사과정 학생
- academic position 교수자리
- caregiver 간병인
- miss a beat 순간적으로 주저하다
- classified ad (구인 · 구직 · 매매 등) 3행 광고, 안내 광고
- ordinance 법령, 조례
- obituary 사망 기사, 부고

**[본문해석]**

비록 Cathe는 Haskins에 있는 동안 교수 자리를 유지하지 않았기 때문에 휘하에 박사과정 학생이 없었지만, 그녀와 함께 가깝게 연구하며 그녀의 영향을 받은 Haskins 학생들이 많다. 2008년 6월 말 그녀의 마지막 짧은 입원 기간 동안, 그녀와 함께 연구할 기회가 없었던 Haskins 재학생과 최근 학위를 받은 박사들 총 5명이 그녀를 방문했다. Cathe의 간병인이 그 때 방에 없었기 때문에, 그 방에 있는 다른 환자들이 "여러분 모두가 그녀를 위해 일합니까?"라고 물었다. 그 무리 중 한 명이, 잠시의 망설임도 없이, "아닙니다. 우리 모두 그녀의 제자들입니다."라고 대답했다.

## 18 정답 ①

**[정답해설]**

글의 서두에서는 사람들이 실패의 부정적인 결과 때문에 위험을 무릅쓰려고 하지 않는다고 설명하고 있고, 글의 후미에는 진보와 혁신은 위험과 실패와 뗄 수 없는 관계라고 앞의 내용과 반대로 설명하고 있다. 그러므로 글의 흐름상 빈칸의 내용은 역접의 관계가 되어야 하며, 따라서 실험과 모험을 과소평가해서는 안 된다는 ①의 내용이 빈칸에 들어갈 말로 가장 적절하다.

국가직 문제 지방직 문제 서울시 문제 국가직 해설 지방직 해설 서울시 해설

**[오답해설]**

② 하지만 많은 조직들이 '기업 거식증'을 앓고 있으며 기업가들에게 우호적이지 않은 분위기이다.
③ 이것이 바로 우리가 미래로의 전환을 나타내는 패러다임의 변환이 필요한 이유이다.
④ 이것이 바로 조합 혁신이 효율적이지 못한 이유이다.

**[핵심어휘]**

- risk-averse 위험을 회피하려 하는
- outweigh ~보다 더 크다
- risk one's necks 목을 걸다, 위험을 무릅쓰다
- inextricably 뗄 수 없게, 불가분하게
- entwine 꼬다, 뒤엉키다
- underestimate 저평가하다, 과소평가하다
- turbulent 격동의, 격변의, 사나운
- anorexia nervosa 신경성 식욕부진[거식증]
- unfavorable 비판적인, 호의적이 아닌
- paradigm shift 인식 체계의 대전환
- transition 변이, 변천, 전환
- combinatoric 조합의, 결합의

**[본문해석]**

많은 사람들은 실패의 부정적인 결과가 성공에 대한 보상보다 더 크다고 생각하기 때문에 위험을 회피한다. 실패를 경시하는 우리의 문화는 위험을 무릅쓸 가능성을 훨씬 더 적게 만든다. 하지만 특히 이러한 격변의 경제 시대에, 우리는 실험하고 모험하는 것에 대한 중요성을 과소평가해서는 안 된다. 진보와 혁신은 위험과 실패와 떼려고 해도 뗄 수 없게 얽혀 있다.

**19** 정답 ③

**[정답해설]**

제시문에 따르면 사람들은 고장 난 자신의 자동차에 대해서는 밝히는 것을 별로 좋아하지 않는 반면, 자신의 병에 대해서는 드러내는 것을 주저하지 않는다고 설명하고 있다. 즉, 병을 자랑하고 싶은 충동은 인간 특유의 본성 중 하나이다. 그러므로 빈칸에 들어갈 말로는 ③의 pride in illness(병에 대한 자부심)가 가장 적절하다.

**[오답해설]**

① 병에 대한 두려움
② 자동차에 대한 흥미
④ 죽음에 대한 공포

**[핵심어휘]**

- curious 별난, 특이한
- trait 특성, 특질
- perpetually 영구히, 끊임없이
- out of order 고장 난, 정리가 안 된
- put right 바로잡다, 고치다
- satisfactorily 만족스럽게, 더할 나위 없이
- plebeian 평민의, 서민의
- delicate 연약한, 섬세한
- digestion 소화, 소화력
- indispensable 필수적인, 없어서는 안 될
- vexed 골치 아픈, 짜증 난
- phobia 공포증, 혐오증

**[본문해석]**

인간의 본성은 다수의 특이한 성질이 있지만, 가장 특이한 것 중 하나는 병에 대한 자부심이다. 어느 누구도 계속해서 자동차가 고장 나는 것을 좋은 일로 생각하지 않는다. 즉, 사람들은 오랫동안의 운행으로 자신의 차가 몇 주 동안 전혀 쓸모없게 된 것을 자랑하지 않는다. 또한 가장 숙련된 정비사들조차 고칠 수 없는 이상한 문제를 끊임없이 일으킨다는 것을 자랑하지 않는다. 하지만 자신들의 몸에 대해선 그게 사람들의 마음이다. 충분히 제 역할을 하는 몸을 소유한 것을 시시하고 오히려 서민적이라고 느낀다. 연약한 소화력은 멋진 숙녀의 소양에 있어 거의 필수적이다. 나는 병을 자랑하고 싶은 충동에 대해 몸소 잘 알고 있다. 단지 한때 병을 앓았을 뿐이지만, 나는 사람들이 그때 내가 얼마나 많이 아팠는지 알기를 원하고, 죽지는 않았지만 거의 죽을 뻔했던 이들을 만나면 짜증이 난다.

**20** 정답 ③

**[정답해설]**

제시문은 두 가지 로데오 경기에 대해 설명하고 있는데, 하나는 약을 주거나 자신들의 재산임을 표시하기 위해 하는 올가미 던지기이고, 다른 하나는 순전히 스포츠로 하는 황소 등에 올라타기이다. 그러므로 빈칸에 들어갈 말로는 화제 전환을 의미하는 ③의 On the other hand(반면에, 다른 한편)가 가장 적절하다.

**[오답해설]**

① 예를 들면
② 간단히 말해서
④ 같은 이유로

[핵심어휘]
- huge 거대한, 광활한
- herding cattle 소몰이
- ranch 목장
- rodeo 로데오 대회
- steer (식용) 수소, 수송아지
- property 재산, 부동산
- purely 순전히, 오직
- brutal 잔인한, 잔혹한
- by the same token 같은 이유로, 마찬가지로

[본문해석]
미 서부의 광활한 평야에서, 소몰이는 생계를 꾸리기 위한 한 가지 방식이다. 말에 탄 카우보이의 모습은 친숙하지만, 현실에서는 여성들 또한 목장 일을 한다. 이러한 현실은 로데오 대회에서 볼 수 있는데, 여기에서 카우보이와 카우걸들은 어린 수소들을 올가미로 잡고, 다 자란 황소에 올라타는 경기를 벌인다. 수소들에게 올가미를 던져 묶는 것은 어린 새끼에게 약을 주거나 혹은 그 수소들이 자신들의 재산임을 표시하기 위해 목동들이 반드시 해야만 하는 것이다. 반면에, 크고 성난 황소의 등에 올라타는 것은 순전히 스포츠 때문인데 거칠고 위험한 스포츠이다. 그러나 그러한 위험에도 로데오를 사랑하는 사람들을 그만두지 않는다.

## [서울시] 2019년 06월 | 정답

| | | | | | | | | | |
|---|---|---|---|---|---|---|---|---|---|
| 01 | ④ | 02 | ① | 03 | ① | 04 | ② | 05 | ② |
| 06 | ④ | 07 | ① | 08 | ① | 09 | ③ | 10 | ④ |
| 11 | ② | 12 | ③ | 13 | ① | 14 | ③ | 15 | ④ |
| 16 | ② | 17 | ④ | 18 | ③ | 19 | ③ | 20 | ② |

## [서울시] 2019년 06월 | 해설

### 01 정답 ④

[정답해설]
'see eye to eye'는 '의견을 같이하다'는 뜻으로 'agree(동의하다)'와 그 의미가 가장 유사하다.

[오답해설]
① 싸우다
② 반박하다
③ 떼어놓다

[핵심어휘]
- at least 적어도, 최소한, 그나마
- see eye to eye with ~와 견해가 일치하다(= agree with)
- quarrel 다투다, 싸우다
- dispute 반박하다, 논쟁하다 n. disputation 반박, 논쟁
- part 갈라놓다, 떼어놓다(= divide)

[본문해석]
그나마 고등학교 때 그녀는 마침내 부모와 일치하는 한 가지 결정을 내렸다.

### 02 정답 ①

[정답해설]
'pejorative'는 '경멸적인, 비난투의'의 뜻으로 'derogatory(경멸하는 비판적인)'와 의미상 가장 유사하다.

[오답해설]
② 외향적인
③ 의무적인
④ 불필요한

[핵심어휘]
- justification 정당화, 타당한 이유
- account 기술, 설명, 해석(= description)
- deny 부인하다, 부정하다(= contradict) n. denial 부인, 부정
- pejorative 경멸적인, 비난투의(= derogatory)
- associate with …와 어울리다
- derogatory 경멸하는, 비판적인
- extrovert 외향적인(↔ introvert 내향적인)
- mandatory 법에 정해진, 의무적인(= compulsory)
- redundant 가외의, 남아도는, 불필요한(= superfluous)

[본문해석]
정당화는 문제의 행위에 대한 책임을 인정하지만, 그와 관련된 경멸적인 자질을 부정하는 설명이다.

국가직 문제 지방직 문제 서울시 문제 국가직 해설 지방직 해설 서울시 해설

## 03 정답 ①

**[정답해설]**
먼지와 열악한 위생 상태를 감안하면 황열병을 발생시킨 매개체로 모기가 의심된다는 내용이므로, 'suspected(미심쩍은, 의심되는)'가 빈칸에 들어갈 말로 가장 적절하다.

**[오답해설]**
② 야만적인
③ 유쾌한
④ 자발적인

**[핵심어휘]**
- rule out 제외시키다, 배제하다(= exclude)
- sanitation 위생 시설[관리], 공중위생 cf) sanitation worker 환경 미화원
- yellow fever 황열병
- mosquito 모기
- carrier 운반하는 사람[것], 매개체
- suspected 미심쩍은, 의심되는
- uncivilized 미개한, 야만적인(= barbarous)
- volunteered 자원봉사의, 자발적인

**[본문해석]**
검사 결과 먼지와 열악한 위생 상태를 황열병의 원인에서 배제하여, 모기가 의심되는 매개체였다.

## 04 정답 ②

**[정답해설]**
제시문은 불과 1세기 전에 만연했던 치명적인 질병이 현재는 예방 또는 치료가 가능하거나 완전히 퇴치되었기 때문에, 기대 수명이 72세에 이를 정도로 수명이 늘었다는 내용이다. 그러므로 빈칸에는 72세를 웃돈다는 의미인 'hover(맴돌다, 서성이다)'가 들어갈 말로 가장 적절하다.

**[오답해설]**
① 축소시키다
③ 시작하게 하다
④ 악화시키다

**[핵심어휘]**
- compare A to B A를 B에 비교하다
- expectancy 기대, 고대(= anticipation) cf) life expectancy 기대 수명
- smallpox 천연두
- diphtheria 디프테리아(주로 어린이가 많이 걸리는 급성 전염병)
- deadly 생명을 앗아가는, 치명적인(= lethal) cf) deadly poison 극약
- preventable 막을 수 있는, 예방할 수 있는
- curable 치료할 수 있는, 고칠 수 있는(= remediable) (↔ incurable 치료할 수 없는, 불치의)
- eradicate 근절[박멸]하다, 뿌리뽑다, 퇴치하다(= wipe out)
- curtail 축소[삭감/단축]시키다(= diminish)
- hover 맴돌다, 서성이다
- initiate 시작하게 하다, 착수하다
- aggravate 악화시키다(= worsen)

**[본문해석]**
일반적으로 말하면, 2018년에 사는 사람들은 현대를 인류 역사의 전체 규모와 비교할 때 꽤 운이 좋다. 기대 수명은 약 72세를 맴돌고 있으며, 불과 1세기 전에 널리 만연한 치명적인 천연두나 디프테리아 같은 질병은 예방이나 치료가 가능하거나 혹은 완전히 퇴치되었다.

## 05 정답 ②

**[정답해설]**
제시문은 과거 사건들의 구체적인 사례들이, 현재의 삶과 결정에 제공할 수 있는 견본 또는 본보기가 된다는 내용이다. 즉, 빈칸에는 앞의 'pattern(양식, 견본)'과 유사한 말이 들어가야 하므로, 'templates(견본, 본보기)'가 들어갈 말로 가장 적절하다.

**[오답해설]**
① 환각
③ 질문
④ 소란

**[핵심어휘]**
- concrete 사실에 의거한, 구체적인(↔ abstract 추상적인)
- project 비추다, 투사[투영]하다
- certainty 확실성, 필연성(= inevitability)
- fulfill 수행[이행]하다, 완수하다
- hallucination 환각, 환영, 환청
- template 견본, 본보기
- inquiry 질문, 문의, 조사(= investigation)
- commotion 소란, 소동(= bustle) v. commove 동요[흥분]시키다, 선동하다

**[본문해석]**
우리의 삶과 결정에 견본을 제공할 수 있는 과거 사건들에 구체적인 사례들이 있다고 상상하는 것은 그것이 이행할 수 없는 확실성에 대한 희망을 역사에 투영하는 것이다.

## 06 정답 ④

**[정답해설]**
④번의 대화 내용을 보면, A가 보스턴까지 가는 다음 비행기 편은 몇 시에 있냐고 물었는데 B가 보스턴까지 도착하는데 약 45분 정도 걸린다고 답하였으므로 어색한 대화 내용이다. B의 답변에 알맞은 A의 질문은 "How much will it take to get to Boston? (보스턴까지 도착하는데 얼마나 걸립니까?)"이다.

**[핵심어휘]**
- press 다리다, 다림질하다

**[본문해석]**
① A: 토요일에 본 영화는 어땠어?
B: 대단했어. 정말 재미있었어.
② A: 안녕하세요. 셔츠 몇 벌을 다림질 하고 싶은데요.
B: 예, 얼마나 빨리 필요하세요?
③ A: 1인용 침실로 하시겠어요, 아니면 2인용 침실로 하시겠어요?
B: 오, 저만 사용할 거라서 1인용이면 좋습니다.
④ A: 보스턴까지 가는 다음 비행기 편은 몇 시에 있습니까?
B: 보스턴까지 도착하는데 약 45분 정도 걸립니다.

## 07 정답 ①

**[정답해설]**
for → to
'attribute'는 전치사 'to'와 함께 'attribute A to B'라는 구문을 이루어 'A를 B의 탓으로 돌리다' 또는 'A는 B의 덕택이다'라는 의미로 사용된다. 그러므로 ①의 'for'는 'to'로 고쳐 써야 옳다.

**[오답해설]**
② 꿈속에서 식인종에게 붙잡힌 것이므로, 'he was captured by cannibals in a dream'이라는 문장에서 'dream'이 선행사로 나가고 '전치사 + 관계대명사'가 이끄는 형용사절인 'in which he was captured by cannibals'가 된 것이다.
③ 'as they danced around him'은 때를 나타내는 부사절로써 삽입절에 해당하므로 이를 묶어 보면, 'noticed'의 목적절로써 접속사 'that'을 사용한 것은 올바르다.
④ 'to solve'는 to부정사의 부사적 용법 중 '목적(in order to)'에 해당되며 올바르게 사용되었다.

**[핵심어휘]**
- inventor 발명가, 창안자
- attribute A to B A를 B의 탓으로 돌리다
- sewing machine 재봉틀
- cannibal 식인종
- spear 창, 작살
- feature 특징, 특색, 특성

**[본문해석]**
발명가 Elias Howe는 재봉틀의 발견이 식인종에게 붙잡힌 꿈 덕택이라고 하였다. 그는 식인종들이 자기 주위에서 춤을 추고 있을 때 창끝에 구멍이 있다는 사실을 알게 되었고, 이것이 문제를 해결하기 위해 그가 필요로 하는 디자인 특징이라는 것을 깨달았다.

## 08 정답 ①

**[정답해설]**
had been emerged → had emerged
'emerge(나타나다, 출현하다)'는 자동사이므로 수동태 문장에서 사용할 수 없다. 그러므로 'had been emerged'는 'had emerged'로 고쳐 써야 옳다.

**[오답해설]**
② 'embark on'은 '~에 착수하다'는 의미로, 1955년인 과거의 역사적 사실을 서술하고 있으므로 과거형인 'embarked'는 옳은 표현이다.
③ 'whereby(그것에 의하여)'는 관계부사로, 뒤에 완전한 문장이 왔으므로 옳게 사용되었다.
④ 주어가 'East and West'이므로 be동사의 복수 과거형인 'were'가 사용되었고, 바로 뒤의 to부정사와 함께 'be + to부정사'의 용법 중 '예정'에 해당된다.

**[핵심어휘]**
- emerge 나타나다, 출현하다(= come up) n. emergence 출현, 발생
- successor 후계자, 계승자(↔ predecessor 전임자, 선임자)
- embark on ~에 착수하다
- coexistence 공존
- confrontational 대립의, 모순되는

**[본문해석]**
1955년까지 Nikita Khrushchev는 소련에서 Stalin의 후계자로 부상했으며, 동서양이 경쟁을 지속해야 하지만 덜 대립적인 방식의 '평화 공존' 정책에 착수했다.

## 09 정답 ③

**[정답해설]**
contains → contain
관계대명사 'that' 앞의 'under its skin'은 전치사구로써 부사구에 해당하며, 'cells'가 선행사이다. 그러므로 ③의 'contains'는 복수 명사인 선행사 'cells'의 수 따라 'contain'으로 고쳐 써야 적절하다.

**[오답해설]**
① 앞의 주어가 복수 명사이고 뒤의 'cephalopods'도 복수 형태이므로, 복수 형태인 'types'를 사용한 것은 올바르다.
② 'each'는 대명사로서 단수 취급하며 따라서 동사 'has'가 사용된 것도 올바르다.
④ 'allow'는 목적보어로 to부정사를 사용하여 'allow + 목적어 + to부정사'의 5형식 문형을 이끈다.

**[핵심어휘]**
- squid 오징어
- octopus 문어
- cuttlefish 갑오징어
- cephalopod 두족류 동물(문어, 오징어 등)
- pigment 색소
- liquid 액체
- appearance (겉)모습, 외모

**[본문해석]**
오징어, 문어, 그리고 갑오징어는 모두 두족류에 해당한다. 이 동물들 모두 피부 밑에 색소, 즉 유색 액체가 들어 있는 특별한 세포를 지니고 있다. 두족류는 이 세포들을 피부 쪽으로 또는 피부로부터 멀리 이동시킬 수 있다. 이것은 그것의 겉모습의 형태와 색깔을 바꿀 수 있게 한다.

## 10 정답 ④

**[정답해설]**
getting → to get
비교급 'than'의 전후 비교대상을 일치시켜야 하므로, 앞의 'to stay home'에 맞추어 'to get dressed'가 되어야 한다. 따라서 ④의 'getting'은 'to get'으로 바꿔 써야 옳다. 참고로 앞의 'it'은 가주어이며 'to stay'와 'to get'은 진주어에 해당한다.

**[오답해설]**
① 'There is ~' 구문에서 비교급 'than' 앞에 주어에 해당하는 'problem'이 왔으므로 'than' 다음에 명사 상당어구에 해당하는 동명사 'maintaining'을 사용한 것은 어법상 적절하다.
② 글의 내용상 더 편해질수록 사회성이 더 부족해진다는 의미이므로, 열등 비교를 나타내는 'less'를 사용한 것은 적절하다.
③ 뒤에 비교급 접속사 'than'이 왔으므로 비교급 형용사 'easier'를 사용한 것은 적절하다.

**[핵심어휘]**
- maintain 유지하다, 보존하다(= preserve)
- comfortable 편안한(↔ uncomfortable 불편한)
- bathrobe 목욕용 가운

**[본문해석]**
도시를 유지하는 것보다 더 심각한 문제가 있다. 사람들이 혼자 일하는 게 더 편해질수록, 사회성이 더 부족해질 수도 있다. 또 다른 업무 회의를 위해 옷을 입는 것보다 편안한 운동복이나 목욕 가운을 입고 집에 머무르는 것이 더 수월하다!

## 11 정답 ②

**[정답해설]**
제시문에 서두에 정보재는 고정 비용은 높지만 한계 비용은 낮다고 정보재의 특성에 대해 언급하고 있고, 마지막 문장에서는 생산비가 아닌 소비자 가치에 따라 정보재의 가격을 책정해야 한다고 서술하고 있다. 그러므로 ②의 'Pricing the Information Goods(정보재의 가격 책정)'가 제시문의 제목으로 가장 적절하다.

**[오답해설]**
① 저작권 보호
③ 지적 재산권으로서의 정보
④ 기술 변화의 비용

**[핵심어휘]**
- involve 수반[포함]하다(= entail)
- fixed cost 고정 비용
- marginal cost 한계 비용
- an information good 정보 재화, 정보재
- substantial 상당한(= considerable)
- additional 추가의, 첨가의(= supplemental) cf) an additional charge 할증 요금

- negligible 무시할 수 있는, 보잘것없는, 사소한(= trifling)
- implication 함축, 암시 cf) by implication 암묵리에, 함축적으로
- cost-based pricing 원가기준 가격설정
- a markup on …에 대한 가격 인상폭
- unit cost 단위 원가, 단가
- make no sense 말이 되지 않다
- secure 안심하는, 확실한
- property 재산, 소유물(= possessions) cf) intellectual property 지적 재산

**[본문해석]**

경제학자들은 정보재의 생산은 고정 비용은 높지만 한계 비용은 낮다고 말한다. 정보재의 첫 번째 복제본을 생산하는 비용은 상당할 수 있지만, 추가 복제본을 생산(또는 복제)하는 비용은 무시할 수 있다. 이러한 종류의 비용 구조는 많은 중요한 의미를 내포하고 있다. 예를 들어, 비용에 기반한 가격 책정은 효과가 없다. 즉, 단가가 0일 때 10~20% 단가를 인상하는 것은 말이 되지 않는다. 생산비가 아닌 소비자 가치에 따라 정보재의 가격을 책정해야 한다.

## 12 정답 ③

**[정답해설]**

①의 'the insects', ②의 'the blood-suckers', 그리고 ④의 'they'는 모두 'dracula ants'를 지칭하지만, ③의 'they'는 바로 앞의 'their jaws'을 가리킨다.

**[핵심어휘]**

- earn a claim 주장, 요구, 권리
- snap 딱딱거리다
- jaw 턱
- blink 깜박거리다(= wink)
- blood-sucker 흡혈귀, 흡혈 동물
- wield 행사하다, 휘두르다(= brandish)
- record-breaking 전대미문의, 전무후무한, 기록을 깨는
- lash out 후려갈기다, 몰아세우다
- force-reaching 권력[힘]이 미치는
- velocity 속도, 속력(= rapidity)
- secretive 숨기는, 비밀스러운
- predator 포식자, 포식 동물
- leaf litter 낙엽
- subterranean 지하의

**[본문해석]**

드라큘라 개미는 때때로 자기 새끼의 피를 마시기 때문에 그런 이름을 얻었다. 하지만 이번 주에 그 곤충들은 명성을 얻기 위해 새로운 주장을 펼치게 되었다. Mystrium camillae 종의 드라큘라 개미는 턱을 아주 빠르게 맞부딪칠 수 있는데, 우리가 눈 깜빡할 사이에 5,000번의 타격을 가하는 것과 같다. 이번 주 왕립 학회 오픈 사이언스지에 발표된 한 연구에 따르면, 이것은 이 흡혈 곤충들이 자연에서 알려진 가장 빠른 움직임을 행사한다는 것을 의미한다. 흥미롭게도, 개미들은 턱을 너무 세게 눌러서 턱이 휘는 것만으로도 기록적인 스냅을 만들어낸다. 이것은 스프링처럼 한 쪽 턱에 에너지를 저장하고, 다른 턱을 미끄러지듯이 지나 엄청난 속도와 힘으로 강타할 때까지 시속 200마일 이상의 최고 속도에 도달한다. 그것은 손가락으로 딱 소리를 낼 때, 1,000배만 더 빠르게 하는 것과 같다. 드라큘라 개미는 나뭇잎 더미 밑에서 또는 지하 터널에서 사냥하는 것을 좋아하기 때문에 비밀스러운 포식자들이다.

## 13 정답 ①

**[정답해설]**

'make(사역동사) + 목적어 + 목적보어' 구문에서 목적보어로 사용될 수 있는 것은 원형부정사와 과거분사이다. 문맥상 목적어에 해당하는 '이미 착석한 사람들(those already seated)'이 그들의 자리를 양보하는 것이므로 원형부정사의 형태인 'give up'이 빈칸에 들어갈 말로 적절하다.

**[오답해설]**

② '이미 착석한 사람들(those already seated)'이 자리를 다시 차지하는 것은 문맥상 어울리지 않으므로 'take'는 적절하지 않다.

③ 'make(사역동사) + 목적어 + 목적보어' 구문에서 목적보어로 사용될 수 있는 것은 원형부정사와 과거분사이므로 현재분사의 형태인 'giving up'은 적절하지 않다.

④ 빈칸에 해당하는 목적보어 다음에 'their seats'라는 목적어가 있으므로 수동형인 과거분사 'taken'은 적절하지 않다.

**[핵심어휘]**

- comfort 안락, 안정, 편안
- be allowed to ~하는 것이 허용되다
- give up 포기하다, 양보하다(= yield)

**[본문해석]**

나는 바닥에 앉은 채, 독일의 한 기차에서 너에게 편지를 쓰고 있다. 기차는 사람들로 붐비고, 모든 좌석은 만원이다. 하지만, 이미 착석한 사람들이 자리를 양보하도록 한 '안정을 요하는 고객'이라는 특등표가 있다.

## 14 정답 ③

**[정답해설]**
제시문에서는 교육에 지출하는 비용을 후진국과 선진국의 비교를 통해 설명하고 있다. 즉, 전반부에서는 사하라 사막 이남의 아프리카 국가들에 대해서, 그리고 후반부에서는 미국에 대해서 교육 예산의 규모를 비교 설명하고 있으므로, 상반되는 서술 내용에 비추어 볼 때 ③의 'Conversely(정반대로)'가 빈칸에 들어갈 말로 가장 적절하다.

**[오답해설]**
① 그럼에도 불구하고
② 더욱이
④ 마찬가지로

**[핵심어휘]**
- nation-state 국민[민족] 국가
- sub-Saharan Africa 사하라 사막 이남의 아프리카
- school-age 취학 연령, 학령
- population 인구, 주민(= inhabitants)
- house 수용하다, 거주하다(= accommodate)
- conversely 정반대로, 역으로

**[본문해석]**
한 나라의 부는 교육에서 중심적인 역할을 수행하므로, 민족 국가로부터의 자금과 자원의 부족은 체제를 약화시킬 수 있다. 사하라 사막 이남의 아프리카 정부들은 교육에 대해 세계 공공 자원의 2.4%를 겨우 지출할 뿐이지만, 학령기 인구의 15%가 그곳에 살고 있다. 정반대로 미국은 교육에 대해 세계에서 소모되는 모든 금액의 28%를 지출하지만, 학령기 인구의 단지 4%만이 그곳에 거주한다.

## 15 정답 ④

**[정답해설]**
제시문은 성실한 직원과 불성실한 직원을 '위생(청결)' 여부로 구분하는 내용으로, 불성실한 사람들은 성실한 사람이라면 피하는 비효율적인 경험들을 겪는다고 서술되어 있다. 즉, 성실하다면 불성실과 무질서로 인한 스트레스를 겪지 않아도 된다는 의미이므로, ④의 'sidestep stress(스트레스를 회피하다)'가 빈칸에 들어갈 말로 가장 적절하다.

**[오답해설]**
① 걸림돌을 처리하다
② 철저히 일하다
③ 규범을 따르다

**[핵심어휘]**
- conscientious 양심적인, 성실한(↔ unconscientious 비양심적인, 성실하지 못한) n. conscientiousness 성실, 양심
- employee 직원, 종업원(↔ employer 고용주, 사업주)
- owe A to B A는 B의 덕택이다, A를 B의 탓으로 돌리다
- hygiene 위생
- tendency 경향, 성향(= inclination) v. tend …하는 경향이 있다, …하기 쉽다
- disorganized 체계적이지 못한, 무질서한
- root 파헤치다, 뒤지다(= rummage)
- inefficient 비효율적인, 비능률적인
- folk 사람들
- setback 차질, 난관, 걸림돌
- norm 표준, 규범
- sidestep 회피하다(= avoid)

**[본문해석]**
"매우 성실한 직원들은 다른 사람들보다 일 처리를 더 잘한다."라고 성실성을 연구하는 일리노이 대학의 심리학자인 Brent Roberts는 말한다. Roberts는 그들의 성공을 '위생' 요인 때문이라고 여긴다. 성실한 사람들은 자신의 생활을 잘 정리하는 성향이 있다. 무질서하고 불성실한 사람은 알맞은 문서를 찾기 위해 파일을 전부 뒤지며 20분 혹은 30분을 허비할지도 모르는데, 이는 성실한 사람이라면 피하는 비효율적인 경험들이다. 기본적으로 성실함으로써, 사람들은 그렇지 않다면 스스로 만들게 될 스트레스를 회피한다.

## 16 정답 ②

**[정답해설]**
제시문은 인간이 지구를 지배하는 'Anthropocene(인간세)'와 자본주의 논리가 지배하는 'Capitalocene(자본세)'의 개념에 대해 설명하고 있다. 빈칸의 앞 문장에서 '빈익빈부익부', 즉 소수의 부자들이 더 큰 환경적 영향을 초래한다고 하였으므로, ②의 'the accumulation of wealth in fewer pockets(소수의 주머니 속 부의 축적)'가 빈칸에 들어갈 말로 가장 적절하다.

**[오답해설]**
① 여전히 도달 가능한 더 나은 세상
③ 기후 변화에 대한 효과적인 대응
④ 보다 실행 가능한 미래를 위한 불타는 욕망

**[핵심어휘]**
- deforestation 삼림 벌채[파괴](↔ afforestation 숲 가꾸기, 조림)

ㅁ extinction 멸종, 소멸
ㅁ biodiversity 생물의 다양성
ㅁ Anthropocene 인류세(人類世)
ㅁ underpin 뒷받침하다, 근거를 대다
ㅁ exceed 초과하다, 능가하다(= surpass)
ㅁ ecological 생태계의, 생태학의
ㅁ blame 비난, 책임(= responsibility)
ㅁ evenly 균등하게, 공평하게(= impartially)
ㅁ generate 발생시키다, 일으키다, 초래하다
ㅁ capitalocene 자본세(資本世)
ㅁ devastation 대대적인 파괴[손상], 황폐(= destruction)
ㅁ inequality 불평등, 불균형
ㅁ accumulation 축적, 누적
ㅁ viable 실행 가능한, 성공할 수 있는(= feasible)

**[본문해석]**
기후 변화, 삼림 벌채, 광범위한 오염, 그리고 생물 다양성의 6번째 대량 멸종은 오늘날 우리 세계, 즉 '인류세'로 알려진 시대에 살고 있는 모든 것을 규정한다. 이러한 위기는 지구 생태계의 한계를 크게 초과하는 생산과 소비에 의해 뒷받침되고 있지만, 그 책임은 결코 공평하게 나눠지지 않는다. 세계에서 가장 부유한 42명이 가장 가난한 37억 명 만큼을 소유하고 있으며, 그들은 훨씬 더 큰 환경적 영향을 초래한다. 따라서 일부에서는 끝없는 성장과 소수의 주머니 속 부의 축적에 대한 자본주의 논리를 반영하여 생태적 파괴와 증가하는 불평등의 이 시대를 묘사하기 위해 '자본세'라는 용어를 사용할 것을 제안했다.

## 17 정답 ④

**[정답해설]**
제시문은 개인적인 복수가 과연 정당한가에 대해 묻고 있다. 빈칸이 들어 있는 문장에서 전치사 'between'을 사용하여 문명과 야만 사이, 정의(처벌)와 자비(용서) 사이 등 서로 상반된 내용을 연결하고 있으므로, 빈칸에는 '법치에 대한 공동체의 요구'와 반대되는 개념이 들어가야 한다. 그러므로 ④의 'an individual's accountability to his or her own conscience(자신의 양심에 대한 개인의 책임)'가 빈칸에 들어갈 말로 가장 적절하다.

**[오답해설]**
① 타락한 상태로부터 복수하는 사람의 구원
② 인간의 잔혹행위에 대한 신성한 복수
③ 부패한 정치인들의 도덕적 타락

**[핵심어휘]**
ㅁ tragedy 비극
ㅁ haunt 시달리다, 괴롭히다(= obsess) cf) be haunted by ~에 시달리다
ㅁ figure 인물, 사람, 모습(= appearance)
ㅁ revenger 복수하는 사람
ㅁ borderline 국경선, 경계
ㅁ civilization 문명(= culture)
ㅁ barbarity 야만, 잔인
ㅁ the rule of law 법의 지배, 법치
ㅁ conflicting 모순되는, 상충[상반]되는
ㅁ mercy 자비(= humanity) cf) at the mercy of ~의 처분(마음)대로
ㅁ vengeance 복수, 앙갚음(= revenge)
ㅁ reduce 줄이다, 축소하다(= diminish) n. reduction 축소, 삭감
ㅁ perpetrator 가해자, 범인
ㅁ murderous 살인의, 살인적인
ㅁ redemption 속죄, 구원(= salvation)
ㅁ depraved 타락한, 부패한(= wicked)
ㅁ divine 신[하느님]의, 신성한
ㅁ atrocity 극악, 흉악, 잔학
ㅁ depravity 타락, 부패(= wickedness)
ㅁ accountability 책임, 의무(= responsibility)

**[본문해석]**
고대 그리스 비극의 시대 이후로, 서양 문화는 복수자의 모습에 시달려 왔다. 그러나 사람들은 문명과 야만 사이에서, 자신의 양심에 대한 개인의 책임과 법치에 대한 공동체의 요구 사이에서, 그리고 정의와 자비의 상반된 요구 사이에서, 완전한 일련의 경계선상에 서 있다. 우리가 사랑한 사람을 파괴한 자들에 대한 복수를 응당 해야 할 권리가 있는가? 아니면 복수심을 법이나 신에게 맡겨야 할까? 그리고 만약 우리가 스스로 행동을 취한다면, 살인 행위의 원래 가해자와 동일한 도덕적 수준으로 우리 스스로를 전락시키는 것은 아닌가?

## 18 정답 ③

**[정답해설]**
제시문은 읽기 방법 중 정보 읽기에 대해 설명하고 있는데, 독자는 그가 필요한 것을 찾아내거나 문장의 리듬이나 은유와 같은 관련 없는 것들을 무시한 채 페이지를 빠르게 훑어보는 법을 배울 수 있다고 하였다. 그러나 ③번 문장은 은유와 단어의 연관성들을 통해 감정의 자취를 기록한다고 서술하고 있으므로, 앞 문장에서 언급한 내용과 상반된다. 따라서 ③번 문장은 전체적인 글의 흐름과 어울리지 않는다.

**[핵심어휘]**
- characteristic 특유의, 독특한(= peculiar)
- accomplish 완수하다, 성취하다(= achieve)
- direction 지침서, 설명서
- assemble 짜맞추다, 조립하다(= put together)
- scan 살피다, 훑어보다
- come up with 내놓다, 찾아내다
- irrelevant 무관한, 상관없는(↔ relevant 적절한, 관련 있는)
- metaphor 은유, 비유
- register 등록하다, 기재하다, 신고하다
- association 연계, 연합, 합동

**[본문해석]**
나는 네 종류의 읽기를 이름 짓는 것이 가능해 보였는데, 각각은 독특한 방법과 목적을 가지고 있다. 첫 번째는 정보 읽기, 즉 무역, 정치 혹은 어떤 것을 성취는 방법을 배우기 위한 읽기이다. ① 우리는 이런 식으로 신문, 대부분의 교과서들 혹은 자전거 조립법에 대한 설명서를 읽는다. ② 이 자료의 대부분을 통해 독자는 그가 필요한 것을 찾아내거나 문장의 리듬이나 은유와 같은 관련 없는 것들을 무시한 채 페이지를 빠르게 훑어보는 법을 배울 수 있다. ③ 우리는 또한 은유와 단어의 연관성들을 통해 감정의 자취를 기록한다. ④ 속독의 과정은 이런 목적을 위해 읽는데 도움을 줄 수 있으며, 페이지를 빠르게 건너뛰도록 눈을 훈련시킨다.

## 19 정답 ③

**[정답해설]**
제시문은 집단주의 문화와 개인주의 문화에서 직업이 갖는 의미를 비교하여 설명하고 있다. 주어진 문장은 집단주의 문화에서 직업이 갖는 특성에 대해 설명하고 있고, 'In this situation(이런 상황에서)'으로 시작하므로 앞의 내용에 이어 ③에 들어가는 것이 가장 적절하다.

**[핵심어휘]**
- obligation 의무, 책무
- comprising 포함하는, 구성하는
- manifest 나타내다, 드러내 보이다(= reveal) n. manifestation 징후, 표명, 발로
- imply 넌지시 나타내다[비치다], 암시[시사]하다 n. implication 포함, 함축, 암시
- collectivistic 집단주의의, 집단주의적인
- fulfilling 실현하다, 성취하다
- individualistic 개인주의적인

**[본문해석]**

> 이런 상황에서, 우리는 개인이 속한 조직과 그 조직을 구성하는 사람들에 대한 개인의 사회적 의무 때문에 한 직장에서 다른 직장으로 개인의 이동이 줄어들 거라고 기대한다.

직업의 의미에 있어서 문화적 차이는 다른 측면에서도 나타날 수 있다. ( ① ) 예를 들어, 미국 문화에서 직업은 돈을 모으고 생계를 유지하는 수단으로 생각하기 쉽다. ( ② ) 다른 문화권에서, 특히 집단주의 문화에서 직업은 더 큰 집단에 대한 의무를 이행하는 것으로 간주될 수 있다. ( ③ ) 개인주의의 문화에서는 직장과 자아를 분리하는 것이 더 쉽기 때문에 한 직장을 떠나 다른 직장으로 가는 것을 고려하기가 더 쉽다. ( ④ ) 다른 직장도 동일한 목표를 쉽게 달성할 수 있을 것이다.

## 20 정답 ②

**[정답해설]**
제시문은 마이크로뱃이란 박쥐가 어둠 속에서 사물을 인식하고 먹이를 찾는 방식에 대해 서술하고 있다. 마이크로뱃이 어떤 박쥐인지 그 특징에 대해 정의한 ㉡이 가장 먼저 와야 하고, 역접의 접속사 'But'을 사용하여 마이크로뱃이 작은 눈을 가졌음에도 불구하고 쥐와 다른 작은 포유류들만큼 잘 볼 수 있다고 설명한 ㉣이 다음에 이어져야 한다. ㉣에서 언급한 마이크로뱃의 특별한 능력인 'echolocation(반향 위치 측정)'에 대해 상세 설명한 ㉠이 다음에 와야 하고, 마지막으로 마이크로뱃이 반향 위치 측정 능력을 활용하는 법을 서술한 ㉢이 와야 한다.

**[핵심어휘]**
- navigate 항해하다, 날다
- microbat 작은박쥐류
- emit 내다, 방출하다(= give off) n. emission 배출, 방출
- high-pitched 아주 높은, 고음의
- squeak 끼익[짹/찍]하는 소리
- obstacle 장애, 방해(= hindrance)
- instantaneous 순간의, 즉각적인
- tiny 아주 작은, 조그마한
- spot 찾다, 발견하다(= detect)
- prey 먹이, 밥, 사냥감
- echolocation (돌고래 · 박쥐) 반향 위치 측정
- sonar 음파 탐지(기)
- mosquito 모기
- potential 가능성이 있는, 잠재적인

- extreme 극도의, 극심한(= utmost)
- exactness 정확, 엄밀
- perceive 감지[인지]하다, 깨닫다 n. perception 지각, 통찰력 cf) perceive A as B A를 B로 여기다
- detect 발견하다, 탐지하다 n. detection 발견, 탐지
- nocturnal 밤에 일어나는, 야행성의(↔ diurnal 주행성의)

**[본문해석]**

㉡ 북아메리카에서 발견된 작고 곤충을 잡아먹는 박쥐인 마이크로뱃은 어둠 속에서 날아다니며 먹이를 찾는 데 좋을 것 같지 않은 작은 눈을 갖고 있다.
㉣ 그러나 사실, 마이크로뱃은 쥐와 다른 작은 포유류들만큼 잘 볼 수 있다. 박쥐의 야행성 습관은 생각보다 훨씬 쉽게 밤에 먹이를 잡고 날도록 반향 위치 측정이라는 특별한 능력에 의해 도움을 받는다.
㉠ 어둠 속에서 비행하기 위해, 마이크로뱃은 입을 벌린 채 날아다니며 인간이 들을 수 없는 고음의 짹 소리를 낸다. 이 소리 중 일부는 나뭇가지와 앞에 있는 다른 장애물뿐만 아니라 날아다니는 곤충에도 메아리친다. 박쥐는 그 메아리를 듣고 그 앞에 있는 물체에 대한 순간적인 이미지를 뇌 속에 포착한다.
㉢ 반향 위치 측정 또는 음파 탐지기를 사용하여 마이크로뱃은 모기 또는 다른 가능한 먹잇감에 대해 많은 것을 알 수 있다. 극도의 정확성으로 반향 위치 측정은 마이크로뱃이 동작, 거리, 속도, 움직임 및 형태를 감지할 수 있게 한다. 박쥐는 또한 사람의 머리카락보다도 가느다란 장애물을 탐지하고 피할 수 있다.

## [서울시] 2018년 03월 | 정답

| | | | | | | | | | |
|---|---|---|---|---|---|---|---|---|---|
| 01 | ① | 02 | ④ | 03 | ④ | 04 | ① | 05 | ① |
| 06 | ④ | 07 | ② | 08 | ④ | 09 | ② | 10 | ① |
| 11 | ② | 12 | ② | 13 | ④ | 14 | ③ | 15 | ③ |
| 16 | ③ | 17 | ③ | 18 | ① | 19 | ② | 20 | ③ |



## [서울시] 2018년 03월 | 해설

### 01 정답 ①

**[정답해설]**

밑줄 친 integral은 '필수적인, 없어서는 안 될'의 뜻으로 ①의 key(핵심적인)와 그 의미가 가장 유사하다.

**[오답해설]**

② 부수적인
③ 상호적인
④ 대중적인

**[핵심어휘]**

- ethical 윤리적인, 도덕적인
- consideration 고려, 고찰, 숙고
- integral 필수적인, 없어서는 안 될
- biotechnology 생명공학
- regulation 규정, 규제
- incidental 부수적인, 흔히 있는
- interactive 상호적인, 대화형의

**[본문해석]**

윤리적 고찰은 생명공학 규정의 필수적 요소가 될 수 있다.

### 02 정답 ④

**[정답해설]**

밑줄 친 plasticity은 '유연성, 가소성'의 뜻으로 ④의 suppleness(유연함)와 그 의미가 가장 유사하다.

**[오답해설]**

① 정확성
② 체계성
③ 방해

**[핵심어휘]**

- associated with ~와 관련된

- plasticity 유연성, 가소성
- make up for 보완하다, 보충하다
- accuracy 정확성, 정밀도
- systemicity 체계성, 계통성, 조직성
- obstruction 방해, 장애
- suppleness 나긋나긋함, 유연함

**[본문해석]**

만일 언어능력과 관련된 뇌 부위가 손상된다면, 뇌는 상실된 세포를 보완하는 방법으로 원래 언어능력과 관련 없는 다른 뇌 부위가 그 능력을 습득하도록 하는 유연성을 이용할 지도 모른다.

## 03 정답 ④

**[정답해설]**

제시문에서 '모든 것을 서면으로 원한다'는 의미가 되려면, 빈칸의 문장이 No로 시작하므로 writing과 반대의 개념이 되어야 한다. 그러므로 빈칸에 들어갈 말로는 ④의 verbal(구두의)이 가장 적절하다.

**[오답해설]**

① 진짜의
② 필수적인
③ 상호간의

**[핵심어휘]**

- contract 계약(서), 약정(서)
- mere 겨우 ~의, 단지 ~만의
- genuine 진짜의, 진실한
- reciprocal 서로의, 상호간의
- verbal 언어의, 구두의

**[본문해석]**

Mephisto는 서명과 계약을 요구한다. 어떠한 단순 구두 계약도 충분하지 않을 것이다. Faust가 말한 것처럼, 악마는 모든 것을 문서로 원한다.

## 04 정답 ①

**[정답해설]**

제시문에서 기업과 노조가 임금 협상을 함에 있어 기업의 영업이익 상태를 심각하게 받아들이고 있다고 하였으므로, 빈칸에 들어갈 말로는 ①의 deteriorating(악화중인)이 가장 적절하다.

**[오답해설]**

② 향상시키는
③ 개선시키는
④ 평준화시키는

**[핵심어휘]**

- union 조합, 노조
- tentative 잠정적인, 머뭇거리는
- wage deal 임금 협상
- operating profit 영업 이익, 이윤
- amid 가운데에, 중에
- deteriorating 악화중인, 악화되어가고 있는
- enhancing 강화중인, 향상시키는
- ameliorating 개선시키는, 좋아지는
- leveling 균형을 맞춘, 평준화시키는

**[본문해석]**

그 기업과 노조는 비우호적인 사업 환경 가운데 기업의 악화중인 영업이익을 양측이 심각하게 받아들임에 따라 올해 임금 협상에 있어 잠정적인 합의에 도달했다.

## 05 정답 ①

**[정답해설]**

convinced → was convinced

convince는 'A에게 B를 확신시키다'는 뜻의 4형식 동사로서, convince + 간접목적어 + 직접목적어(that절) 형태로 사용된다. 그런데 convince 등의 감정유발동사들은 주어가 사람일 때 간접목적어 없이 수동태 형식으로 써야 한다. 즉, 해당 문장은 be convinced that절(~을 확신하다)의 수동태 형태로 쓰여야 하므로, ①의 convinced는 was convinced로 고쳐 써야 옳다.

**[오답해설]**

② from scratch는 '맨 처음부터'라는 의미의 관용어구로, 전치사 from이 옳게 사용되었다.
③ even은 뒤의 비교급 easier를 강조하기 위한 부사로써 옳게 사용되었다. even외에 much, far, still, a lot 등이 비교급을 강조하기 위한 부사로 사용된다.
④ A 비교급 than B 구문에서 A와 B는 동일 형태여야 한다. 접속사 that의 주어로써 동명사로 시작하는 making pumpkin cake from scratch와 동일하게 접속사 than 다음에 동명사로 시작하는 making cake from a cake 또한 옳게 사용되었다.

**[핵심어휘]**
- convince 납득시키다, 확신시키다
- from scratch 아무런 사전 준비[지식] 없이, 맨 처음부터

**[본문해석]**
나는 호박 케이크를 맨 처음부터 만드는 것이 박스에 담긴 케이크를 만드는 것보다 훨씬 더 쉬울 것이라고 확신했다.

## 06 정답 ④

**[정답해설]**
wait → to wait
의문사 why절에서 it는 동사 find의 가목적어이며 difficult는 목적보어이다. 그러므로 ④의 wait은 진목적어 형태인 to wait로 고쳐 써야 옳다.

**[오답해설]**
① 목적어인 your tongue이 스스로 꼬인 것이므로, 5형식 동사인 find의 목적보어는 수동의 의미를 나타내야 한다. 그러므로 과거분사 twisted는 옳게 사용되었다.
② 숫자와 단위 명사가 하이픈으로 연결되어 형용사적으로 쓰이면 단수 명사를 사용한다. six-year-old는 뒤의 명사 daughter를 수식하는 형용사의 형태로 옳게 사용되었다.
③ 앞의 the amusement park를 선행사로 하는 that은 주격 관계대명사로써 옳게 사용되었다.

**[핵심어휘]**
- amusement park 놀이 공원
- advertise 광고하다, 알리다

**[본문해석]**
TV에서 광고된 놀이공원에 갈 수 없는 이유를 여섯 살 난 딸에게 설명하려고 애쓰다 혀가 꼬였을 때, 당신은 왜 우리가 기다리는 것이 어려운지 이해할 것이다.

## 07 정답 ②

**[정답해설]**
suffering → suffered
internal wounds를 뒤에서 수식하고 있는 suffer는 '시달리다, 고통받다'라는 의미의 타동사로써 뒤에 목적어가 와야 한다. 해당 문장에서 목적어가 없고, 의미상 부상을 당한 것이므로 수동의 의미인 과거분사를 사용해야 한다. 그러므로 ②의 suffering은 suffered로 고쳐 써야 옳다.

**[오답해설]**
① Lewis Alfred Ellison이 소규모 사업가이자 건축공사 현장 감독이었다는 의미로, 단수 보통 명사인 foreman 앞에 부정관사 a를 사용한 것은 적절하다.
③ 접속사 after 이후의 부사절에서 shards가 주어이며, penetrated는 타동사로써 목적어인 his abdomen을 취한 것은 적절하다.
④ while it was loaded into a hopper에서 주어 it가 생략되고 was가 분사로 바뀐 수동태 분사구문으로, being loaded는 옳게 사용되었다.

**[핵심어휘]**
- construction 건설, 건축
- foreman (공장 · 건설 현장의) 감독
- internal wound 내상
- shard 조각, 파편
- lb (무게를 나타내는) 파운드(libra)
- penetrate 뚫고 들어가다, 관통하다
- abdomen 배, 복부
- hopper 호퍼(곡물 · 석탄 · 가축 사료를 아래로 내려 보내는 V자형 용기)

**[본문해석]**
소규모 사업가이자 건축공사 현장 감독이었던 Lewis Alfred Ellison은 100파운드의 얼음 덩어리가 호퍼에 적재되는 도중 떨어졌을 때, 그 얼음 덩어리 파편들이 그의 복부를 관통하여 생긴 내상을 치료하기 위한 수술 후, 1916년에 사망하였다.

## 08 정답 ④

**[정답해설]**
대화의 흐름상 70,000마일이나 된 중고 자동차에 대해 너무 비싸며 중고차 판매상들을 조심해야 한다고 하였으므로, ④의 I don't want to get ripped off(난 바가지 쓰기 싫어)가 빈칸에 들어갈 말로 가장 적절하다.

**[오답해설]**
① 그거 사자.
② 내가 먼지를 털게.
③ 어떤 모델을 원해?

**[핵심어휘]**
- whew 어유, 후유, 휴(놀랐거나, 안도할 때 내는 소리)
- get ripped off 눈탱이 맞다, 바가지를 쓰다

**[본문해석]**
A: 중고차에 대해 잘 모르는구나, Ned. 어휴! 70,000 마일

이네.
B: 오, 많이 뛰었구나! 우리는 엔진, 문, 타이어 등 모든 걸 자세히 살펴봐야 해.
A: 그건 너무 비싸, Ned. 난 바가지 쓰기 싫어.
B: 넌 이 중고차 판매상들을 조심해야 해.

## 09 정답 ②

**[정답해설]**
제시문에서 100 나노미터보다 더 작은 입자인 '나노'를 가리키는 것이므로, ②의 refers to(언급하다, 지칭하다)가 빈칸에 들어갈 말로 가장 적절하다.

**[오답해설]**
① 침입하다
③ 유래하다
④ 연기하다

**[핵심어휘]**
- bionic 생체공학적인
- particle 입자, 조각
- imbue 불어넣다, 스며들게 하다
- break in 끼어들다, 침입하다
- refer to 언급하다, 지칭하다
- originate from 유래하다, 비롯되다
- lay over 미루다, 연기하다

**[본문해석]**
그 용어는 생명체에 생체공학적 팔처럼 인공적인 능력을 준다는 의미인 '생체공학'과 생명체에 새로운 능력을 불어넣는 데 이용될 수 있는 100 나노미터보다 더 작은 입자를 지칭하는 '나노'의 두 개념을 합친 것이다.

## 10 정답 ①

**[정답해설]**
가정법 미래는 가능성이 희박한 미래에 대한 강한 의심을 나타낸다. 해당 문장은 가정법 미래를 나타내는 다음의 형식으로 옳게 사용되었다.

> If + 주어 + should/would + 동사원형~, 주어 + 과거형 조동사 + 동사원형

**[오답해설]**
② players → player
「비교급 + than any other + 단수명사」 구문은 최상급을 대용하는 표현으로, 해당 문장에서 복수명사 players는 단수명사 player로 고쳐 써야 한다.
③ has → had
「Hardly + had + 주어 + p.p~, when[before] + 주어 + 과거시제」 구문은 '~하자마자 ~하다'의 표현으로, 해당 문장에서 has를 had로 고쳐 써야 한다.
④ come out → to come out
have been made는 현재완료 수동태인데, 동사 made가 사역동사이므로 목적보어 자리에 온 come out은 원형부정사가 아니라 to부정사를 써야 한다. 그러므로 come out을 to come out으로 고쳐 써야 옳다.

**[핵심어휘]**
- applaud 박수를 치다, 갈채를 보내다
- consumption 소비, 소모

**[본문해석]**
① 만일 그 물건이 내일까지 배달되지 않는다면, 그들은 그것에 대해 불평할 것이다.
② 그는 자기 반의 어느 다른 야구선수보다 능숙하다.
③ 그 바이올리니스트가 공연을 끝내자마자 관객들은 일어나 갈채를 보냈다.
④ 제빵사들이 밖으로 나와 밀 소비의 촉진을 요청했다.

## 11 정답 ②

**[정답해설]**
제시문에서 동물들과 마찬가지로 인간도 건강하고 먹을 것이 충분하면 행복해야 하는데, 현대 세계에서 대다수의 사람들은 그렇지 못하다고 서술하고 있다. 주어진 문장에서 this는 바로 이러한 점을 가리키는 지시대명사로, '당신도 예외가 아닌 사실'에 해당된다. 그러므로 주어진 문장은 ②에 들어가는 것이 적절하다.

**[핵심어휘]**
- exceptional 예외적인, 이례적인
- receptive 수용적인, 받아들이는

**[본문해석]**

> 만일 당신 스스로 행복하지 않다면, 아마도 이 점에서 당신도 예외가 아니라는 사실을 인정할 준비가 되어 있는 셈이다.

( ① ) 동물들은 건강하고 먹을 것이 충분하다면 행복하다. 인간도 그래야 한다고 느끼지만, 현대 세계에서 적어도 대다수의 경우는 그렇지 못하다. ( ② ) 당신이 행복하다면 당신 친구들 중 몇 명이나 그런지 자문해보라. ( ③ ) 그리고 친구들을 살펴보았다면, 표정을 읽는 기술을 스스로 익혀라. 평상시에 만나는 사람들의 기분을 받아들이도록 하라. ( ④ )

## 12 정답 ②

**[정답해설]**
제시문은 담배 제품에 대한 강화된 규제가 다른 소비재로 번지면서, 도미노 효과로 인한 산업 전반의 영향에 대해 서술하고 있다. 그런데 규제 조치가 담배 밀수를 키우며 공중 보건을 개선하는 데 실패했다는 ②의 내용은 담배의 규제 조치로 인한 결과에 국한된 설명으로, 소비재와 관련된 도미노 효과와는 거리가 멀다.

**[핵심어휘]**
- regulation 규정, 규제
- spill over 넘치다, 번지다
- restrictive measure 제한 조치
- taxation 세제, 조세, 세금
- pictorial 그림의, 그림을 이용한
- prohibition 금지, 금지법
- regulatory 규제[단속]력을 지닌
- smuggling 밀수, 밀반입, 밀수출
- restriction 제한, 제약
- slippery 미끄러운, 미끈거리는
- slope 경사지, 경사면
- at the extreme end of ~의 극단에서
- packaging 포장
- trademark 상표
- unintended 고의가 아닌, 의도하지 않은
- infringement 위반, 위배, 침해
- intellectual property right 지적재산권

**[본문해석]**
담배 제품에 대한 보다 강화된 규제가 주류, 탄산음료 및 기타 소비재로 번졌고, 이는 소비자의 선택을 제한하고 상품을 더 비싸게 만들었다. ① 지난 40년에 걸쳐 국가들은 세금, 그림을 이용한 건강 경고, 광고 및 판촉 금지를 포함해 담배 제품에 대해 더 많은 제한 조치를 취해왔다. ② 규제 조치는 담배 밀수를 키우며 공중 보건을 개선하는 데 실패했다. ③ 먼저 담배에 제한을 적용한 다음 다른 소비재에 제한을 적용하는 것은 다른 산업에서 '미끄러운 경사면'이라고 불리는 도미노 효과를 만들었다. ④ 미끄러운 경사면의 최극단은 모든 상표, 로고 및 브랜드에 특정 색상이 제거된 단순 포장이며, 결과적으로 의도하지 않은 결과와 심각한 지적재산권의 침해를 초래하였다.

## 13 정답 ④

**[정답해설]**
제시문에서 빈칸 앞의 문장은 모국어가 침략자의 언어에 완전히 굴복되어 교체되는 경우를 설명하고 있고, 뒤의 문장에서는 모국어가 침략자의 언어와 나란히 존속하여 우세한 언어가 되는 경우를 설명하고 있다. 즉, 빈칸 전후의 문장이 서로 다른 경우를 설명하고 있으므로, 빈칸에는 ④의 Alternatively(그렇지 않으면)가 들어갈 말로 가장 적절하다.

**[오답해설]**
① 일반적으로
② 지속적으로
③ 마찬가지로

**[핵심어휘]**
- come into contact with ~와 접촉하다[만나다]
- migration 이주, 이송
- fertile 비옥한, 기름진
- displace 쫓아내다, 추방하다
- on account of ~때문에, ~으로
- poverty 가난, 빈곤
- home language 모국어
- succumb 굴복하다, 무릎을 꿇다
- replacement 교체, 대체
- persist 지속하다, 존속하다
- dominant 우세한, 지배적인
- alternatively 그 대신에, 그렇지 않으면

**[본문해석]**
언어는 어떤 언어를 말하는 사람들이 다른 언어를 말하는 사람들 혹은 언어들과 접촉할 때 변화한다. 이것은 아마 이민 때문일 수도 있고, 보다 비옥한 땅으로 이주하거나, 전쟁 · 가난 · 질병으로 쫓겨나기 때문일 수도 있다. 또한 침략을 당해서일 수도 있다. 상황에 따라 모국어는 침략자의 언어에 완전히 굴복할 수도 있는데, 이 경우를 우리는 교체라고 말한다. 그렇지 않으면 모국어가 침략자의 언어와 함께 나란히 존속할 수 있으며, 정치적 상황에 따라서는 모국어가 우세한 언어가 될 수도 있다.

## 14 정답 ③

**[정답해설]**
빈칸 이후의 문장에서 감각을 무시한 채 물건을 평가하지 않는 것처럼 상표나 가격을 무시한 채 상품을 평가하지는 않는다고 설명하고 있다. 즉, 상표를 무시한 채 상품을 평가하는 것은 잘못된 판단이라는 의미이므로, 빈칸에는 ③의 misguided(잘못 판단한)가 들어갈 말로 가장 적절하다.

**[오답해설]**
① 정확한
② 믿을 만한
④ 편견 없는

**[핵심어휘]**
- brand 낙인을 찍다, 상표를 붙이다
- no more A than B A가 아닌 것은 B가 아닌 것과 같다
- appraise 살피다, 평가하다
- reliable 믿을 수 있는, 믿을 만한
- misguided 잘못 이해한[판단한]
- unbiased 선입견[편견] 없는, 공평한

**[본문해석]**
상표를 붙이지 않고 테스트된 제품이 왠지 더 객관으로 평가된 것이라는 생각은 완전히 잘못된 판단이다. 실생활에서 우리가 눈을 감거나 코를 막고 물건을 평가하지 않는 것처럼 우리가 구입한 제품에 찍혀 있는 상표, 상품이 들어 있는 상자의 모양과 느낌 또는 부르는 가격을 무시하면서 평가하지 않는다.

## 15 정답 ③

**[정답해설]**
제시문에 따르면 다른 나라 사람들에게는 미국인들의 레크리에이션 활동이 너무 강박적으로 보일 수 있으나, 미국인들은 레크리에이션 활동을 휴식과 즐거움이며 적어도 건강과 신체 단련에 기여하기 때문에 가치 있는 일로 여긴다고 설명하고 있다. 그러므로 ③의 'The American approach to recreation(레크리에이션에 대한 미국인들의 접근법)'이 〈보기〉 글의 제목으로 가장 적절하다.

**[오답해설]**
① 건강과 신체 단련 → 건강과 신체 단련은 미국인들이 레크리에이션 활동을 하는 주요 이유 중 하나일 뿐임
② 미국에서 대중적인 레크리에이션 활동들 → 본문 중에 조깅, 테니스, 수영 등 일반적인 레크리에이션 활동을 열거하고 있으나, 미국에서 대중적인 레크리에이션 활동을 특정하여 언급하고 있지는 않음
④ 레크리에이션에 대한 정의 → 본문 중에 레크리에이션이 무엇인지 그 의미를 명백히 규정한 내용은 없음

**[핵심어휘]**
- recreation 오락, 레크리에이션
- appointment 약속, 예약
- relaxation 휴식, 완화
- worthwhile 가치 있는
- contribute to ~에 기여하다
- definition 정의, 설명

**[본문해석]**
많은 미국 방문자들은 미국인들이 운동과 여가 활동을 너무 진지하게 받아들인다고 생각한다. 흔히 미국인들은 업무상 약속 일정을 잡듯이 레크리에이션 일정을 잡는다. 그들은 매일 같은 시간에 조깅을 하거나 주 2~3회 테니스를 치거나, 또는 매주 목요일에 수영을 한다. 외국인들은 종종 이런 종류의 레크리에이션이 휴식이라기보다는 일 같다고 생각한다. 그러나 많은 미국인들에게 레크리에이션 활동은 휴식과 즐거운 일이며, 또는 건강과 신체 단련에 기여하기 때문에 최소한 가치 있는 일이다.

## 16 정답 ③

**[정답해설]**
제시문에서 우리의 감정은 정신적 기반에 근거하며 우리 주변의 사물이나 사건에 완전히 몰입되어 잘 감지하지 못하지만, But 이후의 문장에서 그러한 감정들은 다양한 형태로 늘 우리 곁에 존재한다고 설명하고 있다. 그러므로 ③의 '감정은 우리 마음 속 어디에나 있다.'가 제시문의 요지로 가장 적절하다.

**[오답해설]**
① 감정은 음악과 밀접하게 관련되어 있다.
② 감정은 고통과 쾌락으로 구성되어 있다.
④ 감정은 사물과 사건에 대한 심상과 관련이 있다.

**[핵심어휘]**
- bedrock 기반, 근본
- fail to notice 못 보다, 간과하다
- mental image 심상
- along with ~에 덧붙여, ~와 마찬가지로
- overburden 과중한 부담을 주다
- myriad 무수한, 많은

- unstoppable 막을 수 없는, 저지할 수 없는
- humming 흥얼거리는, 콧노래 부르는
- die down 사그라지다, 수그러들다, 잦아들다
- all-out 총력을 기울인, 전면적인
- mournful 애절한, 구슬픈
- requiem 진혼곡, 장송곡
- take over 탈취하다, 장악하다
- be associated with ~와 관련되다
- ubiquitous 어디에나 있난, 아주 흔한

**[본문해석]**

고통이나 쾌락 혹은 그 사이의 어떤 감정을 느끼는 것은 우리 마음에 근거한다. 우리는 종종 이런 단순한 현실을 간과하는데, 주변의 사물이나 사건에 대한 심상이 그것들을 묘사하는 단어나 문장의 이미지와 더불어 과중한 주의력을 완전히 소모해 버리기 때문이다. 그러나 그것들은 무수한 감정과 심경, 끊임없이 이어지는 우리 마음의 음악적 선율, 잠이 들어야만 사그라지는 가장 보편적인 곡조의 멈출 수 없는 흥얼거림, 즐거움에 사로잡힐 때 사력을 다한 노래로 변화고 슬픔에 젖었을 때 구슬픈 장송곡으로 변화는 바로 그 흥얼거림의 감정들에 있다.

## 17 정답 ③

**[정답해설]**

〈보기〉 글에서 화자가 어린 시절 놀았던 동네 학교 운동장에 갔으나 아무도 없었으며, 주변 콘크리트는 자갈, 병, 맥주 깡통 외에 텅 비어 있었다고 묘사하고 있다. 그러므로 〈보기〉 글의 분위기는 ③의 desolate and lonely(적막하고 외로운)이다.

**[오답해설]**

① 조용하고 평화로운
② 축제일 같이 즐거운
④ 끔찍하고 무서운

**[핵심어휘]**

- dejected 낙담한, 실망한
- basketball hoop 농구 골대
- pebble 조약돌, 자갈
- claw 긁다, 할퀴다
- scary 무서운, 겁나는
- pavement 인도, 보도, 포장도로
- calm 조용한, 침착한
- desolate 황량한, 적막한
- scary 무서운, 겁나는

**[본문해석]**

나는 경기에 함께 하기를 바라면서 동네 학교 운동장에 갔다. 그러나 아무도 없었다. 낙담한 채 그물망이 없는 농구 골대 아래서 몇 분 동안 서 있었고, 모두들 어디로 갔을까 하고 궁금해 하며 기다리고 있는 나를 찾을 것으로 생각되는 사람들의 이름을 떠올리기 시작했다. 나는 몇 년 동안이나 이런 장소에서 놀아보지 못했다. 무엇 때문일까? 내가 무슨 생각으로 여기에 왔을까? 나는 어린 소년이었을 때, 그 학교 운동장에 가서 놀았었다. 오래 전의 일이었다. 이제 어느 아이도 날 모를 것이다. 주변 콘크리트는 자갈, 병, 맥주 깡통 외에 텅 비어 있었고, 깡통을 걷어차니 도로 밖으로 날카로운 소리가 할퀴었다.

## 18 정답 ①

**[정답해설]**

무일푼에서 거부가 된 앤드류 카네기의 성공담에 대해 서술하고 있으므로, 첫 번째 빈칸에 들어갈 단어는 quintessential(전형적인)이 가장 적절하다. 작은 단칸방에서 시작하고 교육을 거의 받지 못한 점 등에서 가난한 집안 출신이라는 것을 알 수 있으므로, 두 번째 빈칸에 들어갈 단어는 destitute(궁핍한)가 가장 적절하다.

**[오답해설]**

② 예외적인 – 독실한
③ 흥미로운 – 꼼꼼한
④ 해로운 – 빈곤한

**[핵심어휘]**

- rags to riches 무일푼에서 거부로
- tale 이야기, 소설
- steel magnate 철강왕
- laborer 노동자, 인부
- emigrate 이민을 가다, 이주하다
- textile mill 방직공장, 직물공장
- quintessential 정수의, 전형적인
- destitute 극빈한, 궁핍한
- devout 독실한, 경건한
- meticulous 꼼꼼한, 세심한
- deleterious 해로운, 유해한
- impoverished 빈곤한, 결핍된

**[본문해석]**

흔히 전형적인 "무일푼에서 거부" 이야기로 회자되는 철강왕 앤드류 카네기의 성공담은 1835년 스코틀랜드 Dunfermline의 방 한 칸짜리 작은 집에서 시작한다. 궁핍한 노동자 가정

에서 태어난 카네기는 1848년 가족과 함께 미국으로 이민하기 전까지 학교 교육을 거의 받지 못했다. 펜실베이니아에 도착한 그는 곧 직물공장에서 일자리를 얻었는데, 주당 1.20달러를 겨우 벌었다.

## 19 정답 ②

**[정답해설]**
제시문에서 1848년 멕시코-미국 전쟁으로 인한 분단선이 생겼으나 자연이 정한 경계는 아니었다고 서술되어 있다. 그러므로 "자연이 경계선을 긋지는 않았지만, 인간 사회는 분명히 그렇게 했다."는 ②의 설명이 제시문의 내용과 일치한다.

**[오답해설]**
① 미국과 멕시코의 접경지역은 하나의 주권에 오랜 역사를 보여준다. → 본문에서 두 주권국 영토 사이의 지리적 경계선이라고 하였으므로 일치하지 않음
③ 멕시코-미국 전쟁은 사람들이 국경선을 지키도록 만들었다. → 국경선을 정했지만 사람들에게 국경선을 지키라고 설득하는 것은 별개의 문제라고 하였으므로 일치하지 않음
④ Rio Grande 강은 임의의 지리적 경계로 여겨 왔다. → Rio Grande 강이 가로질러 흐르고 있었지만 실제로 분리하지는 않았다고 하였으므로 본문의 내용과 일치하지 않음

**[핵심어휘]**
- previously 미리, 이전에, 사전에
- run into ~와 우연히 만나다
- variable 변수
- religion 종교
- A is one thing, B is another A하는 것과 B하는 것은 별개이다
- arbitrary 임의적인, 독단적인
- geographical 지리적인
- sphere 구, 영역, 권역
- sovereignty 주권, 통치권
- victorious 승리한, 승리를 거둔
- division 분할, 분배
- ratify 인준하다, 재가하다
- ecological 생태계의, 생태학의
- blend into ~와 뒤섞이다
- prefigure 예시하다, 예상하다
- nationalism 민족주의
- terrain 지형, 지역
- signify 나타내다, 보여주다

**[본문해석]**
이전에 멕시코 북부였던 미국의 남서부에서 앵글로-아메리카와 히스패닉 아메리카가 만났다. 이 만남은 언어, 지역, 인종, 경제 및 정치 등의 변수들을 담고 있었다. 히스패닉 아메리카와 앵글로-아메리카 사이의 국경은 시간이 지나면서 옮겨졌지만, 한 가지 사실은 변하지 않았다. 즉, 두 주권국 영토 사이에 임의의 지리적 선을 긋는 것과 사람들에게 그걸 지키라고 설득하는 것은 별개이다. 1848년 멕시코-미국 전쟁에서 승리한 미국은 멕시코의 절반을 차지했다. 그 결과로 인한 분단은 자연의 방식을 따르지 않았다. 국경지대는 하나의 생태계였지만, 국가를 표시함이 없이 멕시코 북동부 사막과 미국 남서부 사막이 뒤섞였다. 자연이 제시한 국경선인 Rio Grande 강이 가로질러 흐르고 있었지만 계속되는 지형을 실제로 분리하지는 않았다.

## 20 정답 ③

**[정답해설]**
난폭 운전(aggressive driving)이란 용어에 대한 정의와 예시를 든 ㉣로 글을 시작하고, 이어서 난폭 운전을 하게 되는 계기를 설명한 ㉠이 와야 한다. 다음으로 ㉠에 대한 결과로 여러 건의 교통 위반을 하게 된다고 설명한 ㉢이 와야 하며, 마지막으로 ㉡에서 이러한 행동들이 더 큰 위험을 초래하거나 사고를 내는 원인이 된다고 설명하고 있다. 그러므로 〈보기〉의 글은 ③의 ㉣-㉠-㉢-㉡순으로 배열되어야 문맥상 가장 잘 어울린다.

**[핵심어휘]**
- trigger 계기, 도화선
- aggressive driver 난폭 운전자
- traffic congestion 교통 혼잡
- resort to ~에 의지하다, 기대다
- roadway shoulder 도로 갓길, 노견
- startle 깜짝 놀라게 하다
- evasive 회피적인, 도피적인
- crash 사고, 충돌
- violation 위반, 침해
- make up time 시간을 벌다[보충하다]
- traffic offense 교통 위반
- lane 도로, 차선
- intent 의사, 의도
- negligent 게으른, 부주의한
- inconsiderate 사려가 깊지 못한, 배려 없는

**[본문해석]**
㉣ 난폭 운전은 너무 가깝게 따라가거나, 과속하거나, 위험하

게 차선을 바꾸거나, 차선 변경 신호를 하지 않거나, 기타 부주의 혹은 배려 없는 운전 형태의 교통 위반 또는 여러 위반의 결합이다.

㉠ 난폭 운전자의 도화선은 대개 교통 혼잡과 도저히 맞출 수 없는 스케줄과 연결된다.

㉢ 결과적으로 난폭 운전자는 시간을 벌기 위해 보통 한 번에 여러 건을 위반한다.

㉡ 불행히도 이런 행동이 우리 모두를 위험에 빠트린다. 예를 들어 갓길을 따라 달리는 난폭 운전자 때문에 다른 운전자들이 놀라서 피하다가 더 큰 위험에 빠지거나 심지어 사고를 내기도 한다.

## [서울시] 2018년 06월 | 정답

| | | | | | | | | | |
|---|---|---|---|---|---|---|---|---|---|
| 01 | ③ | 02 | ① | 03 | ② | 04 | ③ | 05 | ② |
| 06 | ③ | 07 | ④ | 08 | ③ | 09 | ④ | 10 | ① |
| 11 | ④ | 12 | ④ | 13 | ③ | 14 | ④ | 15 | ① |
| 16 | ③ | 17 | ④ | 18 | ① | 19 | ③ | 20 | ② |

## [서울시] 2018년 06월 | 해설

### 01 정답 ③

**[정답해설]**

'muzzle'은 '재갈을 물리다, 억압하다'는 뜻으로, ③의 'suppress(참다, 진압하다, 억누르다)'와 그 의미가 가장 유사하다.

**[오답해설]**

① express → 표현하다
② assert → 주장하다
④ spread → 펼치다

**[핵심어휘]**

- disobedient 반항하는, 거역하는(↔ obedient 복종하는, 순종적인) v. disobey 반항하다, 거역하다
- authority 권한, 권위 pl) 정부당국 cf) the health authorities 보건 당국
- muzzle 재갈을 물리다, 함구령을 내리다, 억압하다
- long-established 구래의, 오래된 cf) break a long-established usage 인습을 타파하다
- declare 선언하다, 단언하다, 언명하다(= affirm)
- assert 단언하다, 주장하다 n. assertion 단언, 주장
- suppress 참다, 진압하다, 억누르다(= repress, smother)
- spread 펴다, 펼치다, 바르다

**[본문해석]**

인류는 새로운 사고를 억압하려고 했던 정부당국과 변화는 무의미하다고 단정한 기존 견해에 대한 권위에 계속해서 저항했다.

### 02 정답 ①

**[정답해설]**

'pompous'는 '젠체하는, 거만한'의 뜻으로 ①의 'presumptuous(주제넘은, 건방진)'와 그 의미가 가장 유사하다.

**[오답해설]**

② casual → 평상시의
③ formal → 형식적인
④ genuine → 진짜의

**[핵심어휘]**

- pompous 젠체하는, 거만한(= arrogant) cf) a pompous speech 호언장담
- informal 비공식의, 격식 없는, 일상적인 n. informality 비공식, 약식
- colloquial 구어의, 담화체의, 일상회화의
- assistant 조수, 보조원
- presumptuous 주제넘은, 건방진(= impudent) cf) presumptuous audacity 철면피
- causal 격식을 차리지 않는, 평상시의 cf) casual clothes 평상복
- genuine 진짜의, 진품의(= authentic)

**[본문해석]**

거만하게 행동하지 마라. 당신의 글이 너무 비공식적이거나 일상 대화가 되길 바라지 않듯이 당신이 누군가, 가령 교수나 사장 또는 조교를 가르치는 Rhodes 교수의 말처럼 들리길 원치 않을 것이다.

## 03 정답 ②

**[정답해설]**
'call it a day'는 '~을 마무리하다, 끝마치다'의 의미로, ②의 'finish(끝마치다)'와 그 의미가 가장 유사하다.

**[오답해설]**
① initiate → 시작하다
③ wait → 기다리다
④ cancel → 취소하다

**[핵심어휘]**
- surgeon 외과의, 외과 전문의(↔ physician 내과 의사)
- be forced to ~하도록 강요당하다, 어쩔 수 없이 ~하다
- call it a day ~을 마무리 하다, 끝마치다
- initiate 시작하다, 착수하다, 창시하다(= originate)
- cancel 무효화하다, 취소하다(= postpone)

**[본문해석]**
외과의들은 작업하기에 알맞은 도구를 찾을 수 없었기 때문에 하루 일을 마무리할 수밖에 없었다.

## 04 정답 ③

**[정답해설]**
'How~'로 시작하는 의문문은 'Yes'나 'No'로 답할 수 없다. ③에서 A가 리소토 맛이 어떠냐고 물었기 때문에 그에 대한 B의 대답은 'It's very delicious. (아주 맛있어요.)' 또는 'Not good. (별로예요.)' 등이 적합하다.

**[오답해설]**
① 내일 예약을 하고 싶다는 A의 말에 "For what time? (몇 시로 해드릴까요?)"라고 예약 시간을 묻는 것은 자연스러운 대화 흐름이다.
② 의문사 없는 의문문이므로 'Yes'나 'No'로 답한 것은 타당하며, 주문을 요구하는 A의 질문에 '스프'라고 음식 이름을 말한 것은 적절하다.
④ 디저트를 먹겠냐는 상대방의 권유에 "Not for me, thanks. (괜찮습니다, 고마워요.)"라고 거절하는 답변은 자연스러운 대화이다.

**[핵심어휘]**
- reservation 예약 cf) make a reservation for ~을 예약하다
- risotto 리소토(이탈리아식 볶음밥)
- mushroom 버섯

**[본문해석]**
① A: 내일 예약 좀 부탁하려고요.
B: 물론입니다. 몇 시로 해드릴까요?
② A: 주문하시겠어요?
B: 네, 수프주세요.
③ A: 리소토 맛이 어떠세요?
B: 네, 버섯과 치즈가 든 리소토를 먹어요.
④ A: 디저트 드실래요?
B: 괜찮습니다, 고마워요.

## 05 정답 ②

**[정답해설]**
never → ×
'hardly'는 '거의 ~ 않는'의 의미를 지닌 부정 부사로, 이미 부정어의 기능을 하고 있으므로 'never'를 사용할 수 없다.

**[오답해설]**
① 'over'는 전치사로서 뒤에 기간을 나타내는 명사가 오면 '~동안'의 의미를 지닌다.
③ 'a number of issues'처럼 'a number of' 다음에 복수명사가 와서 '많은'의 의미를 지니며 복수동사를 사용해야 한다.
④ 'which'는 관계대명사로 앞의 'issues'를 선행사로 수식하는 형용사절을 이끈다. 또한 종속절에서 주어는 'Nyerere'이고 동사는 'has had'인데 목적어가 없으므로 'which'는 목적격 관계대명사이다.

**[핵심어휘]**
- survival 생존, 살아남기 cf) the survival of the fittest 적자생존
- independence 독립, 자립(↔ dependence 의존, 의지)
- alter 바꾸다, 변경하다, 고치다 n. alternation 변경, 개조
- policy 정책, 방책, 방침

**[본문해석]**
1961년 독립 이래로 수년 동안 그의 생존이 실제 정책 선택에 대한 공식적인 논의가 거의 없었다는 사실을 바꾸지는 못했다. 사실 Nyerere는 NEC를 통해서 주장하려고 했던 주요 정책 안건들이 많이 있었다.

## 06 정답 ③

**[정답해설]**
'another'는 보통 'another + 단수명사'의 형태로 단수명사를

직접적으로 수식하지만, 'another' 다음에 수사가 올 경우에는 'another + 수사 + 복수명사'의 형태로 추가의 의미를 지닌다.

**[오답해설]**

① fell → fallen
현재완료는 'have + p.p'의 형태이므로 'fall – fell – fallen'의 동사 변형에 따라 과거 동사 'fell'을 과거분사 'fallen'으로 고쳐 써야 옳다.

② are suspected → suspect
'suspect'는 타동사이므로 'that'절을 목적어로 취하려면 수동태가 아닌 능동태의 형태여야 한다. 그러므로 'are suspected'를 'suspect'로 고쳐 써야 옳다.

④ begin → beginning
'begin'은 앞의 명사 'disease'를 능동의 의미로 수식하기 위해 현재분사의 형태인 'beginning'으로 고쳐 써야 옳다. 앞의 'had'는 본동사로써 사역동사가 아닌 일반동사이기 때문에 'have + 목적어 + 동사원형'의 형태로 착각해서는 안 된다.

**[핵심어휘]**

- suspect 의심하다, 혐의를 두다 n. suspicion 의심, 혐의, 의혹
- province 주(州), 지역, 지방

**[본문해석]**

지난 3주 동안 주로 홍콩과 베트남에서 150명 이상의 사람들이 질병에 걸렸다. 그리고 전문가들은 중국의 광동 지역에서 또 다른 300명의 사람들이 11월 중순에 시작된 똑같은 질병에 걸렸다고 생각한다.

## 07 정답 ④

**[정답해설]**

제시문은 사회 학습 이론가들의 견해를 통해 가정폭력이 아이들에게 어떻게 영향을 미치는지를 분석한 글이다. 빈칸의 앞 문장에서 가정폭력이 공격적인 반응을 이끌어내고 강압적인 행동을 지속적으로 촉발시킨다고 하였으므로, 공격적인 행동의 피해자들 즉, 아이들은 결국 공격적인 행동을 주고받는 법을 배우기 시작한다는 의미이다. 그러므로 빈칸에는 ④의 'initiate(시작하다)'가 들어갈 말로 가장 적절하다.

**[오답해설]**

① stop → 그만두다
② attenuate → 약화시키다
③ abhor → 혐오하다

**[핵심어휘]**

- counter-aggression 반격
- exhibit 전시하다, 진열하다, 보이다
- aggression 공격(성), 침략(= hostility, malice, antagonism) a. aggressive 공격적인, 적극적인
- extensive 아주 넓은[많은], 대규모의 cf) extensive reading 다독(多讀)
- coercive 강압적인, 강제적인, 위압적인
- aversive 혐오의, 회피적인
- elicit 끌어내다(= educe, derive) cf) elicit from ~에서 이끌어내다
- accelerate 가속화하다, 속도를 높이다(↔ decelerate 속도를 줄이다, 둔화되다)
- victim 피해자, 희생자 v. victimize 부당하게 괴롭히다, 희생시키다)
- perpetuate 영구화하다, 영속시키다, 불후[불멸]하게 하다(= immortalize)
- attenuate 약화시키다, 희석시키다
- abhor 몹시 싫어하다, 혐오하다(= detest, loathe, abominate)
- initiate 착수시키다, 개시되게 하다 n. initiation 시작, 개시

**[본문해석]**

사회 학습 이론가들은 가정에서 공격성을 경험한 아이들이 보이는 반격에 대해 다른 해석을 내놓는다. 공격적인 행동과 강압적인 가족에 대해 폭넓게 조사한 바에 의하면 혐오스런 결과가 공격적인 반응을 이끌어내고 강압적인 행동을 지속적으로 촉발시킬 수 있다고 한다. 이러한 공격적인 행동의 피해자들은 본보기를 거쳐 결국 공격성을 주고받기 시작하는 법을 배우게 된다. 이런 행동들은 공격적 행위를 영구화시키고 어른들의 행동 방법을 아이들에게 습득시킨다.

## 08 정답 ③

**[정답해설]**

윗글에 따르면 프랑스 사회학자인 Marcel Mauss(1872–1950)는 친밀하고 독실한 정통 유대인 가정에서 성장한 것과 달리 유대인의 신념과 다르게 행동했고 결코 경건한 사람이 아니었다. 그러므로 그가 교조주의적인 신념(a doctrinaire faith)이 있었다는 ③의 설명은 옳지 못하다.

**[오답해설]**

① He had a Jewish background. (그는 유대인 배경을 지녔다.)
→ Marcel Mauss는 친밀하고 독실한 정통 유대인 가정에서 성장함

② He was supervised by his uncle. (그는 삼촌에게서 감독을 받았다.)
→ Marcel Mauss는 삼촌인 Emile Durkheim의 감독 하에 철학을 공부함

④ He was a sociologist with a philosophical background. (그는 철학적 배경을 지닌 사회학자였다.)
→ 프랑스 사회학자인 Marcel Mauss는 처음에는 철학자였음

**[핵심어휘]**
- sociologist 사회학자
- close-knit 긴밀히 맺어진, 굳게 뭉친
- pious 경건한, 독실한(= devout)
- orthodox 정통의, 정통파의
- religious 경건한, 신앙심이 깊은, 종교적인(↔ secular 세속적인)
- supervision 관리, 감독, 지휘, 통제
- take trouble 수고하다, 애쓰다
- nephew 조카(↔ niece 질녀)
- initially 처음에, 초기에, 당초(= at first)
- retain 유지[보유]하다, 보류하다 cf) retain life 명맥을 이어가다
- admiration 감탄, 칭찬, 존경
- doctrinaire 교조적인, 교조주의적

**[본문해석]**
프랑스 사회학자인 Marcel Mauss(1872–1950)는 Lorraine의 Épinal(Vosges)에서 태어났는데, 그곳에서 그는 친밀하고 독실한 정통 유대인 가정에서 성장했다. Emile Durkheim이 그의 삼촌이었다. 18세가 되기까지 Mauss는 유대인의 신념과 다르게 행동했고, 결코 경건한 사람이 아니었다. 그는 Bordeaux에서 Durkheim의 감독 하에 철학을 공부했다. Durkheim은 조카의 공부를 지도하는 데 끊임없는 노고를 아끼지 않았고, 심지어 Mauss에게 가장 유용할 만한 강의를 위해 과목들을 선택했다. 그래서 Mauss는 처음에는 철학자(대부분의 초기 Durkheim학파처럼)였고, 그의 철학적 관념은 무엇보다도 Durkheim 본인에게 영향을 받았으며, 항상 Durkheim에게 최고의 존경심을 보이고 있었다.

## 09 정답 ④

**[정답해설]**
ⓐ가 'Today(오늘날)'로 시작하고 역접의 접속부사 'however(그러나)'가 삽입되어 있으므로, 앞에 나오는 글은 과거에 해당되는 내용이 와야 한다. 따라서 고대 그리스, 이탈리아 그리고 대영제국의 벌채에 대해 설명하고 있는 ⓓ가 맨 앞에 위치해야 한다. 또한 ⓑ의 'theses countries'는 글의 문맥상 ⓒ의 'industrialized countries(선진국들)'을 의미하므로 ⓒ 다음에 ⓑ가 와야 한다. 그러므로 윗글은 글의 문맥상 ⓓ–ⓐ–ⓒ–ⓑ의 순서가 가장 적절하다.

**[핵심어휘]**
- cut down 베다, 벌목[벌채]하다
- rapidly 빨리, 급속히, 순식간에
- consequence 결과, 결론(= conclusion)
- destruction 파괴, 파멸(↔ construction 건축, 건설)
- industrialized country 선진국

**[본문해석]**
ⓓ 사람들이 나무를 벌채하는 것에 달라진 것은 없다. 고대에 그리스, 이탈리아 그리고 대영제국은 숲으로 우거져 있었다. 수세기에 걸쳐 그 숲들은 점차 벌채되었다. 지금까지 남아 있는 것은 거의 없다.
ⓐ 그러나 오늘날 나무들은 훨씬 더 빠르게 벌채되고 있다. 매년 약 2백만 에이커의 삼림이 벌채된다. 그것은 대영제국 전체 지역 이상에 버금간다.
ⓒ 나무를 벌채하는 중요한 이유가 있는 반면에, 지구상의 생명체에 미치는 위험한 결과들 또한 존재한다. 현재 파괴의 주요 원인은 전 세계적인 목재 수요이다. 선진국 사람들은 종이에 필요한 목재를 점점 더 많이 사용하고 있다.
ⓑ 이 국가들의 수요를 충족시키기에는 나무가 충분하지 않다. 따라서 목재 회사들은 아시아, 아프리카, 남아메리카 그리고 심지어 시베리아에의 숲에서 나무를 가져오기 시작했다.

## 10 정답 ①

**[정답해설]**
(상) 모든 작품들이 바로 판매되는 것은 아니라는 부분부정의 단서를 달고 있고, 다음에 이어지는 내용이 최신 예술작품을 구입하는 사람들의 수가 증가하고 있다고 하였으므로, 빈칸에는 동의를 의미하는 'Of course(물론)'가 들어갈 말로 가장 적절하다.
(하) 현대예술이 사회적 위신을 높이고, 거기에 덧붙여 예술은 자동차처럼 마모되지 않기 때문에 훨씬 더 좋은 투자 대상이라고 부연 설명하고 있으므로, 빈칸에는 첨가를 의미하는 'Furthermore(게다가)'가 들어갈 말로 가장 적절하다.

**[핵심어휘]**
- contemporary 동시대의, 현대의, 당대의
- integral 없어서는 안 될, 필수적인(= essential) n. integrality 완전(성), 불가결성

□ be met with ~에 직면하다
□ enthusiasm 열광, 열정, 열의(= fervor) v. enthuse 열광하게 만들다, 열변을 토하다
□ recognition 인식, 인정, 승인
□ surly 무뚝뚝한, 퉁명스러운(= rude, uncivil)
□ sculpture 조각, 조각품[상]
□ prestige 위신, 명성, 체통
□ expose 드러내다, 노출하다, 폭로하다(= disclose) cf) expose bare skin 맨살을 드러내다
□ wear and tear 마모, 소모
□ investment 투자, 출자

**[본문해석]**
현대예술은 실제 오늘날 중산층 사회의 필수 요소가 되었다. 심지어 스튜디오에 갓 출품된 예술작품들은 열광적인 반응을 받는다. 이 작품들은 상당히 빠른 인정을 받는데, 무뚝뚝한 문화비평가들의 취향보다 더 빠르다. 물론, 모든 작품들이 바로 판매되는 것은 아니지만, 최신의 예술작품 구입을 향유하는 사람들의 수가 증가하고 있다는 것은 의심의 여지가 없다. 빠르고 값비싼 자동차 대신에, 그들은 젊은 예술가들의 그림, 조각품 그리고 사진 작품을 구매한다. 그들은 또한 현대예술이 그들의 사회적 위신을 높인다는 것을 안다. 게다가, 예술은 자동차처럼 마모되지 않기 때문에 훨씬 더 좋은 투자 대상이다.

## 11 정답 ④

**[정답해설]**
'essential'은 '필수적인, 없어서는 안 될'의 의미로 'crucial, indispensable, requisite' 등의 어휘와 그 의미가 유사하며, ④의 'omnipresent(편재하는, 어디에나 있는)'와 그 의미가 가장 동떨어진다.

**[핵심어휘]**
□ prerequisite 전제[필요, 선행]조건
□ fertilization 비옥화, 시비(施肥), 수정, 수태 cf) fertilization and implantation 수정과 착상
□ pollination 수분(작용)
□ essential 필수적인, 없어서는 안 될(= indispensable) cf) be essential to ~에 필요하다
□ seed crop 씨앗용 식물, 종자식물
□ play an important part in ~에 중요한 역할을 하다
□ improve 개선[개량]하다, 향상시키다(= ameliorate)
□ breeding 사육, 번식, 육종(育種), 품종개량
□ crucial 중대한, 결정적인(= vital)
□ indispensable 없어서는 안 될, 필수적인(↔ dispensable 없어도 되는, 불필요한)
□ requisite 필요한, 필수의(= necessary, indispensable)
□ omnipresent 편재하는, 어디에나 있는(= ubiquitous)

**[본문해석]**
수정의 전제조건으로 수분작용은 과일과 종자식물의 생산에 필수적이고, 육종을 통한 식물개량 프로그램에서 중요한 역할을 한다.

## 12 정답 ④

**[정답해설]**
'because' 이하의 종속절에는 Johnson 씨가 그 제안을 반대한 이유가 A and B의 구문 형태로 서술되어 있다. 그러므로 두 빈칸 모두 부정적인 어휘가 적합한데, 문항 중 모두 부정적 어휘로 구성된 문항은 'wrong(잘못된)'과 'inconvenient(불편한)'이 포함된 ④뿐이다.

**[오답해설]**
① faulty(잘못된) → 부정적 어휘
desirable(바람직한) → 긍정적 어휘
② imperative(강제적인) → 부정적 어휘
reasonable(합리적인) → 긍정적 어휘
③ conforming(순응하는) → 긍정적 어휘
deplorable(개탄스러운) → 부정적 어휘

**[핵심어휘]**
□ object 반대하다, 이의를 제기하다(= oppose, protest) cf) object to ~에 반대하다
□ be founded on ~에 기초하다
□ principle 원리, 원칙 cf) in principle 원칙적으로, 원론적으로
□ at times 때때로, 가끔, 어쩌다
□ faulty 잘못된, 결점 있는(= defective)
□ desirable 바람직한, 탐나는(= desirous)
□ imperative 반드시 해야 하는, 강제적인 cf) an imperative conception 강박관념
□ conforming 순응하는, 준수하는
□ deplorable 개탄스러운, 통탄스러운(= lamentable) cf) be beyond deplorable 개탄을 금할 수 없다
□ inconvenient 불편한, 곤란한

**[본문해석]**
Johnson 씨는 그 제안에 반대했는데, 왜냐하면 그것은 잘못된 원칙에 기초하였고 또한 가끔씩 불편했기 때문이다.

## 13 정답 ③

**[정답해설]**

fits → fit

관계대명사가 이끄는 종속절의 동사의 수는 선행사의 수에 일치시켜야 한다. 'that'은 앞의 'clothes'를 선행사로 하는 주격 관계대명사로 선행사가 복수이므로 종속절의 동사 'fits'는 'fit'로 고쳐 써야 옳다. 'that'의 선행사가 'Chicago'가 아님에 주의해야 한다.

**[오답해설]**

① 사람이 주어일 경우 감정을 나타내는 동사는 'be+p.p'의 수동태 형태여야 하므로, 과거분사 형태인 'pleased'는 타당하다.

② 'difficult'는 사람을 주어로 쓸 수 없는 형용사로 'it ~ to부정사'의 '가주어 ~ 진주어' 구문으로 사용되어야 한다.

④ 'what'은 선행사가 자체 포함된 주격 관계대명사로 옳게 사용되었다.

**[핵심어휘]**

- fit 맞다, 적합하다, 어울리다

**[본문해석]**

난 충분한 옷을 가지고 있어서 기쁘다. 미국 남자들은 일반적으로 일본 남자들보다 몸집이 더 커서 시카고에서 내게 맞는 옷을 찾기란 매우 어렵다. 일본에서 중간 사이즈인 것이 여기에서는 작은 사이즈이다.

## 14 정답 ④

**[정답해설]**

affects on → affects

'affect(~에게 영향을 미치다)'는 타동사이므로 목적어를 취할 때 전치사가 필요하지 않다. 그러므로 전치사 'on'을 생략해야 한다.

**[오답해설]**

① BBC에 의해 제작된 자연 다큐멘터리이므로 수동의 의미를 지닌다. 그러므로 과거분사의 형태인 'produced'는 옳게 사용되었다.

② 시청자들이 상심을 하는 것이므로, 목적어인 'viewers'와 목적보어의 관계는 수동 관계이다. 그러므로 과거분사의 형태인 'heartbroken'은 옳게 사용되었다.

③ 해당 문장은 'plastic affects the ocean to the extent'를 관계대명사를 이용해 바꾼 것으로, 'extent'가 선행사이고 '전치사+관계대명사'로써 'to which'는 옳게 사용되었다. 물론 전치사를 후치시켜 '~ the extent which plastic affects the ocean to'라고 고쳐 써도 바른 문장이다.

**[핵심어휘]**

- documentary 다큐멘터리, 기록물
- heartbroken 비통해 하는, 상심한, 실망한
- extent 정도, 크기, 범위

**[본문해석]**

BBC에 의해 제작된 자연 다큐멘터리인 '푸른 혹성 II'에서 플라스틱이 해양에 미치는 영향을 본 후, 시청자들은 상심에 빠졌다.

## 15 정답 ①

**[정답해설]**

콜럼버스가 신대륙을 발견한 것을 기념하는 500주년 기념제에 대해 그의 유산을 기릴 것이 아무 것도 없다고 부정적으로 서술하고 있다. 그러므로 콜럼버스를 진보와 문명의 선구자가 아니라, 노예제도와 무분별한 환경 개발의 선구자로 묘사한 ①의 비평가들의 부정적 견해가 빈칸에 들어갈 내용으로 가장 적절하다.

**[오답해설]**

② The Chicago World's Fair of 1893 reinforced the narrative link between discovery and the power of progress of the United States. (1893년의 시카고 세계 박람회는 미국의 발견과 발전의 힘 사이의 이야기 연결을 강화시켰다.)
→ 윗글에 시카고 세계 박람회에 대한 언급은 없음

③ This reversal of the nineteenth-century myth of Columbus is revealing. (19세기 콜럼버스 신화에 대한 이러한 반전은 흥미로운 사실을 보여준다.)
→ 윗글에서 19세기 콜럼버스의 신대륙 발견은 흥미의 대상이 아니라 비판의 대상이 됨

④ Columbus thus became integrated into Manifest Destiny, the belief that America's progress was divinely ordained. (그리하여 콜럼버스는 미국의 발전이 신의 계시를 받았다는 명백한 사명설로 통합되었다.)
→ 빈칸에는 콜럼버스에 대한 부정적 견해가 들어가야 하므로, 미국의 발전이 신의 계시를 받았다는 긍정적 내용은 어울리지 않음

**[핵심어휘]**

- preparation 준비, 채비, 대비
- quincentenary 500주년
- jubilee 기념일, 기념제

- anniversary 기념일, 기념제 cf) the 10th anniversary 10주년
- legacy 유산, 상속, 유물(= bequest, inheritance)
- harbinger 선구자, 전령(= forerunner) cf) a harbinger of spring 봄의 전령
- slavery 노예, 노예 신분[제도] (= servitude)
- reckless 무모한, 무분별한(= rash, thoughtless, desperate)
- exploitation 개발, 개척, 약탈, 착취 cf) the exploitation of children 아동 착취
- reinforce 강화하다, 보강하다(= strengthen)
- narrative 이야기, 묘사, 서술
- reversal 역전, 반전, 전환
- revealing 흥미로운 사실을 드러내는[보여주는]
- integrate 통합시키다, 합치다 cf) integrate into ~에 통합되다[흡수되다]
- manifest 분명한, 명백한(= obvious) cf) Manifest Destiny 명백한 사명설(미국이 북미 전체를 지배할 운명을 갖고 있다는 주장)
- destiny 운명, 숙명
- divinely 신과 같이, 신성하게, 거룩하게
- ordain (목사를) 임명하다, 성직을 맡기다

**[본문해석]**

그러나 '500주년 기념제'를 위한 많은 준비가 된 1980년대 즈음에 분명해진 것은 많은 미국인들이 그 기념일을 '기념제'로 여기는 것이 불가능하지는 않지만, 쉽지 않다는 것을 알았다. 콜럼버스의 유산을 기릴 것이 아무 것도 없었다. 콜럼버스에 관한 많은 비판들에 따르면, 그는 진보와 문명의 선구자가 아니라, 노예제도와 무분별한 환경 개발의 선구자였다.

## 16 정답 ③

**[정답해설]**

윗글은 찰스 디킨스의 불우한 어린 시절을 묘사한 글로, 그가 "어떻게 어린 나이에 그렇게 쉽게 버려질 수 있는지" 의아해 했다는 말에서 빈칸에는 'abandoned(버려진)', 'betrayed(배신당한)', 'disregarded(무시당한)' 등의 어휘가 들어갈 수 있음을 유추할 수 있다. ③의 'buttressed'는 '버틴, 지탱되는'이라는 의미로, 문맥상 빈칸에 들어가기에 적합하지 않다.

**[핵심어휘]**

- imprisonment 투옥, 구금, 감금 cf) demand life imprisonment 무기 징역을 구형하다
- boot-blacking 구두를 닦는, 구두 염색의
- run-down 황폐한, 낡은
- rodent-ridden 쥐가 들끓는
- fireplace 벽난로
- innocence 순수, 순결, 순진
- state 말하다, 진술하다
- cast away 버리다 cf) cast away doubts 의구심을 떨치다
- abandon 버리다, 포기하다
- betray 배신[배반]하다, 저버리다
- buttress 버티다, 지지[지탱]하다(= support, sustain)
- disregard 무시[묵살]하다, 등한시하다

**[본문해석]**

그의 아버지가 투옥된 후, 찰스 디킨스는 학교를 그만두고 Thames 강변에 위치한 구두 염색 공장에서 일을 할 수밖에 없었다. 낡고 쥐가 들끓는 공장에서 디킨스는 벽난로를 청소하는데 사용되는 물질인 '검정' 통에 상표를 붙이며 주당 6실링을 벌었다. 그것은 가족을 부양하기 위해 그가 할 수 있는 최선이었다. 그러한 경험을 회고하면서, 디킨스는 그것을 자신의 젊은 날의 순수와 작별하는 순간으로 여겼고, "어떻게 그 어린 나이에 그렇게 쉽게 버려질 수 있는지" 의아해하면서 말이다. 그는 자신을 돌보기로 되어 있는 어른들에 의해 ________을 느꼈다.

## 17 정답 ④

**[정답해설]**

윗글의 마지막 문장에서 사립기관들은 국내와 국제 입양을 취급한다고 서 술되어 있으므로, 사립기관들은 국제 입양을 위해 연락이 가능하다는 ④의 설명은 윗글의 내용과 일치한다.

**[오답해설]**

① Public adoption agencies are better than private ones. (공공 입양기관들이 사립 입양기관들보다 더 낫다.)
→ 입양기관의 우위에 대해서는 서술하지 않음

② Parents pay huge fees to adopt a child from a foster home. (부모들은 위탁가정으로부터 아이를 입양하기 위해 막대한 비용을 지불한다.)
→ 위탁가정으로부터 아이를 입양할 때의 비용 지불에 대해서는 언급이 없음

③ Children in need cannot be adopted through public agencies. (곤경에 처한 아이들은 공공기관들을 통해 입양될 수 없다.)
→ 정신적 혹은 신체적으로 장애를 가진 아이들, 학대받거나 방치된 아이들도 공공기관을 통해 입양될 수 있음

[핵심어휘]
- adopt 입양하다, 양자[양녀]로 삼다(= foster) n. adoption 입양 cf) adoption agency 입양기관
- disability 장애
- abuse 남용[오용]하다, 학대하다
- neglect 소홀히 하다, 돌보지 않다, 방치하다
- prospective 장래의, 유망한(↔ retrospective 회고[회상]하는)
- fee 수수료, 요금
- fostering 위탁
- temporary 일시적인, 임시의(↔ permanent 영구[영속]적인)
- domestic 국내의(↔ foreign 국외의)
- huge 거대한, 엄청난, 막대한
- foster home 양부모의 집, 위탁 가정

[본문해석]
아이를 입양하고자 하는 가정은 먼저 입양기관을 선택해야 한다. 미국에는 입양을 돕는 두 종류의 기관이 있다. 공공기관들은 일반적으로 나이가 더 많은 아이들, 정신적 혹은 신체적으로 장애를 가진 아이들, 학대받거나 방치되었을지 모를 아이들을 취급한다. 장래의 부모들은 공공기관으로부터 아이를 입양할 때, 대개 비용을 지불하지는 않는다. 일시적인 입양의 한 형태인 위탁 또한 공공기관들을 통해 가능하다. 사립기관들은 인터넷에서 찾아볼 수 있다. 사립기관들은 국내와 국제 입양을 취급한다.

## 18 정답 ①

[정답해설]
윗글은 같은 목(目)에 속하는 나방과 나비의 신체상 · 행태상 차이점에 대해 설명하고 있는데, 나비가 낮에 활동하는 'diurnal(주행성)'이라고 했으므로, 나방은 이와 반대되는 'nocturnal(야행성)'이란 단어가 빈칸에 들어갈 말로 적절하다.

[오답해설]
② rational → 합리적인
③ eternal → 영원한
④ semi-circular → 반원형의

[핵심어휘]
- moth 나방
- order 목(目) cf) the order of primates 영장류 목
- Lepidoptera 인시목(鱗翅目) : 나비나 나방류를 포함하는 곤충강(綱)의 한 목(目)
- numerous 무수히 많은
- behavioral 행동의, 행동에 관한
- diurnal 주행성의, 주간의(↔ nocturnal 야행성의)
- flatten 평평하게 하다, 납작하게 하다
- nocturnal 야행성의, 밤에 일어나는(↔ diurnal 주행성의)
- eternal 영원한, 끊임없는(↔ temporal 일시적인, 임시의)
- semi-circular 반원형의

[본문해석]
나방과 나비는 둘 다 인시목(鱗翅目)에 속하지만, 두 곤충 사이에는 수많은 신체상 그리고 행태상 차이점이 있다. 행태적 측면에서, 나방은 야행성이고 나비는 주행성(낮에 활동하는)이다. 쉴 때 나비는 보통 날개를 뒤로 접지만, 나방은 몸통의 반대 방향으로 날개를 펼치거나 제트기 자세로 날개를 펼친다.

## 19 정답 ③

[정답해설]
윗글의 서두에서 미국에서 있었던 사람들을 겁주는 광대의 출현을 언급하였고 이후의 내용에서 그에 대한 목격담 등을 사례를 들어 설명하고 있으므로, 빈칸에는 ③의 'caused a nationwide panic (전국적인 공포를 불러일으켰다)'가 들어갈 말로 가장 적절하다.

[오답해설]
① benefited the circus industry (서커스 산업을 이롭게 했다)
→ 광대가 공연하는 서커스와 관련된 설명은 없음
② promoted the use of clowns in ads (광고에서 광대의 활용을 촉진시켰다)
→ 광대와 광고 산업과의 연관성에 대한 설명이 없음
④ formed the perfect image of a happy clown (행복한 광대의 모습을 완벽하게 구현했다)
→ 사람들에게 겁을 주는 광대에 대한 이야기이므로, 행복한 광대가 아니라 무서운 광대의 모습임

[핵심어휘]
- clown 익살꾼, 광대(= jester)
- frighten 겁먹게[놀라게] 만들다, 무섭게 하다(= scare)
- costume 의상, 복장, 옷차림
- lure 꾀다, 유혹하다(= decoy, entice) cf) lure A into B A를 B로 유인하다
- threatening-looking 위협적인 모습의
- violence 폭행, 폭력
- benefit 이롭게 하다, 이익을 주다

- nationwide 전국적인
- panic 극심한 공포, 공황

**[본문해석]**

사람들을 겁주는 광대에 대한 생각은 미국에서 힘을 얻기 시작했다. 예를 들면, South Carolina에서 사람들은 광대 복장을 하고 종종 야간에 숲이나 도시에 숨어있는 사람들을 목격했다고 보고했다. 몇몇 사람들은 광대들이 아이들을 유인하여 빈집이나 숲으로 데려가려고 했다고 말했다. 곧 아이들과 어른들 모두를 놀라게 하는 위협적인 모습의 광대들에 대한 보고들이 있었다. 비록 폭력에 대한 보고들은 대개 아니었고, 보고된 목격 사례들 중에서 상당수가 나중에 잘못된 것으로 밝혀졌지만, 이것은 전국적인 공포를 불러일으켰다.

## 20 정답 ②

**[정답해설]**

글의 서두에서 우리의 민주주의 체제가 최고라고 믿는 것과 그것을 다른 나라에 강요하는 것은 별개의 것이라고 하였는데, 그것은 민주주의 체제가 국가마다 다른 환경 속에서 다르게 적용될 수 있음을 시사한 것이다. 그러므로 ②의 "One man's food is another's poison. (어떤 사람에게 밥이 되는 것이 다른 사람에게는 독이 될 수 있다.)"라는 속담이 윗글의 내용과 가장 부합한다.

**[오답해설]**

① The grass is always greener on the other side of the fence. (울타리 너머의 풀이 더 푸르게 보인다.) → 남의 떡이 더 커 보인다.

③ There is no rule but has exceptions. (예외 없는 규칙은 없다.) → 모든 규칙에는 예외가 있다.

④ When in Rome, do as the Romans do. (로마에서는 로마법을 따르라.) → 다른 나라에 가면 그 나라의 풍속을 따라라.

**[핵심어휘]**

- A is one thing and B is another A와 B는 별개이다
- impose 강요하다, 억지로 시키다(= force, obtrude)
- blatant 노골적인, 뻔한(= obvious)
- breach 위반, 불이행(= violation, infringement)
- non-intervention 불개입, 내정 불간섭
- domestic 국내의(↔ foreign 국외의) cf) domestic affair 국내 문제
- absolute 절대적인(↔ relative, comparative 상대적인)
- election 선거(= vote, poll, ballot) v. elect 선출하다, 뽑다
- referenda 총선거, 국민투표(= plebiscite)
- legitimize 정당화하다, 합법화하다
- partial 국부의, 부분적인, 일부분의
- aggressive 공격적인, 침략적인(= offensive, hostile)
- unelected 선거에 의한 것이 아닌, 비선출된
- dictatorship 독재정부, 독재국가
- in terms of ~라는 (측)면에서
- restraint 규제, 통제, 억제 v. restrain 저지[제지]하다 cf) be subject to restraint 속박을 당하다
- consensus 의견 일치, 합의 cf) form a social consensus 사회적 공감대를 형성하다
- confrontation 대치, 대립, 대결
- poison 독, 독약(= toxin, venom)

**[본문해석]**

우리의 민주주의 체제가 최고라고 믿는 것과 그것을 다른 나라에 강요하는 것은 아주 별개의 것이다. 이것은 독립 국가의 국내 문제에 불간섭한다는 UN 정책에 대한 노골적인 위반이다. 서구 시민들이 자신들의 정치제도를 위해 투쟁한 것처럼, 우리는 다른 나라 시민들이 그들도 원한다면 마찬가지로 그럴 거라고 믿어야 한다. 민주주의는 또한 절대적인 용어가 아니다.—나폴레옹은 자신의 권력유지를 합법화하기 위해 오늘날 서아프리카와 동남아시아 지도자들이 그랬던 것처럼 선거와 국민투표를 이용했다. 부분적인 민주주의 국가들은 종종 자국의 질서 유지에만 관심이 있는 완전히 비선출된 독재국가들보다 더 공격적이다. 상이한 민주주의 유형들은 어느 기준을 도입할 것인지 선택하는 것을 불가능하게 만든다. 미국과 유럽의 국가들은 정부에 대한 규제와 합의와 대결 양상 사이의 균형 측면에서 모두 다르다.

## [서울시] 2017년 06월 | 정답

| | | | | | | | | | |
|---|---|---|---|---|---|---|---|---|---|
| 01 | ① | 02 | ② | 03 | ④ | 04 | ③ | 05 | ③ |
| 06 | ② | 07 | ② | 08 | ② | 09 | ④ | 10 | ③ |
| 11 | ④ | 12 | ① | 13 | ④ | 14 | ① | 15 | ③ |
| 16 | ① | 17 | ② | 18 | ④ | 19 | ④ | 20 | ① |

# [서울시] 2017년 06월 | 해설

## 01 정답 ①

**[정답해설]**

'inextricably'는 '뗄 수 없게, 불가분하게'의 의미이므로, 'inseparably(밀접하게)'와 가장 의미가 가깝다.

[오답해설]
② 생기 없이
③ 헛되게
④ 경솔하게

[핵심어휘]
- inextricably 뗄 수 없게, 불가분하게
- be bound together 긴밀하게 묶여[관련되어] 있다
- inseparably 밀접하게
- inanimately 생명이 없이, 활기[생기] 없이
- ineffectively 헛되게, 무익하게
- inconsiderately 인정머리 없게, 경솔하게

[본문해석]
지도력과 힘은 서로 불가분의 관계에 있다. 우리는 강한 사람을 지도자로 여기는데 그들은 우리 팀에 처한 위협으로부터 우리를 보호할 수 있기 때문이다

## 02 정답 ②

[정답해설]
'transient'는 '일시적인, 순간적인'의 의미로, 'momentary(순간적인, 잠깐[찰나]의)'와 그 의미가 가장 유사하다.

[오답해설]
① 투명한
③ 기억할 만한
④ 중요한

[핵심어휘]
- prudence 신중, 사려, 분별(↔ imprudence 경솔, 경망)
- dictate 받아쓰게 하다, 지시[명령]하다 n. dictation 받아쓰기, 구술
- transient 일시적인, 순간적인 cf) transient life[existence] 덧없는 인생
- transparent 명백한, 투명한(↔ opaque 불투명한)
- momentary 순간적인, 잠깐[찰나]의
- memorable 기억할 만한
- significant 중요한, 대단한(↔ insignificant 사소한, 하찮은)

[본문해석]
신중히 생각해보면 오랫동안 설립된 정부가 경미한 일시적인 원인 때문에 바뀌어서는 안 된다는 점을 분명히 지적할 것이다.

## 03 정답 ④

[정답해설]
explain → explains
주어진 문장의 전체 주어가 'The idea'이므로 ④에서 본동사인 'explain'은 문맥상 3인칭 단수 현재시제인 'explains'가 적절하다.

[핵심어휘]
- allocate 할당하다, 분배[배정]하다(= assign)
- access 입장, 접근
- have something to do with ~와 어떤 관련이 있다
- goods 재화, 상품, 가치
- properly 제대로, 적절히, 합당하게
- admission 입장, 입학

[본문해석]
대학에 입학을 할당함에 있어서 정의가 대학들이 합당하게 추구한 가치들과 어떤 관련이 있다는 생각은 왜 입학증을 판매하는 것이 부당한지를 설명한다.

## 04 정답 ③

[정답해설]
supported → supporting
사하라 사막이 동물의 생태를 지탱하는 것이므로 수동의 의미인 과거분사가 아니라 능동의 의미를 지닌 현재분사를 사용해야 한다. 바꿔 쓰면 '~an expanse of grassland (which was) supporting the kind of animal life~'의 형태이므로, ③의 'supported'를 'supporting'으로 고쳐 써야 옳다.

[핵심어휘]
- an expanse of grassland 광활한 초원
- associate with ~와 어울리다

[본문해석]
이상하게 보일지 모르지만, 사하라 사막은 한 때 아프리카 평원과 함께 동물의 생태를 지탱하는 광활한 초원이었다.

## 05 정답 ③

[정답해설]
주식이나 채권 같은 다른 재산의 소유 여부를 묻는 B의 말에 A가 없다고 답하자, 담보물이 없으므로 보증인을 세우라고 말하고 있다. 그러므로 빈칸에 들어갈 말은 'collateral(담보

물)'이다.

[오답해설]
① 조사
② 동물
④ 영감

[핵심어휘]
- get a loan 대출을 받다
- it depends 상황에 따라 다르다
- property 재산, 소유물, 부동산
- stock 주식
- bond 채권
- guarantor 보증인 cf) a financial guarantor 재정보증인
- investigation 수사, 조사, v. investigate 수사[조사]하다
- collateral 담보물
- inspiration 영감, 고취, 격려 v. inspire 영감을 주다, 고무[격려]하다

[본문해석]
A: 우리가 대출을 받을 수 있다고 생각하세요?
B: 음, 상황에 따라 다르죠. 다른 재산을 소유하고 계세요? 주식이나 채권 같은?
A: 아니요.
B: 알겠습니다. 다른 담보물을 가지고 있지 않군요. 아마 당신을 위해 대출에 서명해 줄 보증인을 세울 수 있을 겁니다.

## 06 정답 ②

[정답해설]
마지막 문장이 윗글의 핵심 주제문으로, Crèvecoeur는 그의 저서를 통해 미국을 지칭하는 대중적 개념인 "melting pot"을 처음으로 발전시킨 선구자 중의 한 사람이었다.

[오답해설]
① Crèvecoeur의 책은 영국에서 즉시 성공을 거두었다.
③ Crèvecoeur은 미국의 개인주의에 대해 서술하고 논의했다.
④ Crèvecoeur은 그의 책에서 미국인들이 어디서 왔는지 설명했다.

[핵심어휘]
- immigrant 이민자, 이주민
- the Revolutionary War (미국의) 독립 전쟁
- colony 식민지
- transform 변형시키다, 완전히 바꿔 놓다(= change, convert, alter)
- race 인종, 종족, 민족
- posterity 후세, 후대(↔ ancestor 선조, 조상)
- melting pot 용광로, 도가니
- individualism 개성, 개인주의

[본문해석]
1782년, 독립전쟁이 일어나는 동안 유럽으로 돌아가기 전에 뉴욕에 정착한 프랑스 이민자, J.Hector St. John De Crèvecoeur는 북아메리카 대륙에서의 영국 식민지의 삶에 관한 수필 시리즈인 「미국 농부에게서 온 편지」를 출간하였다. 그 책은 영국, 프랑스 그리고 미국에서 즉시 성공을 거두었다. 그 책의 가장 유명한 구절 중 하나로, Crèvecoeur는 다른 배경과 다른 나라에서 온 사람들이 식민지를 체험하며 변화되는 과정을 묘사하고, "그렇다면 미국인은 누구인가?"라고 묻는다. 미국에서 Crèvecoeur는 "모든 국가의 개인들이 하나의 새로운 인종으로 융합되어 그들의 노동자와 후손들이 언젠가 세계에 커다란 변화를 일으킬 것이다."라고 말했다. Crèvecoeur는 "melting pot"이라고 불리게 될 미국에 대한 대중적 개념을 처음으로 발전시킨 사람들 중의 한 명이다.

## 07 정답 ②

[정답해설]
글의 문맥상 빈 칸에 들어갈 단어는 자신과 관련 없는 일에 참견하느라 바쁜 사람을 의미하므로, ②의 'officious(거들먹거리는)'가 가장 적절하다.

[오답해설]
① 굽실거리는
③ 사교적인
④ 아부하는

[핵심어휘]
- light on ~을 우연히 보다[찾다], ~을 우연히 발견하다[만나다](= come across)
- unfavorable 호의적이 아닌, 비판적인 cf) hold an unfavorable opinion of ~에 대해 비판적인 의견을 갖고 있다
- serviceable 유용한, 쓸모 있는(= useful)
- courteous 공손한, 정중한 n. courtesy 공손함, 정중함
- obliging 도와주는, 친절한
- uninvited 초대받지 않은 cf) uninvited guests at a party 파티의 불청객들
- meddler 간섭[참견]하려는 사람
- servile 굽실거리는, 비굴한 cf) servile flatterers 비굴한 아첨꾼들

□ officious 거들먹거리는, 위세를 부리는 cf) officious interference 참견
□ gregarious 사교적인(= sociable)
□ obsequious 아부하는, 아첨하는

**[본문해석]**
한 때는 좋은 의미로 사용되었으나, 지금은 비판적인 의미로 사용되는 단어들을 거듭하여 본다. 18세기 후반까지 이 단어는 유용하고, 다정하며, 매우 정중하고 친절한 의미로 사용되었다. 그러나 요즘 거들먹거리는 사람은 자신과 관련이 없는 일에 참견하느라 분주한 초대받지 못한 사람을 의미한다.

## 08 정답 ②

**[정답해설]**
글의 문맥상 빈 칸에 들어갈 단어는 갓난아이들이 암모니아나 식초 냄새에 반응하여 얼굴을 찡그리고 머리를 외면하는 것이므로 'avert(피하다, 외면하다)'가 가장 적절하다.

**[오답해설]**
① 이용하다
③ 죽이다
④ 환기시키다

**[핵심어휘]**
□ faint 약한, 희미한(= dim)
□ odor 냄새, 악취 cf) have a foul odor 고린내가 나다
□ ammonia 암모니아
□ vinegar 식초
□ infant 유아, 젖먹이, 갓난아기
□ grimace 얼굴을 찡그리다
□ harness 이용[활용]하다
□ avert 방지하다, 피하다, 외면하다 cf) avert one's eyes[gaze] 눈길을 돌리다
□ muffle 죽이다, 약하게 하다 cf) Muffle up!(조용히 해!)
□ evoke 떠올려 주다, 환기시키다 cf) evoke much criticism 물의를 빚다

**[본문해석]**
암모니아나 식초의 희미한 냄새는 일주일 된 갓난아기가 얼굴을 찡그리고 머리를 외면하도록 만든다.

## 09 정답 ④

**[정답해설]**
naming → named
'name'은 '이름을 지어주다, 명명하다'라는 타동사로써, 제시문에서 Jacob라는 레바논 사람이 다른 사람들에 의해 불리는 것이므로 수동의 의미인 과거분사를 사용해야 한다. 그러므로 'a Lebanese man (who was) named Jacob'의 뜻이 되게, ④의 'naming'을 'named'로 고쳐 써야 옳다.

**[핵심어휘]**
□ set up 세우다, 설립하다, 착수[시작]하다

**[본문해석]**
서유럽에서 처음으로 등장한 카페는 무역이나 상업의 중심지가 아니라 옥스퍼드 대학 도시에서 문을 열었는데, Jacob이라 불리는 레바논 사람이 1650년에 가게를 시작했다.

## 10 정답 ③

**[정답해설]**
'believe'은 수여동사가 아니므로 ③은 "John believed Mary that she would be happy."의 4형식 문장으로 사용될 수 없다. 그러므로 해당 문장은 "John believed that Mary would be happy."의 3형식 문장이나, "John believed Mary to be happy."의 5형식 문장으로 고쳐 써야 옳다.

**[핵심어휘]**
□ remind 상기키다, 일깨우다(= put in mind) cf) remind A of B A에게 B를 생각나게 하다[상기시키다]

**[본문해석]**
① John은 Mary에게 자기 방을 깨끗이 청소할 거라고 약속했다.
② John은 Mary에게 일찍 떠날 거라고 말했다.
③ John은 Mary가 행복할 거라고 믿었다.
④ John은 Mary에게 그녀가 그곳에 일찍 도착해야 함을 상기시켰다.

## 11 정답 ④

**[정답해설]**
A가 오늘 점심은 자기가 사겠다고 B에게 의향을 묻는 대화 내용이다. 그러므로 B의 답변은 A의 제안에 대한 수락이나 거절의 답변이 와야 한다. ④에는 B가 오늘 다른 약속이 있다

(I have another commitment today)는 거절의 이유를 설명하고 있으므로, 빈칸에 들어갈 말로 가장 적절하다.

**[오답해설]**

① 아니요. 즐거운 시간이 될 것 같아요.
② 좋습니다. 잊지 않도록 달력에 적어 놓을게요.
③ 알겠습니다. 월요일에 확인해 드릴게요.

**[핵심어휘]**

- treat A to B A에게 B를 대접하다
- commitment 약속, 전념, 헌신(= dedication, loyalty, devotion) cf) make a commitment to ~에 헌신하다

**[본문해석]**

A: Mr. Kim, 오늘 점심은 내가 살게요.
B: 그러면 좋지만 오늘 다른 약속이 있어서요.

## 12 정답 ①

**[정답해설]**

- **첫 번째 빈칸** : 가정집과 가로등에서 나오는 전등 빛의 밝기 때문에 광(光)공해가 너무 심해서 은하수를 볼 수 있을 만큼 어두운 하늘을 결코 접하지 못한다는 의미이므로, 'dark'가 들어가야 한다.
- **두 번째 빈칸** : 앞 문장에서 국립공원에 위치한 대다수 외딴 장소들이 야영지와 다름없는 비용으로 경관을 제공한다고 하였으므로, 양보의 부사절을 이끄는 접속사 'Although'를 사용하여 비록 우주관광 사업이 다른 휴가들처럼 호화스럽지는 않지만, 관광객들은 개의치 않는 것 같다고 해야 문맥상 어울린다.

**[핵심어휘]**

- gaze at 응시하다, 바라보다
- vibrant 강렬한, 선명한 n. vibrancy 진동, 공명, 반향
- sparkling 빛나는, 반짝이는(= glittering)
- the Big Dipper 북두칠성
- culprit 범인, (문제를 일으킨) 장본인 (= offender, criminal, felon) cf) a real culprit 진범
- obscure 모호하게 하다, 흐리게 하다
- light pollution 광(光)공해
- estimate 추정(치), 추산
- encounter 접하다, 마주치다
- the Milky Way 은하수
- astrotourism 우주관광업, 우주관광사업[산업]
- stargazing 점성학, 천문학
- remote 외딴, 외진(= isolated)
- little more than ~와 마찬가지, ~에 지나지 않는
- campsite 야영지, 캠프장
- reduce 줄이다, 축소하다 n. reduction 축소, 감소

**[본문해석]**

수 세기 동안, 해가 진 후 하늘을 바라보는 사람들은 수천 개의 선명하고 반짝이는 별들을 볼 수 있었다. 그러나 요즘에는 북두칠성을 볼 수 있는 것만으로도 운이 좋은 것이다. 그 장본인인 가정집과 가로등에서 쏟아져 나오는 전등 빛의 밝기가 밤하늘을 흐리게 만든다. 미국에서는 소위 광(光)공해가 너무 심해서 어떤 추정에 따르면, 오늘 태어나는 아이들 10명 중 8명은 은하수를 볼 수 있을 만큼 어두운 하늘을 결코 접하지 못할 것이다. 하지만 세상의 가장 어두운 곳에서 천문학에 집중하는, 작지만 성장 산업인 우주관광산업에 희망이 있다. 국립공원에 위치한 대다수 외딴 장소들은 야영지와 다름없는 비용으로 경관을 제공한다. 그리고 그것을 운영하는 사람들은 주변 지역 사회에서 광공해를 줄이기 위해 늘 애를 쓴다. 비록 우주관광사업이 다른 휴가들처럼 호화스럽지는 않지만, 관광객들은 개의치 않는 것 같다.

## 13 정답 ④

**[정답해설]**

윗글은 중국 베이징의 심각한 대기오염을 설명한 글로, 다음 순서에 따라 배열하는 것이 가장 적절하다.

㉣ : 2013년에 발생한 중국 베이징의 대기오염 문제를 화두로 꺼냄
㉢ : 대기오염으로 인한 중국 내 상황을 묘사함
㉠ : 거주민의 피해와 증상 등을 설명함
㉡ : 중국 거주민의 분노와 전 세계 언론의 취재로 중국 정부가 직접 오염문제를 고심하기 시작함

**[핵심어휘]**

- watery 물의, 물기가[수분이] 많은 cf) watery eyes 눈물 젖은 눈
- sting 따끔거리다, 쓰리다
- pound 마구 치다[두드리다] cf) pound headaches 두통으로 지끈거리다
- sinus 비강(코 안쪽으로 이어지는 구멍) cf) have a sinus infection 축농증을 앓다, have a sinus cold 코감기에 걸리다
- itchy 가려운, 가렵게 하는
- seek from ~로부터 찾다[요구하다]
- refuge 피난, 피신, 도피(= shelter)
- debilitate 심신을 약화시키다(= weaken) n. debilitation 쇠약, 약화

- scour 허둥지둥 찾아다니다, 찾아 헤매다
- outrage 격분, 분노(= anger, indignation)
- resident 거주자, 주민(= inhabitant) cf) a resident alien 체류 외국인
- scrutiny 정밀 조사, 철저한 검토(= investigation)
- address 고심하다, 다루다
- air purifier 공기 정화기[청정기]
- inactive 활동하지 않는, 소극적인
- emergency 비상(사태), 응급(상황)
- chaos 혼돈, 혼란(= disorder, confusion, mayhem)
- visibility 시정, 시계, 가시성

**[본문해석]**

ⓡ 2013년에 위험할 정도로 높은 오염 결과로 인해 베이징의 비상사태는, 낮은 가시성 때문에 항공사의 비행을 취소시키는 교통 체계의 혼란을 가져왔다.

ⓒ 학교와 회사들은 문을 닫았고, 베이징 시 정부는 시민들에게 실내에 머무르며 공기 정화기를 작동시키고 실내 활동을 줄이면서 가능한 한 활동을 자제할 것을 당부했다.

ⓖ 눈물이 흐르는 따가운 눈, 지끈거리는 두통, 비강 문제와 가려운 목구멍으로 고통 받는 수 백 만 명의 사람들은 공기 청정기와 마스크를 구하기 위해 가게를 찾아 헤매며 유해한 공기로부터 벗어날 피난처를 구했다.

ⓛ 중국 거주민들의 분노와 전 세계 언론의 취재로 인해 정부는 그 나라의 대기 오염 문제를 고심하기 시작했다.

## 14 정답 ①

**[정답해설]**

앞 문장에서 소설과 비교하여 19세기 로맨스의 정의에 대해 서술하고 있고, 뒤의 문장에서는 로맨스의 일반적인 특징들에 대해 설명하고 있다. 그러므로 'Typically(일반적으로)'가 빈칸에 들어갈 말로 가장 적절하다.

**[오답해설]**

② 다른 한 편으로
③ 그럼에도 불구하고
④ 어떤 경우에

**[핵심어휘]**

- imaginative 창의적인, 상상력이 풍부한
- multiple 많은, 다수[복수]의, 다양한
- similarity 유사성, 닮은 점(= resemblance)
- realistic 현실적인, 사실적인(↔ idealistic 이상적인)
- prose 산문
- narrative 묘사, 기술, 이야기
- exotic 외국의, 이국적인
- obviously 분명하게, 명확하게
- imaginary 상상의, 가상의, 공상의(↔ actual 사실의, 실제적인)

**[본문해석]**

소설과 로맨스 둘 다 다수의 등장인물들이 나오는 상상력이 풍부한 허구 작품이지만, 그것이 유사성의 전부이다. 소설은 현실적인 것에 반해, 로맨스는 그렇지 않다. 19세기에 로맨스는 상징적이고, 창의적이고, 비현실적인 방법으로 주제와 등장인물을 다루었던 허구를 말하는 산문체 이야기였다. 일반적으로 로맨스는 독자로부터 시공간적으로 멀리 떨어진 이국적인 줄거리와 인물들을 다루며, 확연히 공상적이었다.

## 15 정답 ③

**[정답해설]**

1987년의 연구에 따르면, 'erode'라는 단어의 정의를 부여받은 한 아이가 그 단어를 사용하여 적절한 문장을 완성하지 못했기 때문에, 어떤 단어에 대한 정의가 아이들에게 별 도움이 되지 않았음을 알 수 있다. 그러므로 'unhelpful(도움이 되지 않는)'이 빈칸에 들어갈 말로 가장 적절하다.

**[오답해설]**

① 유익한
② 무례한
④ 잊기 쉬운

**[핵심어휘]**

- definition 정의, 의미 v. define 정의하다, 규정하다
- oft-cited 자주 인용되는
- grader 학년생 cf) a fifth grader 5학년생
- erode 침식[풍화]시키다
- beneficial 유익한, 이로운(↔ harmful 해로운)
- disrespectful 무례한, 실례되는, 경멸하는
- unhelpful 도움이 되지 않는, 쓸모가 없는
- forgettable 쉽게 잊혀질, 잊기 쉬운

**[본문해석]**

정의는 특히 아이들에게 별 도움이 되지 않는다. 자주 인용되는 1987년의 연구에서 5학년생들에게 사전적인 정의를 주고 정의된 그 단어들을 사용하여 자신만의 문장을 쓰도록 요구하였다. 그 결과는 실망스러웠다. 'erode'라는 단어를 부여받은 한 아이는 "우리 가족은 많이 침식시킨다."라고 적었는데, 주어진 정의가 "외식하다, 먹어치우다"였기 때문이다.

## 16 정답 ①

**[정답해설]**
윗글은 은행의 유래에 대해 설명한 글이다. 금 주인들은 금세공인에게 금을 보관한 후 현금으로 교환할 수 있는 영수증을 받았고, 나중에 상환일이 되면 금 대신 현금으로 받아 수취인에게 주었다. 수취인은 다시 금세공인에게 금을 맡겼으므로 결국 금세공인들이 발행한 영수증을 금 주인과 수취인이 직접 교환하면 물리적으로 시간과 노력을 아낄 수 있다. 그러므로 빈칸에 들어갈 말은 금세공인들이 발행한 영수증의 교환이다.

**[오답해설]**
② 이러한 방식에서 수익의 잠재 가능성을 보았다.
③ 그들의 금을 현금으로 교환하는 것에 맞서 예금자들에게 경고했다.
④ 수수료를 받고 다른 사람에게 금을 빌려주었다.

**[핵심어휘]**
- safeguard 보호[보장]하다(=protect), 호위[호송]하다(=convoy)
- safekeeping 보호, 보관
- turn over ~를 넘기다[맡기다]
- turn to ~에 의지하다
- storage 저장고, 보관소
- goldsmith 금세공인
- vault 금고
- redeem 현금으로 바꾸다[교환하다] n. redemption 상환[현금화]
- payment 지불(금), 납입(금)
- payee (금전 · 수표의) 수취인, 수령인 cf) payee bank 수납은행, payee of the bill 어음수취인
- potential 가능성, 잠재력(= possibilities, capacity)
- arrangement 정리, 배열, 방식
- depositor 예금자[주] cf) a time depositor 정기 예금자
- fee 수수료, 요금[회비]

**[본문해석]**
현대 은행은 고대 영국에 그 기원을 둔다. 그 당시에 금을 안전하게 지키기를 원했던 사람들은 두 가지 선택이 있었는데, 매트리스 아래 숨기거나 보관을 위해 다른 사람에게 맡기는 것이었다. 보관을 위해 믿고 맡길 사람들은 현지 금세공인들이었는데, 그들이 가장 강한 금고를 소유했기 때문이었다. 금세공인들은 보관용 금을 수령했고, 나중에 그 금을 현금으로 바꿀 수 있음을 명시하는 영수증을 주인에게 주었다. 상환일이 되었을 때, 그 주인은 금세공인에게 가서 금의 일부를 현금으로 교환받아 수취인에게 주었다. 그러고 나서, 그 수취인은 보관을 위해 다시 금세공인에게 돌아가 금을 주는 식이었다. 점차 금을 교환하기 위해 물리적으로 시간과 노력을 들이는 대신에, 사업가들은 지불금으로 금세공인들의 영수증을 교환하기 시작했다.

## 17 정답 ②

**[정답해설]**
윗글은 아무런 변명 없이 거절하는 것은 일부 문화권에서는 상대방의 환대나 호의에 대한 거부나 배려 없음으로 비춰질 수 있으므로, 거절하는 데에는 합당한 이유가 필요하다는 내용이다. 그러므로 빈칸에 공통으로 들어갈 말로는 'excuse(변명, 이유)'가 가장 적절하다.

**[오답해설]**
① 역할
③ 선택
④ 상황

**[핵심어휘]**
- politeness 예의바름, 공손함, 정중함(= courtesy)
- norm 규범, 표준, 기준
- refusal 거절, 거부(= rejection, denial, rebuff) cf) meet with refusal 퇴짜 맞다
- rejection 거절, 거부, 배제
- hospitality 환대, 접대
- thoughtlessness 경솔함, 배려 없음
- be accompanied by ~을 동반[수반]하다
- reasonable 타당한, 합당한
- excuse 변명, 이유, 구실

**[본문해석]**
한국과 이집트와 같은 몇몇 문화에서, 누군가 먹을 것과 마실 것을 제안 받으면 예의상 처음에는 필히 거절될 것으로 여긴다. 하지만 특별히 거절에 대한 변명이 없을 경우, 그와 같은 거절은 종종 다른 문화권에서 상대방의 환대에 대한 거부와 배려가 없는 것으로 보이기도 한다. 예를 들어 미국인과 캐나다인들은 거절에는 합당한 이유가 수반될 것으로 기대한다.

## 18 정답 ④

**[정답해설]**
주어진 문장이 'Instead(대신에)'로 시작하기 때문에 앞선 내용은 이와 반대되는 내용이 서술되어야 한다. Fortune 매거진으로부터 왜 이들 회사에 근무하는 것이 좋은지 질문을 받았을 때, 그 직원들이 임금, 보상제도, 승진 등을 언급하는 대

신에 그들의 직장 문화와 동료들이 힘이 되었던 직장 내 관계의 진정성에 대해 우선적으로 이야기를 꺼냈다는 내용이므로, 주어진 문장은 ④에 위치하는 것이 가장 적절하다.

**[핵심어휘]**

- employee 피고용인, 종업원, 직원(↔ employer 고용주, 고용인)
- sincerity 성실, 성의, 진정성
- extension 확대, 확장, 연장 v. extend 넓히다, 확대[확장]하다
- colleague 동료(= fellow worker, partner)
- supportive 지원하는, 도와주는, 힘이 되는
- productivity 생산성, 생산력 cf) labor productivity 노동 생산성
- comprise 구성하다, 차지하다, 포함하다(= include, contain)
- distinctive 독특한, 뚜렷한, 구별하는
- notable 주목할 만한, 눈에 띄는(= remarkable, striking)
- scheme 계획, 책략
- senior position 상급직, 고위직

**[본문해석]**

> 대신에, 그 직원들은 그들의 직장 문화를 가정의 연장선처럼 느꼈고, 그들의 동료들이 힘이 되었던 직장 내 관계의 진정성에 대해 우선적으로 이야기를 꺼냈다.

( ① ) 직업 만족도와 생산성 사이에는 분명히 연관성이 있다. 하지만, 직업 만족도는 또한 한 조직의 서비스 문화에 따라 달라지기도 한다. ( ② ) 이러한 문화는 직무를 구별하고 그곳에서 근무하는 사람들이 자긍심을 갖도록 하는 것을 포함한다. ( ③ ) "일하기 좋은 상위 10개 기업"의 직원들은 Fortune 매거진으로부터 왜 이들 회사에서 근무하는 것이 좋은지 질문을 받았을 때, 그들이 임금, 보상제도, 혹은 상위 직책으로의 승진에 대해 언급하지 않았다는 점이 주목할 만했다. ( ④ )

## 19 정답 ④

**[정답해설]**

본문에 따르면 Orkney가 번영을 이룰 수 있었던 것은 중요한 대양의 중심지이며 사통팔달의 요지라는 지리학적 이점(geographical advantage)과 멕시코 만류로 인한 비옥한 농지와 온화한 기후 등의 천연자원(natural resources)으로 축복받은 곳이기 때문이다. 그러므로 ④의 설명이 윗글의 내용과 일치한다.

**[오답해설]**

① Orkney 사람들은 수많은 사회적 자연적 난관을 극복해야만 했다.

② 그 지역은 반란의 중심지 중의 하나로 결국 그곳에서 문명의 종말을 초래했다.

③ Orkney는 본토로부터 너무 멀리 떨어져 있었기 때문에 그곳의 자원을 최대한 활용하지 못했다.

**[핵심어휘]**

- scatter 뿌리다, 흩어지다
- northern tip 북쪽 끝, 북단
- spiritual 정신적인, 영적인(= immaterial)
- powerhouse 유력[실세] 집단[기관] cf) sports powerhouse 스포츠 강국
- for starter 우선, 첫째로
- maritime 바다의, 해양의(= marine, naval, nautical) cf) a maritime museum 해양 박물관
- hub 중심지, 중추 cf) an important traffic hub 교통의 요충지
- the Gulf Stream 멕시코 만류
- disadvantage 불리한 점, 약점, 난관
- region 지방, 지역
- rebellion 반란, 반역, 반항[저항](= resistance)
- annihilation 전멸, 멸종, 종말 cf) mass annihilation 대량 학살, suffer annihilation 전멸하다
- make the best of ~을 최대한 이용하다
- mainland 본토 cf) from the mainland 본토로부터
- prosperity 번성, 번영, 번창 cf) enjoy prosperity 번영을 누리다
- geographical 지리학적인, 지리학상의

**[본문해석]**

모든 장소들 중에 왜 Orkney일까? 어떻게 스코틀랜드의 북단에서 떨어져 나온 작은 섬들이 그토록 기술적, 문화적, 정신적 강국이 될 수 있었을까? 우선, Orkney가 외딴 곳에 있다는 생각을 그만두어야 한다. 대부분의 역사에서 Orkney는 중요한 대양의 중심지였고, 사통팔달의 요지였다. 또한 멕시코 만류의 영향 덕에, 영국에서 비옥한 농지와 놀랍게도 온화한 기후로 축복을 받은 곳이다.

## 20 정답 ①

**[정답해설]**

윗글은 글자를 기록했던 파피루스와 양피지가 처음에는 두루마리 형태로 되어 있어서, 오늘날의 책처럼 특정 페이지를 건너뛰는 것이 불가능했고, 두루마리를 계속해서 편 채로 읽어

야 했기 때문에 도중에 필기를 하기가 힘들었다고 두루마리 책자의 단점에 대해 서술하고 있다. 그러므로 윗글의 제목으로는 'The inconvenience of scrolls(두루마리 책자의 불편함)'이 가장 적절하다.

[오답해설]
② 책의 발전
③ 쓰기와 읽기의 향상
④ 두루마리 책자의 단점을 극복하는 방법

[핵심어휘]
□ initially 처음에, 초기에(= at first)
□ papyrus 파피루스 (종이)
□ parchment 양피지
□ vertically 수직적으로(↔ horizontally 수평적으로)
□ direction 방향, 방위, 쪽 cf) lose sense of direction 방향 감각을 잃다
□ script 대본, 원고, 글씨(체), 문자
□ scribe 글 쓰는 사람, 필기자, 작성자
□ refrain from ~를 삼가다
□ mark off ~을 구별[표시]하다
□ column 세로줄[열], 칼럼
□ constant 지속적인, 끊임없는(= continuous) n. constancy 불변성, 지속성
□ skip 건너뛰다, 생략하다 cf) skip a page 한 페이지를 건너뛰다
□ struggle 싸우다, 투쟁하다, 몸부림치다
□ inconvenience 불편, 애로
□ evolution 진화, 발전 v. evolve 진화하다, 발전하다

[본문해석]
처음에 파피루스와 양피지는 두루마리로 되어 있어서 원고의 방향에 따라 수직으로 혹은 수평으로 펼칠 수 있었다. 수평 방식이 더 일반적이었고, 두루마리가 많이 길어질 수도 있었기 때문에 보통 작성자는 한 줄을 전체 길이에 걸쳐 쓰는 것을 삼갔고, 대신에 적당한 너비의 열로 표시했다. 그런 식으로 독자는 한 방향으로 펼 수도 있었고, 읽는 도중에 다른 방향으로 말 수도 있었다. 그럼에도 불구하고 두루마리를 계속해서 다시 말아야 하는 것은 이런 형태에 큰 단점이었고, 두루마리에서 책의 특정 페이지를 건너뛰고 다른 곳으로 넘어가는 것이 불가능했다. 더욱이, 두루마리를 계속해서 편 채로 있으려면 독자는 두 손(혹은 힘)이 필요했기 때문에 읽은 도중에 필기를 하기가 힘들었다.